Fiorillo/Kahlo (Hrsg.)

Wege zur Menschenwürde

fundamenta iuris

Schriftenreihe des Leipziger Instituts für Grundlagen des Rechts

Band 12

Vanda Fiorillo, Michael Kahlo (Hrsg.)

Wege zur Menschenwürde

Ein deutsch-italienischer Dialog in memoriam *Mario A. Cattaneo*

Akten der deutsch-italienischen Tagung vom 20.–24. Februar 2012 im Robert Schuman-Haus, Trier

in Zusammenarbeit mit

Brigitte Kelker, Paolo Becchi
Giulio M. Chiodi, Christoph Enders

mentis
MÜNSTER

Bibliografische Information der Deutschen Nationalbibliothek

Die Deutsche Nationalbibliothek verzeichnet diese
Publikation in der Deutschen Nationalbibliografie;
detaillierte bibliografische Daten sind im Internet über
http://dnb.dnb.de abrufbar.

= fundamenta iuris, Band 12

Gedruckt auf umweltfreundlichem, chlorfrei gebleichtem
und alterungsbeständigem Papier ∞ ISO 9706

Eisenbahnstraße 11, 48143 Münster, Germany
www.mentis.de

Printed in Germany
Einbandgestaltung: Anna Braungart, Tübingen, nach einer Idee von
Dr. Gabriele Bendomir-Kahlo
Satz: satz&sonders GmbH, Münster
Druck: AZ Druck und Datentechnik GmbH, Kempten
ISBN 978-3-89785-490-1 (Print)
ISBN 978-3-89785-491-8 (E-Book)

INHALTSVERZEICHNIS

VORWORT DER HERAUSGEBER

Die Menschenwürde kann heute als eine zentrale, auch praktisch wirkungsmächtige Kategorie in den Kulturen und Rechtsordnungen zumal der europäischen Staaten angesehen werden. Zu diesem Befund will es freilich nicht recht passen, dass eine – auch ihren Rechtsbegriff einschließende – konsentierte Begründung der Menschenwürde nach wie vor nicht auszumachen ist.

Gilt dies schon für die deutsche rechtswissenschaftliche, insbesondere verfassungsrechtliche, aber auch rechtsphilosophische Diskussion um den Begriff der Menschenwürde, die sich zuletzt aus aktuellen Anlässen in unterschiedlichen Kontexten (im Hinblick etwa auf den rechtlichen Schutz werdenden menschlichen Lebens, den Abschuss bemannter Flugzeuge zum Zweck der Abwehr akuter Großgefahren oder auch das Problem staatlicher sog. Rettungsfolter) besonders an der Frage der Absolutheit der Menschenwürdegarantie des Grundgesetzes entzündet hat, zeigen sich bei näherem Hinsehen auch »europäische Differenzen«, etwa im Vergleich mit dem Menschenwürdeverständnis in der Verfassung Italiens (und den Verfassungen anderer europäischer Staaten).

In einer solchen Situation erscheint es hilfreich und sinnvoll, sich grenzüberschreitend der möglichen »Wege zur Menschenwürde« zu vergewissern, und zwar sowohl in begriffsgeschichtlicher als auch in zeitgenössischer rechtswissenschaftlicher Perspektive, und dabei, zumindest exemplarisch, auch die rechtspraktischen Konsequenzen der notwendigen Begriffsbestimmung einzubeziehen, um so zu größerer Klarheit über den Universalbegriff der Menschenwürde zu kommen. Eben dies unternimmt der vorliegende Sammelband, dessen Beiträge mehrheitlich auf das interdisziplinäre Kolloquium zum Thema »Was ist und wozu Menschenwürde im Recht der europäischen Moderne?« zurückgehen, das vom 20.–24. Februar 2012 in Trier stattfand. Dass er dies in Form eines vor allem deutsch-italienischen Dialoges tut, verdankt sich nicht allein der Tatsache, dass es neben manchen deutschen zahlreiche italienische Autorinnen und Autoren waren und sind, die zur Aufklärung des Begriffs der Menschenwürde Wichtiges beigetragen haben und beitragen. Vielmehr ist diese Form auch dadurch mitbedingt, dass es gerade die italienische Rechts- und Staatsphilosophie ist, die sich kraft einer eigenen Form der »Traditionspflege europäischer Geisteswissenschaft« darum bemüht, bereits gewonnene Einichten, auch zum hier thematischen Begriff der Menschenwürde, nicht in Vergessenheit geraten, sondern vielmehr in die aktuelle Begründung dieses Begriffs einfließen zu lassen.

Zu denjenigen italienischen Rechtsphilosophen, die diese Form in herausragender Weise (wie vielleicht kein zweiter zeitgenössischer italienischer Rechtswissenschaftler) gepflegt haben, ist ganz gewiss *Mario A. Cattaneo* zu rechnen, dessen geplante Teilnahme an dem Kolloquium durch seinen allzu frühen Tod verhindert wurde. Ihm, dessen Denken und persönliches Beispiel viele der Teilnehmerinnen und Teilnehmer des Treffens in Trier nachhaltig beeinflusst und der so außerordentlich viel zum deutsch-italienischen rechtsphilosophischen Dialog beigetragen hat, ist dieses Buch deshalb in dankbarer Erinnerung gewidmet. Und die Herausgeberinnen und Herausgeber schätzen sich glücklich, dass der letzte Text aus seiner Feder in diesen Sammelband aufgenommen werden konnte.

Dafür, dass dieser Band jetzt erscheinen kann, gilt unser Dank zunächst *Brigitte Kelker*. So ungewöhnlich es sein mag, einer Mitherausgeberin zu danken, so sehr ist eine Ausnahme im vorliegenden Fall deshalb gerechtfertigt, weil ohne sie (und den unermüdlichen Einsatz ihrer wissenschaftlichen Mitarbeiterin *Juliane Victoria Pörschke* und ihres wissenschaftlichen Mitarbeiters *Alexander Paradissis*) das Treffen in Trier nicht – schon gar nicht unter derart glücklichen, gastfreundlichen Bedingungen und in so freisetzend-förderlicher Atmosphäre – hätte stattfinden können.

Ohne die großzügige Spende eines privaten Drittmittelgebers, der namentlich ungenannt bleiben will, hätte dieses Buch nicht erscheinen können. Auch ihm gilt deshalb, wenngleich incognito, unser großer Dank. Für weitere Druckbeihilfen danken wir herzlich außerdem *Frau Ursula Liebernickel* aus Hamburg (1924–2011) und *Herrn Hans-Joachim Kahlo* aus Jettingen (1921–2012), die durch ihre Zuwendungen ebenfalls wesentlich zu dieser Publikation beigetragen haben.

Sehr herzlich zu danken haben wir ferner *Gianluca Dioni* (Neapel) für die Erstellung des Namensregisters und vielfältige weitere wertvolle Unterstützung im Zuge der Vorbereitung der Drucklegung dieses Buches.

Ein besonderer Dank gilt außerdem *Loris Frabrizio Mainardi* (Luzern), der mit großer Sorgfalt, Umsicht und Geduld das satzfertige Manuskript für den Verlag erstellt hat. Dabei wurden Unterschiede in den Zitierweisen der einzelnen Autorinnen und Autoren respektiert, soweit sie den Kulturen der von diesen vertretenen Fächer entsprechen bzw. Ausdruck der Wissenschaftsfreiheit der jeweiligen Beiträgerinnen und Beiträger sind.

Und nicht zuletzt danken wir dem mentis Verlag, namentlich dessen Geschäftsführer *Dr. Michael Kienecker* und seinen Mitarbeiterinnen und Mitarbeitern, sehr herzlich für die einmal mehr vorzügliche Zusammenarbeit bei der Herstellung dieses Buches.

Möge dieses eine weite Verbreitung und dabei eine wohlwollende Aufnahme finden.

Die Herausgeber im April 2015

I.

BEGRIFFLICHE GRUNDLAGEN DER MENSCHENWÜRDEIDEE UND IHRER KOROLLARIEN IM DEUTSCHEN UND ITALIENISCHEN KULTURRAUM

Giulio M. Chiodi

ÜBER DEN BEGRIFF DER MENSCHENWÜRDE IN DER *ORATIO DE HOMINIS DIGNITATE* VON GIOVANNI PICO DELLA MIRANDOLA

I. Zur Einordnung der *Oratio* in ihren zeitlichen und geistigen Kontext

Eugenio Garin führt die Figur des jungen Philosophen, um den es hier gehen soll, mit den Worten ein: »*Parlare di Giovanni Pico della Mirandola senza cadere nella retorica e senza tradire il suo significato non è cosa semplice. Né è compito da poco rendere conto della sua celebrità e dell'impressione straordinaria che fece sui contemporanei*«.[1] Eine Außerordentlichkeit, wäre hinzuzufügen, die jeden, der sich auf das Abenteuer, sich Pico della Mirandolas Denken anzunähern, einläßt, noch heute in Bann zieht. Als herausragende Gestalt erfuhr er nicht nur zu Lebzeiten, sondern auch noch nach seinem Tod durch die gesamte Epoche der Renaissance hindurch von Seiten der berühmtesten Persönlichkeiten seiner Zeit Bewunderung und Anerkennung, man denke nur an Poliziano und Marsilio Ficino, an Thomas Morus und Johannes Reuchlin bis hin zu Erasmus von Rotterdam, der ihm *divina quaedam ingenii facilitas* zuschrieb und ihn in seiner Schrift *Ciceronianus* als ein *indolem plane divinam* und *ingenium ad omnia factum*[2] bezeichnete, und an viele andere Philosophen, Rechtsgelehrte und Wissenschaftler verschiedener Wissenschaftsbereiche.

Das Thema, das hier behandelt werden soll, beschränkt sich auf die Bedeutung des Begriffes der Menschenwürde, die bei Pico aus seiner berühmten *Oratio de hominis dignitate* aus dem Jahr 1486 abgeleitet werden soll. Wo immer sich jemand mit Pico della Mirandola beschäftigt, erscheint dieser Titel

---

[1] Garin, E.: *Ritratti di umanisti*, Florenz 1967, S. 185: »Von Giovanni Pico della Mirandola zu sprechen, ohne dabei in rhetorische Floskeln zu verfallen und ohne an seiner wahren Bedeutung Verrat zu üben, ist kein leichtes Unterfangen. Ebensowenig dürfte es leicht fallen, seiner Berühmtheit und der außerordentlichen Ausstrahlung, mit der er seine Zeitgenossen beeindruckte, gerecht zu werden«.

[2] Vgl. Erasmus von Rotterdam: *Dialogus cui titulus Ciceronianus*, 3110–3113, hg. von A. Gambaro. Brescia 1965, S. 210.

sogleich an erster Stelle seiner Schriften. Viele sind sogar der Meinung, daß es Pico gewesen ist, der den größten Beitrag dazu geleistet hat, daß *der Begriff der Menschenwürde überhaupt seinen Weg in die Geisteswelt der Neuzeit* gefunden hat.

In dieser Sache ist man allerdings häufig einer stark vereinfachenden Darstellung anheimgefallen. Die Auffassung, in Pico della Mirandola schlechthin *den* Vertreter eines Humanismus zu sehen, der als Beginn einer Epoche verstanden wird, in der eine säkulare und naturalistisch-anthropozentrische Weltsicht aufkommt, die sich in der Neuzeit immer mehr durchsetzen wird, muß in philosophischen und geschichtlichen Lehrbüchern drastisch korrigiert werden. In der genannten äußerst reduzierenden Auslegung des Humanismus ist denn auch Picos *Oratio de hominis dignitate* tatsächlich wiederholt als wahre Programmschrift des Humanismus bezeichnet worden.

Dagegen wäre zuallererst zu sagen, daß das Thema der Menschenwürde natürlich keinesfalls eine neue Errungenschaft des Humanismus ist. Es hat durchaus gewichtige Vorläufer in der Geschichte. Francesco Petrarca, zum Beispiel, greift in dem Kapitel *De tristitia et miseria* aus dem zweiten Buch seines Werkes *De remediis utriusque fortunae* – es geht um die allegorische Inszenierung einer Auseinandersetzung zwischen Schmerz und Freude, die durch die Vermittlung der Vernunft geschlichtet wird –, ganz in der Tradition des Mittelalters und im Geiste des *de contemptu mundi*, die Frage nach der Natur des Menschen wieder auf. Von besonderer Bedeutung ist im Mittelalter weiterhin das Traktat *De miseria humanae conditionis* von Papst Innozenz III. bzw. Lothars aus dem Hause der Grafen von Segni, das dieser zwischen 1190 und 1198, kurz vor seiner Wahl zum Papst, verfaßt hat.[3] Diese Schrift, deren Standpunkte im Humanismus wiederlegt und sogar in ihr Gegenteil verkehrt werden, erweist sich als ein wahrer Gegenpol zur Geisteshaltung des Humanismus und steht in der Tradition der Geißelung und Sündhaftigkeit des Körpers mit dem Ziel, die Seele, die von dem Augenblick an, da sie mit dem Fleisch in Kontakt tritt, dessen verderblichem Einfluß ausgesetzt ist, von diesem zu reinigen, sie sodann zu erhöhen und zu retten. Im Humanismus kehrt diese Thematik wieder, wobei zunehmend die pessimistische Weltsicht abgelehnt wird, die man in Auslegungen sieht, in denen die Seele erst durch die Kasteiung des Körpers Erhöhung erfährt. Die These des Elends des Menschen im Angesicht Gottes bzw. der Schöp-

---

[3] Seine Wahl zum Papst hat Lothar daran gehindert, sein Vorhaben, eine Schrift mit dem Titel *De dignitate humanae naturae*, zu verfassen, durchzuführen, in der er den Begriff der *dignitas* des Menschen mit dem der *miseria* vergleichen wollte. Weitere Angaben zu den mittelalterlichen Vorläufern dieser Thematik unter besonderer Berücksichtigung des Werkes Mirandolas, vgl. De Lubac, H.: *L'alba incompiuta del Rinascimento. Pico della Mirandola* (ital. Übers.), Mailand 1977.

fung im Angesicht des Schöpfers wird offen abgelehnt, während die Natur des Menschen, erlöst in seinem Dasein als Geschöpf, aufgewertet wird. In eben diesem Sinne schreibt der Benediktiner Antonio da Barga (1390–1453) seine Abhandlung *De dignitate hominis et excellentia humanae vitae*, und in eben diesem Sinn interpretiert Bartolomeo Facio (1400–1457) im Jahr 1447 in seiner Schrift *De excellentia et prestantia hominis* die Stellung des Menschen um. Eine weitere neue Aufwertung der menschlichen Natur mit spezieller Berücksichtigung vor allem auch seiner Körperlichkeit liegt uns in *De dignitate et excellentia hominis* aus dem Jahr 1455 von Giannozzo Manetti vor, der außerdem der Sekretär Nikolaus' V. war. Auf Grund seiner Kenntnisse des Hebräischen konnte Manetti auf die biblischen Originalquellen zurückgreifen und sie neu bewerten.[4] Es besteht aber kein Zweifel darüber, daß es vor allem seine Bekanntschaft mit Marsilio Ficino war, die Pico in seiner Vorstellung von der Menschenwürde hauptsächlich beeinflußt hat. Dieser war für ihn nicht nur Lehrmeister, sondern auch Freund, auch wenn der junge Philosoph eigenständige, manchmal sogar gegensätzliche Positionen zu denen Ficinos vertrat.[5]

Die Thematik als solche ist also, wie wir gesehen haben, alles andere als neu. Mehr noch: der Begriff der Würde an sich erfährt, auch wenn eine weitläufige Meinung das Gegenteil behauptet, bei Pico keine von Grund auf neue Einschätzung, zumal auch der Begriff der *dignitas* in seinen Werken nur vereinzelt (speziell in der *Oratio*[6] nur ein einziges Mal) auftaucht, und das in sehr allgemeiner, im gesamten Humanismus üblicher Bedeutung. Die Berühmtheit, derer sich dieser Begriff in jüngster Zeit als typische Schöpfung Picos erfreut, rührt im wesentlichen vom Titel *De hominis dignitate*, unter dem seine bekannte *Oratio* Verbreitung fand. In Wirklichkeit ist dieser Wortlaut

---

[4] Das Werk Giannozzo Manettis spielt hier eine besonders wichtige Rolle. Anders als Pico della Mirandola entwickelt Manetti Thesen, welche die leidenschaftliche und gleichsam materielle Seite der menschlichen Natur näher beleuchten. Bei Manetti steht der Mensch im Mittelpunktdes Weltalles und bildet sich im Kampf zwischen Gut und Böse und zeigt in eben diesem Kampf seinen göttlichen Ursprung. Als Antwort auf Manetti erschien *De miseria conditionis humanae* von Poggio Bracciolini. Hierzu vgl. Schmeisser, M.: »*Wie ein sterblicher Gott ...*«, *Giannotto Manettis Konzeption der Würde des Menschen und ihre Rezeption im Zeitalter der Renaissance*, München 2006, und Baldassarri, S.U. (Hg.): *Dignitas et excellentia hominis*, Florenz 2008.

[5] Zum Vergleich von Ficino und Pico della Mirandola vgl. Allen, M.J. B.: Cultura hominis: Giovanni Pico, Marsilio Ficino and the Idea of Man. In: Garfagnini, G.C. (Hg.), *Giovanni Pico della Mirandola*, Florenz 1997, S. 173–196.

[6] Vgl. Giovanni Pico della Mirandola: *Oratio de hominis dignitate*, Par. 10: »*horum* [bezogen auf die Engel] *nos iam cedere nescii et secundarum impatientes et dignitatem et gloriam emulemur*«. Die Zitate aus der *Oratio* folgen der Nummerierung der Paragraphen der Ausgabe von Bori, P.C. (Hg.): *Pluralità delle vie. Alle origini del ›Discorso‹ sulla dignità umana di Pico della Mirandola*, Mailand 2000, ein Textwerk, das uns eine genaue Wiedergabe der Werkgeschichte und seines Entstehungsprozesses an die Hand gibt, mit Textapparat von Saverio Marchignoli.

aber in der *editio princeps* lediglich am Rande vermerkt[7], und wurde erst von Picos Neffen, Giovanni Francesco Pico della Mirandola, zum Titel des Werkes gemacht. Dieser Neffe war es auch, der nach dem Tod des Onkels die Veröffentlichung bewirkte und ihm eine Biographie widmete.[8] Außerdem war der Titel, den Pico ursprünglich für das Werk im Auge gehabt hatte, ein gänzlich anderer, mit fast lyrischem Charakter: *Carmen de pace* (wobei es sich bei ›Frieden‹ hier um das friedliche Miteinander unterschiedlicher Religionen, und vor allem von Philosophie und Religion handelte).[9] Trotzdem ist die Wahl des Titels von Seiten des Neffen keineswegs zufällig: sie ist vollauf nachvollziehbar aus der Auffassung vom Menschen, die aus dem Text hervorgeht und die dem Begriff der Menschenwürde als etwas in einem absoluten Sinn Höherem gerecht wird.

Die verbreitete Interpretation der *Oratio de hominis dignitate* als Wegbereiter der säkularisierten Weltsicht der Neuzeit kann also, wie dargelegt, nicht geteilt werden. Die Hervorhebung der aufklärerischen und laizistischen Tendenzen mißt den naturalistischen und rationalistischen Ansätzen eine übermäßige Bedeutung zu, und der Fehler liegt hier nicht so sehr in der Auswertung, und, wenn man so will, noch nicht einmal in der Überbewertung dieser Seite in Picos Werk, sondern vielmehr darin, daß damit das unbestreitbar entscheidende und letztendlich im Ganzen gesehen ausschlaggebende Gewicht des theologischen Aspekts völlig unter den Tisch fiele. So zieht der Leser, der mit dem Gesamtwerk Picos sonst wenig vertraut ist, nur einen Ausschnitt seines Humanismus in Betracht. In besonderer Weise im Falle Picos, aber auch bei vielen anderen bekannten Humanisten, tut man gut daran, das Fortdauern der tiefen Verwurzelung im christlichen Glauben und der sehr engen Bindung an die Theologie im Auge zu behalten, die – wie unter vielen anderen Henri De Lubac in seinem für die Beschäftigung mit Pico della Mirandola unerläßlichen Buch ausführlich dargestellt hat – nicht nur das Denken Picos, sondern die gesamte humanistische Strömung, angefangen von Marsilio Ficino bis hin zu Enea Silvio Piccolomini, dem späteren Papst Pius II., gekennzeichnet hat.[10] Außerdem kommt Pico auf Grund der

---

[7] Das Wort »*dignitas*« steht in der Textstelle am Rand: »*... esse hominem creaturam internuntium, superis familiarem, regem inferiorum; sensuum perspicacia, rationis indagine, intelligentiae lumine, naturae interpretem*« (*Oratio*,Par. 2), entnommen aus Bori, P.C.: *Pluralità delle vie*, a. a. O.

[8] Vgl. Giovanni Francesco Pico della Mirandola: *Ioannis Pici Mirandulae viri omni disciplinarum genere consumatissimi vita per Ioannem Franciscum illustris principis Galeotti Pici filium conscripta* (1496).

[9] Einen Hinweis hierauf finden wir in Par. 10 der *Oratio*, wo es in Bezug auf die Engel heißt, daß wir sie »*dignitatem et gloriam emulemur*«. Im allgemeinen wird von der Seele gesagt, sie sei *digna*, in sich den Vater aufzunehmen (Par. 18).

[10] Vgl. De Lubac, H.: *L'alba incompiuta del Rinascimento*, a. a. O.

außergewöhnlichen Originalität seiner Persönlichkeit eine ganz besondere Stellung zu, die es uns erlaubt, dem Gesamtbild, das wir vom italienischen Humanismus im 15. Jahrhundert haben, eine größere Tiefe zu verleihen und seine Verwobenheit mit der christlichen Theologie zu beleuchten. Es ist nämlich gerade diese theologische Dimension, ja vielleicht sogar nur diese, die es uns erlaubt, in diesem Kontext von Würde zu sprechen.[11]

Ein wichtiger Schlüssel für die richtige Lesart der Grundzüge des Humanismus jener Zeit liegt bekanntermaßen im Grundsatz der zweifachen Wahrheit, das heißt einer Wahrheit, der auf der einen Seite natürliche, rationale und kreative Elemente aus dem Bereich der menschlichen Erfahrung zugrunde liegen, und die auf der anderen Seite aus der übernatürlichen Dimension des Glaubens entspringt. Gerade in diesem Punkt muß aber, was Pico della Mirandola anbelangt, von diesem Grundsatz Abstand genommen werden. Zwar ist Picos Denken die Unterscheidung zwischen menschlicher und göttlicher Wahrheit nicht fremd. Sowohl im Laufe seiner unter der Anleitung von Elia del Medigo durchgeführten, kritischen Studien zum Avveroismus als auch in seinen Gesprächen mit Agostino Nifo hat er sie eingehend untersucht. Aber er ist gleichwohl weit davon entfernt, ausgehend von dieser Unterscheidung von zwei verschiedenen Wahrheiten zu sprechen. All sein Streben und Denken gilt der Suche nach einer einzigen Wahrheit, die nur an einem einzigen, seiner Dimension nach transzendenten Punkt erreicht werden kann. Transzendenz hier in einem strikt theologischen Sinn, für den die irdische Sphäre, man könnte fast sagen, als propädeutische Vorstufe für höhere Sphären dient. Pico ist gewissermaßen immer der tiefen Überzeugung der Notwendigkeit einer universalistischen Sicht gewesen, die in der Existenz einer einzigen Wahrheit wurzelt, in der Göttliches und Menschliches, Verstand und Glaube, sowie unterschiedliche Richtungen der Philosophie und Theologie eine Quelle für einen einzigen Konsens finden mögen, den die christliche Schöpfungsvision liefern kann. Die Unterschiede zwischen den verschiedenen Bereichen liegen nach Pico della Mirandola lediglich in der Vorgehensweise und sind deswegen keine grundlegenden Gegensätzlichkeiten, sondern vielmehr nur unterschiedliche Ausgangspunkte. Die zu einseitig auf die Säkularisierung bezogenen Sichtweise, die sich in der wissenschaftlichen Literatur über Pico langsam immer mehr durchgesetzt hat, ist bereits

[11] Wie später noch im Zusammenhang mit dem Begriff der *dignitas* und im besonderen mit der pichianischen Methode zu sehen sein wird, sind nach der ständigen Ansicht dieses Denkers Glaube und Erkenntnis nicht getrennt aufzufassen. Denn Pico bestätigt später, wie sein noch nicht sorgfältig genug untersuchte Briefwechsel erkennen läßt, die Verbindung von *pietas et sapientia*, welche den Grundsatz Ficinos verinnerlicht, nach dem eine *legitima philosophia* in eine *vera religio* am Ende mündet, und umgekehrt eine *legitima religio* in eine *vera philosophia*. Den Grundsatz, nach dem eine Philosophie, die sich von der Religion entfernen würde, keine echte Philosophie mehr wäre, vertritt Pico programmatisch in der Präambel zu seinem *Heptaplus*.

überzeugend von Jacob Burckhardt widerlegt worden, der unterstrichen hat, daß für ein umfassendes Verständnis der Italienischen Renaissance gerade das Festhalten an der mittelalterlichen christlichen Kultur hervorzuheben ist, auch wenn sich gleichzeitig ein starker, nach Erneuerung strebender Subjektivismus entwickelte, der sich aus der Wiederentdeckung der klassischen Antike nährte. Das Ausgehen von der Existenz einer einzigen Wahrheit ist also die Bestätigung dessen, was Burckardt dargelegt hat, wenn er Marsilio Ficino und Pico della Mirandola als Vertreter dieser Auffassung bezeichnet.[12]

Die pichianische Sicht einer allgemeinen Versöhnung ist freilich im Ganzen letztlich nur zu verstehen, wenn man sie in ihren geschichtlichen Zusammenhang der Krise und der Notwendigkeit der Erneuerung stellt, die die christliche Kultur zu jener Zeit auf allen Ebenen durchlebt. Das Aufkommen von geistigen Strömungen, die unter Bezug auf die vorchristlichen Textquellen der Antike zu neuen Horizonten streben, der Zwist mit der Ostkirche, die Dispute während der Konzilien von Ferrara, Florenz und Basel, die sich entgegenstehenden wirtschaftlichen Interessen und die Machtkämpfe der Herrscherfamilien untereinander sowie das Erstarken des Konziliarismus und die Debatte um die Autorität des Papstes und der Bischöfe, das Erstarken der türkischen Großmacht und des Islam, das Trauma des Falls von Konstantinopel, der wachsende Einfluß von hebräischen Gruppierungen innerhalb des sozialen Beziehungsgefüges der Gesellschaft, die Entwicklung von Autonomiebestrebungen und nicht zuletzt ein Erstarken von Tendenzen zu einem immer offeneren Umgang mit althergebrachten Traditionen – all diese Elemente haben zur Herausbildung eines höchst polymorphen und in seiner Dynamik auseinanderstrebenden Gesamtbildes geführt. Sie bilden den idealen Nährboden für die Entwicklungen, die wenig später Luther und die reformierte Kirche auf den Plan treten lassen. In diesem Zusammenhang empfinden die gebildetsten Köpfe der Zeit die Notwendigkeit einer allgemeinen

---

[12] Vgl. Burckardt, J.: *Die Kultur der Renaissance in Italien*, 1860. Vgl. auch Garin, E.: *Introduzione alla traduzione italiana di J. Burckhardt: La civiltà del Rinascimento in Italia*, Florenz 1968. Im besonderen wird Marsilio Ficino mit seinem Streben, in sich den Philosophen und den Geistlichen – er hat auch die Mönchsweihe entgegengenommen – zu vereinen, zur Schlüsselfigur des Humanismus. In der im Jahre 1474 erschienenen Schrift *De christiana religione* verficht Ficino die These der Verflechtung von Weisheit und Religion. Im *Prooemium* zur *Platonischen Theologie* erklärt er – indem er versichert, hierin Augustin folgend, daß die menschliche Seele zwei Flügel hat, d. h. die Vernunft und den Willen, die die Menschennatur erheben –, daß die Philosophie ohne Religion gottlos wäre, während die Religion ohne Philosophie zu keiner Kenntnis gelangen könnte. Besondere Beachtung findet das Bestreben Ficinos und Picos im christlich-katholischen Sinne zu planen bei Euler, W.A.: *»Pia philosophia« et »docta religio«. Theologie und Religion bei Marsilio Ficino und Giovanni Pico della Mirandola*, München 1998. Für einen Überblick über hiermit in Zusammenhang stehende Fragen vgl. Garfagnini, G.C. (Hg.): *Giovanni Pico della Mirandola*, a. a. O.

Neuordnung der ethischen und theoretischen Grundsätze des Glaubens, der Sitten und damit der Vorbedingungen des Zusammenlebens. In diesem Sinne versucht der Humanismus, gleichzeitig mit seiner außerordentlichen Schaffenskraft und dem Erfindungsreichtum, die ihm eigen sind, die Mittel für eine Umorientierung und eine Wiederherstellung des christlichen Geistes zu finden; und er wird sie in der Neubewertung der im strengen Sinne menschlichen Eigenschaften und Möglichkeiten finden. Und eben in diesen eigentlich menschlichen Eigenschaften und Möglichkeiten, die Gott dem Menschen als allen Kreaturen seiner Schöpfung überlegenem Wesen zuerkannt hat, können wir die *dignitas* erkennen, die dem Menschen zugesprochen wird.

Der Standpunkt, der hier vertreten werden soll, sieht sich in Übereinstimmung mit den Interpretationen, die in der *Oratio* die starke Verbindung zur mittelalterlichen Tradition unterstreichen, in der Überzeugung, daß es nur auf diese Art und Weise möglich ist, eine richtige Einschätzung der wirklich innovativen Elemente, die Picos Philosophie in die damalige Geisteswelt eingeführt hat, vorzunehmen.[13] Was bei Pico nicht mehr mittelalterlich, und wir können getrost sagen, ganz und gar modern ist, sind in der Hauptsache nicht die dargebotenen Inhalte und noch weniger seine Ziele: im einen wie im anderen ist keineswegs von Originalität zu sprechen. Was aber im Gegenteil wahrhaftig dieses Urteil verdient, ist seine Methode. Picos Methode der Forschung und der Beweisführung ist es, die allein als etwas Neues zu betrachten ist: es ist eine eklektische Methode, die ein Festhalten an einem Katalog von kanonischen Vorschriften und an durch gefestigte Gewohnheiten vorausbestimmten *auctoritates* ausschließt.

Der von ihm vertretene Ansatz setzt sich sowohl über die Grenzen der mittelalterlichen Vorgaben (allerdings ohne diesen von Grund auf zu widersprechen), also derjenigen der Scholastik hinweg, als auch, andererseits, über jene der neuen idealisierenden Thesen der ausgesuchten Welt der Humanisten (unter denen er selbst eine herausragende Stellung einnimmt). Die Hauptziele des aufkommenden, reinen Humanismus sind stark kontemplativ-ästhetisch, der sinnlichen Wahrnehmung und der Natur verschrieben, sowie rhetorisch-perspektivisch. Pico bewundert, betrachtet und diskutiert das Thema der

---

[13] Ein mittelalterlicher Aspekt zeigt sich auch in der spekulativen Funktion, die dem Gedächtnis zugewiesen wird. Abgesehen von dem theoretischen Wert des Gedächtnisses, ist die Phänomenalität des Gedächtnisses Picos sprichwörtlich geworden. Sein Neffe berichtet in dieser Hinsicht davon, daß er in der Lage war, ganze Textstellen sogar rückwärts herzusagen. Zu jener Zeit machte auf dem Gebiet der Gedächtnistechniken noch Raimund Lull Schule, dessen Kunst nach Pico derjenigen der Kabbala zuzuordnen war. Im besonderen versichert Pico in seiner *Apologia*, indem er die *ars Raymundi* behandelt, daß, da diese eine *ars combinandi* ist, sie der Wissenschaft von denjenigen Dingen, die zur hyperlunaren Welt gehören bzw. die sich mit *de virtutibus rerum superiorum* beschäftigen, gleichzustellen ist.

Schönheit[14], aber auch die Erkenntnistiefe, die er im Wissensreichtum der heidnischen, ägyptischen, chaldäischen, hebräischen und kabbalistischen Welt findet, und er akzeptiert sie in ihrer Autonomie als eigene Wirklichkeit, ohne ihr die Fesseln der in der damaligen christlichen Ideologisierung vorherrschenden Meinungen anzulegen und auch ohne sie in einen von der christlichen Lehre vorgezeichneten eschatologischen Zusammenhang einzuordnen. Er sieht in ihr vielmehr das Potential zu einer Spiritualisierung der Menschheit, und zwar sowohl im Geist als auch in Taten. Picos Streben ist auf das von der christlich-jüdischen Tradition offenbarte Mysterium Gottes ausgerichtet, das sich auch durch andere religiöse und kulturelle Erscheinungen, die nicht aus ihr entspringen, denen Pico aber trotzdem offen gegenübersteht, erhellt. Letztendlich ist es Picos Anliegen, eine Vereinbarkeit zwischen den beiden Gegenpolen des alten Disputes, nämlich der *vita comtemplativa* und der *vita activa*, zu schaffen; er strebt danach, letzteres einzusetzen, um zu ersterem zu gelangen.

Außer dem angestrebten Einklang von Kontemplation und konkretem Handeln, von Philosophie und Theologie, von Wissen und Glauben sind auch Picos Ausführungen über die Liebe, wobei die spirituelle Liebe gemeint ist, aus dem Jahr 1486 von Bedeutung, die in einem Kommentar zu einer im Oktober desselben Jahres von Picos Freund Girolamo Benivieni verfaßten Dichtung enthalten sind.[15] Und auch in der *Oratio* weist Pico innerhalb seiner Betrachtungen über den universalen Frieden der Liebe der Engel eine herausragende Stellung zu: von ihr sollten alle menschlichen Beziehungen

---

[14] Vgl. G. Pico della Mirandola: *Opera omnia*. Vol. II, 8 *Commento* II, 6, Turin 1971, S. 495f., wo Pico im Kapitel *Della bellezza in comune* die Schönheit als ein Kompositum von Gegensätzen beschreibt. Diese ist eine Begriffsbestimmung, die im Grunde mit der Natur des *homo* übereinstimmt, und die Schönheit des Menschen zu pflegen – könnte man hinzufügen – gehört mit zu seiner *dignitas*.

[15] Vgl. Giovanni Pico della Mirandola: *Commento dell'illustrissimo signor conte Ioanni sopra una canzona de amore composta da Girolamo Benivieni fiorentino secondo la mente et opinione de' platonici*. Der Ansatz des gesamten Textes ist platonisch bzw. neuplatonisch. In dieser Zeit dachte Pico an die Abfassung eines umfassenden Kommentars zum *Symposion* Platons. Die Analyse der Schrift Benivienis wird Strophe für Strophe durchgeführt und von zwei Traktaten eingeleitet. Das Erste beschreibt die christlich-platonische Kosmologie, das zweite greift mythologische Themen auf, um zu zeigen, daß die Liebe auf drei Ebenen alles beherrscht: im Himmel, im Leben des Menschen und bei den Tieren. Viele der hier angesprochen Themen werden später im *Heptaplus* zusammenfließen. Vgl. hierzu auch Ryan, E.E.: L'influenza degli scritti filosofici di Giovanni Pico della Mirandola sull'interpretazione cinquecentesca dei Dialoghi di Platone. In: Castelli, P. (Hg.): *Giovanni e Francesco Pico. L'opera e la fortuna di due studenti ferraresi*, Florenz 1998, S. 141. Insoweit es hier auch um die Übereinstimmung zwischen Platon und Aristoteles geht, vgl. Klibansky, R.: *The continuity of the platonic tradition during the Middle Ages with a new preface and four supplementary chapters together with Plato's Parmenides in the Middle Ages and the Renaissance*, London 2002.

durchdrungen sein. Der angelischen Liebe ist die Gegenseitigkeit und die kreisförmige Bewegung des Guten als Geschenk, Dankbarkeit und Rückgabe, die traditionsgemäß in der Gestalt der Grazien dargestellt wird, ihr ureigenes Wesen. Pico ließ sich diese dann auch in der Darstellung Botticellis auf einer Medaille anfertigen. Diese (christianisiert-heidnische) Darstellung ist sicherlich eines der aussagekräftigsten Embleme für Pico. Die drei Grazien, in denen die Tradition *Pulcritudo, Amor* und *Voluptas* sah, beschreiben einen kreisförmigen Tanz, der sie zu einer Einheit werden läßt, in der für Pico der Wille des Schöpfers, die Kreatur und deren Rückkehr zum Schöpfer liegt, das Symbol also der dreieinigen Liebe. Daß der Mensch ein Geschöpf *naturaliter religiosum* sei, ist für Ficino noch vor der Erkenntnisfähigkeit eine Frage der Liebe, und Sandro Botticelli, den mit Pico übrigens mehr als nur eine flüchtige Bekanntschaft verband, wird im selben Jahr, in dem Pico seine *Oratio* verfaßt, die den Wassern entsteigende Venus (seit dem 19. Jahrhundert als »Die Geburt der Venus« bezeichnet) malen, ein Gemälde, das die Liebe als Grundstein allen Lebens darstellt. Wenn man einerseits, typisch für die geistige Atmosphäre des 15. Jahrhunderts, Analogien zwischen einer spiritualisierten Venus und der Heiligen Mutter Gottes sehen will, wobei Amor im einen Fall Venus' Bruder und im anderen Fall ihr Sohn ist, so darf andererseits nicht außer Acht gelassen werden, daß die Thematik der Liebe zu jener Zeit vor allem unter dem Gesichtspunkt der Gegenüberstellung von sakraler und profaner Liebe einen sehr häufig behandelten Themenschwerpunkt bildete. In dieser Gegenüberstellung kommt die ganze Spannweite der Kontraste zwischen des Menschen Nähe zu und seinem Getrenntsein von Gott zum Schwingen, die der Geisteshaltung der Renaissance im Tiefsten zugrunde liegt.[16] Das findet seinen Ausdruck auch in einer stürmischen Episode aus

[16] Zu Hinweisen auf die Grazien als Symbol für großherzige und selbstlose Gerechtigkeit vgl. Aristoteles: *Etica Nicomachea* 1133 a. Einzig in ihrer Art sind die Beobachtungen G. Azzonis über die Außerordentlichkeit des Einflusses der Grazien auf die Ordnung der Dinge geblieben, welcher von einem besonderen Sinn für Gegenseitigkeit und Dankbarkeit geprägt war: Azzoni, G.: L'idea di giustizia fra il relativo e l'universale. In: Torresetti, G. (Hg.): *Diritto, politica e realtà sociale nell'epoca della globalizzazione* (Atti del XXII Congresso nazionale della Società Giuridica e Politica, Macerata, 2.–5. Oktober 2002), Macerata 2008, S. 289–328 und ders.: La reciprocità delle Grazie: oltre l'antinomia di universale e particolare nell'idea di giustizia. In: Botturi, F.-Totaro, F. (Hg.): *Universalismo e etica pubblica*, Mailand 2006, S. 35–54. Es ist erstaunlich, wie die Darstellung der Grazien auf dem Medaillon von Pico della Mirandola, bis auf die auf der Hand liegende Tatsache, daß es sich um ein Werk Botticellis handelt, bis ins Detail der von Raffael in den Vatikanischen Loggien realisierten Darstellung gleicht und wie beide (wenn auch wohl die Raffaelische aufgrund der Position eines Armes in geringerem Maße) die Kopie eines römischen Freskos aus Pompeji zu sein scheinen. Dabei lag doch Pompeji zu jener Zeit noch unter der Lava des Vesuvs begraben! Das Rätsel erklärt sich durch einen Text von Seneca: Leon Battista Alberti riet allen Malern, die vorhatten, die Grazien darzustellen, an, mit größter Sorgfalt die Stelle in Senecas *De beneficiis* (I, 3) zu lesen, an der die drei Grazien auf das

Picos Leben, die ihn in jungen Jahren in Arezzo sieht, auf die später noch einzugehen sein wird.

Die vorstehenden Ausführungen sind, wie noch zu zeigen sein wird, eine notwendige Voraussetzung für eine angemessene Interpretation des Begriffs der Menschenwürde im Werk Pico della Mirandolas. In dem Durchdrungensein des Werkes Picos von einer charakteristischen doppelten Öffnung, auf der einen Seite zum Anthropozentrismus, auf der anderen – mit diesem in Verbindung stehend – zum Theozentrismus, liegt auch der Grund für die bereits eingangs vermerkten starken Differenzen in den Auslegungen seines Werkes, die ins Auge fallen. Da wird auf der einen Seite ein Bruch mit der Epoche gesehen (wie das zum Beispiel bei Jacob Burckhardt, Giovanni Gentile, Ernst Cassirer und weitgehend bei P. Oscar Kristeller der Fall ist) und auf der anderen Seite eine Fortsetzung des Zeitgeistes unterstrichen (so Heinrich Reinhardt, Giovanni Di Napoli, Fernand Roulier und vor allem Henry De Lubac).[17]

Nach diesen kurzen einleitenden Erläuterungen die *Oratio* Picos betreffend soll es in den folgenden Kapiteln um die Anthropologie, die Methodologie und um die Auffassung Picos von*dignitas* gehen, den Abschluß werden dann einige zusammenfassende Ausführungen zu unseren Überlegungen bilden.

II. Was beabsichtigte Pico mit seiner *Oratio*?

Nicht ohne Bedeutung ist der biographische Kontext, in dem die *Oratio* entstanden ist. Das Jahr 1486 ist eines der ereignisreichsten im Leben Picos. Dreiundzwanzigjährig kehrt er aus Paris nach Florenz zurück, wo ein Kreis angesehener Freunde, unter ihnen so berühmte Namen wie Lorenzo

---

Genaueste als ein einheitliches »Geben-Erhalten-Zurückgeben« beschrieben und interpretiert werden. Ihre Synthese verkörpert Venus, die Göttin der Liebe, die in diesem Zusammenhang zu einer spiritualisierten Gestalt wird. Profane und sakrale Liebe sind hier in einem einheitlichen Ganzen zusammengeflossen (wie auf den Gemälden Sandro Botticellis »Der Frühling«, wo die drei Grazien abgebildet sind, und »Die Geburt der Venus«). In der Malerei wird die Darstellung der drei Grazien später außerdem auf dem berühmten Gemälde Tizians mit dem gleichen Titel auftauchen.

[17] Vgl. Burckhard, J.: *Die Kultur der Renaissance*, a. a. O.; Gentile, G.: *Il pensiero italiano del Rinascimento*, Florenz 1940; Cassirer, E.: *Individuo e cosmo nella filosofia del Rinascimento* (ital. Übers.), Florenz 1935; Kristeller, P.O.: *Studies in Renaissance Thought*, Rom 1969; Reinhardt, H.: *Freiheit zu Gott: der Grundgedanke des Systematikers Giovanni Pico della Mirandola.* In: *Acta Humaniora*, Weinheim 1989; Di Napoli, G.: *Giovanni Pico della Mirandola e la problematica dottrinale del suo tempo*, Rom 1965; Roulier, F.: *Jean Pic de la Mirandole (1463–1494), humaniste, philosophe et théologien*, Genf 1989; De Lubac, H.: *L'alba incompiuta*, a. a. O.

de' Medici, Marsilio Ficino, Angelo Poliziano und Girolamo Savonarola, ihn erwartet (von denen letzterer erfolgslos versucht, ihn dazu zu bewegen, an seiner Seite in den dominikanischen Orden einzutreten). Pico hat einen bestimmten Plan vor Augen: auf seiner Zwischenetappe in Rom will er auf eigene Kosten einen großen Kreis zeitgenössischer Gelehrter verschiedener geistiger und religiöser Orientierung zu einer Gesprächsrunde versammeln, um seine den allgemeinen Frieden bezweckenden Thesen zu besprechen. Er hegt die Hoffnung, auf diese Weise eine Art Ökumenisches Konzil, bestehend aus den gelehrtesten Männern seiner Zeit, ins Leben zu rufen, an dem auch das Apostolische Kollegium und vielleicht sogar der Pontifex selbst, zu jener Zeit Papst Innozenz VIII., beteiligt sein sollten. Unter den prüfenden Blicken der Kommission sollten neue oder vernachlässigte Quellen auf ihre Bedeutung hin untersucht werden, um einen neuen allgemeingültigen Textkanon zusammenzustellen. Diskutiert werden sollten im Einzelnen die von Pico unter dem Namen *Conclusiones Nongentae* zusammengestellten 900 Thesen, zu denen die *Oratio de hominis dignitate* lediglich die offizielle Einleitung bildete.[18] Das Ziel, zu einer allgemein anerkannten Übereinstimmung in grundlegenden Glaubens- und Vernunftwahrheiten und damit zum allgemeinen Frieden zu gelangen, findet seine präzise theologische Inspiration in zwei Textpassagen aus dem Johannes-Evangelium, über die Pico uns selbst berichtet, daß sie in jenen Tagen beständiger Gegenstand seiner Meditation gewesen sind: »Wer an mich glaubt, der wird auch die Werke tun, die ich tue, und wird größere als diese tun, weil ich zum Vater gehe« (*Joh.* 14, 12); und ein Stück weiter unten in demselben Kapitel: »Frieden lasse ich euch, *meinen* Frieden gebe ich euch« (*Joh.* 14, 27). Der erste Satz weist den

---

[18] Vgl. *Conclusiones philosophicae, cahabalisticae et theologicae.* Picos Plan für Rom ist aber nicht von demjenigen Geist des Konziliarismus so weit entfernt, der den Gelehrten und der Geistlichkeit seiner Zeit eigentümlich war. Die 900 Thesen sind als *quaestiones disputandae* gefaßt je nach ihren Quellen in Gruppen eingeteilt. Sechs, insgesamt 115 Thesen umfassende Gruppen stammen aus christlicher Quelle, acht Gruppen mit insgesamt 82 Thesen leiten sich aus verschiedenen ägyptisch-arabischen Quellen her, fünf weitere Gruppen mit 29 Thesen beziehen sich auf peripatetische bzw. porphyrianische Quellen. 113 Thesen neuplatonischen Ursprungs sind in weitere sechs Gruppen eingeteilt; auf die Chaldäer und auf Trismegistos und die Kabbala gehen drei Gruppen mit 63 Thesen zurück. Die 900 Thesen beinhalten schließlich persönliche *Conclusiones,* thematisch in elf Gruppen unterteilt mit 497 Thesen. Die Gesamtzahl der Thesen beläuft sich auf 899 und nicht auf 900, aber nicht weil Pico hier beim Zählen ein Fehler unterlaufen wäre, sondern weil er aus kabbalistischen und mystischen Gründen absichtlicheine These außerhalb der gesamten Berechnung lassen wollte. Im Gesamtzusammenhang der Thesen findet in aller Deutlichkeit das Streben nach einer Versöhnung zwischen dem Griechentum (Platon, Aristoteles und anderen Schulen) und dem Judaismus, dem Christentum, dem Islam und der Esoterik (Kabbala, Magie und der chaldäischen und ägyptischen Kultur) Ausdruck. Grundlage bildet hier ein Prinzip, das mit dem Geist des Humanismus im Einklang steht: *philosophia veritatem quaerit, theologia invenit, religio ligat et possidet.*

Weg, der zweite das Ziel. Und Pico macht sich mit dem Eifer eines jungen Menschen, der sich durch nichts beirren läßt, auf den Weg. Am Ende ist es aus unterschiedlichen Gründen nicht zu der Disputation gekommen, aber Picos Thesen wurden einer vorhergehenden Untersuchung unterzogen, mit der der Papst eine speziell zu diesem Zweck einberufene Kommission betraut hatte.[19]

Picos Reise nach Rom wurde durch ein amouröses Zwischenspiel, das bis heute nicht bis in alle Einzelheiten geklärt ist, unterbrochen. Er wird in Arezzo in Gewahrsam genommen und unter die Aufsicht der ›Zehn von Balìa‹, zu jener Zeit die Ordnungshüter der Stadt, gestellt.[20] Die Bedeutung des Vorfalls für unseren Zusammenhang liegt in dem ausgeprägten Schuldgefühl, das dieser in Pico wie eine begangene Sünde zurückließ und das Verlangen nach Erlösung nach sich zog. Die Nachwirkungen waren so stark, daß sie sich sogar im Denken des jungen Philosophen selbst niederschlugen, und im besonderen dazu führten, daß Pico eine Überführung des *eros* in *agape* vornahm, was auch in der in seinem Werk entworfenen Vorstellung der *Sophia* zum Ausdruck kommt, eine Verwandlung, die von diesem Zeitpunkt an sein gesamtes Denken und Handeln bestimmen wird.[21] In diesen Monaten vervollständigt Pico vor allem, indem er neue Verknüpfungen mit der hebräischen, der arabischen und der chaldäischen Kultur herstellt, die 900 Thesen.

---

[19] Die Päpstliche Kommission, die die Aufgabe hatte die 900 *Conclusiones* Picos zu untersuchen, bestand aus sechszehn Mitgliedern, unter ihnen Jean Cordier. Sie befand sieben der neunhundert Thesen für von Grund auf zu verwerfen und sechs weitere für strittig. In Übereinstimmung mit seinen Grundsätzen akzeptierte Pico generell die Zensur, nahm jedoch die abgelehnten Thesen wieder auf und verteidigte sie in einer neuen Darlegung, der *Apologia*. Diese seine schriftliche Reaktion auf den gescheiterten Römer Disput wurde im Jahre 1487 in Neapel veröffentlicht. Die sorgfältigste Ausgabe dieses Textes in einer zweisprachigen lateinisch-italienischen Ausgabe ist: G. Pico della Mirandola, *Apologia. L'autodifesa di Pico di fronte al Tribunale dell'Inquisizione*, hg. von P.E. Fornaciari. Florenz 2010.

[20] Pico wurde beschuldigt, die Gemahlin Giuliano de' Medicis, des Vetters Lorenzos, gewaltsam entführt zu haben, die aber doch sehr wahrscheinlich dem Unterfangen zugestimmt hatte. Eine andere Version des Hergangs besagt, daß es im Gegenteil sie gewesen ist, die ihm aus Leidenschaft nach Rom folgen wollte. Auf jeden Fall kam es in einem Waffengefecht zwischen Picos Geleit und den Wachen der Balìa zu mehreren Toten. Pico wurde aber nach seiner Verhaftung vermutlich aufgrund seines Ansehens und vor allem dank des Wohlwollens, die er seitens Lorenzo de' Medicis genoß, wieder freigelassen. Pico seinerseits gestand zu, einer unziemlichen Liebe gehuldigt zu haben. Er bekundete seine tiefe Reue und behielt ein aufrichtig empfundenes moralisches Schuldbewußtsein zurück, das ihn, so scheint es, sein ganzes Leben als Schandfleck seiner Ehre begleitet hat.

[21] Zur Wichtigkeit des Abenteuers von Arezzo und der Einfluß, der es auf Picos Persönlichkeit ausübte, vgl. die aufschlußreiche Arbeit Pier Cesare Boris: *Pluralità delle vie*, a. a. O., der für die Vorgeschichte der *Oratio* die Bedeutung des *Commento sopra una canzona de amore*, a. a. O., hervorhebt. Ich verdanke meine Anmerkungen zu den Auswirkungen des Ereignisses von Arezzo den Ausführungen Boris.

In eben diese Zeit fällt auch der Abschluß der Niederschrift der *Oratio de hominis dignitate*, die allerdings erst sehr viel später, nach ihrem Druck durch Jakob Wimpfling in Zürich im Jahre 1504, weitläufige Verbreitung erfuhr.[22]

Die herausragende Stellung der *Oratio* innerhalb des Gesamtwerkes Picos, aber auch der Grund dafür, daß sie im Laufe der Geschichte einen so hohen Bekanntheitsgrad erlangt hat, ist vor allem auf ihren programmatischen Duktus zurückzuführen.[23] Die *Oratio* ist Ausdruck dessen, was Pico, ohne in seinem ganzen sowohl kurzen als auch intensiven Leben je davon abzuweichen, durch sein Werk und durch sein Wirken erreichen wollte und woraus er Sinngebung schöpfte. Die Abhandlung weist die stilistische Eleganz eines ausgesuchten Lateins humanistischer Prägung auf und ist im Stil jener *expositio ornata* geschrieben, die Pico in Texten philosophischer und argumentativer Form stets abgelehnt und deswegen auch selbst in unmittelbar philosophischen Texten nie angewandt hat, weil er ihr den schlichten, von den scholastischen Theologen benutzten *stilus parisiensis* vorzog.[24]

---

[22] In Fragen des Hebräischen, mit dessen Studium er in Padua bei Del Medigo begonnen hatte, stand Pico Flavio Mitridate, Pseudonym des Samuel ben Nissim Abulfaraj, zur Seite, der zum persönlichen Gefolge des Grafen della Mirandola gehörte, ein höchst origineller und gewitzter Kopf, der die Interpretation der hebräischen Quellen von Seiten seines Schülers oft hart kritisierte.

[23] Eugenio Garin hat in seinen *Le interpretazione del pensiero*, a. a. O., herausgestellt, daß über Pico immer viel Anekdotisches und Fragmentarisches aus den verschiedensten Bereichen (Kabbalistik, Versdichtung, Sprachgewandtheit, Extravaganz usw.) berichtet wird, daß seine Hauptwerke aber im allgemeinen zu wenig Beachtung fanden. Erst im 20. Jahrhundert hat das Interesse diesbezüglich e zugenommen. Und so kommt es im Jahre 1905 zu einer ersten deutschen Übersetzung von Arthur Liebert (die Übersetzung erscheint unter dem Namen Levy). Ernst Cassirer hat sich dann auf Pico bezogen und ihn als herausragenden Philosophen der Renaissance (oder besser als Vertreter des speziell für die Philosophie der Renaissance so charakteristischen Ineinandergreifens von Humanismus und Philosophie) neben Nikolaus von Kues gestellt. Von Grund auf verneint hat hingegen den spezifisch philosophischen Wert der künstlerischen Metaphern und der Rhetorik des Humanismus Martin Heidegger. Zur Kritik Heideggers und zur darauffolgenden von Ernesto Grassi angestoßenen Debatte vgl. Grassi, E.: *Heidegger e il problema dell'umanesimo*, Neapel 1985, und, näher an der uns hier interessierenden Thematik: *Arte e mito*, Neapel 1996, S. 207–212. Was Cassirer anbelangt, so hat dieser in Übereinstimmung mit Burckhardt, die *Oratio de hominis dignitate* als »eines der edelsten Erbgüter der Renaissance« bezeichnet. Hinsichtlich der Neubewertung der Antike im Kontext des Humanismus, für den Pico eines der erlesensten Beispiele ist, vgl. auch Wind, E.: *Misteri pagani nel Rinascimento* (ital. Übers.), Mailand 1971.

[24] Vgl. Picos *Lettera ad Ermolao Barbaro* aus dem Jahre 1485 (*Epistula de genere dicendi philosophorum)*, in dem er den nüchtern bündigen Stil (*stilus parisiensis*), der sich so gut für die Philosophie eignet, gegen eine Schreibart voller verschnörkelter Ausschmückungen und ästhetischer Effekte, die wiederum der Redekunst gut zu Gesichte steht, verteidigt. Die Grundsätze, auf die er seine These stützt, bestehen im moralischen Handeln des Schreibenden (*vita dicentis*), im Wahrheitsgehalt des Inhaltes (*veritas rei*) und der Schlichtheit der Sprache (*sobrietas*

Es soll hier keine Erläuterung der einzelnen Abschnitte der gesamten *Oratio* im Stil eines Kommentars geliefert werden, vielmehr verdienen ihre eröffnenden Worte besondere Aufmerksamkeit. Hier findet sich die Aussage, daß der Mensch dasjenige Wesen der Schöpfung ist, das die meiste Bewunderung verdient. Dieses Urteil wird auf der einen Seite durch arabische Schriftquellen und auf der anderen durch ein griechisches Zitat belegt, die deutlich machen, daß des Menschen Außerordentlichkeit, ja seine unermeßliche Größe, sich nicht allein aus seinen Fähigkeiten und allem, was man ihm zuschreibt, erklären läßt: »*Legi, Patres Colendissimi, in Arabum monumentis, interrogatum Abdalam sarracenum, quid in hac quasi mundana scena admirandum maxime spectaretur, nihil spectari homine admirabilius respondisse. Cui sententiae illud Mercurii adstipulatur: ›Magnum, o Asclepi, miraculum est homo*‹«.[25] Dieser Anfang – man beachte den geschickten rhetorischen Kunstgriff, vor einem ehrwürdigen Gremium christlicher Gelehrter und hoher kirchlicher Würdenträger, ganz offensichtlich mit dem Ziel, einen versöhnlichen Geist heraufzubeschwören, mit arabischen und esoterisch-heidnischen Zitaten zu beginnen – birgt in sich bereits den Sinn der gesamten Rede. Pico macht sich die Auffassung derer zu eigen, die die besonderen Fähigkeiten des Menschen

---

orationis). Der Stil der *Conclusiones Nongentae* ist denn auch, im Unterschied zur *Oratio*, äußerst nüchtern, sachlich und prägnant. Die Epistel an Barbaro ist eine Kritik an der Rhetorik und an ihrer gekünstelten Leere und eine Streitschrift für »grobe«, direkte und spontane Ausdrucksweisen, weil »unter der Grobheit immer ein Gott steckt«. Diese stilistische Entscheidung rührt bei Pico keineswegs von der fehlenden Liebe zu gewähltem Sprachduktus, im Gegenteil, er empfand tief den Wert einer erlesenen Ausdrucksweise und beherrschte ihn meisterlich, wie unter anderem die *Oratio* und andere kleinere Werke zeigen, die nicht unmittelbar »philosophisch« sind. So bewunderte er das *magnum sacramentum latini sermonis* – nach dem Ausdruck, den Lorenzo Valla, wahrhaftiger großer Vertreter der Redekunst und Pfleger der erhabenen Beredsamkeit, prägte – und schreibt sogar an Poliziano, daß zu befürchten stünde, daß der elegante lateinische Stil einmal zu verfallen bestimmt sei. Barbaro hatte seinerseits Pico vor der Gefahr gewarnt, weder als Philosoph noch als Literat zu gelten, wenn er sich nicht an die Regeln der Rhetorik hielte. Nach Barbaro hätte Pico außerdem seinen nicht-rhetorischen Stil gerade mit den Mitteln der Redekunst verfochten. Erasmus von Rotterdam wird sich seinerseits mit jenem Pico della Mirandola, der diese Thematik in den *Silenzi di Alcibiade* behandelt, beschäftigen. Diese Problematik stellt eine große Kontroverse jener Zeit dar, die weit mehr zum Gegenstand hat als rein stilistische Fragen, wie man in den Schriften Melanchtons sehen kann. Vgl. hierzu Garin, E.: Le interpretazioni di Giovanni Pico. In: AA.VV.: *L'opera e il pensiero di Giovanni Pico della Mirandola nella storia dell'umanesimo* (Convegno Internazionale di Mirandola, 15.–18. September 1963), Florenz 1965, S. 3–33, und Di Napoli, G.: *Giovanni Pico della Mirandola,* a. a. O., im besonderen S. 39–44. Was die Frage des Stils Pico della Mirandolas angeht, gibt es auch eine Interpretation, die die *Oratio* lediglich als ein hervorragendes Beispiel von gewandter Beredsamkeit ansieht und ihren Inhalt dabei völlig außer acht läßt, wie das bei Dulles, A.: *Princeps Concordiae. Pico della Mirandola and the Scolastic Tradition*, Cambridge 1941, der Fall ist.

[25] *Oratio*, Par. 1.

herausstellen, allerdings hält er sie als Erklärung für die Größe des Menschen und sein *summae admirationis privilegium* für unzureichend. Denn aus ihm entsteht das *magnum miraculum* seines Seins, des Daseins eines *admirandum profecto animal*; Picos Interesse und sein persönlicher Einsatz gelten der Lösung eben dieses großen Geheimnisses.[26] Effektvoll und szenisch aufgewertet wird der Eingangsteil durch die Inszenierung einer Rede Gottes selbst, was eine Parallele zu Nikolaus von Kues' *De pace fidei* schafft.[27] Ein stilistischer Kunstgriff, von dem man auch in Pariser Kreisen jener Zeit, die Pico bestens vertraut waren, und in akademischen Antrittsvorlesungen Gebrauch machte. Im Falle der *Oratio* haben aber der hohe Stil und der Reichtum an rhetorischen Kunstmitteln ihren Grund in der Ehrerbietung, die der Autor der Gewichtigkeit der Fragestellung entgegenbringt.

III. Das Menschenbild in der *Oratio*

Unter dem Eindruck des Vordringens der Türken sucht das Konzil von Florenz im Jahr 1442 das Auseinanderbrechen der christlichen Welt durch einen *allgemeinen Frieden* zu verhindern. Dieses Thema ist unter anderen auch Gegenstand der Darstellung in *De pace fidei* von Nikolaus von Kues, und auch für Pico della Mirandola – seine Freunde nennen ihn in einer Anspielung

---

[26] *Oratio*, Par. 3. Die Auffassung vom Menschen als einem Wunder, was mit einem Verweis auf verschiedene Quellen belegt wird, hat bei Pico seine unmittelbare und nicht unbedeutende Vorgeschichte bei Marsilio Ficino, der seinerseits ebenfalls die These vertritt, daß der Mensch für sich keine spezifischen Eigenschaften hat und daß in ihm die Eigenschaften aller anderen Kreaturen, die Engel eingeschlossen, vereint sind. Vgl. Marsilio Ficino: *Theologia platonica de immortalitate animorum* XIV, 3.

[27] Im allgemeinen läßt sich sagen, daß die Würde des Menschen, so wie sie im 15. Jahrhundert empfunden wird, in der Natur seines Wesens liegt, weil es eben jene Natur ist, in der Gott wollte, daß sein Wort Mensch werde. Aber die Themen, die Nikolaus von Kues anspricht, beziehen sich noch auf ein anderes Thema, das auch Pico behandelt und das zum Hauptargumentationsstrang wird. Das Eine geht den Vielen, jeglicher Vielheit und der All-Einheit voraus: im Geschöpf Mensch liegt als geistige Form gleichzeitig sowohl das Eine als auch die Vielheit vor. Unvermeidlich bezieht sich die Beziehung Einheit-Vielheit auf die Dreifaltigkeit von selbst, die in das Umfeld der hier behandelten Anschauungen mit den Begriffen »das Eine«, »Gleichheit« und »Zusammenhang« eingeführt wird. Vgl. Nikolaus von Cues: *De pace fidei*, a. a. O. Der Vergleich zwischen Pico und Nikolaus von Cues in Bezug auf die Frage des Friedens wird immer wieder gezogen. Vgl. zu den wichtigsten Monographien, die sich besonders mit Pico beschäftigen, neben anderen Vasoli, C.: *Tra »maestri«, umanisti e teologi. Studi quattrocenteschi*, Florenz 1991, S. 102ff.; Gerl-Falkovitz, B.: Pax christiana. Friedensvisionen und Toleranz bei Cusanus, Pico, Erasmus. In: ders.: *Die zweite Schöpfung der Welt. Sprache, Erkenntnis, Anthropologie in der Renaissance*, Mainz 1994; Garin, E.: *l'umanesimo italiano: filosofia e vita civile nel Rinascimento*, Bari 1970.

auch auf den Ort seiner Herkunft *Princeps Concordiae*[28] – steht in seinen *Conclusiones Nongentae* die Schaffung eines allgemeinen Friedens im Mittelpunkt. Mit dieser Schrift liefert der junge Philosoph nicht etwas eine methodisch ausgefeilte Lehre, sondern läßt hochgebildete Gesprächspartner in eine dialektische Auseinandersetzung über philosophisch-theologische Fragen treten, was die Darstellung besonders lebendig macht und den Eindruck von Echtheit vermittelt.

Den thematischen Leitfaden und das erkennbar verfolgte Hauptziel bildet die Bestimmung des Wesens des Menschen. Das Bild des Menschen, das Pico schafft, kann zweifelsohne als tragende Achse, um die sich sein gesamtes Schaffen dreht, und als Leitmotivseines gesamten so kurzen, und dabei doch so intensiven Lebens betrachtet werden. In diesem Zusammenhang sind auch seine Vorstellungen und die Bedeutung des pichianischen Anthropozentrismus und folglich auch die sich daraus ergebende Art der Würde, die er dem Menschen als solchem zugeschrieben sehen möchte, zu sehen. Wie noch gezeigt werden soll, ist der Mensch bei Pico ein Wesen, das zwischen dem Nichts und der All-Einheit oder dem Ganzen Form annimmt.

Die Leitidee des Menschenbegriffs, die hier besonders hervorgehoben werden soll, ergibt sich aus den Paragraphen 4 und 5 der *Oratio*, wird aber im *Heptaplus*, einer weiteren systematischen Abhandlung Picos, die hier, außer einigen unerläßlichen klärenden Ergänzungen allerdings nicht Gegenstand der Darstellung sein soll, noch weiter entwickelt.[29] Die Bestimmung des Menschen beruht dabei auf einer Auslegung der biblischen Schöpfungsgeschichte,

---

[28] *Concordia* ist der Name der Stadt, in der die Grafenfamilie Pico della Mirandola ihren fürstlichen Sitz hatte. Deswegen ergab sich aus dem Namen für den jungen Giovanni dieser passende doppelte Sinn.

[29] Pico ist weder ein Heimwehkranker noch ein schwärmerischer Anbeter der Antike, die er nämlich keineswegs, wie viele seiner Zeitgenossen, für eine Art verlorenes Paradies voller vergessener Wahrheiten hält. Eine solche Sehnsucht bewegte allerdings durchaus die Geister einiger seiner Freunde, wie zum Beispiel Lorenzo De' Medici oder Angelo Polizianos. Pico hingegen suchte in der Antike verborgene Kenntnisse, und er ließ sich dabei von dem gleichen Geist leiten, der ihn dazu trieb, die Kabbala auf der Suche nach Geheimnissen des ursprünglichen Menschenzustandes und, nach seinem Ansichtspunkt, der Menschheit schlechthin zu untersuchen. Der *Heptaplus. De septiformi sex dierum Genesei enarratione* (1489) ist sicherlich *das* Werk Picos, in dem Komplexität und Eindringlichkeit ihren Höhepunkt erreichen. Es kann zur Gattung der Hexaemerons gerechnet werden, einer literarischen Gattung, die aus der Bibelexegese der Kirchenväter entstanden ist. Es handelt sich um eine systematische Gesamtdarstellung, die den Ursprung des Menschen und der Welt mit dem Grundschema der biblischen Erzählung über die Schöpfung zu erklären versucht. Er ist dabei besonders auf die Komplexität der hieraus hervorgegangenen Leseweisen eingegangen, an die sich in der Folge die verschiedenen Auslegungen geknüpft haben. Pico schrieb den *Heptaplus* in der ruhigen Abgeschiedenheit eines Landsitzes in der Nähe von Fiesole, den Lorenzo De' Medici ihm zur Verfügung gestellt hatte und wo Pico ein Leben in fast mönchischer Askese führte. Das Werk ist eine detaillierte Auslegung der Bibelverse, die die Schöpfungsgeschichte betreffen (besonders

die durchaus Analogien mit dem griechischen Mythos des Epimetheus aufweist. Dieser hatte nach dem Mythos am Anfang allen Lebens jedem Tier besondere Gaben zugeteilt, den Menschen dabei aber vollkommen vergessen.

In der biblischen Erzählung erscheint der Mensch als letztes aller beseelten und unbeseelten Geschöpfe. In der theologischen Interpretation Picos hatte der Schöpfer nach dem fünften Tag die ihm zur Verfügung stehenden Grundvorbilder für alle beseelten und unbeseelten Kreaturen seiner Schöpfung und für den gesamten himmlischen und irdischen Kosmos ausgeschöpft. Trotzdem fehlte aber noch etwas zur Vollendung seines Werkes, und da der Schöpfer ja Allmacht besitzt, konnte es nicht sein, daß er keine neue Kreatur schaffen konnte und daß seine Schaffenskraft auf die vorhandene Anzahl von Archetypen begrenzt war. Diese Vollendung der Schöpfung erfolgte am sechsten Tag mit der Erschaffung des Menschen.[30]

Der Mensch wurde also erschaffen, ohne einen eigenen Archetypus zu besitzen, was aber auch bedeutete, daß er im Unterschied zu allen anderen Geschöpfen an keinen Archetypus gebunden wurde: »*Nec certam sedem, nec propriam faciem, nec munus ullum peculiare tibi dedimus, o Adam, ut quam sedem, quam faciem, quae munera tute optaveris, ea, pro voto, pro tua sententia, habeas et possideas*«.[31] Gleichzeitig hat diese Menschennatur aber auch dazu geführt, daß dieses Wesen in der Lage war, in sich alle anderen Archetypen zu vereinen und daß er keine im vorhinein festgelegte Gestalt oder Substanz hat, sondern daß er auf Grund seiner Fähigkeiten imstande ist, sie alle zu verwirklichen. Und das ist auch der Grund, warum der Mensch das größte Wunder und das erstaunlichste Lebewesen der Schöpfung ist, das einzige, das würdig ist, vor Gott zu stehen, mehr noch als die Engel, die bei der Erschaffung der Welt in der Abfolge der Schöpfung vor ihm gekommen sind. Und so hat Gott dann den Menschen auch nach seinem Ebenbild geschaffen.

Genesis 1–26) und ist in sieben *Expositiones* eingeteilt, die wiederum ihrerseits in Analogie zu den sieben Tagen der Schöpfung je sieben Kapitel haben. Die sieben *expositiones* tragen folgende Titel: *De mundo elementare*; *De mundo caelesti*, *De mundo angelico et invisibili*; *De mundo humano*; *De omnibus mundis*; *De mundorum inter se et rerum omnium cognatione*; *De felicitate, quae est vita aeterna*.

[30] Es geht hier um die umstrittene Frage des Ursprungsgarten in der Schöpfung und demzufolge des Ursprungsortes des Menschen, ob es sich hierbei um das sogenannte Irdische Paradies oder um einen anderen Ort handelt. Aber in der *Oratio* nimmt eine gewissen Deckungsgleichheit zwischen dem biblischen Garten Eden und dem Garten des Zeus Form an. Die in Genesis 3, 21 beschriebene Gestalt des Menschen hat durchaus Ähnlichkeiten mit der Beschreibung des Zeusschen Gartens, wo Eros in dem gleichen Augenblick von Poros und Penia geboren wird, in dem Aphrodite erscheint. Diese Bilder haben ihren Weg immer wieder in die Gemälde von Sandro Botticelli gefunden. Für die Quellen vgl. auch Platon: *Symposion* 203 d–204 c. Der Zeussche Garten kommt unmittelbar in den auf persönlichen Standpunkten fußenden Thesen vor, die Pico in den *Nongentae conclusiones* zusammenstellt.

[31] *Oratio*, Par. 5.

Aber da ist noch etwas: das Wort Gottes ist im Menschen fleischgeworden, nicht in einem Engel. Das beweist die unvergleichliche Größe des Menschen. Und noch mehr: es ist nicht denkbar, daß die Fleischwerdung des Wortes nur zum Selbstzweck existiert, was Pico auch bei dem in seiner Autorität unanfechtbaren Augustinus bestätigt sieht.[32] Es ist vielmehr so, daß das Wort Gottes sich im Menschen fortsetzt und in der Welt durch den Menschen tätig ist. Ein Echo dieser Eigenschaften findet sich auch in Psalm 8, 5–7, und ihre Spuren sind mannigfach bei Ficino zu finden. Für Ficino liegt der Hauptunterschied zwischen dem Menschen und den Tieren darin, daß der Mensch mit Verstandeskraft ausgestattet ist, die ihn als einziges Geschöpf in die Lage versetzt, die *contemplatio divinorum* zu üben.[33] Parallelstellen sind selbstverständlich auch bei Cusanus zu finden.[34]

Kurz gesagt, was hier herausgestellt werden soll, ist das Neue in der Auslegung gegenüber der theologischen Tradition der Ebenbildlichkeitslehre. Während diese Lehre davor fast ohne Ausnahme auf die Analogie zur Auslegung der Dreieinigkeitslehre bezogen war, führt die von Pico vertretene Position nun dazu, daß, wie er selbst argumentiert, der Mensch in der Schöpfung eine zentrale Stellung einnimmt, welche als Ebenbild Gottes zur gleichsam alles Dasein verändernden Figur wird. Dieser Punkt soll später noch einmal aufgegriffen werden.

Die erläuterten Grundthesen sind das Fundament des pichianischen Menschenbildes. In der Angleichung von archetypischer und göttlicher Schöpfung wird die offensichtliche Verschmelzung auf theoretischer Ebene von einer auf platonischem Gedankengut gründenden Vorstellung einer Weltgestaltung (d. h. einer Vorstellung, daß die Prägung auf archetypischen Modellen beruht) und einer in der christlich-jüdischen Tradition stehende Sicht der Schöpfung (d. h. die Vorstellung, daß die Welt aus dem Nichts durch göttliche Schöpferkraft entstanden ist) deutlich. Es scheint angebracht, an diesem Punkt kurz auf Iamblichos einzugehen, dessen Schriften Ficino auf Anregung eben Pico della Mirandolas ins Lateinische übersetzt hat.

Der Neuplatonismus Picos stimmt weitgehend mit der Vorstellung des προεννοούμενος θεὸς (des vorgedanklichen Gottes) überein, von der Iambli-

[32] »*Verbum voluit nasci ex homine, ut tu securus nascereris ex Deo*« (Augustinus: *Tractatus in Johannem XXXVI* 19). Pico kehrt im *Heptaplus* zum Thema der Annäherung an das Göttliche zurück, er sagt: »*At vero quemadmodum Deus non solum ob id quod omnia intelligit, sed quia in se ipso verae rerum substantiae perfectionem totam unit et colligit, ita et homo (quamquam aliter, ut ostendamus, alioquin non Dei imago sed Deus esset) ad integritatem suae substantiae omnes totius mundi naturas corrogat et counit*«. Gott »*unit et colligit*« also, während der Mensch »*corrogat et counit*«.

[33] »*Quid ergo reliquum est, quod omnino solius sit hominis? Contemplatio divinorum*« (Marsilio Ficino: *Theologia platonica* XIV, Kap. 9).

[34] Vgl. Nikolaus von Cues: *Sermo CCXI*.

chos spricht, oder anders gesagt, mit der Vorstellung eines Gottes, der vor jeder Gedankenform existiert.[35] Gemeint ist jene göttliche Größe, die die höhere geistige Einheit des gesamten Universums ausmacht. Sie ist mit demiurgischen Eigenschaften ausgestattet, die der Mensch dank seiner geistigen Fähigkeiten erfassen kann. Gemäß seiner väterlichen Natur ist er vor dem Sein eines jeden Dinges dagewesen, sogar vor sich selbst, da er Anfang seiner selbst ist. Mit Hilfe der Theurgie, als der ›Kunst‹, seine eigene Seele dem unsichtbaren Demiurgen anzunähern, ist die Seele imstande, Zugang zu den wundersamen Kräften zu finden, die das weltprägende Mysterium umhüllen.[36] Deutlich tritt hier der Bezug auf Paulus (zum Beispiel, im Brief an die Philipper 3, 13 und im Ersten Brief an die Korinther 9, 24) zutage, aber vor allem zeigen sich die zahlreichen Anregungen aus der theologischen Lehre des Pseudo-Dionysios, der in den Kräften, die ihn umgeben, das Wesen Gottes sieht; im Unterschied zum Areopagita bezieht sich Iamblichos explizit auf die ägyptischen Oktoaden und betrachtet sie als differenzierte und personifizierte Emanationen und Auswirkung der einzigen existierenden demiurgischen Kraft (durch deren Existenz es zur Bildung der Enneaden der ägyptischen theologischen Synthesen kommt). Marsilio Ficino war ein großer Verehrer der übersinnlichen Gedankengänge Iamblichos' – Ficino bezeichnete ihn und Platon als »göttlich« –, die er in Übereinstimmung mit der alten neuplatonischen Schule für aufschlußreiche und dessen Philosophie noch weiterführende Ergänzungen der Philosophie Platons hielt. Die von dieser Haltung ausgehende Faszination fiel in Picos jungem Geist auf fruchtbaren Boden.

Picos großes Interesse für Platon und für den Neuplatonismus, der in diesen Jahren vor allem dank des großen Einsatzes und der intensiven Arbeit Ficinos rasch Verbreitung fand, muß vor allem im Zusammenhang damit gesehen werden, daß Platon und der Neuplatonismus durch ihre geistliche Dimension, mehr als alle anderen philosophischen Modelle, der christlichen Auffassung am nächsten waren, wie übrigens von den Kirchenvätern der Ostkirche bestens belegt worden ist. Es gibt eine lange, auch von Clemens Alexandrinus zusammengestellte Überlieferung, die Platon als den »Attischen Moses« bezeichnet.[37] Aber auch in der lateinischen Patristik fehlt es nicht an Auslegungen dieser Art, vor allem bei Augustinus, der größten Autorität

---

[35] Vgl. Iamblichus Calcidensis, *De mysteriis Aegyptorum* X, 7. Für eine Übersicht über die Religion der Griechen, aus der sich hier viele Aspekte widerspiegeln und von der Pico sicher Kenntnis hatte, vgl. Nilsson, M.P.: *Geschichte der griechischen Religion*, München 1950–1955.

[36] Ebd.: X, 5. Das erste Mal, daß das Wort »Theurgie« in griechischer Sprache auftaucht, ist wahrscheinlich eben gerade in den *Chaldäischen Orakeln*, eine Quelle, die von Pico herangezogen wurde. In dem *Brief an Anebus* von Porphyrius wird auch die Macht des Theurgen, Einfluß auf die Götter auszuüben, erwähnt.

[37] Vgl. *Realenzyklopädie der classischen Altertumswissenschaft*, Suppl. Bd. VII (1940), S. 666.

auf dem Gebiet der Theologie des christlichen Humanismus. Augustinus zieht, gestützt auf die Tatsache, daß Platon auf seiner Reise nach Ägypten weitgehende Kenntnisse der mosaischen Welt erworben hat, sogar Parallelen zwischen der Genesis und dem Timaios.[38]

All dies ist für die Begriffsbestimmung der Menschenwürde im Sinne Picos von äußerster Wichtigkeit, denn hier liegt auch der Grund für eine feine, aber keineswegs geringfügige Auslegungsproblematik, die bei Ficino nur in geringerem Maße vorliegt. Die Frage ist, ob als treibende Kraft im menschlichen Denken neue Erkenntnisse des Menschengeistes oder aber die Achtung vor der Religion überwogen bzw. auf welche Art und Weise sie gewirkt haben. Wenn man sich vor Augen hält, daß Pico mit der Kraft seines Glaubens und dem Genie seines Verstandes daraufhin arbeitete, diese beiden Dimensionen in Einklang zu bringen bzw. sogar zu zeigen, daß sie letztendlich identisch sind, wird es nicht verwundern, daß diese Frage für die Auslegung offen blieb und der Hauptanlaß dafür ist, daß die Meinungen der Interpreten so weit auseinander klaffen.

Die These, daß die Gattung Mensch in der Schöpfung keinem eigenen Archetypus entspricht, erfährt noch durch ein weiteres Element aus der hebräischen Tradition Unterstützung, das jedem, der sich mit Kabbalistik beschäftigt, geläufig ist. Aus dieser Sicht ist der Mensch als letzter erschaffen worden, als letztes Geschöpf nach allen anderen, weil er die *Krönung* der Schöpfung ist und nicht nur *einer* ihrer Bestandteile, der am Ende zu allem anderen hinzugefügt wird. Aus diesem Grund liegt im Menschen die Verkörperung der Summe allen Seins mit allen seinen verschiedenen Ausprägungen, aber ebenso die Verkörperung aller Widersprüche und Unvereinbarkeiten. Aber damit noch nicht genug: die Berechtigung der Entstehung des Menschen ist zunächst ungewiß, und die Ursache hierfür sind das ungelöste Dilemma seiner Existenzberechtigung und der sich daraus ergebende Zweifel: ist der Mensch würdig, zur Schöpfung zu gehören, oder nicht? Auf dem Höhepunkt des Widerstreits dieser beiden Pole erblickt der Mensch das Licht der Welt und beginnt seine Existenz recht eigentlich im Kern des Dilemmas selbst. Man könnte sagen, daß der Mensch in dieser Sicht der Dinge gleichsam eine Ausgeburt des Zweifels ist, ein Zweifel, der sich tief in sein inneres Sein eingeschrieben hat, mit aller Zerrissenheit, die aus diesen Widersprüchen erwachsen. Diese ganz besondere Art der Erschaffung, die den Menschen als neues Geschöpf von allen anderen unterscheidet, hat wohl auch dazu geführt, daß der Mensch in seinem Innern beides trägt: Hinweise auf sein Würdig-Sein, aber auch Hinweise auf sein Unwürdig-Sein. Es zeichnet sich hier also im Selbstverständnis des Menschen die Möglichkeit sowohl der *dignitas* als auch der *indignitas* seines irdischen Daseins ab. *Dignitas aut indignitas* ist eine

[38] Vgl. Augustinus: *De civitate Dei* VIII, 11; VIII, 5 u. VIII, 8.

Mahnung: es steht dem Menschen frei, den einen oder den anderen Weg zu beschreiten. In dieser Hinsicht ist der Mensch ein freies Geschöpf, aber er ist auch innerlich zerrissen und quält sich, denn er befindet sich, man könnte fast sagen, in einem endlos währenden Zustand der Vorläufigkeit, weil er immer wieder beweisen muß, daß er verdienstvoll und damit seines Daseins würdig ist. Der Mensch birgt in sich, wenn man auf diesem Weg der Auslegung des Ursprungs des Menschen weitergeht, gleichzeitig auf der einen Seite Kain und auf der anderen Abel. Kain ist Kind des Fleisches, der von Eva gewollte Sohn, während Abel der von Gott gesandte Sohn ist. Der Name Abel hat in der hebräischen Sprache die Bedeutung »Dampf«, also etwas Luftverbundenes und nicht Faßbares, wo das flüchtige der Luft und des Wassers sich vereinen. Abel verkörpert also das Unbestimmte, dessen Wesen sich nicht auf eine materiell und körperlich kontrollierbare Wirklichkeit reduzieren läßt. Der Mensch kann sich also als Kain oder als Abel wiederfinden, weil beide in ihm sind, das Fleischliche und das Geistige. Dies ist ein – recht eigentlich hebräischer – Gesichtspunkt, von dem wir mit Sicherheit sagen können, daß Pico ihn sehr gründlich bedacht hat.

Die Vorstellung vom Menschen, die Pico della Mirandola in seinen Werken entwirft, hat mit dieser althergebrachten Auffassung aus der hebräischen Tradition viel gemein, allerdings wird bei Pico die Nicht-Vorbestimmtheit seiner Natur unterstrichen und die daraus entstehende Wirkung auf Ontologie und Handeln absolut gesetzt. Der Mensch ist frei zu wählen, besser noch: frei, sich seine eigene Natur zu wählen, weil er ja keine eigene besitzt, da Gott ihn an keinen Archetypus, an kein durch seinen Willen vorgegebenes Daseinsmuster gebunden hat. Hier liegt das wahre Wesen des Menschen, ein Dasein, anzusiedeln zwischen dem Nichts und der All-Seiendheit, als Mittelpunkt der gesamten Schöpfung. Aber was vor allem wichtig ist: hier liegt der Grundstein seiner Freiheit, die am Ende auch den eigentlichen Kern seiner Würde bildet. Der Mensch ist Freiheit, und zwar in der Wirklichkeit seiende und handelnde Freiheit. Seine Würde liegt in seiner Freiheit und seine Freiheit in seiner Würde. Die Freiheit des Menschen rührt von der *similitudo* mit seinem Schöpfer her; sie gibt dem Menschen dessen apophatische göttliche Natur ein.

Lassen wir Pico selbst zu Wort kommen: dem Menschen »*datum id habere quod optat, id esse quod velit*«.[39] Außerdem heißt es in der *Oratio* weiter, daß dem Menschen

> *omnifaria semina et omnigenae vitae germina indidit Pater. Quae quisque excoluerit illa adolescent, et fructos suos ferent in illo. Si vegetalia planta fiet, si sensualia obrutescet, si rationalia caeleste evadet animal, si intellectualia*

[39] Vgl. *Oratio*, Par. 6.

> *angelus erit et Dei filius. Et si nulla creaturarum sorte contentus in unitatis centrum suae se receperit, unus cum Deo spiritus factus, in solitaria Patris caligine*[40] *qui est super omnia constitutus omnibus antestabit.*[41]

Die Würde des Geschöpfes Mensch hat keinen anderen Inhalte als denjenigen, den er, als Geschöpf und soweit es seine Lage ihm erlaubt, sich selbst, dabei seinerseits als Schöpfer, geben will.

Zwei Paragraphen weiter gibt es eine Stelle, die im Zusammenhang mit der Frage der Bestimmung des Menschen, und zwar insoweit er vollkommen Mensch ist, besondere Aufmerksamkeit verdient:

> *Si quem videris deditum ventri, humi serpentem hominem, frutex est, non homo, quem vides; si quem in fantasiae quasi Calipsus vanis praestigiis cecucientem et subscalpenti delinitum illecebra sensibus mancipatum, brutum est, non homo quem vides. Si recta philosophum ratione omnia discernentem, hunc venereris; caeleste est animal, non terrenum. Si purum contemplatorem corporis nescium, in penetralia mentis relegatum, hic non terenum, non caeleste animal: hic augustius est numen humana carne circumvestitum.*[42]

Diese Stelle hebt deutlich hervor, daß ein Mensch, der sich ausschließlich den Gaumenfreuden hingibt, kein Mensch ist, sondern lediglich eine lebende Pflanze. Ein Mensch, der allein in Phantastereien lebt oder nach Sinnesfreuden oder materiellem Besitz strebt, ist kein Mensch, sondern gehört zur Gattung der Unmenschen. Dagegen ist der Verehrung würdig der Philosoph, der die Wahrheit mit rechtschaffenem Verstand sucht, und dieser ist nicht der irdischen, sondern der himmlischen Sphäre zuzurechnen. Ganz oben steht der Mensch, der sich von den irdischen Dingen löst und sich der spirituellen Kontemplation widmet: er ist allen anderen gegenüber »*augustius*«. Hier entsteht eine Hierarchisierung in Bezug auf das, was wir Menschenwürde

---

[40] Die *solitaria caligo Dei* ist ein Bild, das unmittelbar apophatischen Lehren entnommen ist. Im einzelnen muß hier an eine antinomische Vorstellung gedacht werden, nach der nämlich die Finsternis nicht als Abwesenheit von Licht anzusehen ist, sondern als ein Übermaß an Licht. Bezüglich der Quelle ist die nächste »*Moses Aufstieg auf den Berg Sinai*« von Gregor von Nyssa, während der an die Ein-Einigkeit Gottes gebundene Begriff von *solitudo*, auf den Begriff *ultima solitudo* bei Johannes Duns Scotus zurückgehen könnte. Ein sehr schwieriges Thema, daß in einer erst kürzlich in Italien erschienenen Arbeit untersucht worden ist: Bianco, C.: *Ultima solitudo. La nascita del concetto moderno di persona in Duns Scoto*, Mailand 2012. Diese Anschauung der *solitudo* steht im Einklang mit der Beschreibung eines Wesens, das die eigene Identität in keiner der vorhandenen Realitäten verkörpert sieht, und so dem Schöpfer ähnlicher wird, der jenseits der Dinge und dadurch jenseits jeglicher Erkenntnis und jeglicher Gegenständlichkeit Kenntnis besitzt und sieht. Es handelt sich um den Zugang zu einer übersubstantiellen Dimension.

[41] Vgl. *Oratio*, Par. 6.

[42] *Oratio*, Par. 8.

nennen können (auch wenn Pico diesen Begriff an dieser Stelle nicht verwendet), aber der Text sagt noch mehr: er sagt, daß, wer nicht gewillt ist, sein Leben an den Höhen des Geistes zu orientieren, kein Mensch, oder zumindest nicht würdig ist, als solcher betrachtet zu werden. Als Folge davon täte man sich auch schwer, sich ihn mit Würde behaftet vorzustellen. Der wahre Mensch kann sich mit keinem Archetypus identifizieren. Tut er es doch, handelt er seiner Freiheit, ja sogar seiner eigenen Natur zuwider.

Der Mensch, diese zentrale Figur, formt sich selbst nach eigenem Belieben, und zwar sowohl auf materieller Ebene in seiner Körperlichkeit und seinem Bezug zur Materie, als auch auf geistiger durch die Anwendung seiner Geisteskraft auf die Welt der sichtbaren und unsichtbaren Wirklichkeiten. Daß dies auch seine Pflicht ist, ergibt sich notwendigerweise aus dem Willen Gottes, der dem Menschen das größte aller Güter gegeben hat: er hat ihm keine bindende Natur auferlegt und ihm die Freiheit gelassen, sich seine Natur zu prägen. Zur Unterstützung seiner These zieht Pico hier auch die Autorität der, wie er sie nennt, chaldäischen Theologie heran. Das Fehlen von archetypischen und die natürliche Erscheinungsform festlegenden Grenzen eröffnet dem menschlichen Wesen, das ja an keine ihm angeborene Natur gebunden ist, endlose Spielräume unbegrenzter Möglichkeiten. Daraus folgt notwendigerweise, daß der Mensch, wenn es ihm gelingt, das eigene Leben zu führen, ohne sich an eine vorgegebene Natur zu binden und ohne sich endgültig auf eine natürliche Sinnlichkeit oder nur erdachte Vorstellungen reduzieren zu lassen, der höchsten und dem Willen Gottes am meisten entsprechenden Bestimmung gleichkommt. Und da des Menschen Identität nicht festgelegt ist, ist die höchste Stufe der Freiheit und der geistigen Vollkommenheit, die ein Mensch erreichen kann, die Aufrechterhaltung eines Zustandes, in dem er nicht an eine materielle, sinnliche oder von Leidenschaften, Nutzdenken oder irdischen Zielvorstellungen bestimmte Identität gebunden ist. Gemeint ist damit, daß das Hinter-sich-Lassen jeder Form von Trägheit und jeder Form von Vernichtung und ontologischer Verleugnung des Mensch-Seins die Überwindung jeglicher Reduktion auf eine bloß sinnliche Identität bedeutet. In dem so geführten regelrechten Kampf gegen sich selbst geht es darum, nicht den sich aus den eigenen Vermögen ergebenden Kräften zu unterliegen, die letztlich zu einer Einengung des Seins führen und den Geist absterben lassen.

Pico bestimmt auch den Weg, der auf der Suche nach Erhöhung des Geistes zu beschreiten ist: er ist dem Menschen durch die Nachahmung der Engel, den Gott am nächsten stehenden Kreaturen, vorgezeichnet. Um Lebensart und Eigenschaften der Engel eingehend zu erforschen, zieht Pico neben den alt- und neutestamentarischen Bibelquellen und den Quellen der Mystik und der Einweihung auch die entsprechenden magischen und kabbalistischen Schriften heran, vor allem aber die Lehren der Kirchenväter. Unter letzteren stehen ganz besonders die Lehren der mystisch-orientalischen Theologie, wie zum Beispiel des Pseudo-Dionysios Areopagita – von dem Pico, gestützt auf die *Apostelgeschichte* des Lukas 17, 34, natürlich noch glaubt, daß er ein Anhänger Paulus' war –, im Vordergrund, sowie die Lehre des Gregor von Nyssa oder des Johannes von Damaskus, aber ebenso anderer Theologen der griechischen Patristik mit einer Neigung zu apophatischen Lehren.

Auch an dieser Stelle scheint es angebracht, die neuplatonische Kosmologie Ficinos nicht zu vernachlässigen. Sie entwirft für die Hierarchie der Weltordnung fünf Grade. Der oberste Rang gebührt Gott, unmittelbar gefolgt von der Welt des reinen Geistes, die durch die Anwesenheit der Engel gekennzeichnet ist. Danach kommt die Welt der rationalen Seele und noch eine Stufe tiefer stehen alle Gattungswesen mit ihren unterschiedlichen materiellen Eigenschaften sowie am Ende die materiellen Körper in der Vielfalt ihrer Einzigartigkeit.

Was in dieser Hierarchie besonders wichtig ist, ist die Zahl eins, denn der höchste Ort, dort, wo Gott ist, besteht aus einer All-Einheit, während am anderen Pol der Hierarchie die Vielheit herrscht. Die Seele steht in der Mitte und damit in diesem fünfstufigen Universum in einer vollkommenen Zentralstellung, wo sie Zugang sowohl zur All-Einheit als auch zur Vielheit hat. Dieses Hierarchiemodell und sein geometrischer Aufbau sind ein genaues Abbild der Emanationssphären des Einen, die in den *Enneaden* von Plotin beschrieben werden. Wir wollen an diesem Punkt der Darstellung nicht näher auf die Fülle von symbolischen Bedeutungen, die aus diesem Fünfstufenbild zu entnehmen sind (von der Äther-Natur der Seele als fünfte kosmische Essenz über das Modellbild, das im Menschen eine Fünfteilung sieht, bis zu den Harmonien des Goldenen Schnittes), eingehen, sondern uns ganz der zentralen Stellung der Seele widmen, jenem Ort, an dem sich die himmlischen Spannungen im Menschen entladen und der in unmittelbarer Verbindung mit der Welt der Engel als Mittlerwelt zwischen Gott und dem Menschen steht.[43]

In seinem jugendlichen Tatendrang, seiner mitreißenden Art, seiner Begeisterung und der Lauterkeit seines schöpferischen und hochbegabten Geistes kommt Pico in seinen *Conclusiones Nongentae* und später in seinem gedankenreichen *Heptaplus* zu neuen Auslegungen der Heiligen Schrift, aber auch zu durch die Überlieferung gefestigten und ihm vertrauten Interpretationen derselben. Und es ist im Spannungskreis dieser theologischen Betrachtungen, daß Pico in den Paragraphen 14 und 15 der *Oratio* den Traum Jakobs von der Himmelsleiter anführt.

---

[43] Marsilio Ficino: *Theologia platonica* I, 1 und, vor allem in Bezug auf die zentrale Rolle der Seele, vgl. ebd. III, 2; über die Tendenz der Seele, stets nach Höherem zu streben, vgl. ebd. XIV, 1.

Die allegorische Auslegung der Bibelerzählung wirft Licht auf dieses in *Genesis* 28, 10–6 beschriebene Auf- und Niederstreben der Engel auf einer in den Himmel führenden Treppe. Das Hinauf- und Hinuntersteigen der Engelwird zum Symbol des im Leben anzustrebenden Zieles der spirituellen Überlegenheit des Menschen erhöht, dank derer sich dieser erhebt und die ihn gleichzeitig seiner selbst und dem Schöpfer würdig macht. Die Jakobsche Himmelsleiter symbolisiert in der *Oratio* den Weg der Vervollkommnung der Erkenntnis und, um in einem modernen Sprachgebrauch mit Jung zu sprechen, des eigenen Selbst. Begrifflich und inhaltlich wird dies mit dem griechischen Wort ἐποπτεία vorgestellt. Der Terminus bezeichnet den Seinszustand in einer Sphäre, in der Gottes Frieden herrscht, der Friede, *pax in excelsis,* den Gott in den Engeln verkörpert sieht, was Pico auch im Buch Hiob sowie in zahlreichen heidnischen Quellen, wie zum Beispiel ganz besonders bei Empedokles, belegt sieht.[44]

Das Ziel der Auseinandersetzung, die in der *Oratio* vorgestellt wird, ist also, kurz gesagt, eine Art von *unio mystica per intellectum*, die sowohl – ohne diesen allerdings in eine Gegenposition zu Aristoteles zu stellen – durch Platon fundiert wird, dessen Philosophie gemäß dem Zeitgeist der Rückbesinnung auf die Antike in diesen Dingen tonangebend war und auf dessen *Alkibiades* sich Pico bezieht (unter den zwei Dialogen, die diesen Titel tragen, nimmt Pico Bezug auf den ersten, wie er in der Vorrede zur vierten *Expo-*

[44] Der griechische Begriff ἐποπτεία würde in unserem heutigen Verständnis fast im Zusammenhang mit schamanischen Handlungen stehen. Als ἐπόπτης wird dann auch derjenige bezeichnet, der theurgische Riten vollzieht, die ihn zu Gottesanschauungen oder sogar zu einem Sich-Einfühlen in die Gottheit führen. Der Begriff kommt in dieser Bedeutung bei Porphyrios, und zwar im *Brief an Anebus* 2, 5 und 2, 8 vor. Die *Oratio* ist, wie wir bereits erwähnt haben, im Unterschied zu den anderen philosophischen Schriften Picos im einem hochberedtsamen Stil geschrieben und weist folglich auch rhetorische Elemente auf. Die Rhetorik kommt vor allem dort ins Spiel, wo das Bild des Menschen nicht das eines einfachen Geschöpfes ist, sondern der Mensch als Gottes Sohn bzw. als sein Ebenbild, Nacheiferer und sein Stellvertreter dargestellt werden soll. Hier gibt es keinen Platz für die Lehre der doppelten Wahrheit, sondern nur für eine *unio mystica,* die durch geisteskräftigen Tat erreicht werden kann. Was aber Pico angeht, ist die Vermutung seiner Nähe zum Heidentum nicht völlig grundlos. Der Rückbezug auf die klassische Antike konnte auf die offizielle Theologie nicht ohne Auswirkung bleiben. Hieran schließt sich folgender Grundsatz an: das Heidentum stellt sich über Dinge dar, die Menschen wie uns betreffen, und die Heiden haben, wie wir, von Gott die Gabe erhalten, die Dinge zu benennen, die niemals beständig bleiben. Es ist dies ein Gedanke, der von Savonarola verbreitet wurde, und dieser berief sich dabei besonders auf diejenigen, die sich mit dem griechischen Altertum beschäftigen. Dieselbe Idee finden wir bei Erasmus von Rotterdam im seinen *Dialogus Ciceronianus* wieder. Von Erasmus siehe außerdem den *Brief an einen Theologen in Alcalà* aus dem Jahre 1527. Sein humanistisches Gleichgewicht läßt ihn den Verehrern der klassischen Antike gegenüber eine kritische Haltung einnehmen, aber gleichzeitig ermahnt Erasmus auch die Verächter des Altertums, die ihren Geist durch die Ablehnung der Alten verdunkeln.

sitio des *Heptaplus* selbst bestätigt), als auch, wie nachstehend noch gezeigt werden wird, durch Bezugnahmen auf Pythagoras, Moses und Zarathustra (letzterer vor allem unter dem Gesichtspunkt der dem platonischen *Charmides* entnommenen Liebe zur Schönheit) sowie auf Orakel, die Mystik des Ostchristentums, die Kabbala, die Metaphysik der Zahlen und schließlich die ägyptische Wissenschaft und Hermes.[45] Unter diesen Bezugspunkten kommt der Kabbala eine besonders große Bedeutung zu, und Pico nutzt sie, auch dank seines Studiums des Hebräischen, als hielte sie »das Salz in den Händen«, das man braucht, um das Balkengerüst des Tempels erkennen zu können, wie dem Buch Esra zu entnehmen ist.[46] Die *Oratio* bekräftigt, daß das höchste Wissen dessen, was man als *philosophia prisca* bezeichnet, das Wissen um die Magie und die Theurgie ist, weil sie den Menschen mit den Himmelsgeistern in Kontakt bringen. Die Lobpreisung des Menschen – als Mikrokosmos, an dem die Natur an ihre Grenzen stößt, und dem niedrige Geschöpfe unterlegen sind, während höhere ihm nahestehen, den das Licht des Verstandes durchflutet und der als Zwischending zwischen dem Zeitlichen und der Ewigkeit bestimmt wird – findet in diesen Stufen des geistigen Aufstiegs einen mystischen und vollkommen in die Transzendenz gerichteten Abschluß.

Die Aussöhnung von Platon und Aristoteles war ein Moment von nicht geringer Tragweite. Das frühe Christentum, oder besser gesagt, das Christentum zur Zeit der Kirchenväter hatte sich bei seiner geistigen Arbeit zur Errichtung einer christlichen Theologie des Wortschatzes und der Begrifflichkeiten Platons bedient, weil ja Platon der eigentliche Begründer der Sprache der Wissenschaft dieser Zeit war, während die Beschäftigung mit Aristoteles vernachlässigt wurde. Platonisch (und neuplatonisch) ist die Argumentationsweise von großen Denkern wie Pseudo-Dionysios und Scotus Eriugena. Aber zu Zeiten Friedrichs II. muß das Christentum, sei es aufgrund des starken arabischen Einflusses, sei es dank der Übersetzungen des Michael Scotus,

[45] In diesen Zusammenhang gehört auch die Lobpreisung des sokratischen »Erkenne dich selbst«. Hauptquelle, was Trismegistos anbelangt, ist der von Ficino übersetzte *Pimander*. Trismegistos verschmilzt nach einer fortdauernden Überlieferung, die vor allem von seinen Anhängern des 15. Jahrhunderts hochgehalten wurde, als Prophet mit der Gestalt des Merkur. Nützlich ist der Vergleich mit *Crater Hermetis* von Ludovico Lazzarelli, einem Mann von außergewöhnlichem Charakter, der die Übersetzungen Ficinos vervollständigt hat. Pico war außerdem mit Battista Spagnuoli, einem Karmelitischen Humanisten, in Berührung gekommen, der Hermes Aegyptiacus als den größten aller nicht-christlichen Theologen feierte.

[46] Vgl. v. a. *Esra* 4, 14. Dieser Text gilt heute als apokryph. Esra ist für Pico von besonderem Interesse, weil von Esra gesagt wird, daß er nach seiner Rückkehr aus dem babylonischen Exil die gelehrtesten Köpfe seiner Zeit um sich versammelt hätte, um ihre Erinnerungen und ihre Kenntnisse zusammenzutragen und für die Nachwelt aufzuschreiben. Die siebzig Bücher dieser Sammlung hätten auch geheime Lehren enthalten, die nicht verlorengehen sollten.

sich mit dem Wiederaufleben des Einflusses aristotelischer Lehren auseinandersetzen, deren empirischer Rationalismus die traditionellen christlichen *auctoritates* regelrecht in eine Krise stürzt. Es wird das herausragende Werk von Persönlichkeiten wie Albert des Großen, aber vor allem seines Schülers Thomas von Aquin sein, den Aristotelismus in die christliche Vorstellungswelt einzuführen und so zurückzugewinnen. Aber diese tiefe Bipolarität aus Platonismus und Aristotelismus blieb für den christlichen Glauben ein ständiges Problem. Hieraus erklärt sich auch die außerordentliche Intensität, mit der Pico an dem Beweis der Vereinbarkeit der beiden Philosophen arbeitete, eine Beweisführung, für die er auch neue Erkenntnisse aus der antiken Sprachforschung heranzog.

IV. Die methodische Verfahrensweise Picos

Das wahrhaft Originelle an Picos Werk ist – neben dem das bis dahin übliche Maß bei weitem übersteigenden Reichtum an direkten Quellenbezügen – sicherlich vor allem seine methodische Vorgehensweise, die mit besagter Fülle des Materials selbstverständlich eng verknüpft ist. Zweifelsohne steht die Bibel mit ihrer allgemeinverbindlichen Geltung weiterhin unumstößlich im Mittelpunkt der Ausführungen, allein, sie muß in dem gewaltigen Fresko von unterschiedlichen Ideen, die Pico in den *Conclusiones Nongentae* entwirft, der Auseinandersetzung mit den unterschiedlichsten Weltanschauungen und kulturellen Überlieferungen, standhalten. Im Paragraph 20 der *Oratio* bringt Pico zusammen mit der unumstößlichen Autorität Moses' (und damit indirekt mit der Autorität des Christentums) die Notwendigkeit zur Sprache, auch aus den heidnischen Quellen und den kabbalistisch-magischen Quellen zu schöpfen, die zusammen genommen die sogenannten *theologia prisca* und *philosophia prisca* ergeben. Die Geltungsgleichheit von christlichen und nicht-christlichen Quellen ist indirekt eine Bestätigung der anthropozentrischen Sichtweise als solcher, da ja der Mensch sich als dauernder Protagonist einer jeden Religion oder Kultur, jeglicher Glaubensüberzeugung oder natürlicher Lebensumwelt, darstellt. Und diese Auffassung ist zweifellos auf theologischem Gebiet eine Neuerung von größter Tragweite.

Wenn es darum geht, klarzustellen, wessen es auf konzeptioneller Ebene bedurfte, um die sogenannten *philosophia* e *theologia priscae* zu formulieren, sind es besonders die Initiationsmystik, die Magie und Anregungen aus der Kabbala, die unsere gebündelte Aufmerksamkeit verlangen.[47] Vor allem die

[47] Pico wird die Magie und die Kabbala in seiner *Apologia* verteidigen. Er behauptet, daß keine nicht offenbarte Wissenschaft, außer der Kabbala und der Magie, in der Lage ist, uns in die

Kabbala spielt eine entscheidende Rolle, wie aus dem Neuerungsanspruch mit fast manifestartigem Charakter, der ihr in den *Conclusiones* zugesprochen wird, erhellt. Zudem haben deren letzte Thesen kabbalistische Inhalte zum Gegenstand.[48]

Wiederholt ist die Meinung geäußert worden, Pico sei der erste Denker christlicher Prägung gewesen, der die Kabbala einer gründlichen, systematischen Untersuchung unterzogen hat, ja, Pico gilt in dieser Sichtweise sogar als der eigentliche Gründer der christlichen Kabbala[49]. Mit ihren Geheimnissen vielleicht bereits seit seinen Studien in Padua vertraut, die aber dann unter der Anleitung von Flavius Mithridates noch vertieft wurden, untersucht der junge Graf della Mirandola die Kabbala auf verschiedenen Ebenen hinsichtlich ihrer Methodologie. Während die Mysterien, die er den antiken Quellen entnahm, für ihn rätselhafte Andeutungen mit Hinweisen auf tiefgründige Wahrheiten in verschlüsselter Form waren und, ohne es dem Laien offenzulegen, verkündeten, »*si secretiorum aliquid mysteriorum fas est vel sub enigmate in publicum proferre*«[50], war die Kabbala für ihn ein allgemeiner, ja sogar, universeller Weg, der größere Nähe zu Gott schuf. Vor allen Dingen sah Pico in der Kabbala den Ort einer Art Verschmelzung der einzelnen Bestandteile der *theologia prisca*, und gleichzeitig erschien sie ihm als Grundlage für eine *ars combinandi* in der Welt der Buchstaben und der Zahlen, die die Kombinationskunst Raimund Lulls noch ergänzte. Außerdem war er davon überzeugt, daß diese eine der Magie nahe stehende Wissenschaft war, die Zugang zur Himmelssphäre des Geistes verschaffen kann. Für ihn war sie zudem ein anagogisches Instrument, das mehr als jedes andere in Harmonie mit dem Mysterium des Wortes Gottes wirkt, Hilfsmittel, um Zugang zum Text der Bibel zu finden.[51]

Kenntnisse des Übernatürlichen einzuführen und uns damit die Göttlichkeit Christi verstehen zu lassen. Er sieht seine Theorie in den Worten Jesu an seine Jünger nach Joh.12, 14 bestätigt.

48 Vgl. besonders die *Conclusiones magicae XXVI secundum opinionem propriam*.

49 Vgl. Wirszubski, Ch.: *Pico della Mirandola's Encounter with Jewish Mysticism*, Cambridge-London 1968, S. 64; Yates, F.A.: *The Occult Philosophy in the Elizabethan Age*, London 1979, und v. a. Secret, F.: *Les Kabbalistes Chrétiens de la Renaissance*, Mailand 1965. Unter den Abhandlungen, die den Standpunkt der Nutzlosigkeit des Hebräischen im Rahmen des Fortschritts in den Wissenschaften vertreten, ist die Darstellung Leonardo Brunis die bekannteste.

50 *Oratio*, Par. 23.

51 »*Anagogicus dicitur Cabala, et hoc quia illa expositio quae dicitur ore Dei tradita Moysi, et accepta per successionem, modo quo praedicto, quasi semper sensum sequitue Anagogicum, qui etiam inter omnes est sublimior et divinior, sensum nos ducens a terrenis ad coelestia, a sensibilibus ad intelligibilia, a temporalibus ad aeterna, ab infimis ad superna, ab humanis ad divina, a corporalibus ad spiritualia*« (*Apologia*, hg. von P.E. Fornaciari, Florenz 2010, S. 186). Zur Bedeutung der Kabbala im Werk Picos vgl. Greive, H.: Die christliche Kabbala des Giovanni Pico della Mirandola. In: *Archiv für Kulturgeschichte* 57 (1975), S. 144ff. und *Studien*

Die Magie ist auf der Grundlage der Argumente, die Plotin im vierten Buch seiner *Enneaden* anführt, als Naturwissenschaft zu verstehen, die in den natürlichen Dingen auch das wahrzunehmen imstande ist, was über das bloße Kausalprinzip hinausgeht. Tatsächlich können wir uns die Magie als *philosophia naturalis* vorstellen, die mit Hilfe der Dialektik zur *illuminatio* führt, um dann in einem weiteren Schritt in die Theologie zu münden.[52] Tatsache bleibt, daß sowohl die Magie als auch die Kabbala in Picos Weltkonstrukt von vornherein geheime Kenntnisse beinhalten, die dem zu einem tieferen Verständnis der Dinge unfähigen Laien verborgen bleiben soll. Aber Pico ist deutlich darum bemüht, den Zugang zu diesen Geheimnissen zumindest einigen wenigen Gelehrten zu offenbaren.[53] Die große Wichtigkeit, die Pico der *philosophia prisca* innerhalb der theologischen Diskussion beimißt, zeigt sich außerdem in seinem Vorhaben, auch in den antiken Dichtungen den Anteil verborgener Lehren zu untersuchen und herauszustellen, was ihn auf den Gedanken der Verfassung einer *Theologia poetica* gebracht hat, von der allerdings keine konkrete Spur auf uns gekommen ist, sei es, weil sie zur Gänze verlorengegangen ist, sei es, weil sie nie geschrieben wurde.

Moral und Dialektik einer jeden Hochkultur lassen sich an den Einsichten und Überlieferungen der Eingeweihten ablesen, und Pico ist der Auffassung, daß diesen die Aufgabe der Buße und der Läuterung zukommt, durch die allein der Weg zu den Mysterien der höheren und der übersinnlichen Welt geebnet werden kann. Denn der Zugang zu dieser Welt hätte keinen anderen Zweck als die Kenntnis der verborgenen Dinge; eine Kenntnis, die durch die besondere Philosophie zu gewinnen ist, die sich in Moral und Dialektik verbirgt. Aber das ist nicht das Endziel. Es gibt noch eine weitere, letzte Ebene, die als die eigentlich und allgemein theologische zu betrachten ist. Es handelt sich um die Anschauung der göttlichen Dinge, die Pico mit dem griechischen Wort ἐποπτεία bezeichnet. Das Ziel besteht in der Askese, in der Mystik. Hier vollzieht sich die Wiedervereinigung mit dem Wunder der Schöpfung, mit dem Unsagbaren und Ewigen. Es ist ein mystagogischer Weg,

---

zum jüdischen Neuplatonismus. Die Religionsphilosophie des Abraham Ibn Ezra, Berlin 1973. Den Einwand von Irrtümern in der Bibelauslegung Picos hat etwa Reinhardt erhoben; vgl. Reinhardt, H.: *Freiheit zu Gott*, a. a. O.

52 Vgl. Faivre, A.-Zimmermann, R.Ch. (Hg.): *Epochen der Naturmystischen Hermetischen Tradition im wissenschaftlichen Fortschritt*, Berlin 1979; Garin, E.: Il filosofo e la magia. Yates, F. A.: Giovanni Pico della Mirandola and Magic. In: AA.VV.: *L'opera e il pensiero di Giovanni Pico della Mirandola nella storia dell'umanesimo*, a. a. O., S. 159–196.

53 Pico hebt selbst ausdrücklich seine ganz besondere Anstrengung hervor, die Geheimnissen der Magie den Schatten des Verborgenen zu entreißen und den geheimen Sinn der philosophischen Arkanen zu offenbaren: »... *ut cognoscatur quis mihi labor, quae fuit difficultas, exaffectatis enigmatum syrpis, ex fabularum latebris latitantes secretae philosophiae sensus*« (*Oratio*, Par. 45).

der zu Erhabenem oder sogar darüber hinaus führt, wenn es einen Sinn haben sollte, sich das vorzustellen.[54]

In diesem Gedankengang sind drei Ebenen klar erkennbar, die sich als ein tragendes Gefüge in der Methode Picos darstellen und die wahrscheinlich durch den Neuplatonismus Ficinos beeinflußt sind. Es handelt sich um die Dreigliederung der Philosophie in Moral-, Naturphilosophie bzw. Dialektik und Theologie; eine Dreigliederung, die von der eher rhetorischen oder literarischen als wirklichen Figur des delphischen Apollo als des geheimen Weisheitslehrmeisters verkörpert wird. Seine sprichwörtlichen, mit dem delphischen Orakel verbundenen Sprüche lauten: »γνῶθι σεαυτόν«, ein Spruch, der als Ermahnung zur Kenntnis der Natur und der Welt, und damit des Menschen an sich in seiner wahren Natur, ausgelegt wird, jener Natur, die mit derjenigen zusammenfällt, welche aus der Auslegung seiner in der Bibel dargelegten Schöpfung abgeleitet wird. »ἔι« d. h. »Du bist« oder auch »Sei« wird als ein Man-selbst-Sein im Angesicht Apollos gedeutet, der für göttliche Weisheit steht und der dazu einlädt, ihm gleich zu werden. Und »μηδὲνἄγαν«, in Picos Verständnis »Nichts im Übermaß«, steht in seinem Denken für das moralische Gleichgewicht und die Mittelpunktstellung des Menschen (der sich zwischen der Erde und der höheren Himmelssphäre befindet).[55] Eine weitere Parallele zieht Pico, wie vorstehend schon vermerkt wurde, zum Denken Pythagoras', zur mystischen Auslegung des Buches Hiob sowie zu den Chaldäischen Orakeln und den Lehren Zarathustras, die sämtlich zu den Quellen des Wissens führen, das Pico *priscum* nennt.

Das Schema der dreistufigen Philosophieist auch in Paragraph 13 der *Oratio* Thema und gipfelt in der kosmische Anschauung. Man geht von der *sublunaren* Welt aus, wo der Mensch lebt, und schreitet fort bis zur himmlischen, wo die Engel leben. Die letztere gestaltet sich als eine Zwischen- oder Mittelwelt, die gleichzeitig eine Vermittlungsrolle spielt zwischen der *sublunaren* Welt und der dritten überhimmlischen Sphäre. Ihre Position über der Himmelssphäre ist von der *Genesis* ableitbar, wo explizit die Rede von einer mittleren Himmelskuppel, und damit implizit von einer dritten Sphäre,

---

[54] In der beständigen Suche Picos nach Höherem könnte man die Vorstellung der Unendlichkeit sehen, die Nikolaus von Kues durch die Geometrie zu erlangen sucht und die darin besteht, Zugang zur Nicht-Endlichkeit Gottes zu erhalten.

[55] Vgl. *Oratio*, Par. 21. Pico schätzt bei Sokrates das »Erkenne dich selbst« und setzt es in Gegensatz zur übertrieben feierlichen Rhetorik Perikles': »*Nec certam sedem, nec propriam faciem, nec munus ullum … etc.*« (*Oratio*, Par. 5). Die drei Gebote des Apollon von Delphi (γνῶθι σεαυτόν, ἔι, μηδὲν ἄγαν) werden von Pico letztendlich im Hinblick auf ihren asketischen Aspekt angenommen, die bei seinen Absichten immer im Vordergrund steht. Das Rühmen der Weisheit des Apolls hat einen Bezug gerade auf die Auslegung des »E«, als Inschrift auf dem Tempel von Delphi, nach Plutarchs *E von Delphi*, einem seiner sogenannten *Opuscula moralia*.

einem über allem anderen befindlichen höheren Himmel, ist.[56] In der mittleren Sphäre liegt der Weg der Engel, jener Weg, der dem Menschen gestattet, sich Gott zu nähern, wo er die Quelle seiner kreatürlichen Natur, nämlich seine grenzenlose Freiheit findet, ohne Grenzen und Einschränkungen, jene Natur, die es ihm gestattet, sich Gott anzunähern und hier Frieden zu finden, wahrhaftigen, göttlichen Frieden. In dieser kosmischen Skala wird der Mensch über die Engel gestellt, diese sind lediglich ein asketisches Mittel für den Menschen, *imago Dei* und irdische Kreatur, in dem das *Verbum Dei* fleischgeworden ist. Die Würde des Menschen besteht darin, daß er die Möglichkeit hat, den »überangelischen« Zustand zu erreichen, in dem das Geschöpf Mensch als eigentümliche Kreatur seine Gestalt des ›meta-archetypischen‹ Ebenbilds Gottes annimmt. Man könnte sagen, die *dignitas* des Menschen, »consiste nell'emulare la dignità della vita angelica«.[57]

Diese Dreiteilung des Kosmos entspricht dem bekannten neuplatonischen Schema, so wie auch in der pichianischen Dreiteilung die Nähe zur neuplatonischen Hierarchie sehr deutlich zu erkennen ist, die die Menschen in »Hyliker« (Menschen, deren Leben eine ausschließlich materielle Dimension hat), »Psychiker« (Menschen, die den Geist erkennen können, die aber nicht in der Lage sind, dessen Weg zu gehen) und zuletzt die »Pneumatiker« (Menschen, die die Höhenwege des Geistes beschreiten) einteilt.

Der Kern des von Pico angegangenen Problems ist auch von Duns Scotus untersucht worden. Auch Pico zitiert ihn im Prolog zu Scotus' *Ordinatio* und übernimmt von ihm den Begriff der *theologia in nobis*, der eindeutig von Augustinus übernommen worden ist. Es handelt sich um folgendes: ist die endgültige Bestimmung des Menschen in irgendeiner Weise erklärbar? Ist die Antwort auf diese Frage mit Hilfe der Philosophie allein oder ausschließlich

---

[56] Vgl. *Genesis* 1, 6.

[57] »... besteht darin, der Würde des engelhaften Lebens nachzueifern«, vgl. Bori, P.C.: *Pluralità delle vie*, a. a. O., S. 42. Aber da Pico von der seraphischen Sphäre auch als vom Menschen anzustrebendem Ziel spricht, macht Bori auf einen Widerspruch aufmerksam, der so zwischen der Vorstellung von der Vollkommenheit der Engel und den in Paragraph 6 der *Oratio* beschriebenen Möglichkeiten des Menschen, auch über das Engelsstadium hinauszukommen, entsteht. Zurecht weist Bori darauf hin, daß Pico, anders als der Neuplatonismus, nicht davon ausgeht, daß es möglich sei, die Vollkommenheit des Lichtes tatsächlich zu erreichen, sondern lediglich die »einsame Finsternis des göttlichen Vaters«, ganz in der Tradition des Apophatismus des östlichen Christentums und wie sie im besonderen auch von Gregor von Nyssa und Pseudo-Dionysios vertreten wird. Anzumerken wäre aber trotzdem, daß mystische Finsternis und göttliche Erleuchtung zusammenfallen, wie es die antinomische Theologie von Dionysios und der Kappadokier oder, in einer vollkommen anderen Argumentationsart, die Schau der *ultima solitudo* Gottes in der Theorie Johannes Scotus' wollen. In einer anderen Ansicht, aber vielleicht unserem Kontext doch nicht völlig fremd, scheint die Vorstellung der Verbindung des Menschen mit der himmlischen Welt, wie sie in der mittelalterlichen, von Gregor dem Großen eingeleiteten Auslegung zu finden ist.

mit der Theologie zu finden? Oder mit Hilfe der beiden? In diesen Zweifeln tritt das große Thema der Scholastik des *homo viator* wieder zutage, das bei Pico eine neue und intensive Wiederaufarbeitung erfährt. Die gleiche Frage, und in vielerlei Hinsicht auch eine Antwort, finden wir bereits bei Augustinus. Die Antwort ist: ohne eine Zwischensphäre – die Pico als himmlische Welt bestimmt – ist es dem Menschen unwiderruflich verwehrt, das zu erreichen, zu dem er von Natur aus strebt.[58] Bei Pico ist es diese Zwischensphäre selbst, die die Seele des Menschen zu sich ruft und ihn von den Engeln leiten läßt (*epectasis*). Die Fähigkeit, über den Schein der Dinge, aber auch über die Materie und über die Wirklichkeit und das bloß Denkbare hinaus zu sehen, bedeutet, sich dem Verborgenen, ja sogar der verborgenen Ursache allen Ursprungs, dem Mysterium Gottes nämlich, das auch das Mysterium des Menschen selbst ist, dem Wunder Gott, das auch das Wunder des Menschen in sich selbst ist, anzunähern. Diese Überzeugung verhilft dem Menschen dazu, sich in die Weltordnung eingliedern zu können, die ihn geschaffen hat. Sie läßt ihn wieder eins werden mit seiner ursprünglichen Natur, die, wie wir gezeigt haben, darin besteht, keine Natur zu haben, sondern sich diese frei wählen und bilden zu müssen, weil er ja von allen Archetypen unabhängig ist. Das Ziel entspringt – gemäß einem alten Grundsatz der Mystik – immer in seinem Ursprung und von ihm geht alle Energie aus, die Philosophie und Theologie nach den drei Erkenntnisstufen des *sensus*, *ratio* und *intellectus*[59] vereint.

Pico hat auch weiterhin an der Nachahmung der Engel festgehalten. In ihre Nähe gelangt man durch die Tiefe der Geheimnisse der Philosophie, indem man in das Unsichtbare eindringt und jenseits jedes Gesagten und Gedachten Existierende ist. Freilich ist diese Lehre platonisch, die Erwähnung der Anpassung an die Engel erschließt aber einen neuen Schauplatz, den die dreigeteilte Hierarchie asketisch macht. Das Schema der Dreiteilung der Philosophie kehrt auch in der im folgenden beschriebenen Einteilung der Wesensart der Engel wieder. Die *Throne* sind die Engel, die das aktive Leben repräsentieren und deshalb vor allem die Führungsrolle in der sinnli-

---

58 Vgl. Augustinus: *De civitate* XVIII, 41, 2.

59 Pico tritt sowohl dem Avveroismus als auch dem Aristotelismus, der gegenüber ausschließlich vom Glauben vorgegebenen Standpunkten Vorbehalte hatte, entgegen, weil beide Lehren in gewisser Weise dem Skeptizismus Vorschub leisten. Gleichermaßen wirft er aber den Scholastikern, insbesondere denjenigen, die eine nominalistische Position beziehen, vor, nicht aus der Philosophie der klassischen Antike gelernt zu haben. Unumstößlich ist seine These: Glaube und Wissenschaft müssen sich im Einklang bewegen, wie er in aller Deutlichkeit in den *Nongentae Conclusiones* bekräftigt: »*Sicut fides, quae est credulitas, est infra scienciam, ita fides, quae est vere fides, est supersubstantialiter supra scienciam et intellectum, nos deo immediate coniungens*« (*Conclusiones secundum Proclum* 44). Besonders ins Auge sticht das Adverb »*supersubstantialiter*«, was auf Pseudo-Dionysios zurückgeht.

chen Welt innehaben. Die Cherubine sind dagegen diejenigen Engel, die das geistige Leben darstellen und die Licht auf die intellegible Welt werfen. Die Seraphime endlich entzünden in uns das *ignis caritatis*, d. h. sie weisen der Seele den Weg ins Licht der Liebe Gottes. Das Schema, das Pseudo-Dionysios entwirft, weist dieselbe Einteilung auf: die Throne stellen die Läuterung, die Cherubine die Erleuchtung und die Seraphime die Vollkommenheit dar.[60]

Bezüglich des spekulativ-praktischen Gehalts des pichianischen Ansatzes soll an dieser Stelle folgendes unterstrichen werden: der Weg der Askese ist nicht mehr, wie in den mystischen Lehren des Mittelalters, von der *imitatio Christi* bestimmt. Es geht jetzt vielmehr um eine wahrhaftige *imitatio angelorum*, einen der humanistischen Theologie echt eigentümlichen Weg. Das Beschreiten dieses Pfades bedeutet für uns Menschen, daß wir *»luce Cherubica coruscabimus«*.[61] Zudem gibt es unter den neutestamentarischen Quellen, die den Zugang zur überhimmlischen Sphäre rechtfertigen, auch die Passage bei Paulus, die seine Entführung in den Dritten Himmel beschreibt.[62] Und es ist keineswegs ein Zufall, daß Marsilio Ficino zu diesem Thema eine Schrift verfaßt, nämlich *De raptu Pauli*. Eben dieses Thema nimmt auch Cusanus wieder auf.

Es ist im Grunde das Kriterium der Analogie, das es Pico erlaubt, Ähnlichkeiten, Beziehungen, Annäherungen und mögliche Schlußfolgerungen zu erkennen. An Einteilungen in Drei-Stufen-Modelle innerhalb der Philosophie hat es ihm freilich in den Quellen nicht gefehlt. Von diesen stellt Pier Cesare Bori[63] besonders die Gemeinsamkeiten mit den philosophischen Ausrichtungen der Platoniker heraus: *Ethik*, *Physik* und *Dialektik*; bei Proklos aber *Ethik* und *Logik*, *Naturphilosophie*, *Epoptik* oder *Theologie*, die auch in der stoischen Philosophie in zyklischer Form in der Triade *Ethik-Physik-Logik* zu finden ist. Aus den christlichen Quelle sind die Bibelauslegungen des Origenes von besonderer Bedeutung, der im *Buch der Sprichwörter* die Ethik, im *Ecclesiastes* (*Buch Kohelet*) die Physik und im *Hohelied* die Epoptik sieht. Die theoretischen Bauten des Neuplatonismus regen die Gelehrten dazu an, die Analogie anzuwenden, wie ebenso im Werk Ficinos, der Platons Philosophie bezeichnenderweise theologisch nannte und seine anspruchsvollste Schrift *Theologia platonica* betitelte. Beispielhaft auch die These Proklos', nach der die Kenntnis der göttlichen Dinge unerläßlich ist, um das Materielle vom Immateriellen und das Sichtbare vom Unsichtbaren zu unterscheiden. Auch aus der großen Spannweite der Quellen, mit deren Hilfe Pico die Ja-

---

[60] Vgl. Pseudo-Dionysios: *De caelesti hierarchia.*

[61] *Oratio*, Par. 11.

[62] Vgl. *Zweiter Brief an die Korinther* 12, 2–4.

[63] Vgl. Bori, P.C.: *Pluralità delle vie*, a. a. O., S. 44–62.

kobsche Himmelsleiter auslegt, geht eine Vielzahl von Stellen hervor, die auf die Dreiteilung der Philosophie drängen bzw. diese stützen.

Die Dreiteilung der Philosophie hat am Ende die ausdrückliche Aufgabe, den Aufstieg des menschlichen Geistes zu beschreiben, genau dem Schema des Pseudo-Dionysios gemäß. Die erste Stufe, auf der die Moralphilosophie anzusiedeln ist, hat die Aufgabe, dem Geist *Läuterung* zu bringen. Die zweite Stufe, die den mit den Sinnen erfaßbaren Horizont umschreibt und durch die dialektisch behandelte Physik oder Naturphilosophie gekennzeichnet ist, bezeichnet die Stufe der *Erleuchtung*. Die dritte Stufe gehört zur Theologie und hat als Ziel das Erreichen der *Vollkommenheit*. Der Ausspruch »*Tibi silentium laus*«, »das Schweigen gereicht dir zum Lob«, bildet den abschließenden Höhepunkt des ausgesucht philosophischen Weges.[64] Die

[64] Die Wendung »*Tibi silentium laus*« gehört dem Pico selbst und stammt aus seinem *De ente et uno*, Kap. 5, eine philosophische Abhandlung aus dem Jahr 1492, die er dem Freund Angelo Poliziano widmet. Dieser hatte Pico gebeten, seinen Standpunkt in der neuplatonischen Kontroverse um die Frage, ob das Sein oder das Eine höher zu stellen sei, darzulegen. Poliziano hatte dabei eine Parteinahme für Aristoteles im Auge, die diesen gegen die Abwertung von Seiten der Philo-Platoniker verteidigen wollte. Für die sich an Platon orientierenden Marsilio Ficino und Lorenzo De Medici ist das Eine dem Sein überlegen und geht über es hinaus. Für Poliziano und für die Peripatetiker aber standen sie auf derselben Stufe. Pico setzt an dieser Stelle den Versuch an, die Positionen Platons und Aristoteles in Einklang zu bringen, wobei er vor allem auf Stellen aus *De ente et essentia* von Thomas von Aquin und aus dem *Parmenides* von Platon zurückgreift. Die Zusammenführung der Lehren Platons und Aristoteles' – den Pico, wie er es aus der Schule Del Medigos gewohnt war, nicht nur in der Lesart Thomas von Aquins, sondern auch aus avveroistischer Sichtweise interpretierte (eine Sichtweise, die allerdings von Del Medigo, der dem damals verbreiteten Avveroismus ablehnend gegenüber stand, nicht geteilt wurde) – wird das Kernstück der Anstrengungen sein, mit denen Pico zu seinem hochsteckten Ziel der *pax philosophica* e *theologica* zu gelangen dachte. Die Widersprüche, die bei Platon und Aristoteles zu den Geboten der Heiligen Schrift entstehen, erfordern es, daß man bei beiden Philosophen, nach Picos tief verwurzelter Überzeugung, nachforschen muß, weil tiefere Wahrheiten in den von ihnen auf uns gekommenen Überlieferungen verborgen sind, als die, die der Wortlaut vermuten ließe: »*Nullum est quaesitum naturale aut divinum, in quo Aristoteles et Plato sensu et re non consentiant, quamvis verbis dissentire videantur*« (*Conclusiones paradoxae XVII secundum propriam opinionem, dicta primum Aristotelis et Platonis* 1). In einem offensichtlichen Anachronismus soll hier die Behauptung aufgestellt werden, daß dieser Standpunkt wesentliche Berührungspunkte mit der Position der Befürworter der nicht-schriftlichen platonischen Lehre, wie Konrad Gaiser, Hans Joachim Krämer und Giovanni Reale, aufweist. Dies ist nicht der Ort für eine grundlegende Auseinandersetzung mit dieser Frage, es soll aber daran erinnert werden, daß *De ente et uno* in gewisser Weise einen Wendepunkt im Denken Picos darstellt, insofern, als er bis zu diesem Zeitpunkt geneigt war, Aristoteles zu platonisieren, während er in der Folge die Tendenz zeigte, Platon zu aristotelisieren. Diese Auslegung vertritt mit besonderem Nachdruck zum Beispiel Valcke, L.: Giovanni Pico della Mirandola: dal pantesimo mistico alla mistica agnostica. In: Tarugi, L.S. (Hg.): *Il sacro nel Rinascimento* (Atti del XII Convegno internazionale, Chianciano-Pienza 17.–20. Juli 2000), Florenz 2002, S. 617–629.

menschliche Würde besteht in dieser Sicht nicht in der Herrschaft über den Kosmos und ebensowenig in einer Freiheit, die sich über ein Labyrinth von undifferenzierten Anarchien bestimmt, sondern in einer Aufgabe, welche die Pflicht und die Macht gleichzeitig enthält, und die sich nach dem Vorbild der Engel und dank des Ansporns durch Eros' dynamisch verwirklicht; und dies geschieht auf einem Weg, der von der Abwesenheit der menschlichen Identität ausgeht (der Mensch ist *opus indiscretae imaginis*). Dieser Weg führt den Menschen dann über das Beschauen vieler Bilder (die Welt *circumspicere*) zum Eins-Sein mit dem, was jenseits jeglicher Identität ist (die Finsternis des Vaters, die »*caligo Patris*«). Dieser Weg rechtfertigt die Aussage, nach der sowohl ein Asklepios als auch ein Abdallah, sowohl die alten heidnischen und hellenistischen als auch die muslimisch-arabischen Traditionen mit der christlichen Weltsicht übereinkommen können. Die Macht und das Wissen des Menschen durchlaufen all diese Kenntnisse und versetzen uns in die Lage zu sagen: *Ein großes Wunder ist der Mensch.*[65]

Es soll uns hier nicht in erster Linie interessieren, ob und inwiefern die angelische Vollkommenheit der von den Scholastikern und im besonderen von Thomas von Aquin dargestellten *beatitudo* gleichzusetzen ist. Vielmehr ist es hier angebracht, die von dem Mirandolaner behandelte Natur des Angelismus zu diskutieren, ohne letztere jedoch dem von ihm ebenfalls in Betracht gezogenen antinomischen Apophatismus entgegenzustellen. Unter diesen Vorbedingungen wollen wir eine ziemlich lange Textstelle der *Oratio* betrachten, die entscheidend wichtig ist, um diejenigen Aufgaben des Menschen zu verstehen, die er um seiner Würde willen im Gesamtzusammenhang des Weltenlaufs erfüllen soll.

Die besagte Passage befindet sich über die Paragraphen 17 und 18 verteilt. Wie in der gesamten Rede, so scheint auch hier der Stil der Darstellung Ausdruck einer besonderen dichterischen Begabung. Gegenstand der Betrachtungen ist das Endziel, das Eingehen in den Frieden Gottes, als das höchste zu erstrebende Ziel des Menschen. Was diese Textpassage so aufschlußreich für unsere Fragestellung macht, ist, daß sie die entscheidende Richtlinie für den Aufstieg in die himmlischen Sphären liefert, die nicht nur in Bezug auf die Erkenntnis, sondern auch in Bezug auf die Zusammenführung der unterschiedlichen Wege, die die Weisheit einschlagen kann, durch die Überwindung der Gegensätze, die diese aufweisen, befolgt werden muß. Wir haben es hier mit dem Kernstück der Fragen, die Pico sich gestellt hat, und mit seinem Hauptanliegen zu tun. Dazu zeichnet sich aber bereits hier auch die Methode, die er dachte zur Lösung allen dessen gefunden zu haben, ab. Nur der Friede Gottes und die Eintracht mit der Weisheit, die sogar zusammenfallen, können die Unruhe besänftigen, die die Seele der Menschen

[65] Zu diesem Thema vgl. Bori, P.C.: *Pluralità delle vie*, a. a. O., S. 43.

in ihrem Innern aufrührt und sie fehlgehen läßt: »*Multiplex profecto, Patres, in nobis discordiagravia et intestina domi habemus et plusquam civilia bella. Quae, si noluerimus„ si illam affectaverimus pacem, quae in sublime ita nos tollat ut inter excelsos Domini statuamur, sola in nobis compescet prorsus et sedabit philosophia*«.[66]

Die Philosophie muß also auf dem harten Weg seines Aufstiegs dem Menschen Lehrmeisterin sein. Dabei sollen im Folgenden die einzelnen Schritte noch einmal aufmerksam durchgegangen werden, die sich mit diesem gleichsam eher auf eine Initiation als auf einen erzieherischen Ansatz hinweisenden Vorrang verbinden, den Pico der Philosophie gibt, wobei dieser Begriff bei Pico eine umfangreiche Bedeutung hat, von der *philosphia prisca* bis hin, soweit es dem Menschen gegeben ist, zur vollkommenen Gottesschau. Diese Abschnitte, die die Grundpfeiler der dreigeteilten Philosophie sind, verkörpern außerdem die pichianische Methode, die nichts anderes ist als die tatsächliche Ausübung und Umsetzung der kreatürlichen Würde; eine Methode, durch welche man von der zunächst nur potentiellen Würde zu deren Verwirklichung gelangt.

a) Der erste Schritt wird von der Moralphilosophie vollzogen, diese »*multiplicis bruti effrenes excursiones et leonis iurgia, iras animosque contundet*«.[67] Moralischer Natur ist übrigens im wesentlichen der Ansatz, der aus dem gesamten gedanklichen Aufbau der *Oratio* und aus der ihr zugrundeliegenden Geisteshaltung hervorgeht. Für Pico muß die philosophische Entscheidung notwendigerweise praktische Philosophie werden. Die Hauptaufgabe der Moral ist dabei die Läuterung und die Befreiung des Verstandes von allen geistigen und affektbezogenen Verführungen. Die Moralphilosophie soll unterrichten, wie Versuchungen zu widerstehen und Leidenschaften oder die von den rein materiellen Dingen ausgehenden Anziehungskräfte zu bekämpfen sind. Mit einem Wort, die stoisch ausgeprägte Moral des Philosophen lehrt, sich selbst zu beherrschen und den Geist von den Versuchungen der sinnlichen Triebe zu befreien. Sich diesen preiszugeben und es nicht zu verstehen, diese zu beherrschen, nähert den Menschen dem derben Wesen der Tiere an und versperrt ihm den Weg zu jener Harmonie der Sinne und des Geistes, die es erlaubt, zu den höheren Welten aufzustreben, in denen der *inviolabile inter carnem et spiritum foedus sanctissmae pacis* herrscht.[68]

b) Der zweite Schritt ist komplex und konfrontiert den von den Fallstricken der Triebe und der Leidenschaften befreiten Verstand mit einer Unzahl von Kenntnissen. Mit dieser Stufe betritt der Mensch also die Sphäre der Naturwissenschaft und die der dialektischen Philosophie, beide in der weit-

---

66 *Oratio*, Par. 17.
67 Ebd.
68 Ebd.

gefaßten Bedeutung, in der Pico di Begriffe »Natur« und »Dialektik« benutzt, die stark an die platonische und neuplatonische Philosophie Marsilio Ficinos angelehnt ist.[69] Die Aufgabe der Naturphilosophie ist die Bereicherung der Kenntnisse und der Erfahrungen, durch die sich die Meinungen über Dinge und Sichtweisen bilden. Die Naturphilosophie, »*sedabit opinionis lites et dissidia*«, steht also am Ende dafür, daß sie Dinge und Erscheinungen erklärt und deren Wesenszüge offenbart.[70] Die wesentliche Aufgabe der Dialektik hingegen ist es, zuerst einmal die Widersprüche und Zweifel, die aus der geistigen Arbeit und der Anwendung des Verstandes selbst erwachsen, zu bestimmen und in einen Argumentationszusammenhang zu stellen, und zum zweiten den Verstand in die Lage zu versetzen, diese Wiedersprüche zu überwinden. Ziel der Dialektik ist es, die friedliche Aussöhnung (*nicht* die Unterdrückung!) der widerstreitenden Erkenntnisse zu erreichen, die, wie der Autor unterstreicht, die Seele quälen und verhindern, die kontemplative Ruhe[71] zu erreichen. Es liegt hier auf der Hand, daß diese Überlegungen letztlich auf die Zusammenfügung der neuplatonischen Feinfühligkeit mit der Unruhe des Geistes zielen, was unschwer als Folge der Vertrautheit Picos mit Augustinus zu erklären ist. Fast von selbst drängt sich in diesem Argumentationszusammenhang der synthetische und häufig angeführte Ausspruch Augustinus' auf: »*inquietum est cor meum donec non requiescat in te*«.[72]

Die Problemstellung dieser zweiten Stufe des methodologischen Wegs umfaßt das gesamte ungeheuer vielfältige Wissen, das für Pico als Anregung dient und den Gegenstand eingehender Untersuchung bildet, das aber gleichzeitig der Grund für Konflikte und die »Verfehlungen« derjenigen ist, die sich »im Netz« dieser Vielfalt verwickeln.[73] Der Kampf eines jeden muß darin münden, die Vielgestaltigkeit der Erkenntnisse und ihre Fülle in einem harmonischen Ganzen zu vereinen. Die *Conclusiones Nongentae* sind eine

---

[69] Um die Bedeutung des Begriffes der *philosophia naturalis* von Grund auf zu verstehen, muß im pichianischen Zusammenhang die Bedeutung der Wendung *theologia physica* berücksichtigt werden, die bei Augustinus erwähnt wird (vgl. *Confessiones* VI, 5, 3 und *De civitate Dei* VI, 5). Ausgehend von der Kommentierung einer Stelle der *Antiquitates* von Varro unterstreicht er, daß von den drei theologischen Lehren, d. h. *theologia mythica*, *theologia physica*, *theologia civilis*, die erstere die Phantasie der Dichter betrifft, die letztere die Bürgerswelt und die mittlere (*theologia physica*) den Kosmos und damit die Erforschung der Wirklichkeit.

[70] *Oratio*, Par. 17.

[71] Hier soll man die Vorstellung der Schönheit als Zusammenstellung von Gegensätzen betrachten.

[72] Augustinus: *Confessionum libri tredecim* I, 1.

[73] Zu Picos Quellen vgl. Kristeller, P.O.: Giovanni Pico della Mirandola and his sources. In: AAVV.: *L'opera e il pensiero di Giovanni Pico della Mirandola nella storia dell'umanesimo*, a.a.O., S. 35–142. Der Band ist nutzbringend auch im Hinblick auf die Aufschlüsse über die positive Aufnahme und Verbreitung des Werkes Picos in Frankreich und England, die dort geschildert werden.

Zusammenstellung der Schlußfolgerungen, die Pico für die Umsetzung dieses Ziels vorsieht. Die Dialektik spielt für ihn eine unerläßliche Rolle, da auf dieser Stufe das aus der Naturphilosophie kommende Wissen aufgearbeitet und vervollkommnet wird, eine Leistung, die dazu dient und geeignet ist, eine allgemeine Harmonie zu schaffen. Die Dialektik gibt im besonderen Anlaß zur Auseinandersetzung unter Gelehrten, deren Ausgang der junge Pico in der *pax* sehen wollte. Es handelt sich um eine *pax*, die weder mit einer Kompromißlösung unter Gegnern, noch mit der Nachgiebigkeit oder mit der Einigung hinsichtlich der Festlegung bestimmter Standpunkte und Begriffe zu tun hat. Vielmehr stand für Pico das gemeinsame Ziel des Erringens dessen, was für alle das *lumen veritatis* sein sollte und ist, im Vordergrund. Pico schreibt, daß »*sedabit dyalectica rationis turbas inter orationes pugnantias et syllogismorum captiones anxie tumultuantis*«.[74] Die Zuversicht Picos, dank der Reinheit und Redlichkeit der Denkweise und der Kenntnisse sowie auch der Argumentationsführung der freien Geister zu einer einzigen und allgemeinen Wahrheit zu gelangen, findet hier ihren Ausdruck.

Um das Phänomen der Dialektik völlig verstehen zu können, muß man klar vor Augen haben, daß Pico von einem aufrichtigen Wunsch nach *Versöhnung* beseelt war, und keineswegs bereit war, den Preis eines *Kompromisses* zu zahlen. Er zeigt sich bereit, die Unterwerfung unter die rechtmäßige Obrigkeit anzuerkennen, auch wenn er mit ihren Vertretern im Widerspruch steht, wie es sich ja auch tatsächlich ereignet hat, und zwar in nicht eben zu unterschätzender Schärfe. Denn Pico erkennt die Obrigkeit immer an, wenn sie rechtmäßig ist. Gleichzeitig aber liegt für ihn die Widerrechtlichkeit des Unterbindens des Ausdrucks der eigenen Auffassung auf der Hand, ebenso wie seine Pflicht, diese Überzeugungen darzulegen und zu verteidigen, wenn sie von anderen für unannehmbar gehalten würden. Im wesentlichen stimmt er mit dem Grundsatz »*extra ecclesiam nulla salus*«, der vom Florentiner Konzil im Jahre 1442 bekräftigt wurde, überein, und er befolgt ihn, allerdings nicht mit der passiven Nachgiebigkeit, die demjenigen eigen ist, der den Gründen der strittigen Fragen nicht nachforscht oder sie vertieft. Pico lehnt zwei Punkte entschieden ab: die verleumderische Nicht-Anerkennung der Wahrheit und die Inkohärenz zwischen erklärten Überzeugungen und tatsächlichem Handeln. Die angestrebte, weder vertragliche noch vertraglich zu vereinbarende Übereinstimmung der Meinungen (besser: der Überzeugungen), die überhaupt nicht zu verhandeln ist, zielt darauf ab, dank der Dialektik und im Namen der einzigen Wahrheit, bestätigt zu werden; eine Wahrheit, die für Pico im wesentlichen die christliche war. Während er im *Heptaplus* der Synagoge, die der christlichen Kirche vorangegangen ist, den höchsten

---

[74] *Oratio*, Par. 17. An anderer Stelle ist auch die Aussage zu lesen, daß die Dialektik die Aufgabe hat, die *caligo rationis* zu vertreiben (vgl. *Oratio*, Par. 13).

Ehrenrang zuerkennt, hält er die Christen für die wahren Israeliten[75], und noch in der *Apologia* versichert er, daß sich die Judäer an den Buchstaben halten, während die Christen zum Geist gelangen. Für Pico fallen die Inhalte der *philosophia prisca*, denn auch wirklich mit denen der christlichen *Theologie* zusammen; so führt diese Dualität von *Philosophie* und *Theologie* niemals zu der doppelten Wahrheit der Averroisten. Denn sie ist doch am Ende nichts anderes als das Sich-in-einem-einzigen-Ausdrücken der εὐσέβεια auf Gott hin und der φιλανθροπία zu den Menschen hin.[76] Und zu dieser Erkenntnis soll die Philosophie der Dialektik führen.

c) Der dritte Schritt schließlich besteht in der Vollziehung des allgemeinen Friedens, der nicht nur die Eintracht des Wissens bedeutet, sondern auch den Einzug des kosmischen und übernatürlichen Friedens, der zum Urlicht der Schöpfung gehört: »*in [...] pace sanctissima, individua copula, unianimi amicitia, qua omnes animi in una mente, quae est super omnem mentem, non concordet adeo, sed ineffabili quodammodo unum penitus evadant*«.[77]

Mit diesem Frieden, der in das Innere eines jeden Menschen, eines jeden Hauses, eines jeden Volkes Einzug halten sollte, würde eine dauerhafte, allgemeine Harmonie unter den Lebewesen in Eintracht mit Gott, dem Schöpfer des Himmels und der Erden, geschaffen werden. Wie schon zuvor bemerkt, führt der Weg dorthin, so heißt es bei Pico ausdrücklich, über die Moralphilosophie und die Dialektik, in dem Sinne, der gerade beschrieben worden ist, also über die Befreiung von äußeren Leidenschaften und über den freien, und nicht allgemein verstandenen, sondern auf genaue Angaben aus den Quellen gestützten Dialog. Auf diese Art und Weise finden Philologie und Glaube, Philosophie und Priestertum zusammen, so daß die *mens* eines jeden einzelnen sich in eine »*mens super omnem mentem*« verwandeln kann.

Pico errichtet zu diesem Zweck eine eigene kosmologische Lehre, die sich im *Heptaplus* dargelegt findet: mit dem Empyrion als Motor setzt er erstens eine göttliche Sphäre des Weltenschöpfers und der Engel, die aus Licht besteht, dann die Himmelssphäre, in der es Licht und Dunkelheit gibt, und dann die dritte Sphäre, die Pico als die sublunare oder Sphäre der Elemente bezeichnet: hier leben alle irdischen Schöpfungen. Aber es kommt noch eine weitere speziell und ausschließlich dem Menschen vorbehaltene Sphäre hinzu, die alle anderen mit einschließt. In dieser Photologie des Geistes wird dem

---

[75] Vgl. Pico: *Heptaplus*, *Expositio III*, *Prooemium.*

[76] Dieser Dualismus, Verursacher des Aufruhrs in der Seele des Menschen, befindet sich auch in der von Hieronymus Savonarola gehaltene Grabrede, der Pico einzig vorwarf, nicht schon zu Lebzeiten das dominikanische Ordensgewand angelegt zu haben. In einem solchen als Symbol der Zugehörigkeit wurde sein Leichnam dann auch in Florenz in der Kirche San Marco beigesetzt.

[77] *Oratio*, Par. 18.

Menschen also eine vierte Weltsphäre gegenüber der kosmischen Lichtachse zugesprochen, sodaß, wie Pico darlegt, jede einzige die anderen, dank des Menschen, der sie alle zusammenhält, einschließt.[78] Es ist die *»mundorum mutua continentia«*, die, wie im *Heptaplus* weiter dargelegt wird, aus dem Menschen einen Mikrokosmos macht. Hier wird der Schöpfergott als Fürst beschrieben, der eine Stadt baut und in ihrem Zentrum sein Ebenbild errichtet (womit der Mensch gemeint ist).[79] Der Mensch ist also in der Welt der absolute Stellvertreter von Gott. Der Mensch trägt also in sich vereint eine zusammenfassende Kraft, so wie sie auch bei Gott ist, aber mit dem Unterschied, daß sie in Gott vollkommen ist, während sie im Menschen nur eine Gesamtheit von Mitteln für seine eigene Erhöhung ist.[80]

V. Betrachtungen zur methodischen Verfahrensweise Picos

Was hier dargelegt wurde, ist die praktische Bedeutung der Dreigeteilten Philosophie, die Pico, in unterschiedliche Zusammenhänge gebettet, auch in anderen Schriften, und zwar im besonderen in *De ente et uno*, der *Apologia* und im *Heptaplus* behandelt, und die er außerdem symbolisch im Aufbau des Tempels von Jerusalem verkörpert sieht.[81]

Die Quellen, aus denen Pico schöpfte, sind für das 15. Jahrhundert von erstaunlicher kultureller Spannweite: wir kennen sie hauptsächlich aus den *Conclusiones Nongentae*, zu denen die *Oratio* die Einleitung bildet.[82] Die

---

78 Die Sphäre des Menschen ist eine Welt, wo *»mixtum ex elementis corpus et coelestis spiritus et plantarum alma vegetalis et brutorum sensus et ratio et angelica mens et Dei similitudo conspicitur«* (*Heptaplus. Aliud Prooemium totius operis).* Der Grundsatz, nach dem alle Welten am Ende eine einzige Welt seien und daß alles in allen vertreten vorliegt, wird im zweiten Proömium zum *Heptaplus* ausgedrückt: *»quoniam quicquid in omnibus simul est mundis, id et in singulis continetur, neque est aliquis unus ex eis in quo non omnia sint quae sunt in singulis«* (ebd.). Eben diese Vorstellung des gegenseitigen Sich-Einschließens aller Stufen der kosmischen Ordnung findet sich auch in den *Grundlagen der Theologie* von Proklos und in dem Werk *In Parmenidem* von Ficino wieder.

79 In einer recht eigentlich metaphysischen Lesart kann in dieser These eine bedeutungsvolle Vorwegnahme der Leibniz'schen Auffassung des Universums gesehen werden. Aus dem *Heptaplus* vgl. insbesondere die *Expositio V.*

80 Die *Expositio IV* im *Heptaplus* hat die der *Oratio* ähnlichsten Inhalte.

81 In diesen Betrachtungen bewegt sich Pico auf Philons Spuren. Die Rast vor dem Tempel entspricht der Läuterung der Seele, der Eintritt in den ummauerten Bereich steht symbolisch für die Einführung in das Noviziat der Dialektik, der Eintritt in den *Sancta Sanctorum* bezeichnet das Erreichen der Gottesschau.

82 Das systematische Aufarbeitung der pichianischen Quellen, das bereits von Experten der Materie wie Kristeller und Garin angemahnt wurde – die dies als grundlegend nicht nur für die Pico-Forschung, sondern auch für eine umfassendere Einsicht in die Kultur des italienischen

Sichtweise ist zweifelsohne eklektisch. Aber wie bereits erwähnt worden ist, bildet das Besondere und Hervorhebenswerte der *Oratio de hominis dignitate* deren methodische Vorgehensweise, insofern die in ihr angekündigten Thesen keineswegs als Selbstzweck zu verstehen sind und ihre Auflösung keineswegs eklektisch sein will und noch viel weniger einem Synkretismus das Wort redet. Der Eklektizismus geht von einer einzigen erreichbaren, nämlich vom menschlichen Verstand zu begreifenden Wahrheit aus. Der Synkretismus versteht sich als facettenreiches Mosaik verschiedener zusammengewürfelter und hybrider Wahrheiten unterschiedlicher Herkunft. Der Weg der Dialektik soll dagegen den Zweck erfüllen: eklektische Lösungen zu vermeiden und nicht in die intellektuelle Falle des Synkretismus zu tappen, weil es sehr wohl eine und einzige Wahrheit gibt. Man muß nur in der Lage sein, sie zu erkennen und sie sich zu eigen zu machen. Während der Synkretismus dem pichianischen Ansatz von Grund auf fremd ist, spielt der Eklektizismus bei ihm durchaus eine Rolle, und zwar als Instrument, um das dialektische Material zu erweitern und Kenntnisse einzuschließen, die sonst unberücksichtigt blieben und ihren Beitrag zum Vorankommen auf dem Weg zu eine überirdischen Vollkommenheit nicht leisten könnten. Wir könnten sagen: einzig ist die Wahrheit, viele sind die Ausgangspunkte, von denen sie zu erreichen ist.[83]

Eklektizismus hat also eine Mittlerfunktion, weil es nur die eine einzige Wahrheit gibt, zu der wir kommen müssen. Pico läßt die Überzeugungskraft und die Beharrlichkeit eines neuzeitlichen Parmenides erkennen: wie er auf dem Weg der Wahrheit besteht und gleichzeitig das Gefangensein in den Meinungen verurteilt. Allerdings gibt es bei ihm im Unterschied zu Parmenides keine drastische Trennung des Weges der Wahrheit von dem der Meinung, vielmehr sieht er in letzterem ein mögliches Hilfsmittel, um zu ersterem zu gelangen. Damit vereint Pico die parmenidische Einzigkeit der Wahrheit – für den christlichen Philosophen Pico liegt dieses in der Sphäre des Unsichtbaren der göttlichen Vollkommenheit – mit der heraklitischen Flußlehre, nach der sich nur eine unendliche Veränderung zeigt, und so könnte man die pichianische Verfahrensweise als eklektisch-enaletisch (vom Vielseitigen zum alleinigen Einen) bezeichnen. Pico ist dabei davon überzeugt, daß der direkte Bezug auf die ältesten vorhandenen Quellen unerläßlich ist, weil diese dem schöpferischen Ursprung näher sind und deswegen tiefere Wahrheiten über die Schöpfung beinhalten, und daß zudem bei der Rezeption einer jeden

Humanismus an sich ansehen –, erfordert eine noch tiefergehende Analyse als sie bis heute vorgenommen wurde.

[83] Die Mannigfaltigkeit der Wege, die man beschreiten kann, um die einzig wahrhaftige Wahrheit zu finden, ist eine Vorstellung, auf die man bei Thomas More, aber nicht bei Cusanus trifft. Pico stößt bei Symmachus auf adaptierte Thesen, die er im *Contra Symmachum* von Prudentius aufgefunden hat.

Lehre eine dialektische Auseinandersetzung vonnöten ist. Beide Kriterien bleiben bei Pico immer untrennbar.

Mit dem ersten Kriterium, also dem Grundsatz des Bezuges auf die frühesten antiken Quellen, wird vermieden, daß man sich Wunschvorstellungen hingibt und den daraus entstehenden Manipulationen, Fälschungen und den auf ihnen aufbauenden Irrlehren zum Opfer fällt. Es hilft auch dabei, sich vor leerer Rhetorik zu schützen, die die Ideen schöner erscheinen läßt, aber den Blick auf ihr wahres Wesen trübt und leicht fehlleitet. In unserem heutigen Sprachgebrauch würden wir sagen, es handelt sich um eine Richtlinie, die davor schützt, in subjektivistische oder ideologische Positionen zu verfallen. In diesem ersten Kriterium erkennen wir vor allem den Philologen und Humanisten Pico, der sich furchtlos gegen den Strom seiner Zeit und die herrschenden Meinungen stellte und buchstäblich versuchte, »flußaufwärts« zu den fernen Quellen des Wissens durchzudringen, auch wenn diese von Autoritäten und Gepflogenheiten der Zeit verurteilt wurden.

Was das zweite Kriterium anbelangt, d. h. die Unbedingtheit einer Auseinandersetzung zwischen Gelehrten, so sollten wir diesem besondere Aufmerksamkeit zollen. Die Klärung einer Streitfrage in einem öffentlichen Disput war zu Zeiten Picos gang und gäbe. Diese Dispute fanden oft an Fürstenhöfen statt, wie übrigens auch die literarischen *certamina*. Aber in unserem Zusammenhang muß man vor allem an die Streitgespräche denken, die von François Mayrones in Paris abgehalten wurden und mehrere Tage lang dauerten, an denen Pico della Mirandola selbst teilgenommen hatte. In der Tat scheint es, daß die Pariser Treffen das eigentliche Vorbild gewesen sind, nach dem der junge Philosoph die Diskussion seiner 900 Thesen in Rom gestalten wollte. Die *quaestiones disputatae* waren in der Scholastik des Mittelalters üblich, und auch im 15. Jahrhundert pflegte man an den Höfen der Regenten, besonders auf dichterischem Gebiet, mit literarisch stilisierten Darbietungen *quaestiones* zu bereichern, die in ihrer Form stark an Dialoge aus der klassischen Literatur erinnerten. Aber bei Pico scheint auch noch ein anderes Erbe aus dem Mittelalter besonders nachgewirkt zu haben, dem für sein Denken besondere Bedeutung zukommt. Auf der einen Seite treten nämlich bei ihm die Züge eines gewissenhaften, logischen und in schmucklosem, sogar als »rüde« zu bezeichnendem, obzwar auf der neuzeitlichen Philologie beruhendem Stil schreibenden Scholastikers hervor. Auf der anderen Seite kommt man aber auch nicht umhin, in ihm die Haltung eines Ritters zu sehen. Letzteres keinesfalls in einem bloß ästhetischen Sinn.

Es darf nämlich nicht vergessen werden, daß Pico aus einer altangestammten Familie des Hochadels kam, daß seine Brüder hohe Offiziersposten bekleideten und daß es auch für Pico nur natürlich gewesen wäre, wenn er eine militärische Laufbahn angestrebt hätte. Er hat dies abgelehnt, ebenso wie er es abgelehnt hat, den Wunsch der Mutter zu erfüllen, die aufgrund seiner außerordentlichen geistigen Fähigkeiten für ihn eine leuchtende kirchliche Laufbahn vorgesehen hatte und ihn innerhalb der ekklesiastischen Würden schon als Kardinal, ja sogar als Papst sah. Pico hingegen verschrieb sich mit Leib und Seele, mit dem Geist eines einsamen Helden, der wissenschaftlichen Tätigkeit, als wäre diese seine ganz persönliche Berufung, und er tat dies in dem unangreifbaren Selbstverständnis, eine Lebensaufgabe zum Besten der gesamten Menschheit zu erfüllen, der er sein ganzes Leben zu widmen bereit war. Und Pico hat diesen steinigen Weg mit großem Mut, mit der aufrichtigen Entsagung eines Mönchs und Kriegers und mit großer Aufgeschlossenheit beschritten. Eben hierin drückt sich das alte Ideal des altehrwürdigen Rittertums aus.

Was ich meine, ist das folgende: Pico hat das Ehrgefühl eines voll und ganz satisfaktionsfähigen Ritters auf seine geistige Aufgabe übertragen, und er war bereit, mit den Waffen der Dialektik, des gelehrten Humanismus und der Scholastik in den Kampf zu ziehen. Die philologischen Kenntnisse der Originalquellen schliffen seine Angriffswaffen und bewehrten seine Verteidigungswaffen. Der Disput war sein Schlachtfeld, sein Exerzierplatz für das Wagnis seines Unterfangens. Der Disput, den er in Rom abzuhalten beabsichtigte, war daher für ihn wie die Arena, in der sich die Ritter *inter pares* im Kampf messen. Hier hätte er seine Fähigkeiten beweisen wollen, hier hätte hervortreten sollen, was er als Beweis seiner eigenen persönlichen Würde, im Grunde wie einen Ehrenbeweis, ansah.

Dieser scholastisch-ritterliche Charakter Picos ist aus dem Text der *Oratio* unmittelbar abzulesen. Über den Sinn und Zweck des Disputes zwischen Gelehrten erfährt man, daß es nicht schon etwas wert ist, den Sieg zu erringen, sondern vielmehr das Wagnis einzugehen, dem Sieger wirksam entgegenzutreten, weil auch der Unterlegene aus seiner Niederlage Nutzen ziehen kann: er lernt aus dem Erfahrenen, was er vorher nicht kannte, und er hat die Möglichkeit, seine eigenen Fehler zu berichtigen und so bei zukünftigen Auseinandersetzungen besser gewappnet zu sein. »*Quando quidem qui succumbit beneficium a victore accipit, non iniuriam, quippe qui per eum et locuplectior domum, id est doctior et ad futuras pugnas redit instructior*«.[84] Das Bild der Herausforderung, des Sich-Stellens und Sich-Beweisens und Sich-Abhärtens mit Ehre, all das sind Momente, in denen sich die wirkliche *dignitas* des einzelnen offenbart. Es ist zweifellos eine *dignitas* aristokratischer Größe.

Von sich selbst sagt Pico in aller Aufrichtigkeit (er drückt es mit dem griechischen Wort αἰδώς, also *dignitas*, aus): »*docti tamen nomen mihi nec sumo nec arrogo*«.[85] Und mit dieser stolzen Bescheidenheit spricht er im weiteren

---

[84] *Oratio*, S. 28.

[85] Ebd.

wörtlich von *pugna*, benutzt also ganz eindeutig einen Ausdruck aus dem Bereich der Kriegsführung. Aber noch deutlicher wird Pico im Schlußwort der *Oratio*. Hier wendet er sich an die Mitglieder der ehrwürdigen Versammlung, vor der der kühne Redner seine neunhundert Thesen zu verteidigen gedachte, weist auf den Disput hin, den er abzuhalten plante, und fordert seine Zuhörer dazu auf, seinem jungen Alter keine Bedeutung beizumessen: »*Quod tamen temere sic factum nec ne rectius utique de eventu pugnae quam de nostra aetate potest quis iudicare*«.[86] Die Züge der Willensstärke und der Selbstverantwortung finden bei Pico eine sehr starke Ausprägung und sein kurzes Leben (Pico stirbt im Alter von 31 Jahren, vergiftet, so eine nie zur Gänze bewiesene Darstellung seines Sekretärs) ist Beweis dafür, mit welcher Entschiedenheit er sich an dieses Modell der Würde gehalten hat, ohne Angst, verleumdet, mißverstanden oder von der Kirche verurteilt zu werden, von der er mehrmals eingekerkert wurde. Die gewissen Abschwächungen seiner in den *Conclusiones* vertretenen Thesen, die manch einer zuweilen gern in der *Apologia* oder im *Heptaplus* hat sehen wollen, sollte man richtiger als Vertiefungen oder auf Überzeugung fußende Abänderungen und keinesfalls als Zugeständnisse an obrigkeitshörige Standpunkte oder als opportunistische »Rückzüge« auslegen.

Der aus Picos Leben und Werk hervorgehende Begriff der *dignitas*, die sich letztendlich auf die Gesamtheit aller Bereiche des menschlichen Handelns bezieht, ist auch in diesen geistigen und praktischen Entscheidungen zu sehen, die ein ritterliches Gepräge in sich tragen.

VI. Zur näheren Begriffsbestimmung der *dignitas*

Die Ausführungen des vorhergehenden Abschnittes leiten wie von selbst über zu einer eingehenderen Betrachtung des Begriffes der *dignitas*. Seinen Ruf verdankt Pico della Mirandola vor allem der *Oratio de hominis dignitate*, auch wenn der Autor die Aufmerksamkeit nicht in erster Linie ihretwegen verdient, sondern (auch) wegen anderer Werke. Seine Zeitgenossen schätzten seine Intelligenz und die Weitsicht seiner Anschauungen, in unseren Tagen jedoch – das ist unverkennbar – gilt ihm unsere Aufmerksamkeit besonders wegen der »*dignitas hominis*« aus dem Titel der *Oratio*. Der Terminus »*dignitas*« aber, der so sehr die Aufmerksamkeit der späten Neuzeit auf sich gezogen hat, ist es oft gewesen, der die richtige Lesart des Denkens Pico della Mirandolas verhindert hat. Bei der Rezeption des Begriffs sollte man aus diesem Grund größte Vorsicht walten lassen.

[86] Ebd.

Auf die in der *Oratio* ja im Grunde gänzlich fehlende Verwendung des Begriffs von *dignitas* sowie auf die besondere Auffassung des menschlichen Wesens ist bereits oben hingewiesen worden. Giovanni Di Napoli hat zum Beispiel den letzten Abschnitt eines Kapitels aus seinem Buch *Giovanni Pico della Mirandola* eben mit *dignitas* überschrieben und diesen Begriff als »Freiheit«, »Wissen« »Berufung und Schicksal« näher bestimmt.[87] Trotzdem ist es kein Zufall, daß dieser gewissenhafte und bestens unterrichtete Biograph dem Begriff der Menschenwürde bei Pico keine besonders relevante Bedeutung beimißt.

Eines muß also in jedem Fall klargestellt werden: die komplexe Bedeutung des Würdebegriffes bei Pico kann weder auf eine im modernen Sinne bloß moralische Bestimmung reduziert, noch im rein ständischen, individuellen oder physiologischen Sinne gefaßt werden. Der pichianischen Würde muß eine Doppelbedeutung gegeben werden, die letztendlich aber auf eine einzige zurückgeführt werden kann. Die erste Bedeutung bezieht sich im Grunde auf die ursprüngliche Natur des menschlichen Wesens als Geschöpf und sie entspricht einem Menschenwürdebegriff bloß im geschöpflichen Sinne: Gott hat den Menschen erschaffen, ohne ihn in eine bestimmte Natur einzubinden, und eben hierin liegt seine Würde den anderen Geschöpfen gegenüber, diese Würde macht ihn frei, und gleichzeitig fähig, sich seine eigene Natur zu schaffen. Hierher rührt dann die zweite Bedeutung der *dignitas*. Dadurch, daß sie nicht die Eigenschaft eines Geschöpfes mit eigenem ontologischen Wert ist, verwirklicht sich die Würde erst durch die Tat des Menschen und durch die Entscheidung zu dem, was den Menschen ein echtes Subjekt werden läßt, sie ist also das Ergebnis einer persönlichen Leistung. Die Menschenwürde ist ein dynamischer Begriff, welcher die menschliche Bestrebung bezeichnet, sich selbst zu überwinden, was dahin führt, daß der Mensch sich mit seinem eigenen Urbild wiedervereint, das weder vorherbestimmte Gestalt noch Substanz besitzt, sondern Wirkungskraft aller Wirkungen und geschöpften Kräfte ist.[88] Die Würde des Menschen besteht also darin, wirklich Mensch zu sein, d. h. zu seiner Freiheit in der Lage zu sein. Mit einem tautologischen Wortspiel könnte man sagen: er muß seiner Würde würdig sein. *Sei Mensch*, wird es später in der Stimmung der deutschen Bildung heißen; aber bei Pico ist der Mensch ganz klar ein Wesen, das über sich selbst hinausgelangen kann, in eine Dimension, wenn wir so wollen, des Erhabenen.

Gewiß ist dem Begriff der menschlichen Würde, den die *Oratio* liefert, im Innersten eine intellektuelle Matrix zu eigen, in der sich die beiden antiken

---

[87] Vgl. Di Napoli, G.: *Pico della Mirandola*, a. a. O., S. 399–415.

[88] Zur Wiederverschmelzung mit dem Zustand der Schöpfung vgl. Reinhardt, H.: Mundus contemplandi, sive quid Marsilius Ficinus quidque Ioannes Picus Mirandulanus de apice philosophandi censuerit. In: *Studia abbati Carolo Egger ab amicis oblata* Bd. II, Rom 1984, S. 14ff.

Antipoden, nämlich die *vita comtemplativa* und die *vita activa* treffen, wobei dem kontemplativen Leben eindeutig die größere Bedeutung zukommt. Aus der *Oratio,* aber auch aus anderen Werken Picos ist zu entnehmen, daß Würde in einer geistigen Verpflichtung besteht, die für jeden nach eigenen Fähigkeiten und Vervollkommnungsmöglichkeiten zu verwirklichen und also erreichbar ist. Wirklich zu erreichen ist sie aber nur von demjenigen, der den notwendigen Willen, die Ausdauer und die geistige Gabe besitzt, man darf in unserem Fall hinzufügen, den nötigen Eifer. Picos Würdebegriff kann, wie schon mehrfach betont wurde, nicht isoliert und außerhalb des Zusammenhangs der Ziele seines Gesamtwerkes betrachtet werden. Dieser Begriff beinhaltet den Stolz, sich der eigenen Berufung treu zu bleiben. Die ritterlichen Züge, von denen oben die Rede war, nähern die pichianische Menschenwürde dem Ehrbegriff an, welcher allerdings hier im doktrinären und nicht im militärischen Bereich angewandt wird. Dennoch ist dieser Ehrbegriff eng mit dem Würdebegriff verwandt. Für unseren jungen Denker liegt die Ehre wohl schon in der zielgerichteten Übung der Philosophie, die keinesfalls eine passive Eignung ist, sondern eine erhöhte und erhöhende Aufgabe, der man gewachsen sein muß.[89]

Auf eine tiefergehende Begründung stößt man tatsächlich in der klassischen Antike und dem Mittelalter, wenn auch mit unterschiedlicher Bedeutung. In der Antike ging die Würde auf die Bekleidung eines Amtes in einer bestimmten *civitas* zurück, oder sie galt als Zuerkennung von institutionellen Ämtern. Im Mittelalter sah man in der Würde etwas, das in Übereinstimmung mit Gottes Willen zugestanden wurde. In beiden Fällen war das Sinngebende der Bezug auf ein an Ehre und Moral orientiertes Wertesystem, das im Vergleich zur allgemeinen, gewöhnlichen Menschheit eine Auszeichnung zubilligte. In beiden Fällen also erhält der Begriff seinen Inhalt aus seinem Bezug auf eine »andere« Dimension, die dem Menschen übergeordnet ist und für ihn im Vergleich zum Normal-Menschlichen ein Mehr an Wert bedeutet. In unserem modernen Zeitalter, in dem das »Anders-Sein« und das »Höher-Sein« nicht mehr existieren, wird der Würdebegriff zur einer bloßen und sogar selbstbezogenen rhetorischen Bezeichnung: der Mensch gibt sich diesen Titel selbst, als das Wesen, was er ist, ohne jeglichen Bezug zu einem über ihm selbst gelegenen Urteilsmaßstab. Die pichianische Würde, als schöpferische *dignitas*, die aus dem Werk dieses Denkers hervorgeht, bezieht sich weiter auf die höhere Ordnung, d.h auf die göttliche Quelle, die der Mensch imstande sein soll, beständig in sich selbst ausfindig zu machen. Ohne diese höhere Ordnung, an der man sich in seinem persönlichen Streben halten kann, käme die Freiheit des Menschen, die Voraussetzung für seine Würde ist, wohl einer

[89] In diese Richtung gehende Hinweise finden sich vielfach in den Paragraphen von 28 bis 47 der *Oratio*.

Anarchie menschlicher (»roher«) Unmittelbarkeit nahe. Im konkreten Leben besteht die Würde in der Freiheit, jene verdienen zu dürfen.

In dieser Hinsicht weicht Picos Auffassung von Würde nicht von dem allgemein im gelehrten Humanismus geläufigen Begriff ab, wo *dignitas* immer theologisch und niemals naturalistisch verstanden wird, um die dem Menschen eigene Geistigkeit zu unterstreichen, die in sich eine Prägung trägt, die unmittelbar an das Göttliche anknüpft.[90] Hierin auch Augustinus folgend sahen die Humanisten das Besondere des Menschen im Unterschied zu den Tieren immer in der Ebenbildlichkeit mit Gott. Der Mensch als schöpferisches Wesen konnte gemäß seiner Natur mit Gott als dem, wenn auch unendlichen und unermeßlichen, Schöpfer verglichen werden, eine Vorstellung, die für die damalige Weltanschauung wesentlich war. Aber das genügt nicht. Hinzu kommt noch eine theologische Bestimmung, die zwei komplementären Formeln der Liturgie der katholischen Kirche zu entnehmen ist. Erstere, »*deus, qui humanae substantiae dignitatem mirabiliter condidisti*«, besagt, daß die Menschenwürde unmittelbar von Gott gegeben ist. Die Zweite, »*domine, non sum dignus ut intres sub tectum meum*«, fügt der ersten Aussage die Demut des Menschen vor Gott hinzu.[91]

Mit der humanistischen Überzeugung der Unerläßlichkeit einer Bindung an die Transzendenz geht der in der geistlichen Krise der Kirche ausgeprägte Versuch einher, das Bild des ursprünglichen Christen wiederauferstehen zu lassen. Davon zeugt vor allem das wachsende außerordentliche Interesse an den Kirchenvätern, das neben dem Interesse an der klassischen Antike und an den zahllosen Übersetzungen und Neuinterpretationen klassischer Schriften steht. In diesem Zusammenhang wird das Studium der Philosophie ein unersetzbares Mittel, um die Ebenbildlichkeit des Menschen mit Gott zu erweitern und zu vertiefen und um eine Erneuerung des Geistes in ihrem Licht zu erreichen. Das Thema der *dignitas* im humanistischen Zeitalter zeigt also ganz deutlich, daß es keinen Sinn mehr macht, wenn man diese aus dem

---

[90] Nicht außer acht zu lassen ist, daß der Kampf des Christentums gegen das Heidentum auch einen Aspekt hat, der nicht immer die Beachtung erfährt, die ihm gebührt. Die jüdisch-christliche Kultur hat nur dem Menschen das Privileg zuerkannt, in sich Elemente des Göttlichen zu tragen, genauer in seiner Seele, während mythische alte Riten auch in einigen Tieren, Natur- oder der Vorstellungserscheinungen die Spuren des Göttlichen sahen. Die Ausschließlichkeit der Anteilhabe am Göttlichen des Menschen erhält im Humanismus neue Elemente.

[91] Die erste Formel wird von August Buck behandelt. Vgl. Buck, A.: G. Pico della Mirandola e l'antropologia dell'umanesimo italiano. In: Garfagnini, G.C. (Hg.): *Giovanni Pico della Mirandola* (Convegno Internazionale di studi nel cinquecentesimo anniversario della morte, 1494–1994), Florenz 1997, S. 5. (zit. nach Bori, P.C.: *Pluralità delle vie,* a. a. O., S. 41). Bori erinnert auch an Leo den Großen: »*Agnosce christiane, dignitatem tuam; et divinae consors factus naturae, noli in veterem vilitatem degeneri conversatione redire*« (Sermo I de Nativitate Domini. In: Migne, PL, 54, col. 192).

Menschen als geschöpftem Wesen herausreißt. Die Würde des Menschen ist sehr wohl die Würde, Mensch zu sein. Aber Mensch im Einklang mit der eigenen Natur zu sein, bedeutet, sich selbst, getreu den unerschöpflichen Möglichkeiten, die uns von unserem Schöpfer zuteil wurden, zu formen. Nur unter dieser Voraussetzung können wir den richtigen Pico erkennen.

Neben dem axiologischen und ebenso theologischen Inhalt des Würdebegriffes darf aber auch der Bezug zu dessen terminologischem Wert, der von der offiziellen römischen Tradition abgeleitet ist, nicht außer acht gelassen werden. Die römische *dignitas*, geschichtliche Vorgängerin derjenigen Picos, ist ursprünglich an die Übernahme einer öffentlichen Rolle oder Funktion gebunden, später dann eines institutionellen Amtes. Wenn der Begriff hier eher auf eine einer einzelnen Person zuerkannten Qualität angewandt wird, verliert er den Bezug zur öffentlichen Sphäre nicht. Öffentlich will hier in der römischen üblichen Bedeutung verstanden sein, in der es all das bezeichnet, was zur politischen Ordnung der *civitas* zählt. Auf einzelne bezogen wird die *dignitas* Maßstab für das ehrenwerte Handeln einer Person oder auch einfach für die untadelige Befolgung und Einhaltung der für einen römischen Bürger geltenden Regeln. Die Aussage Paulus', ein *civis romanus* zu sein, steht zweifelsohne in diesem Zusammenhang.[92] Die Würde des Einzelnen erhält ihre Berechtigung aus dem politisch-öffentlichen Stellenwert des Individuums, das herausgerissen aus dem öffentlichen Zusammenhang seine Würde als Bürger-Mensch verliert. Eben diese Auffassung liegt auch im Begriff des »politischen Tieres« bei Aristoteles, der den bereits von Protagoras benutzten Mythos des Zeus in seiner Lehre verwendet: Zeus hat bestimmt, daß alle Tiere von Natur aus die Regel zur Organisation ihres Zusammenlebens schon hätten, während er es dem Menschen freigestellt hat, sich die eigene Ordnung zu wählen. Zu diesem Zweck erhält der Mensch zwei Mittel, δίκη und αἰδώς, also die richtige Würde und die Bescheidenheit (siehe hierzu auch ἀξίωμα bei Platon als Bezeichnung von Eigenschaften, die für eine Gemeinschaft eigentümlich sind).[93]

Außerdem darf nicht außer acht gelassen werden, daß man in den literarischen Quellen der Latinität eine Bedeutung findet, die in vielen Aspekten dem Sprachgebrauch Picos sehr nahe kommt. Besonders wäre Cicero zu nennen, der wahrscheinlich als erster von *dignitas hominis naturalis* spricht, einer Eigenschaft, die nicht notwendigerweise allen eignet, wohingegen aber sehr wohl alle die Pflicht haben, diese in sich heranzubilden. Und so gelangt er

---

92 Vgl. *Apostelgeschichte* 16, 37.

93 Unter die römische Vorstellung von *dignitas* fällt auch die Achtung der *mores*. Vgl. auch Seneca, *Ep.* 31, 11, wo er in Bezug hierauf Vergil zitiert. Von *dignitates* verstanden als Ämter mit öffentlichen Funktionen ist vor allem zur Kaiserzeit die Rede. Die Epoche Diokletians zum Beispiel zeigt ein weites Feld ihrer Anwendung.

ganz in die Nähe dessen, was wir Ehrensinn nennen.[94] Noch genauer könnte man sagen, daß jeder es als seine Pflicht ansehen müßte, die Würde für sich selbst zu verdienen. Es gibt Stellen bei Cicero, in denen er der *dignitas* die *voluptas* gegenüberstellt, wobei mit *dignitas* hier derjenige bezeichnet wird, der sich in Selbstbeherrschung übt und nicht nur aus persönlichem Interesse oder bloßer *utilitas* handelt.[95] Eben in dieser Bedeutung finden wir *dignitas* auch bei Pico wieder.

Aber selbstverständlich könnte es nie gelingen, den Sinn des Wortes *dignitas* bei Pico, zur Gänze zu verstehen, hielte man sich nicht klar vor Augen, daß ihre Bedeutung, wie vorstehend ebenfalls schon vermerkt wurde, von dem heutigen Gebrauch des Wortes deutlich unterschieden werden muß. Der Begriff findet heute nämlich zweierlei Anwendung: einerseits wird unter Würde die Übung von moralischen Eigenschaften verstanden, die sich im lobenswerten Benehmen des Einzelnen äußern, andererseits bezeichnet der Begriff ein normatives, jedem Menschen, bloß weil er Mensch ist, zustehendes Attribut. Letztere Bedeutung des Menschenwürdebegriffs ist auch die Voraussetzung für die Aufstellung von Grundsätzen, die die natürliche Gleichheit aller Menschen postulieren, und für die Anerkennung von vorbestimmten, unveräußerlichen Menschenrechten. Picos Würdebegriff bietet zweifelsohne Aspekte, die der heutigen Bedeutung dieser Kategorie ähnlich sind. Dennoch ist der Begriff bei ihm wesentlich vielschichtiger und sehr viel reicher an ontologisch-theologischen Kennzeichnungen. Umso weniger eignet er sich als Grundlage für die Gleichheit aller Menschen, ganz im Gegenteil, er ist die Grundlage für ihre Verschiedenheiten. Zwar steht der Mensch im Mittelpunkt der Schöpfung, aber er ist ein beweglicher Mittelpunkt, und der Mensch steht hier, nicht damit er die Natur verändere, sondern damit er durch sie sich selbst verändere.

In diesem Gedankengang scheint es schließlich noch angebracht, noch etwas klarzustellen. In der westlichen Welt geht man heute im allgemeinen von einem Begriff der Menschenwürde aus, der deren gleichsam »automatische« Anwendung mit sich bringt, da ihr ein ontologisch-konstitutiver Wert zugeschrieben wird; auf diese Weise gefaßt, wird die *dignitas* zum angeborenen Merkmal eines Menschen, welcher sie persönlich und von seiner Geburt an besitzt. Nach dieser Denkart ist der Mensch, wenn er zur Welt kommt, bereits mit Würde ausgestattet, auf die gleiche Art und Weise, wie er mit physischen Organen ausgestattet ist. So wäre die Würde eine abstrakte und als physiologisch aufgefaßte Größe, die rhetorisch dem Menschen als seine ontologische Charakterisierung beigelegt wird, um ihn als »natürliches« Subjekt als Träger von durch die rechtliche Ordnung vermittelten Menschenrechten

---

[94] Vgl. Cicero: *De officiis* I, 105. Vgl. auch *De legibus* I, 59.

[95] Vgl. Cicero: *Ad Quintum fratrem* 1, 4, 13 u. *De oratore* 2, 334.

kennzeichnen zu können. Im Grunde erkennt man dem Menschen Rechte zu, nicht weil er mit Würde ausgestattet ist, sondern man erkennt ihm umgekehrt Würde zu, um die Zuschreibung seiner Rechte rechtfertigen zu können. Nach dieser Ansicht wird es folglich schwer, zu behaupten, es gebe auch Menschen ohne Würde.

Letztendlich ist die pichianische Würde somit vollkommen losgelöst von Gemeinplätzen unserer Zeit zu betrachten, welche die *dignitas* im Grunde ausschließlich als die ausgedrückte Achtung dem Anderen gegenüber interpretieren, ungeachtet dessen, was dieser denkt oder tut. Um es für unseren heutigen Kontext noch klarer zu machen: die schöpferische Würde des Menschen, wie Pico sie versteht, bringt keine Menschenrechte mit sich, denn sie besteht vielmehr darin, daß der Mensch in Freiheit sein eigenes Potential ausbilden kann. Die pichianische Würde kann eventuell Pflichten, die Würde selbst zu verdienen, begründen, indem die *dignitas* zu keinem genetischen, statischen, auf das Subjekt angewandten Attribut, sondern zu einem Resultatverdienstlicher Leistungen und der Einübung in Errungenschaften wird. Sie ist nicht umsonst in unserem Besitz, sie ist vielmehr eine Eigenschaft, die der Mensch geltend machen muß. Sie darf nicht als abstrakte oder materielle für jeden Menschen gültige Kategorie (miß-)verstanden werden, sie ist vielmehr eine jedem Menschen selbst gegebene Möglichkeit, die eigenen Fähigkeiten, vor allem auf geistiger Ebene, weiterzuentwickeln, um die geistigen persönlichen Früchte dieser Bemühungen ernten zu können.

Der Begriff *dignitas* als solcher findet letztlich bei Pico keine Definition, sondern erschließt sich auf der Grundlage des *summae admirationis privilegium* des Menschen, den Engeln nacheifern zu können und diese dank der Ebenbildlichkeit mit dem Gott-Vater, der jenseits aller Himmel ist, sogar zu übertreffen. Sehr wichtig sind diesbezüglich die Verweise auf die Lehren der Kirchenväter, die bei Pico sicherlich die größte Rolle spielen und deren Bedeutung bereits von mehreren Autoren hervorgehoben worden ist.[96] Eine feinsinnige Rezeption von ockhamistischen und scotistischen Gedanken sowie des mittelalterlichen Begriffs von *dignitas individui*, der eine logische Bedeutung besitzt. Da der Begriff des Individuums nämlich in erster Linie eine logische Kategorie ist, die ihn als eine unteilbare Einheit (τὸ ἄτομον) bezeichnet, erhält er aufgrund seiner Bedeutung neben der logischen auch eine rhetorische Valenz. Im Mittelalter, als vor allem der Einfluß von Augustinus besonders stark war, herrschte keine klare Abgrenzung zwischen logischer und rhetorischer Formulierung eines Sachverhaltes, so daß die *dignitas* Definitionscharakter erhielt (von hier rührt ihre logische Seite), und in sich die

---

[96] Für einen Gesamtüberblick vgl. Garin, E.: La *Dignitas hominis* e la letteratura patristica. In: *La Rinascita* V, 1942, S. 567–591 und ders.: Lo spirito cristiano di Giovanni Pico della Mirandola. In: *Pensée humaniste et tradition chrétienne aux XV et XVI siècles*, Paris 1950, S. 169–184.

Samen für eine sachgemäße theoretische bzw. konkrete Anwendung trug, die den betreffenden Inhalt rechtfertigen. Das Wort *dignitas* ist also kein willkürlicher Ausdruck, weil es theologisch begründet wird.[97] Ausgehend von hier gewinnt die *dignitas* im Humanismus eine besonders hervorgehobene Stellung in der Redekunst (und das ist ihre rhetorische Seite).

VII. Schlußbetrachtungen

Wenn man sich die unglaubliche Vielfalt der Quellen und die Fülle von Zielen, die Pico sich gesetzt hat, vor Augen führt, kann man nicht umhin, anzunehmen, dieser Denker sei ein überschwänglicher und naiver, aber auch ein aufrichtiger und hochbegabter, wenn nicht sogar genialer junger Mann gewesen. *Überschwänglich*, ja vielleicht sogar vermessen, weil er von seiner Suche nach Höherem wie von einer Leidenschaft besessen war, in der Überzeugung, daß seine Geisteskraft ihn in die Lage versetzen würde, jede Schwierigkeit angehen und meistern zu können (wie manch einer seine körperliche Kraft zur Schau stellt, mag Pico dazu geneigt haben, seine Geisteskraft unter Beweis stellen zu wollen). *Naiv*, weil er davon überzeugt war, an ein Ziel gelangen zu können oder zu in Wirklichkeit unerreichbaren Ergebnissen, wenn er sich einbildete, daß die institutionellen Autoritäten seine Ideen angenommen hätten. *Aufrichtig*, weil er, zweifelsohne ein Mann des Glaubens, von seinem Einfluß zu keinem Zeitpunkt zur Verfolgung eigennütziger Ziele oder zur Erlangung von Macht Gebrauch gemacht hat. *Genial* ist er aufgrund der Schärfe seines Verstandes und der großen Offenheit seines Denkens zu nennen, das frei von Vorurteilen und beschränkten Sichtweisen war.[98]

---

[97] In dieser Bedeutung wird *dignitas* auch in der Folgezeit noch häufig auftreten; ein berühmtes Beispiel dafür ist Giambattista Vico.

[98] Der satirische Voltaire hat von dem jungen italienischen Philosophen in seinem *Essai sur les moeurs* (Kap. 109) ein karikaturartiges Bild verbreitet. Und wir verdanken es vor allem Henry De Lubac, daß die »enzyklopädistische« These, nach der der junge Humanist die Vermessenheit gehabt hätte, das ganze Wissen zusammenstellen zu wollen, entkräftet wurde. Der französische Theologe weist auch darauf hin, wie hartnäckig sich jene verallgemeinernde Sicht, die Pico als einen oberflächlichen Denker eingeschätzt hat und die sogar so weit ging, daß sie in ihm den Prototypen des humanistischen Dilettantismus sah, wie dies zum Beispiel in: *L'Histoire du développement culturel et scientifique de l'humanité* Bd. IV, S. 400, Paris 1968, dargestellt wird (vgl. De Lubac, H.: *Pic de la Mirandole*, a. a. O.). In Wirklichkeit ist in der Fülle der Quellen und in der, wenn auch zuweilen anfechtbaren, erstaunlichen Bandbreite der unterschiedlichsten kulturellen Bezüge keineswegs ein Streben nach umfassender Gelehrsamkeit zu sehen. Diese sind vielmehr durch methodische Vorgaben auferlegt, die aus der Absicht entstehen – und das kann zurecht als ehrgeiziges Ziel bezeichnet werden –, den Zugang zu einer höheren Wahrheit zu finden.

Die bei Pico vorzufindende Auffassung vom Humanismus, die zum Nährboden der *dignitas hominis* wird, kann in ihrem Gesamtzusammenhang am besten im Ausgang von der Vorstellung verstanden werden, die Aulus Gellius von *humanitas* hatte, als er sie als Synonym zur griechischen παιδεία betrachtete. Allerdings eröffnet uns diese Definition nur die Vorstufe der pichianischen Sicht, d. h. den Wert des Wortes, der Literatur, der Philosophie, der exemplarischen Geschichte, des Kultes der Dichtung, der verborgenen Weisheit der Mythen, der Schönheit und der Empfindungen, die durch all diese dem menschlichen Geist entspringenden Erscheinungen hervorgerufen werden. Insoweit gilt: Natur wird in Kultur verwandelt. Aber da ist noch mehr, und wir können dieses »Mehr« entdecken, wenn wir den Satz umdrehen und sagen: Kultur macht die Menschennatur. Doch auch diese Interpretation wird dem Würdebegriff Picos noch nicht zur Gänze gerecht, denn die Natur des Menschen steht für ihn zwingend mit der Natur der Engel in Beziehung. Ohne Engelnatur, keine richtige Menschennatur. Dieser Gedanke ist schon bei Ficino, aber noch radikaler bei Pico vorhanden: niemals kann ein Engel Mensch werden, ein Mensch hingegen kann durchaus zum Engel werden. Wie bereits erwähnt, ist dies die außerordentliche Eigenschaft, die Gott dem Menschen vorbehalten hat, aufgrund derer eine nur dem Menschen innewohnende *dignitas* und ein Erreichen des allgemeinen Friedens durch den Menschen denkbar werden. Der Frieden der Menschen ist der Friede der Engel, der Himmelsfriede und der Friede der Liebe, dieser, so Picos Vorstellung, möge in alle Häuser einziehen und dort herrschen, er möge von Mensch zu Mensch verlaufen und jedwede menschliche Beziehung durchdringen.[99]

Zunächst einmal ist der Universalismus Picos weit davon entfernt, eine einseitige, dogmatische und monistische Kultur zu vertreten, er ist vielmehr der Erfahrung und der inneren Freiheit gegenüber offen. Ebensowenig hat er prophetische, joachimistische oder chiliastische Züge, im modernen Sprachgebrauch würde man sagen, er hat nichts Ideologisches. Sein Denken setzt gleichzeitig die Tradition fort, hat aber auch erneuernde Kraft. Er läßt eine ferne Vergangenheit wieder aufleben, die Vorläuferin einer Zukunft ist, die mit dem Menschen von überall und für immer übereinstimmt.

Es wurde bereits darauf hingewiesen, daß Pico keineswegs auf eine synkretistische Kultur abzielt. Der Synkretismus sucht eine Lösung, die niemals eine Einigung der unterschiedlichen Standpunkte vorsieht, und wenn, dann nur auf hybride und laue Weisen, ohne genaue Einschätzungen und Standpunkte, und vor allem ohne wahre Überzeugungen. Ferner drückt das Denken Picos keineswegs eine dialogisch-konventionelle Kultur aus, in welcher an die Stelle von Glaube und Überzeugung Vereinbarungen und ein auf seinen Selbst-

[99] Vgl. *Oratio*, Par. 18.

zweck reduzierter Dialog oder ein Kompromiß der Parteien treten würden. Pico ist fest davon überzeugt, daß es eine einzige und höhere Wahrheit gibt, zu der man von verschiedenen Ausgangspunkten gelangen kann, welche, aufmerksam vertieft, zu einer allgemeingültigen Wahrheit führen können. Als Humanist und tiefgläubiger Mensch glaubt er an diese einzige Wahrheit, die unmittelbar mit dem Ursprung der Schöpfung zusammenfällt. Während wir Marsilio Ficino als humanistischen Theologen bezeichnen können, der die aristotelische Scholastik durch die platonische ersetzt, bleibt Pico nicht bei dieser Position stehen, sondern geht über sie hinaus.

In vielerlei Hinsicht erfahren die Grundlagen der Philosophie Platons und der Theologie Augustinus' – die beiden Grundpfeiler der theo-philosophischen Anschauung Ficinos, die im Grunde in der Magie des Wortes zusammenfließen – bei Pico neue Ausrichtungen und Entwicklungen, die mit den zahlreichen Quellen, die die *Conclusiones* inspiriert haben, in Bezug stehen. In einer zusammenfassenden Schematisierung kann man sagen, daß die aristotelische Scholastik *a priori et in procedendo* das Primat der Theologie über die Philosophie postuliert, während der akademische Humanismus die beiden trennt, und daß Pico, ohne der Philosophie die Autonomie zu versagen, mit ihrer Hilfe Wegefindet, die zur Theologie führen.[100] Seine *Oratio* kann als Triumph eines Humanismus angesehen werden, der sich selbst überwindet, um in die Theologie zu münden, in der sich die allgemeine Schau der höheren Sphären öffnet.

Ich möchte meinen Beitrag mit einer Betrachtung über die Bedeutung des Menschenbildes Picos für unsere heutige Zeit abschließen.

Mit der Abspaltung der Vernunft von der Theologie aus begann im Kielwasser der Säkularisierung das Zeitalter der naiven und zaudernden Vernunft. Infolge der Trennung von Philosophie und Theologie, welche zugleich mit der Emanzipation der Vernunft erfolgt ist, sind Wissenschaft und Glauben in große Ferne voneinander gerückt, was ihre wechselseitige Kommunikation unterbrochen hat. Jene Trennung hat letztlich die beiden schrumpfen lassen oder es zumindest unmöglich gemacht, eine eigene Sinnfindung zu bewahren. Die Wissenschaft scheint einer blinden, selbstreproduzierenden τέχνη aufzusitzen, welche sich in immer verschiedenartigere Technologien aufteilt und verliert dabei die letztere vereinigende *episteme* aus den Augen. Der Glaube verliert sich seinerseits in Formen der Gleichgültigkeit, in müder Gewohnheit und im Aberglauben oder jagt den jeweiligen Debatten und ideologisierenden »Grundsätzen« nach. Inmitten der Unwägbarkeiten, die so entstehen, drängt sich erneut mit Macht die Frage in den Vordergrund: *Was ist der Mensch?*

---

100 »*Certe numquam philosophatus est, qui ideo philosophatus est, ut aliquando aut possit aut nolit philosophari. Mercaturam exercuit ille non philosophiam*« (*Brief an Corneus*, 15. Oktober 1486).

Die Frage »Was ist der Mensch« ist natürlich in unserem Kulturzusammenhang seit den Anfängen unserer Philosophie und Mythologie gestellt worden. Pico gibt hierauf eine Antwort, die wir trotz ihrer altertümlichen Form doch als ganz und gar modern bezeichnen können, weil sie von keiner vorbestimmten Natur ausgeht und dann mit keiner Definition verbunden ist. Aus diesem Grund ist sie auch auf jeden historischen Zusammenhang anwendbar. Besonders aber scheint sie gerade in unsere Zeit zu passen, die so außerordentlich provisorisch und unbeständig ist. Der Mensch als ein ganz und gar freies Wesen ist so Mensch, wie er sich selbst will und bildet. Der Mensch ist die Ideen, die er generiert, ist die Dinge, die er tut, ist also auch die Technologie, die er hervorbringt und die ihn ihrerseits wieder verändert. Aber Picos scheinbar wertfreie Auffassung läßt uns eben gerade über den Wert der Freiheit neu nachdenken. Picos Mensch ist ein Geschöpf und hat eine Zielsetzung, die von Ordnungen und aufsteigenden Stufen geformt wird und die es ihm erlaubt, sich als zentrale Figur der Schöpfung mit der Unendlichkeit des himmlischen Vaters zu verbinden. Bei Pico ist der Mensch ein vollkommen freies Wesen, eben weil seine Freiheit sich auf *die* Freiheit richtet; letztere hat daher ein Ziel und einen Sinn, die dem Menschen gegenüber höher sind und die ihm erlauben, er selbst zu werden. In seiner Säkularisierung und selbstgewollten Erhöhung denkt auch der zeitgenössische Mensch, frei zu sein, ja er proklamiert sich als frei und ohne vorherbestimmte Natur, aber er denkt sich selbst ohne Engel und Transzendenz. Es ist ein einsamer Mensch und an Absolutem scheint ihm nur die Selbstbezogenheit geblieben zu sein.

An die Stelle einer Leit- und Lebensgrundlage tritt aus diesem Grund bei dem modernen säkularisierten Menschen früher oder später ein Gefühl des Nihilismus bzw. eines Lebens zwischen dem *Nichts* und der *Willkür*, die die beiden Seiten derselben Wirklichkeit sind. Der heutige Mensch bestimmt sich sogar als »post-modern«, ein Begriff, der nur eine Negation (ein Nichtmehr) enthält, und eine vollkommen leere, nihilistische Verfasstheit in sich birgt. Die Selbstbezogenheit ist zwingend tautologisch, so daß der Mensch nichts mehr von sich zu sagen weiß. Welche Würde könnte er sich da also zuschreiben? Der Verlauf der Geschichte hat uns von neuer Warte aus wieder zu der Einsicht gebracht, daß wir keine Verfassung pichianischer Art besitzen, sondern nur ein Nichts ohne Würde, ja, noch nicht einmal die Würde des Nichts. Aber Pico warnt uns: der einzig mögliche Weg ist derjenige, auf dem es uns gelingt, in uns jene unsichtbare Kraft wiederzufinden, die uns mit der göttlichen Schöpfung erneut eins werden läßt und die immer nach Höherem, nach dem Übersinnlichen, der Transzendenz strebt. Es ist Picos Auslegung des »Erkenne dich selbst«.

Im letzten Schritt meiner Darlegung möchte ich eine Lehre beleuchten, die ich für äußerst bedeutend halte, besonders für unsere Kultur, die wir gemeinhin als westlich bezeichnen: Ich nenne es ***humanistisches Gleichgewicht,*** und zu Recht darf man wohl behaupten, daß Pico einer ihrer ersten und größten Lehrmeister war.[101]

In unserem Zusammenhang ist der wichtigste Aspekt des humanistischen Gleichgewichts das Zusammenleben der Sphäre, die wir als laizistisch bezeichnen können, auf der einen Seite, und der im eigentlichen Sinne religiösen Sphäre. Ein Zusammenleben, das, wie kompliziert es auch oft sein mag, nie zu einer radikalen Alternative führen darf. Im humanistischen Gleichgewicht ist das Leben in der Gesellschaft für den Einzelnen und für die Gemeinschaft niemals von einem in sich abgeschlossenen geistlichen Konfessionalismus vorbestimmt, durch den der freie Geist gehindert würde. Gleichzeitig darf man nicht in das Gegenteil verfallen, d. h. die laizistische Weltsicht soll die geistliche nicht beiseite lassen und die Wege zur Transzendenz nicht versperren. Die Vernunft ohne Glauben ist gottlos und dazu leer, der Glaube ohne die Vernunftungebildet und rückständig. Das pichianische Gleichgewicht umfaßt gleichermaßen Wissenschaft und Glaube, sodaß diese beiden Dimensionen einander kennen und anerkennen. Mit anderen Worten, dieses Gleichgewicht, das der Inbegriff des wahren Humanismus ist und für dessen Verwirklichung in der Renaissance zahlreiche Beispiele hohen Ranges zu finden sind, verficht weder eine konfessionelle Weltanschauung noch eine Staatsreligion, sondern es gelingt ihm, eine ausgeklügelte und dialektisch aufgebaute Koexistenz beider zu schaffen, aus dem es Elemente grundlegender Lebensweisheit schöpft. Der Moderne, welche Glaube und Wissenschaft restlos voneinander getrennt hat, um die Theologie in den Hintergrund rücken zu lassen und als einzigen Wertemaßstab nur die Wissenschaft gelten zu lassen, ist das »humanistische Gleichgewicht« abhandengekommen. Zugleich hat sie damit aber auch, wie bereits ausgeführt worden ist, den Sinn des Menschen verloren. Der Humanismus lehrt uns, sich gegen den Mangel an Weisheit von in sich selbst

---

[101] Zur Bedeutung des Ausdruckes »humanistisches Gleichgewicht«, wie er hier verwendet wird, verweise ich auf meine Ausführungen in: *La coscienza liminare. Sui fondamenti della simbolica politica*, Mailand 2011, S. 277ff. Bezüglich des Begriffs der *coscienza liminare* (Grenzbewußtsein, *Anm. d.Ü.*), scheint mir, daß eine eingehende Untersuchung des Werkes Picos unter dem Gesichtspunkt dieses Begriffs und seiner Methode und der Gesamtheit seiner Theorie von großem Nutzen sein würde, weil Picos Philosophie nicht leicht mit den Parametern des vorgefaßten hermeneutischen Sprachgebrauchs, der eher in den abstrakten, empirischen und rationalistischen Wissenschaften üblich ist, erfaßt werden kann. Ich bin der festen Überzeugung, daß die auf dem Grenzbewußtsein aufbauende Symbolik, die die Unlösbarkeit der Verbindung des Unwägbaren, das im Unbewußten und Imaginären liegt, mit dem Wägbaren des verstandesmäßigen Bewußtseins hervorhebt (was ich als psychotheoretische Methode bezeichne), sich besser als jede andere Methode dazu eignet, das Theoriegebäude Pico della Mirandolas gründlich zu verstehen. Eine Darstellung der Grundlinien besagter Hermeneutik findet sich in dem oben angeführten Buch.

eingeschlossenen und nach Wahrheiten suchenden Einrichtungen zu wehren. Gleichzeitig lehrt er uns aber auch, auf die Arroganz derjenigen, welche die Institutionen bestreiten, zu reagieren, denn sie sind nicht in der Lage, das Neue ohne grundlose Brüche mit dem Bestehenden zusammenzubringen. Darin findet man das Gleichgewicht der humanistischen Lehre.

Pico della Mirandola hat uns ein anschauliches und mutiges Beispiel dieses Gleichgewichts vorgelebt, und zum Schluß können wir das Schicksal bedauern, das Pico daran gehindert hat, sein Werk fortzusetzen. De Lubac erwähnt gegen Ende seines Buches, daß Tommaso Campanella, auch wenn er dem jungen Grafen della Mirandola nie Sympathie entgegengebracht hat, Pico als *»grande eroe della vera sapienza«* (Großer Held der wahren Weisheit, *Anm. d.Ü.)* bezeichnet hat und sogar als einen noch größeren Helden im Hinblick auf das, was in der Zukunft noch von ihm zu erwarten gewesen wäre.[102] Die Wortwahl im Buchtitel ist nicht zufällig: *»Alba incompiuta«* (Unvollendete Morgendämmerung, *Anm. d.Ü.)* ist gleichzeitig auch eine Mahnung. In Picos Werk liegt eine Aufforderung, nämlich den Weg, den er eingeschlagen hat, weiterzugehen, wenn auch unter anderen Umständen. Es ist ein Weg, der für ihn durch das frühzeitige Ende seines Lebens, für uns durch die einseitige Ausrichtung der Säkularisierung ein – wie zu hoffen steht: nur vorläufiges – Ende gefunden hat.

Die Säkularisierung, die heute vielleicht ebenfalls in einer Krise steckt, hat dazu geführt, daß die anthropozentrische Weltanschauung in eine Verdinglichung, d. h. in dem Ausdruck bloß äußerer Dinge, und in eine manipulierende Virtualität ohne Mensch verfallen ist, da der Mensch im ontologischen Sinn zu einem »abgenutzten« Wesen geworden ist. Das sind die Auswirkungen der Tatsache, daß nur die materiell-rationale Seite des Humanismus gepflegt wurde und nicht seine geistlich-theologische Ergänzung. Wenn wir das Individuum nach Picos Menschenbild betrachten, sehen wir von ihm nur dessen statische, »geschöpfliche« Seite an; ein Individuum, das keinen Archetypus mehr besitzt und keine Mittel, um sich geistig zu entwickeln, weil es mehr eine Beute als eine prägende Instanz für Archetypen geworden ist, da die Säkularisierung ihm gerade seine Natur als Geschöpf Gottes verleugnet hat. Um so mehr gilt: sollte es nicht gelingen, erneut eine wie auch immer geartete Form von Transzendenz zurückzugewinnen, so hat die Rede von der Würde des Menschen auch im heutigen selbstreferentiellen Wortgebrauch keinen Sinn mehr, da ja ein Bild des Menschen als Maßstab schon gar nicht mehr existiert. Aber auch abgesehen von dieser Schlußbemerkung, die nicht alle teilen werden, bleibt die Tatsache, daß eine neue Annäherung an pichianische Themen auch heute einen großen Anreiz darstellt, weil sie uns zeigen, wie

---

[102] Vgl. De Lubac, H.: *L'Alba incompiuta*, a. a. O., S. 456.

der stufenweise Werteverfall der Neuzeit neues Licht auf die geschichtlichen Wirkungszusammenhänge wirft, die diesen Werteverfall hervorgebracht haben.[103]

Deutsche Übersetzung von Christine Stazio-Feindt

[103] Der letzte Satz spielt auf eine Studie über die sog. historischen Bogen (»archi storici«) an, die ich seit den 70er Jahren zum besseren Verständnis der inneren geschichtlichen Bedingtheit von kulturellen oder sozialen Phänomenen, die Anzeichen einer Krise zeigen, begonnen habe. Ein erster Ansatz findet sich bei: Chiodi, G.M.: *Orientamenti di filosofia politica*, Mailand 1974.

Franco Todescan

LE CATEGORIE GIURIDICHE DELLA DIGNITÀ UMANA

La controversia sugli Indios nel pensiero della Seconda Scolastica

Die juridischen Kategorien der Menschenwürde
Die Indio-Kontroverse im Denken der Zweiten Scholastik

Abstract

Anfang 1500 wurde die Legimität der Eroberung Amerikas von niemandem in Frage gestellt.

Vielmehr wurde angenommen, dass die Bulle von Papst Alexander VI. und die darauf gegründeten Verträge zwischen Spanien und Portugal in einer hierokratischen und universellen Vision der päpstlichen Macht ausreichende Voraussetzungen für die Aneignung und den Besitz der Inseln waren.

Interventionen der Königin Isabella und des Reichsrats in der Frage der Neuen Welt waren nur sporadisch.

Nach der Predigt von Montesinos und den *Leyes de Burgos*, die eine geringe praktische Wirkung hatten, und nach der Eroberung der Reiche der Azteken und der Inka wurde die Frage dann jedoch dadurch ernsthaft problematisiert und wissenschaftlich behandelt, dass Theologen aus Salamanca zu ihrer Beurteilung hinzugezogen wurden.

Für Francisco de Vitoria stellt dabei das *dominium* eine grundlegende Kategorie für die rechtliche Beurteilung dar. Unerlässliche Voraussetzung dieser Kategorie ist für ihn der freie Wille. Die Freiheit des Einzelnen bestimmt er als das Eigentum seiner selbst und seiner Handlungen (Selbstbesitz). Dieser Selbstbesitz, mit dem Gott jedes vernünftige Wesen ausgestattet hat, als er die Menschen nach seinem Bild und Gleichnis geschaffen hat, ist ein Eigentum im theologischen und rechtlichen Sinne, grundlegend nicht verschieden vom Besitz eines materiellen Gutes. In diesem Sinne sind die Indios *veri domini*. Sie sind weder ohne Verstand noch schwachsinnig; sie machen selbst eigenen und besonderen Gebrauch von der Vernunft. Sie folgen einer gewissen Ordnung in ihrem Verhalten, sie leben in durch eine gewisse Ordnung regierten Städten, sie haben wohlgeodnete Ehen, Magistrate, Herren, Gesetze, Industrien, Handelsbeziehungen; alles Einrichtungen, welche den Gebrauch der Vernunft erfordern.

Nach Domingo de Soto ist das Problem der Indios durch zwei eng miteinander verflochtene Kategorien zu lösen: das *ius gentium* und die Unterscheidung zwischen *servitus legalis* und *servitus naturalis*. Dabei betrachtet der Theologe aus Segovia das *ius gentium* als einen Urbegriff. Indem er die thomistische Methode anwendet, kommt er zu der Ansicht, die Menschen seien über einige, ihnen von der allgemeinen, auf die Natur reflektierenden Vernunft diktierte, rechtliche Grundsätze universell einig. Aus der Betrachtung des menschlichen Verstandes könne man ausdrückliche Regeln folgern und diese Regeln seien universell, weil sie direkt von der Vernunft vorgeschrieben werden.

In symmetrischer Parallelität mit der Unterscheidung zwischen *ius naturale* und *ius gentium* behauptet Soto die Unterscheidung zwischen zwei Arten von Knechtschaft: der *servitus naturalis* und der *servitus legalis*. Die *servitus naturalis* wirke zugunsten des Knechtes selbst; aber auch die durch das *ius gentium* verkörperte *servitus legalis* sei nach seiner Auffassung legitim, wie er allerdings ohne speziellen Hinblick auf die Indios ausführt.

Im Jahre 1537 erließ Papst Paul III. dann die Bulle *Sublimis Deus*, deren Thesen die einheimischen Völker besser stellten als bei seinen Vorgängern.

Es folgten die *Leyes Nuevas*, die viele Vorschläge des Dominikaners Las Casas aufnahmen und heftige Reaktionen der Spanier aus Übersee hervorriefen, so daß der Kaiser zu einer partiellen Rücknahme der Regelungen gezwungen war.

Die Debatte nahm bis zu dem grossen Streitgespräch von Valladolid an Heftigkeit zu, welches so etwas wie eine »Abrechnung« sein und einen Schlussstrich ziehen sollte. Dieses Gespräch fand im Jahre 1550/1551 vor der vom Kaiser einberufenen *junta* statt. Die Kontrahenten waren Juan Gines de Sepulveda und Batolomé de Las Casas.

Für Sepulveda ist die Kategorie der *lex naturalis* grundlegend. Dabei ist seine Auffassung von dieser Kategorie aber ganz anders als die thomistische: Aufgrund des Naturrechts sollen nämlich die Besten herrschen, und letzten Endes stimmen diese mit den Stärksten überein, also mit den Spaniern.

Sepulveda's Argumentation liegt der Gedanke eines Naturrechts zugrunde, welches positive rechtliche Systeme regeln soll; es handelt sich jedoch um das Naturrecht der Gewalt. Hat man das Recht aber einmal gleichgesetzt mit der Gewalt, gibt es keine Möglichkeit mehr für die »natura« des Rechtes oder für die »natura« des Menschen; es gibt daher keine Möglichkeit mehr für eine innere Beschränkung, die dem Recht aus seiner eigenen Natur oder Struktur erwachsen und ihm immanent sein könnte. Es gibt vielmehr nur noch einen einzigen grundlegenden Rechtsgrundsatz: den der Gewalt. Recht ist dann alles, was durch Gewalt auferlegt wird und faktisch erzwungen werden kann.

Gegen Sepulveda tritt eindrucksvoll Las Casas auf. Es sind vier Überlegungen, welche die Stärke seiner Argumentation ausmachen. Erstens widerlegt er die Ansicht von Sepulveda, der den Krieg gegen die Indios damit rechtfertigen zu können meinte, dass diese streitsüchtige Barbaren seien und keine politische Organisation (*politiae expertes*) hätten.

Zweitens beweist er, dass Sepulveda sich irrt, wenn er behauptet, der Krieg gegen die Indios sei richtig, um ihre Verbrechen gegen die Naturgesetze, insbesondere den Götzendienst und die Menschenopfer, zu bestrafen.

Drittens bestreitet er das Argument, mit dem Sepulveda behauptet, dass man bedingungslos gegen jene Völker Krieg führen dürfe, um Unschuldige zu befreien.

Viertens zeigt er, wie weit entfernt von der Lehre des Evangeliums und der christlichen Frömmigkeit die Ansicht ist, wonach der Krieg gegen die Indios deswegen legitim sei, weil durch ihn die Grenzen der christlichen Religion erweitert und die Wege den Predigern des Evangeliums geöffnet würden.

Im Anschluss daran unternimmt er es unter Berufung auf die Kategorie der *iurisdictio*, die auf fremde Menschen und Güter erhobenen Ansprüche der *conquistadores*, besonders der *encomenderos*, zu widerlegen und gleichzeitig die höchste Autorität des Kaisers als Verteidiger und Beschützer der Indios, als freie Untertanen der Krone, zu begründen.

Las Casas's Stellung den Kurientheologen des Mittelalters gegenüber zeigt sich in zweifacher Hinsicht: einerseits teilt er deren Auffassung, der Kaiser sei *dominus orbis et rex in suo regno* und übernimmt so die Lehre der universellen Macht des Kaisers über die ganze Welt (im Gegensatz zu Vitoria); auf der anderen Seite distanziert er sich jedoch zugleich davon, insofern er die *potestas universalis* nicht als *dominium*, sondern als *iurisdictio* interpretiert und den Kaiser als höchste Macht zur Verteidigung der Welt und der Kirche betrachtet.

Das Streitgespräch von Valladolid endete, ohne dass die Richter ein einstimmiges und klares Urteil aussprachen, so dass sich jeder der Kontrahenten irgendwie für den Sieger hielt.

I. Introduzione: le origini della controversia

Una constatazione – che ha carattere generale, ma un particolare rilievo chiarificatore per la nostra specifica materia – si pone necessaria all'inizio del nostro itinerario: ed è la constatazione ferma e precisa che anche per quei singolari operatori culturali che sono i teologi della Seconda Scolastica l'unico modo di far scienza è quello che passa attraverso i canali obbligati della conoscenza giuridica; anche per essi – che pur sono inseriti vivacemente nel loro tempo e di questo osservatori attenti e compiaciuti; che nelle loro soluzioni [...] dimostrano la massima propensione a sbarazzarsi dei dati tradizionali – l'approccio prevalente per l'analisi della realtà sociale è quello che fa perno sull'istrumentario tecnico e concettuale elaborato e collaudato nella »scientia iuris«.

[Le origini della controversia] Così Paolo Grossi all'esordio della sua splendida relazione fiorentina sul diritto di proprietà nella Seconda Scolastica[1]. Agli inizi del sec. XVI, la legittimità della *Conquista* non era stata posta in dubbio da alcuno; si riteneva infatti che le bolle di Alessandro VI e i trattati tra Spagna e Portogallo, che su di esse si appoggiavano, rappresentassero titoli sufficienti per il possesso delle nuove colonie, all'interno di una visione ierocratica e universalistica del potere papale. Gli interventi della Regina Isabella di Castiglia e del Consiglio del Regno sulla questione del Nuovo Mondo agli inizi furono alquanto sporadici. Dopo la predica di Antonio de Montesinos e le *Leyes de Burgos* (1511–1516), che non avevano sortito un particolare effetto nel controllare il processo colonizzatore, dopo la conquista degli imperi Azteca e Incas, vennero coinvolti i professori dell'Università di Salamanca, *in primis* Francisco de Vitoria e Domingo de Soto[2]. Nel 1537 il Papa Paolo III promulgava la bolla *Sublimis Deus* dove erano contenute tesi

---

[1] P. Grossi, *La proprietà nel sistema privatistico della Seconda Scolastica*, in *La Seconda Scolastica nella formazione del diritto privato moderno*, Atti dell'Incontro di studio (Firenze, 16–19 ottobre 1972), Milano, 1973, a cura dello stesso Autore, pp. 117–118. [MB (=minima biographica): biografie dei singoli autori, con l'indicazione delle edizioni e delle traduzioni più recenti; MBB (=minima bibliographica): letteratura critica più recente disponibile].

[2] MBB: Sulla conquista delle Americhe, v.: S. Zavala, *La filosofía política en la Conquista de América*, México, 1947; L. Hanke, *The Spanish Struggle for Justice in the Conquest of America*, Philadelphia, 1949; C. Barcia Trelles, *Interpretación del hecho americano por la España Universitaria del Siglo XVI. La Escuela internacional española del Siglo XVI*, Montevideo, 1949; V. D. Carro, *La teología y los teólogos-juristas españoles ante la conquista de América*, 2 voll., Salamanca, 1951; J. A. Maravall, *El descubrimiento de América en la historia del pensamiento político* (1952), ora in *Estudios de historia del pensamiento español*, vol. II, Madrid, 1984, pp. 393–426; A. Pagden, *The »School of Salamanca« and the »Affair of the Indies«*, in *History of Universities*, I: *Continuity and Change in Early Modern Universities*, Avebury, 1981, pp. 71–112; S. Zavala, *La defensa de los derechos del hombre en América Latina (siglos XVI–XVII)*, México, 1982; T. Carnet Aparisi, *Aspectos del pensamiento teológico español del siglo XVI ante*

più favorevoli agli *indios* di quelle dei suoi predecessori. Successivamente, nel 1542–1543, venivano emanate le *Leyes Nuevas*, che incorporavano molte delle proposte del domenicano Bartolomé de Las Casas, provocando reazioni violente da parte degli spagnoli d'oltremare, tanto da costringere l'Imperatore Carlo V a un parziale ritiro delle medesime[3]. Il dibattito tuttavia non

---

la conquista de América, in »Anales Valentinos«, IX (1983), pp. 155–165; L. Pereña, *La escuela de Salamanca y la duda indiana*, in *La ética en la conquista de América*, Madrid, 1984, pp. 291–344; R. Iannarone, *In difesa degli indios: la prima teologia della liberazione? I domenicani agli esordi della colonizzazione*, Napoli, 1985; L. Pereña Vicente, *Proceso a la conquista de América. Verdicto de la Escuela de Salamanca. Nuevas claves de interpretación histórica*, Salamanca, 1987; Aa.Vv., *Salamanca en el descubrimiento de América*, 8 voll., Salamanca, 1988–1990; S. Zavala, *Las instituciones jurídicas en la Conquista de América*, México, 1988; J. Brufau Prats, *La Escuela de Salamanca ante el descubrimiento del nuevo mundo*, Salamanca, 1989; Aa.Vv., *Los Dominicos y el Nuevo Mundo*, I Congreso Internacional, Sevilla 21–25 abril de 1987, Madrid, 1990; Aa.Vv., *Evangelio y Teología en América (s. XVI)*. Actas del X Simposio Internacional de Teología, 2 voll. a cura di J. I. Saranyana *et alii*, Pamplona, 1990; S. Zavala, *Il pensiero politico nella Conquista*, trad. it., Firenze, 1991; F. Mires, *In nome della croce. Dibattito teologico-politico sull'olocausto degli indios nel periodo della Conquista*, Celleno, 1991; A. E. Pérez-Luño, *El reencuentro entre España y América en clave de Filosofía del Derecho*, in »Anuario de Filosofía del Derecho«, VIII (1991), pp. 13–27; B. Tierney, *Aristotle and the American Indians-Again. Two Critical Discussions*, in »Cristianesimo nella Storia«, XII (1991), pp. 295–322; A. E. Pérez-Luño, *Los Iusnaturalistas clásicos hispanos y la polémica sobre el Nuevo Mundo*, in »Revista de Estudios Políticos«, LXXVII (1992), pp. 7–32; L. Ferrajoli, *L'America, la conquista, il diritto. L'idea di sovranità nel mondo moderno*, in »Meridiana«, XV (1992), pp. 17–52; G. Girardi, *La Conquista dell'America. Dalla parte dei vinti*, Roma, 1992; L. Pereña, *Derechos y deberes entre indios y españoles en el Nuevo Mundo*, Cátedra V Centenario, Salamanca, 1992; A. E. Pérez-Luño, *La polémica sobre el Nuevo Mundo. Los clásicos españoles de la Filosofía del Derecho*, Madrid, 1992; R. Iannarone, *La scoperta dell'America e la prima difesa degli Indios: i Domenicani*, Bologna, 1992; A. Rizzi, *Coscienza cristiana e Nuovo Mondo*, Fiesole, 1992; C. Finzi, *Gli indios e l'impero universale. Scoperta dell'America e dottrina dello stato*, Rimini, 1993; Aa.Vv., *La Escuela de Salamanca y el Derecho Internacional en América: del pasado al futuro*, Jornadas Iberoamericanas de la Asociación Española de Profesores de Derecho Internacional, Salamanca, 1993; R. Rabbi-Baldi Cabanillas, *Influencia y crítica de la doctrina aristotélica de la esclavitud natural en el debite sobre los derechos de los indios del siglo XVI*, in »Filosofia Oggi«, LXV (1994), pp. 21–30; G. Ruggieri, *Orizzonti della »natura« nel sec. XVI. In margine al dibattito sui diritti degli indios*, in »Cristianesimo nella Storia«, XIV (1994), pp. 263–322; Aa.Vv., *500 anni di solitudine. La conquista dell'America e il diritto internazionale*, Verona, 1994; A. Pagden, *Lords of All the World. Ideologies of Empire in Spain, Britain and France, c. 1500–c. 1800*, New Haven (CT)–London, 1995; Aa.Vv., *L'universalità dei diritti umani e il pensiero cristiano del '500*, a cura di S. Biolo, Torino, 1995.

[3] Nel 1545–1546. In particolare merita di essere ricordato l'attivissimo ruolo svolto dai teologi di Salamanca nella controversia fra Bartolomé de las Casas e Juan Ginés de Sepulveda (cfr. J. Höffner, *Christentum und Menschenwürde. Das Anliegen der spanischen Kolonialethik im Goldenen Zeitalter*, Trier, 1947, pp. 145–182) sui limiti dei diritti e dei poteri della Spagna nella colonizzazione dell' America, soprattutto da parte di Melchor Cano (cfr. L. Pereña Vicente, *La soberanía de España en América según Melchor Cano*, in »Revista Española de Derecho

accennò a diminuire, anzi crebbe fino a quella che doveva essere una sorta di »resa dei conti«, cioè la grande disputa di Valladolid del 1550–1551, nella quale Las Casas e Juan Ginés de Sepúlveda si affrontarono dinanzi alla *junta* convocata dell'Imperatore[4]. La disputa si concluse però senza che i giudici

---

Internacional«, 1952, pp. 893–924) e da Soto (cfr. Beltrán de Heredia, *El Maestro D. de Soto en la controversia de Las Casas con Sepúlveda* [1932], ora ripreso in *D. de Soto. Estudio biográfico documentado*, Salamanca, 1960, pp. 237–274).

[4] MBB: Sulla »Junta de Valladolid« e sulla controversia Las Casas-Sepúlveda, v.: L. Hanke, *El prejuicio racial en el Nuevo Mundo. Aristóteles y los indios de Hispanoamérica*, Santiago de Chile, 1958; Id., *Aristotle and the American Indians. A Study in Race Prejudice in Modern World*, London, 1959; A. Losada, *The Controversy between Sepúlveda and Las Casas in the Junta of Valladolid*, in *Bartolomé de Las Casas in the History. Towards an Understanding of the Man and his Work*, a cura di J. Friede e B. Keen, DeKalb (IL), 1971, pp. 279–306; H. Méchoulan, *L'antihumanisme de J. Ginés de Sepúlveda. Etude critique du »Democrates Primus«*, Paris, 1974; L. Hanke, *All Mankind is One. A Study of the Disputation between B. de Las Casas and Juan Ginés de Sepúlveda in 1550 on the Religious and Intellectual Capacity of the American Indians*, DeKalb (IL), 1974; J. A. Fernández Santa María, *J. Ginés de Sepúlveda on the Nature of the American Indians*, in »The Americas«, XXXI (1975), pp. 434–451; R. Hernández, *Las Casas y Sepúlveda frente a frente*, in »La Ciencia Tomista«, CII (1975), pp. 209–247; M. Bataillon, *Las Casas face à la pensée d'Aristote sur l'esclave*, in *Platon et Aristote à la Renaissance.* XVIe Colloque International de Tours, Paris, 1976; R. Queraltó, *Fundamentación filosófica del derecho de libertad religi Casas*, in »Ibero-Amerikanisches Archiv«, III (1977), pp. 177–192; A. Truyol y Serra, *La polémique entre Las Casas et Sepúlveda sur la conquête du Nouveau Monde par les Espagnols. A la recherche d'un bilan*, in *Théorie et pratique politiques à la Renaissance.* XVIIe Colloque International de Tours, Paris, 1977, pp. 49–60; S. Zavala, *Aspectos formales de la controversia entre Sepúlveda y Las Casas, en Valladolid, a mediados del siglo XVI*, in »Cuadernos Americanos«, XXXVI (1977), pp. 135–151; L. Galmes Mas, *B. de Las Casas. Defensor de los derechos humanos*, Madrid, 1982; M. Mahn-Lot, *B. de Las Casas et le droit des Indiens*, Paris, 1982; A. Losada, *La polémica entre Sepúlveda y Las Casas y su impacto en la creación del moderno derecho internacional*, México, 1982; P. Pollini, *B. de Las Casas e J. Ginés Sepúlveda di fronte alla questione della libertà degli Indios*, in »Rivista di Filosofia Neo-Scolastica«, LXXIV (1982), pp. 343–354; R. Hernández, *F. de Vitoria y B. de Las Casas, primeros teorizantes de los derechos humanos*, in »Archivo Dominicano«, IV (1983), pp. 199–266; Id., *Las Casas en contra la guerra*, in »La Ciencia Tomista«, CXI (1984), pp. 279–305; V. Abril-Castelló, *La bipolarización Sepúlveda-Las Casas y sus consecuencias: la revolución de la Duodécima Réplica*, in *La Ética en la conquista de América. F. de Vitoria y la escuela de Salamanca*, a cura di D. Ramos *et alii*, Madrid, 1984, pp. 229–288; J. A. Fernández Santa María, *El Estado, la Guerra y la Paz. El pensamiento político español en el Renacimiento 1516–1559*, Madrid, 1985; M. Mahn-Lot, *B. de Las Casas e i diritti degli indiani*, Milano, 1985; A. Lobato, *Dignidad del hombre y derechos humanos en Fray B. de Las Casas y en la doctrina actual de la Iglesia*, in »Communio«, XVIII (1985), pp. 59–81; H. Pietschmann, *Aristotelischer Humanismus und Inhumanität? Sepúlveda und die amerikanischen Ureinwohner*, in *Humanismus und Neue Welt*, a cura di W. Reinhard, Weinheim, 1987, pp. 143–166; Aa.Vv., *Las Casas et Vitoria: le droit des gens dans l'âge moderne.* Colloque de l'Institut Catholique de Paris, Paris, 1987; Aa.Vv., *I diritti dell'uomo e la pace nel pensiero di F. de Vitoria e Bartolomé de Las Casas.* Atti del congresso internazionale tenuto nella Pontificia Università San Tommaso (Angelicum),

pronunciassero un giudizio chiaro ed unanime, ragion per cui ognuno dei contendenti si considerò in qualche modo vincitore[5].

II. Prologo aristotelico

[L'uomo] Il punto di partenza della disputa era, ancora una volta, Aristotele. Per lo Stagirita l'uomo era un animale socievole per natura. La πόλις era connaturata all'uomo; l'umanità dell'uomo, ζῷον πολιτικόν, si esprimeva tutta nella sua politicità. Per realizzare compiutamente se stesso, per conseguire la

---

Roma, 4–6 marzo 1985, Milano, 1988; E. Hoornaert, *Las Casas entre o direito corporativo e o direito internacional*, in »Revista Eclesiastica Brasileira«, XLIX (1989), pp. 899–912; F. Castilla Urbano, *J. Ginés de Sepúlveda: en torno a una idea de civilización*, in »Revista de Indias«, LII (1992), pp. 329–348; Id., *El mito republicano en España y América en tiempos de Carlos V*, in *El precio de la »invención« de América*, a cura di R. Mate e F. Niewöhner, Barcelona, 1992, pp. 141–177; M. Beuchot, *La aplicación del derecho natural a los indios, según B. de las Casas*, in *Evangelio y teología en América (siglo XVI)*, X Simposio Internacional de Teología, a cura di J. I. Saranyana *et alii*, Pamplona, 1990, vol. II, pp. 1111–1119; Id., *La defensa del indígena por B. de las Casas en su Historia de las Indias*, in *Memorias de la Academia Mexicana de la Historia*, XXXIV (1991), pp. 83–93; Id., *B. de las Casas: la filosofía al servicio de la defensa de los derechos humanos de los indios*, in »Cuadernos Venezolanos de Filosofía«, V–VI (1991), pp. 73–79; J.-C. Carrière, *La controverse de Valladolid*, Paris, 1992; M. Beuchot, *La conquista según Ginés de Sepúlveda, Motolinía y Las Casas*, in »Revista de la Universidad de Guadalajara«, 1992, pp. 36–40; Id., *Los fundamentos de los derechos humanos en B. de las Casas*, Barcelona-Bogotá, 1994; Id., *B. de las Casas, el humanismo indígena y los derechos humanos*, in »Anuario Mexicano de Historia del Derecho«, VI (1994), pp. 37–48; Id., *Derechos naturales y derechos humanos en B. de las Casas y la Escuela de Salamanca*, in *Democracía y derechos humanos*, a cura di A. Villegas *et alii*, México, 1994, pp. 85–99; Id., *B. de las Casas y la esclavitud de los indios*, in *Mundo Hispano – Nuevo Mundo. Visión filosófica.* Actas del VIII Seminario de historia de la filosofía española e iberoamericana, a cura di A. Heredia Soriano, Salamanca, 1995, pp. 69–76; Id., *El fundamento de los derechos humanos en B. de las Casas*, in »Revista Portuguesa de Filosofía«, LII (1996), pp. 87–95; Id., *B. de las Casas, el humanismo indígena y los derechos humanos*, in *Derechos humanos, filosofía y naturaleza*, a cura di A. Vargas Valencia, México, 2000, pp. 21–35; E. Andùjár, *Bartolomé de Las Casas and J. Ginés de Sepúlveda: Moral Theology versus Political Philosophy*, in *Hispanic Philosophy in the Age of Discovery*, a cura di K. White, Washington (DC), 1997, pp. 69–87; R. Alvira-A. Cruz, *The Controversy between Las Casas and Sepúlveda at Valladolid*, ivi, pp. 88–110; J. J. Sánchez Gázquez, *El »De fato« y la »Antropologia« de J. Ginés de Sepúlveda: una clave de interpretación del siglo XVI*, in »Wolfenbütteler Renaissance Mitteilungen«, XXIII (1999), pp. 1–13; G. Tosi, *La teoria della schiavitù naturale nel dibattito sul Nuovo Mondo (1510–1573). »Veri domini« o »servi a natura«?*, Bologna, 2002 (»Divus Thomas«, 33); F. Castañeda, *El indio: entre el bárbaro y el cristiano. Ensayos sobre filosofía de la Conquista en Las Casas, Sepúlveda y Acosta*, Bogotá, 2002; S. Pietropaoli, *Las Casas e Sepúlveda: due modelli del diritto internazionale moderno*, in *Guerra giusta e schiavitù naturale. J. Ginés de Sepúlveda ed il dibattito sulla Conquista.* Atti della giornata di studi (Milano, 24 marzo 2010), a cura di M. Geuna, Milano, 2012, pp. 157–168.

[5] Cfr. G. Tosi, *La teoria della schiavitù naturale nel dibattito sul Nuovo Mondo*, cit., pp. 21–39.

perfezione della sua natura, e quindi la sua felicità, l'uomo doveva vivere nella πόλις. L'uomo, in quanto essere dotato di ragione, di capacità di espressione mediante la parola, dava vita alla κοινωνία politica[6].

> Da queste considerazioni è evidente che lo Stato è un prodotto naturale e che l'uomo per natura è un essere socievole[7].

[La schiavitù] Tuttavia, secondo Aristotele, era pure naturale e necessaria l'unione di coloro la cui natura era quella di comandare, con coloro la cui natura era quella di obbedire.

> Comandare e essere comandato non solo sono tra le cose necessarie, ma anzi tra le giovevoli e certi esseri, subito dalla nascita, sono destinati, parte a essere comandati, parte a comandare. E ci sono molte specie sia di chi comanda, sia di chi è comandato [...] In realtà, in tutte le cose che risultano di una pluralità di parti e formano un'unica entità comune, siano tali parti continue o separate, si vede comandante e comandato: questo viene nelle creature animate dalla natura nella sua totalità e, in effetti, anche negli esseri che non partecipano di vita, c'è un principio dominatore, ad es. nel modo musicale[8].

Coloro che, in forza della loro intelligenza, avevano la dote della preveggenza erano legittimamente capi e padroni di coloro che, con la loro forza fisica adatta ai lavori pesanti, erano in grado solo di eseguire gli ordini impartiti dai padroni.

> Quindi quelli che differiscono tra loro quanto l'anima dal corpo o l'uomo dalla bestia (e si trovano in tale condizione coloro la cui attività si riduce all'impiego delle forze fisiche ed è questo il meglio che se ne può trarre), costoro sono per natura schiavi, e il meglio per essi è star soggetti a questa forma di autorità, proprio come nei casi citati. In effetti è *schiavo per natura* chi può appartenere a un altro (per cui è di un altro) e chi in tanto partecipa di ragione in quanto può apprenderla, ma non averla: gli altri animali non sono soggetti alla ragione, ma alle impressioni[9].

Contrariamente a quanto sostenevano alcuni Sofisti, esistevano uomini che erano schiavi per natura. Certo, bisognava distinguere tra questi e coloro che si trovavano in condizione servile in base alla convenzione che voleva fossero proprietà del vincitore i beni conquistati in guerra: in questo caso si trattava di una schiavitù artificiale e convenzionale, che anche Aristotele condannava. In tal modo la giustificazione della schiavitù in base al criterio della conformità alla natura non rivestiva più un carattere di assolutezza e

---

[6] Cfr. M. D'Addio, *Storia delle dottrine politiche*, I, Genova, 1996, p. 76.

[7] Aristotele, *Politica*, I (A), 2, 1253 a (trad. it. di R. Laurenti, in *Opere*, vol. IV, Roma-Bari, 1973, p. 6).

[8] Aristotele, *Politica*, I (A), 5, 1254 a (in *Opere*, vol. IV, p. 10).

[9] Aristotele, *Politica*, I (A), 4, 1254 b (in *Opere*, vol. IV, p. 11; corsivo aggiunto).

bisognava ammettere che ci fossero schiavi con la struttura fisica di uomini liberi, nient'affatto adatti ai lavori pesanti, mentre esistevano per converso degli uomini liberi che avevano »anima da schiavo«. Lo Stagirita ammetteva pure che, se la natura tendeva spesso a realizzare la trasmissione ereditaria delle virtù o dei vizi, tuttavia non sempre ci riusciva. Ed ecco allora il Filosofo sostenere, contraddicendo le *Leggi* di Platone, che era un errore rifiutare agli schiavi ogni possibilità di usare il raziocinio[10]. In conclusione:

> quale sia la natura dello schiavo e quali le sue capacità, è chiaro da queste considerazioni: un essere che per natura non appartiene a se stesso ma a un altro, pur essendo uomo, questo è per natura schiavo: e appartiene a un altro chi, pur essendo uomo, è oggetto di proprietà: e oggetto di proprietà è uno strumento ordinato all'azione e separato[11].

III. La categoria del *dominium*: Francisco de Vitoria

[La *Scuola di Salamanca*] È agli inizi del Cinquecento che la *Summa theologiae* di Tommaso d'Aquino tende a sostituire nei Conventi e nelle Università il *Liber Sententiarum* di Pietro Lombardo; è nel Cinquecento che nascono i grandi problemi di diritto internazionale legati alla scoperta dell'America e allo sgretolamento progressivo dell'Impero absburgico. Non è un caso che il domenicano Francisco de Vitoria[12], negli anni 1538–1539, a Salamanca, applicando categorie tomistiche, cerchi di risolvere i problemi morali e giuridici

---

[10] Cfr. J.-J. Chevallier, *Storia del pensiero politico*, I: *Antichità e Medioevo*, trad. it., Bologna,1989, pp. 129–130.

[11] Aristotele, *Politica*, I (A), 4, 1254 a (in *Opere*, vol. IV, p. 10).

[12] MB: Francisco de Vitoria (Burgos, 1483-Salamanca, 1546), dopo il suo ingresso nell'ordine domenicano, fu mandato a Parigi, nel Convento di Saint-Jacques, per completare gli studi iniziati a Burgos. A Parigi, ove rimase fino al 1523, iniziò il suo insegnamento della teologia, continuato, al ritorno in Spagna, nel collegio S. Gregorio di Valladolid (1523–1526) e all'Università di Salamanca, di cui occupò la cattedra di »Prima« dal 1526 sino alla morte. Nel 1544 dovette ricusare, per motivi di salute, l'invito di Carlo V a partecipare al Concilio di Trento; lo sostituì Domingo de Soto. Testi: *Comentarios a la Secunda Secundae de Santo Tomás (1534)*, 6 voll., a cura di V. Beltrán de Heredia, Salamanca, 1932–52; A. Truyol y Serra, *The Principles of Political and International Law in the Work of F. de Vitoria*, Madrid, 1946; *Relecciones teológicas*, a cura di T. Urdánoz, Madrid, 1960; *Leçons sur les Indiens et sur le droit de guerre*, a cura di M. Barbier, Genève, 1966; *Relectio de Indis o libertad de los Indios (1538)*, a cura di L. Pereña e J. M. Pérez Prendes, Madrid, 1967; *Leçon sur le pouvoir politique*, a cura di M. Barbier, Paris, 1980; *Relectio de iure belli o paz dinámica*, a cura di L. Pereña Vicente *et alii*, Madrid, 1981; R. Hernández, *Derechos humanos en F. de Vitoria. Antología*, Salamanca, 1984; *Commentaar op de Quaestio de bello van Thomas van Aquino*, a cura di H. A. Krop, in *Jaarboek 1989*, Thomas Instituut te Utrecht, pp. 42–64; *Doctrina sobre los Indios*, a cura di R. Hernández Martín, Salamanca, 1989; *Political Writings*, a cura di A. Pagden e J.

de Indis recenter inventis, legati alle conquiste, alla colonizzazione e cristianizzazione del Nuovo Mondo, ad una guerra che appariva più di offesa che di difesa. La lunga permanenza del Vitoria a Parigi – sulla quale una risalente storiografia ha avuto l'indubbio merito di richiamare l'attenzione[13] – non rappresentava, nella formazione del teologo domenicano, un fatto meramente episodico, ma la condizione prima attraverso cui si operava, a Salamanca, pur nel quadro di un vigoroso ritorno al pensiero tomista, l'innesto di un'esperienza di pensiero dialetticamente più ricca. Presentimento della Riforma e istanze umanistiche si mescolavano nel suo pensiero quali estreme derivazioni del complesso intreccio di idee tomiste e nominaliste formatosi, in lente stratificazioni, nell'ambiente universitario parigino[14]: ed ai volontaristi Vitoria fa spesso riferimento, esteriormente impegnato in una vivace polemica con le loro teorie, ma talora da queste, almeno in parte, condizionato[15].

[L'antropologia del Vitoria] Lungo questa linea, il suo magistero teologico segna un momento importante nello sviluppo della cultura moderna; il suo spirito, attento alle esigenze dei nuovi tempi, concede largo spazio alla discussione dei problemi giuridici e politici[16]. Le difficoltà non mancavano: se da un lato v'era il problema di sceverare, nel magma incandescente della

---

Lawrence, Cambridge, 1991; *Vorlesungen I–II. Völkerrecht – Politik – Kirche*, a cura di U. Horst *et alii*, Stuttgart, 1995–97; *Relectio de Indis: La questione degli indios*, a cura di A. Lamacchia, Bari, 1996; *On Homicide and Commentary on Summa Theologiae IIª–IIªᵉ, Q. 64 (Thomas Aquinas)*, a cura di J. P. Doyle, Milwaukee (WI), 1997. Bio-bibliografie: R. C. González, *Francisco de Vitoria. Estudio bibliográfico*, Buenos Aires, 1946, pp. V–XXVI; *Indice bibliográfico* nell'edizione critica di F. De Vitoria, *Relectio de Indis o Libertad de los Indios* (a cura di L. Pereña e J. M. Pérez Prendes), Madrid, 1967, pp. 229–234; L. Pereña Vicente, *F. de Vitoria y la Escuela de Salamanca*, Madrid, 1983; J. García Barrientos, *F. de Vitoria y Domingo de Soto*, Salamanca, 1985; R. Hernández, *F. de Vitoria y Bartolomé de Las Casas*, in »La Ciencia Tomista«, CXIX (1992), pp. 434–457; Id., *F. de Vitoria. Vida y pensamiento internacionalista*, Madrid, 1995; J. Belda Plans, *La Escuela de Salamanca y la renovación de la teología en el siglo XVI*, Madrid, 2000, pp. 313–398; A. Truyol y Serra-I. Trujillo, s.v. *Vitoria, Francisco de*, in *Enciclopedia Filosofica*, Milano, 2006, vol. XII, pp. 12221–12223.

13 R. García Villoslada, *La Universidad de París durante los estudios de Francisco de Vitoria o. p. (1507–1522)*, Roma, 1938.

14 V. A. Renaudet, *Préréforme et Humanisme à Paris pendant les premières guerres d'Italie (1494–1517)*, Paris, 1953², p. 594 ss.

15 Cfr. P. Grossi, *La proprietà nel sistema privatistico della Seconda Scolastica*, cit., pp. 121–122. Sulla parziale fortuna del nominalismo a Salamanca, v. V. Beltrán de Heredia, *Accidentada y efímera aparición del nominalismo en Salamanca (1506–1530)*, in »La Ciencia Tomista«, LXII (1942), pp. 68–101, e, più recentemente, V. Muñoz Delgado, *La lógica nominalista en la Universidad de Salamanca (1510–1530)*, Madrid, 1964.

16 In tal senso H. Kipp, *Moderne Probleme des Kriegsrechts in der Spätscholastik. Eine rechtsphilosophische Studie über die Voraussetzungen des Rechtes zum Kriege bei Vitoria und Suárez*, Paderborn, 1935, p. 13, parla di Vitoria come di colui che »erweist sich mehr als der Praktiker, der in seinen Relectiones morales die Existenz des Naturrechts voraussetzt und nur kurz in

storia, un nuovo concetto di Stato che ne riconoscesse, in modo adeguato, l'indipendenza, la sovranità, i diritti[17], dall'altro lato, per evitare i pericoli insiti nelle teorie individualistiche e volontaristiche, bisognava porre i fondamenti di uno *ius gentium* che, nel rispetto e nella tutela della dignità umana, riunisse gli Stati sovrani in una comunità non meramente contrattualistica, ma naturale ed organica[18]. È questo, del resto, il merito comunemente attribuito al Vitoria, »fondatore« del diritto internazionale[19]; e su questo aspetto della sua opera, senza dubbio il più appariscente, si è soffermata per lo più la storiografia contemporanea[20].

Verbindung mit der Frage nach dem Ursprung der Staatsgewalt darlegt, wo das Naturrecht seinen Ursprung hat«.

17 Per una lucida presentazione del contesto storico-dottrinale nel quale si trovò ad operare il Vitoria, v. l'ampio studio di V. Carro, *La Teología y los Teólogos-Iurístas españoles ante la Conquista de América*, Salamanca, 1951².

18 Su tali problelni, v. A. Miaja de la Muela, *El derecho »totius orbis« en el pensamiento de Francisco de Vitoria*, in »Revista Española de Derecho Internacional«, 1965, pp. 341–364.

19 C. Barcia Trelles, *Francisco de Vitoria, fundador del derecho internacional moderno*, Valladolid, 1928.

20 MBB: Sul pensiero giuridico di Vitoria, v.: B. Hamilton, *Political Thought in Sixteenth-Century Spain. A Study of the Political Ideas of Vitoria, De Soto, Suárez and Molina*, Oxford, 1963; R. A. Iannarone, *La maturazione delle idee coloniali in F. de Vitoria*, in »Angelicum«, XLVII (1970), pp. 3–43; J. A. Fernández Santamaría, *The State, War and Peace. Spanish Political Thought in the Renaissance*, Cambridge, 1977, pp. 58–119; M. Baggio, *La riflessione sulla »legge« in F. de Vitoria*, in »Verifiche«, IX (1980), pp. 491–516; L. Pereña Vicente, *F. de Vitoria y la Escuela de Salamanca*, Madrid, 1983; R. Hernández, *F. de Vitoria y Bartolomé de Las Casas, primeros teorizantes de los derechos humanos*, in »Archivo Dominicano«, IV (1983), pp. 199–266; Id., *Presupuesto de F. de Vitoria a su doctrina indiana*, in »La Ciencia Tomista«, CXI (1984), pp. 61–86; J. Brufau Prats, *Perspectivas humanistas en la concepción jurídica vitoriana*, ivi, pp. 5–16; A. Truyol y Serra, *F. de Vitoria y Hugo Grocio cofundadores del Derecho Internacional*, ivi, pp. 17–27; Aa.Vv., *La ética en la conquista de América: F. de Vitoria y la Escuela de Salamanca*, a cura di D. Ramos *et alii*, Madrid, 1984; A. Osuna Fernández-Largo, *De la idea delSacro Imperio al derecho internacional. El pensamiento político de F. de Vitoria*, in »La Ciencia Tomista«, CXI (1984), pp. 29–60; A. A. García Menéndez, *F. de Vitoria y el derecho internacional*, Hato Rey, 1986; Aa.Vv., *Las Casas et Vitoria: le droit des gens dans l'âge moderne.* Colloque de l'Institut Catholique de Paris, Paris, 1987; Aa.Vv., *I diritti dell'uomo e la pace nel pensiero di F. de Vitoria e Bartolomé de Las Casas.* Atti del congresso internazionale tenuto nella Pontificia Università San Tommaso (Angelicum), Roma, 4–6 marzo 1985, Milano, 1988; Aa.Vv., *Actualité de la pensée juridique de F. de Vitoria.* Travaux de la Journée d'études organisée à Louvain-la-Neuve par le Centre Charles de Visscher pour le droit international le 5 décembre 1986, Bruxelles, 1988; J. A. Carrillo Salcedo, *Sul contributo della Scuola Spagnola di diritto delle genti ai fondamenti filosofici dei diritti dell'uomo*, in »Rivista Internazionale dei Diritti dell'Uomo«, II (1988), pp. 1–6; J. M. Desantes-Guanter, *Carácteres del »ius communicationis« en F. de Vitoria*, in *Hispania Christiana*, Pamplona, 1988, pp. 523–544; J. Brufau Prats, *La escuela de Salamanca ante el descubrimiento del Nuevo Mundo* Salamanca, 1989; R. Hernández, *La antropología de F. de Vitoria*, in *Actas VI Seminario Historia Filosofía Española*

Sulla questione antropologica della dignità degli *indios*, ecco un testo particolarmente pregnante:

> Creaturae irrationales non possunt habere dominium. Patet, quia dominium est ius, ut fatetur etiam Conradus. Sed creaturae irrationales non possunt habere ius. Ergo nec dominium. Probatur minor, quia non possunt pati inuriam; ergo non habent ius [...] Et confirmatur propositio auctoritate S. Thomae: Sola creatura rationalis habet dominium sui actus, quia, ut ipse etiam dicit,

---

y Hispanoamericana, 1990, pp. 349–367; F. J. HERRERA JARAMILLO, *F. de Vitoria precursor de los derechos humanos*, in »Revista del Colegio Major de Nuestra Señora del Rosario«, 1991, pp. 49–52; J. BRUFAU PRATS, *La conquista del Nuevo Mundo a la luz de la doctrina de la escuela salmantina sobre la guerra justa*, in »Anuario de Filosofía del Derecho«, VIII (1991), pp. 29–41; A. CRUZ PARDOS, *Para un concepto de »guerra« da una filosofía de »paz«. Actualidad del pensamiento de Vitoria*, ivi, pp. 103–139; H.-G. JUSTENHOVEN, *F. de Vitoria zu Krieg und Frieden*, Köln, 1991; A. OSUNA FERNÁNDEZ-LARGO, *Ética y política en las leyes de Indias del siglo XVI*, in »Anuario de Filosofía del Derecho«, VIII (1991), pp. 77–102; M. L. REDONDO REDONDO, *Utopia vitoriana e realidad indiana*, Madrid, 1992; F. CASTILLA URBANO, *El pensamiento de F. de Vitoria. Filosofía política e indio americano*, Barcelona, 1992; A. VENDEMIATI, *Riflessioni su F. de Vitoria a proposito di diritti umani*, in »Rivista Internazionale dei Diritti dell'Uomo«, V (1992), pp. 216–226; L. PEREÑA, *The Rights and Duties of Spaniards and Indians. A Declaration by F. de Vitoria*, in »Providence«, I (1992), pp. 61–79; M. RODRÍGUEZ MOLINERO, *La doctrina colonial de F. de Vitoria o el derecho de la paz y de la guerra: un legado perenne de la escuela de Salamanca*, Salamanca, 1993; B. MENDEL FERNÁNDEZ, *El problema de la salvación de los »infieles« en F. de Vitoria*, Roma, 1993; F. TITOS LOMAS, *La filosofía política y jurídica de F. de Vitoria*, Córdoba, 1993; R. HERNÁNDEZ, *F. de Vitoria en el internacionalismo europeo*, in »La Ciencia Tomista«, CXX (1993), pp. 269–315; E. RIVERA DE VENTOSA, *Derechos humanos en F. de Vitoria: ¿naturales o personales?*, in »Cuadernos Salmantinos de Filosofía«, XX (1993), pp. 191–203; J. BALLESTEROS, *El primado de la idea de humanitas en Vitoria como fundamento de los derechos humanos*, in »Anuario Mexicano de Historia del Derecho«, VI (1994), pp. 25–36; L. FERRAJOLI, *La sovranità nel mondo moderno. Nascita e crisi dello Stato nazionale*, Milano, 1995; A. LAMACCHIA, *Le Relectiones di F. de Vitoria e la innovazione filosofica-giuridica nell'università di Salamanca*, nel vol. coll. *La filosofia nel siglo de Oro. Studi sul tardo Rinascimento spagnolo*, Bari, 1995, pp. 17–118; A. S. BRETT, *Liberty, Right and Nature. Individual Rights in Later Scholastic Thought*, Cambrige, 1997, cap. IV; I. TRUJILLO PÉREZ, *F. de Vitoria: il diritto alla comunicazione e i confini della socialità umana*, Torino, 1997; M. FAZIO, *Due rivoluzionari: F. de Vitoria e Jean-Jacques Rousseau*, Roma, 1998; J. GOTI ORDEÑADA, *Del Tratado de Tordesillas a la doctrina de los derechos fundamentales en F. de Vitoria*, Universidad de Valladolid, 1999; R. HERNÁNDEZ MARTÍN, *La lezione sugli Indios di F. de Vitoria*, Milano, 1999; M. DELGADO, *Die Zustimmung des Volkes in der politischen Theorie von F. de Vitoria, Bartolomé de Las Casas und Francisco Suárez*, nel vol. coll. *Die Ordnung der Praxis. Neue Studien zur spanischen Spätscholastik*, a cura di F. GRUNERT e K. SEELMANN, Tübingen, 2001, pp. 157–183. G. CAVALLAR, *The Rights of Strangers. Theories of International Hospitality, the Global Community, and Political Justice since Vitoria*, Aldershot, 2002; S. LANGELLA, *Diritti delle genti e diritti umani in Francisco de Vitoria*, in »Civiltà del Mediterraneo«, VIII–IX (2005–2006), pp. 107–126; EAD., *Teologia e Legge naturale. Studio sulle lezioni di Francisco de Vitoria*, Genova, 2007; L. BACCELLI, *Guerra e diritti. Vitoria, Las Casas e la conquista dell'America*, in »Quaderni Fiorentini per la Storia del Pensiero Giuridico Moderno«, XXXVII (2008), pp. 67–101.

> per hoc aliquis est dominus suorum actuum, qua potest hoc vel illud eligere; unde etiam, ut ibidem dicit, appetitus circa ultimim finem non sumus domini. [...] Non enim dicimus aliquem esse dominum, nisi eius quod situm est in sua facultate. Ita enim loquimur: non est in mea facultate, non est in mea potestate, quando non sum dominus. Bruta autem cum non moveant se, sed potius moveantur, ut S. Thomas ait, eadem ratione nec habent dominium[21].

Vi si possono individuare in filigrana tre temi: a) la proprietà (*dominium*); b) la libertà (*libertas*); c) il desiderio del fine ultimo (*appetitus beatitudinis*).

[La proprietà] Come abbiamo già sottolineato, il legame più incisivo, che informa tutta la visione che la Seconda Scolastica ebbe del rapporto fra uomo e cose, è quello con il corrosivo e, al tempo stesso, sollecitante clima culturale che, agli inizi del Cinquecento, percorre ampiamente lo Studio parigino e che respira anche il Vitoria. Il viaggio, il soggiorno, gli studi a Parigi rappresentano fatti storicamente significativi, poiché è soprattutto grazie ad essi che si produce nella Spagna »salmaticense«, nell'ambito di una rinnovata osservanza tomista, il trapianto di un'esperienza culturale in posizione dialettica con quella e, per ciò stesso, la messa a disposizione dei giovani teologi di strumenti concettuali gravidi di istanze innovatrici[22].

Quando Vitoria studia un testo di diritto privato per costruire poi il proprio sistema in relativa autonomia, il libro di ordinaria consultazione è il *Tractatus septipartitus de contractibus* di Corrado Summenhart, nel quale il teologo di Tubinga, educato a Parigi nel medesimo clima, traduce in termini più rigorosamente tecnici le premesse generali delle correnti volontaristiche. È quindi il mondo culturale dei *recentiores* che preme sulla coscienza del giovane domenicano, che egli avverte non a disagio, ma anzi talora congeniale con la sua natura di *homo novus*, figlio autentico del suo tempo, costruttore di un sistema teorico coerente alla situazione storica attuale più che ideologo d'una realtà passata e cristallizzata[23].

[Il diritto soggettivo: Ockham] La problematica del diritto soggettivo non era nata, com'è noto, nel campo delle discipline profane, ma era maturata all'interno di una controversia teologica. Secondo gli studi più approfonditi in materia[24], infatti, noi possiarno riscontrarne la genesi nell'alveo della teologia francescana del sec. XIV. Dopo la nascita dell'Ordine francescano, la linea

---

21 F. DE VITORIA, *De indis recenter inventis relectio prior*, I, 20 (ediz. T. URDÁNOZ, pp. 661–662).

22 Cfr. P. GROSSI, *La proprietà nel sistema privatistico della Seconda Scolastica*, cit., p. 121.

23 Cfr. P. GROSSI, *La proprietà nel sistema privatistico della Seconda Scolastica*, cit., p. 123.

24 Soprattutto quelli di M. VILLEY, *La formazione del pensiero giuridico moderno*, trad. it., Milano, 1985, pp. 207–224, con le preziose osservazioni di N. RAMPAZZO, *Diritto soggettivo e »ius« nella visione di Michel Villey*, in »Revue Internationale des Droits de l'Antiquité«, LIV (2007), pp. 379–407, sui precedenti romanistici. B. TIERNEY, *L'idea dei diritti naturali. Diritti naturali, legge naturale e diritto canonico 1150–1625*, trad. it., Bologna, 2002, afferma invece l'originalità

seguita dai primi Pontefici si era attenuta ai princìpi comuni al diritto di allora: essa si fondava sopra la distinzione tra *usus iuris* e *usus facti*. L'*usus iuris* era il possesso giuridicamente protetto, l'*usus facti* invece la semplice possibilità di usare materialmente determinati beni[25]. All'interno poi di questa distinzione si precisava: l'*usus iuris* dei beni spettava alla Santa Sede (come persona giuridica), l'*usus facti* spettava ai singoli frati. La situazione sembrava così avviata lungo una strada di assoluta tranquillità. Senonché, nel periodo del papato avignonese, Giovanni XXII era entrato in polemica con l'Ordine francescano (soprattutto con l'ala avanzata degli »spirituali«) e non aveva più accettato tale soluzione di compromesso. Dopo aver ribadito il principio che, in quanto Papa, aveva il potere di modificare le norme di diritto canonico precedenti, perché norme di diritto positivo, aveva affermato che solo per una finzione giuridica l'*usus iuris* spettava alla Santa Sede e l'*usus facti* ai monaci e che, se si voleva essere coerenti, andando al di là di mere finzioni, bisognava attribuire l'*usus iuris* all'Ordine francescano[26]. Questo suscitò la reazione degli »spirituali«, in particolare di Ockham, il quale, per poter affermare che l'*usus iuris* poteva ben spettare alla Santa Sede e che comunque era possibile tener ferma la distinzione tra *usus iuris* e *usus facti*, cominciò ad elaborare una teoria della proprietà come diritto soggettivo. Ockham che anche in altri campi si trovava in polemica con il realismo tomista[27], elaborò una concezione del diritto non a partire dalla *res iusta*, cioè dal diritto oggettivo, ma come

---

del pensiero canonistico nell'elaborazione concettuale del diritto soggettivo. Sul contesto storico della problematica, ricordiamo in particolare i contributi di G. Tarello, *Profili giuridici della questione della povertà nel francescanesimo prima di Ockham*, Milano, 1964; di P. Grossi, *Usus facti. La nozione di proprietà nella inaugurazione dell'età nuova*, in »Quaderni Fiorentini per la Storia del Pensiero Giuridico Moderno«, I (1972), pp. 287–355; di M. D. Lambert, *Povertà francescana. La dottrina dell'assoluta povertà di Cristo e degli Apostoli nell'ordine francescano (1210–1323)*, trad.it., Milano, 1995; e

25 Cfr. P. Grossi, *Usus facti*, cit., p. 336 ss.

26 Decretale *Ad conditorem canonum* (8 dicembre 1322), in Baluze-Mansi, *Miscellanea Franciscana*, III, pp. 213–221. Sull'opera di Giovanni XXII, cfr. N. Valois, *Jacques Duèse pape sous le nom de Jean XXII*, in »Histoire Littéraire de la France«, 1915, p. 391 ss.

27 Cfr. J. Miethke, *Ockhams Weg zur Sozialphilosophie*, Berlin, 1969, p. 300 ss. MBB: Sul pensiero giuridico di Ockham, v.: W. Kölmel, *Das Naturrecht bei Wilhelm Ockham*, in »Franziskanische Studien«, XXXV (1953), pp. 39–85; Id., *Von Ockham zu Gabriel Biel, Zur Naturrechtslehre des 14. und 15. Jahrhunderts*, in »Franziskanische Studien«, XXXVII (1955), pp. 218–259; F. Oakley, *Medieval Theories in Natural Law: William of Ockham and the Significance of the Voluntarist Tradition*, in »Natural Law Forum«, VI (1961), pp. 65–83; M. Villey, *La genèse du droit subjectif chez Guillaume d'Occam*, in »Archives de Philosophie du Droit«, IX (1964), pp. 97–127; J. Miethke, *Ockhams Weg zur Sozialphilosophie*, Berlin, 1969; W. Kölmel, *Voluntaristische Tendenzen im Rechtsdenken Wilhelm Ockham's und der »via moderna«*, in »Österreichische Zeitschrift für Öffentliches Recht«, XXV (1974), pp. 217–246; K. M. McDonnell, *Does William of Ockham have a Theory of Natural Law?*, in »Franciscan Studies«, XXXIV (1974), pp. 383–392; H. S. Offler, *The Three Modes of Natural Law in Ockham. A Revision*

diritto soggettivo, come potere attribuito ai singoli di godere determinati beni. E questo non tanto per affermare la titolarità del diritto di proprietà per i Francescani, ma all'opposto per negarla. Ciò non toglie tuttavia che, a livello speculativo, il problema giuridico venisse impostato in chiave soggettivistica, a partire dai poteri che il singolo aveva sulle cose circostanti.

> Ius utendi est potestas licita, utendi re extrinseca, qua quis sine culpa sua et absque causa rationali privari non debet invitus, et si privatus fuerit, privantem poterit in iudicio convenire[28].

---

of the Text, in »Franciscan Studies«, XXXVII (1977), pp. 207–218; A. Ghisalberti, *Sulla legge naturale in Ockham e Marsilio*, in »Medioevo«, V (1979), pp. 303–315; A. S. McGrade, *Ockham and the Birth of Individual Rights*, in *Authority and Power. Studies on Medieval Law and Goverment presented to Walter Ullmann on his Seventieth Birthday*, Cambridge, 1980, pp. 149–165; L. Vereecke, *Loi et Evangile selon Guillaume d' Ockham*, in *Loi et Evangile. Héritages confessionnels et interpellations contemporaines.* Actes du 3e cycle d'éthique des Universités de Suisse romande, 1979–80, Genève, 1981, pp. 80–90; F. Oakley, *Medieval Theories of Natural Law: William of Ockham and the Significance of the Voluntarist Tradition*, in *Natural Law, Conciliarism and Consent in the Late Middle Ages. Studies in Ecclesiastical and Intellectual History*, London, 1984; M. Villey, *La formazione del pensiero giuridico moderno*, trad. it., Milano, 1985, pp. 175–224; B. Willms, *Kontingenz und Konkretion. Wilhelm von Ockham als Wegbereiter des neuzeitlichen Rechts und Staatsdenkens*, nel vol. coll. *Die Rolle der Juristen bei der Entstehung des modernen Staates*, a cura di R. Schnur, Berlin, 1986, pp. 13–49; B. Tierney, *Villey, Ockham and the Origin of Individual Rights*, nel vol coll. *The Weightier Matters of the Law: Essays on Law and Religion: A Tribute to Harold J. Berman*, a cura di J. Witte jr. e F. S. Alexander, Atlanta (GA), 1987, pp. 1–31; M. Bastit, *Naissance de la loi moderne: la pensée de la loi de saint Thomas a Suárez*, Paris, 1990; J. Kilkullen, *Natural Law and Will in Ockham*, nel vol coll. *History of Philosophy Yearbook*, a cura di K. Haakonsen e U. Thiel, Canberra, 1993, pp. 94–125; R. W. Hall, *Ockham and Natural Law*, in *Les Philosophies morales et politiques au Moyen Âge – Moral and Political Philosophies in the Middle Ages. Actes du IXe Congrès international de philosophie médiévale (Ottawa, du 17 au 22 août 1992) – Proceedings of the Ninth International Congress of Medieval Philosophy (Ottawa, 17–22 Agust 1992)*, a cura di B. C. Bazán *et alii*, New York-Ottawa-Toronto, 1995, pp. 1041–1048; B. Tierney, *Natural Law and Canon Law in Ockham's »Dialogus«*, in *Rights, Laws and Infallibility in Medieval Thought*, Brookfield (VT), 1997; A. Brett, *Liberty, Right and Nature: Individual Rights in Later Scholastic Thought*, Cambridge, 1997; L. Parisoli, *Guglielmo di Ockham e la fonte dei diritti naturali: una teoria politica tra libertà evangelica e diritti fondamentali ed universali*, in »Collectanea Franciscana«, LXVIII (1998), pp. 5–62; Id., *Volontarismo e diritto soggettivo. La nascita medievale di una teoria dei diritti nella scolastica francescana*, Roma, 1999; M. Bastit, *Nature et volonté chez Scot et Ockham*, nel vol. coll. *Aspects de la pensée médiévale dans la philosophie politique moderne*, a cura di Y. Ch. Zarka, Paris, 1999, pp. 45–60; A. S. McGrade, *Natural Law and Moral Omnipotence*, nel vol. coll. *The Cambridge Companion to Ockham*, a cura di P. V. Spade, Cambridge-New York, 1999, pp. 2273–2301; L. E. Bacigalupo, *Sobre los modos del derecho natural en Ockham*, in »Nuevo Mundo«, I (2000), pp. 225–237; G. Fassò, *Storia della filosofia del diritto*, I: *Antichità e medioevo*, Roma-Bari, 2001^2, pp. 235–239.

28 *Opus nonaginta dierum*, cap. II (in Guillelmi de Ockham, *Opera politica*, ediz. H. S. Offler, Mancunii, 1974^2, vol. I, p. 132); cfr. M. Villey, *La formazione del pensiero giuridico moderno*, cit., p. 212 ss.

L'interpretazione vitoriana, in tema di diritti reali, si orienta, secondo Grossi[29], a propria volta verso determinate intuizioni fondamentali: una visione progressivamente dualistica del mondo dei soggetti e del mondo dei fenomeni, con il conseguente tentativo di costruire una metafisica del soggetto sulle cose e, insieme, un tentativo di operare una lettura delle cose attraverso il filtro del soggetto costituendole come proiezione di questo e della sua sovranità. Nel suo distacco metafisico dalle cose, il soggetto operatore tendeva a identificarsi sempre più nella posizione di *dominus*, e l'ordine giuridico tendeva a essere valutato come un insieme di situazioni dominative; il *dominium*, inteso in un senso giuridicamente rigoroso, tendeva a divenire una categoria ermeneutica generale dei rapporti sociali e la chiave di volta di tutto il sistema.

[La libertà] Il libero arbitrio era in secondo luogo il presupposto insopprimibile di questo *dominium*, perché era esso stesso *dominium*. L'interscambiabilità tra libertà e proprietà comincia qui a delinearsi. La libertà del singolo coincide con la proprietà che il singolo ha di se stesso e delle sue azioni, la sua esistenza di soggetto libero consiste in un insieme di comportamenti dominativi, insomma nella proprietà che ha di se stesso. A taluno potrebbe suonare troppo tecnico l'uso fatto qui del termine proprietà; troppo giuridico per descrivere quell'atteggiamento psicologico che, nel linguaggio di tutti i giorni, viene qualificato come »padronanza di sé«. Ma qui nulla di generico o di psicologistico ha la nozione di *dominium sui*. La proprietà di sé e delle proprie azioni, che a ciascun essere razionale Dio ha fornito nel momento in cui lo ha creato *a sua immagine e somiglianza*, è una proprietà in senso teologico-giuridico, costitutivamente non dissimile dalla proprietà di un bene, tant'è vero che il trattato *de dominio* è sempre rigorosamente unitario e di questo discorso unitario la proprietà delle proprie azioni costituisce il primo capitolo[30].

[L'*imago Dei*] A questo punto il discorso giuridico si congiunge alla visione teologica. Il fondamento della proprietà è l'*imago Dei*.

> Hoc patet, quia [pueri] possunt pati iniuriam; ergo habent ius rerum; ergo est illis dominium, quod nihil aliud est quam ius. Item bona pupillorum non sunt in bonis tutorum, et habent dominos, et non alios; ergo pupillos. Item pupilli sunt heredes. Sed heres succedit in ius defuncti et est dominus hereditatis. Item diximus quod fundamentum dominii est imago Dei, quae adhuc est in pueris, et Apostolum eodem loco: *Quanto tempore heres parvulis est, nihil differt a servo, cum sit dominus omnium*[31].

---

[29] P. Grossi, *La proprietà nel sistema privatistico della Seconda Scolastica*, cit.„ p. 124.

[30] Così ancora P. Grossi, *La proprietà nel sistema privatistico della Seconda Scolastica*, cit., pp. 135–136.

[31] F. de Vitoria, *De indis recenter inventis relectio prior*, I, 21 (ediz. T. Urdánoz, pp. 663–664).

Questo discorso vale per i fanciulli, vale forse per dementi. Ma gli *indios* non sono dementi o idioti; hanno l'uso della ragione a loro modo. È evidente che essi seguono un certo ordine nelle loro cose, che hanno città rette da un certo ordinamento, hanno matrimoni ben definiti, magistrati, signori, leggi, industrie, scambi, tutte cose, queste, che richiedono l'uso della ragione. Le stesse motivazioni valgono, *a fortiori*, anche per loro.

> [**L'*appetitus beatitudinis***] Sola creatura rationalis habet dominium sui actus, quia, ut ipse etiam dicit, per hoc aliquis est dominus suorum actuum, qua potest hoc vel illud eligere; unde etiam, ut ibidem dicit, *appetitus circa ultimum finem* non sumus domini. [...] Non enim dicimus aliquem esse dominum, nisi eius quod situm est in sua facultate. Ita enim loquimur: non est in mea facultate, non est in mea potestate, quando non sum dominus. Bruta autem cum *non moveant se, sed potius moveantur*, ut S. Thomas ait, eadem ratione nec habent dominium[32].

Emerge il terzo tema, quello dell'*appetitus*, del desiderio in senso forte. È il desiderio della felicità, l'*appetitus beatitudinis* tematizzato da S. Agostino già nelle *Confessioni* (»Ci hai fatto per Te, o Signore, e inquieto è il nostro cuore finché non riposa in Te«)[33]. In questo desiderio dell'assoluta felicità (la *beatitudo*), e quindi dell'Assoluto, S. Agostino rinveniva una situazione dell'uomo radicalmente diversa da quella di tutti gli altri esseri creati, e che ne faceva un essere paradossale. Il paradosso dell'uomo è che egli trova scolpito nella sua natura il desiderio dell'Assoluto, ma appunto per questo un tale desiderio solo l'Assoluto può soddisfare. Quindi l'uomo è sempre costitutivamente proiettato oltre se stesso, in quanto animato dal desiderio di un fine (per usare la nota formula scolastica) *»naturalis quoad appetitionem, supernaturalis vero quoad adsecutionem«*[34]. Di qui il problema fondamentale della grazia, la necessità della grazia per la salvezza dell'uomo (sottolineata dall'Ipponate soprattutto negli scritti anti-pelagiani).

Questa concezione del desiderio naturale della felicità soprannaturale era stata sostanzialmente recepita nella *Summa contra Gentiles* dell'Aquinate[35]. Ma, relativamente a tale concezione, si era manifestata all'inizio del Cinquecento una prima »deviazione«, che non è ascrivibile ad un interprete di secondo piano, ma addirittura al Gaetano, il commentatore prescelto nell'edizione leonina ottocentesca per la *Summa theologiae*. Sul problema dell'*appetitus beatitudinis* il Gaetano, che aveva studiato a Padova, dove fiorivano gli studi

---

[32] F. de Vitoria, *De indis recenter inventis relectio prior*, I, 20 (ediz. T. Urdánoz, p. 662; corsivo aggiunto).

[33] Agostino, *Confessioni*, I, 1.

[34] D. de Soto, *De natura et gratia*, l. I, c. 4. Cfr. H. de Lubac, *Agostinismo e teologia moderna*, trad. it., Milano, 1978², pp. 195–232.

[35] Tommaso d'Aquino, *Summa contra Gentiles*, l. III, c. 50 ss.

sull'Aristotelismo, aveva riproposto la posizione di Aristotele del *De caelo*, secondo la quale ogni essere della natura deve avere un fine proporzionato alla sua natura.

> **[Aristotele: il *De caelo*]** Che poi gli astri non abbiano neppure rotolamento, è evidente, perché tutto ciò che rotola gira sul proprio asse, e invece noi della luna vediamo sempre quella che chiamano faccia. Per modo che, siccome se si muovessero da se stessi sarebbe ragionevole che compissero quei movimenti che sarebbero loro propri, e invece noi vediamo che questi movimenti non li compiono, è evidente che essi non si muovono da se stessi. Oltre a tutto ciò, sarebbe assurdo che la natura non avesse loro dato alcun organo per il movimento: la natura infatti non fa nulla »come càpita«, né si può pensare che essa si prenda tanta cura degli animali, e trascuri poi delle sostanze tanto venerabili; si direbbe invece che essa a ragion veduta li ha privati di ogni mezzo con cui potessero procedere da se stessi, e li ha tenuti il più lontano possibile dagli esseri dotati di organi di movimento[36].

Condizionato da questa concezione, quasi obliterando la prospettiva agostiniano-tomista, il Gaetano aveva riaffermato che anche l'uomo doveva avere un fine proporzionato alla sua natura, un *finis ultimus naturalis*, e questo fine era il Dio che i filosofi ci fanno conoscere. Gaetano non faceva però scomparire il soprannaturale: solo che verso il soprannaturale non c'era più *appetitus*. Rispetto al soprannaturale l'uomo si trovava in un atteggiamento passivo di obbedienza, come la tavoletta di cera che riceve dall'alto l'impressione del sigillo. È la *potentia oboedientialis*[37]. Il soprannaturale non viene posto minimamente in dubbio, il *finis ultimus supernaturalis* è il Dio dei teologi; ma, dal punto di vista culturale, è interessante notare questo passaggio da un atteggiamento antropologico più attivo ad un atteggiamento più passivo. La dottrina del Gaetano si discostava però troppo dall'antropologia tomista perché potesse passare inosservata, e senza incontrare opposizioni. Le maggiori resistenze, accompagnate da un sincero tentativo di recupero della tesi tradizionale, si possono osservare a Salamanca. L'appetito naturale della *visio Dei*, in Vitoria, è ancora presente: è un *appetitus* imposto dalla natura stessa (*»excitatus ab ipsa natura«*), ma con molteplici manifestazioni coscienti, come il desiderio elicito del bene *in generali* o l'insoddisfazione costante di fronte ai beni terreni[38].

---

36 ARISTOTELE, *Del cielo*, II (B), 8, 290 a-b (trad. it. di O. LONGO, in *Opere*, vol. II, Bari, 1973, p. 298).

37 Sulla *potentia oboedientialis* in Gaetano, v. J. ALFARO, *Lo Natural y lo Sobrenatural. Estudio histórico desde Santo Tomás hasta Cayetano (1274–1534)*, Madrid, 1952, pp. 131–141.

38 Cfr. sul tema Bricio TORRES, *Los Maestros de Salamanca del siglo XVI ante el problema del Sobrenatural*, México, 1959.

IV. La categoria dello *ius gentium*: Domingo de Soto

[L'ambivalenza dello *ius gentium*] Il problema dello *ius gentium*, già risalente al diritto romano[39], costituiva indubbiamente per la *Scuola di Salamanca*, e per la Seconda Scolastica in generale, il problema del passaggio dal diritto positivo al diritto naturale. Su tale problema, com'è noto, S. Tommaso si era espresso con notevoli esitazioni, ora accettando (nel Commento all'*Etica Nicomachea*) ora respingendo (nella *Summa theologiae*) l'identificazione di *ius naturale* e *ius gentium*[40]. La questione era stata ripresa dal Vitoria, senza tuttavia che, anche per la natura composita del suo insegnamento, le incertezze

---

[39] Ricordiamo la duplicità dello *ius gentium* già presente nelle fonti del diritto romano. *Ius civile* era il complesso degli istituti propri di uno Stato, e che questo non aveva comuni con altri (così ad es., Gaio, I 55, afferma che la patria potestà romana, con la somma dei suoi poteri, è *ius proprium civium Romanorum*, e commenta: *fere enim nulli alii sunt homines, qui talem in filios suos habent potestatem, qualem nos habemus*). *Ius gentium* era un complesso di istituti, che esistevano sia presso i Romani come presso gli altri popoli civili. Ciò non toglie che questi istituti fossero romani, e facessero parte dell'ordinamento romano: ma vuol solo significare che essi non erano conosciuti solo dai Romani. Tra gli istituti del *ius gentium* vanno ricordati: i quattro contratti consensuali (compravendita, locazione, società, mandato); la *stipulatio* (pur che non conclusa nella forma della *sponsio*); il deposito; il comodato; la *negotiorum gestio*; la *repetitio indebiti*; la *traditio*. *Ius naturale* infine era l'insieme delle regole dettate all'uomo dalla sua natura ragionevole, in conformità della giustizia: *ius naturale est quod semper bonum ac aequum est*, diceva Paolo (D. I, I, 11 pr.). Il concetto era tratto dalla filosofia greca, in particolare dalla dottrina stoica. Il fondamento dello *ius naturale* diceva la sua universalità; e dall'universalità era agevole trarre le seguente deduzione (che pare fosse dovuta specificamente ai Romani): gli istituti, che si incontravano presso i vari popoli, dimostravano per ciò stesso di obbedire a una necessità del vivere sociale, di essere frutto della natura dell'uomo, e quindi erano espressione dello *ius naturale* (*consensio omnium gentium lex naturae putanda est*, Cic. *Tusc.* I 13 30) Ne veniva una stretta parentela tra *ius naturale* e *ius gentium*, che talora era trasformata in identificazione. L'identificazione non avrebbe potuto a rigore essere totale: per diritto naturale tutti gli uomini erano liberi (ammetteva la dottrina stoica); ma la schiavitù era conosciuta da tutti i popoli, e quindi era un istituto di *ius gentium*, senza che appartenesse allo *ius naturale*. Questo rilievo portava a una frattura tra *ius gentium* e *ius naturale*. Ne veniva che chi, tra i giuristi, non pensava ai casi di frattura, parlava indifferentemente di *ius naturale* o *gentium*; chi quella frattura aveva presente, parlava di *ius naturale* distinto dallo *ius gentium*; cfr. P. Voci, *Istituzioni di diritto romano*, Milano, 1954[3] pp. 49–51.

[40] Cfr. O. Schilling, *Das Völkerrecht nach Thomas von Aquin*, Freiburg i. Br., 1919, p. 24 ss. MBB: Sul problema dello *ius gentium* in S. Tommaso, v.: S. M. Ramírez, *El Derecho de Gentes. Examen crítico de la filosofía del Derecho de Gentes desde Aristóteles hasta Francisco Suárez*, Madrid, 1955; D. Renaudière de Paulis, *La naturaleza del derecho de gentes y la ley natural*, in »Sapientia« (Buenos Aires), XIII (1958), pp. 219–223; O. N. Derisi, *Los fundamentos filosóficos y el ámbito del derecho. Derecho natural, derecho de gentes y derecho positivo*, ivi, XXXII (1977), pp. 215–240; G. Paoli, *Tommaso d'Aquino e il diritto internazionale*, in *Tommaso d'Aquino nel suo settimo centenario.* Atti del Congresso Internazionale (Roma-Napoli, 17–24 aprile 1974), Napoli, 1975–1978, vol. VIII: *L'uomo*, pp. 328–340; R. A. Castro de Cabanillas, *Santo Tomás y el derecho de gentes*, in »Filosofar Cristiano«, V–VI (1981–1982), pp. 411–422.

sparissero del tutto. Se infatti nelle sue *Relectiones*, sotto l'urgenza delle concrete esigenze storiche, il Maestro domenicano sembrava fondare le proprie argomentazioni sopra uno *ius gentium* fortemente avvinto, e quasi identificato con lo *ius naturale*[41], nei precedenti commenti alla *Summa* aveva adottato una posizione più sfumata, avvicinando lo *ius gentium* al diritto positivo[42]. E sebbene Vitoria al problema non attribuisse soverchia importanza[43], l'oscillazione fra le due posizioni nel suo insegnamento (la »*Doppeldeutigkeit* des vitorianischen *ius gentium*« analizzata dal Soder)[44] induce a riflettere sulle parole, un po' troppo severe, di Michel Villey: »È probabile che l'apparente attaccamento di Vitoria al diritto naturale nasconda che al fondo del suo pensiero si trova già un ineluttabile positivismo. La vera fonte del diritto non è più l'ordine cosmico della natura, ma la volontà razionale degli individui«[45].

[Soto: la legge] Il problema, non superato sistematicamente dal Vitoria, fu subito ripreso da Domingo de Soto[46]. Sin dall'inizio della sua opera, Soto

---

41 V. ad es. F. DE VITORIA, *De indis recenter inventis relectio prior*, III, 2: »probatur primo ex jure gentium quod vel est ius naturale vel derivatum ex jure naturali [...]: quod naturalis ratio inter omnes gentes consitituit, vocatur ius gentium« (ediz. T. URDÁNOZ, p. 706).

42 F. DE VITORIA, *Comentarios a la Secunda Secundae de Santo Tomás*, q. 57, a. 3, § 2: »ius gentium dicitur quod non habet in se aequitatem ex natura sua, sed ex condicto hominum sancitum est. Et sic ad dubium principale respondeo per hanc conclusionem: quod ius gentium potius debet reperi sub jure positivo quam sub jure naturali« (ediz. V. BELTRÁN DE HEREDIA, vol. I, p. 14).

43 *Ibidem*: »disputatio est potius de nomine quam de re« (ediz. V. BELTRÁN DE HEREDIA, vol. I, p. 13).

44 J. SODER, *Die Idee der Völkergemeinschaft. Francisco de Vitoria und die philosophischen Grundlagen des Völkerrechts*, Frankfurt a. M.-Berlin, 1955, pp. 121–129.

45 M. VILLEY, *La formazione del pensiero giuridico moderno*, cit., p. 312.

46 MB: Domingo de Soto (Segovia, 1495-Salamanca, 1560) studiò teologia ad Alcalá con Tomás de Villanova(1513–1516; 1519–1524) e, nell'intervallo, (1516–1519), a Parigi con John Mair e forse Francisco de Vitoria. Titolare della cattedra di »Vispera« (1532–1549) a Salamanca, nel 1545 partecipò attivamente al Concilio di Trento, sostituendo il Vitoria, indisposto. Nel 1550 discusse a Valladolid la famosa controversia Las Casas-Sepúlveda, sui problemi della colonizzazione. Nel 1552, liberatasi la cattedra di »Prima« per la rinunzia di Melchor Cano, ne divenne il titolare, tenendola fino alla morte. Testi: *Relección »De dominio«*, a cura di J. BRUFAU PRATS, Granada, 1964; *De legibus (ms. ottob. lat. 782)*, I: *Comentarios al tratado de la ley*, a cura di F. PUY e L. NUÑEZ, Granada, 1965; *De iustitia et iure*, Salmanticae, 1566, 5 voll. [ristampa anastatica, con introduzione di V. CARRO, e traduzione spagnola a fronte di M. GONZÁLEZ ORDÓÑEZ, Madrid, 1967–68]; *Summulae*, Salmanticae, 1554, a cura di W. RISSE [reprint Hildesheim, 1980]; *Relecciones y Opúsculos*, vol. I, a cura di J. BRUFAU PRATS, Salamanca, 1995; vol. II-1, a cura di A. OSUNA FERNÁNDEZ-LARGO, Salamanca, 2000. Bio-bibliografie: V. BELTRÁN DE HEREDIA, *D. de Soto. Estudio biográfico documentado*, Salamanca, 1960; V. D. CARRO, *D. de Soto y la España Imperial*, Segovia, 1961; AA.VV., *Proyección y presencia de Segovia en América*. Actas del Congreso Internacional (23–28 de abril 1991), a cura di M. CUESTA DOMINGO, Segovia, 1992; P. CASTAÑEDA, *D. de Soto y América*, in »Anales Valentinos«, XLII (1995), pp. 277–296; AA.VV., *Jornada commemorativa del V Centenario de Domingo de Soto* (Facultad de Teología

affronta con impegno il problema di un'esatta definizione della legge, quale cornice entro cui situare l'intera tematica morale e giuridica. Il teologo di Segovia veniva così di necessità a scontrarsi con le molteplici, contrastanti definizioni elaborate precedentemente, in una lunga tradizione, da filosofi, teologi e giuristi; nessuna tuttavia gli sembra pienamente convincente, tranne quella di S. Tommaso, e anche questa »se si leviga un po'«[47]. È necessaria, a suo giudizio, una definizione più completa, nella quale possano rintracciarsi tutti gli elementi essenziali: *»lex est nihil aliud quam quaedam rationis ordinatio et praeceptio in commune bonum, ab eo qui curam reipublicae gerit promulgata«*[48]. È una definizione, come si può facilmente constatare, che ricorda da vicino quella del *Doctor Angelicus*, ma che pure testimonia, riflettendo le istanze dell'insegnamento del Vitoria, tutta una nuova sensibilità e una nuova problematica, maturata nei tre secoli che la separano dall'insegnamento dell'Aquinate[49]. Soto infatti, pur senza discostarsi formalmente, nell'ordine espositivo, da S. Tommaso, pone più esplicitamente e quasi avver-

---

San Vicente Ferrer, Valencia 13 de noviembre de 1995), [»Anales Valentinos«, XLII (1995)]; M. P. CUESTA DOMINGO, *D. de Soto y su obra*, Segovia, 1996; A. OSUNA FERNÁNDEZ-LARGO, *Domingo de Soto*, in *La filosofía española en Castilla y León. De los orígines al Siglo de Oro*, a cura di M. FARTOS MARTÍNEZ e L. VELÁZQUEZ CAMPO, Valladolid, 1997, pp. 281–302; G. G. LEMAIRE, *Soto*, Paris, 1997; J. BELDA PLANS, *La Escuela de Salamanca y la renovación de la teología en el siglo XVI*, Madrid, 2000, pp. 399–500; M. FORLIVESI-L. PARISOLI, s.v. *Soto, Domingo de*, in *Enciclopedia Filosofica*, vol. XI, pp. 10896–10897.

[47] D. DE SOTO, *De iustitia et iure*, 1. I, q.1, a.1: »Cum multae variaeque definitiones tam apud Oratores, quam apud Theologos ac Iureconsultos reperiantur, nullam tamen aut vix ullam comperio, quae legi, quatenus in universale genus est, congruat, praeter illam quam D. Thomas 1. 2. q. 90 art. 4 colligit, si paululo componatur limatius« (nell'*editio princeps*, Salmanticae, 1556–57, f. 6 b; seguo la citata ristampa anastatica).

[48] *Ibidem*. MBB: Sul pensiero giuridico di Soto, v.: A. ZAHAR VERGARA, *La filosofía de la ley según Domingo de Soto*, México, 1946; D. RAMOS-LISSON, *La Ley según D. de Soto (Estudio teológico-jurídico)*, Pamplona, 1976; C. FARALLI, *Osservazioni su D. de Soto, teorico del diritto*, in »Studi Senesi«, XC (1978), pp. 253–266; S. SÁNCHEZ-LAURO PÉREZ, *El crimen de herejía. Su punibilidad, sa represión y sus implicaciones político-sociales en D. de Soto*, in »La Ciencia Tomista«, CXI (1984), pp. 575–610; E. MARCANO, *Una visión renacentista del derecho a la vida: D. de Soto*, in »La Ciencia Tomista«, CXIII (1986), pp. 65–84; A. S. BRETT, *Liberty, Right and Nature. Individual Rights in Late Scholastic Thought*, Cambridge, 1997, pp. 137–164; E. J. ASHWORTH, *D. de Soto on »Oblicaciones«: his Use of the »Dubie positio«*, in *Medieval and Renaissance Logic in Spain*, a cura di I. ANGELELLI e P. PÉREZ-ILZARBE, Hildesheim, 2000, pp. 291–307; M. SCATTOLA, *»Bellum, dominium, ordo«. Das Thema des gerechten Krieges in der Theologie des D. de Soto*, nel vol coll. *Suche nach Frieden: Politische Ethik in der Frühen Neuzeit*, I, a cura di N. BRIESKORN e M. RIEDENAUER, Stuttgart-Berlin-Köln, 2000, pp. 119–137; ID., *Naturrecht als Rechtstheorie: Die Systematisierung der »res scholastica« in der Naturrechtslehre des D. de Soto*, nel vol. coll. *Die Ordnung der Praxis. Neue Studien zur spanischen Spätscholastik*, a cura di F. GRUNERT e K. SEELMANN, Tübingen, 2001, pp. 21–48.

[49] Un chiaro segno di questa nuova sensibilità si può scorgere già nel commento alla *Prima Secundae* (qq. 90–97), che Soto tenne a Salamanca, nel corso dell'anno accademico 1538–39; cfr.

te più intensamente il significato sotteso, ed i valori impegnati, nella polemica sul concetto di legge ingaggiata con la teologia francescana[50]. Sono le istanze del volontarismo che premono ora sulla coscienza del Maestro domenicano, che anch'egli percepisce con la viva sensibilità di un vero figlio della nuova epoca.

Per Soto il problema giuridico della dignità umana si declina secondo due prospettive strettamente intrecciate: a) la distinzione fra *ius civile* e *ius gentium*; b) la distinzione fra *servitus legalis* e *servitus naturalis* in connessione con la teoria degli *status*.

> [*Ius civile* e *ius gentium*] Primum namque quod legi humanae per se competit, est derivari a iure divino: idque dupliciter contingit: scilicet et per modum naturalis illationis. et per modum arbitrariae determinationis: igitur penes has differentias primum omnium distibuitur ius humanum in ius gentium et civile. Dicitur enim ius gentium quicquid mortales ex principiis naturalibus per modum conclusionis ratiocinati sunt [...]. Quicquid vero per modum determinationis generis per speciem constitutum est, ius appellatur civile [...]. Itaque ius naturale absque ulla ratiocinatione scriptum est in mentibus nostris. Ius autem gentium naturali ratiocinatione, absque hominum conventu, et longo consilio inde elicitum: ius autem civile arbitratu hominum in unum coëuntium concilium constitutum[51].

Per il teologo di Segovia il diritto umano si divide in *ius gentium* e *ius civile*, e lo *ius gentium* viene definito come il diritto contenente i precetti derivati dal diritto naturale *per modum conclusionis*:

> dicitur enim ius gentium quidquid mortales ex principiis naturalibus per modum conclusionis ratiocinati sunt [...]; quidquid vero per modum determinationis generis per speciem constitutum est, ius appellatur civile[52].

Sorge però qui legittimo il dubbio se lo *ius gentium* sia veramente distinto dallo *ius naturale*. Per Soto non vi sono dubbi:

> ius naturale absque ulla ratiocinatione scriptum est in mentibus nostris; ius autem gentium naturali raticinatione, absque hominum conventu et longo consilio inde elicitur[53];

F. Puy, *Estudio introductorio* a D. de Soto, *De legibus (ms. ottob. lat. 782)*, I, cit., p. LXV, ove si parla di tale commento come di »una prueba más del empirismo metodológico de la Escuela y de su realismo«.

50 »*Intelectualismo* tomista contra *voluntarismo* scotista: ha aquí la empreñada lucha que había de decidir – en plano de teorías, ciertamente, más con immediatas y graves repercusiones prácticas – si los hombres habían de ser gobernados por la razón o por la fuerza«: A. Mendizábal Villalba, *La teoría jurídica de la ley según Domingo Soto*, in *Studi filosofico-giuridici dedicati a Giorgio Del Vecchio*, II, Modena, 1931, p. 115.

51 D. de Soto, *De iustitia et iure* L. I, q. 5, a. 4.

52 D. de Soto, *De iustitia et iure*, l. I, q. 5, a. 4.

53 D. de Soto, *De iustitia et iure*, l. I, q. 5, a. 4; f. 45a.

ma la distinzione si rivela alquanto esile, e lo stesso Soto deve ammettere:

> ratione originis omne ius gentium dicitur de jure naturae, licet ratione illationis ac positionis nuncupetur ius gentium[54].

Si può quindi concordare con il Difernan[55] quando sostiene che anche in Soto, come già in Tommaso e Vitoria, seppur per diversi motivi, permane un'incertezza di fondo. Questa incertezza può forse ricondursi all'irrisolto contrasto fra una concezione del diritto naturale come istanza critica e la pretesa di dedurre, con la ragione, un sistema più o meno completo di norme fondate appunto sul diritto naturale. In realtà, se si riconosce che ogni precetto, per essere formulato, ha bisogno della mediazione della ragione, ne risulta che ogni norma, per la sua storica puntualizzazione, necessita della *naturalis ratiocinatio* e quindi, stando alla distinzione proposta da Soto, apparterrebbe allo *ius gentium* o allo *ius civile*[56].

> Per haec solvitur argumentum primum. Ius enin gentium sic non negatur quodam modo esse naturale, ut tamen censeatur ab illo differre propter illationem: tunc praesertim dum longius conclusio a principiis distat[57].

Anche per Soto (come per Vitoria) lo *ius gentium* rappresenta una nozione primordiale. Sviluppando l'analisi tomista, Soto suppone che gli uomini siano universalmente d'accordo su alcuni princìpi giuridici, quelli che detta loro la comune ragione che riflette sulla natura. Da questa elaborazione dell'intelligenza umana possono esser tratte regole esplicite e queste regole sono universali, perché sono imposte direttamente dalla ragione. Il diritto delle genti potrebbe risultare più fecondo per la prassi giuridica dello stesso diritto naturale[58].

[***Servitus naturalis* e *servitus legalis***] In simmetrico parallelismo con la distinzione tra *ius naturale* e *ius gentium*, Soto mantiene ferma la distinzione fra due forme di schiavitù: la *servitus naturalis* e la *servitus legalis*.

---

[54] D. de Soto, *De iustitia et iure*, l. I, q. 5, a. 4; f. 45a.

[55] B. Difernan, *El concepto de derecho y iusticia en los clásicos españoles del siglo XVI*, El Escorial, s. d. [1957], p. 174 ss.

[56] La presenza di un'incertezza di fondo, nel teologo di Segovia, è invece negata da F. Puy: »Creemos que todos están equivocados. En Soto, como en Santo Tomás, ni hay vacilación o contradición, ni hay una de las dos tesis netamente expuesta. Siguiendo un hábito escolástico [...] distinguen en su respuesta. En cuanto a su contenido, el derecho de gentes es derecho natural. En cuanto a su legislador, el derecho de gentes es derecho positivo«: *Estudio introductorio*, cit., p. LXXII.

[57] D. de Soto, *De iustitia et iure* L. I, q. 5, a. 4.

[58] Analogamente al Vitoria; cfr. M. Villey, *La formazione del pensiero giuridico moderno*, cit., pp. 311–312.

> Ubi notandum in primis quod servitus est duplex: alia naturalis, alia legalis, ut habetur I *Politicorum*. Naturalis est illa quae fundatur in excellentia rationis: praestantes enim ratione et prudentia naturaliter sunt domini, sicut robusti corpore a natura facti sunt ad serviendum, et ideo dicit Aristoteles quod alii sunt a natura domini, alii servi. Sed servitus legalis est, ut dicit illic Aristoteles, quando quis sui ipsius non est, sed quid est alterius. Est ergo differentia inter istas servitutes quod in prima dominus utitur servo non ad utilitatem ipsius domini, sed servi et propter bonum ipsius; et ita esset *in statu naturae integrae*, et talis debet esse dominatio regum et principum, scilicet propter bonum subditorum. Sed dominus legalis non utitur servo ad utilitatem servi, sed ipsius domini sicut pecude; et de ista quaerimus an sit iusta[59].

[Lo *status purae naturae*] La menzione dello *status naturae integrae* richiama alla mente un altro problema rilevante della Seconda Scolastica: quello degli *status*. La teologia medioevale, nella sua interpretazione della *historia salutis*, scandiva chiaramente tre *status*: lo *status naturae integrae*, proprio di Adamo ed Eva prima del peccato originale; lo *status naturae lapsae* proprio dell'uomo dopo il peccato originale; e lo *status gratiae*, dopo la redenzione attuata da Cristo. Una novità considerevole, sempre sotto il profilo culturale, era stata apportata su questo punto, nel Cinquecento, dal gesuita Luis de Molina[60]. Il Molina, noto teologo spagnolo, implicato in qualche modo nella controversia *de auxiliis*, nel suo *Concordia liberi arbitrii* (1588), quando affronta il problema degli *status* elabora uno schema non più ternario, ma quaternario. Infatti ai tre *status* tradizionali fa precedere un quarto, che chiama *status purae naturae*. Secondo Molina esso rappresenta una condizione puramente immaginaria, uno *status* ipotetico elaborato dalla filosofia che non è mai esistito, ma che

---

[59] D. DE SOTO, *Relección »De Dominio«*, n. 24, (ediz. J. BRUFAU PRATS, pp. 126–128; corsivo aggiunto).

[60] MB: Luis de Molina (Cuenca, 1535-Madrid, 1600) entrò nella Compagnia di Gesù, nel 1553, ad Alcalá. Compiuti i suoi studi, insegnò filosofia a Coimbra (1563–1567) e teologia ad Evora (1568–1583). Per poter curare la pubblicazione dei suoi corsi universitari, ritornò a Cuenca, sua città natale. Ma fondata (1600) una nuova cattedra di teologia morale a Madrid, vi fu chiamato dal visitatore della provincia di Toledo; subito dopo morì. Testi: *Los seis libros de la Justicia y del Derecho*, 4 voll., a cura di M. FRAGA IRIBARNE, Madrid, 1941–44; *Concordia liberi arbitrii cum gratiae donis*, a cura di J. RABENECK, Oniae-Matriti, 1953; *De Caritate. Comentario a la II-II, qq. 26–29. Edición del Ms. 1581 Coimbra, Biblioteca da Universidade*, a cura di C. MOORE, in »Archivo Teológico Granadino«, XXIX (1966), pp. 181–248; *De fide. Comentarios a la II-II, q. 1–16*, a cura di M. PADROS e C. MOORE, ivi, XXXIX (1976), pp. 207–259; XL (1977), pp. 101–235; XLI (1978), pp. 113–330; XLII (1979), pp. 61–196; XLIII (1980), pp. 191–308; *La teoría del justo precio*, a cura di F. GÓMEZ CAMACHO, Madrid, 1981; *De iustitia et iure*, 1614 [reprint Frankfurt, 1982]; *On Divine Foreknowledge (Part IV of the Concordia)*, a cura di A. J. FREDDOSO, Ithaca (NY), 1988; *Tratado sobre los préstamos y la usura*, a cura di F. GÓMEZ CAMACHO, Madrid, 1989; *Tratado sobre los cambios*, a cura di F. GÓMEZ CAMACHO, Madrid, 1991. Bio-bibliografie: J. RABENECK, *De vita et scriptis L. Molinae*, in »Archivum Historicum Societatis Jesu«, XIX (1950), pp. 74–145.

bisogna costruire concettualmente quale scenario a partire dal quale spiegare in concreto i tre *status* storici[61].

Lo *status purae naturae* è la condizione dell'uomo immaginato *»sine peccato et sine gratia et sine aliis donis supernaturalibus«*; è l'uomo filosoficamente inteso, sul quale verranno ritrasposti i dati scritturistici. Così trasponendosi il peccato originale si avrà lo *status naturae lapsae*, che differirà dal primo per il suo carattere punitivo ed afflittivo. È la differenza *»inter nudum et spoliatum«*, tra l'uomo nato senza vestiti e l'uomo spogliato dei suoi vestiti: situazione esteriormente identica, ma psicologicamente diversissima. Osserviamo comunque che l'espressione *status purae naturae* è alquanto stridente, perché *status* indica tendenzialmente una condizione concreta, che qui si vuole invece esplicitamente ipotetica, e quindi astratta[62]. Soto invece non ha ancora imboccato la strada dello *status naturae purae*. E si pone quindi prima il problema della legittimità (e possibile esistenza) della servitù (*non* della schiavitù) riferendosi allo *status naturae integrae*.

Ma anche la *servitus legalis* (in questo caso la schiavitù), codificata dallo *ius gentium*, pur non riguardando specificamente il caso degli *indios*, per Soto trova motivi di liceità:

> Nihilominus est quarta conclusio nostra: Servitus legalis est licita. Ubi notandum quod dupliciter potest contingere ista servitus sicut dupliciter potest transferri dominium rerum, scilicet per voluntatem domini et per legem. Uno modo: Si quis paupertate compulsus venderet se [...] Secundo modo introducta est servitus iure belli [...] Et quod utraque servitus sit licita, probatur: Nam licitum est servare vitam per talem captivitatem, scilicet tradendo libertatem, quia maior est vita quam libertas[63].

---

[61] L. de Molina, *Concordia*, q. 14, a. 13, d. 3: »Hunc statum nunquam homo habuit, neque unquam habebit: Philosophi tamen naturales in eo crediderunt hominem fuisse conditum« (ediz. J. Rabeneck, p. 19).

[62] H. de Lubac, *Agostinismo e teologia moderna*, cit., pp. 271–272, osserva: »L'espressione stessa: »stato di natura pura«, nel senso che doveva un giorno prevalere, sarebbe apparsa contraddittoria, perché una »natura pura« non poteva esser che una natura considerata secondo i suoi soli princìpi specifici, nella sua essenza, astrattamente; mentre uno »status« suppone una realizzazione, qualificata in qualche modo. Ma a partire dal sec. XVI, questa contraddizione non sarà più avvertita. Il significato preciso della parola »status« si attenuerà. Per un miscuglio dei due punti di vista, concreto e astratto, si aggiungerà questo »stato di natura pura« nelle antiche liste«.

[63] D. de Soto, *Relección »De Dominio«*, n. 25 (ediz. J. Brufau Prats, pp. 130–134).

V. La categoria della *lex naturalis*: Juan Ginés de Sepulveda

[I giuristi e i filosofi] Juan Ginés de Sepúlveda[64] introduce invece, rispetto a Soto, un altro genere di distinzione: quello tra la *servitus* quale intendono i giuristi e la *servitus* quale intendono i filosofi:

> Ego vero iureconsultos et serio agere et prudentissime praecipere dico, tamen servitutis appellatione res longe diversa a iure peritis, quam a philosophis declaratur. Illi enim adventitiam quamdam et ab hominum vi iureque gentium et interdum civili profectam conditionem, philosophi tarditatem insitam et mores inhumanos ac barbaros nomine servitutis appellant[65].

---

[64] MB: Juan Ginés de Sepúlveda (Pozoblanco [Cordova], 1490-ivi, 1573), storiografo spagnolo, dopo avere studiato a Bologna ed aver vissuto a Roma e a Napoli, ebbe la carica di storiografo da Carlo V, per cui scrisse *De rebus gestis Caroli V*, e successivamente *De rebus gestis Philippi II*. Compì inoltre varie traduzioni, fra cui quella della *Politica* di Aristotele. Testi: *Tratados políticos*, Madrid, 1951; *Apología*, Madrid, 1975; *Democrates alter, seu de justis belli causis apud Indios*, a cura di A. Losada, Madrid, 1984²; *História del Nuevo Mundo*, Madrid, 1987; *Democrate secondo, ovvero sulle giuste cause di guerra. Democrates secundus sive de iustis belli causis*, Testo latino e traduzione italiana a cura di D. Taranto, Macerata, 2009. Bio-bibliografie: A. Losada, *J. Ginés de Sepúlveda a través de su Epistolario y nuevos documentos*, Madrid, 1951; voce *Sepúlveda J. Ginés*, in *Enciclopedia Motta*, Milano, 1961², VII, 617; J. Luque, *¿Cláusulas rítmicas en la prosa de J. Ginés de Sepúlveda?*, in »Habis«, XIV (1983), pp. 85–105; Aa.Vv., *Humanismo latino y descubrimiento*, a cura di J. Gil e J. M. Maestre, Sevilla, 1992; Aa.Vv., *Actas de Congreso internacional sobre el V. Centenario del nacimiento del Dr. Juan Ginés de Sepúlveda celebrado en Pozoblanco, del 13 al 16 de febrero de 1991*, a cura di A. Losada, Córdoba, 1993; F. Castilla Urbano, *La antigüedad romana y el Nuevo Mundo en la obra de J. Ginés de Sepúlveda*, in *Espacio geográfico/Espacio imaginario. El descubrimiento del Nuevo Mundo en las culturas italiana y española*, a cura di M. de las N. Muñiz Muñiz, Cáceres, 1993, pp. 121–131; A. Coroleu, *Estudios sobre J. Ginés de Sepúlveda: sus traducciones latinas de Aristóteles*, Diss. Barcelona, 1993; L. Rivero García, *El Latín del »De Orbe Novo« de J. Ginés de Sepúlveda*, Sevilla, 1993; Id., *Rasgos no clásicos en la sintaxis del »De Orbe Novo« de J. Ginés de Sepúlveda*, in »Rinascimento«, XXXIV (1994); Id., *Notas al latín del »De Orbe Novo« de J. Ginés de Sepúlveda*, in »Humanistica Lovaniensia«, XLIII (1994), pp. 220–230; J. J. Valverde Abríl, *El latín del »Gonsalus seu de appetenda gloria dialogus« de J. Ginés de Sepúlveda*, in »Florentia Iliberritana«, VIII (1997), pp. 421–469; Id., *Formas y contenidos clásicos para un autor renacentista: El »Gonsalus seu de appetenda gloria dialogus« de J. Ginés de Sepúlveda*, ivi, IX (1998), pp. 407–421; J. J. Sánchez Gázquez, *Las ediciones de la »Pro Alberto Pio, principe Carpensi, Antapologia in Erasmum Roterodamum« de J. Ginés de Sepúlveda: fijación y casuística*, in »Excerpta Philologica«, VII–VIII (1997–98), pp. 289–296; F. Castilla Urbano, *Ginés de Sepúlveda (1490–1573)*, Madrid, 2000.

[65] J. Ginés de Sepúlveda, *Democrate secondo*, I, 5, 2 (ediz. D. Taranto, pp. 30–32). MBB: Sul pensiero giuridico di Sepúlveda, v.: T. Andrés Marcos, *Los imperialismos de J. Ginés de Sepúlveda en su »Democrates Alter«*, Madrid, 1947; A. Losada, *The Controversy between Sepúlveda and Las Casas in the Junta of Valladolid*, in *Bartolomé de Las Casas in the History. Towards an Understanding of the Man and his Work*, a cura di J. Friede e B. Keen, DeKalb (IL), 1971,

Se la condizione di barbarie – osserva Domenico Taranto[66] – sembrava postulare la schiavitù, connettendo, nella filosofia aristotelica, l'immagine della privazione della ragione alla necessità del suo dominio, in quella di Sepúlveda detta postulazione viene rafforzata dalla connessione tra *servitus* e peccato. I peccati degli *indios* non erano legati solamente al fatto di essere *infideles*, ma a un *quid* più radicato e profondo, alla loro sistematica violazione della *lex naturalis*. Se in Grecia la dominazione sembrava richiesta dalla *ratio* naturale, una ulteriore giustificazione della servitù sembrava scaturire dal campo della fede. Era la fede che, segnalando quanto l'idolatria dispiacesse al Dio della tradizione ebraico-cristiana, sembrava richiedere l'intervento repressivo-correttivo dei titolari della vera religione. Quello che giustificava la conquista e la coazione riguardo agli infedeli era allora, in primo luogo, mettere termine alle offese arrecate a Dio dagli *indios* con la loro idolatria, in secondo luogo

---

pp. 279–306; H. MÉCHOULAN, *L'antihumanisme de J. Ginés de Sepúlveda. Etude critique du »Democrates Primus«*, Paris, 1974; L. HANKE, *All Mankind is One. A Study of the Disputation between Bartolomé de Las Casas and J. Ginés de Sepúlveda in 1550 on the Intellectual and Religious Capacity of the American Indians*, DeKalb (IL), 1974; J. A. FERNÁNDEZ SANTA MARÍA, *J. Ginés de Sepúlveda on the Nature of the American Indians*, in »The Americas«, XXXI (1975), pp. 434–451; A. TRUYOL Y SERRA, *La polémique entre Las Casas et Sepúlveda sur la conquête du Nouveau Monde par les Espagnols. A la recherche d'un bilan*, in *Théorie et pratique politiques à la Renaissance*. XVIIe Colloque International de Tours, Paris, 1977, pp. 49–60; P. POLLINI, *Bartolomé de Las Casas e J. Ginés Sepúlveda di fronte alla questione della libertà degli Indios*, in »Rivista di Filosofia Neo-Scolastica«, LXXIV (1982), pp. 343–354; V. ABRIL-CASTELLÓ, *La bipolarización Sepúlveda-Las Casas y sus consecuencias: la revolución de la Duodécima Réplica*, in *La Ética en la conquista de América*, a cura di D. RAMOS *et alii*, Madrid, 1984; H. PIETSCHMANN, *Aristotelischer Humanismus und Inhumanität? Sepúlveda und die amerikanischen Ureinwohner*, in *Humanismus und Neue Welt*, a cura di W. REINHARD, Weinheim, 1987, pp. 143–166; J. A. FERNÁNDEZ SANTA MARÍA, *El Estado, la Guerra y la Paz. El pensamiento político español en el Renacimiento 1516–1559*, Madrid, 1985; R. ANDREOTTI, *La teoria del »bellum iustum« in J. Ginés de Sepúlveda, antagonista de Las Casas*, in *I diritti dell'uomo e la pace nel pensiero di F. de Vitoria e B. de Las Casas*. Atti del Congresso Internazionale tenuto nella Pontificia Università San Tommaso (*Angelicum*), (Roma, 4–6 marzo 1985), Milano, 1988, pp. 173–179; M. BEUCHOT, *La conquista según Ginés de Sepúlveda, Motolinía y Las Casas*, in »Revista de la Universidad de Guadalajara«, 1992, pp. 36–40; F. CASTILLA URBANO, *J. Ginés de Sepúlveda: en torno a una idea de civilización*, in »Revista de Indias«, LII (1992), pp. 329–348; ID., *El mito republicano en España y América en tiempos de Carlos V*, in *El precio de la »invención« de América*, a cura di R. MATE e F. NIEWÖHNER, Barcelona, 1992, pp. 141–177; E. ANDÙJÁR, *Bartolomé de Las Casas and J. Ginés de Sepúlveda: Moral Theology versus Political Philosophy*, in *Hispanic Philosophy in the Age of Discovery*, a cura di K. WHITE, Washington (DC), 1997, pp. 69–87; R. ALVIRA-A. CRUZ, *The Controversy between Las Casas and Sepúlveda at Valladolid*, ivi, pp. 88–110; J. J. SÁNCHEZ GÁZQUEZ, *El »De fato« y la »Antropologia« de J. Ginés de Sepúlveda: una clave de interpretación del siglo XVI*, in »Wolfenbütteler Renaissance Mitteilungen«, XXIII (1999), pp. 1–13.

66 D. TARANTO, *Juan Ginés de Sepúlveda e le »ragioni« della conquista*, Introduzione al *Democrate secondo*, cit., p. XLII–XLIII.

un esercizio riparatorio rispetto a quelle offese, ottenuto attraverso il castigo. Se gli *indios* si fossero limitati a non avere la fede nel vero Dio, questo loro permanere nello *status naturae lapsae*, riconducibile ad un ritardato annuncio del Vangelo, li avrebbe scusati nella loro ignoranza, in quanto, almeno per i secoli precedenti, invincibile. La mancata predicazione del Vangelo non poteva certo essere ascritta a colpa degli abitanti delle Americhe e su questa base l'unica ad essere legittimata sarebbe stata la semplice predicazione.

[Legge naturale e legge eterna] Per Sepúlveda, di conseguenza, gli *indios* non erano né completamente innocenti (e bisognosi solo di ascoltare la predicazione del Vangelo), né apostati di una verità che di fatto non avevano né conosciuto né consapevolmente rifiutato; tuttavia dovevano essere costretti, ma non per la fede che non avevano, bensì più semplicemente per il rispetto dovuto alla *lex naturalis*. La natura, infatti, si traduce nella legge e se questa sembra poter essere conosciuta ed obbedita, come un celebre passo di S. Paolo pare autorizzi a supporre[67], anche da parte di chi non l'ha ancora espressamente ricevuta, in quanto inscritta nel cuore di ogni uomo, la costante sottrazione degli *indios* ai dettami della legge naturale può venire interpretata come una colpa e dunque essere punita. Da questo consegue che se la fede non può essere frutto della coercizione, quest'ultima può però essere impiegata per impedire quelle azioni turpi che offendono insieme Dio e la natura. Se c'è un punto sul quale Sepúlveda ha sempre insistito nel corso della sua vita, questo è rappresentato dalla connessione tra ordine, legge naturale e legge eterna[68].

> Legem naturalem philosophi eam esse definiunt: »Quae ubique habet eandem vim, non quia sic placuit«; aut secus, theologi aliis verbis, sed eodem pertinentibus in hunc modum: »Lex naturalis est participatio legis aeternae in creatura rationis compote«. Porro lex aeterna, ut definit Augustinus, est voluntas Dei, »quae ordinem naturalem conservari iubet, perturbari vetat«. Huius autem legis aeternae particeps est homo per rectam rationem et pronitatem ad officium et virtutem. Nam licet homo per appetitum sit pronus ad malum, tamen per rationem ad bonum est proclivis[69].

[Il sistema di S. Tommaso] Sepúlveda menziona qui S. Agostino. Ma è il sistema tomista delle leggi (*lex aeterna*, *lex naturalis*, *lex divina* e *lex humana*) quello imperante di riferimento nella Seconda Scolastica. La legge umana

---

[67] *Rm* 2, 14–15; su cui v. G. Fassò, *Sant'Agostino e il giusnaturalismo cristiano* (1964), ora in *Scritti di filosofia del diritto*, a cura di E. Pattaro *et alii*, Milano, 1982, vol. II, pp. 749–759 (e rifuso in *La legge della ragione*, Bologna, 1964, cap. I).

[68] Cfr. D. Taranto, *Juan Ginés de Sepúlveda e le »ragioni« della conquista*, Introduzione al *Democrate secondo*, cit., pp. XLIII–XLIV.

[69] J. Ginés de Sepúlveda, *Democrate secondo*, I, 3, 1 (ediz. D. Taranto, p. 18).

rinviava essenzialmente, nella concezione di Tommaso, come a suo punto di riferimento, alla legge naturale; cioè la legge umana non era comprensibile nel suo valore, se non si rifaceva alla legge naturale. Ma qual è la legge naturale? Quali sono i suoi contenuti? Qui si apre un grave problema, nel quale sta forse il germe dei motivi di differenza fra un S. Tommaso e un Sepúlveda. La legge naturale – diceva l'Aquinate – è rappresentata da quei princìpi che si trovano insiti nella natura dell'uomo, e per conoscere la legge naturale l'uomo dispone del suo principale strumento conoscitivo, la ragione. Ma la ragione dell'uomo si articola in due grandi categorie: la *ratio speculativa* e la *ratio practica*. La ragione può o avere un atteggiamento eminentemente speculativo, di pura conoscenza, oppure può essere usata dall'uomo come guida del proprio comportamento[70]. Secondo il *Doctor Angelicus*, il modo di procedere della ragione, tanto speculativa quanto pratica, è parallelo: la *ratio speculativa* (e ne abbiamo l'esempio migliore nella matematica) ha alcuni princìpi fondamentali, autoevidenti, dai quali discende, costruendo, attraverso una serie di dimostrazioni, l'intero sistema. Lo stesso modo di procedere, secondo Tommaso, è della *ratio practica*. La ragione pratica intuisce la verità di alcuni princìpi fondamentali, e da questi deduce, con rigore più o meno grande, i precetti dell'agire morale, cioè i dettami della *lex naturalis*.

---

70 MBB: Sul pensiero giuridico di S. Tommaso, v.: F. Olgiati, *Il concetto di giuridicità e S. Tommaso d'Aquino*, Milano, 1944; E. Di Carlo, *La filosofia giuridica e politica di S. Tommaso d'Aquino*, Palermo, 1945; G. Graneris, *Contributi tomistici alla filosofia del diritto*, Torino, 1949; S. Cotta, *Il concetto di legge nella »Summa theologiae« di S. Tommaso d'Aquino*, Torino, 1955; A. Valsecchi, *La »legge nuova« del cristiano secondo S. Tommaso d'Aquino*, Varese, 1963; D. Mongillo, *L'elemento primario della »lex naturalis« in San Tommaso*, nel vol. coll., *La legge naturale. Storicizzazione delle istanze della legge naturale*, Bologna, 1970; R. M. Pizzorni, *Il contenuto del diritto naturale secondo san Tommaso d'Aquino*, nel vol. coll., *San Tommaso e la filosofia del diritto oggi*, Roma, 1975; R. Bagnulo, *Il concetto di diritto naturale in San Tommaso d'Aquino*, Milano, 1983; G. Abbà, *»Lex et virtus«. Studi sull'evoluzione della dottrina morale di san Tommaso d'Aquino*, Roma, 1983; J. A. Weisheipl, *Tommaso d'Aquino. Vita, pensiero, opere*, trad. it., Milano, 1987; A. Vendemiati, *La legge naturale nella »Summa Theologiae« di San Tommaso d'Aquino*, Roma, 1995; J. M. Finnis, *Legge naturale e diritti naturali*, trad. it., Torino, 1996; J.-P. Torrell, *Tommaso d'Aquino maestro spirituale*, trad. it., Roma, 1998; F. Di Blasi, *Dio e legge naturale. Una rilettura di Tommaso d'Aquino*, Pisa, 1999; R. M. Pizzorni, *Diritto naturale e diritto positivo in S. Tommaso d'Aquino*, Bologna, 1999; O. De Bertolis, *Il diritto in San Tommaso d'Aquino. Un'indagine filosofica*, Torino, 2000; G. Chalmeta, *La giustizia politica in Tommaso d'Aquino. Un'interpretazione del bene comune politico*, Roma, 2000; R. M. Pizzorni, *Diritto, Morale, Religione. Il fondamento etico-religioso del diritto secondo san Tommaso d'Aquino*, Città del Vaticano, 2001; J. Miethke, *Ai confini del potere. Il dibattito sulla »potestas« papale da Tommaso d'Aquino a Guglielmo d'Ockham*, trad. it., Padova, 2005; O. De Bertolis, *Origine ed esercizio della potestà ecclesiastica di governo in San Tommaso*, Roma, 2005; Aa.Vv., *Riscoprire le radici e i valori comuni della civiltà occidentale: il concetto di legge in Tommaso d'Aquino*, a cura di F. Di Blasi, Soveria Mannelli (Cz), 2007; M. Mangini-F. Viola, *Diritto naturale e liberalismo. Dialogo o conflitto?*, Torino, 2009.

Per Tommaso c'è un unico fondamentale principio autoevidente, a cui è sospeso tutto il mondo della morale e del diritto: il bene deve essere fatto, ed il male deve essere evitato (*»bonum faciendum, malum vitandum«*). Questo è un principio di cui l'uomo intuisce la bontà, ma non è dimostrato sillogisticamente. Da questo principio *»bonum faciendum, malum vitandum«* si possono ricavare altri princìpi più concreti (ad esempio: il rispetto della vita altrui, il rispetto della proprietà altrui, l'obbligo di dire la verità). E discendendo ancora, si possono deduttivamente ricavare altri precetti che sono sempre più determinati e circoscritti.

Ma la legge naturale, come ricorda lo stesso Sepúlveda, è una *partecipazione* della legge eterna: quindi è inserita in una cornice più ampia e misteriosa, perché la legge eterna, nella sua totalità, è conosciuta solo da Dio e dai Beati. La legge naturale è quella parte della legge eterna che l'uomo può conoscere attraverso la propria ragione. La legge naturale allora è un qualcosa che veramente può essere precisato in modo simile alla matematica, cioè con una *ratio practica* che agisce come la *ratio speculativa*? Si è rilevato che proprio perché la legge naturale è *parte* di un tutto sconosciuto, non si potrà mai dire che l'uomo ha una conoscenza esaustiva della legge naturale, proprio perché, mancando i termini di confronto tra parte e tutto, mancano i presupposti essenziali di una conoscenza esaustiva. La legge naturale, in quanto parte di una legge che nella sua totalità è misteriosa, è rivelatrice di una verità che da un lato esiste, ma che dall'altro l'uomo non può mai pretendere di conoscere totalmente; e quindi in questo senso è possibile un'interpretazione di Tommaso coerente con la posizione critica agostiniana[71]. Ma non sembra essere questa la lettura che Sepúlveda ne dà.

[Sepúlveda: il diritto naturale della forza] Per Sepúlveda (che riprende Aristotele), in forza della legge naturale, i migliori devono comandare. E i migliori finiscono qui per essere i più forti, in definitiva gli Spagnoli.

> Quae imperia, cum sint diversa, tamen cum recta ratione constant, omnia nituntur iure naturae, vario quidem, sed profecto, ut docent viri sapientes, ab uno principio a instituto naturali, ut perfecta imperfectis, fortia debilibus, virtute praestantia dissimilibus imperent ac dominentur. Quod est usque adeo naturale, ut in cunctis rebus, quae ex pluribus sive continuis sive divisis consistant, alterum, quod potius scilicet est, tenere imperium, alterum subiectum esse videamus, ut philosophi declarant [...] Tum eodem modo in ipsa anima partem rationis compotem praeesse atque imperio fungi civili tamen, illam alteram rationis expertem subesse imperio et obtemperare, et cuncta id facere decreto illo ac lege Dei et naturae, ut perfectiora et potiora imperium teneant in dissimilia et imparia[72].

---

[71] Cfr. il mio *Compendio di storia della filosofia del diritto*, Padova, 2009, pp. 89–99.

[72] J. Ginés de Sepúlveda, *Democrate secondo*, I, 5, 2–3 (ediz. D. Taranto, p. 33).

C'è dunque anche dietro il pensiero di Sepúlveda un diritto naturale che regge gli ordinamenti positivi, ma è il diritto naturale della forza: questo autentica le variazioni della storia, e fa diventare validi i sistemi di norme sanzionatorie che la forza escogita. Questo diritto si sistema e si organizza nelle norme che dispongono le sanzioni, nei sistemi di norme mediante le quali l'adempirsi della volontà della forza è assicurato stabilmente nei dettagli dell'azione singola e in tutte le situazioni del concreto. Una volta posto il diritto come forza, è evidente che non c'è più luogo a »natura« del diritto, a »natura« della persona; non c'è più luogo ad un limite interno che nasca nel diritto dalla sua stessa natura o struttura. Non c'è che un principio giuridico fondamentale, il principio del diritto come forza. Tutto quello che le forza impone è diritto[73].

[In conclusione: gli omuncoli] Ed ecco la terribile conseguenza. Gli *indios* sono solo omuncoli, persone di razza inferiore:

> Confer nunc cum horum virorum prudentia, ingenio, magnitudine animi, temperantia, humanitate et religione homunculos illos, in quibus vix reperias humanitatis vestigia, qui non modo nullam habent doctrinam, sed ne litteris quidem utuntur aut noverunt, nulla retinent rerum gestarum monumenta, praeter tenuem quandam et oscura nonnullarum rerum memoriam, picturis quibusdam consignatam, nullas leges scriptas, sed instituta quaedam et mores barbaros[74].

VI. La categoria della *iurisdictio*: Bartolomé de Las Casas

[Le prime quattro ragioni a difesa] Contro una siffatta concezione, si leva decisa la difesa di Bartolomé de Las Casas[75]. Anzitutto nell'*Apologia* gli obiettivi generali sono definiti chiaramente sin dall'inizio dell'opera:

---

[73] Cfr. per analoga critica a posizioni formalistiche novecentesche, G. Capograssi, *Impressioni su Kelsen tradotto* (1952), ora in *Opere*, Milano, 1959, vol. V, pp. 331–332.

[74] J. Ginés de Sepúlveda, *Democrate secondo*, I, 10, 1 (ediz. D. Taranto, p. 54).

[75] MB: Bartolomé de Las Casas (Siviglia, 1474-Madrid, 1566), missionario spagnolo domenicano, soprannominato l'*Apostolo delle Indie*, già laureato in Giurisprudenza, fu indotto a prendere gli ordini sacri da una predica di un altro domenicano, A. de Montesinos, e cominciò l'evangelizzazione degli Indios, che difese strenuamente, meritandosi grande affetto e venerazione. Lottò per l'abolizione dell'*encomienda*, che permetteva lo sfruttamento degli Indios, per cui si vide scatenare contro una guerra aperta da parte dei governatori e funzionari locali. Ottenne l'intervento diretto della corte spagnola, fu nominato *Protector general de todos los Indios*, ma in pratica poté concludere ben poco. Testi: *L'anticolonialisme européen de Las Casas à Karl Marx*, a cura di M. Merle, Paris, 1969; *De regia protestate (o derecho de autodeterminación)*, a cura di L. Pereña *et alii*, Madrid, 1984; *Obras completas*, Madrid, 1988–1990; *Brevissima*

Quattro sono le questioni che, per portare a termine pienamente il mio proposito, devono essere qui trattate. In primo luogo, confuterò l'opinione di Sepúlveda che pretende giustificare la guerra contro gli *indios* perché essi sono

---

relación de la destrucción de Africa, preludio de la destrucción de Indias. Primera defensa de los Guanchos y Negros contra su esclavización, a cura di I. Pérez Fernández, Salamanca, 1989; *De l'unique manière d'évangeliser le monde entier*, a cura di M. Mahn-Lot, Paris, 1990; *Brevissima relazione della distruzione delle Indie*, a cura di C. Acutis, Milano, 1991; *I trattatisti spagnoli del diritto delle genti: B. de Las Casas, Francisco Suárez, Juan Roa Davila, Juan Luis Vives*, a cura di R. Campa, Viterbo, 1992; *Brevissima relazione della distruzione dell'Africa. Preludio alla distruzione delle Indie. Prima difesa degli aborigini delle Canarie e dei neri contro la loro riduzione in schiavitù*, a cura di I. Pérez Fernández, Bologna, 1993; *La destruiction des Indes (1552)*, a cura di A. Milhou e J. P. Duviols, Paris, 1995; *Sozialethische und staatrechtliche Schriften*, a cura di M. Lauble, Paderborn, 1996. Bio-bibliografie: L. Hanke, *B. de Las Casas: Bookman, Scholar and Propagandist*, Philadelphia, 1952; L. Hanke-M. Giménez-Fernández, *B. de Las Casas. Bibliografía crítica y cuerpo de materiales*, Santiago de Chile, 1954; voce *Las Casas Fra B. de*, in *Enciclopedia Motta*, Milano, 1959², V, 47–48; M. Giménez Fernández, *B. de Las Casas*, Sevilla, 1960; R. Menéndez Pidal, *El padre de Las Casas. Su doble personalidad*, Madrid, 1963; A. Losada, *Fray B. de Las Casas a la luz de la moderna crítica histórica*, Madrid, 1970; Aa.Vv., *B. de Las Casas in the History. Toward an understanding of the Man and his Work*, a cura di J. Friede e B. Keen, Chicago (MA), 1971; T. Urdánoz, *Las Casas y Francisco de Vitoria*, in »Revista de Estudios Políticos«, nn. 195–196, 1974, pp. 115–191; W. Henkel, *Die Las Casas-Forschung 1966–1976*, in »Neue Zeitschrift Missionswisseschaft«, XXXIII (1977), pp. 81–98; I. Pérez Fernández, *Dos Apologías de Las Casas contra Sepúlveda: La »Apología en romance« y la »Apología en Latin« (Nuevas precisiones bibliográficas en torno a la famosa controversia)*, in »Studium«, XVII (1977), pp. 137–160; A. Fabié, *Vida y escritos de fray B. de Las Casas*, Madrid, 1979; R. Schneider, *B. de Las Casas frente a Carlos V*, Madrid, 1979; I. Pérez Fernández, *Indice de los escritos de Fray B. de Las Casas*, in »Communio«, XII (1979), pp. 393–421; Ph. I. André-Vincent, *B. de las Casas, prophète du Nouveau Monde*, Paris, 1980; I. Pérez Fernández, *Inventario documentado de los escritos de Fray B. de Las Casas*, Bayamon, 1981; V. Abril Castelló, *B. de Las Casas y la segunda generación de la escuela de Salamanca (Documentos inéditos para una revisión del legado filosófico-jurídico Lascasiano)*, in »Revista de Filosofía«, VI (1983), pp. 5–19; A. Hernández Ruigómez-C. de Heredia Gonzáles, *Materiales para una bibliografía sobre Fray B. de Las Casas*, in *En el quinto centenario de B. de Las Casas*, Madrid, 1986; F. D'Elia, *Studi Lascasiani dell'ultimo ventennio: bibliografia essenziale ragionata*, in *I diritti dell'uomo e la pace nel pensiero di F. de Vitoria e B. de Las Casas.* Atti del Congresso Internazionale tenuto nella Pontificia Università San Tommaso (*Angelicum*), (Roma, 4–6 marzo 1985), Milano, 1988, pp. 309–321; I. Pérez Fernández, *Fray Toribio Motolinia, O. F. M., frente a Fray B. de Las Casas, O. P.*, Salamanca, 1989; G. Gutiérrez, *Gott oder das Gold. Der befreiende Weg des B. de Las Casas*, Freiburg, 1990; T. Eggensperger-U. Engel, *B. de Las Casas: Dominikaner, Bischof, Verteidiger der Indios*, Mainz, 1991; M. Mahn-Lot, *Las Casas défenseur des Indiens, non un précurseur du siècle des lumières*, in »Le Supplément. Revue d'Ethique et Théologie Morale«, 1991, pp. 171–184; G. Gutiérrez, *Dieu ou l'or des Indes occidentales. Las Casas et la conscience chrétienne, 1492–1992*, a cura di L. e M. Lesay, Paris, 1992; C. Bagnati, *L'evangelizzazione del Nuovo Mondo. Due studi su Pedro de Cordoba e B. de Las Casas*, in »Asprenas«, XXXIX (1992), pp. 101–106; A. Osuna Fernández-Largo, *B. de Las Casas en el V centenario. Revisión de su figura y de su doctrina moral*, in »La Ciencia Tomista«, CXIX (1992), pp. 459–498; M. Beuchot, *B. de Las Casas*, Madrid, 1995; Id., *La vida y la obra*

barbari, rudi, indocili e privi di organizzazione politica (*politiae expertes*). In secondo luogo, dimostrerò che Sepúlveda, con sicurissima perdita della sua anima, si sbaglia ad insegnare che la guerra contro gli *indios* sia giusta per punire i loro crimini contro la legge di natura, soprattutto l'idolatria e i sacrifici umani. In terzo luogo, impugnerò il terzo argomento nel quale Sepúlveda insegna che si può muovere incondizionatamente guerra a quei popoli per liberare degli innocenti. In quarto luogo, mostrerò quanto sia aliena alla dottrina evangelica e alla pietà cristiana la sua quarta proposizione, con la quale insegna che la guerra contro gli *indios* è giusta perché dilata le frontiere della religione cristiana e apre la via ai messaggeri e ai predicatori del Vangelo[76]

Successivamente, verso la fine della sua vita, Las Casas combatterà la sua ultima grande battaglia contro le pretese dei *conquistadores* di ottenere dalla Corona la perpetuità dell'*encomienda*. Il *De regia potestate* si distingue, all'interno della produzione lascasiana, per una inconsueta sobrietà e rigore di esposizione che l'avvicina, nello stile e nell'organizzazione degli argomenti, alle *relectiones* dei teologi salmaticensi[77].

[La *iurisdictio*] Il punto di partenza dell'intera argomentazione in generale, e il ricorso alla *iurisdictio* in particolare, era ripreso dalla dottrina giuridica medioevale, secondo la quale tutte le cose e le persone erano originariamente libere in virtù della natura razionale dell'uomo che lo rendeva un essere intrinsecamente libero[78]. Con l'obliterazione in Occidente della compilazione

---

de B. de las Casas como paradigma de historiador que reconoce la identidad latinoamericana en el indígena, in *Historia y hermenéutica*, a cura di R. Martínez Lacy, México, 1997, pp. 43–57; N. Capdevila, *Las Casas. Une politique de l'humanité. L'homme et l'empire de la foi*, Paris, 1998.

[76] B. de las Casas, *Apologia*, II, 10 (ediz. a cura di A. Losada, in *Obras completas*, vol. IX, Madrid, 1988, p. 72; trad. it. di G. Tosi, *La teoria della schiavitù naturale nel dibattito sul Nuovo Mondo*, cit., pp. 166–167).

[77] Il *De regia potestate* sarà pubblicato per la prima volta, postumo, a Francoforte nel 1571.

[78] MBB: Sulla concezione antropologica di Las Casas, v.: A. Losada, *The Controversy between Sepúlveda and Las Casas in the Junta of Valladolid*, in *Bartolomé de Las Casas in the History. Towards an understanding of the Man and his Work*, a cura di J. Friede e B. Keen, Chicago (MA), 1971, pp. 279–306; L. Hanke, *All Mankind is One. A Study of the Disputation between B. de Las Casas and Juan Ginés de Sepúlveda in 1550 on the Religious and Intellectual Capacity of the American Indians*, DeKalb (IL), 1974; Ph. I. André-Vincent, *L'intuition fondamentale de Las Casas et la doctrine de Saint Thomas*, in »Nouvelle Revue Théologique«, XCVI (1974), pp. 944–952; B. Reich, *Las Casas und die Kircheväter*, in »Jahrbuch für Geschichte von Staat, Wirtschaft und Gesellschaft Latinamerikas«, XVII (1980), pp. 1–47; Id., *Las Casas und das Altes Testament*, ivi, XVIII (1981), pp. 1–30; J. A. Barreda, *Ideología y pastoral misionera en B. de Las Casas, O. P.*, Madrid, 1981; L. Galmes Mas, *Aportación de B. de Las Casas a la metodología de la teología de la liberación*, in *El método en Teología.* Actas del I Simposio de Teología Histórica (29–31 mayo 1980), Valencia, 1981, pp. 251–260; M. Beuchot, *La actualidad de la antropología filosófica de Fray B. de las Casas*, in »Cuadernos de Realidades Sociales«,

giustinianea, il termine *iurisdictio* era scivolato nell'ombra[79]; ma la riscoperta del *corpus* giustinianeo aveva fornito ad una società in piena trasformazione e venata da profonde inquietudini, e ad un nuovo ceto in ascesa, quello dei giuristi laici, le chiavi per l'elaborazione di un universo mentale completamente nuovo: la nascita della giurisprudenza come sapere autonomo[80].

XXVII–XXVIII (1986), pp. 255–265; I. Pérez Fernández, *La doctrina de Santo Tomàs en la mente y en la acción del Padre Las Casas*, in »Studium«, XXVII (1987), pp. 269–295; R. Surgranyes de Franch, *Raimond Lulle et B. de Las Casas, prophètes de la dignité humaine*, in *De dignitate hominis. Mélanges offerts à Carlos-Josaphat Pinto de Oliveira à l'occasion de son 65e anniversaire*, a cura di A. Holderegger *et alii*, Freiburg [Schweiz], 1987, pp. 173–184; F. Cantù, *La dialectique de Las Casas et l'histoire*, in »Le Supplément. Revue d'Ethique et Théologie Morale«, 1987, pp. 5–26; A. Acevedo, *B. de Las Casas y las ideas pedagógicas en la evangelización de América*, in »Análisis«, XXV (1988), pp. 279–285; J. A. Barreda, *Primera anunciación y bautismo en la obra de B. de Las Casas*, in »La Ciencia Tomista«, CXVI (1989), pp. 291–316; M. Beuchot, *Argumentación, retórica y conversión en B. de las Casas*, in »Cuadernos para la Historia de la Evangelización en América Latina«, IV (1989), pp. 123–128; H. Goldstein, *B. de Las Casas oder: Die Theologie der Befreiung wurde schon im 16. Jahrhundert geboren*, in »Theologie der Gegenwart«, XXXIV (1991), pp. 197–210; M. Beuchot, *B. de las Casas y las formas lógicas de la argumentación (su polémica con Sepúlveda en el resumen de Domingo de Soto)*, in *Exilios filosóficos de España*, Actas del VII Seminario de Historia de la Filosofía Española e Iberoamericana, a cura di A. Heredia, Salamanca, 1992, pp. 421–427; Id., *Humanismo y concepción del hombre en B. de las Casas*, in *Memorias de la Academia Mexicana de la Historia*, XXXV (1992), pp. 33–41; Ch. G. Gray, *La ideología medieval de Las Casas*, in »Patristica et Mediaevalia«, XIV (1993), pp. 3–20; M. Beuchot, *La dignidad de los vencidos en B. de las Casas*, in »Saber Novohispano«, I (1994), pp. 151–157.

79 N. Hilling, *Die Bedeutung der »iurisdictio voluntaria« und »involuntaria« im römischen Recht und im kanonischen Recht des Mittelalters und der Neuzeit*, in »Archiv für katholisches Kirchenrecht«, CV (1925), p. 452. *Iurisdictio*, deriva da *ius dicere*, o dire il diritto, il che rinvia di primo acchito all'ambito propriamente giudiziario. Ma nel diritto intermedio il termine designa anche il potere del principe. Dando una rapida scorsa ad alcuni dei più solidi manuali di storia del diritto per vedere come i maggiori Maestri traducono o comunque spiegano il delicato termine *iurisdictio* si può osservare che in molti casi si sceglie di indicarne il senso e poi lo si lascia in latino, proprio per la difficoltà di individuare un sinonimo italiano. Ad es. E. Cortese, *Il diritto nella storia medievale*, II: *Il basso Medioevo*, Roma, 1995, p. 443, citando in nota gli studi di P. Costa, *Iurisdictio. Semantica del potere politico nella pubblicistica medievale (1100–1433)*, Milano, 1969, e di D. Quaglioni, *Politica e diritto nel Trecento italiano*, Firenze, 1983, scrive, parlando di Bartolo: »il dato di fondo del pensiero bartoliano è che la tirannide altro non sia se non una deformazione della *iurisdictio*, intesa, questa, nel senso medievale di pubblico potere autonomo«. E P. Grossi, *L'ordine giuridico medievale*, Bari-Roma, 1995, che intitola un paragrafo a »il potere politico come *iurisdictio*« (p. 130 ss.) dichiara esplicitamente di non poter tradurre il termine, spiegando che »*iurisdictio* è [...] anche [...] il potere di colui – persona fisica o giuridica – che ha una posizione di autonomia rispetto agli altri investiti e di superiorità rispetto ai sudditi [...] è una sintesi di poteri ecc.«. Anche noi preferiamo seguire qui l'indicazione del Maestro fiorentino.

80 Cfr. H. J. Berman, *Diritto e rivoluzione, I: Le origini della tradizione giuridica occidentale*, trad. it., Bologna, 1998.

In un primo contesto, Irnerio, caposcuola dei Glossatori, aveva definito il termine così: »*Iurisdictio est potestas cum necessitate iuris s. reddendi equitatisque statuende*«[81]; mentre per il principe dei Commentatori, Bartolo da Sassoferrato, »*iurisdictio est potestas de iure publico introducta cum necessitate iuris dicendi et aequitatis [...] statuendae*«[82]. Tutte queste definizioni gravitavano intorno ad un referente, la *potestas*. Questo procedimento si inseriva nel contesto *iudicare-iudicari*, il dire »con necessità« il diritto per pubblico incarico. *Iurisdictio* era dunque un rapporto di potere, ed in particolare un rapporto tra disuguali, come risultava evidente dalla formula di S. Tommaso:

> Cum per iurisdictionem aliquid constituatur in gradu superioritatis respectu eius in quem habet iurisdictionem, quia est iudex eius, ideo nullus habet in seipsum vel superiorem vel aequalem iurisdictionem[83].

Questo rapporto si specificava poi ulteriormente, in un testo di Egidio Romano[84], come dominio: chi giudica domina. Il contenuto di potere implicito nel giudicare veniva così posto in luce, senza rinunziare all'idea per la quale la giurisdizione è giudizio.

In un secondo contesto, l'ambito della *iurisdictio* si specificava invece come gravitante intorno ad *imperium*. Così recitava un'altra glossa di Irnerio: »*imperium: sine quo nulla esset iurisdictio*«[85]. *Iurisdictio* non indicava più solamente un rapporto disuguale tra due soggetti, ma, associata alla *coërcitio*, individuava non più la totalità del rapporto, ma una sua dimensione ben precisa, »quella a cui la disuguaglianza della relazione può permettere di esercitare la coercizione«[86]. Il collegamento con *imperium* precisava ed arricchiva il termine *iurisdictio*, completandolo con l'aspetto sanzionatorio e coercitivo del potere, mentre, al tempo stesso, *iurisdictio* passava a significare una relazione a contenuto fisso di potere giusdicente, e non più a contenuto variabile, come in origine. In tal senso il termine veniva impiegato da Guglielmo d'Ockham:

---

[81] Irnerio, *Ad Digestum Vetus, De iurisdictione*, ad rubr. (ediz. a cura di E. Besta, *L'opera di Irnerio. Contributo alla storia del diritto italiano*, II: *Glosse inedite d'Irnerio al Digestum Vetus*, Torino, 1896, p. 20).

[82] Bartolo da Sassoferrato, *In primam Digesti Veteris partem*, Venetiis, 1585, *ad l. Ius dicentis, ff. De iurisdictione*.

[83] Tommaso d'Aquino, *IV Sententiarum*, d. 18, q. 2, a. 3; sul tema v. O. De Bertolis, *Origine ed esercizio della potestà ecclesiastica di governo in San Tommaso*, Roma, 2005, pp. 82–90.

[84] Egidio Romano, *De ecclesiastica potestate*, I, c. 2: »Ille omnia iudicabit, idest omnibus dominabitur et non poterit a nemine iudicari, idest nullus poterit sibi dominari« (ediz. a cura di R. Scholz, *Aegidius Romanus. De ecclesiatica potestate*, Leipzig, 1961², p. 8).

[85] Irnerio, *glo. Imperium ad l. Quocumque, ff. De officio eius cui mandata* (ediz. E. Besta, *L'opera di Irnerio*, II, p. 19).

[86] P. Costa, *Iurisdictio*, cit., p. 112; a questa pregevole opera sono attinte le diverse citazioni degli Autori medioevali.

> De iurisdictione autem temporali, si accipiatur generalissime [...] pro omni potestate regendi et coërcendi alios tamquam subiectos videtur dicendum, quod aliqua introducta est ex iure divino et naturali et aliqua ex iure humano[87].

Al contempo la relazione di potere, con Bartolo, veniva ad afferire più nitidamente al potere politico, secondo quanto abbiamo già visto:

> iurisdictio est potestas de iure publico introducta cum necessitate iuris dicendi et equitatis, *tamquam a persona publica*, statuendae[88].

Se *iudicare* non era dunque equivalente al moderno giudicare, ma nei diversi contesti equivaleva a »processo di potere«, allora *iudicare* finiva per significare anche *legem condere*, poiché del processo di potere la norma costituiva un momento basilare. Anche se non si trattava di una norma creata, ma piuttosto recepita, un riflesso dell'ordine naturale nello specchio della *iurisdictio* legata al potere pubblico[89].

Questo grande tema viene ripreso e sviluppato da Las Casas con riferimento al potere dell'Imperatore e del re. Egli nega che appartenga alla *potestas* regale il *dominium*, cioè la proprietà sulle cose e sulle persone dei sudditi; all'Imperatore e al re compete solo la *iurisdictio*, che è una realtà ben diversa dal *dominium*:

> Ex quibus colligitur secundum doctores quod nec reges nec imperator fundant intentionem suam super rebus singulorum hominum, et possessionibus ipsarum rerum, seu provinciarum, seu terrarum sitis in eis, nec super utili, nec super directo dominio. Unde illarum possessores non possunt dici respectu illarum vassalli regum vel dominorum, sed tantum subsunt, vel dicuntur subditi vel subiecti dominis vel regibus locorum, quantum ad iurisdictionem[90].

L'intendimento sotteso era quello di vanificare le pretese dei *conquistadores* e in particolare degli *encomenderos*, sulle persone e sulle proprietà degli *indios* e allo stesso tempo di garantire la suprema autorità dell'Imperatore come difensore e protettore degli *indios*, in quanto liberi sudditi della Corona. La posizione di Las Casas verso i teologi curiali del Medioevo, e in particolare verso Enrico da Susa (l'Ostiense), è duplice: da una parte egli concorda nell'affermare che l'Imperatore *»est dominus orbis et rex in suo regno«*, accettando

---

[87] Guglielmo d'Ockham, *Breviloquium de principatu tyrannico*, l. III, c.11 (ediz. a cura di R. Scholz, *Wilhelm von Ockham als politischer Denker und sein Breviloquium de principatu tyrannico*, Stuttgart, 1952², p. 131; trad. it. *Breve discorso sul governo tirannico*, a cura di A. Salerno, Milano, 2000, p. 143).

[88] V. *supra*, nota 82 (corsivo aggiunto).

[89] Ho seguito la ricostruzione di P. Costa, *Iurisdictio*, cit., pp. 95–184, e di O. De Bertolis, *Giustizia e giurisdizione nel mondo giuridico medievale* (2008), ora in *La moneta del diritto*, Milano, 2012, pp. 134–140.

[90] B. de las Casas, *De regia potestate*, I, II, 1 (ediz. L. Pereña, p. 23).

quindi (a differenza del Vitoria) la dottrina del potere universale dell'Imperatore e del Papa su tutto il mondo; dall'altra però se ne distingue, perché interpreta la *potestas universalis* non come *dominium*, ma come *iurisdictio* e concepisce l'Imperatore come un potere supremo a difesa e protezione del mondo e della Chiesa[91].

In questo v'è una certa vicinanza col pensiero di Bartolo da Sassoferrato, la cui concezione dell'Imperatore riproduce quella di Accursio:

> Ego dico quod Imperator est dominus totius mundi vere. Nec obstat quod alii sunt domini particulariter, quia mundus est universitas quaedam; unde potest quis habere dictam universitatem, licet singulae res non sint suae[92].

Se si tiene conto che »*dominium aequiparatur iurisdictioni*«, il pensiero bartoliano dispiegava la sua coerenza nel connettere il processo di potere (»*iurisdictio*«) al dominio del »*mundus*« (che è »*universitas quaedam*«), sottolineando così la universalità del processo del potere verticale valido[93].

---

[91] B. de las Casas, *De regia potestate*, I, IV, 1 (ediz. L. Pereña, p. 30). Cfr. G. Tosi, *La teoria della schiavitù naturale nel dibattito sul Nuovo Mondo,* cit., pp. 195–196.

[92] Bartolo da Sassoferrato, *In primam Digesti Veteris partem*, Venetiis, 1585, *ad l. Post actiones, v. Per hanc autem, ff. De rei vindicatione.*

[93] Cfr. P. Costa, *Iurisdictio*, cit., p. 197. MBB: Sul pensiero giuridico di Las Casas, v.: M. Bataillon, *Las Casas face à la pensée d'Aristote sur l'esclave*, in *Platon et Aristote à la Renaissance.* XVIe Colloque International de Tours, Paris, 1976; R. Queraltó, *Fundamentación filosófica del derecho de libertad religiosa en el pensamiento de B. de Las Casas*, in »Ibero-Amerikanisches Archiv«, III (1977), pp. 177–192; A. Truyol y Serra, *La polémique entre Las Casas et Sepùlveda sur la conquête du Nouveau Monde par les Espagnols. A la recherche d'un bilan*, in *Théorie et pratique politiques à la Renaissance.* XVIIe Colloque International de Tours, Paris, 1977, pp. 49–60; L. Galmes Mas, *B. de Las Casas. Defensor de los derechos humanos*, Madrid, 1982; M. Mahn-Lot, *B. de Las Casas et le droit des Indiens*, Paris, 1982; P. Pollini, *B. de Las Casas e Juan Ginés Sepúlveda di fronte alla questione della libertà degli Indios*, in »Rivista di Filosofia Neo-Scolastica«, LXXIV (1982), pp. 343–354; R. Hernández, *F. de Vitoria y B. de Las Casas, primeros teorizantes de los derechos humanos*, in »Archivo Dominicano«, IV (1983), pp. 199–266; Id., *Las Casas en contra la guerra*, in »La Ciencia Tomista«, CXI (1984), pp. 279–305; M. Mahn-Lot, *B. de Las Casas e i diritti degli indiani*, Milano, 1985; A. Lobato, *Dignidad del hombre y derechos humanos en Fray B. de Las Casas y en la doctrina actual de la Iglesia*, in »Communio«, XVIII (1985), pp. 59–81; Aa.Vv., *Las Casas et Vitoria: le droit des gens dans l'âge moderne.* Colloque de l'Institut Catholique de Paris, Paris, 1987; E. Hoornaert, *Las Casas entre o direito corporativo e o direito internacional*, in »Revista Eclesiastica Brasileira«, XLIX (1989), pp. 899–912; M. Beuchot, *La aplicación del derecho natural a los indios, según B. de las Casas*, in *Evangelio y teología en América (siglo XVI),* X Simposio Internacional de Teología, a cura di J. I. Saranyana *et alii*, Pamplona, 1990, vol. II, pp. 1111–1119; Id., *La defensa del indígena por B. de las Casas en su Historia de las Indias*, in *Memorias de la Academia Mexicana de la Historia*, XXXIV (1991), pp. 83–93; Id., *B. de las Casas: la filosofía al servicio de la defensa de los derechos humanos de los indios*, in »Cuadernos Venezolanos de Filosofía«, V–VI (1991), pp. 73–79; Id., *Los fundamentos de los derechos humanos en B. de las Casas*, Barcelona-Bogotá, 1994; Id., *B. de las Casas, el humanismo indígena y los derechos humanos*, in »Anuario Mexicano

Nulla subiectio, nulla servitus, nullum onus unquam impositum fuit, nisi populus qui subiturus illa onera erat, impositioni eiusmodi voluntarie consentiret. Immo a principio idem populus ea constituit cum ipso principe, probatur. Ab initio omnis res, omnis populus fuit liber; si contra populi vel privati dominii alicuius rei voluntatem imponerentur, forent absque dubio violenta, et sic prohiberetur populus uti sua libertate, quae de iure naturali competebat[94].

[La sovranità] L'origine del potere regale viene identificata chiaramente nel consenso popolare. Possiamo osservare come Las Casas usi il tempo all'indicativo passato, come se facesse riferimento ad un fatto effettivamente realizzatosi nel tempo storico: la sua ricostruzione infatti è modellata sulla storia di Roma così come viene tracciata nel *Digesto*, ma è, allo stesso tempo, una »storia ideale«, coerente con i princìpi anteriormente esposti della libertà naturale di tutti gli uomini e del potere meramente giurisdizionale dei prìncipi. Il principe non ha il potere di imporre oneri al popolo senza il suo consenso, perché il suo potere trae origine direttamente dal popolo[95]:

---

de Historia del Derecho«, VI (1994), pp. 37–48; Id., *Derechos naturales y derechos humanos en B. de las Casas y la Escuela de Salamanca*, in *Democracía y derechos humanos*, a cura di A. Villegas *et alii*, México, 1994, pp. 85–99; Id., *B. de las Casas y la esclavitud de los indios*, in *Mundo Hispano – Nuevo Mundo. Visión filosófica.* Actas del VIII Seminario de historia de la filosofía española e iberoamericana, a cura di A. Heredia Soriano, Salamanca, 1995, pp. 69–76; Id., *El fundamento de los derechos humanos en B. de las Casas*, in »Revista Portuguesa de Filosofía«, LII (1996), pp. 87–95; Id., *B. de las Casas, el humanismo indígena y los derechos humanos*, in *Derechos humanos, filosofía y naturaleza*, a cura di A. Vargas Valencia, México, 2000, pp. 21–35.

[94] B. de las Casas, *De regia potestate*, I, IV, 1 (ediz. L. Pereña, p. 33).

[95] Cfr. G. Tosi, *La teoria della schiavitù naturale nel dibattito sul Nuovo Mondo*, cit., pp. 197–198. MBB: Sul pensiero politico di Las Casas, v.: R. Queraltó, *El pensamiento filosófico-político de B. de Las Casas*, Sevilla, 1966; A. Moser, *Las Casas und die Französische Revolution von 1789*, in »Jahrbuch für Geschichte von Staat, Wirtschaft und Gesellschaft Latinamerikas«, VII (1970), pp. 225–239; M. Bataillon, *Las Casas et la défense des Indiens*, Paris, 1971; M. M. Martínez, *Las Casas, Vitoria y la bula Sublimis Deus*, in *Estudios sobre F. B. de Las Casas*, Sevilla, 1974; E. Ruiz Maldonado, *Tomás de Aquino, B. de Las Casas y la controversia de Indias*, in »Studium«, XIV (1974), pp. 519–542; J. Merino, *Fundamentos de la teoría política del P. Las Casas*, in »La Ciencia Tomista«, CII (1975), pp. 279–323; M. Bataillon, *Estudios sobre B. de Las Casas*, Barcelona, 1976; R. J. Queraltó Morenó, *El pensamiento filosófico-político de B. de Las Casas*, Sevilla, 1976; Aa.Vv., *Las Casas et la politique des droits de l'homme*, Aix-en-Provence, 1976; A. Saint-Lu, *Fondements et implications de l'indigénisme militant de B. de Las Casa*, in »Jahrbuch für Geschichte von Staat, Wirtschaft und Gesellschaft Latinamerikas«, XIV (1977), pp. 47–56; Aa.Vv., *Autour de Las Casas.* Actes du Colloque du Ve centenaire, 1484–1984, Paris, 1987; E. González Fernández, *Filosofía política de la corona española en Indias. Estudio según la legislación y el pensamiento de Las Casas, Vitoria y Marias.*, Diss. Pont. Univ. S. Tommaso (Angelicum), Romae, 1992; M. Beuchot, *B. de las Casas y la cuestión de los africanos*, in »Logos«, LX (1992), pp. 39–44; Id., *B. de las Casas ante el descubrimiento de América: su defensa de la libertad de expresión del pensamiento*, in *En torno al Nuevo Mundo*, a

> Unde imperium immediate processit a populo, et populus fuit causa effectiva regum seu principum, aut quorumcumque magistratuum, si iustum habuerunt, ingressum. Ergo si populus fuit causa effectiva seu efficiens, et finalis regum et principum, ut a populo per liberam electionem originem duxerunt, non potuerunt imponere populo a principio nisi tributa et servitia quae ipsi populo grata essent, et quorum impositioni libenter populus consensisset[96].

E ancora:

> Antequam fuissent reges et magistratus, omnia bona praedicta totius communitatis erant, et ad ipsam iure naturae pertinebant. Populus prior fuit natura et tempore ipsis regibus. Sed populus tenebatur exhibere de publico aliqua ex quibus rex sustentari possit. Ergo populus praedicta iura regalia fecit vel decrevit[97].

L'Imperatore veniva collocato all'apice del processo verticale del potere, condizione concreta di validità, ma il contenuto della sua situazione di potere non era stato toccato. L'imperiale *»dominium mundi«* era già stato al centro nell'XI secolo di una polemica che aveva interessato la *Scuola di Bologna* alle sue origini. Vi comparivano tanto il significato razionalemente enunciabile quanto la connotazione emotiva di esso. Il primo era il rovescio positivo delle definizioni negative della sovranità proprie dei contesti in vigore: l'Imperatore era sovrano non solo perché *non* era validamente dominato da altri, ma anche perché dominava (validamente) tutto il mondo. Qui però si innestava un altro aspetto: il senso dell'unità del mondo. Il processo di potere di cui l'Imperatore era sovrano non era un processo di potere qualsiasi, ma aveva, come zona di accadimento, il mondo intero. Possiamo dire che l'Impero romano era »sacro« soprattutto in queste manifestazioni, e lo era non retoricamente, ma per intima partecipazione: l'Impero era coinvolto in un movimento di sacralizzazione. Le istanze universalistiche attenevano, anch'esse, alla sfera della legittimità. Ora però ne vediamo un riflesso nella rappresentazione del processo di potere: questo, per essere valido, è universale; e viceversa, proprio perché è valido è universale[98].

---

cura di M. de la Garza, México, 1992, pp. 93–104; Id., *La conquista según Ginés de Sepúlveda, Motolinía y Las Casas*, in »Revista de la Universidad de Guadalajara«, 1992, pp. 36–40; G. Gutiérrez, *Alla ricerca dei poveri di Gesù Cristo. Il pensiero di B. de Las Casas*, Brescia, 1995; Aa.Vv., *L'universalità dei diritti umani e il pensiero cristiano del '500*, Torino, 1995; M. Beuchot, *B. de las Casas y la liberación del indio por la defensa de los derechos humanos*, in *Saber Novohispano*, III, a cura di M. I. Terán Elizondo, Zacatecas-Zamora, 1999, pp. 9–17; M. Delgado, *Die Zustimmung des Volkes in der politischen Theorie von Francisco de Vitoria, B. de Las Casas und Francisco Suárez*, nel vol. coll. *Die Ordnung der Praxis. Neue Studien zur spanischen Spätscholastik*, a cura di F. Grunert e K. Seelmann, Tübingen, 2001, pp. 157–183.

[96] B. de las Casas, *De regia potestate*, I, IV, 3 (ediz. L. Pereña, p. 34).

[97] B. de las Casas, *De regia potestate*, I, IV, 3 (ediz. L. Pereña, p. 35).

[98] Cfr. P. Costa, *Iurisdictio*, cit., pp. 194–195.

[Conclusione] In conclusione, le concezioni di Vitoria e di Soto, di Sepúlveda e di Las Casas, nonostante alcune affinità di temi, di linguaggio e di concetti sono diverse non solo tra loro, ma anche da quelle della *Scuola del diritto naturale moderno* perché rimangono all'interno delle categorie dell'aristotelismo politico interpretato alla luce dell'universalismo cristiano. L'aristotelismo forniva ancora le *categorie politiche* fondamentali, mentre le dottrine dei Commentatori conferivano le *categorie giuridiche*, garantendo il fondamento e l'efficacia legale[99].

---

[99] Cfr. G. Tosi, *La teoria della schiavitù naturale nel dibattito sul Nuovo Mondo,* cit., pp. 204–205.

Vanda Fiorillo

»NON CANIS, SED HOMO«: MENSCHENWÜRDE UND EHRE IN DER NATURRECHTSLEHRE SAMUEL PUFENDORFS

I. Die Menschenwürde als moralische Grundlage der ›socialitas‹

Die starke begriffliche Prägnanz, welche im Mittelalter das Nachdenken über die Würde des Menschen als ebenbildliches Geschöpf Gottes kennzeichnet, schwächt sich allmählich im Laufe der Neuzeit ab. Seit dem Humanismus, der die theologische Gottesebenbildlichkeitslehre säkularisierend umdeutet[1], wird sich der Mensch »als Zweite[r] Gott oder als Mikrokosmos« verstanden.[2] Auf diese Weise wird er bei der mühevollen Suche nach neuen Identitätskriterien Mittelpunkt seiner selbst, gerade weil solche Kriterien sich auf die ihm eigene freie und vernünftige Natur gründen und deswegen schließlich als auf-sich-selbst-bezogen erweisen.

Mit der fortschreitenden Verdrängung Gottes als Identitätsbezug des menschlichen Geschöpfes wird der Begriff der Menschenwürde nicht mehr so sehr aufgrund des Verhältnisses zwischen Schöpfer und Mensch gebildet, sondern vorwiegend in Bezug auf die zentrale Stellung des letzteren innerhalb der kausal bestimmten Natur. Anders gesagt, wird bei der Definition der Würde des Menschen seine Beziehung zu den niedrigeren Lebewesen vorrangig; kurz: das Verhältnis Menschheit-Tierheit.

Ein solches Verhältnis liegt auch jenen Erläuterungen der Menschenwürde zugrunde, welche Samuel Pufendorf mit einer auf der Topik beruhenden Methode an mehreren Stellen seiner naturrechtlichen Werke entwickelt.

Unter diesen Voraussetzungen setzt sich die vorliegende Arbeit zum Ziel, den Begriff der *Menschenwürde*, so wie er in Pufendorfs Moralphilosophie

---

1 Den gleichen Interpretationsansatz verfolgt Kondylis, P.: Art. Würde. In: Brunner, O., Conze, W., Koselleck, R. (Hg.): *Geschichtliche Grundbegriffe. Historisches Lexikon zur politisch-sozialen Sprache in Deutschland*, Stuttgart 1992, Bd. 7, S. 658f. Dieser Autor weist darauf hin, daß »die humanistische Position [...] sich [...] nicht als offene bzw. bewußte Polemik gegen die theologische [artikuliert], sondern eher als Uminterpretation der letzteren« (ebd.).

2 Vgl. ebd., S. 659.

behandelt wird, zu beleuchten. Denn dieser Autor kann als der erste[3], wenn nicht sogar der einzige unter den Naturrechtstheoretikern angesehen werden, bei welchem die Menschenwürde »in ihrer Verbindung mit einer Vernunftanthropologie«, eine »konstitutive Funktion«[4], wenngleich keinen regelrechten systematischen Wert erhält.

In diesem Beitrag wird dann Pufendorfs Kategorie der *dignitas individui* auch in ihrem Verhältnis und in ihren Unterschieden zu dem mit ihr eng verbundenen Begriff der *Ehre* untersucht.

Von diesen beiden Begriffen bezieht besonders jener der Würde unmittelbar die Definition der *menschlichen Natur* mit ein, welche Naturrechtler wie Pufendorf jeweils erstellen und ihrem theoretischen Aufbau der Rechtsgebilde und des Staates zugrundelegen.

Denn bei diesem Denker bildet die Menschenwürde, neben dem *amor sui*[5] oder Selbsterhaltungstrieb, eine der beiden Grundlagen[6] der *socialitas*, als höchster Grundsatz seines Naturrechts.[7]

Um zu einer solchen »doppelten Begründung«[8] seines fundamentalen Naturgesetzes zu gelangen, geht Pufendorf nämlich von einer anthropologischen Analyse aus, bei welcher der Mensch einerseits über eine mangelhafte und daher nicht selbstgenügsame Natur verfügt (*imbecillitas, naturalis indigentia*)[9], jedoch andererseits – da mit Vernunft und freiem Willen versehen – über eine

---

[3] Sehr bekannt ist die These von Hans Welzel, nach welcher die Menschenwürde bei Pufendorf »zum ersten Male [...] an zentraler Stelle des naturrechtlichen Begründungszusammenhanges« erschienen wäre: Welzel, H.: *Die Naturrechtslehre Samuel Pufendorfs. Ein Beitrag zur Ideengeschichte des 17. und 18. Jahrhunderts*, Berlin 1958, S. 47.

[4] Vgl. Kondylis, P.: Art. Würde, a. a. O. In: Brunner, O., Conze, W., Koselleck, R. (Hg.): *Geschichtliche Grundbegriffe*, a. a. O., S. 663.

[5] Zum *amor sui* vgl. Pufendorf, S.: *De Jure Naturae et Gentium*, libri octo, Lausannae & Genevae 1744, liber II, caput III, par. XV, S. 202f.: »Scilicet manifesto adparet, hominem esse animal sui conservandi studiosissimum, per se egenum, sine sui similium auxilio servari ineptum, ad mutua commoda promovenda maxime idoneum, idem tamen saepe malitiosum, petulans, & facile irritabile, ac ad noxam inferendam promtum, ac validum«.

[6] Eine ähnliche Deutung geben auch Gehrmann, S.: *Naturrecht und Staat bei Hobbes, Cumberland und Pufendorf*, Inaugural-Dissertation, Köln 1970, S. 42f. und Rinkens, H.: *Die Ehe und die Auffassung von der Natur des Menschen im Naturrecht bei Hugo Grotius (1583–1648), Samuel Pufendorf (1632–1694) und Christian Thomasius (1655–1728)*, Inaugural-Dissertation, Frankfurt/Main 1971, S. 145ff.

[7] Zu Pufendorfs *socialitas* siehe *De Jure Naturae*, a. a. O., liber II, caput III, par. XV, S. 203: »Eiusmodi animali, ut salvum sit, bonisque fruatur, quae in ipsius conditionem heic cadunt, necessarium est, ut sit sociabile, id est, ut coniungi cum sui similibus velit, & adversus illos ita se gerat, ut ne isti ansam accipiant eum laedendi, sed potius rationem habeant eiusdem commoda servandi, aut promovendi«.

[8] Vgl. Rinkens, H.: *Die Ehe und die Auffassung von der Natur des Menschen*, a. a. O., S. 145.

[9] Zur *imbecillitas* des Pufendorfschen Menschen vgl. *De Jure Naturae*, a. a. O., liber II, caput III, par. XIV, S. 201f.

dispositio zum sittlichen Handeln, das heißt über die gewollte Bereitschaft, sich durch die gegenseitige Pflicht für moralisch gebunden zu halten, dem anderen gegenüber Achtung vor dessen Menschsein zu erweisen, wenn nicht sogar Wohlwollen, friedvolle Haltung und Barmherzigkeit.[10]

Damit zeigt sich die Menschenwürde bei Pufendorf als jene *moralische* Grundlage der Geselligkeit, welche die Angriffslust mildert, die dem *amor sui*, als in diesem Falle *triebhafter* Grundlage seines ersten Naturgesetzes innewohnt. Aufgrund ihrer moralischen Natur verursacht die Würde des Menschen somit eine deutliche »Wandlung des Sozialbegriffs von einer ursprünglich egoistischen zu einer nunmehr rein altruistischen Bedeutung«.[11]

Unter diesen Vorbedingungen zieht Pufendorf – um die oben erwähnten Seiten der menschlichen Natur und folglich den Begriff der Würde zu erläutern – einen ständigen Vergleich zwischen Mensch und Tier, der auf einer aufmerksamen Beobachtung ihres Verhaltens beruht.

Dennoch ist bei diesem Vergleich die menschliche Natur – auf die Pufendorf sich bezieht, indem er sie zum Gegenstand seines Naturrechts macht – jene des durch die Erbsünde verdorbenen Menschen, welcher gleich dem Tiere *(adeo prout est animal)* vor bösen Leidenschaften strotze.[12] Diesem Naturrechtler gemäß kann nämlich das *lumen rationis*, als Erkenntnisquelle des *jus naturae*, die Natur des Menschen, wie sie vor dem Sündenfall war, nicht kennen, und es wäre deshalb unsinnig, dieses Recht »ex natura hominis integra« ableiten zu wollen.[13]

Unter dieser Voraussetzung ist die heftigste unter den vielen Leidenschaften, welche – die verdorbene Natur des Pufendorfschen Menschen charakterisierend – ihn mit dem Tier vereinen, sicherlich der Selbsterhaltungstrieb: »id igitur primo homo habet commune cum omnibus animantibus, queis sensus sui inest, ut seipsum quam maxime amet, seipsum studeat omnibus modis conservare, quae bona sibi videntur nitatur adquirere, mala repellere«.[14]

---

[10] Vgl. ebd., liber II, caput III, par. XV, S. 203: »Sed per socialitatem innuimus eiusmodi *dispositionem* hominis erga quemvis hominem, per quam ipsi benevolentia, pace & caritate, mutuaque adeo obligatione coniunctus intelligitur« [Hervorhebung durch die Verfasserin].

[11] Gehrmann, S.: *Naturrecht und Staat bei Hobbes, Cumberland und Pufendorf*, a. a. O., S. 43.

[12] Vgl. Pufendorf, S.: *De Officio hominis et civis, secundum legem naturalem*, libri duo, cum adnotationibus Everardi Otti, Trajecti ad Rhenum 1711, Praefatio, par. X [nichtpaginiert]: »Unde & illud patet, necessarium esse, *ut in disciplina Juris Naturalis homo nunc consideretur, prout ipsius natura est corrupta, adeoque prout est animal, multis pravis cupidinibus scatens*«.

[13] Vgl. ebd., Praefatio, par. XI [nichtpaginiert]: »Et consequenter cum Jus Naturale ad ea non abeat, quo ratio pertingere nequit, incongruum foret, idem ex natura hominis integra velle deducere«.

[14] *De Jure Naturae*, a. a. O., liber II, caput III, par. XIV, S. 200. Bezüglich dieser Stelle aus Pufendorfs *De Jure* hat Thomas Behme zu Recht bemerkt, daß »die Verbindung, die dort zwischen Selbstliebe und Selbstwahrnehmung (›sensus sui‹) hergestellt wird, [...] starke Ähnlichkeiten

Zur Befriedigung dieses Triebes erweist sich der Mensch jedoch – wegen seiner natürlichen Hinfälligkeit und Ungeschicklichkeit – als weniger fähig gegenüber dem Tier, weil er nicht in der Lage ist, ohne die Hilfe seiner Mitmenschen für seine Selbsterhaltung zu sorgen. Eine solche Hilfe, auf die der Mensch angewiesen ist, besteht vornehmlich in den Künsten und den technischen Fertigkeiten, welche die Mitmenschen imstande sind, der Allgemeinheit zur Verfügung zu stellen.[15] Im Grunde »[kann sich] ein Mängelwesen wie der Mensch [...] nur mit Hilfe seiner Artgenossen menschenwürdig behaupten«.[16]

Trotzdem ist es nach Pufendorf schon allein aus der vergleichenden Untersuchung der Triebstruktur von Mensch und Tier möglich, die menschliche Überlegenheit abzulesen. Während nämlich das Tier lediglich vom Streben angetrieben wird, die Grundbedürfnisse nach Hunger, Durst und zeitweise nach Zeugung zu befriedigen, ist die menschliche Begierde weder in der Zeit noch in der Vielfalt ihrer Äußerungen begrenzt.[17] Der Tierwelt unbekannt, aber bei der Menschheit verbreitet ist das Verlangen nach Luxus, Ehrgeiz, Neid, Nacheifern und auch noch nach vielen anderen Leidenschaften.[18] Ohne dabei zu bedenken, daß beispielsweise der menschliche Magen nicht nur gesättigt, sondern auch angeregt sein will.[19]

In diesem Zusammenhang ist es vor allem die Einförmigkeit bei der Triebstruktur der Tierarten[20], welche – verglichen mit der großen »diversitas, & varietas«[21] menschlicher Leidenschaften – die Individualität und Einzigartigkeit des Menschen gegenüber sämtlichen anderen Lebewesen und infolgedessen seine Würde hervortreten läßt. Denn »ista ingeniorum & inclinationum

---

mit der stoischen Lehre von der Oikeiosis [...] und ihrer Entstehung aus der sinnlichen Selbstwahrnehmung (Synaisthesis) auf[weist]«: Behme, T.: *Samuel von Pufendorf: Naturrecht und Staat*, Göttingen 1995, S. 39, Anm. 1.

[15] Vgl. *De Officio*, a. a. O., liber I, caput III, par. III, S. 76f.: »Ast in eo prae brutis homo deteriore jam conditione videtur, quod vix ullum aliud animal tanta a nativitate *Imbecillitas* prosequatur; sic ut miraculi sit instar futurum, si quis ad maturam aetatem pervenerit, nisi aliorum hominum auxilium accedat«.

[16] Röd, W.: *Geometrischer Geist und Naturrecht. Methodengeschichtliche Untersuchungen zur Staatsphilosophie im 17. und 18. Jahrhundert*, München 1970, S. 90.

[17] Vgl. *De Jure Naturae*, a. a. O., liber II, caput I, par. VI, S. 146.

[18] Vgl. ebd.

[19] Vgl. ebd.: »Ast hominis venter non satiari duntaxat, sed & titillari vult«.

[20] Pufendorf gemäß bewirkt die Gleichartigkeit der tierischen Instinkte, daß »unum si quis norit, omnia norit«: ebd., liber II, caput I, par. VII, S. 147.

[21] Vgl. ebd.: »Accedit, quod in homine longe maior sit ingenii diversitas, & varietas, quam in ullo genere brutorum«.

varietas alia ratione in insigne decus[22] & emolumentum generi umano cedit«.[23]

Was dem Menschen allerdings eigentümlich ist und was dessen Überlegenheit über die anderen Lebewesen bestätigt, ist seine *dispositio* zur sittlichen Gebundenheit, das heißt sein moralisches Bereitsein, Pflichten zu erfüllen.

Eine solche *dispositio* ist nicht als eine natürliche Neigung des Menschen, im Sinne einer *proclivitas*[24] aufzufassen, sondern als »der Ausdruck [seines] sittlich-rechtlichen Wollens«; das heißt als seine »bewußte Bereitschaft«, jene wechselseitige Verpflichtung einzugehen, die sich in Wohltätigkeit, friedlichen Taten und Barmherzigkeit dem Nächsten gegenüber äußert.[25]

Genauer gesagt ist diese sittliche Haltung des Pufendorfschen Menschen ihrerseits auf die Vernunft und den freien Willen gegründet, mit welchen er ausgestattet ist.[26]

Denn groß ist der Unterschied zwischen den tierischen und den menschlichen Akten, weil erstere aus einer bloßen natürlichen Anlage hervorgehen, während die Akte der Menschen »ex obligatione« entspringen, das heißt aus einem sittlichen Band, von dem die Tiere keinerlei Kenntnis (*sensum*) besitzen.[27]

Denn der Mensch ist – im Unterschied zum nur triebgeleiteten und daher würde- und ehrlosem Tiere[28] – zunächst mit einem *singulare mentis lumen* versehen, das heißt mit der freien Fähigkeit der Vernunft, das Gute vom Bösen

---

[22] Die enge theoretische Verbindung zwischen dem Wort *dignitas* und den Termini *decor* und *decus* wird u. a. durch eines der Etyma des ersten Wortes (das der *dignitas*) nachgewiesen, wie uns der *Thesaurus Linguae Latinae* bestätigt. Darin liest man, daß der Terminus *dignitas* »*abit etiam in sensum decoris, ornamenti*«: *Thesaurus Linguae Latinae*: Art. dignitas, -atis, Lipsiae 1909–1934, volumen V, pars prior (I, 3), Sp. 1137.

[23] *De Jure Naturae*, a. a. O., liber II, caput I, par. VII, S. 148.

[24] So deutet die *dispositio* bei Pufendorf hingegen Horst Rabe In: *Naturrecht und Kirche bei Samuel von Pufendorf. Eine Untersuchung der naturrechtlichen Einflüsse auf den Kirchenbegriff Pufendorfs als Studie zur Entstehung des modernen Denkens*, Schriften zur Kirchen- und Rechtsgeschichte, hg. von E. Fabian, Heft 5, Tübingen 1958, S. 23 f.

[25] Vgl. Rinkens, H.: *Die Ehe und die Auffassung von der Natur des Menschen*, a. a. O., S. 147 f.

[26] Die Willensfreiheit als Grundlage von Pufendorfs Menschenwürde betonen Becchi, P.: *Da Pufendorf a Hegel. Introduzione alla storia moderna della filosofia del diritto*, Rom 2007, S. 25 f. und Cattaneo, M.A.: *Persona e Stato di diritto*, Turin 1994, S. 41 ff., welcher die Auffassung vertritt, daß »letztendlich die der Natur des Menschen innewohnende Würde für Pufendorf von der Freiheit seines Willens abhängt« (ebd., S. 43).

[27] Vgl. *De Jure Naturae*, a. a. O., liber II, caput III, par. II, S. 176: »magnum inter [actus hominum atque brutorum] est discrimen, quod ex simplici naturae inclinatione apud bruta iidem proveniant, quos homo velut ex obligatione exercet, cuius sensum ista non habent«.

[28] Mit Bezug auf die Tiere stellt Pufendorf nämlich fest: »Quin & nulla inter ipsa existimatio, nullus honos, nullum imperium, nulla praerogativa, nisi quam sola virium eminentia tribuit«: ebd., liber II, caput I, par. IV, S. 143.

zu unterscheiden, die Gegenstände unter gegenseitigem Vergleich genauer zu begreifen, das Unbekannte aus dem Bekannten zu folgern und schließlich über die Übereinstimmung zwischen den Gegenständen untereinander zu urteilen.[29]

Ferner wird der Mensch von Gott mit einer *flexilis voluntas* ausgestattet[30], durch die er unter einer Vielfalt von unterschiedlichen Gegenständen und Möglichkeiten frei auswählen kann. Auf diese Weise übernimmt er die Verantwortung für die Wirkungen seiner eigenen Handlungen, zu deren moralischem Urheber er wird.[31]

Unter diesen Voraussetzungen unterscheidet Pufendorf zwischen der Freiheit des Menschen, welcher ohne Gesetz nicht leben und handeln kann[32], und der Willkür der Tiere, die in keiner Weise von einem »intrinsecum & morale vinculum« begrenzt wird.[33] Wird der Pufendorfsche Mensch hingegen durch das Moralgesetz in seiner Freiheit beschränkt, so offenbart er damit seine Ähnlichkeit mit dem Schöpfer, denn »Deus sibi ipse est lex«.[34] Anders gesagt: »Indem [der Mensch] seine Freiheit an das Gesetz bindet, entdeckt er seine Wesensverwandtschaft mit Gott, dessen Freiheit Gesetz ist«.[35]

An Hand einer solchen anthropologischen Untersuchung erkennt der Philosoph daher an der »Erhabenheit und Einzigartigkeit des Menschen als Vernunftwesen«[36], das bereit ist, sittliche Bande einzugehen, seine eigentümliche Würde. Mit den Worten Pufendorfs: »ex hoc igitur dignitas hominis prae brutis maxime elucet, quod iste nobilissima praeditus est anima, quae & insigni lumine circa cognoscendas & diiudicandas res, & exquisita mobilitate circa easdem adpetendas aut reiiciendas pollet«.[37]

---

[29] Vgl. ebd., liber I, caput I, par. II, S. 5: »Ast homini [...] datum est singulare mentis lumen, cuius ope res posset accuratius comprehendere, eas inter se conferre, ex notioribus ignotiora colligere, deque rerum convenientia inter se iudicare«.

[30] Vgl. ebd., liber II, caput I, par. I, S. 141.

[31] Vgl. ebd.

[32] Zur Freiheit des Pufendorfschen Menschen, die eng an das Moralgesetz gebunden ist, sei auf das gesamte erste Kapitel des zweiten Buches im bereits zitierten *De Jure Naturae* verwiesen, S. 141–149, und hierbei besonders auf Paragraph V, S. 144, wo der Denker – das Thema einleitend – behauptet: »Enim vero quare Creator eiusmodi exlegem licentiam hominibus noluerit concedere, [...], plures rationes adparent, ex conditione naturae humanae, primigenia aut post superveniente, resultantes«.

[33] Vgl. ebd., liber II, caput I, par. IV, S. 144: »Ergo brutorum libertatem intrinsecum & morale vinculum hautquidquam imminuit«.

[34] Ebd., liber II, caput I, par. III, S. 142.

[35] Denzer, H.: *Moralphilosophie und Naturrecht bei Samuel Pufendorf. Eine geistes- und wissenschaftsgeschichtliche Untersuchung zur Geburt des Naturrechts aus der Praktischen Philosophie*, München 1972, S. 91.

[36] Vgl. Rinkens, H.: *Die Ehe und die Auffassung von der Natur des Menschen*, a. a. O., S. 145.

[37] *De Jure Naturae*, a. a. O., liber I, caput III, par. I, S. 38.

Bis hierhin wurde die Pufendorfsche Kategorie der *dignitas* namentlich durch das Verhältnis Menschheit-Tierheit bestimmt. Deswegen gestaltet sich die Idee der Menschenwürde bei diesem Autor in erster Linie nur als »ein Unterscheidungsbegriff«, welcher sich »auf das den Menschen vom Tier Unterscheidende« bezieht.[38]

Nach Pufendorfs Ansicht stammt die Menschenwürde aber auch aus der besonderen, von Gott dem Vernunftwesen verliehenen *dispositio*, welche letzteres befähigt, jenem Naturgesetz zu folgen, aus dem zuerst Pflichten hervorgehen, die ihrerseits den Menschen für seine eigenen Handlungen verantwortlich machen. Denn: »Requirebat humanae naturae dignitas & praestantia, qua caeteras animantes eminet, ut certam ad normam ipsius actiones exigerentur; quippe citra quam ordo, decor, aut pulcritudo intelligi nequit«.[39]

Neben dem Sich-Gründen auf eine solche *dispositio* – das heißt auf die vom Menschen frei bestimmte Bereitschaft zum ethischen Handeln – hat die Pufendorfsche *dignitas* als spezifisches Merkmal der moralischen Person ihre eigene subjektive Wurzel in einer besonderen Gesinnung, die sich mit dem Gefühl von *aestimatio sui* oder Selbstschätzung übereinstimmt.

Es ist daher kein Zufall, daß die Würde vom moralischen Subjekt als eine gewisse feine Selbsthochachtung (*tenerrima quaedam sui aestimatio*)[40] empfunden wird. Letztere ist zudem der Liebe zur Seite gestellt, die es für sein Leben, seinen Körper und für seine Güter im Herzen hegt[41] – kurz: seinem Selbsterhaltungstriebe.

Und diese Selbsthochachtung ist sicherlich im Menschen ebenso tief verwurzelt wie seine Selbstliebe, so daß die Verletzung der ersteren ihn nicht weniger trifft als ein Schaden, der seinem Körper oder seinen Gütern zugefügt würde. Mit den Worten Pufendorfs: »Est homo animal non modo sui conservandi studiosissimum, sed & cui insita sit delicata quaedam sui aestimatio, cui si quid detrahatur, non minus saepe commoveri solet, quam illata corpori aut rebus noxa«.[42]

---

38 Vgl. Rinkens, H.: *Die Ehe und die Auffassung von der Natur des Menschen*, a. a. O., S. 151.

39 *De Jure Naturae*, a. a. O., liber II, caput I, par. V, S. 144 f.

40 Vgl. ebd., liber III, caput II, par. I, S. 313. Über die Selbsthochachtung als subjektive Seite der Menschenwürde siehe auch *De Officio*, a. a. O., liber I, caput VII, par. I, S. 181 f. Zum Gefühl der Selbstschätzung bei Pufendorf verweise ich auf Saastamoinen, K.: Pufendorf on Natural Equality, Human Dignity, and Self-Esteem. In: *Journal of the History of Ideas*, Vol. 71/1, January 2010, S. 55–60. Dieser Autor mißt dem Gefühl der *aestimatio sui* eine Schlüsselfunktion bei der Begründung des Pufendorfschen Gleichheitsbegriffs bei. Denn er interpretiert die Gleichheit bei diesem Naturrechtler, »when it refers to the similarity of innate duties«, als »a corollary of the duty to cultivate sociality and the character of human self-esteem«: ebd., S. 61.

41 Vgl. *De Jure Naturae*, a. a. O., liber III, caput II, par. I, S. 313.

42 *De Officio*, a. a. O., liber I, caput VII, par. I, S. 181 f.

Eine solche Selbstschätzung – fährt der Naturrechtler fort – hat sicherlich verschiedene Ursachen; aber sein erstes Fundament scheint die menschliche Natur[43] selbst zu sein, welcher eine gewisse Würde innewohnt. Denn »in ipso [...] hominis vocabulo iudicatur inesse aliqua dignatio«.[44]

In Kürze: Indem sich Pufendorf an das über den erasmischen Humanismus vermittelte stoische Denken anlehnt, scheint dieser Zug seiner Anthropologie der Menschlichkeit des Menschen »eine unmittelbar moralisch verpflichtende Kraft«[45] zu verleihen. »Die humana natura ist hier in der Tat so etwas wie ein ›Wertbegriff‹«.[46]

Infolgedessen ist nach Pufendorf das schlagendste Argument, um den überheblichen Angriff eines Mitmenschen zurückzuweisen, die Behauptung seines eigenen Menschseins, das dem Menschsein aller anderen Menschen gleichwertig ist; das heißt jenes Argument, das lautet: »Utique non canis sum, sed aeque homo atque tu«.[47]

Hier ist offensichtlich, daß die Menschenwürde bei Pufendorf als die gleiche Teilnahme aller Menschen an der allgemeinen menschlichen Natur aufgefaßt wird.[48] Und dadurch findet die *dignitas* bei diesem Denker ihr eigenes »ontologisches Fundament im Mensch-Sein des Menschen, d. h. in seiner Vernünftigkeit und Freiheit«.[49]

Vermöge ihrer Kennzeichen wird die *humanae naturae dignitas*[50] durch die zweite der drei Pufendorfschen Pflichten *erga alios*[51] in die Praxis um-

---

[43] Vgl. *De Jure Naturae*, a. a. O., liber III, caput II, par. I, S. 313: »Quae aestimatio licet ex variis causis intendatur; primum tamen eius fundamentum videtur ipsa humana natura«.

[44] Ebd.

[45] Vgl. Rabe, H.: *Naturrecht und Kirche bei Samuel von Pufendorf*, a. a. O., S. 17.

[46] Ebd.

[47] *De Officio*, a. a. O., liber I, caput VII, par. I, S. 182.

[48] Vgl. *De Jure Naturae*, a. a. O., liber III, caput II, par. I, S. 314: »Humana porro natura, cum omnibus hominibus aeque competat, ...«.

[49] Vgl. Rinkens, H.: *Die Ehe und die Auffassung von der Natur des Menschen*, a. a. O., S. 151.

[50] Vgl. *De Jure Naturae*, a. a. O., liber II, caput I, par. V, S. 144.

[51] Bekanntlich sind die beiden anderen Verpflichtungen, aus welchen – zusammen mit der Gleichheitspflicht – die Pufendorfsche Dreiteilung besteht, in erster Linie die (logisch) negative *Obligatio* des *neminem laedere*, welche sich als die Grundpflicht des gesellschaftlichen Zusammenlebens herausstellt. Denn sie gebietet, das Angreifen der Rechtssphäre des anderen zu unterlassen. Dazu kommen die (logisch) positiven Pflichten der Menschlichkeit und Nächstenliebe (*officia humanitatis seu charitatis*, auch *officia pacis* genannt), welche hingegen vorschreiben, die Nützlichkeit unseres Nächsten durch Verschaffung von *commoda* aktiv zu fördern. Zur Pflicht des *neminem laedere* vgl. ebd., liber III, caput I, S. 297ff.; *De Officio*, a. a. O., liber I, caput VI, S. 163ff. Zu den *officia humanitatis seu charitatis* siehe dagegen *De Jure Naturae*, a. a. O., liber III, caput III, S. 327ff.; *De Officio*, a. a. O., liber I, caput VIII, S. 193ff. Innerhalb der Literatur über Pufendorfs Pflichtenlehre verweise ich auf Hartung, G.: *Die Naturrechtsdebatte. Geschichte der Obligatio vom 17. bis 20. Jahrhundert*, Freiburg, München 1999, S. 30–

gesetzt, das heißt durch diejenige Pflicht, welche verlangt, den anderen als einen uns von Natur aus gleichen Mitmenschen zu behandeln, weil er »non canis aut bestia, sed aeque homo«[52] wie wir ist. Kurz gesagt, schreibt diese Verpflichtung vor: »*Ut quisque alterum hominem aestimet atque tractet, tanquam naturaliter sibi aequalem, seu ut aeque hominem*«.[53]

Auf solche Weise stellt die Menschenwürde als das sittliche Fundament einer von Pufendorf in normativem Sinne, das heißt als *aequalitas juris*[54], aufgefaßten Gleichheit dar, welche mit der Pflicht zur wechselseitigen Achtung jener Humanität identisch ist, die jedes einzelne moralische Subjekt gleichermaßen verkörpert.[55]

Und es ist gerade der Inhalt dieser Pflicht, mitsamt der Untersuchung der ihr zugrundeliegenden subjektiven Gefühle (die die Selbstachtung voraussetzende Achtung gegen den anderen [*dignatio*][56]), welche die Bestimmung der Menschenwürde bei Pufendorf als einen Begriff ermöglicht, der sich in erster Linie als *autoreferentiell* (*Selbstschätzung*) und in zweiter Linie als *omissiv* und daher nicht wertbeilegend (*Schätzung des anderen*) erweist. Denn der Begriff der Menschenwürde impliziert sowohl die Schätzung von sich selbst, als auch ein Abstand-Halten von dem Mitmenschen, der geschätzt wird, gerade weil er als Mensch mir gleichwertig ist.

50; Randelzhofer, A.: *Die Pflichtenlehre bei Samuel von Pufendorf*, Berlin, New York 1983 und Schreiber, H.-L.: *Der Begriff der Rechtspflicht. Quellenstudien zu seiner Geschichte*, Berlin 1966, zu Pufendorf S. 9–12. Zum Thema vgl. schließlich Fiorillo, V.: *Tra egoismo e socialità. Il giusnaturalismo di Samuel Pufendorf*, Neapel 1992, S. 169–195.

52 Vgl. *De Jure Naturae*, a. a. O., liber III, caput II, par. I, S. 314.

53 Ebd. [im Original kursiv gesetzt].

54 Über das Verhältnis zwischen Menschenwürde und Gleichheit in Pufendorfs Naturrechtslehre wurde treffend bemerkt: »Im ausdrücklichen Unterschied zu [den] mechanistischen Vorstellungen [eines Hobbes'] gründet Pufendorf den Gleichheitsgedanken auf den Begriff der Menschenwürde. An ihr haben alle Menschen auf Grund ihres Menschseins gleichen Anteil«: Gehrmann, S.: *Naturrecht und Staat bei Hobbes, Cumberland und Pufendorf*, a. a. O., S. 41 f.

55 Zu Pufendorfs Gleichheitsbegriff verweise ich auf Fiorillo, V.: L'altro, »ut aeque homo«: eguaglianza e ›dignitas individui‹ nell'antropologia politica di Samuel Pufendorf. In: *Il diritto naturale della socialità. Tradizioni antiche ed antropologia moderna nel XVII secolo*, hg. von V. Fiorillo, F. Vollhardt. Turin 2004, S. 105–138; auf Deutsch und in gekürzter Form wiederveröffentlicht in: *Archiv für Rechts- und Sozialphilosophie*, Bd. 99/1, 2013, S. 11–28. Zum Thema der Gleichheit und der Menschenwürde bei Pufendorf vgl. auch Saastamoinen, K.: Pufendorf on Natural Equality, Human Dignity, and Self-Esteem, a. a. O. In: *Journal of the History of Ideas*, a. a. O., S. 39–62.

56 Das Wort *dignatio* – mit der für die lateinischen theoretischen Ausdrücke kennzeichnenden Suffixendung *-tio* – ist, neben der Bedeutung von *dignitas*, auch im Sinne von Achtung, Anerkennung, Wertschätzung, Wohlwollen, Gunst und Milde gegenüber dem Mitmenschen nachweisbar, wie in dem bereits zitierten Werk *Thesaurus Linguae Latinae* unter dem Art. dignatio, -onis (I, Sp. 1132 f.) belegt ist.

Genauer: Wenn die *aestimatio sui* – als spezifisch subjektive Seite der Menschenwürde – sich also am Anfang in der Hochschätzung und Achtung vor der eigenen Menschlichkeit äußert, so zeigt sich eine so beschaffene Selbstschätzung als ein zuerst auf-sich-selbst-bezogenes Gefühl. Dieses bildet dann jenen eigentümlichen inneren Antrieb, welcher das moralische Subjekt dazu bewegt, dieses Gefühl auf den Nächsten zu richten, indem es ihm Schätzung und Achtung entgegenbringt.

Denn mit deutlicher Vorwegnahme der späteren Einstellung Kants, ist es gerade die Achtung vor seiner eigenen Würde, die – für Pufendorf – den Menschen zur Achtung der Würde des anderen veranlaßt.[57] Anders gesagt, wird nach Auffassung dieses Naturrechtlers »aus der Selbstachtung [...] Achtung für den anderen, gegenseitige Achtung aller Mitglieder der Gesellschaft«.[58] Daher wird nur derjenige, welcher die Menschlichkeit in sich selbst achtet, in der Lage sein, sie auch in dem anderen zu respektieren.

Ihrerseits ist die Achtung – die jene die Würde in die Praxis umsetzende Gleichheitspflicht subjektiv charakterisiert – dagegen als ein Gefühl nicht kommissiver, sondern omissiver Natur zu betrachten. In der Tat bringt die Achtung lediglich die Nicht-Verletzung der *dignitas* unseres Nächsten mit sich, gerade weil letzterer gleichermaßen an der Menschlichkeit teilhat. Wer sich daher selbst »als Menschen achtet, der muß allen Mitmenschen gegenüber seine Achtung bezeugen, da [...] das Menschsein allen gemeinsam ist«.[59]

Aufgrund der Untersuchung der Gefühle, welche die Menschenwürde begründen, sieht Pufendorf darum letztere eng mit der Unantastbarkeit verbunden, oder – wie er sich ausdrückt – mit der ›Heiligkeit‹ der menschlichen Persönlichkeit.

Demzufolge stellt er die Unmöglichkeit eines konfliktfreien Zusammenlebens mit demjenigen fest, der den anderen »ut aeque hominem«[60] nicht anerkennt, das heißt als ein in gleicher Weise an der allgemeinen menschlichen Natur teilhabendes Wesen, das allein aus diesem Grunde Träger seiner eigenen Würde ist.

Deshalb ist derjenige *indignus*, der in die persönliche Sphäre des anderen, die Pufendorf als »sacrosancta«[61], das heißt als unverletzlich bezeichnet,

---

57 Hier stimme ich überein mit Kondylis, P.: Art. Würde, a. a. O. In: Brunner, O., Conze, W., Koselleck, R. (Hg.): *Geschichtliche Grundbegriffe*, a. a. O., S. 668f. Er behauptet nämlich, daß wenn »[der Mensch bei Kant] [...] Selbstzweck [ist], so muß er [...] auch alle anderen vernünftigen Wesen als Selbstzwecke ansehen und behandeln. [...]. Wie bei Pufendorf, so zwingt auch hier die eigene Würde zur Achtung für die Würde des anderen« (ebd.).

58 Ebd., S. 664.

59 Ebd.

60 Vgl. oben, Anm. 53.

61 Der menschliche Lebensbereich oder *suum*-Sphäre bildet für Pufendorf das spezifische Tätigkeitsfeld der moralischen Persönlichkeit des Menschen und umfaßt die unantastbaren Güter

widerrechtlich eingreift. Auf diese Weise wird der Angegriffene aus der moralischen Pflicht entlassen, die Würde des Angreifers zu achten, das heißt ihn »ut aeque hominem« zu schätzen.[62] Anders gesagt kann der Angreifer von dem zu Unrecht Geschädigten nicht mehr verlangen, als »sacrosanctum«[63] betrachtet zu werden. Indem der Angreifer dem anderen eine *iniuria* antut, büßt er also seine Unantastbarkeit ein, die von Pufendorf als ein ›heiliges‹ Merkmal der Lebenssphäre jedes einzelnen erachtet wird. Denn diesem Naturrechtler zufolge wird das Individuum eben vermöge der Heiligkeit geschützt, welche die menschliche Persönlichkeit kennzeichnet. »Deshalb stellt[...] jeder Angriff auf sie ein Unrecht dar; und die Folge des Unrechts [ist], daß der Angreifer seine eigene Heiligkeit verwirkt [...]«.[64] Die Würde des einzelnen kann also offenbar nur dann verkannt werden, wenn man jene Gegenseitigkeit bei der Achtung der Menschlichkeit anderer verletzt, welche den spezifischen Grundsatz zur Umsetzung der Pufendorfschen Gleichheitspflicht in die Praxis bildet.[65]

Im Falle der Verletzung des Gegenseitigkeitsprinzips hält der Naturrechtler deshalb eine auf Vergeltung basierende »defensio sui« für rechtmäßig:

---

von Leben, Körper, Gliedmaßen, körperlicher Unversehrtheit, allgemeiner Ehre und Freiheit, sowie im weiteren Sinne, all das was der Mensch als Eigentum erwirbt. Diesbezüglich vgl. *De Jure Naturae*, a. a. O., liber III, caput I, par. I, S. 298: »Muniuntur autem hocce praecepto, & velut sacrosancta esse iubentur non illa tantum, quae immediate nobis ipsa natura concessit, uti est vita, corpus, membra, pudicitia, existimatio simplex, libertas: sed etiam eiusdem praecepti vis sese per omnia instituta ac conventiones, quibus aliquid homini adquiritur, diffundere intelligitur, tanquam sine quo illa plane inutilia forent«. Zur Deutung der Pufendorfschen Sphäre des *suum* verweise ich auf Olivecrona, K.: Die zwei Schichten im naturrechtlichen Denken. In: *Archiv für Rechts- und Sozialphilosophie*, a. a. O., Bd. LXIII/I, 1977, S. 81 ff.

62 Auf jeden Fall kommt es nach Pufendorf in der Wirklichkeit häufig vor, daß ein Angegriffener moralische Bedenken hat, mit Gewalt auf den Angreifer zu reagieren. Denn dadurch würde er einem »nostri similis homo« schaden, mit dem er hingegen eine friedliche Geselligkeit pflegen sollte – ohne ferner zu berücksichtigen, daß die Menschheit mit dem Tod des Angreifers einen Verlust erleiden würde, der zumindest demjenigen entspräche, den das eventuelle Ableben des Geschädigten verursachen würde. Hierzu vgl. *De Jure Naturae*, a. a. O., liber II, caput V, par. I, S. 254.

63 Vgl. ebd., liber II, caput V, par. I, S. 255: »Adeoque ubi alter contra leges pacis talia adversus me suscipere aggreditur, quae ad meam perniciem spectant, impudentissime a me postulaverit, ut ego ipsum deinceps sacrosanctum habeam; id est, ut meam salutem prodam, quo ipsius malitia impune grassari queat«.

64 Olivecrona, K.: Die zwei Schichten im naturrechtlichen Denken, a. a. O. In: *Archiv für Rechts- und Sozialphilosophie*, a. a. O., S. 101.

65 Über die Gegenseitigkeit als »Grundlage der Gleichheit« bei Pufendorf verweise ich auf Sprenger, G.: Die Bedeutung der Lehre von der imbecillitas bei Samuel Pufendorf. Einige anthropologische Anmerkungen. In: *Samuel Pufendorf, filosofo del diritto e della politica*, Akten der Internationalen Tagung, Mailand 11–12 November 1994, hg. von V. Fiorillo. Neapel 1996, S. 263.

Derjenige, welcher mit Gewalt auf ein ungerechtes Eingreifen in die unverletzliche Persönlichkeitssphäre reagiert, begeht kein Unrecht.[66] Denn bei einem solchen Vorkommnis »the use of force meets with no moral obstacle. The aggressor has lost the protection accorded to him by the law of nature. His sacred sphere has dissolved in relation to the injured party and he is exposed to the infliction of evil«.[67]

Damit erkennt Pufendorf auch das gleiche Recht auf eine achtungsvolle Behandlung der individuellen Würde an, selbst in dem Falle, daß der einzelne von Natur aus in seinen körperlichen und geistigen Fähigkeiten benachteiligt sein sollte.[68]

II. Der Unterschied zwischen Würde und Ehre: innewohnender Wert und beigelegter Wert

Wie wir bisher gesehen haben, stellt sich die Pufendorfsche *dignitas*, als Merkmal des moralischen Subjektes, zusammen mit dem *amor sui* als eine der beiden Grundlagen der *socialitas* dar. Und gerade aus diesem Grunde kehrt ein derartiger Begriff in konstitutiver Funktion an vielen Schlüsselstellen von Pufendorfs Moralphilosophie wieder. Das geschieht besonders dort, wo der Denker darauf abzielt, den Hobbesschen Utilitarismus zu widerlegen[69], ohne daß die Menschenwürde allerdings von ihm jemals zum Gegenstand einer systematischen Behandlung gemacht wird.

Anders verhält es sich dagegen beim Ehrbegriff, dem Pufendorf in organischer Weise ein ganzes Kapitel in jenem Teil seiner naturrechtlichen Werke

---

[66] Vgl. *De Jure Naturae*, a. a. O., liber II, caput V, par. I, S. 254.

[67] Olivecrona, K.: The concept of a right according to Grotius and Pufendorf. In: *Rechtsfindung. Beiträge zur juristischen Methodenlehre. Festschrift für Oscar Adolf Germann zum 80. Geburtstag*, hg. von P. Noll, G. Stratenwerth. Bern 1969, S. 197. Dieser Aufsatz wurde in leicht gekürzter Form wiederveröffentlicht in: ders., *Rättsordningen*, ital. Übers. und Einleitung von E. Pattaro. Mailand 1972, S. 292 ff.

[68] Vgl. *De Jure Naturae*, a. a. O., liber III, caput II, par. II, S. 314 ff. Hierbei stimme ich überein mit Gehrmann, S.: *Naturrecht und Staat bei Hobbes, Cumberland und Pufendorf*, a. a. O., S. 43. Über die verschiedenen Formen der Pufendorfschen *dignitas*, die sich jeweils entweder als Würde des Sklaven in dem Verhältnisse zu seinem Herrn im Naturzustand, oder als Würde des Untertanen oder des Straftäters im Verhältnis zum Staat, oder auch als Würde des Kriegsfeindes gestalten kann, verweise ich auf Müller, S.: *Gibt es Menschenrechte bei Samuel Pufendorf?*, Frankfurt am Main, Berlin, Bern, Bruxelles, New York, Oxford, Wien 2000, S. 38–46. Auf diesen Seiten weist die Autorin auch auf die Einstellung Pufendorfs zur Folter und zu den Hexenprozessen hin (vgl. ebd., S. 45 f.).

[69] Unter den vielen, in dieser Hinsicht interessanten Textstellen vgl. lediglich *De Jure Naturae*, a. a. O., liber II, caput III, par. XVI, S. 205 ff.

widmet, welcher sich spezifisch darauf richtet, die Kennzeichen der Souveränität darzulegen.[70]

Genauer: Obwohl die Ehre keinen systematischen oder konstitutiven Wert in der Pufendorfschen Moraltheorie besitzt, erweist sie sich nichtsdestoweniger als ein gewissermaßen an die Menschenwürde ›angrenzender‹, aber dabei gleichzeitig theoretisch von ihr unterscheidbarer Begriff.

Im Unterschied zur *humanae naturae dignitas*, die der Denker nirgendwo ausdrücklich definiert, wird die Ehre dagegen bestimmt als »valor personarum in vita communi, secundum quem aptae sunt aliis personis exaequari, aut comparari, eisque vel antehaberi, vel postponi«[71]; das heißt als jener moralische Maßstab, der es ermöglicht, die Personen untereinander gleichzustellen, zu vergleichen, vorzuziehen oder hintanzusetzen.

Neben dem Preis der Dinge bildet die Ehre oder *existimatio*[72] nämlich eine der beiden ›vornehmsten‹ Arten von moralischen Quantitäten, und zwar diejenige, vermöge derer die Personen im gesellschaftlichen Leben bewertet und geschätzt werden können.[73] Indem Pufendorf die Ehre also zu den viergeteilten *entia moralia*[74] zählt, behauptet er, daß »habent scilicet non exiguam

---

[70] Zum Pufendorfschen Begriff von *existimatio* oder Ehre vgl. ebd., liber VIII, caput IV, S. 373 ff. und *De Officio*, a. a. O., liber II, caput XIV, S. 581 ff. Das Thema der Ehre wird von Pufendorf auch in seiner Dissertation mit dem Titel: *De existimatione* behandelt, die in seinen *Dissertationes Academicae Selectiores*, Londini Scanorum 1775, auf den S. 195–264 enthalten ist.

[71] *De Jure Naturae*, a. a. O., liber VIII, caput IV, par. I, S. 374 und *De Officio*, a. a. O., liber II, caput XIV, par. I, S. 581 f.

[72] Unter seinen unterschiedlichen Bedeutungen ist das Wort *existimatio* als Synonym für Ruf (*fama*), Ehrlichkeit (*honestas*) und Ehre (*honor*) belegt, obwohl es vor allem im Sinne von Urteil (*iudicium, sententia*) und Vermutung (*opinio, coniectura, suspicio*) vorkommt. Diesbezüglich sei verwiesen auf den Artikel existimatio -onis des *Thesaurus Linguae Latinae*, a. a. O., volumen V/3, 1909, Sp. 1512–1517. Wie wir sehen werden, tragen die Bedeutungen von *existimatio* als Urteil, Vermutung oder auch als Ruf und Ehrlichkeit bei Pufendorf alle zur Konnotation seines Ehrbegriffs bei. Dennoch erscheint in den naturrechtlichen Schriften dieses Autors zuweilen auch der Terminus *honor* und dessen Variante *honos* zur Denotation desselben Begriffes.

[73] Bekanntermaßen fallen in der Pufendorfschen Vierteilung der *entia moralia* die moralischen Quantitäten (*pretium* et *existimatio*; für die Handlungen fehlt eine spezifische Bezeichnung) mit dem freien Akt zusammen, durch den ein Vernunftwesen im sozialen Leben Sachen, Personen oder Handlungen einen Wert beilegt. Bei diesen letzteren verursacht eine solche *impositio* die Zu- oder Abnahme ihrer Ausdehnung, aber nicht physischer oder mathematischer, sondern spezifisch moralischer Natur. Zu den moralischen Quantitäten vgl. *De Jure Naturae*, a. a. O., liber I, caput I, par. XXII, S. 21.

[74] Zum Verhältnis zwischen *entia physica* und *entia moralia* bei Pufendorf sei, innerhalb der umfangreichen Literatur zum Thema, lediglich verwiesen auf die originellen Beiträge von Kobusch, T.: Pufendorfs Lehre vom moralischen Sein. In: *Samuel Pufendorf und die europäische Frühaufklärung*, hg. von F. Palladini, G. Hartung. Berlin 1996, S. 63–73; und von Lachmayer, F.: Zum aktuellen Stellenwert der Lehre von den »entia moralia«. In: *Samuel von Pufendorf 1632–1982*, Ett rättshistoriskt symposium i Lund, 15–16 januari 1982, hg. von K.Å. Modéer.

inter se cognationem duae nobilissimae species quantitatum moralium, existimatio, & pretium, quarum illa in personis, hoc in rebus consideratur, quod ex illa personae, ex hoc res in vita communi aestimentur«.[75]

Genauer gesagt stellt sich die Ehre als moralische Quantität beim Ehrenden als ein Maßstab zur Beilegung von Wert an einem Menschen vermittels der *impositio* dar, das heißt »ex impositione, & determinatione potentiae rationalis«[76], sei diese *potentia rationalis* nun der Naturmensch, der Mitbürger oder der Herrscher. Dadurch wird dem Geehrten ein Wert aufgrund eines Urteils beigelegt oder gleichsam ›hinzugefügt‹, welcher *von außerhalb* herkommt *(ex-istimatio)*. Aus diesem Grunde – bemerkt Pufendorf bezeichnenderweise – liegt die Ehre in Wirklichkeit im Ehrenden und nicht im Geehrten: »Unde revera honor non est in honorato, sed in honorante«.[77]

Und gerade aus ihrem Vergleich mit der als *ens morale* bestimmten Ehre vermag man die Kennzeichen der Menschenwürde selbst noch deutlicher zu erfassen.

Denn bei Pufendorf bezeichnet letztere nicht so sehr den einer Person *von außen* zugeschriebenen Wert, sondern vielmehr den dem Menschen als solchem innewohnenden Wert. Deshalb hat die Würde auf zwischenmenschlicher Ebene ihren Ursprung nicht in einer *Beilegung von Wert* an einer Person, sondern in der *Anerkennung* und nachfolgenden *Achtung* oder Nicht-Verletzung des dem Menschen als solchem inneren Wertes.

Und diese (auf Gegenseitigkeit zu beruhende) Anerkennung des Menschseins jedes einzelnen Individuums setzt ihrerseits eine *Selbstanerkennung* voraus, das heißt die Schätzung und Achtung der eigenen Humanität – nicht eine *ex-istimatio*, sondern eine *aestimatio sui*. Kurzum, während die auf der menschlichen Natur beruhende *dignitas* vom Mitmenschen nicht zugerechnet, sondern ausschließlich anerkannt werden soll, stellt die Ehre hingegen einen vom anderen zugeschriebenen Wert dar, weil sie spezifisch einem System von sozialen Verhältnissen entspringt.

Auf dieser Basis teilt Pufendorf – nachdem er die *existimatio* als moralische Quantität definiert hat – sie in *simplex* und *intensiva*: Beide können sowohl auf die in natürlicher Freiheit Lebenden bezogen werden (*existimatio simplex*

Lund 1986, S. 142–148. Siehe dazu unter den neueren italienischen Untersuchungen Palladini, F.: I meriti di Pufendorf nell'etica e la sua teoria degli enti morali. In: *Dal »De Jure Naturae et Gentium« di Samuel Pufendorf alla codificazione prussiana del 1794*, Akten des Internationalen Symposiums, Padua 25–26 Oktober 2001, hg. von M. Ferronato. Padua 2005, S. 93–114. Zu den Pufendorfschen *entia moralia* vgl. schließlich Fiorillo, V.: *Tra egoismo e socialità. Il giusnaturalismo di Samuel Pufendorf*, a. a. O., S. 83–122.

[75] *De Jure Naturae*, a. a. O., liber VIII, caput IV, par. I, S. 374.

[76] Vgl. ebd., liber I, caput I, par. XXII, S. 21.

[77] Ebd., liber VIII, caput IV, par. XI, S. 385.

naturalis oder *existimatio intensiva naturalis*), als auch auf die Mitglieder des Staates (*existimatio simplex civilis* oder *existimatio intensiva civilis*).[78]

Genauer gesagt wird die *existimatio simplex* mit dem Begriff der *allgemeinen Ehre* identifiziert, während sich die *existimatio intensiva* als eine Form von *besonderer Ehre* herausstellt, und zwar als die »auf besonderen Leistungen und Tugenden beruhende spezielle Amtsehre«.[79]

Unter den beiden *existimationes* zeigt sich die einfache *existimatio* oder allgemeine Ehre als ein verhältnismäßig egalitärer Begriff und erweist sich somit als die Form von Ehre, die der *dignitas individui* theoretisch näher steht. Denn die allgemeine Ehre kommt »jedem Menschen von Natur aus gleichermaßen zu und [kann] ihm von niemandem genommen werden außer auf Grund eigener gesetzloser Handlungen«.[80]

Wie man feststellen kann, hat die allgemeine Ehre ihren Ursprung nicht so sehr in einer Wert*beilegung*, sondern eher in einer *Nicht-Aufhebung* des Wertes an einer Person. Denn eine solche *existimatio* beruht auf der Annahme von *honestas naturalis* im guten Menschen des Naturzustandes, oder ebenso auf der Vermutung der Eigenschaft vom guten Bürger in dem Mitglied des Staates. Dennoch gelten diese Präsumtionen nur bis zum Beweis des Gegenteils. Nach Pufendorfs Meinung sollte also auf die allgemeine Ehre der von Plinius aufgegriffene Grundsatz angewandt werden, demgemäß »*quilibet praesumitur bonus, donec probetur contrarium*«.[81]

Unter diesen Vorbedingungen untersucht der sächsische Naturrechtler die *existimatio simplex* oder allgemeine Ehre sowohl auf der Ebene des Naturrechts als auch auf demjenigen des positiven Rechts, wobei er in beiden Fällen eine logisch negative Bestimmung dieses Typs von *existimatio* gibt: Ehrenwert und daher mit einer guten Reputation im gesellschaftlichen Leben ist derjenige, welcher die Naturgesetze oder die bürgerlichen Gesetze in keiner Weise übertritt.

Im Naturzustand erachtet man nämlich denjenigen für einen ehrlichen Mann, der bereit ist, mit den anderen in Übereinstimmung mit den Geboten der menschlichen Geselligkeit zu leben.[82] In diesem Falle bleibt die Ehre demnach unversehrt, solange man die Naturgesetze ›mit Wissen und Wollen‹

---

[78] Vgl. ebd., liber VIII, caput IV, par. I, S. 374 und *De Officio*, a. a. O., liber II, caput XIV, par. II, S. 582.

[79] Vgl. Zunkel, F.: Art. Ehre, Reputation. In: Brunner, O., Conze, W., Koselleck, R. (Hg.): *Geschichtliche Grundbegriffe*, a. a. O., Bd. 2, Stuttgart 1979, S. 29.

[80] Ebd.

[81] *De Jure Naturae*, a. a. O., liber VIII, caput IV, par. III, S. 375 [im Original kursiv gesetzt].

[82] Vgl. ebd., liber VIII, caput IV, par. II, S. 374: »*Existimatio simplex* inter eos, qui in naturali invicem libertate sunt constituti, in hoc potissimum videtur consistere, ut quis talem se ferat, & pro tali habeatur; quicum agi queat tanquam cum viro bono, & ad socialitatis humanae leges sese accomodare prono, quique adeo legem naturalem adversus alios, quantum in se, observare

nicht verletzt. Kurz gesagt, ist vermutlich jeder im vor-politischen Zustand solange ein guter Mensch, bis man nicht das Gegenteil beweist.[83]

In einem solchen Zustand wird die einfache oder allgemeine Ehre – welche der Person kraft eines mutmaßlichen Urteils ihrer Mitmenschen über deren natürliche Ehrlichkeit ›imponiert‹ oder besser: an ihr nicht wieder aufgehoben wird – von Pufendorf vielmehr zu den unverletzlichen Gütern gezählt, welche in die ›heilige‹ Sphäre des *suum*[84] fallen. Diese Ehre wird also Gütern wie der Freiheit, dem Eigentum[85] und auch noch denjenigen gleichgestellt, deren Verteidigung im Individuum besonders durch den *amor sui* oder Selbsterhaltungstrieb angespornt wird: das heißt dem Leben, der körperlichen Unversehrtheit und der Keuschheit. Um es kurz zu sagen, wird auch die allen gemeine Ehre, die mit dem Ruf vom ehrlichen Mann zusammenfällt, in jene Grundgüter mit einbezogen, welche das spezifische Tätigkeitsfeld der geistigen Persönlichkeit des Menschen umschreiben.

Gerade wegen ihrer Unverletzlichkeit meint daher Pufendorf, daß auch mit dem Übergang zum politischen Zustand die allgemeine Ehre, oder natürliche Rechtschaffenheit, dem einzelnen nicht aus bloßer Willkür des Herrschers entzogen werden darf.[86] Es ist nämlich nicht anzunehmen, daß letzterem eine derartige Macht übertragen wird, da diese keineswegs zum Nutzen des Staates gereichen würde.[87]

Trotzdem kann jemandem, wenn er – wie bereits gesagt – vorsätzlich die Gesetze der Geselligkeit übertritt, die Ehre genommen werden. Genauer: Der Ehrverlust des Naturmenschen ist vollständig, wenn er durch eine auf

---

sit paratus«. Zur allgemeinen natürlichen Ehre vgl. auch *De Officio*, a. a. O., liber II, caput XIV, par. III, S. 583.

[83] Vgl. *De Jure Naturae*, a. a. O., liber VIII, caput IV, par. III, S. 374 f. Vgl. auch *De Officio*, a. a. O., liber II, caput XIV, par. IV, S. 583 f.

[84] Zur Pufendorfschen Auffassung der *suum*-Sphäre vgl. oben, Anm. 61.

[85] Nach Pufendorf leitet sich das Privateigentum im Naturzustand von der Erweiterung der *suum*-Sphäre her und wird durch eine ausdrückliche oder stillschweigende Vereinbarung zwischen Menschen rechtlich sanktioniert. Genauer gesagt erfolgt eine solche Erweiterung durch das Einbeziehen von außerhalb der Person befindlicher materieller Objekte; also eine Person, die »sich in der Rechtswelt in imaginärer Weise über die natürlichen Grenzen hinaus [erweitert] und [...] körperliche Dinge mit dem gleichen Tabu [belegt], das für [ihren] Leib gilt; die Person wird in ihrem Recht verletzbar auch an einem Ort, wo sie physisch nicht gegenwärtig ist«: Brandt, R.: *Eigentumstheorien von Grotius bis Kant*, Stuttgart, Bad Cannstatt 1974, S. 11. Zum Eigentumsbegriff bei Pufendorf verweise ich erneut auf Fiorillo, V.: *Tra egoismo e socialità. Il giusnaturalismo di Samuel Pufendorf*, a. a. O., S. 212–226.

[86] Vgl. *De Officio*, a. a. O., liber II, caput XIV, par. X, S. 587: »Id autem manifestum est, existimationem simplicem, seu *naturalem honestatem, non posse alicui eripi ex mero arbitrio* Summorum Imperantium«.

[87] Vgl. ebd.

das Schädigen der anderen ausgerichtete Lebensführung bedingt ist, was einen solchen Menschen zum *communis hostis* der Geschädigten werden läßt.[88] Dieser Ehrverlust ist dagegen nur teilweise, wenn er allein Folge der Verrichtung einiger böser Handlungen gegen das Naturrecht ist.[89]

Immerhin kann in diesen beiden Fällen die Ehre in jedem beliebigen Moment durch Entschädigung wiederhergestellt werden. Gleichwohl bedarf es im Falle eines Totalverlustes der Ehre ohne Vergebung des Geschädigten der Verpflichtung, in Zukunft ein anständiges Leben zu führen.[90] Dagegen reicht es beim partiellen Ehrverlust aus, daß sich der Schadenersatz lediglich mit Zeichen von ernster Reue verbindet.[91]

Ähnlich ist der Ablauf der (logisch negativen) *impositio* und des Ehrverlustes innerhalb des politischen Zustands, wobei sich die Ehre hier als allgemeine bürgerliche Ehre gestaltet.

Denn in diesem Zustand ist derjenige ein ehrenwerter Bürger, den man für ein aufrichtiges Mitglied des Staates erachtet, das heißt ein *civis* im eigentlichen Sinne oder einer, der kraft der Gesetze und Gewohnheiten desselben nicht zu einem lasterhaften Angehörigen des politischen Gemeinwesens erklärt wird.[92]

Im bürgerlichen Zustand kann man die Ehre zudem wegen des eigenen Standes (*ex mero statu*), oder wegen eines Vergehens gegen die positiven Gesetze (*ex delicto*) einbüßen.[93]

Unter diesen beiden Ursachen für den Verlust der allgemeinen bürgerlichen Ehre kann der Stand dann eine zweifache Rolle spielen: Im ersten Falle birgt er *naturaliter* in sich nichts Schamloses und umfaßt zum Beispiel die Sklaven, während im zweiten Falle der Stand mit einem Laster verknüpft wird, weil er mit der Gruppe der Zuhälter, Dirnen und ähnlicher Personen übereinstimmt. Pufendorf zufolge soll letztere zwar den Schutz des Staates

---

[88] Vgl. *De Jure Naturae*, a. a. O., liber VIII, caput IV, par. V, S. 375ff.; *De Officio*, a. a. O., liber II, caput XIV, par. VI, S. 584f.

[89] Vgl. *De Jure Naturae*, a. a. O., liber VIII, caput IV, par. IV, S. 375; siehe hierzu ferner *De Officio*, a. a. O., liber II, caput XIV, par. V, S. 584.

[90] Zur Wiederherstellung der Ehre im Naturzustand vgl. ebd., liber II, caput XIV, parr. V–VI, S. 584f. Siehe zu diesem Thema auch *De Jure Naturae*, a. a. O., liber VIII, caput IV, par. IV, S. 375 und par. V, S. 377.

[91] Vgl. ebd.

[92] Vgl. *De Jure Naturae*, a. a. O., liber VIII, caput IV, par. VI, S. 377: »Existimatio *simplex intra civitates degentium* est, qua quis pro membro saltem vulgari, eoque integro civitatis reputatur; seu ut quis iuxta leges & mores civitatis pro vitioso eiusdem membro non fuerit declaratus, & aliquo esse numero, caputque habere intelligatur«. Zur allgemeinen bürgerlichen Ehre vgl. auch *De Officio*, a. a. O., liber II, caput XIV, par. VII, S. 585.

[93] Vgl. ebd., liber II, caput XIV, parr. VIII–IX, S. 585ff.

genießen, aber ist vom »honestorum [...] hominum consortio«[94] auszuschließen.

Ex delicto hingegen, das heißt infolge eines im Staate begangenen Verbrechens, das aufgeklärt wurde, kann man mit der Ehrlosigkeit oder Infamie[95] bestraft werden; eine Strafe, die für Pufendorf mit dem Tod oder der Verbannung einhergeht. Allerdings kann dem Verbrecher auch das Verbleiben im Staate gewährt werden, jedoch nur als dessen »infame & putridum membrum«.[96] Folglich kann man aus Pufendorfs diesbezüglicher Einstellung selbst ersehen, daß im 17. Jahrhundert die Strafe der Ehrlosigkeit »sogar mit dem Verlust aller öffentlichen Rechte und Ehren gleichgesetzt«[97] werden konnte.

Gleichwohl können nach Auffassung dieses Naturrechtlers die hinsichtlich der *existimatio simplex* oder allgemeinen Ehre Gleichen durch eine gesteigerte Form der Ehre ungleich gemacht werden, die er *existimatio intensiva* nennt. Vermittels letzterer werden die einen gegenüber den anderen bevorzugt, insoweit die ersteren den letzteren überlegen sind. Dies veranlaßt gewöhnlich einen Dritten zu einer besonderen Ehrerbietung[98], die sich auf ein Urteil über das Verdienst oder jedenfalls die Vortrefflichkeit des Geehrten stützt.

Denn im Hinblick darauf bemerkt Pufendorf bezeichnenderweise, daß die – der Absicht, ein Individuum zu bewerten entsprechende – Ehre im eigentlichen Sinne die Bekundung unseres Urteils betreffs der Überlegenheit des anderen ist. Mit den Worten dieses Denkers: »Est autem honor, qui intensioni existimationis respondet, significatio iudicii nostri de praestantia alterius«.[99]

Hier wird deutlich, daß im Unterschied zur allgemeinen Ehre – als, wie schon gesagt, eines (bis zum Beweis des Gegenteils) tendenziell egalitären und demnach mit der *dignitas individui* theoretisch gleichzusetzenden Begriffes –

---

[94] Vgl. ebd., liber II, caput XIV, par. VIII, S. 586. Siehe zu diesem Punkt auch *De Jure Naturae*, a. a. O., liber VIII, caput IV, parr. VI–VII, S. 377ff.

[95] Vgl. *De Officio*, a. a. O., liber II, caput XIV, par. IX, S. 586f.: »Ex delicto autem eadem plane deficit, quando quis juxta leges civiles, ob certum delictum, *infamia* notatur« (ebd., S. 586). Zur Strafe der Ehrlosigkeit vgl. auch *De Jure Naturae*, a. a. O., liber VIII, caput IV, parr. VII–VIII, S. 380ff.

[96] Vgl. *De Officio*, a. a. O., liber II, caput XIV, par. IX, S. 586f. Siehe in diesem Zusammenhang auch *De Jure Naturae*, a. a. O., liber VIII, caput IV, parr. VII–VIII, S. 380ff.

[97] Zunkel, F.: Art. Ehre, Reputation, a. a. O. In: Brunner, O., Conze, W., Koselleck, R. (Hg.): *Geschichtliche Grundbegriffe*, Bd. 2, a. a. O., S. 28.

[98] Vgl. *De Jure Naturae*, a. a. O., liber VIII, caput IV, par. XI, S. 385: »*Existimatio intensiva* est, secundum quam personae, alias quoad existimationem simplicem, aequales, sibi invicem praeferuntur, prout uni prae altero insunt, queis aliorum animi ad exhibendum honorem permoveri solent«. Zur gesteigerten Form der Ehre siehe auch *De Officio*, a. a. O., liber II, caput XIV, par. XI, S. 588.

[99] *De Jure Naturae*, a. a. O., liber VIII, caput IV, par. XI, S. 385.

die mit einer Form von besonderer Amtsehre zusammenfallende gesteigerte Ehre oder *existimatio intensiva* sich als ein antiegalitäres Prinzip herausstellt; oder besser als ein unterscheidender und hierarchisierender Maßstab, welcher die individuellen Verschiedenheiten betont. Darum kann ausschließlich die *existimatio intensiva* jene Behauptung Pufendorfs im eigentlichen Sinne rechtfertigen, nach der man mit der Beilegung von Ehre in keiner Weise eine wie auch immer geartete Gleichheit innerhalb der Menschheit hätte zu bewahren vermögen.[100]

Unter diesen Voraussetzungen bestimmt der sächsische Naturrechtler die Grundlagen der gesteigerten Ehre in alledem, was eine besondere individuelle Vortrefflichkeit oder Vollkommenheit aufweist oder auf eine solche schließen läßt; unter der Bedingung, daß die Wirkungen dieser Grundlagen mit dem Ziel des natürlichen oder des positiven Gesetzes übereinstimmen. Zu diesen *fundamenta* rechnet Pufendorf beispielsweise den Scharfsinn und die Fähigkeit, verschiedene Wissenschaften und Künste zu erlernen, ein feines Urteil beim Verwalten der Angelegenheiten, ein standhaftes und unerschütterliches, also dem Einfluß von Versuchungen und Befürchtungen entzogenes Gemüt, die Beredsamkeit, körperliche Schönheit und Geschicklichkeit, auch die Glücksgüter, aber vor allem die vollbrachten Unternehmungen.[101]

Der Besitz von derartigen körperlichen oder geistigen Eigenschaften verleiht dem Geehrten jedoch nichts anderes als eine bloße *aptitudo* oder ein *ius imperfectum*[102], das heißt ein nicht zwangsweise durchsetzbares Recht, von den anderen Ehrenbezeugungen und Verehrung entgegenzunehmen. Infolgedessen könnte derjenige, welcher einer verdienstvollen Person Ehrerbietung verweigert, lediglich der Unmenschlichkeit (*inhumanitas)* und der Barbarei (*incivilitas*) beschuldigt werden.[103]

Denn ein *ius perfectum*, vom anderen Ehrerbietungen zu erzwingen, kann nur von dem *imperium* herkommen, das der eine über den anderen hat, oder von einem *pactum*, welches zwischen beiden geschlossen wurde, oder auch

---

[100] Vgl. ebd., liber VIII, caput IV, par. I, S. 374: »... postquam omnimodam aequalitatem in genere humano commode servari hautquidquam posse satis adparebat«.

[101] Vgl. *De Officio*, a. a. O., liber II, caput XIV, par. XIII, S. 589. Zu diesem Punkt vgl. auch *De Jure Naturae*, a. a. O., liber VIII, caput IV, par. XII, S. 385ff.

[102] Zur Unterscheidung zwischen vollkommenem und unvollkommenem Recht bei Pufendorf siehe ebd., liber I, caput VII, par. VII, S. 117: »Denique & hoc observandum, quaedam deberi nobis ex iure perfecto, quaedam ex imperfecto. Illo modo quae nobis debentur, ubi ultro non tribuuntur, fas est in libertate naturali degentibus vi belloque ad ea praestanda alterum adigere; aut in eadem civitate si vivamus, contra eundem actio datur: hoc autem modo debita bello vindicari, aut actione intentata extorqueri non possunt«.

[103] Vgl. *De Officio*, a. a. O., liber II, caput XIV, par. XIV, S. 589; vgl. dazu weiter *De Jure Naturae*, a. a. O., liber VIII, caput IV, par. XIV, S. 391.

von der *lex*, die deren gemeinsamer *dominus* erlassen oder verabschiedet hat.[104]

Kurz: Wegen ihrer bis hier dargelegten Kennzeichen darf die Pufendorfsche *existimatio intensiva* nicht mit der Standesehre verwechselt werden, weil bei der ersteren das Kriterium für die Ehrbeilegung nicht die Zugehörigkeit zu einem bestimmten Stand oder einer Zunft ist, sondern das persönliche Verdienst.[105]

Zur Bestätigung dessen soll, nach Pufendorf, der Träger der Staatsgewalt – unter Anwendung des Grundsatzes der Verteilungsgerechtigkeit – die verschiedenen Ehrengrade (*Gradus Dignitatis*) in unterschiedlicher Weise an die Bürger austeilen. Dabei beurteilt der Herrscher die Fähigkeit jedes einzelnen Bürgers, sich Verdienste um den Staat zu erwerben.[106] Deshalb führte die gesteigerte Ehre, »verliehen durch den staatlichen Souverän«, bei Pufendorf »praktisch zu einer hierarchischen Ordnung der Ehrenränge, die zur überkommenen geburtsständischen Ordnung im Gegensatz stand«.[107]

---

[104] Vgl. *De Officio*, a. a. O., liber II, caput XIV, par. XIV, S. 590; siehe auch *De Jure Naturae*, a. a. O., liber VIII, caput IV, par. XV, S. 392f.

[105] Hierbei stimme ich überein mit Zunkel, F.: Art. Ehre, Reputation, a. a. O. In: Brunner, O., Conze, W., Koselleck, R. (Hg.): *Geschichtliche Grundbegriffe*, Bd. 2, a. a. O., S. 30, Anm. 182. Hinsichtlich der gesteigerten Ehre unterstreicht Zunkel nämlich, daß Pufendorf »eine Bevorzugung des Geburtsadels durch Ehrungen ab[lehnte]; sie sollten nur dem Verdienst zukommen« (ebd.).

[106] Vgl. *De Officio*, a. a. O., liber II, caput XIV, par. XVI, S. 591: »Inter cives autem Gradus Dignitatis designare, summi imperantis est; qui tamen heic recte cujusque praestantiam, & ad conferenda in Rempublicam merita aptitudinem respicit«.

[107] Zunkel, F.: Art. Ehre, Reputation, a. a. O. In: Brunner, O., Conze, W., Koselleck, R. (Hg.): *Geschichtliche Grundbegriffe*, Bd. 2, a. a. O., S. 30.

Gianluca Dioni

»DASS NICHTS SCHLECHTES GESCHEHEN DARF, DAMIT DAS GUTE ZU TEIL WERDE«[1]

Christian Thomasius' Kritik der Folter

In dieser Arbeit soll Thomasius' Begriff der Folter untersucht werden, vor allem unter Bezug auf seine Dissertation *De tortura ex foris christianorum proscribenda.*[2] 1705 veröffentlicht, im gleichen Jahr, in dem auch die *Fundamenta Juris Naturæ et Gentium*[3] in Druck gehen, die die endgültige Formulierung von Thomasius' Lehre der Dreigliedeung des praktischen Handelns enthalten, das – wie bekannt – in *Honestum* (Moral), *Decorum* (Wohlanständigkeit) und *Justum* (Recht) unterteilt ist, will die Dissertation über die

[1] Thomasius, Ch.: *Über die Folter*, hg. von Rolf Lieberwirth, Weimar 1960, Teil II, § X, S. 183–185.

[2] Für eine Analyse dieses Werks sind die folgenden Studien als Bezug unerläßlich: Cattaneo, M.A.: *Delitto e pena nel pensiero di Christian Thomasius*, Milano 1976, S. 158–176; ders.: *Illuminismo e legislazione penale. Saggi sulla filosofia del diritto penale nella Germania del Settecento*, Milano 1993, S. 349–360; ders.: *Persona e Stato di diritto. »Discorsi alla Nazione Europea«*, Torino 1994, S. 99–104; ders.: Alcune riflessioni sul problema penale nel pensiero di Christian Thomasius. In: *Il diritto naturale della socialità. Tradizioni antiche ed antropologia moderna nel XVII secolo*, hg. von V. Fiorillo-F. Vollhardt, Atti del Convegno Internazionale, Napoli, 24–25 ottobre 2003, Torino 2004, S. 161–171; ders.: *Giusnaturalismo e dignità umana*, Napoli 2006, S. 62 und 69. Zum Begriff der Folter bei Thomasius siehe außerdem Battaglia, F.: *Cristiano Thomasio, filosofo e giurista*, Roma 1936, S. 421–423; Bloch, E.: *Christian Thomasius. Ein deutscher Gelehrter ohne Misere*, Berlin 1953, S. 34–35; Hüning, D.: Die Folterkritik der kriminalpolitischen Aufklärung. In: *Die Geschichte der Folter seit ihrer Abschaffung*, hg. von K. Altenhain-N. Willenberg, Göttingen 2011, S. 55–80; Kahlo, M.: Die Aufklärung als »Zeitenwende« und ihre Konsequenzen für die strafrechtliche Beurteilung staatlicher Folter. In: *Strafrecht in der Zeitenwende*, hg. von D. Klesczewski/S. Müller-Mezger/F. Neuhaus, Paderborn 2010, S. 45–66; Lieberwirth, R.: *Christian Thomasius. Über die Folter. Untersuchungen zur Geschichte der Folter*, Weimar 1960, S. 13–113; Tomasoni, F.: *Christian Thomasius. Spirito e identità culturale alle soglie dell'illuminismo europeo*, Brescia 2005, S. 243–250. Zu den historischen Hintergründen von Thomasius' Werke wird verwiesen auf Lieberwirth, R.: *Christian Thomasius, Sein wissenschaftliches Lebenswerk. Eine Bibliographie*, Weimar 1955.

[3] Vgl. Thomasius, Ch.: *Fundamenta Juris Naturæ et Gentium ex sensu communi deducta, in quibus ubique secernuntur principia honesti, justi ac decori, cum adjuncta emendatione ad ista Fundamenta Institutionum Jurisprudentiæ Divinæ*, Neudruck der 4. Auflage Halle 1718, Dortmund 1963.

Folter – in der beispielhaften Interpretation Mario A. Cattaneos – ein entschiedener »Akt der Anklage einer typischen juristischen Barbarei [sein], und ist daher Ausdruck des aufgeklärten und humanitären Geistes, der Thomasius' Strafphilosophie charakterisiert, reformiert sowohl in der Form als auch in seiner Bedeutung«.[4]

Hier muß vorangestellt werden, daß diese Dissertation[5] Thomasius' in zwei Kapitel unterteilt ist: im ersten wird die Folter » nach den Regeln des Zivilrechtes«[6] betrachtet, während diese juristische Methode im zweiten Kapitel » mit der Waage der Vernunft und der Billigkeit ab[gewogen]«[7] wird. Mit anderen Worten, Thomasius analysiert die Folter jeweils »vom Standpunkt *de jure condito* (...) [und] *de jure condendo*«[8] aus.

Bereits im Vorwort wird der Kerngedanke formuliert, der die gesamte Kritik Thomasius' an der Folter inspiriert, die als ungerechte Strafe betrachtet wird, weil sie unangenehm und gänzlich unangemessen ist, da die von den eines Verbrechens Bezichtigten erlittenen Qualen denen des Todes vergleichbar sind. »Denn gewöhnlich werden« – schreibt Thomasius – »dem

---

4 Cattaneo, M.A.: *Delitto e pena nel pensiero di Christian Thomasius*, a. a. O., S. 159.

5 Die Kritik ist sich nicht darüber einig, ob diese Dissertation aufgrund des Begleitbriefs, in dem der sächsische Naturrechtler sich von der theoretischen perspektive seines Schülers Martin Bernhardi zu distanzieren scheint, Thomasius zuzuschreiben sei. Hierzu hat Mario A. Cattaneo bemerkt »das Vorhandensein dieses Post-Scriptum, das einige Vorbehalte zeigt, die sich nicht auf das Wesentliche in der Argumentation gegen die Folter beziehen, sondern darauf, ob ihre sofortige Abschaffung angebracht sei, hat die Frage aufkommen lassen, ob diese Abhandlung tatsächlich das Werk Thomasius' sei oder nicht vielmehr seines *Respondens*, Martin Bernhard; diese Frage führt wieder auf die allgemeinere (...) zurück, nämlich die nach dem Verhältnis zwischen *Praeses* und *Respondens* der *Dissertationes*, die im Sinne einer wesentlichen Urheberschaft des Ersteren bezüglich des veröffentlichtes Textes gelöst wurde«: Cattaneo, M.A.: *Delitto e pena nel pensiero di Christian Thomasius*, a. a. O., S. 169. Wir stimmen mit Cattaneos Standpunkt überein, der übrigens auch von vielen Kritikern geteilt wird, vor allem wegen der argumentativen Kohärenz, die die Dissertation über die Folter mit anderen Dissertationen, insbesondere mit der über den Ursprung des Inquisitionsprozesses, verbindet, wohl im Bewusstsein, dass auch gegenteilige Argumentationen plausible Aspekte enthalten können. Hierzu siehe: Ebner, W.: *Christian Thomasius und die Abschaffung der Folter*. In *Ius Commune* IV, 1972, S. 73–80, Koch, A.: *Denunciatio. Zur Geschichte eines strafprozessualen Rechtsinstituts*, Frankfurt am Main 2006, S. 146; Rüping, H.: *Theorie und Praxis bei Christian Thomasius*. In *Christian Thomasius (1655–1728). Interpretationen zu Werk und Wirkung*, hg. von W. Schneiders, Hamburg 1989, S. 144; Schwerhoff, G.: *Aufgeklärter Traditionalismus – Christian Thomasius zu Hexenprozeß und Folter*. In *Zeitschrift der Savigny-Stiftung für Rechtsgeschichte* 104, 1987, S. 247–260. Eine mittlere Position nimmt dagegen Gertrud Schubart-Finkentscher ein, die einräumt, daß Thomasius dem Respondens in diesem Fall eine gewisse Autonomie gelassen hätte. Vgl. Schubart-Fikentscher, G.: *Christian Thomasius. Seine Bedeutung als Hochschullehrer am Beginn der deutschen Aufklärung*, Berlin 1977, S. 17.

6 *Über die Folter*, a. a. O., Vorwort, S. 119–120.

7 Ebd.

8 Vgl. Cattaneo, M.A.: *Delitto e pena nel pensiero di Christian Thomasius*, a. a. O., S. 159.

äußerst bedauernswerten, bisher noch nicht überführten Angeschuldigten durch die Folter Strafen auferlegt, die an Grausamkeit diejenigen übertreffen, mit welchen des gleichen Verbrechens völlig überführte Angeklagte bedacht worden wären«.[9] Die Folter zeichnet sich daher nicht nur als unangemessene Vorwegnahme der Verurteilung aus, sondern verletzt auch offensichtlich das Grundprinzip, nach dem die Strafe zu dem Vergehen im Verhältnis stehen muß. Hierzu hatte der Naturrechtler in den *Institutiones* angemerkt, daß, so wie der »medicus medicamenta adhibet proportionata morbis«, genauso der »princeps *in poenarum irrogatione prospicere debe[t], ut poenae adhibeantur proportionatae delictis*, hoc est, ut illae tantae sint, quantae sufficiunt ad reprimendam libidinem mortalium, qua feruntur in peccatum«[10], wobei er sorgfältig die Schwere des Verbrechens im Verhältnis zu der Person, die es begangen hat, abwägen muß, ebenso sowie zum Gegenstand, den Auswirkungen und der Häufigkeit desselben.[11] Insbesondere ist vom Standpunkt Thomasius' aus das Prinzip der Verhältnismäßigkeit notwendig zum Erreichen der *emendatio communis civium*, die Hauptzweck der juristischen Strafe

---

[9] *Über die Folter*, a. a. O., Vorwort, S. 119–120.

[10] Vgl. Thomasius, Ch.: *Institutiones Jurisprudentiæ Divinæ, libri tres. In quibus fundamenta Juris Naturalis secundum Hypotheses illustris Pufendorffii perspicue demonstrantur, et ab objectionibus dissentientium, potissimum D. Valentini Alberti, professoris lipsiensis, liberantur, fundamenta itidem Juris Divini Positivi Universalis primum a Jure Naturali distincte secernuntur et explicantur. Editio septima prioribus multo correctior*, Neudruck der 7. Auflage Halle, 1730, Dortmund 1963, liber III, caput VII, § 120, S. 426.

[11] Vgl. Ebd., §§ 121–128, S. 426–427. Zu diesem Aspekt von Thomasius' Straftheorie hat Cattaneo hervorgehoben, daß »Thomasius den Begriff der Verhältnismäßigkeit damit erklärt, daß die Strafen so bemessen sein müssen, daß sie den Verbrechenstrieb unterbinden [...]; das Verhältnis von Verbrechen und Strafe wird von ihm als Mittel angesehen, Verbrechen durch die Unterdrückung der kriminellen Impulse zu verhüten. [...]. So ist Thomasius' Haltung hierzu eng an die vieler Aufklärer des 18. Jahrhunderts angelehnt, die das Prinzip der Verhältnismäßigkeit eben deshalb aufgestellt hatten, weil die Erteilung einer gleichwertigen Strafe für zwei unterschiedlich schwere Verbrechen, nicht nur keine abschreckende Wirkung hat, sondern sogar dazu ansporнt, das schwerere Verbrechen zu begehen. [...]; die aufgeklärte Straftheorie [...] versteht Verhältnismäßigkeit nicht in Bezug auf das Verhältnis von jedem einzelnen Verbrechen zu jeder einzelnen Person, sondern als Verhältnis von einer Hierarchie verschieden schwerer Strafen zu einer Hierarchie verschieden schwerer Verbrechen (von diesem Standpunkt aus ist es ungerecht, weil dem Prinzip der Verhältnismäßigkeit widersprechend, ein schwereres Verbrechen mit einer leichteren Strafe und ein weniger schweres Verbrechen mit einer schwereren Strafe zu belegen; die strafrechtliche Aufklärung fordert Verhältnismäßigkeit, sowohl als rationellen Zweck der Verbrechensverhütung als auch aus humanitären Gründen (d. h. um zu verhindern, daß für geringere Vergehen zu schwere Strafen erteilt werden, wie es in Europa im 17. und 18. Jahrhundert tatsächlich der Fall war). Das ist die Bedeutung dieses Ansatzes, der sich in der Aufklärung des 18. Jahrhunderts deutlich herauskristallisiert: doch dies ist auch bereits, *in nuce*, der Sinn von Thomasius' Haltung«: Cattaneo, M.A.: *Delitto e pena nel pensiero di Christian Thomasius*, a. a. O., S. 56–58.

ist.[12] Letztere wird daher als *pœna medicinalis* betrachtet, »quia ut medicus, adhibendo medicamenta, intendit sanitatem individui humani aegrotantis; ita Princeps, adhibendo poenas, intendere debet rectitudinem corporis moralis, id est, reipublicae laborantis morbis moralibus«.[13]

Auf dieser Grundlage ist bei Thomasius die Folter nicht nur weit davon entfernt, ein Mittel der Wiederherstellung der ›Gesundheit‹ des Staatskörpers zu sein und mögliche Verbrecher davon abzuhalten, Verbrechen zu begehen, und so die Sicherheit der Bürger zu gewährleisten, sondern stellt im Gegenteil eine jeder gesunden Vernunft und jedem Prinzip der Billigkeit widersprechende Praxis dar.[14] Vom Gesichtspunkt des Naturrechtlers aus sind die Gottlosigkeit und Perversion dieser Praxis derart grauenhaft, daß jemand, der »sich noch ein kleines Gefühl von Menschlichkeit bewahrt hat«[15], sich entsetzt, wenn er sieht, wie elende Sterbliche gequält werden, deren Schuld noch nicht einmal bewiesen ist.

Im Lichte dieses Prinzips, beginnt das erste Kapitel der Dissertation mit der Aussage, daß die Folter ein unrechtmäßiges Mittel bei der Suche nach der Wahrheit ist und weder dem göttlichen noch dem Naturrecht entspricht.[16] Thomasius zitiert zur Unterstützung seiner These die Autorität von Autoren wie Juan Luis Vives[17], Cicero[18] und Augustin[19] und nimmt so die Schlußfolgerung der Dissertation vorweg: die Folter, eine Praxis, die »ungerecht, unbillig, trügerisch, durch Förderung der Übel gekennzeichnet und schließlich jedes Anscheines göttlichen Zeugnisses entblößt und daher aus den christlichen Gerichten zu verbannen ist«.[20]

Auf diese Weise macht die Feststellung des klaren und unbestreitbaren Widerspruchs, in dem die Folter sowohl zur natürlichen als auch zur übernatürlichen Ordnung steht, repräsentiert durch das Naturrecht bzw. das

[12] Vgl. *Institutiones Jurisprudentiæ Divinæ*, a. a. O., liber III, caput VII, § 33, S. 414.

[13] Ebd., § 55, S. 416.

[14] Vgl. *Über die Folter*, a. a. O., Vorwort, S. 119–121.

[15] Ebd.

[16] Vgl. ebd., Teil I, § I, S. 123–125: »So gewis es ist, daß die Folter nicht das rechtmäßige und mit dem göttlichen und natürlichen Recht übereinstimmende Mittel zu Erpressung und zum Beweis der Wahrheit ist«.

[17] Vgl. ebd.: »Wir foltern die Menschen, damit sie nicht unschuldig sterben; obwohl uns das mehr jammert, als wenn sie stürben. umso viel schlimmer sind oft die Folterqualen als der Tod!«.

[18] Vgl. ebd.: »Bei den peinlichen Fragen scheint man nicht darauf auszugehen, die Wahrheit zu erforschen, sondern um damit jemanden, der gefolter wird, zu falschen Aussagen zu zwingen«.

[19] Vgl. ebd.: »Was soll ich dazu sagen, wenn jeder einzelne in seiner Sache gefolter wird, und während es fraglich ist, ob er schuldig sei, gemartet wird und somit unschuldig für ein ungewisses Vergehen die gewissesten Strafen erleidet, nicht weil man weiß, daß er es begangen hat, sondern weil man nicht weiß, ob er es nicht begangen hat. Und so ist die Unkenntnis des Richters sehr oft das Unglück der Unschuldigen«.

[20] Ebd. Vgl. außerdem a. a. O., Teil II, § XI, S. 185–187.

göttliche Recht, deutlich, wie von Thomasius' naturrechtlichem Standpunkt aus sowohl die Vernunft als auch die Offenbarung einstimmig diese grausame Praxis verurteilen. In der Tat stellt die *pulcherrima armonia*[21], die nach Thomasius das Verhältnis von Offenbarung und Vernunft kennzeichnet, eine der begrifflichen Stützen dar, um die herum der Naturrechtler die philosophische Argumentation seiner Dissertation entwickelt und gliedert, in dem Versuch, die Theorien zu widerlegen, die für die Folter sprechen. Ein deutliches Beispiel dieser *methodus procedendi* besteht im Gebrauch des Prinzips des Apostels Paulus im Römerbrief[22], nach dem »nichts Schlechtes geschehen

---

[21] Von Thomsasius' Standpunkt aus, auch dem säkularisierten der *Fundamenta*, bilden Offenbarung und Vernunft, übernatürliche und natürliche Erleuchtung eine *pulcherrima armonia* (vgl. Thomasius, Ch.: *Paulo plenior, Historia Juris Naturalis, cum duplici appendice. I. Censuræ Boeclerianæ in programma Rebhanii. II. Quinque Epistularum a Pufendorfio, Conringio, Boeclero ad Boineburgium scriptarum, cum notis, obscuriora, dubia, falsa illustrantibus ac refutantibus. In usum Auditorii Thomasiani*, Halae Magdeburgicae 1719, Neudruck, Stuttgart 1972, caput I, § XVI, S. 6), da »virtus philosophica et theologica differunt gradibus perfectionis« (ebd.). Mit anderen Worten, wenn von den beiden Bereichen einer dem anderen untergeordnet ist, so stellt dies keinen Widerspruch dar, denn, auch wenn »intellectus equidem humanus ignorat res supernaturales, sed postquam Sacra Scriptura eas revelavit, nihil in revelationibus illius deprehendit, quod rectae rationis repugnet, sed potius ex rebus revelatis Sapientiam, Justitiam et Omnipotentiam divinam distinctius agnoscit, imo lumen naturale hominibus suppeditat varia argumenta, v. g. doctrinam de Trinitate divina, de immortalitate animae, de resurrectione carnis etc. etsi non probantia, tamen minimum illustrantia, ac demonstrantia, in istis mysteriis supernaturalibus, nihil, quod contra naturale dici possit, deprehendi« (ebd., § XVI, S. 6). Thomasius erklärt diesen Begriff durch Rückgriff auf ein Beispiel aus der Geometrie: »ita v.g. inter duas lineas rectas parallelas subordinatio quaedam est, sed non oppositio; et si inferiorem lineam plane tollas, omnis subordinatio et parallelismus cessat« (ebd., § XVIII, S. 6–7). Hier wird deutlich, dass für Thomasius, anstelle einer starren Gegenüberstellung von menschlicher Vernunft und göttlicher Offenbarung, »utrumque singulare Dei donum« (Thomasius, Ch.: Dissertatio ad Petri Poireti libros de Eruditione solida, superficiaria & falsa. In ders., *Programmata Thomasiana, et alia scripta similia breviora coniunctim edita, cum notis hinc inde de novo adiectis*, Halae et Lipsiae 1724, § XX, S. 615–616), zwischen diesen beiden Begriffen ein Verhältnis von »subordinatio et parallelismus« besteht, wie ein anderes vom Philosophen verwendetes wirkungsvolles Bild zeigt, nämlich die Parallele zwischen dem menschlichen Auge und dem Mikroskop (vgl. *Paulo plenior, Historia Juris Naturalis*, a. a. O., caput I, § XIIX, S. 6–7). Zu diesem Zweck enthüllt Thomasius: »unde magis ad rem quadrat comparatio luminis naturalis cum oculo humano, quam cum candela, et supernaturalis cum perspicillis vel microscopiis, quam cum luce solari. Equidem si sol luceat, candela non habemus opus, sed oculos nunquam abjicimus, si velimus uti microscopiis«.

[22] Hier erscheint es mir richtig, darauf hinzuweisen, dass die exegetische Komplexität des Römerbriefs ihre begriffliche Klärung in der Aussage über die unbestreitbare Gleichheit findet, die die das verdorbene Wesen des Menschen kennzeichnet: absolut gleich in der Sünde, fällt für den Menschen bei Paulus, vor dem Gott der Juden und der Heiden, zusammen mit der starren Trennung zwischen Beschnittenen und Unbeschnittenen, jede andere Besonderheit, die die menschliche Lage unterscheidet. »Denn Wenn Nationen, die kein Gesetz haben, von Natur

darf, damit das Gute zu teil werde«.[23] Nur Gott als einziger »Erforscher des Herzens«[24], kennt den inneren Antrieb sittlichen Handelns, urteilt in seiner Vollkommenheit mit wahrer Gerechtigkeit und kann sich des Schlechten bedienen um Gutes zu schaffen. Daher erkennt der vernünftige Mensch, in völliger Übereinstimmung mit der Heiligen Schrift, die Folter als ein ungerechtes und unmoralisches Mittel und könnte, in Abwandlung des Zitats von Paulus, schlussfolgern: man darf sich nicht der Folter, eines ungerechten Mittels, in der Hoffnung bedienen, damit etwas Gutes zu erreichen. Anders gesagt, nur dank Spitzfindigkeiten und Haarspaltereien, die von Widersprüchlichkeiten, Unmöglichkeiten oder anderen offensichtlich unvernünftigen Annahmen ausgehen, kann die Folter als ein nützliches Mittel zur Gerechtigkeit erscheinen.

Es darf daher nicht wundern, daß »in einem Werk, das zeitgleich mit den *Fundamenta* erschienen ist, in denen, wie wir wissen, [Thomasius] das *lex divina positiva* endgültig aus jeder im engeren Sinn juristischen Abhandlung ausgeschlossen und den Begriff der ›göttlichen Rechtssprechung‹ überwunden hatte«[25], der Philosoph die Folter als unzulässig erklärt, gerade weil sie in offensichtlichem Widerspruch zu »dem Schatten jener wahren Gerechtigkeit oder natürlichen Billigkeit« steht »welche man an allen göttlichen Vorschriften beobachten kann«.[26]

Nachdem er den Widerspruch der Folter zur natürlichen und übernatürlichen Ordnung festgestellt und die juristische Definition der Folter formuliert hat, nach der »sie (...) nichts anderes [bedeutet], als eine gewaltsame, mit Hilfe der Folter betriebene Erforschung der Wahrheit«[27], untersucht das erste Kapitel, gemäß der vom Autor im Vorwort ausgedrückten Absicht, »die Regeln, denen die Folter im bürgerlichen Recht untersteht, die sich auf den S*tatus* der Personen bezieht, die der Folter unterzogen werden können, auf die Verbrechen, für die sie vorgesehen sein kann, auf die Indizien, die ihre Anwendung rechtfertigen, auf die Rechtmäßigkeit der Methoden ihrer Anwendung und schließlich auf die besonderen Verfahrensweisen, die der Richter in diesem Bereich einhalten muß«.[28]

Bei der Untersuchung der speziellen Verfahrensweisen, die zur Anwendung der Folter führen, insbesondere das Vorhandensein eines Beweisstücks,

---

dem Gesetz entsprechend handeln, so sind diese, die kein Gesetz haben, sich selbst ein Gesetz. Sie beweisen, daß Werk des Gesetzes in ihren Herzen geschrieben ist«: *Der Brief an die Römer*, 2, 14–15.

23 *Über die Folter*, a. a. O., Teil II, § X, S. 183–185. Vgl. *Der Brief an die Römer*, 3, 8.

24 *Über die Folter*, a. a. O., Teil II, § X, S. 183–185.

25 Cattaneo, M.A.: *Delitto e pena nel pensiero di Christian Thomasius*, a. a. O., S. 175.

26 *Über die Folter*, a. a. O., Teil II, § VI, S. 171–175.

27 Ebd., Teil I, § II, S. 125–127.

28 Cattaneo, M.A.: *Delitto e pena nel pensiero di Christian Thomasius*, a. a. O., S. 160.

nimmt Thomasius ausdrücklich Bezug auf das Verbrechen der Zauberei, weil gerade bei diesem Verbrechen die Folter das einzige Beweismittel darstellt. Nach Ansicht des Naturrechtlers ist es nicht »möglich, die Bestrafung eines »Verbrechens« zu vertreten, das, obwohl es vom Gesetz als solches vorgesehen ist, auf der Ebene der Erscheinungswirklichkeit nicht existiert und jeden Tatbestandes ermangelt (...), da es hierbei nicht möglich ist, das Vorhandensein eines *Corpus Delicti* zu beweisen: und ohne die juristische Voraussetzung (Beweisstück) wird die juristische Folge (Strafe) unmöglich«.[29]

Unter Verweis auf seine Dissertation *De Crimine Magiæ*[30] für eine Vertiefung des Themas behandelt der Autor bei dieser Gelegenheit nicht das Problem bezüglich der wahren oder angenommenen Existenz dieses Vergehens, sondern beschränkt sich darauf, die Richter aufzufordern, nicht »in Vorurteilen verfangen und durch so viele vorgefaßte Meinungen verblendet« zu sein, daß sie »die Wahrheit dieser Sachen nicht erkennen« können.[31] An dieser Stelle erinnert Thomasius daran, daß »es (...) im Zweifelsfalle besser [ist], zehn Schuldige freizulassen, als einen Unschuldigen, der jedoch gestanden hat, zu verurteilen«[32], weil tatsächlich »wegen des Verbrechens der Zauberei (und Hexerei) viele unschuldige Frauen verbrannt werden, – auf Grund schwächerer Argumente werden sie nämlich der Folterung unterworfen, und daher ist zu befürchten, daß viele den Tod weiteren Folterungen vorziehen, zumal sie zuweilen unter den Folterqualen umkommen«.[33]

Nachdem Thomasius die Untersuchung der Folter und deren Praxis in den bürgerlichen Gesetzen und Gebräuchen[34] zum Abscluß gebracht hat, eröffnet er das zweite Kapitel mit der Ankündigung, die Folter »an Hand des Naturgesetzes und der gesunden Vernunft überprüfen«[35] zu wollen, um anschließend aufzeigen zu können, »was für unwürdige und sehr leicht zu widerlegende Argumente von ihren Fürsprechern vorgebracht werden, um das Anrichten eines solchen Blutbades rechtfertigen zu können«.[36] Nachdem er erneut die »große Ungerechtigkeit und offenkundige Unbilligkeit« aufgezeigt hat, die »diese höchst grausame Lehre von der Folter«[37] kennzeichnen, wird das doppelt falsche Ergebnis dieser juristischen Praxis umrissen. Thomasius hebt hervor, daß schon viele *Scriptores* beklagt haben, wie »einerseits

---

29 Cattaneo, M.A.: *Illuminismo e legislazione penale*, a. a. O., S. 355–356.

30 Thomasius, Ch.: *Von Laster der Zauberei. Über die Hexenprozesse. De Crimine Magiæ. Origo ac Progressus Processus Inquisitorii contra Sagas*, hg. von R. Lieberwirt, München 1987.

31 *Über die Folter*, a. a. O., Teil I, § XII, S. 153–155.

32 Ebd.

33 Ebd.

34 Vgl. ebd., Teil II, § I, S. 157–159.

35 Ebd.

36 Ebd.

37 Vgl. ebd.

(...) nicht wenige, die zu recht eines Verbrechens beschuldigt sind, starken Herzens die Folterqual [ertragen] und (...), mögen sie noch so schuldig sein, nichts destoweniger kraft Gesetzes freigesprochen [werden]. Andererseits werden die unschuldigsten Menschen durch häufige Täuschungen und Ränke in schuftigster Weise außer Fassung gebracht und höchst unbillig auf Grund eines mit Gewalt erpreßten Geständnisses zum Tode verurteilt«.[38] Zu diesem Zweck hebt Bloch hervor, wie Thomasius darauf besteht, »daß die Beweismittel des Strafprozesses endlich denen des Zivilprozesses gleichen; der Grundsatz: confessio regina probationis sei demgemäß durch gründliche Untersuchung mindestens zu ergänzen. Denn eben dieser Grundsatz, gar als einziger strafrechtlich zugelassener, hatte ja – falls nicht gleich zwei Tatzeugen der Unschuld oder Schuld auffindbar waren – die durch Tortur erpresste (und oft so falsche) Selbstbezichtigung nötig gemacht«.[39] Beim Inquisitionsprozeß stellte die Folter als unersetzliches Beweismittel in der Tat eine verbreitete Praxis zur Ermittlung der Wahrheit dar.[40] Vom Standpunkt Thomasius' aus ist der Beweiswert eines durch die Folter erzwungenen Geständnisses »völlig nichtig. Während diejenigen, die in Geist und Körper stark sind, der Folter widerstehen und kein Geständnis ablegen, brechen die Schwachen und der Angst und dem Schmerz zusammen und gestehen auch nie begangene Verbrechen. Daher werden durch die Folter oft unangemessene Urteile gerechtfertigt, Unschuldige in den Tod geschickt und umgekehrt diejenigen freigesprochen, die diese grausame Prüfung bestanden haben«.[41]

Die Nutzlosigkeit und Ungerechtigkeit der Folter[42], die »einerseits zum Freispruch des Schuldigen [führen], der, weil stark und widerstandsfähig, die Folter zu überstehen vermag, und andererseits zur Verurteilung des Unschul-

---

[38] Ebd.

[39] Bloch, E.: *Christian Thomasius*, a. a. O., S. 34–35.

[40] In der *Dissertatio de Origine Processus Inquisitorii* verbindet Thomasius die Anwendung der Folter eng mit der inquisitorischen Prozeßordnung. Diesbezüglich weist der Naturrechtler darauf hin, daß »torturae et carcerum squalidorum usum, si non originem, saltem potissima incrementa debere inventoribus processus inquisitorii«: Thomasius, Ch.: *Dissertatio de Origine Processus Inquisitorii*, Halæ Magdeburgicæ 1711, § XIV, S. 19. Zu diesem Werk siehe Cattaneo, M.A.: *Secolarizzazione e diritto penale*, Napoli 1990, S. 45–48; ders., *Persona e Stato di diritto.* a. a. O., S. 101–103 e ders., *Giusnaturalismo e dignità umana*, a. a. O., S. 62–63.

[41] Battaglia, Felice: *Cristiano Thomasio, filosofo e giurista*, a. a. O., S. 421–422.

[42] Als Beispiel der absoluten Nutzlosigkeit und tiefgreifenden Ungerechtigkeit der Folter gibt Thomasius den Fall eines *honestus Colbergæ Vir wieder:* »So geriet vor einigen Jahren in Kolberg ein rechtschaffener Mann in der Verdacht, seine eigene Ehefrau getötet zu haben. Er wurde der Folter unterworfen, gestand jedoch unter den schrecklichsten Folterungen nichts. Wenn dieser aber schuldig war, wurde er wegen der erduldeten Folterung unrechtmäßig freigesprochen. Wenn er aber unschuldig war, welchen Regreß darf dieser Unglückliche wegen des ihm zugefügten Unrechtes geltend machen und gegen wen?«: *Über die Folter*, a. a. O., Teil II, § II, S. 159–161.

digen, der, schwach und unfähig, den Schmerz zu ertragen, ein nie begangenes Verbrechen gesteht«[43], werden dadurch erschwert, daß diese Praxis der Beweisführung die Würde des Menschen verletzt, der nach dem Bilde Gottes geschaffen wurde. Indem er sich die Thesen des Juristen Brunnemann zu eigen macht, die sich an die *Genesis* anlehnen[44], zeigt Thomasius auf, daß »nichts (...) so grausam und unmenschlich [ist] als einen Menschen, der nach dem Ebenbild Gottes geschaffen wurde, durch die Folter zu zerfleischen und gleichsam zu Tode zu martern, besonders, solange der Richter nach der Folterung in seiner Überzeugung hinsichtlich des gestandenen Verbrechens nicht sicherer und fester sei kann, als er es vor der Folterung war. Es lügen die, welche [die Folter] erdulden können, aber auch die, welche die Folter nicht ertragen können«.[45]

Die Unzuverlässigkeit dieses *funestum exercitium*[46] wiegt noch schwerer, wenn man in Betracht zieht, daß viele Unschuldige zu Unrecht von denjenigen angeklagt werden, die sie unter »den schrecklichsten, mehr als viehischen Qualen«[47] als Mittäter nennen, um die eigenen Qualen, und sei es nur vorübergehend, zu beenden, und diese so dazu verdammen, auch diese brutale Behandlung erdulden zu müssen. Dieses ist der Fall bei einem völlig unschuldigen Schuster, der grundlos von einem Verbrecher angeklagt wurde, dem er ein Paar Stiefel als Geschenk verweigert hatte.

»Auf Grund einer falschen Angabe irgendeines Gauners ins Gefängnis geworfen«[48], gestand er seine Schuld aus Angst vor Gewalt und wurde der traurigen Qual in Gegenwart seines Anklägers unterzogen. »Nachdem dieses Schauspiel vollendet war, brach der Schurke in rauhes Gelächter aus und rief sehr laut: Habe ich Dir, unglücklicher Schuster, wie ich geschworen hatte, nicht schön vergolten?«[49] Als sie dies hörten, fragten die fassungslosen Richter den Dieb nach der Bedeutung dessen, was er gesagt hatte: letzterer gab zu, gelogen zu haben um sich an dem Schuster für die Beleidigung zu rächen, der sich – nach Ansicht des Diebes – der Weigerung, ihm ein Paar Stiefel zu schenken, schuldig gemacht hatte. Durch die Analyse dieses Beispiels kann Thomasius das Prinzip bestätigen, das besagt, »es lügen die, welche [die Folter] erdulden können, aber auch die, welche die Folter nicht ertragen können«.[50] Desweiteren bemerkt der Naturrechtler bei Augustin, wie bei der

---

[43] Cattaneo, M.A.: *Delitto e pena nel pensiero di Christian Thomasius*, a. a. O., S. 172.
[44] *Genesis*, 1, 27.
[45] *Über die Folter*, vgl., Teil II, § II, S. 159–161.
[46] Vgl. ebd, § III, S. 161–165.
[47] Vgl. ebd.
[48] Vgl. ebd, § IV, S. 165–169.
[49] Ebd.
[50] Ebd., § II, S. 159–161.

Anwendung der Folter, wenn »ein Richter den Angeklagten deshalb foltert, damit er nicht unbewußt einen Unschuldigen tötet; aus Angst vor der Unwissenheit geschieht es aber, daß er einen Gefolterten und Unschuldigen tötet, den er doch gefoltert hatte, um nicht einen Unschuldigen zu töten«.[51] Hier wird deutlich, daß die tiefgreifende Ungerechtigkeit der Folter eng mit der Möglichkeit verbunden ist, daß durch ihre Anwendung ein Unschuldiger ungerechtfertigt ungeheuer schmerzhaften Qualen ausgesetzt wird. Zu diesem Zweck und unter Rückgriff auf die Autorität der Heiligen Schrift hebt der Naturrechtler hervor, daß auch diese »ein derartig blutiges Verfahren [verflucht und verabscheut]«[52] und Gott selbst haßt diejenigen, »die unschuldiges Blut vergießen«[53], wie mehrfach in der *Apocalypse*[54], in *Jeremias*[55] sowie in den *Sprüchen*[56] ausdrücklich gesagt wird.

Beim Versuch, die *torturæ incertitudo*[57] noch weiter zu belegen, hebt Thomasius weiter hervor, »daß es bei den meisten Folterarten allein in der Macht des Henkers liegt, die Folterschmerzen zu verschärfen und zu mildern«.[58] Anders ausgedrückt, da der Henker die Möglichkeit hat, die Qualen nach eigenem Ermessen zu verstärken oder abzuschwächen, ohne daß andere es merken, auch wenn sie dabei anwesend sind, kann er daher »wie ihm der Sinn steht, dem Angeklagten mal stärkere, mal geringere Qualen zufügen, so daß sich selbst der Richter nur schwer darüber bewußt sein kann, wie hart die Folter ist. Doch vor allem steht der Anwendung der Folter das Naturrechtsprinzip entgegen, nachdem jeder ein Recht auf die geeigneten Mittel zur Verteidigung seines Lebens hat«.[59] Indem sie die Sterblichen unausweichlich in den Tod führt, verletzt die Folter nämlich den »vorgebrachten Grundsatz

---

[51] Ebd., § III, S. 161–165.

[52] Ebd.

[53] Ebd.

[54] Vgl. *Offenbarung*, 6, 10: »Bis wann, heiliger und wahrhaftiger Herrscher, richtest und rächst du nicht unser Blut an denen, die auf der Erde wohnen?«.

[55] Vgl. *Jeremia*, 7, 6–7: »Denn [nur] wenn ihr eure Wege und eure Taten wirklich gut macht, wenn ihr wirklich Recht übt untereinander, den Fremden, die Waise und die Witwe nicht unterdrückt, kein unschuldiges Blut an diesem Ort vergießt und nicht anderen Göttern nachlauft zu eurem Unheil, dann will ich euch an diesem Ort, in dem Land, das ich euren Vätern gegeben habe, wohnen lassen von Ewigkeit zu Ewigkeit«.

[56] Vgl. *Sprüche*, 6, 16–19: »Sechs [Dinge] sind es, die dem Herrn verhaßt sind, und sieben sind seiner Seele ein Greuel: Stolze Augen, falsche Zunge und Hände, die unschuldiges Blut vergießen, ein Herz, das heillose Anschläge schmiedet, Füße, die eilig dem Bösen nachlaufen, wer Lügen vorbringt als falscher Zeuge und wer freien Lauf läßt dem Zank zwischen Brüdern«.

[57] Vgl. *Über die Folter*, a. a. O., Teil II, § V, S. 169–171.

[58] Ebd. Hierzu merkt Tomasoni an, daß »die dem Scharfrichter zugestandene weitreichende Entscheidungsfreiheit ein Klima von Korruption und Willkür begünstigt«: Tomasoni, F.: *Christian Thomasius*, a. a. O., S. 248.

[59] Cattaneo, M.A.: *Delitto e pena nel pensiero di Christian Thomasius*, a. a. O., S. 166.

[...] des Naturrechts«, welcher vorschreibt, »niemanden die Selbstverteidigung [in seinen Grundlagen] abzuschneiden«.[60]

In Anlehnung an die allgemeine Vorschrift der *officia hominis erga seipsum*, »ITA TE CONSERVARE STUDE, UT VITAM CUM ALIIS TRANQUILLAM PROMOVEAS«[61], zählt der Philosoph in den *Fundamenta* das Recht auf Selbstverteidigung »ad classem jurium, quae homini competunt antecedenter ad omne pactum humanum«[62] zu, d. h. der Kategorie der angeborenen Rechte. Mit anderen Worten verweigert die Folter als gewaltsames Mittel zum Erpressen eines Geständnisses, indem sie das individuelle Recht auf Selbstverteidigung verletzt, gleichzeitig das Grundrecht der Selbsterhaltung, da es die Unglücklichen, die dieser barbarischen Gepflogenheit unterzogen werden, unweigerlich dazu zwingt, ihren eigenen Tod herbeizuführen.

Parallel hierzu und in perfekter Übereinstimmung mit seinem naturrechtlichen Standpunkt, muß nach Thomasius die Folter auch deshalb verurteilt werden, weil es in der Heiligen Schrift nicht den geringsten Hinweis ihrer Anwendung bei der Wahrheitsfindung im Prozeß gäbe. Der Naturrechtler bemerkt zu diesem Zweck, wie die göttliche Gerechtigkeit, während sie die Bestrafung der Verbrechen als absolut notwendig vorschreibt, diese Aufgabe den irdischen Richtern überläßt und gleichzeitig, in Zweifelsfällen eine Vertiefung der Argumentation, erneute Nachforschungen und weitere Zeugenaussagen fordert, ohne daß jedoch irgendwie Bezug auf die Folter genommen wird.[63]

Der Philosoph bemüht sich im weiteren Verlauf seiner Abhandlung, die Theorien derjenigen zu widerlegen, die zur Untermauerung dieser juristischen Praxis die Autorität der Bibel zitieren und sich dabei auf die Passage »des bitteren und verfluchten Tranks« stützen. Es handelt sich um das *Gesetz über die Eifersucht* aus dem Buch der *Numeri*[64], nach dem sich ein eifersüchtiger Ehemann an einen Priester wenden könnte, um seine Frau einem Ritual zu unterziehen, das die Wahrheit ans Licht bringen soll. Der Priester verabreicht der Frau, nachdem er bestimmte Opfer gebracht und die Frau eine Reihe heiliger Formeln sprechen lassen hat, einen Trank aus Weihwasser und Staub vom Boden des Tempels. Ist die Frau schuldig, wird sie verflucht sein, ihr Leib anschwellen und ihre Hüften welken; im Falle ihrer Unschuld wird sie hingegen als rein erkannt und kann Kinder bekommen.[65] Thomasius gliedert, nachdem er aufgezeigt hat, wie einfach es ist, die völlige Andersartigkeit

---

[60] *Über die Folter*, a. a. O., Teil II, § V, S. 169–171.

[61] *Institutiones Jurisprudentiae Divinae*, a. a. O., liber II, caput II, § 7, S. 95.

[62] *Fundamenta Juris Naturæ et Gentium*, a. a. O., liber II, caput II, § 9, S. 210.

[63] Vgl. *Über die Folter*, a. a. O., Teil II, § VI, S. 171–175.

[64] Vgl. *Numeri*, 5, 11–31.

[65] Vgl. *Über die Folter*, a. a. O., Teil II, § VI, S. 171–175.

dieses Ritus im Vergleich zur Folter zu beweisen[66], seine Widerlegung in vier unterschiedliche Kernbegriffe. Der erste Aspekt, den er hervorhebt, zeigt, daß der bittere Trank als wundertätiges und übernatürliches Mittel, Schuld oder Unschuld der Verdächtigten unwiderlegbar beweist. Wer ist dagegen so dumm – fragt der Philosoph – in der Folter ein ebenso unfehlbares und wundertätiges Mittel zu sehen? »Zweitens tötet jenes Getränk allein nur die Schuldigen, dagegen erdulden sowohl Schuldige als auch Unschuldige die schrecklichen Folterschmerzen«.[67] Die dritte Bemerkung hebt hervor, daß der Trank nur im Falle von Ehebruch zur Anwendung kommt, während die Folter unterschiedslos bei jedem kriminellen Tatbestand angewendet wird. Und schließlich ist der bittere Trank nicht nur ein Mittel zur Beweisführung, sondern auch eine gerechte Strafe für die Schuldige, im Gegensatz zur Folter, deren Qualen ungerecht sind, weil sie der Strafe vorausgehen und vor allem nicht im Verhältnis zur Schuld stehen.

Auf die gleiche Art und Weise widerlegt der sächsische Philosoph noch zwei weitere Argumente für die Folter, die sich gegenseitig ergänzen und unterstützen. Einige zitieren nämlich zur Unterstützung der Anwendung der Folter eine Episode aus der Apostelgeschichte, in der Paulus, da römischer Bürger, der Folter entgeht. Andere hingegen unterstützen diese inquisitorische Praxis, obwohl sie in der Heiligen Schrift nicht erwähnt wird, da »in den verschiedenen Regierungsformen auch unterschiedliche Gesetze erlassen werden müssen«.[68] Nach dieser Auslegung wird versucht, die Notwendigkeit dessen zu beweisen, daß jedes politische System seine eigenen Gesetze hat: die Episode um Paulus würde also zeigen, wie die Gesetzgebung des römischen Reiches, anders als die alttestamentarisch-israelische, die Anwendung der Folter vorsah, völlig unabhängig von der Gebote der Heiligen Schrift. Als Antwort auf diese Aussage bemerkt Thomasius, »daß in den verschiedenen Regierungsformen auch unterschiedliche Gesetze erlassen werden müssen«[69], aber daß gleichzeitig auch ein christliches Volk auf keinen Fall Gesetze übernehmen kann, die nicht der Vorstellung von Billigkeit und Gerechtigkeit entsprechen, die dem göttlichen Gesetz eigen ist.[70] Aus diesem Grund rät Thomasius daher »die Folter abzuschaffen, nicht weil sie in keinem Text der Heiligen Schrift erwähnt ist, sondern weil sich in ihr nicht einmal ein Zug jener wahren Gerechtigkeit und jener echten Billigkeit andeutet, die sich in allen göttlichen Geboten finden«.[71] In diesem Sinne fragt sich Thomasius dann

[66] Vgl. ebd.
[67] Ebd.
[68] Ebd.
[69] Ebd.
[70] Vgl. ebd.
[71] Cattaneo, M.A.: *Delitto e pena nel pensiero di Christian Thomasius*, a. a. O., S. 166.

auch: »Verrät das denn dem wohlgeneigten Leser Billigkeit, irgend jemanden zu strafen, dessen Schuld oder Unschuld noch nicht feststeht? Ist das Gerechtigkeit, Schuldige ungestraft zu entlassen und Unschuldige dagegen mit dem Tode zu bestrafen? Ist es mit der natürlichenVernunft übereinstimmend, Menschen zu ihrem eigenen Tod zu zwingen?«[72]

Zwei weitere Argumente müßten nach Thomasius das Mittel der Folter den christlichen Gerichten verdächtig erscheinen lassen, »denen immer eine dem Evangelium entsprechende Sanftmut am Herzen liegen muß«[73]: das erste hebt hervor, daß diese Praxis ihre Wurzeln in der Grausamkeit heidnischer Völker hat. Das zweite Argument gründet dagegen auf der römischen juristischen Praxis, die – wie die oben angeführte Episode aus der *Apostelgeschichte*[74] bestätigt – die Folter nur für Sklaven vorsah. In der römischen Gesellschaft war deren Lage in der Tat so elend und bedauernswert, »daß ihnen nach [damaligem] Recht kein Unrecht zugefügt werden konnte. Sie wurden den Vierfüßlern (Tieren) gleichgestellt, so daß es den Römern gestattet war, sie straflos zu töten«.[75]

Im weiteren Verlauf seiner Abhandlung über die Folter untersucht der Philosoph noch weitere Argumente zur Unterstützung dieser Schlachterei, im Versuch zu zeigen, »was für unwürdige und sehr leicht zu widerlegende [Argumente]«[76] jene wären. Das erste Argument gründet die »Naturgegebenheit dieses Mittels (...) darauf, daß es bei allen Völkern zur Gewohnheit geworden ist«.[77] Hier unterstreicht Thomasius die Unvernünftigkeit dieser These: »weder das Alter allein noch die Häufigkeit der Handlungen, noch allein die Übereinstimmung vieler Völker reichen aus, daß irgend etwas als wirkliche Gewohnheit bezeichnet wird und Gesetzeskraft erlangt, weil eine Vielzahl von Irrenden die Schändlichkeit des Irrtums nicht aufhebt oder verbessert, und die Verteidigung vieler schlechter Ursachen der Gerechtigkeit nicht zu gute kommt«.[78]

Die Folter kann auch nicht durch Rückgriff auf die Autorität Justinians oder anderer römischer Kaiser gerechtfertigt werden, da jeder Herrscher sowohl die Macht hat, gerechte Gesetze aus anderen Ordnungen zu über-

---

[72] *Über die Folter*, a. a. O., Teil II, § VI, S. 171–175.

[73] Vgl. ebd., § VII, S. 177.

[74] Vgl. nochmals ebd., § VI, S. 171–175. »Andererseits« – bemerkt hierzu Battaglia – »wenn die Folter zum ersten Mal von den Adligen angewandt wurde, und unter diesen von den Römern und auf die Sklaven beschränkt, muß man sagen, daß sie im Widerspruch zur christlichen Moral steht, die auf der Achtung vor der Person, auf der Milde und der Liebe gründet«: Battaglia, F.: *Cristiano Thomasio, filosofo e giurista*, a. a. O., S. 422.

[75] *Über die Folter*, a. a. O., Teil II, § VII, S. 177.

[76] Ebd., § I, S. 157–159.

[77] Battaglia, F.: *Cristiano Thomasio, filosofo e giurista*, a. a. O., S. 423.

[78] *Über die Folter*, a. a. O., Teil II, § VIII, S. 179–181.

nehmen, als auch die, ungerechte Gesetze abzuschaffen und sie durch andere, angemessenere zu ersetzen, nach dem Prinzip, nach dem »heute jeder beliebige Fürst auf seinem Gebiet machen kann, was der Kaiser im Reich kann«.[79] Im wesentlichen heißt das, daß, um den diesem Mittel zugrundeliegenden Fehler zu beheben, »weder das Alter dieser Praxis noch die kaiserliche Autorität einen ausreichenden Grund darstellten, wenn die Vernunft fehlte«.[80]

Ein drittes Argument für die Folter gründet umgekehrt auf der Überzeugung, nach der die Abschaffung dieses Beweismittels der juristischen Tätigkeit schweren Schaden zufügen würde.[81] Man müßte also »die Folter in Zweifelsfällen beibehalten, als Mittel, um Schuld oder Unschuld zu erkennen, und (...) zum Freispruch oder zur Verurteilung zu führen«.[82] Hierzu ist Thomasius' Standpunkt klar, wenn er sagt: »dieser Einwand ist bedeutungslos, denn wer sieht nicht, daß die Folter eine trügerische, gefährliche und irrtümliche Sache ist, und die Richter nach angewandter Folter über das vollbrachte Verbrechen nicht mehr Gewißheit haben, als bevor der Angeschuldigte auf das »Pferdchen« gesetzt wurde«.[83]

Thomasius führt auch eine komparative Analyse der juristischen Praxis anderer europäischer Völker durch, wie der Engländer und Holländer, die dem Richter, ohne sich der Folter zu bedienen, andere inquisitorische Mittel zugestehen, um die Schuld der Angeklagten zu beweisen.[84] Durch diese juristische Praxis bekräftigt, vertritt Thomasius die Ansicht, daß es die Pflicht des Richters sei, seine Meinung den göttlichen Geboten anzupassen, die diese gewalttätige Gepflogenheit ablehnen, und es Gott als »dem Erforscher des Herzens«[85] zu überlassen, die unbekannten Täter zu bestrafen.[86]

Im letzten Abschnitt seiner Streitschrift erklärt und widerlegt Thomasius schließlich jenes Argument zugunsten der Folter, daß sich auf Erfahrung gründete: von diesem Standpunkt aus hätte gerade die Erfahrung unwiderlegbar gezeigt, wie es ohne die Anwendung der Folter »als gleichsam sicherstes Mittel, die Wahrheit zu erforschen«[87] in zahlreichen Fällen nicht möglich gewesen wäre, den wahren Sachverhalt herauszufinden, d. h., die Schuldigen zu Recht zu verurteilen und die Unschuldigen freizusprechen. Die Staatswohlfahrt erfordert es nämlich, daß Verbrecher bestraft werden. Dieser Be-

---

[79] Ebd.

[80] Tomasoni, F.: *Christian Thomasius*, a. a. O., S. 249.

[81] Vgl. *Über die Folter*, a. a. O., Teil II, § IX, S. 181.

[82] Cattaneo, M.A.: *Delitto e pena nel pensiero di Christian Thomasius*, a. a. O., S. 168.

[83] *Über die Folter*, a. a. O., Teil II, § IX, S. 181.

[84] Vgl. ebd., § X, S. 183–185.

[85] Ebd.

[86] Vgl. ebd.

[87] Ebd., § XI, S. 185–187.

weisführung stellt Thomasius das Prinzip entgegen, nach dem der Staat noch größeres Interesse daran hätte, daß Unschuldige nicht mit grausamen Strafen unverdient zu Tode gequält würden. Und wenn wahr ist, daß viele Verbrecher gerechterweise dank Anwendung der Folter verurteilt worden sind, ist ebenso unbestreitbar, daß es viele, um nicht zu sagen *infinita exempla*[88] gibt, die bezeugen, daß durch diese Quälerei Unschuldige nie begangene Verbrechen gestanden haben und daher zu Unrecht zum Tode verurteilt worden sind.

Daher ist es, laut Thomasius, wesentlich weiser, ein Verbrechen ungestraft zu lassen als einen Unschuldigen zu verurteilen. Dieser Grundsatz wird von der Heiligen Schrift bekräftigt, insbesondere in der Episode aus der *Genesis*[89], in der Abraham Gott mit den folgenden Worten anfleht, die Sodomiten im Namen der wenigen unter ihnen verbliebenen Rechtschaffenen und Frommen nicht auszumerzen: »Fern sei es von dir, so etwas zu tun, den Gerechten mit dem Ungerechten zu töten, so daß der Ungerechte wäre wie der Gerechte; fern sei es von dir! Sollte der Richter der ganzen Erde nicht Recht üben?«[90] Und, als Zeichen der Einheit von altem und neuem Testament in der Gestalt Jesu, bemerkt Thomasius die enge Verbindung zwischen der Episode der Bestrafung der Sodomiten und der Parabel über die Zwietracht.[91] In der Tat, indem er dazu auffordert, die schlechte Frucht zusammen mit der guten bis zur Ernte reifen zu lassen, um nicht das Gute mit dem Schlechten auszumerzen, gesteht Christus, der neue Abraham, als unendlich gerechter und gnädiger Richter, die Möglichkeit zu, »bis zur Ernte zusammen[zu]wachsen«[92] und sich so zu bekehren. Wenn man sich an dieser Parabel orientiert, ist es laut dem sächsischen Philosophen besser, daß ein Richter zehn Schuldige freispricht, deren Schuld nicht zweifelsfrei erwiesen ist, als daß er einen Unschuldigen zu Unrecht zum Tode verurteilt, nachdem

---

88 Vgl. ebd.

89 Vgl. *Genesis*, 18, 16–33.

90 Ebd., 25.

91 Vgl. *Matthäus*, 13, 24–30. Jesus selbst erklärt seinen Jüngern die Parabel der Zwietracht mit den folgenden Worten: »Dann entließ er die Volksmengen und kam in das Haus; und seine Jünger traten zu ihm und sprachen: Deute uns das Gleichnis vom Unkraut des Ackers. Er aber antwortete und spach: Der den guten Samen sät, ist der Sohn des Menschen, der Acker aber ist die Welt; der gute Same aber sind die Söhne des Reiches, das Unkraut aber sind die Söhne des Bösen; der Feind aber, der es gesät hat, ist der Teufel; die Ernte aber ist die Vollendung des Zeitalters, die Schnitter aber sind Engel. Wie nun das Unkraut zusammengelesen und im Feuer verbrannt wird, so wird es in der Vollendung des Zeitalters sein. Der Sohn des Menschen wird seine Engel aussenden, und sie werden aus seinem Reich alle Ärgernisse zusammenlesen und die, die Gesetzloses tun; und sie werfen sie in den Feuerofen werden: da wird das Weinen und das Zähneknirschen sein. Dann werden die Gerechten leuchten wie die Sonne in dem Reich ihres Vaters. Wer Ohren hat, der höre!«: ebd., 36–43.

92 Vgl. *Über die Folter*, a. a. O., Teil II, § XI, S. 185–187.

er von ihm durch die Folter ein falsches Geständnis erzwungen hat. Thomasius schließt: »Ich behaupte, daß aus dem Erklärten hinreichend erhellt, was ich im Titel dieser Dissertation behauptet habe, nämlich, daß die Folter, welche eine irreligiöse, ungerechte Sache ist und zum göttlichen wie zum Naturrecht im Gegensatz steht, längst hätte aus den Gerichten der Christen verbannt werden müssen«.[93]

93 Ebd.

Tommaso Opocher

IL PROBLEMA DELLA DIGNITÀ UMANA NELLA FILOSOFIA PRATICA DI CHRISTIAN WOLFF

Das Problem der Menschenwürde in der praktischen Philosophie Christian Wolffs

Abstract

Dem Konzept der menschlichen Würde kommt im Denken der praktischen Philosophie Wolffs eine ausgesprochen große Bedeutung zu, auch wenn dieses nicht ausdrücklich ausformuliert wird. Der vorliegende Aufsatz möchte die konstitutiven Elemente jenes Konzeptes sowie deren Beziehungen zu den politischen Ausformungen des aufgeklärten Absolutismus aufzeigen. Für Wolff ist die *Würde* des Individuums durch das Innehaben von Verpflichtungen und natürlichen Rechten begründet, die sich beide auf die Erreichung des letzten Zieles der Vollkommenheit ausrichten. Der politische Staat bildet das Mittel, durch das sich die Individuen dem Ideal der Vervollkommnung annähern können, zu dem sie von Natur aus berufen sind. Die grundlegende These dieses Aufsatzes besteht darin, dass Wolff in der schwierigen Abwägung der Werte zwischen der Rettung des Staates und der Bekräftigung der natürlichen Rechte des Einzelnen – und mit ihnen der *Würde* – dem ersteren Wert stärkere Gewichtung zukommen lässt. Faktisch wird in seinem Denken daher die Vorstellung von der menschlichen Würde den Ansprüchen der Machthaber unterworfen.

Il concetto di dignità umana, seppur non formulato in termini espliciti da Wolff, ricopre un ruolo di estrema importanza nell'ambito della sua filosofia pratica. Il duplice scopo di questo saggio è quello di mettere in luce gli elementi costitutivi di tale concetto e di stabilire in che modo esso si rapporti con le forme politiche dell'assolutismo illuminato. Per questa ragione l'approccio analitico caratterizzante il primo punto sarà seguito da un approccio più propriamente critico, finalizzato a vagliare la tenuta del principio di dignità umana in relazione sistema politico wolffiano.

L'assenza di uno specifico riferimento al tema della *dignitas* nelle opere wolffiane non costituisce una ragione sufficiente per ritenere che il filosofo di

Breslavia non si sia posto il problema di determinarne lo statuto. L'attenzione che egli rivolge alla *natura et essentia hominis*, quale fondamento delle obbligazioni e dei diritti naturali, è assai indicativa del *modus procedendi* di Wolff. Egli non parte da assunzioni di carattere teologico, né riconosce acriticamente valore di verità alle affermazioni dell'autorità ecclesiastica. Ciò che per Wolff è decisivo è il confronto diretto con la natura umana, considerata quale insieme di spinte e tendenze tutte orientate a conseguire il fine eminentemente razionale della perfezione. Il concetto di »dignità« che si è andato affermando in età moderna fa leva proprio su quest'idea di »natura umana« come fonte prossima delle obbligazioni e dei diritti dell'uomo, esplicitamente teorizzata dagli autori giusnaturalistici ed anche da Wolff. Sotto questo aspetto il giusnaturalismo moderno opera una netta inversione di tendenza rispetto al pensiero medievale: il punto di partenza del discorso morale e giuridico non è più costituito da una teologia, ma da una antropologia. È dallo studio dell'uomo in quanto tale che il filosofo prende le mosse per costruire il suo sistema pratico.

Non può sorprendere dunque che Wolff, uomo dell'età moderna, si conformi a questa linea di tendenza. Tuttavia dobbiamo fare brevemente cenno alle ragioni storiche che hanno accompagnato la formazione del suo pensiero su questo punto e ne hanno, per così dire, determinato la direzione.

A cavallo fra Sei e Settecento la Germania era ancora scossa dalle guerre di religione. Dopo la pace di Westfalia il territorio nazionale tedesco si trovava in uno stato di estrema frantumazione politica e di grave arretratezza economica; erano presenti oltre trecento Stati, di cui alcuni non superavano le dodici miglia quadrate e la Prussia rappresentava l'unico davvero in grado di darsi un'organizzazione giuridico-politica stabile. Oltre ai problemi politici permanevano tuttavia anche gravi problemi religiosi: allo scontro non del tutto sopito fra cattolici e protestanti si aggiungevano le nuove tensioni laceranti lo stesso movimento riformato, nel quale le spinte pietistiche insidiavano le ormai sedimentate posizioni ortodosse. La religione, che aveva storicamente costituito il più incisivo fattore di coesione dello Stato, veniva a rappresentare negli anni successivi alla Riforma un terreno sempre più accidentato e sempre meno in grado di offrire norme di condotta condivise all'interno della società. Proprio in campo religioso le dispute teologiche si erano man mano trasformate in vere e proprie contrapposizioni politiche, dando vita a conflitti i cui strascichi hanno per lungo tempo lasciato il segno nei territori guerreggianti.

È chiaro come in un tale scenario il problema della filosofia pratica emergesse in tutta la sua complessità[1]. Non potevano più essere le diverse teologie a fornire le risposte ultime – e quindi valide per tutti – ai problemi della vita pratica: esse dovevano essere ricercate in ciò che accomunava ogni uomo, cioè

[1] Si veda a proposito dello sviluppo storico della filosofia pratica lo studio di G. Fassò, *La legge della ragione*, Bologna, 1964 ed E. Berti, *Filosofia pratica*, Napoli, 2004.

la sua natura razionale. Wolff sviluppò questo concetto in un famoso discorso sulla morale naturale dei Cinesi[2], che tenne in occasione della cerimonia ufficiale nella quale rassegnava nelle mani di Joachim Lange – pietista e suo principale avversario – la carica di prorettore dell'Università di Halle. In questo discorso egli sosteneva che i princìpi della morale traevano la loro origine dalla conformità alla natura razionale dell'uomo, indipendentemente da ogni riferimento all'esistenza di Dio e all'immortalità dell'anima. Ne fornivano un esempio proprio i Cinesi che, estranei alla rivelazione e, più in generale, alla religione, avevano elaborato una morale meramente naturale contrassegnata da un »continuo progresso verso perfezioni sempre maggiori«[3]. Scriveva Wolff:

> Sinenses antiqui [...], cum nulla universi Autorem ignorantibus esset religio naturalis, multo minus aliqua revelationis divinae documenta innotuissent, non aliis quam naturae viribus iisque ab omni religione puris ad virtutis exercitium promovendum uti poterant. Eos autem felicissime iisdem usos fuisse, mox plenius constabit[4].

Elogiando la morale dei Cinesi, Wolff rivendicava la possibilità di una morale naturale e, con essa, l'autonomia della ragione nel campo dell'etica. L'ideale di una filosofia pratica universale, fondata sulla sola ragione ed in grado di indirizzare ciascun uomo lungo la via della felicità, veniva affermato con vigore in questo discorso. E per salvaguardare l'autonomia della ragione, i princìpi della *sapientia* – intesa leibnizianamente come *scientia felicitatis* – venivano da Wolff privati di ogni legame diretto con le verità rivelate, per accentuarne la derivazione dalla natura razionale dell'uomo. La separazione così operata in ambito pratico fra filosofia e teologia testimoniava il deciso tentativo wolffiano di ancorare la morale ad un ordine al tempo stesso naturale e razionale, indipendente da ogni riferimento religioso. Non era il comando divino a far sorgere in capo all'uomo l'obbligazione morale – tesi che Wolff ancora sosteneva, probabilmente influenzato da Pufendorf, nella *Philosophia practica universalis* del 1703[5] –, ma la conformità dell'obbligazione alla natura razionale dell'uomo. Di qui la famosa affermazione – non certo

---

[2] *Oratio de Sinarum philosophia practica* (1726). La dissertazione è stata inserita poi in *Meletemata mathematico-philosophica*, III, anno 1721, IV, pp. 22–126.

[3] *Oratio de Sinarum philosophia practica*, nota 83.

[4] *Oratio de Sinarum philosophia practica, supra* note 54–57.

[5] Sono significative a tal proposito le definizioni, di chiara impronta volontaristica, di *legge* ed *obbligazione* date da Wolff in quest'opera: la legge è »il comando del superiore promulgato all'inferiore, in grado di obbligarlo« (*Philosophia practica universalis* [1703], I, 29); l'obbligazione considerata nell'obbligante è »l'atto del superiore, col quale egli stabilisce una pena per i trasgressori delle leggi«; considerata nell'obbligato, »la paura prodotta dalla sanzione penale e la reverenza verso il superiore prodotta dall'esposizione delle ragioni delle leggi« (I, 28).

nuova ai tempi di Wolff – della sussistenza dell'obbligazione morale anche per l'ateo[6].

Se il punto di partenza della filosofia pratica è dunque costituito dalla natura dell'uomo, il metodo utilizzato da Wolff per darle il massimo grado di certezza ed universalità è quello matematico. Esso consente alla filosofia di indirizzarsi a tutti gli uomini indipendentemente dalla religione professata, poiché si appella ai princìpi che presiedono alla formazione stessa del pensiero umano: il principio di non contraddizione ed il principio di ragion sufficiente. Il metodo filosofico – ridotto così a quello matematico – richiede che le proposizioni siano »dimostrate mediante argomentazioni ordinatamente connesse l'una con l'altra«, di modo che »nessuna premessa [sia] assunta, se in precedenza non è stata dimostrata«[7]. La forma a cui la filosofia deve aspirare è la »connessione (*Kette*) sistematica che permette di ricavare le conclusioni dalle premesse e di ampliare via via le nostre conoscenze«[8]. Un tale ordine può essere garantito unicamente dal ricorso al metodo proprio della matematica, quello sillogistico, in virtù del quale la conclusione di un primo sillogismo viene a costituire premessa di quello successivo e così via. Le premesse vengono quindi dimostrate con nuovi sillogismi finché si giunge ad un sillogismo le cui premesse siano »definizioni, chiare esperienze o proposizioni identiche«[9].

La fusione di questi due elementi – natura dell'uomo quale punto di partenza della filosofia pratica e metodo matematico quale *modus procedendi* del filosofo – dà vita ad un sistema pratico nel quale le obbligazioni e i diritti naturali vengono dedotti matematicamente dall'*essentia atque natura hominis*. Il complesso di queste obbligazioni e diritti costituisce lo *status moralis* di una persona, chiamato da Wolff anche *status naturalis* in quanto »le obbligazioni e i diritti attraverso i quali è determinato [...] competono [all'uomo]

---

[6] La tesi della sussistenza dell'obbligazione morale anche per l'ateo viene formulata da Wolff già nei *Vernünftige Gedanken von der Menschen Thun und Lassen* (1720), I, 21, mentre nell'*Oratio de Sinarum philosophia practica* Wolff si limita a porsi il problema dell'ateismo dei Cinesi, riportando, nella nota 54, le opposte opinioni dei Gesuiti (che lo negavano) e dei Domenicani e dei Francescani (che l'affermavano). È possibile riscontrare un'apertura alla tesi della sussistenza dell'obbligazione naturale anche per gli atei in Gregorio da Rimini, in *II Sententiarum*, 34, 1, 2 e U. Grozio, *De jure belli ac pacis*, proleg. 11. Sulla concezione etica di Wolff presente nell'*Oratio* e sulle sue implicazioni sul rapporto fra religione e morale si veda M. Albrecht, *Die Tugend und die Chinesen. Antworten von Christian Wolff und die Frage nach dem Verhältnis zwischen Religion und Moral*, in *Nuovi studi sul pensiero di Christian Wolff*, a cura di S. Carboncini e L. Cataldi Madonna, in »GW« (1992), III, XXXI, pp. 239–262.

[7] *Ausführliche Nachricht von seinen eigenen Schriften* (1726), 25. Cfr. anche *Discursus praeliminaris de philosophia in genere* (1728), IV, 139.

[8] F. L. Marcolungo, *Wolff e il problema del metodo*, in *Nuovi studi sul pensiero di Christian Wolff*, cit., p. 13.

[9] *Logica tedesca*, a cura di R. Ciafardone, Bologna, 1978, IV, 21, p. 84.

in forza della legge naturale«[10]. Nello *status naturalis* – stato primigenio in cui l'uomo è considerato in funzione soltanto della propria essenza e natura, prima e indipendentemente dalla costituzione della società – l'individuo acquisisce la dignità di *persona moralis*, ponendosi al vertice del sistema morale e giuridico. Il concetto di *persona moralis* è altamente espressivo dell'interesse di Wolff per l'uomo »in quanto soggetto di determinate obbligazioni e determinati diritti«[11]. La nozione moderna di dignità umana si rifà proprio a questa concezione. L'uomo *dignus* non è colui che ricopre una determinata posizione politica all'interno dell'ordine sociale, come era per gli antichi romani, né semplicemente l'uomo virtuoso o l'uomo *imago Dei*, come era per i medievali; il giusnaturalismo moderno afferma – e Wolff lo fa in modo particolarmente chiaro – un'idea di dignità umana strettamente collegata alla titolarità soggettiva di obbligazioni e diritti fondati sulla natura dell'uomo in quanto tale.

Vediamo ora il contenuto di queste *obligationes et jura*, il rapporto che intercorre fra loro ed il principio che governa l'intero sistema, al fine di delineare lo statuto del concetto wolffiano di dignità umana.

L'obbligazione al perfezionamento di se stesso e del proprio stato è l'elemento che più in profondità caratterizza la condizione naturale dell'uomo. L'uomo è obbligato dalla sua stessa natura a compiere le azioni che tendono alla sua perfezione e ad omettere quelle che tendono alla sua imperfezione[12]. Il criterio della perfezione costituisce la chiave per distinguere le azioni buone da quelle cattive, essendo le prime quelle che tendono alla perfezione dell'uomo, le seconde quelle che tendono alla sua imperfezione[13].

> Quoniam ea est hominis natura, ut bonum appetat, malum aversetur, actiones vero bonitatem vel malitiam intrinsecam habentes in se bonae & malae sunt, aut propter determinationes accidentales accedentes tales sunt, consequenter motivum volitionis et nolitionis in se continent, ut, si distincte cognoscantur, eas velimus, vel nolimus; actiones intrinsece bonae vel malae per se appetibiles, vel aversabiles sunt. Hinc autem porro patet, actiones ad perfectionem hominis ejusve statum tendentes continere motivum volitionis et per se appetibiles, quae vero tendunt ad imperfectionem hominis ejusve statum motivum nolitionis continere et esse per se aversabiles[14].

L'obbligazione naturale è immutabile e necessaria come l'essenza e la natura su cui si fonda[15]. Nessun uomo può mai essere liberato dal dovere di perfe-

---

[10] *Institutiones iuris naturae et gentium* (1750), I, III, 96.

[11] *Institutiones*, I, III, 96.

[12] Cfr. *Institutiones*, I, II, 36.

[13] Cfr. *Institutiones*, I, I, 12.

[14] *Institutiones*, I, I, 15.

[15] Cfr. *ibidem*.

zionare se stesso e di compiere tutte le azioni dirette a tal fine. Tale dovere – dal quale poi discendono tutti gli altri – ha come sua implicazione necessaria la libertà di compiere »tutte le cose senza le quali l'obbligazione naturale non può essere adempiuta«[16].

> Facultas ista, seu potentia moralis agendi dicitur *jus*. Unde patet jus oriri ex obligatione passiva, nec jus ullum fore, si nulla esset obligatio[17].

Il passaggio dall'obbligazione al diritto naturale soggettivo trova qui la sua giustificazione teorica. Se per natura l'uomo è obbligato a perfezionare se stesso, per natura gli è anche concesso il potere di fare tutto ciò che è necessario per adempiere la sua obbligazione. Wolff riconosce nello *status naturalis* una priorità logica ed ontologica delle obbligazioni rispetto ai diritti. Nel primo volume dello *Jus naturae* egli riconosce infatti all'insieme delle obbligazioni naturali la qualifica di *essentia hominis moralis*[18], mentre ai diritti naturali quella di *attributa hominis moralis*[19]. In entrambi i casi si tratta di elementi immutabili e necessari dell'ente, ma mentre gli *essentialia* sono gli elementi originari e costitutivi dell'essenza e sono già determinati in se stessi, gli *attributa* sono determinati dagli *essentialia* ed hanno la loro ragione sufficiente interamente contenuta nell'essenza. Ciò non significa soltanto che senza obbligazione non si dà alcun diritto, ma anche che l'ampiezza del diritto deve essere determinata dal contenuto dell'obbligazione. Wolff afferma: »poiché il diritto è dato al fine di adempiere un'obbligazione, è retto quell'uso del diritto che i doveri richiedono; al contrario esso consiste in un abuso«[20]. Il diritto si estende a tutti – e soltanto – i mezzi necessari per raggiungere il fine prescritto dall'obbligazione. Ne è un esempio il diritto al consumo dei cibi necessari all'uomo per conservare il proprio corpo[21] od il diritto all'edificazione di abitazioni per riparare se stessi e le proprie cose dalle avversità del tempo[22]: a ciascuna obbligazione corrisponde il rispettivo diritto sui mezzi necessari per adempierla.

Nella concezione wolffiana dello stato di natura l'uomo è dunque considerato come soggetto di obbligazioni e diritti naturali che insieme costituiscono la sua dignità di *persona moralis*. In questo gioco di rimandi continui fra obbligazioni e diritti si svolge la vita etica dell'individuo, il cui inesausto procedere verso »perfezioni sempre maggiori« è la ragione profonda che lo

---

[16] *Institutiones*, I, II, 45.

[17] *Institutiones*, I, II, 46.

[18] *Jus naturae methodo scientifica pertractatum* (1740–8), I, I, 71.

[19] *Jus naturae*, I, I, 72.

[20] »Cumque jus detur ad satisfaciendum obligationi, rectus juris usus is est, quem officia exigunt, in contrario abusus consistit« (*Institutiones*, I, III, 66).

[21] Cfr. *Institutiones*, I, II, 46.

[22] Cfr. *Institutiones*, I, IV, 116.

muove all'adempimento delle obbligazioni naturali e all'esercizio dei corrispondenti diritti. In questo quadro la perfezione costituisce la stella polare del sistema etico wolffiano, fine ultimo delle azioni umane e fondamento del diritto naturale.

Quella teorizzata da Wolff non è tuttavia una perfezione intesa in senso teologico, ma in senso più propriamente umanistico: aspetto questo che ben esprime il grado di secolarizzazione raggiunto dalla speculazione wolffiana. Per il filosofo di Breslavia l'uomo non ha direttamente di mira la perfezione indicata da Cristo quale traguardo supremo della vita umana: »voi, dunque, siate perfetti come è perfetto il Padre vostro celeste«[23], ma una perfezione umanistica, consistente nella massimizzazione delle proprie capacità razionali. Accentuando – e, per certi versi, assolutizzando – l'elemento razionale della natura umana, Wolff finisce con l'identificare la perfezione dell'uomo con la sua razionalità, escludendo di fatto dall'orizzonte etico tutto ciò che non attiene direttamente all'esercizio delle facoltà razionali, come ad esempio la fede.

In questa prospettiva l'idea di dignità umana acquisisce dei contorni più chiari. È *dignus* l'uomo che agisce in modo conforme alla perfezione, realizzando in sé la propria umanità con sempre maggiore pienezza. Soltanto l'uomo che mira al proprio perfezionamento (*Vervolkommung*) rispetta l'umanità di sé e degli altri, e non contraddice la legge morale. La *dignitas* non è dunque solo uno *status*, consistente nella titolarità di obbligazioni e diritti naturali, ma anche un fine da raggiungere: all'aspetto statico (*essere*) se ne aggiunge uno dinamico (*dover essere*). L'accostamento di questi due aspetti – l'uno funzionale all'altro – determina lo statuto teoretico del concetto wolffiano di dignità che, sebbene non esplicitato dal filosofo di Breslavia, ricopre così un posto di estrema rilevanza all'interno del suo sistema pratico.

Il problema che a questo punto si pone – e che dobbiamo affrontare nella seconda parte del saggio – è se sia possibile perseguire il fine della perfezione (e quindi vivere in maniera *degna*) rimanendo all'interno dello stato di natura oppure sia necessaria la costituzione di un nuovo ordine di rapporti sociali.

Lo stato di natura wolffiano non è uno stato di »guerra di tutti contro tutti« come quello hobbesiano. In esso gli uomini agiscono razionalmente, cooperando fra loro in vista del perfezionamento individuale. Tuttavia Wolff è ben consapevole che sussiste, nello stato di natura, un fattore di insuperabile fragilità, che si riflette inesorabilmente nei rapporti intersoggettivi. La mancanza di un potere pubblico in grado di far rispettare – anche con la forza – l'ordinato svolgersi dei rapporti giuridici, fa sì che il godimento dei diritti naturali risulti incerto. Le ragioni di precarietà dello stato di natura affondano le loro radici proprio nella situazione di incertezza nella quale gli individui

---

[23] *Mt* 5, 48. Ho usato qui la traduzione ufficiale della CEI, *Bibbia di Gerusalemme*, Bologna, 2009.

vengono a trovarsi ogni qual volta aspirano a far valere i loro diritti. L'adempimento di un dovere naturale è affidato alla libera volontà dell'obbligato e non vi è mezzo per costringerlo ad eseguire la prestazione, se non la forza privata. In tal modo l'individuo non è mai sicuro di ricevere la prestazione che gli è dovuta ed il diritto di cui è titolare rischia di rimanere violato. Ma – e questo è il punto per noi più rilevante – l'impossibilità di far valere un diritto soggettivo implica, nella peculiare concezione wolffiana dei rapporti fra obbligazioni e diritti, l'impossibilità stessa di adempiere l'obbligazione naturale rispetto alla quale quel diritto costituisce un mezzo, ed, in ultima analisi, l'obbligazione di perfezione. Questa è la ragione fondamentale per cui nello stato di natura non è possibile perseguire con successo il fine della perfezione e vivere una vita *degna.* È necessaria l'istituzione di un nuovo ordine di rapporti giuridici, fondato sul contratto sociale e finalizzato alla realizzazione del *bonum commune*. Le caratteristiche di quest'ordine – che è quello politico – dovremo ora analizzare, al fine soprattutto di vedere in che modo l'idea di dignità si realizzi all'interno di esso.

Le ragioni teoretiche per cui Wolff ricorre all'istituto giuridico del contratto per giustificare la nascita dello Stato devono essere ricercate, come abbiamo visto, nella sua visione etica[24]. Nello stato di natura gli individui sono obbligati a perseguire la loro perfezione, agendo in modo conforme alla legge naturale. È presente perciò in ciascuno di essi l'esigenza che siano soddisfatte le condizioni necessarie all'adempimento dell'obbligazione naturale. Se mediante il contratto sorgono la società civile e lo Stato è dunque perché »solo nella società civile vengono garantite la disponibilità dei beni sufficienti alla vita, la tranquillità e la sicurezza, la comodità e la felicità«[25] ed è con esse resa possibile la vita morale dell'individuo. Proprio la funzione strumentale dello Stato rispetto al fine morale degli individui giustifica in ultima analisi il ricorso all'istituto giuridico del contratto.

Col patto sociale il sovrano si obbliga a realizzare il bene comune ed i sudditi a prestargli obbedienza. Il *bonum commune* è l'insieme delle condizioni, anche materiali, che consentono all'uomo di vivere, all'interno dello Stato, una vita *degna* per un uomo: *vitae sufficientia, tranquillitas civitatis, securitas.* L'insieme di questi tre elementi costituisce il presupposto necessario per lo sviluppo morale dell'individuo, orientato, come sappiamo, al fine ultimo della perfezione. Compito dello Stato è quello di creare le condizioni affinché ciascun uomo possa realizzare pienamente la sua umanità, conducendo una vita in cui non manchino i beni necessari (*vitae sufficientia*) e siano tutelati i diritti

[24] »L'individualismo in etica – sostiene Bazzoli – ha un preciso riscontro in sede politica nell'accoglimento, da parte di Wolff, della dottrina contrattualistica« (M. Bazzoli, *Il pensiero politico dell'assolutismo illuminato*, Firenze, 1986, p. 354).

[25] Bazzoli, *Il pensiero politico dell'assolutismo illuminato*, cit., p. 355.

soggettivi di ciascuno (*tranquillitas civitatis*, *securitas*). Potremmo dire che la promozione della dignità umana, inclusiva di questi due aspetti, costituisce la ragion d'essere dello Stato politico wolffiano.

La forma di Stato che Wolff ritiene più idonea a soddisfare questo scopo è quella assolutistica. Il sovrano illuminato ha il compito di edificare un ordine giuridico e politico stabile, nel quale i sudditi possano perseguire la loro perfezione. Vi è una forte connessione fra ordine e perfezione. Nella *Philosophia practica* Wolff afferma che »la vita perfetta è vita ordinata«[26] e che non si dà perfezione senza ordine, poiché esso è immanente alla stessa legge di natura[27]. Il concetto secolarizzato di perfezione, sganciato dal riferimento teologico alla perfezione divina e collocato all'interno di una dimensione più propriamente umana e razionale, fa sì che il processo individuale di perfezionamento si compia all'interno dell'ordine politico. In esso sono realizzate tutte le condizioni – *vitae sufficientia*, *tranquillitas civitatis* e *securitas* – affinché il singolo individuo possa godere pacificamente dei propri diritti ed adempiere l'obbligazione naturale. L'etica dell'ordine costituisce »la vera dimensione politica in cui può situarsi ogni possibile criterio di valutazione del comportamento degli individui«[28]. Pur ammettendo quindi Wolff una pluralità di forme di governo possibili, l'unica veramente conseguente con questa idea di ordine è quella assolutistico-monarchica, nella quale il sovrano assoluto assume il ruolo educativo che il *pater* ricopre nella *societas paterna*. L'ordine che viene così a realizzarsi è un ordine gerarchico, fondato sul potere di comandare del *superior* e sull'incondizionato dovere di obbedire dei sudditi, ai quali non spetta alcuno *jus resistendi*.

Nel disegno wolffiano lo Stato assoluto non si presenta tuttavia come uno Stato opprimente e liberticida. Pur essendo ampi e penetranti i poteri attribuiti al sovrano, in esso si realizza quell'ordine razionale che permette ai singoli di sviluppare in piena libertà le loro facoltà spirituali e materiali, espressione della dignità di cui sono portatori. La libertà risulta piuttosto gravemente limitata, se non addirittura compromessa, nello stato di natura, laddove i diritti individuali sono messi continuamente a repentaglio dall'assenza di una autorità sovraordinata in grado di farli coattivamente valere.

Rimane il fatto che l'equilibrio su cui si gioca nello Stato il rapporto fra potere assoluto del sovrano e diritti soggettivi dei singoli è alquanto fragile. Esso si regge in ultima istanza sulla fiducia – tipicamente illuministica – nella capacità del metodo razionale di guidare l'amministrazione della cosa pubblica e nelle possibilità operative della ragione di controllare l'esercizio

---

[26] *Philosophia practica universalis methodo scientifica pertractata* (1739), II, I, 63.

[27] Circa le radici ontologiche del principio dell'ordine e sulla connessione necessaria fra *ordine*, *verità* e *perfezione*, cfr. *Philosophia prima sive ontologia* (1730), I, III, VI, 472 ss.

[28] Bazzoli, *Il pensiero politico dell'assolutismo illuminato*, cit., p. 353.

del potere ai fini del perfezionamento umano e della felicità pubblica. In Wolff »domina l'idea [...] che la ragione filosofica possa accordarsi con la ragione politica almeno tanto quanto lo Stato necessita della scienza per realizzare i suoi fini di felicità comune e di perfezionamento umano«[29].

Per riassumere, l'ideale etico della perfezione giustifica la stipulazione del contratto sociale e la nascita dello Stato politico, mentre la promozione del bene comune – e, con esso, della dignità umana – costituisce il fine cui l'azione di governo deve dirigersi. Sembra tuttavia che l'affermazione della dignità umana sia subordinata, in Wolff, alla salvaguardia dell'ordine politico costituito. Essendo possibile perseguire il fine della perfezione (e quindi vivere una vita *degna* per un uomo) solamente all'interno dello Stato, sarà il sovrano a stabilire i modi e le regole ai quali la ricerca della perfezione deve conformarsi. Wolff presuppone il comportamento razionale di chi governa e quindi la perfetta armonia fra la »ragione politica« e la ricerca individuale della perfezione. Tuttavia non esita a dire che, nel caso in cui il sovrano governi »male«, cioè in modo contrario al bene comune, i sudditi sono ugualmente tenuti all'obbedienza. In un bilanciamento di valori fra la salvezza dello Stato e l'affermazione dei diritti naturali dei singoli Wolff sembra dunque propendere per il primo piuttosto che per il secondo. La stessa idea di dignità umana viene nei fatti asservita alle ragioni di chi detiene il potere.

[29] Bazzoli, *Il pensiero politico dell'assolutismo illuminato*, cit., p. 369.

Norbert Hinske

WÜRDE ALS SCHLÜSSELBEGRIFF DER PHILOSOPHIE KANTS

I. Kant und Achenwall

Ausgangspunkt der folgenden Überlegungen sollen nicht etwa Kants eigene Veröffentlichungen zur Ethik und Rechtsphilosophie sein, also nicht Kants *Grundlegung zur Metaphysik der Sitten* und seine anderen einschlägigen Schriften. Vielmehr sollen Kants Vorlesungen über Naturrecht den Ausgangspunkt bilden, in denen die anstehenden Probleme besonders pointiert zum Ausdruck kommen. Sie haben einen nicht unwichtigen Teil von Kants Lehrtätigkeit ausgemacht. Nach den minuziösen Angaben Emil Arnolds nämlich »hat Kant wahrscheinlich 12 Male Naturrecht gelesen, und zwar als vierstündiges Collegium privatum an den vier Haupttagen der Woche von 8–9.«[1] Von allen diesen Vorlesungen ist jedoch, so wie es heute aussieht, nur eine einzige Nachschrift erhalten geblieben, das sogenannte *Naturrecht Feyerabend*. Es spricht viel dafür, daß es sich dabei nicht etwa um eine unmittelbare Nachschrift handelt, sondern um die Abschrift einer Nachschrift, wenn nicht gar um die Abschrift einer Abschrift.[2] Der Text ist also durch zahlreiche Hände gegangen. Die philologischen Probleme, die das naturgemäß mit sich bringt, sollen hier jedoch nicht erörtert werden.

Als Kompendium hat Kant seiner Vorlesung das *Ius Naturae* von Gottfried Achenwall zugrunde gelegt[3], das Werk eines Autors, der auch um seiner

---

[1] Vgl. Arnoldt, E.: Möglichst vollständiges Verzeichnis aller von Kant gehaltenen oder auch nur angekündigten Vorlesungen nebst darauf bezüglichen Notizen und Bemerkungen. In: *Gesammelte Schriften*, hg. von O. Schöndörffer, Bd. 5, Berlin 1909, S. 336.

[2] Vgl. Delfosse, H.P., Hinske, N., Sadun Bordoni, G.: *Kant-Index, Band 30: Stellenindex und Konkordanz zum »Naturrecht Feyerabend«*, Teilband 1: *Einleitung des »Naturrechts Feyerabend«*, Stuttgart-Bad Cannstatt 2010, S. XII f. Der zweite Teilband befindet sich in Vorbereitung.

[3] Das Werk ist in zwei Teilen erschienen: Achenwall, G.: *Ius naturae*, Göttingen [5]1763 und ders., *Iuris naturalis pars posterior, complectens Ius familiae Ius publicum et Ius gentium*, Göttingen [5]1763. Der zweite Teil ist wiederabgedruckt in: *Kants gesammelte Schriften*, hg. von der Preußischen Akademie der Wissenschaften, Bd. 19, Berlin u. Leipzig 1934, S. 325–442.

selbst willen eine aufmerksame Lektüre verdient[4], Kant hat bei der Auswahl seiner Kompendien offenbar eine glückliche Hand gehabt. Achenwalls Text enthält auch einen relativ kurzen, insgesamt zehn Paragraphen umfassenden Abschnitt »Über Preis und Geld«, »De pretio et pecunia«.[5] Achenwall geht davon aus, daß alles und jedes eines bestimmten Wert und deshalb auch einen bestimmten Preis habe. Alles, genauer: alle Sachen, alle Rechte und alle Dienstleistungen haben ihren Wert (§ 200). Er bemißt sich an dem Nutzen, den etwas für mich selbst oder für einen anderen hat. Naturgemäß fällt seine Schätzung von Person zu Person ganz verschieden aus. Die Bedürfnisse der Menschen sind verschieden. Deshalb ist der Wert zunächst so etwas wie eine Fiktion, eine »ficta quantitas« (§ 204). Man kann aber auch von einer durchschnittlichen Schätzung des Wertes ausgehen. Dann gelangt man zu einem »pretium vulgare« (§ 204). Das Mittel, dieses »pretium vulgare« in die Praxis umzusetzen, ist das Geld (§ 205). Eben deshalb ist der durch Geld festgelegte Preis der Preis von etwas in ausgezeichneter Bedeutung, das »pretium eminens« (§ 206). In einem solchen Sinne könnte man sagen: Geld regiert die Welt.

Kants Erläuterungen dieses Abschnitts im *Naturrecht Feyerabend* sind unterschiedlicher Art. Zum Teil handelt es sich bei ihnen natürlich einfach um den Versuch, seinen Hörern den konzentrierten Text Achenwalls zu erklären und durch Erfahrungen aus dem Alltag nahezubringen. Daneben galt es, einzelne schwierige Termini zu erklären. Dazu gehört auch, daß Kant für den Begriff des »pretium vulgare« nach einer griffigen Übersetzung gesucht hat. Sie lautet: »Marktpreis«: »Dessen Werth nach dem gemeinen Urtheil der Menschen bestimmt ist, ist *pretium vulgare* Marktpreiß« ($49_{9\text{ff.}}$; XXVII 1357). Als Repräsentant für ihn fungiert das Geld: »Es ist ein *Aequivalent* für alle andre Dinge« ($49_{13\text{f.}}$; XXVII 1357). Es sei hinzugefügt: »Marktpreis« ist eine fast schon geniale Übersetzung, die die schwierigen Überlegungen Achenwalls genau auf den Punkt bringt. In der Folge wird sich zeigen: Sie wird rasch Karriere machen.[6]

[4] Vgl. Schwaiger, C.: Art. Achenwall, Gottfried. In: *The Dictionary of Eighteenth-Century German Philosophers*, hg. von H. F. Klemme und M. Kuehn, 3. Bde., London 2010, Bd. 1, S. 10–15.

[5] (XXVII 1356 f.) Kant wird durchgängig nach der Ausgabe der Königlich Preußischen Akademie der Wissenschaften (und Nachfolger) zitiert; römische Ziffern ohne weiteren Zusatz bezeichnen die Bandnummern, arabische die Seitenzahlen dieser Ausgabe. Da der Abdruck des *Naturrechts Feyerabend* im Bd. XXVII der Akademie-Ausgabe zahllose, nicht selten sinnstörende Transkriptionsfehler enthält, wird der Text hier trotz der beigefügten Seitenangaben der Akademie-Ausgabe nach der Neuedition im Rahmen des Kant-Index zitiert, und zwar auch in Fällen, in denen er noch nicht gedruckt vorliegt.

[6] Vor Kant, der mit seiner Übersetzung in der *Grundlegung* den weiteren Sprachgebrauch bestimmt hat, wurde der sperrige Terminus ganz anders übersetzt. Vgl. das *Onomasticon philoso-*

Zugleich aber bricht bei Kant in diese nüchterne Analyse einer Welt, die von Preis und Geld bestimmt wird, ein ganz anderer Gedanke ein, ein Gedanke, der Achenwalls Dreiergruppe von valor, pretium und pecunia sozusagen aufsprengt und einer ganz anderen Ordnung angehört. Es ist dies der Schlüsselbegriff der Würde, der bei Achenwall in diesem Zusammenhang nicht einmal andeutungsweise auftaucht. Sicher, in unserem Alltag bestimmt sich der Wert einer Sache durch ihren Nutzen. Etwas kann aber auch noch eine ganz andere Art von Wert haben: »Der Werth der Sache ist ein Grund der Nutzlichkeit« (möglicherweise ist zu lesen: gründet in ihrer Nützlichkeit). »Würde ist der innere Werth, der auf dem Wohlgefallen an dem Dinge selbst« – und nicht auf seinem Nutzen – »beruht« ($48_{20\mathrm{ff.}}$; XXVII 1357). »Eine Sache hat gar keinen Preis, obgleich immer bestimmten Werth, wenn nur kein *Aequivalent* dafür gesetzt werden kan« (48_{25}; XXVII 1357); »die Tugend hat gar keinen Preis, sondern Würde« ($48_{27\mathrm{f.}}$; XXVII 1357), auch wenn viele Menschen »für ihre Tugenden einen Preis« haben ($48_{26\mathrm{f.}}$; XXVII 1357). Mit anderen Worten: Wer bei allem und jedem immer nur auf den eigenen Nutzen aus ist, ist nicht etwa der Realist, der er zu sein glaubt. Er übersieht vielmehr gerade das Wesentliche. Er verkürzt die Realität, ja er lebt in Wahrheit an ihr vorbei. Das gilt für das individuelle Handeln genauso wie für das politische.

Diese Idee der Würde hat für Kant auch ihre juristischen Konsequenzen, Kant fügt ausdrücklich hinzu: »Des Menschen Körper hat auch keinen Preis. Er [der Mensch] kann nichts als *Aequivalente* dafür nehmen« ($48_{28\mathrm{f.}}$; XXVII 1357). Die Authentizität der Nachschrift wird an dieser Stelle durch Kants handschriftliche Notizen zu Achenwall bezeugt. In der *Reflexion 7565* heißt es: »Würde das Recht der Menschheit nicht die freyheit über seine Persohn zu disponiren einschränken, so müßte man einer Kuplerin zugestehen, die Persohn, die ihre Keuschheit verkauft hat, zu zwingen, contract zu halten« (XIX 456).[7] Zwar sind die Pflichten gegenüber sich selbst für Kant besonnenerweise nicht eine Sache der Rechtslehre, sondern der Tugendlehre. Der Staat kann in aller Regel niemanden zwingen, mit sich selbst vernünftig umzugehen. Dennoch aber gilt für Kant ganz generell: Die Idee der Würde legt dem Menschen auch Pflichten auf und schränkt seine Rechte ein. Der Glaube, man könne sich nach Belieben zum bloßen Mittel machen, solange das nur im wechselseitigen Einvernehmen geschehe, ist ein Irrglaube. Die Idee Kants geht bei dem heute so verbreiteten inflationären Gerede von Würde nur zu leicht verloren. Das »anything goes« ist jedenfalls nicht das, was Kant mit dem Begriff der Mündigkeit gemeint hat.

---

phicum latinoteutonicum et teutonicolatinum, hg. von K. Aso, M. Kurosaki, T. Otabe und S. Yamauchi, Tokio 1989, S. 291.

[7] Vgl. im *Naturrecht Feyerabend insbesondere den Abschnitt »De Matrimonio«* (XXVII 1379).

II. Das *Naturrecht Feyerabend* und die *Grundlegung zur Metaphysik der Sitten*

Die Frage, worin jene Würde des Menschen denn nun bestehe und auf welchem Wege sie sich begründen lasse, wird von Kant im vorliegenden Zusammenhang nicht noch einmal erörtert. Sie bildete ja ein zentrales Thema seiner großangelegten »Einleitung« in seine Naturrechtsvorlesung als ganze.[8] Eben deshalb aber ist es hilfreich, sich daran zu erinnern, wann Kant jene Vorlesung gehalten hat, auf die das *Naturrecht Feyerabend* zurückgeht. Die Vorlesung fällt nämlich in das Sommersemester 1784, und das bedeutet zugleich: Sie fällt genau in die Monate, in denen Kant mit der Niederschrift seiner *Grundlegung zur Metaphysik der Sitten* beschäftigt gewesen ist. Am 10. August 1784 schreibt Johann Georg Hamann an Kants Verleger Hartknoch: »Kants amanuensis, Jachmann, arbeitet fleißig an dem Prodromo der Metaphysik der Sitten; vielleicht wißen Sie wie stark das Werk werden wird.«[9] (Das damals geläufige Wort ›Prodromus‹ wird Kant in der Folge, offenbar in letzter Minute, durch das Wort ›Grundlegung‹ ersetzen).[10] Dieses zeitliche Zusammentreffen hatte zur Folge, daß sich in Kants Naturrechtsvorlesung auf weiten Strecken das Gedankengut seiner *Grundlegung* widerspiegelt. Offenkundig ist in die Vorlesung in vielen Passagen eben das eingeflossen, was Kant daheim kurz zuvor zu Papier gebracht hatte. Umgekehrt ist es aber wohl auch so gewesen, daß manche Fragestellungen seiner Naturrechtsvorlesung, wie sich im folgenden zeigen wird, die Thematik der *Grundlegung* in dieser oder jener Form mitbestimmt haben.[11] Der akademische Lehrer und der Schriftsteller haben sich wechselseitig inspiriert.

Die Frage nach der Würde des Menschen ist dafür ein gutes Beispiel. Zu den zentralen Begriffspaaren des Werks gehört nämlich seine Unterscheidung zwischen *Preis* und *Würde*. Kant schreibt:

> »Im Reiche der Zwecke« – sehr vereinfacht könnte man vielleicht unter Absehung von allen historischen Bezügen sagen: in einer Welt, in der kein Mensch ein bloßes Mittel ist – »hat alles entweder einen *Preis*, oder eine *Würde*. Was einen Preis hat, an dessen Stelle kann auch etwas anderes als *Äquivalent* gesetzt werden; was dagegen über allen Preis erhaben ist, mithin kein Äquivalent verstattet, das hat eine Würde.

---

[8] Vgl. unten Abschnitt 3: *Die Grundlegung zur Metaphysik der Sitten* im Spiegel des *Naturrechts Feyerabend*.

[9] Vgl. Johann Georg Hamann, *Briefwechsel*, Bd. 5 [1783–1785], hrsg. von A. Henkel, Frankfurt am Main 1965, S. 182.

[10] Vgl. die Einleitung in die *Grundlegung* von Paul Menzer im Rahmen der Akademie-Ausgabe (IV 623–630) sowie Delfosse, H.P., *Kant-Index Band 15: Stellenindex und Konkordanz zur »Grundlegung zur Metaphysik der Sitten«*, Stuttgart-Bad Cannstatt 2000, S. LXIII.

[11] Vgl. unten S. 163f.

Was sich auf die allgemeinen menschlichen Neigungen und Bedürfnisse bezieht, hat einen *Marktpreis*; das, was, auch ohne ein Bedürfniß vorauszusetzen, einem gewissen Geschmacke, d. i. einem Wohlgefallen am bloßen zwecklosen Spiel unserer Gemüthskräfte gemäß ist, einen *Affectionspreis*; das aber, was die Bedingung ausmacht, unter der allein etwas Zweck an sich selbst sein kann, hat nicht bloß einen relativen Werth, d. i. einen Preis, sondern einen innern Werth, d. i. *Würde*« (IV 434f.).

Der Grund jener Würde liegt für Kant in der Sittlichkeit. Für alles andere gibt es, mit Achenwall gesprochen, ein »Äquivalent«. Es läßt sich durch etwas anderes ersetzen. Solange das möglich ist, aber hat es eben deshalb nur einen relativen Wert. Die Sittlichkeit dagegen läßt sich durch nichts in der Welt ersetzen: »Treue im Versprechen, Wohlwollen aus Grundsätzen (nicht aus Instinct) haben einen innern Werth« (IV 435). Kein Mensch ist unersetzlich, das wissen wir leider nur zu gut. Für bestimmte Eigenschaften des Menschen aber gilt das nicht. Kant rechnet an dieser Stelle wohl auch mit der unmittelbaren Evidenz der Beispiele. Für Menschen, denen sie nicht einleuchten, ist seine *Grundlegung* nicht geschrieben.

Der tieferliegende Grund für jene äquivalentlose Rolle der Sittlichkeit aber ist in dem Umstand zu suchen, daß der Mensch durch sie aus eigener Einsicht an einer allgemeinen Gesetzgebung teilnimmt, an einer Gesetzgebung im strikten Sinne des Wortes, d. h. einer Gesetzgebung, die von dem »Begriff einer *unbedingten* und zwar objectiven und mithin allgemein gültigen *Nothwendigkeit*« (IV 416) geleitet wird. Der Mensch hat Würde, weil er der Ort des Unbedingten ist. Nur das gibt der Rede von der Würde des Menschen einen Sinn. Sonst wird sie zu einer bloßen ideologiegetränkten und eben deshalb gedankenlosen Parole.

Die moralischen Gesetze, von denen im vorliegenden Zusammenhang die Rede ist, werden jedoch nicht von außen an den Menschen herangetragen. Sie gründen vielmehr in seiner eigenen Vernunft: »Die Vernunft bezieht also jede Maxime des Willens als allgemein gesetzgebend auf jeden anderen Willen« [gemeint sind die Rechtspflichten gegenüber anderen], »und auch auf jede Handlung gegen sich selbst« [gemeint sind die Tugendpflichten gegenüber sich selbst], »und dies zwar nicht um irgend eines andern praktischen Bewegungsgrundes oder künftigen Vortheils willen, sondern aus der Idee der *Würde* eines vernünftigen Wesens, das keinem Gesetze gehorcht, als dem, das es zugleich selbst giebt« (IV 434).

Als Abschluß aller dieser Überlegungen zum Stichwort Würde macht Kant allem Anschein nach den Versuch, seine Überlegungen zu diesem Thema in einem einzigen Satz lapidar zusammenzufassen: »*Autonomie* ist also der Grund der Würde der menschlichen und jeder vernünftigen Natur« (IV 436). Möglicherweise ist Kant in keinem Satz mehr er selbst gewesen.

Autonomie bedeutet für Kant freilich etwas ganz anderes als im heute gängigen Sprachgebrauch. Autonomie bedeutet für ihn gerade nicht irgendeine Form von Beliebigkeit. Autonomie heißt nicht, daß man munter tun und lassen kann, was man will. Autonomie bedeutet aber auch nicht, daß man seine eigenen privaten oder politischen Überzeugungen unreflektiert in die Wirklichkeit umsetzen darf. Autonomie heißt für Kant in der genauen Bedeutung des griechischen Wortes: Der Mensch ist dazu befähigt, alle seine Wünsche, Interessen und Überzeugungen, so wichtig sie ihm auch sein mögen, aus eigener Einsicht in die Gesetze der Moralität so weit einzuschränken, daß sie sich in eine Welt der Vernunftmoral einfügen, d. h. in eine Welt, in der kein Mensch »*bloß als Mittel*« (IV 433) gebraucht oder richtiger mißbraucht wird. Kant verwendet dafür den für seine Zeit gut verständlichen, heute aber mit zahlreichen sprach- und philosophiegeschichtlichen Implikationen belasteten Begriff eines »Reichs der Zwecke«.

Bemerkenswert an Kants Ausführungen ist nicht zuletzt der Umstand, daß er den Terminus Würde im Unterschied zu zahlreichen anderen Autoren in enger Anlehnung an die ursprüngliche Verwendung des Begriffs gebraucht. Denn der Begriff der Würde bzw. der dignitas stammt ja zuerst und zunächst aus der Welt des Politischen. ›Würde‹ hat der Kaiser oder der König und dann jeder politische Machtträger. Sie äußert sich am sichtbarsten in der Befugnis, Gesetze zu geben. Kant überträgt das in die Welt des Moralischen: Der Mensch hat Würde, weil er das Vermögen besitzt, selbst Gesetze zu geben. ›Würde‹ ist für Kant daher nicht irgendeine mehr oder weniger naheliegende Metapher, die man auch ebensogut, je nach dem gerade herrschenden Zeitgeschmack, durch eine andere ersetzen könnte. ›Würde‹ ist vielmehr eine genaue Beschreibung eines anthropologischen Sachverhalts. Man braucht nur darüber nachzudenken, was den Menschen in seiner Substanz ausmacht, um zu diesem Begriff zu gelangen.

Man kann sich die Frage stellen, von wo bei den skizzierten Überlegungen der erste Impuls ausgegangen ist: ob Kant durch seine Beschäftigung mit Achenwall dazu veranlaßt worden ist, die Frage nach dem Grund der Würde des Menschen in seiner *Grundlegung* so ausführlich zu erörtern, oder ob ihn hier, genau umgekehrt, die Arbeit an seiner *Grundlegung* zu der Auseinandersetzung mit Achenwall inspiriert hat. War der akademische Lehrer oder war der Schriftsteller Kant der Stichwortgeber? Möglicherweise gehört auch das zu jenen Fragen, bei denen »einer [...] den Bock melkt, der andre ein Sieb unterhält« (III 79). Einigermaßen sicher ist wohl nur, daß der Begriff ›Marktpreis‹ die Übersetzung von Achenwalls ›pretium vulgare‹ ist. Von da her ist er dann auch früher oder später in Kants Anthropologie hinübergewandert.[12]

---

[12] Vgl. *Anthropologie in pragmatischer Hinsicht* VII 292: »Alle andere gute und nutzbare Eigenschaften desselben [des Menschen] haben einen *Preis*, sich gegen andere, die eben so viel

Aber auch der Begriff ›Äquivalent‹, den Kant vor der *Grundlegung* in seinen Veröffentlichungen nie gebraucht hat, geht wohl auf Achenwall zurück.

III. Die *Grundlegung zur Metaphysik der Sitten* im Spiegel des *Naturrechts Feyerabend*

Das *Naturrecht Feyerabend* beginnt mit einer langen »Einleitung« – nicht etwa in die Fragen der Rechtsphilosophie, sondern, vielleicht überraschenderweise, in die Ethik als ganze. Erst dann folgt unter dem Titel »Abhandlung« die (zum Teil ungewöhnlich detaillierte) Auseinandersetzung mit dem Kompendium Achenwalls. Kant ist offenbar der Meinung gewesen, die künftigen Beamten des preußischen Staates müßten zunächst einmal begreifen, was mit Moralität oder Sittlichkeit – beides bedeutet für Kant im Unterschied zu Hegel ein- und dasselbe – überhaupt gemeint sei. Dabei hat ihm seine *Grundlegung zur Metaphysik der Sitten*, an deren Niederschrift er ja gerade arbeitete, offenkundig als Leitfaden gedient. So kommt es, daß die ersten vierundzwanzig Seiten der Handschrift des *Naturrecht Feyerabend* so etwas wie eine gedrängte Zusammenfassung der *Grundlegung* enthalten. Manche Gedanken Kants treten dabei klarer und kantiger zutage als in dem gedruckten Werk.

Der Begriff der Würde spielt dabei bemerkenswerterweise eine führende Rolle. Gleich auf der dritten Seite der Handschrift heißt es: »Der Mensch nemlich ist Zweck an sich selbst, er kann daher nur einen innern Werth d:i: Würde haben, an dessen Stelle kein *Aequivalent* gesetzt werden kann. Andre Dinge haben äußern Werth d. i. Preis, dafür ein jedes Ding, das zu eben dem Zweck tauglich ist, als *Aequivalent* gesetzt werden kann« ($5_{31\,\text{ff.}}$; XXVII 1319). Die Würde des Menschen, das ist das erste, was Kant seinen Studenten einzuschärfen sucht. Deshalb ist die Vorlesung auch ganz anders aufgebaut als das gedruckte Werk. Mit diesem Gedanken der Würde ist für Kant zugleich eine negative und eine positive Antwort auf die Frage, worin denn nun die Würde des Menschen bestehe, verbunden: »Wenn nur vernünftige Wesen können Zweck an sich selbst seyn; so können sie es nicht darum seyn, weil sie Vernunft, sondern weil sie Freiheit haben. Die Vernunft ist bloß ein Mittel« ($8_{6\,\text{ff.}}$; XXVII 1321); »die Freyheit, nur die Freyheit allein macht, daß wir Zweck an sich selbst sind« ($8_{18\,\text{f.}}$; XXVII 1322).[13] Gemeint ist,

---

Nutzen schaffen, austauschen zu lassen; das Talent einen *Marktpreis*, denn der Landes- oder Gutsherr kann einen solchen Menschen auf allerlei Art brauchen; – das Temperament einen Affectionspreis; man kann sich mit ihm gut unterhalten, er ist ein angenehmer Gesellschafter; – aber – der Charakter hat einen inneren Werth und ist über allen Preis erhaben.«

[13] Vgl. Sadun Bordoni, G.: Kant e il diritto naturale. L'Introduzione al Naturrecht Feyerabend. In: *Rivista internazionale di filosofia del diritto*, 84, S. 225: »Questa tesi – che è il fulcro del-

wie der Kontext zeigt, die Freiheit des Menschen, aus eigener Einsicht nach moralischen Gesetzen zu handeln.

Kant erläutert diesen Gedanken in seiner Vorlesung an dem so oft diskutierten Beispiel des Depositums: »Wenn jemand was bei mir deponirt, und er will es wieder haben, ich gebe es ihm aber nicht, und sage, ich kann es mehr zum Weltbesten nützen als er, so brauche ich sein Geld und ihn bloß als Mittel. Soll er Zweck seyn; so muß sein Wille auch den Zweck, als ich (zu lesen ist: denselben Zweck wie ich) haben« ($8_{2ff.}$; XXVII 1321). Auch das »Weltbeste« ist keine Rechtfertigung für Enteignung. »Wenn ich das zu einer allgemeinen Regel machte, daß ein jeder das *Depositum*, wenn es ihm gefiele, behalten wollte und könnte; so könnte das nie ein allgemeines Gesetz werden, denn alsdenn würde keiner was *deponiren*« ($13_{17ff.}$; XXVII 1327).

Dieser Gedanke braucht an dieser Stelle jedoch nicht weiter vertieft zu werden. Es hieße Eulen nach Athen tragen. Giampaolo M. Azzoni hat ihn und seine lange Wirkungsgeschichte in seinem Buch *Filosofia dell' atto guiridico in Immanuel Kant*[14] mustergültig dargestellt.

IV. Kants negative Antworten

Warum Kant es sich mit der Begründung der Würde des Menschen so schwer gemacht hat, wird vielleicht etwas besser verständlich, wenn man sich vergegenwärtigt, welche Formen der Begründung der Menschenwürde er für unzureichend gehalten hat. Im zweiten Teil seiner *Metaphysik der Sitten*, den *Metaphysischen Anfangsgründen der Tugendlehre*, geht Kant ausdrücklich darauf ein und gibt sozusagen zwei negative Antworten. Beide stehen in schroffem Widerspruch zu dem, was heute en vogue ist. Kant schreibt: »Der Mensch im System der Natur (homo phaenomenon, animal rationale) ist ein Wesen von geringer Bedeutung und hat mit den übrigen Thieren, als Erzeugnissen des Bodens, einen gemeinen Werth (pretium vulgare). Selbst, daß er vor diesen den Verstand voraus hat und sich selbst Zwecke setzen kann, das giebt ihm doch nur einen *äußeren Wert* seiner Brauchbarkeit (pretium usus), nämlich eines Menschen vor dem anderen, ein[en] *Preis*, als einer Waare« (VI 434).[15] Es ist für Kant also keineswegs damit getan, darauf hinzuweisen,

l'argomentazione sviluppata da Kant nell'introduzione – compare, con queste nettezza, solo in questo corso, ed ha un'importanza che è difficile sopravvalutare per la comprensione del pensiero kantiano«.

14 Padua 1988.

15 Schon in der *Kritik der praktischen Vernunft* (V 61 f.) heißt es: »Denn im Werthe über die bloße Thierheit erhebt ihn [den Menschen] das gar nicht, daß er Vernunft hat, wenn sie ihm nur zum Behuf desjenigen dienen soll, was bei Thieren der Instinct verrichtet; sie wäre alsdann nur eine

daß der Mensch ein ζῷον λόγον ἔχον, ein animal rationale sei, so ehrwürdig diese Tradition auch sein mag. In der »Einleitung« in das *Naturrecht Feyerabend* ist das ja schon klipp und klar ausgesprochen.[16] Aber auch die Tatsache, daß der Mensch sich seine Zwecke, d. h. seine Lebensziele, selber setzen kann, mithin daß er selber bestimmen kann und muß, was er aus seinem Leben machen will bzw. was er für Glück hält, reicht nach Auffassung Kants nicht aus, um die Rede von der Würde des Menschen zu rechtfertigen. Auf den ersten Blick ist das eine höchst überraschende Feststellung. Denn es ist ja gerade Kant gewesen, der nicht müde geworden ist, darauf hinzuweisen, daß nur der Einzelne darüber entscheiden könne, worin er sein Glück suchen wolle und worin nicht. Kants Kampf gegen den Paternalismus – heute würde man sagen: gegen den Wohlfahrtsstaat – hat hier seine Wurzeln.[17] Und noch in der *Tugendlehre* heißt es: »Was diese [die einzelnen Menschen] zu ihrer Glückseligkeit zählen mögen, bleibt ihnen selbst zu beurtheilen überlassen« (VI 388).[18]

Kant ist aus den ernstesten Gründen davon überzeugt gewesen, daß jeder Einzelne das Recht haben müsse, über sein Glück selbst zu verfügen. Der Mensch besitzt die Freiheit der Selbstbestimmung, die jeder andere (und auch der Staat) zu respektieren hat. Sie setzt dem Handeln des anderen eine Grenze. Aber Respekt vor der Entscheidung des anderen und Anerkennung seiner Würde sind zwei verschiedene Dinge. Die Freiheit der Selbstbestimmung ist eine wesentliche Voraussetzung des Glücks des Einzelnen. Aber sie begründet nicht die Würde des Menschen. Der Mensch kann sich ja sogar selbst, so schreibt Kant fast paradox, als Mittel zu »seinen eigenen Zwecken« (VI 435) gebrauchen. Die Würde des Menschen besteht vielmehr darin, nach eigenem Wissen und Gewissen zu entscheiden, was im Einklang mit allgemeinen Vernunftgesetzen (d. h. in Übereinstimmung mit dem Verallgemeinerungsgebot) moralisch geboten ist und was nicht. Eine sehr persönliche Bemerkung sei hinzugefügt: Wer das Dritte Reich noch selbst miterlebt hat, weiß aus eigener Erfahrung, wie sehr Kant damit recht hat.

---

besondere Manier, deren sich die Natur bedient hätte, um den Menschen zu demselben Zwecke, dazu sie Thiere bestimmt hat, auszurüsten, ohne ihn zu einem höheren Zwecke zu bestimmen.« Vgl. auch die provozierende Bemerkung des *Naturrechts Feyerabend* 73_{2} (XXVII 1382): es ist falsch, anzunehmen, »daß Gott die Menschen ihrer Glückseeligkeit wegen erschafft habe«.

16 Vgl. *Naturrecht Feyerabend* 8_{6-19} (XXVII 1321 f.)

17 Vgl. Hinske, N.: Kants Warnung vor dem Wohlfahrtsstaat und sein Plädoyer für den Sozialstaat. In: *Fiat iustitia. Recht als Aufgabe der Vernunft.* Festschrift für Peter Krause zum 70. Geburtstag, hg. von Maximilian Wallerath, Berlin 2006, S. 627–637.

18 Vgl. *Naturrecht Feyerabend* $21_{30f.}$ (XXVII 1334): »Ein jeder kann, wenn er nur die allgemeine Freiheit nicht beleidigt, sein Glück suchen, wie er will« sowie insbesondere ebd. 75_{20-27} (XXVII 1385).

Christoph Enders

SPUREN DER MENSCHENWÜRDE IN KANTS RECHTSLEHRE

I. Der Rechtsbegriff der Menschenwürde und die Frage nach seinem Ort in Kants Rechtslehre

Das Grundgesetz für die Bundesrepublik Deutschland proklamiert für seinen Geltungsbereich mit Art. 1 Abs. 1 GG ein Rechtsverständnis, das auf die Würde des Menschen baut. Der Staat hat sie zu achten und zu schützen (Art. 1 Abs. 1 Satz 2 GG) und er tut dies namentlich unter Beachtung der Grundrechte, die der konkreten Normierung und wirkkräftigen Durchsetzung der aus der Würde des Menschen fließenden Rechtsansprüche dienen.[1] Das Bundesverfassungsgericht hat daraus gefolgert, dass mit dem Grundrechtsabschnitt das Grundgesetz ein Wertsystem aufgerichtet hat, das »seinen Mittelpunkt in der innerhalb der sozialen Gemeinschaft sich frei entfaltenden menschlichen Persönlichkeit und ihrer Würde findet«[2]. Aber was bedeutet das rechtlich, vor allem also für die Interpretation der Verfassung und für die Konsequenzen, die sich aus dieser Interpretation für die unter dem Vorrang der Verfassung stehende Rechtsordnung ergeben?

Als Gewährsmann eines Rechtsverständnisses, das auf die Würde des Menschen baut, gilt vielfach Immanuel Kant[3] und namentlich dem deutschen Juristenstand scheint seine praktische Philosophie als Kompass auf dem unwegsamen Feld des positiven Rechts zu dienen. Mit Kants Argumentation lässt sich zunächst das zentrale Axiom untermauern, dass dem einzelnen Menschen auch in der Gemeinschaft eine Sonderstellung gebührt, die vor aller Sozialisierung vorhanden ist und ihr das Ziel und das Maß vorgibt – ein Standpunkt, den der Grundgesetzentwurf von Herrenchiemsee (1948) in die

---

[1] Dazu, dass die Grundrechte dem Schutz der menschlichen Würde dienen und ohne solche Rechte »nach der Konzeption des Grundgesetzes ein Leben in menschlicher Würde nicht möglich ist«, BVerfGE 35, 202 (235 f.); 50, 290 (338).

[2] BVerfGE 7, 198 (205).

[3] M.A. Cattaneo, Menschenwürde bei Kant. In: K. Seelmann (Hg.), *Menschenwürde als Rechtsbegriff*, Archiv für Rechts- und Sozialphilosophie, Beiheft 101, 2004, S. 24–32.

Formel fasste: »Der Staat ist um des Menschen willen da, nicht der Mensch um des Staates willen.«[4] Will man hier in ihrer allgemeinen Konsensfähigkeit zweifelhafte, vor allem religiös fundierte Begründungen meiden, dann liegt der Verweis auf Kant nahe. Denn Kant lässt in seiner Herleitung der Sonderstellung des Menschen, die seither und jedenfalls heute mit dem Begriff der Würde des Menschen bezeichnet wird, keine andere Autorität gelten als allein die menschliche Vernunftnatur: Frei ist der Mensch als »Subjekt einer moralisch-praktischen Vernunft« kraft eigener Setzung. Seine Moralität setzt gegen die schiere Naturnotwendigkeit unumgänglich die Pflicht, zwischen gut und böse nach eigenen Maßstäben unterscheiden und entscheiden zu müssen, eine Pflicht, die die Selbstläufigkeit der Sachzwänge bestreitet und so – als »Faktum der Vernunft«[5] und »Erfahrung, die nur innerlich sein kann«[6] – die Freiheit des Menschen in praktischer Hinsicht erweist[7] und seine Verantwortlichkeit für seine Handlungen, die ihm als Taten zugerechnet werden, begründet.[8] Eben in diesem Vermögen der moralischen Person zur verpflichtenden Selbstgesetzgebung (Autonomie) ist der Mensch nach *Kant* – im Unterschied zur Sache – »über allen Preis erhaben« und nicht bloß als Mittel zu fremden Zwecken, »sondern als Zweck an sich selbst zu schätzen, d. i. er besitzt eine *Würde* (einen absoluten inneren Wert).«[9]

Kant ist darum sicher in der Sache präsent, wann immer es in der juristischen Literatur, vor allem zum Verfassungsrecht, aber auch in der Rechtspre-

---

4 Bericht über den Verfassungskonvent auf Herrenchiemsee. In: *Der Parlamentarische Rat 1948–1949*, Akten und Protokolle, hg. vom Deutschen Bundestag und vom Bundesarchiv, Bd. 2, Boppard am Rhein, 1981, S. 580. Bereits Karl (Carlo) Schmid, Die Legitimität der Verfassung, *Deutsche Rechts-Zeitschrift* 1, 1946, S. 2, (der am Verfassungskonvent auf Herrenchiemsee teilnahm und Mitglied des Parlamentarischen Rates zu Bonn war) hatte betont, dass der Mensch »sich als Träger einer besonderen Würde muß fühlen können, die allen anderen ›Würden‹ voranstehen muß, weil sie ›vor dem Staate‹ da ist … Die Verfassung muß also klar zum Ausdruck bringen, daß der Staat bei aller Eigengesetzlichkeit doch dazu da ist, dem Menschen zu dienen und nicht umgekehrt.«

5 I. Kant, Kritik der praktischen Vernunft (1788). In: *Werke*, hg. von W. Weischedel, Bd. IV, Wiesbaden 1956, S. 107f., 140ff.

6 Kant, *Über den Gemeinspruch: Das mag in der Theorie richtig sein, taugt aber nicht für die Praxis* (1793). In: Werke (Fn. 5), Bd. VI, Wiesbaden 1964, S. 125, 142.

7 Kant, *Metaphysik der Sitten* (1797/98). In: Werke, Bd. IV (Fn. 5), Rechtslehre, S. 347.

8 Es gibt, das ist der jedermann vertraute, moralisch fundierte Standpunkt der Freiheit des Menschen, schlechterdings keine dem Moralgesetz zuwiderlaufende Handlung, die sich nicht hätte vermeiden lassen, Kant, *Kritik der praktischen Vernunft* (Fn. 5), S. 223.

9 Kant, *Metaphysik der Sitten* (Fn. 7), Tugendlehre, S. 303, 569; bereits *Grundlegung zur Metaphysik der Sitten* (1785/86), ebd, S. 6, 68, 69 (»Autonomie ist also der Grund der Würde der menschlichen und jeder vernünftigen Natur.«), auch S. 74 (die »Würde der Menschheit besteht eben in dieser Fähigkeit, allgemein gesetzgebend, obgleich mit dem Beding, eben dieser Gesetzgebung zugleich selbst unterworfen zu sein«).

chung um die immer und unter allen Umständen vorauszusetzende Subjektstellung des Menschen geht, die seine besondere Würde ausmacht.[10] Ganz ausdrücklich beruft man sich allerdings auf Kants Auffassung von der Würde des Menschen, wenn es in einem engeren Sinne auf die Auslegung des Verfassungssatzes von der Menschenwürde, nicht zuletzt zum Zweck seiner Anwendung auf den einzelnen Rechtsfall ankommt: Kant folgend versteht man diesen Satz als rechtsförmiges *Instrumentalisierungsverbot*, das es schlechterdings untersagt, den einzelnen Menschen Zwecken zu unterwerfen, die sich vor seiner Subjektstellung nicht rechtfertigen lassen (also: heteronom begründet sind). Populär gemacht hat diese Sichtweise die »*Objektformel*«, mit der Günter Dürig den normativen Gehalt des Würdesatzes »vom Verletzungsvorgang her« erfassen wollte: »Die Menschenwürde ist getroffen, wenn der konkrete Mensch zum Objekt, zu einem bloßen Mittel, zur vertretbaren Größe herabgewürdigt wird.«[11] Auch das Bundesverfassungsgericht hat sich – trotz mancher Skepsis gegenüber der Justiziabilität der Objekt-Formel[12] – grundsätzlich auf diesen Standpunkt gestellt und nach ihm ju-

---

[10] Zu dieser den Menschen in seinem Wesen bestimmenden Qualität G. Dürig, Die Menschenauffassung des Grundgesetzes. In: *Juristische Rundschau* 1952, S. 259, 260f.; ders., Der Grundrechtssatz von der Menschenwürde, *Archiv des öffentlichen Rechts* 81, 1956, S. 117, 125; ders. in: Maunz/Dürig, *Grundgesetz*, München 1958ff., Art. 1 Abs. I, Rn. 28 (1958); J.M. Wintrich, Über Eigenart und Methode verfassungsgerichtlicher Rechtsprechung. In: A. Süsterhenn u. a. (Hg.), *Verfassung und Verwaltung in Theorie und Wirklichkeit*, Festschrift Laforet, München 1952, S. 227, 235f.; ders., *Zur Problematik der Grundrechte*, Köln/Opladen 1957, S. 6, 14f. Aus der Rechtsprechung BVerfGE 30, 1 (26); 45, 187 (228); 115, 118 (153); 116, 69 (85f.).

[11] Dürig, Grundrechtssatz (Fn. 10), S. 119, 122; ders. in: Maunz/Dürig (Fn. 10), Art. 1 Abs. I Rn. 28; ausdrückliche Erwähnung Kants erstmals ebd, Art. 3 Abs. I, Rn. 20 in Fn. 3 (1973). Dürig war indessen nicht der erste Autor, der die »Objektformel« für die Interpretation und fallbezogene Anwendung des Verfassungssatzes von der Menschenwürde fruchtbar gemacht hat, vgl. bereits Schmid (Fn. 4), S. 2. Unter ausdrücklicher Berufung auf Kant Gustav Radbruch, Zur Diskussion über die Verbrechen gegen die Menschlichkeit. In: *Süddeutsche Juristen-Zeitung* 2, 1947, Sp. 131, 132; Wintrich, Über Eigenart und Methode verfassungsgerichtlicher Rechtsprechung (Fn. 10), S. 227, 235f.; ders., *Zur Problematik der Grundrechte* (Fn. 10), S. 7, 17; später etwa E.-W. Böckenförde, Menschenwürde als normatives Prinzip. In: *Juristenzeitung* 58, 2003, S. 809–815, 811f. Kritik an einer zu einseitigen Berufung auf Kant bei H. Dreier. In: ders. (Hg.), *Grundgesetz-Kommentar*, Bd. I, 3. Aufl. 2013, Art. 1 I, Rn. 15; M. Herdegen. In: Maunz/Dürig (Fn. 10), Art. 1 Abs. 1, Rn. 11(Feb. 2005). Dass diese Kritik durchweg stichhaltig ist, bezweifelt M. Kahlo, Sterbehilfe und Menschenwürde. In: G. Freund u. a. (Hg.), *Grundlagen und Dogmatik des gesamten Strafrechtssystems*, Festschrift für Wolfgang Frisch, Berlin 2013, S. 711–738, 720 in Fn. 43. Auch Dreier anerkennt aber uneingeschränkt die »überragende Bedeutung Kants für den rechts- und moralphilosophischen Diskurs unserer Tage« und insbesond. für eine Ordnungskonzeption, die die Freiheit als Prinzip des Rechts versteht, H. Dreier, Recht und Willkür. In: C. Starck (Hg.), *Recht und Willkür*, Tübingen 2012, S. 1–25, 16f.

[12] Vor allem BVerfGE 30, 1 (25), aus der Literatur etwa Dreier, *Grundgesetz-Kommentar* (Fn. 11), Rn. 55; Herdegen, a. a. O., Rn. 33, 35. Vgl. zur Kritik auch E. Hilgendorf, Instrumentalisie-

diziert.[13] Soweit also der Verfassungssatz von der Menschenwürde die normative Struktur eines vollziehbaren Rechtsbefehls aufweist[14], verdankt sich diese Struktur Kants praktischer Philosophie.

Indessen hat Kant seine von Rechtswissenschaft und Rechtspraxis in dieser Weise aufgenommene Position zur Würde des Menschen gar nicht in der Rechtslehre seiner Metaphysik der Sitten, sondern in einem moralphilosophischen Kontext, dem des kategorischen (moralischen) Imperativs entwickelt[15], dessen Regel mit der »Bedingung der Allgemeingültigkeit« der Handlungsmaximen das Verhalten der Einzelnen dirigieren soll und zu moralischen Forderungen führt, die ein jeder – dabei zugleich sich und anderen ein Beispiel gebend – an sich richtet.[16] Von zwangsweise durchsetzbaren Rechtsansprüchen gegen Dritte und korrespondierenden Pflichten ist hier gar nicht die Rede. Man muss also fragen: Ist wirklich das Gebot, andere in Anerkennung ihrer Würde stets zugleich als Zweck, niemals bloß als Mittel zu gebrauchen, ein Prinzip der Moral *und* des Rechts, auf dem auch die Rechtslehre in Kants Metaphysik der Sitten basiert?[17] Die nähere Betrachtung zeigt nicht nur, dass ein spezifischer Begriff der Würde des Menschen in Kants Rechtslehre nirgends formuliert wird. Mitunter scheint die Botschaft vom Menschen als Selbstzweck sogar bewusst negiert zu werden. Mehr noch: Gerade wo der Begriff »Würde« auftaucht, relativiert Kant eher die Vorstellung einer jedem Menschen unbedingt und unverlierbar eigenen Würde. Die Erklärung ist wenig überraschend: Mit Blick auf die Vorkehrungen und Institutionen, deren es bedarf, um das Vermögen des Menschen zur Selbst-Gesetzgebung auch in der sozialen Wirklichkeit zur Geltung zu bringen, also: diese der

---

rungsverbot und Ensembletheorie der Menschenwürde. In: H.-U. Paeffgen u. a. (Hg.), *Strafrechtswissenschaft als Analyse und Konstruktion*, Festschrift Ingeborg Puppe, Berlin 2011, S. 1653–1671.

[13] BVerfGE 45, 187 (228); 87, 209 (228); vor allem BVerfGE 115, 118 (153, 154). Vgl. BVerwGE 1, 159 (161).

[14] Projiziert auf das Schutzgebot des Staates mündet die »Objektformel« in die staatsgerichtete Verpflichtung, auch im Gleichordnungsverhältnis zwischen Privaten eine völlig freibleibende Verfügung über andere als unzulässige Instrumentalisierung zu verhindern, BVerfGE 24, 119 (144): »eine Verfassung, welche die Würde des Menschen in den Mittelpunkt ihrer Wertordnung stellt, kann bei der Ordnung zwischenmenschlicher Beziehungen grundsätzlich niemandem Rechte an der Person anderen einräumen, die nicht zugleich pflichtgebunden sind«; 88, 203 (255).

[15] Kant, *Grundlegung zur Metaphysik der Sitten* (Fn. 9), S. 61: »Handle so, daß du die Menschheit in deiner Person, als in der Person eines jeden andern, jederzeit zugleich als Zweck, niemals bloß als Mittel brauchest«, was nur eine andere Formulierung des Allgemeinheits-Erfordernisses ist, etwa S. 70 f., 95.

[16] V. Gerhardt, Eine kritische Philosophie des Lebens. In: B. Recki u. a. (Hg.), *Kant lebt*, Paderborn 2006, S. 57–78, S. 70.

[17] Cattaneo, Menschenwürde bei Kant (Fn. 3), S. 25.

Würde des Menschen gemäß zu gestalten, bleibt Kant zwangsläufig den Zeitumständen verhaftet. Kants Rechtslehre formuliert gleichwohl das zentrale, aus der Würde des Menschen abzuleitende Rechtsprinzip und zieht damit Konsequenzen aus dem strikten moralphilosophischen Würde-Befund, dessen Bedeutung am Ende gerade im Kontrast zur vereinzelten Relativierung hervortritt.

II. Die Todesstrafe – der kategorische Imperativ des Strafgesetzes im inneren Widerspruch zu einer Philosophie der Menschenwürde?

Kant etabliert in seiner Rechtslehre nirgends die Menschenwürde als Rechtsbegriff. Die Rechtslehre kennt kein Rechtsprinzip dieses Namens, das den Inhalt möglicher Rechtsnormen angeben könnte, auch kein Recht auf Menschenwürde.[18] Demgegenüber spielt der »kategorische Imperativ« durchaus eine Rolle für die folgerichtige Durchführung der Rechtsprinzipien, vor allem ist das »Strafgesetz ... ein kategorischer Imperativ«. Gerade in den von Kant für das Strafrecht gezogenen Schlussfolgerungen scheint sich aber das mit der Würde des Menschen verknüpfte Instrumentalisierungsverbot in sein Gegenteil zu verkehren: Denn Kant verficht eine absolute Straftheorie, wonach der »kategorische Imperativ der Strafgerechtigkeit« letztlich nach Wiedervergeltung verlangt und lässt daher, wenn es um die angemessene Reaktion auf die widerrechtliche Tötung eines Menschen geht, einzig die intensivste Form der staatlichen Strafe, die Todesstrafe gelten[19]: Wer gemordet hat, muss *sterben*. »Es gibt hier kein Surrogat zur Befriedigung der Gerechtigkeit«. Das gibt Anlass zu scharfer Kritik, weil sich hier entgegen dem moralphilosophisch begründeten Instrumentalisierungsverbot der Staat die Befugnis anzumaßen scheint, mit der Aberkennung des Lebensrechts in einem unmenschlichen Akt der Grausamkeit über den Straftäter zu verfügen.[20]

Sieht man genauer zu, ist zu differenzieren: Der »kategorische Imperativ der Strafgerechtigkeit« zielt nicht etwa auf eine kompromisslos beeindruckende Härte der Strafe, sondern schließt, insoweit kann man von einer absoluten Straftheorie sprechen, allfällige Nützlichkeitserwägungen aus, die zur

---

[18] Anderes ergibt sich auch nicht aus J. Hruschka, Die Würde des Menschen bei Kant. In: *Archiv für Rechts- und Sozialphilosophie* 88, 2002, S. 463–480, insbesond. S. 477 ff.

[19] Kant, *Metaphysik der Sitten* (Fn. 7), Rechtslehre, Allgem. Anm. E., S. 453 ff., gerichtet besonders gegen Cesare Beccaria, *Von den Verbrechen und von den Strafen* (1764), der »aus teilnehmender Empfindelei einer affektierten Humanität ... seine Behauptung der *Unrechtmäßigkeit* aller Todesstrafe aufgestellt« habe.

[20] Cattaneo, Menschenwürde bei Kant (Fn. 3), S. 24, 28.

Begründung der Strafe angeführt, umgekehrt aber auch eine Minderung der Strafe oder ihren Ausschluss rechtfertigen könnten. Eben weil der Mensch Zweck an sich selbst ist, muss auch die ihn treffende richterliche Strafe allein um der Sanktionierung des Verbrechens selbst willen verhängt werden, nicht »um anderes Gute zu befördern«: »(D)enn der Mensch kann nie bloß als Mittel zu den Absichten eines anderen gehandhabt und unter die Gegenstände des Sachenrechts gemengt werden, wowider ihn seine angeborne Persönlichkeit schützt ...«[21] Der Mensch darf demnach auch als Straftäter nicht zur bloßen Funktion eines Sozialmodells werden – ob nun in schlechter oder vermeintlich guter Absicht (etwa der sittlichen Besserung des Rechtsbrechers oder einer Förderung des allgemeinen Wohls). Er muss, wie Kant abstuft, »vorher *strafbar* befunden sein, ehe noch daran gedacht wird, aus dieser Strafe einigen Nutzen für ihn selbst oder seine Mitbürger zu ziehen.«[22]

Von dieser Überlegung, der man auch unter dem Aspekt einer modernen rechtsstaatlichen Ordnung zustimmen wird[23], ist die weitere Frage zu unterscheiden, ob die Todesstrafe als intensivste Form staatlichen Strafens schlechterdings in kategorialem Gegensatz zu dem mit der Würde des Menschen bezeichneten Autonomieprinzip steht, so dass man deshalb Kants Strafrechtslehre den unausgesprochenen Bruch mit seiner Moralphilosophie vorwerfen müsste. Indessen erstarkt das individuelle Existenzinteresse, wie andere natürliche Interessen auch, zum wehrfähigen Recht des Einzelnen überhaupt erst unter den öffentlichen Gesetzen des staatlichen Zustands.[24] Auch das Recht auf Leben wird darum nach gesellschaftsvertraglicher Vereinbarung nur unter dem für alle geltenden, allgemeinen Vorbehalt zwingender Gemeinwohlerfordernisse gewährleistet. Dass der Staat auf dieses Lebensrecht zugreift, ist also selbst in einer Ordnung, die die Würde des Menschen anerkennt, für Fälle, in denen dieser Vorbehalt virulent wird, nicht schlechterdings ausgeschlossen.[25] Auch in den Beratungen zum Grundgesetz wurde darum kein kategorialer Widerspruch zwischen Würdebekenntnis und Todesstrafe angenommen. Die Abschaffung der Todesstrafe wurde vor allem mit dem massenhaften Missbrauch dieser Strafform unter dem Willkürre-

---

[21] Kant, *Metaphysik der Sitten* (Fn. 7), Rechtslehre, Allgemeine Anmerkung E zu § 49, S. 453.

[22] Ebd.

[23] Cattaneo, Menschenwürde bei Kant (Fn. 3), S. 27.

[24] Kant, *Metaphysik der Sitten* (Fn. 7), Rechtslehre, § 47, S. 434; auch: ders., *Idee zu einer allg. Geschichte in weltbürgerlicher Absicht* (1784). In: Werke, Bd. VI (Fn. 6), S. 42. Vgl. J.J. Rousseau, *Vom Gesellschaftsvertrag* (Du Contrat Social,1762), Stuttgart 1979, I., 8, S. 22; II., 4., S. 36.

[25] Vgl. Rousseau, a. a. O., II. 4., S. 36; II. 5., S. 37; auch G. W. F. Hegel, *Grundlinien der Philosophie des Rechts*. In: E. Moldenhauer/K.M. Michel (Hg.), Werke, Bd. 7, Frankfurt/M. 1970, § 100, Anm., S. 190f.

gime des NS-Staates begründet.[26] Eben weil das Bekenntnis zur Würde des Menschen insoweit offenkundig keine eindeutige und abschließende Aussage formuliert, wurde die Abschaffung der Todesstrafe in einer eigenen Norm (Art. 102 GG) ausdrücklich erklärt.

Diese Einsicht erlaubt schließlich zum Dritten eine erweiterte Perspektive auf die zwangsläufige Zeitgebundenheit aller auf die Organisation der menschlichen Gesellschaft gerichteten Zwecke, eine Perspektive, die auf deren Relativität und zugleich auf das mögliche Fortschreiten der Auffassungen im Sinne aufgeklärten Rechtsdenkens verweist. So ist die Todesstrafe als Strafform nicht nur durch ihren Missbrauch während der NS-Zeit in Deutschland historisch diskreditiert. Ihre in der Anwendung schwierige Begrenzung auf Fälle wirklich schwerster Schuld stellt ein gravierendes Strukturproblem dar. Die nie auszuschließende Fehlerrate und die überwiegenden Zweifel, ob die heute jenseits der Vergeltung anerkannten Strafzwecke (etwa negative, positive Generalprävention) mit der Todesstrafe erreicht werden können, lassen sie mit Rücksicht auf das Gewicht des Eingriffs, den unumkehrbaren Entzug des Existenzrechts des Straftäters, als unmenschlich erscheinen. Damit ist aber auch das Verdikt eines nachteiligen Einflusses auf das allgemeine Gerechtigkeitsempfinden begründet und ist es insgesamt auf dem mittlerweile erreichten Stand aufgeklärten Rechtsdenkens folgerichtig, die Todesstrafe aus dem Kreise zulässiger Mittel rechtsstaatlicher Zweckverfolgung definitiv zu verbannen.

Kant hat nun zwar gerade in der Frage der Todesstrafe keine Neigung zur Relativierung seines apodiktischen Festhaltens am Vergeltungsprinzip erkennen lassen.[27] Im allgemeinen aber war er für Reformen des politischen Gemeinwesens und seines Rechtsregimes nicht nur offen, sie sind Teil seines freiheitsorientierten Fortschrittdenkens.[28] Und diesem verschließt sich letztlich auch seine Strafrechtslehre nicht: So räumt Kant ein, dass es allerdings Fälle gebe, in denen die konsequente Anwendung der Todesstrafe das System der öffentlichen Gerechtigkeit in eine Schieflage bringt. Sowohl die Tötung des unehelich geborenen Kindes durch seine Mutter, wie der »Kriegsgesellenmord« im Duell dienten jeweils der Verteidigung der Ehre der Täter (als

---

26 *Der Parlamentarische Rat*, Bd. 2 (Fn. 4), S. 218 m. Fn. 90, 575; Abg. Seebohm, 42. Sitzung des Hauptausschusses v. 18. Januar 1949. In: *Der Parlamentarische Rat* (Fn. 4), Bd. 14/II, München 2009, S. 1299; Abg. Wagner, 9. Sitzung des Plenums v. 6. Mai 1949. In: *Der Parlamentarische Rat* (Fn. 4), Bd. 9, München 1996, S. 482. Vgl. BVerfGE 45, 187 (245).

27 Vgl. Kant, *Metaphysik der Sitten* (Fn. 7), Rechtslehre, Allgem. Anm. E, S. 459.

28 Kant, *Zum ewigen Frieden* (1795/96). In: Werke, Bd. VI (Fn. 6) S. 193–251, 234 m. Anm. *; ders., *Metaphysik der Sitten* (Fn. 7), Rechtslehre, Anm. A zu § 49, S. 441, ferner a. a. O., § 52, S. 464, S. 479; ders., *Der Streit der Fakultäten* (1798). In: Werke, Bd. VI (Fn. 6), S. 261–393, S. 367. Vgl. Wolfgang Kersting, *Kant über Recht*, Paderborn 2004, S. 145 f.

Geschlechtsehre und Kriegsehre), der ihnen drohende Totalverlust der Ehre versetze sie gewissermaßen in den Naturzustand. In der Unausweichlichkeit der Situation (Ehrverlust oder Tod) erscheine aber die Konsequenz der Todesstrafe als grausam, ohne doch den Verzicht auf solche Konsequenz vor dem »kategorischen Imperativ der Strafgerechtigkeit« zu rechtfertigen. Kant setzt darum – und das ist jedenfalls ein beachtlicher Gesichtspunkt – zur Auflösung des Dilemmas auf der anderen Seite des Konflikts an. Es sind – so Kant – die »Triebfedern der Ehre im Volk«, die des zutreffenden Maßstabs entbehren. An diesem dramatischen Auseinanderklaffen subjektiver und objektiver Verhaltensmaßstäbe aber sei gerade »die Gesetzgebung selber ... als barbarisch und unausgebildet ... Schuld«. Was eine konsequente öffentliche Gerechtigkeit am Ende zur Ungerechtigkeit verdammt, ist also die fehlgeleitete Übersteigerung des Ehrbegriffs, die sich dann im Kindes- und Kriegsgesellenmord manifestiert und der durch gesetzliche Reform der Rahmenbedingungen begegnet werden muss. Ganz ähnlich hat das Bundesverfassungsgericht in seiner zweiten Entscheidung zum Schwangerschaftsabbruch argumentiert, als es an der grundsätzlichen Strafbarkeit der Abtreibung festhielt, gleichzeitig aber die Verpflichtung des Staates konstatierte, die Entscheidung der Schwangeren zugunsten des ungeborenen Lebens auch durch Schaffung eines solidarischen sozialen Umfelds zu befördern.[29]

III. Der Verlust der Rechtspersönlichkeit – Theorie und Praxis einer Philosophie der Menschenwürde

Nach allem tragen die bislang erörterten Einwände, Kant verstoße mit seinen Überlegungen zum »kategorischen Imperativ der Strafgerechtigkeit« gegen das von ihm statuierte Prinzip, dass der Mensch seiner Würde (seinem Vermögen zur verpflichtenden Selbstgesetzgebung – Autonomie) gemäß als Zweck an sich selbst und nie bloß als Mittel zu fremden Zwecken zu behandeln sei, am Ende nicht den Vorwurf des Systembruchs. Und doch konkretisiert Kant im nämlichen strafrechtlichen Zusammenhang die Rechtsstellung des Einzelnen in einer Weise, die auf dem Hintergrund einer solchen Philosophie der Menschenwürde anstößig wirken muss und jedenfalls erklärungsbedürftig ist. Denn Kants aus Sicht jenes Autonomieprinzips wenig überraschender Bemerkung, dass »ohne alle Würde ... kein Mensch im Staate sein« könne, kontrastiert die sogleich angefügte Einschränkung, dass sich der Mensch »durch sein eigenes Verbrechen« um diese Würde bringen könne. Dann werde er – »durch Urteil und Recht« – »zum bloßen Werk-

[29] BVerfGE 88, 203 (253, 258).

zeuge der Willkür eines anderen«, ein »Leibeigener«[30], ein »persönlicher Untertan«[31], der seine bürgerliche Persönlichkeit eingebüßt habe[32] und »in den Sklavenstand« komme.[33] Er hört also auf, wie es in der Schrift »Über den Gemeinspruch« heißt, »Eigner seiner selbst zu sein.«[34]

Kann dieser Verlust der bürgerlichen Rechtspersönlichkeit wirklich mit der Würde des Menschen vereinbar sein? Kant orientiert sich in dieser Frage offenkundig – das belegen Begriffswahl und Gliederung des Argumentationsgangs – an der *römisch-rechtlichen Statuslehre*, wie sie mit Modifikationen durch spätere Epochen die Zeiten überdauert hatte.[35] Kant sieht die Stellung des Menschen im Staat durch drei Eigenschaften näher bestimmt: durch die Freiheit jedes Gliedes der Sozietät als Menschen, durch die sein (einziges) angebornes Recht definiert ist (von anderen nicht in seiner Freiheit eingeschränkt zu werden, soweit diese mit der Freiheit von jedermann nach einem allgemeinen Gesetze bestehen kann)[36]; durch die Gleichheit desselben mit jedem anderen als Untertan im »status iuridicus« der wechselseitigen Zwangsrechte (die auf Einschränkung der Freiheit jedes anderen auf die Bedingung gehen, dass sie mit der eigenen Freiheit nach einem allgemeinen Gesetze zusammen bestehen könne) – oder, so sagt es die Metaphysik der Sitten schlicht: durch die »bürgerliche Gleichheit«[37]; schließlich durch die Selbständigkeit jedes Gliedes eines gemeinen Wesens als Bürgers, durch die Fähigkeit also, sein eigener Herr (sui iuris) zu sein[38]. Entfällt nun durch Urteil die mit der bürgerlichen Gleichheit gesetzte Rechtsbefugnis, im Verhältnis zu anderen

---

[30] Kant, *Metaphysik der Sitten* (Fn. 7), Rechtslehre, Allgem. Anmerkung D, S. 451, Anhang erläuternder Bemerkungen 2, S. 482; Bereits ders., *Gemeinspruch* (Fn. 6), S. 149.

[31] Kant, *Metaphysik der Sitten* (Fn. 7), Rechtslehre, Allgem. Anmerkung D, S. 452.

[32] Kant, *Metaphysik der Sitten* (Fn. 7), Rechtslehre, Allgem. Anmerkung E, S. 453; vgl. Anhang erläuternder Bemerkungen 2, S. 482.

[33] Kant, *Metaphysik der Sitten* (Fn. 7), Rechtslehre, Allgem. Anmerkung E, S. 455.

[34] Kant, *Gemeinspruch* (Fn. 6), S. 149.

[35] Zur Fortwirkung der Statuslehre auch H. Conrad, *Individuum und Gemeinschaft in der Privatrechtsordnung des 18. und beginnenden 19. Jahrhunderts*, Karlsruhe 1956, S. 8; S. Kirste, Art. Rechtsperson. In: Gröschner u. a. (Hg.), *Wörterbuch der Würde*, München 2013, S. 339f.

[36] Kant, *Gemeinspruch* (Fn. 6), S. 145; vgl. *Über ein vermeintes Recht aus Menschenliebe zu lügen* in: Werke Bd. IV (Fn. 5), S. 635, 641.

[37] Kant, *Metaphysik der Sitten* (Fn. 7), Rechtslehre, § 46, S. 432ff. Er fasst darin selbständige (»aktive«) Staatsbürger und »passive« Staatsgenossen als Rechtssubjekte einer bürgerlichen Rechtsordnung zusammen, was zu einem einheitlichen Begriff der bürgerlichen Rechtspersönlichkeit führt.

[38] Kant, *Gemeinspruch* (Fn. 6), S. 151. Mit Blick auf die (fehlende) Rechtsstellung der Sklaven bei den Römern hebt Kant bereits in seiner frühen Naturrechts-Vorlesung aus dem Jahre 1784 auf die römisch-rechtliche Unterscheidung nach »sui« und »alieni iuris« ab, Kant, Naturrecht Feyerabend, Akademie-Ausgabe, Bd. XXVII, Berlin 1979, S. 1317–1394, 1335.

rechtmäßigen Zwang auszuüben[39], so bleibt notwendig auch die Freiheitsseite rechtlich ohne Substanz und erledigt sich folglich der Anspruch, »sein eigener Herr« zu sein[40] und »durch keinen anderen vorgestellt werden zu dürfen.«[41]

Der damit eintretende Verlust der Rechtspersönlichkeit ist aus dem römischen Recht bekannt. Es unterschied drei status (rechtliche Zustände), die insgesamt die Rechtspersönlichkeit des römischen Bürgers (caput) bildeten und in ihrer Differenzierung verschiedene *Grade der Rechtsfähigkeit* infolge der Möglichkeit mindernder Abstufungen markieren sollten (capitis deminutio). Sie erlangten also ihre Bedeutung vor allem aus ihrem jeweiligen Gegenteil als einem Grund spezifisch verminderter Rechtsfähigkeit.[42] Danach bezeichneten status libertatis, civitatis und familiae die Zustände in Beziehung auf die persönliche Freiheit, auf die Civität (Staatsbürgerschaft) und auf die Familiengewalt.[43] Auf den drei verschiedenen Stufen der »*Degradationen* in Beziehung auf die *Rechtsfähigkeit*« (v. Savigny)[44] machte zunächst die »capitis deminutio maxima« den zum Tode Verurteilten zum »servus poenae«[45] und beraubte ihn (auch z. B. den Kriegsgefangenen) vollständig seiner Freiheit, d. h. seiner bürgerlichen Rechtsfähigkeit. Auswanderung oder Deportation hatten – als »capitis deminutio media« – den Verlust der römischen Vollbürgerschaft zur Folge, was die Teilhabe an den Rechtsinstituten des römischen ius civile ausschloss. Die Verwandlung eines Familienhauptes (»sui iuris«) in einen filiusfamilias (»alieni iuris«) schließlich bedeutete die »capitis deminutio minima« und unterwarf den Betroffenen als unmündig der väterlichen, fürsorglichen Fremdbestimmung. Selbstverständlich machte dabei ihre Unfreiheit etwa die Sklaven (nicht anders als die Hauskinder in väterlicher Gewalt) zugleich zu unmündigen homines alieni iuris[46]. Die ersten beiden

---

[39] Kant, *Gemeinspruch* (Fn. 6), S. 147, 149.

[40] Vgl. Kant, *Gemeinspruch* (Fn. 6), S. 151.

[41] Kant, *Metaphysik der Sitten* (Fn. 7), Rechtslehre, § 46, S. 432. Freiheit und Gleichheit sind notwendige Bedingungen der bürgerlichen Selbständigkeit. Die bürgerliche Selbständigkeit kann indessen fehlen, ohne die Rechtsfähigkeit als solche zu tangieren.

[42] F.C. von Savigny, *System des heutigen Römischen Rechts, Zweyter Band*, Berlin 1840, § 64, S. 23 f.; § 67, S. 58 f. Hierzu und zum folgenden auch F. Edler von Zeiller, Gibt es nach den österreichischen Gesetzen einen bürgerlichen Tod?. In: *Zeitschrift für österreichische Rechtsgelehrsamkeit und politische Gesetzkunde*, 1826 (Zweiter Band), S. 161. Ferner die Art. Bürgerlicher Tod und Capitis Deminutio. In: *Meyers Konversations-Lexikon*, 3. Band, 4. Auflage, Leipzig und Wien 1888, S. 659 und S. 791.

[43] Savigny, a. a. O., § 67, S. 59; § 68, S. 60, kritisch zu den »Kunstausdrücke(n) status libertatis, civitatis, familiae«.

[44] Savigny, a. a. O., § 68, S. 62, 67.

[45] Vgl. zum Begriff Savigny, a. a. O., § 69, S. 71 Anm. b.

[46] Savigny, a. a. O., § 67, S. 59; § 68, S. 60 ff. Kant führt neben der Freiheit und der bürgerlichen Gleichheit der Zwangsrechte keinen »status familiae« ein, benennt aber als drittes Prinzip des

Stufen der Degradation (maxima und media) wurden aber zusammenfassend auch »capitis deminutio magna« genannt[47], »dem Tode gleichgestellt« und später vielfach – von den Kommentatoren – als »bürgerlicher Tod« (mors civilis) bezeichnet[48], der rechtlich den Verlust der Rechtspersönlichkeit bewirkte (mit der Folge der Geschäfts-, Vermögens-, Erwerbsunfähigkeit, auch den entsprechenden prozessualen Konsequenzen).

Sicherlich beruft sich Kant mit seiner Lehre vom Verlust der bürgerlichen Persönlichkeit, vom bürgerlichen Tod also, nicht unmittelbar auf das klassische römische Recht, sondern hat zeitgenössische Ausprägungen im Blick. Der Preußischen Gesetzgebung war zwar das Rechtsinstitut des »bürgerlichen Todes« nicht bekannt, ist ihr wohl – wie sich ein Kommentar äußert – »nie bekannt gewesen.«[49] Der »bürgerliche Tod« fand an einer Stelle des Allgemeinen Landrechts für die Preußischen Staaten von 1794 Erwähnung (als Beendigungsgrund väterlicher Gewalt, II 2 § 270 PrALR), ohne dass ihm in diesem Gesetzeswerk eine eigenständige normative Funktion zuteil geworden wäre.[50] Dagegen war der »bürgerliche Tod« Bestandteil des französischen Rechts bereits vor der Revolution[51], widerfuhr etwa dem zum Tode Verurteilten als »esclave de la peine« (servus poenae) oder fand Anwendung auf die Strafen der lebenslänglichen Zwangsarbeit (auf den Galeeren) oder der Verbannung und Deportation. Die Gesetzgebung der französischen Revolution schaffte den »bürgerlichen Tod« nicht ab, dehnte das Institut im Gegenteil über die erwähnten Anwendungen hinaus insbesondere auf den

---

staatlichen Zustands in Anlehnung an die im »status familiae« thematisierte Rechtsqualität eben die (bürgerliche) Selbständigkeit, die Qualität »sein eigener Herr (sui iuris)« zu sein.

47 Savigny, a. a. O., § 68, S. 63 Anm. d.

48 Savigny, a. a. O., § 69, S. 71. Vgl. hierzu auch von Zeiller, Bürgerlicher Tod (Fn. 42), S. 161, 172; ferner T. Goltdammer, *Die Materialien zum Straf-Gesetzbuche für die Preußischen Staaten*, Teil I., Berlin 1851, S. 117.

49 A. von Daniels, *System des Preußischen Civilrechts*, Erster Band, Berlin 1866, § 47, S. 100.

50 Ders., a. a. O., S. 100, in Fn. 2: es finde »sich in der Gesetzgebung kein Fall, in welchem ein solcher (scil. »bürgerlicher Tod«) hätte angenommen werden können«. Davon unberührt blieb die besondere Erwerbsunfähigkeit der Religiosen (die ein Ordensgelübde abgelegt haben) nach II, 11, §§ 1199 ff. PrALR, vgl. Gerhard Anschütz, *Die Verfassungs-Urkunde für den preußischen Staat vom 31. Januar 1850*, Bd. 1, Berlin 1912, Art. 10, Anm. 2, S. 177 f., die indessen von den Rechtswirkungen des »bürgerlichen Tods« zu unterscheiden ist, Daniels, a. a. O., S. 100, in Fn. 2; auch von Zeiller, Bürgerlicher Tod (Fn. 42), S. 161, 168, 171. Auch im *Strafrecht* des PrALR spielt der bürgerliche Tod keine Rolle, Thomas Roth, *Ausgestaltung der Rechtsfähigkeit im 19. und 20. Jahrhundert*, Berlin u. a., 2008, S. 58. Eine im Verlauf der ersten Hälfte des 19. Jahrhunderts mehrmals erwogene Einfügung der Strafe des »bürgerlichen Todes« in das preußische Strafrecht wurde jeweils verworfen, Goltdammer, *Materialien* (Fn. 48), S. 117 ff., 121, während es in das bayerische Strafgesetzbuch von 1813 Eingang fand. Zur Bedeutungslosigkeit des Rechtsinstituts auch Savigny, *System* (Fn. 42), § 75, S. 148 f., 151.

51 Im Einzelnen hierzu Savigny, *System* (Fn. 42), S. 151 ff., m. Nw.

Fall der Emigration aus (mit dem Gesetz vom 28. März 1793[52]). Von hier aus fand es schließlich Eingang in die Gesetzbücher des Code Civil (1804) und Code Pénal (1810). Das erklärt mit Blick auf die Geltung französischen Rechts im Rheinland, warum die Preußische Verfassungs-Urkunde (vom 31. Januar 1850) den »bürgerlichen Tod« ausdrücklich ausschloss[53], der bald auch in Frankreich (durch Gesetz vom 31. Mai 1854) abgeschafft wurde.[54]

Auf die nach allem seinerzeit besonders dem französischen Recht vertraute Vorstellung einer Vernichtung der Rechtspersönlichkeit durch den »bürgerlichen Tod« bezieht sich offenbar Kant, wenn er davon spricht, dass jemand infolge einer strafrechtlichen Verurteilung seiner »Würde« verlustig gehen, mithin seine bürgerliche (Rechts-) Persönlichkeit einbüßen könne. Damit ist eine Rechtswirklichkeit anerkannt, die in ihrem Widerspruch zu dem überall sich durchsetzenden Prinzip der Rechtspersönlichkeit des Menschen als Menschen nicht auf Dauer gestellt bleiben konnte[55]. Die weitere historische Entwicklung unterstreicht diese Zeitgebundenheit des Rechtsinstituts. Wenn aber Kant den Verlust der bürgerlichen Rechtspersönlichkeit als Verlust der Würde bezeichnet, liegt darin doch eine zentrale Einsicht unverlierbar beschlossen: Die Anerkennung der Würde des Menschen im Staat vollzieht sich gerade in seiner Anerkennung als Rechtsperson. Mit der Rechtspersönlichkeit benennt Kant daher trotz aller Einschränkung das Prinzip, durch das die Würde des Menschen in der Rechtsordnung des modernen Staates präsent ist, wodurch sie sogar als Seinsgrund, Ziel und Orientierungsmaßstab dieser Rechtsordnung sich erweist.[56]

---

[52] Décret de la Convention Nationale contre les émigrés, Art. Premier: »Les émigrés sont bannis à perpétuité du territoire français; ils sont morts civilement ...«.

[53] Zu diesem Zusammenhang von Zeiller, Bürgerlicher Tod (Fn. 42), S. 161 f. Art. 10 Preuß. VerfUrk besagte: »Der bürgerliche Tod und die Strafe der Vermögenseinziehung finden nicht statt«. Nach Anschütz, Verfassungs-Urkunde (Fn. 50), Anm. 1, 2, S. 177, bezog sich dieses Verbot in der Sache – wie ausdrücklich der Entwurf der Kommission der Preußischen Nationalversammlung – nur auf den »bürgerlichen Tod« als Strafart. Vgl. § 135 der Verfassung des Deutschen Reichs vom 28. März 1849: »Die Strafe des bürgerlichen Todes soll nicht stattfinden, und da, wo sie bereits ausgesprochen ist, in ihren Wirkungen aufhören ...«. Auch in Bayern wurde der »bürgerliche Tod« 1848 aus dem Strafgesetzbuch wieder gestrichen.

[54] Das Gesetz (Loi portant abolition de la mort civile) bestimmte (Art. 1): »La mort civile est abolie«.

[55] Zur Unverträglichkeit des »bürgerlichen Tods« mit diesem Prinzip in Anbetracht der Regelung des § 16 österrABGB, die jedem Menschen als Person »angeborne« Rechte zusprach, bereits von Zeiller, Bürgerlicher Tod (Fn. 42), S. 161, 163, 173; Conrad, *Individuum und Gemeinschaft* (Fn. 35), S. 36 in Fn. 62.

[56] C. Enders, *Die Menschenwürde in der Verfassungsordnung*, Tübingen 1997, S. 279, 429 f., 449. Wenn Kirste, Rechtsperson (Fn. 35), S. 340, die Rechtssubjektivität als notwendige, nicht hinreichende Bedingung der Rechtspersonalität bezeichnet, trifft das nur zu, soweit man mit Rechtssubjektivität die Zuordnung irgendwelcher Rechte meint, vgl. unten Fn. 77. In jedem

IV. Die allgemeine Rechtsfähigkeit als Würde des Menschen

Der Vorstellung von der Würde des Menschen entspricht freilich allein die *allgemeine Rechtsfähigkeit des Menschen als Person*[57], kraft deren er unabhängig von weiteren Qualifikationen als solcher *Träger von Rechten und Pflichten* ist. Dieses Prinzip bildet, wie abschließend zu zeigen ist, in der Tat die Leitidee des Rechts, die Kant aus der Stellung des Menschen als Subjekt einer selbstgesetzgebenden moralisch-praktischen Vernunft entwickelt und die Kants Rechtslehre in der Metaphysik der Sitten ungeachtet der beschriebenen Brüche beherrscht.[58]

Das bedeutet nicht, dass ein Prinzip der Moral, der kategorische Imperativ, unmittelbar die Rechts- und Pflichtenstellung des Menschen im Rechtsverhältnis begründen könnte.[59] Die dem Menschen aus seiner Stellung als Subjekt einer selbstgesetzgebenden moralisch-praktischen Vernunft erwachsende und sich lediglich als »Selbstzwang« äußernde moralische Verpflichtung statuiert zunächst aus Achtung vor der »Menschheit in der eigenen Person« Pflichten gegen sich selbst, ist aber auch die Basis für Pflichten gegen alle anderen, die kraft ihrer Würde (Autonomie) als vernünftige Wesen und gleichfalls Subjekte des moralischen Gesetzes Respekt verdienen und darum erwarten können, als »Zweck an sich selbst« behandelt zu werden.[60] Das Entsprechungsverhältnis der Verhaltenserwartungen, das sich hier als Grundform regelhaften menschlichen Zusammenlebens abzeichnet, mündet indessen, weil von Moralpflichten geprägt, nicht unmittelbar in ein Rechtsverhältnis, dessen Ansprüche durch äußeren Zwang durchgesetzt werden könnten. Mit Rücksicht auf die unterschiedlichen Verpflichtungsarten, die moralische Verhaltensgebote einerseits, Rechtsgebote andererseits kennzeichnen[61], ist vielmehr festzuhalten: Das Recht kennt keine Pflichten gegen sich selbst, weil es vom Innenverhältnis des Einzelnen zu seiner moralischen Subjektivität ganz absieht und überhaupt nur die äußere Beziehung zwischen

---

Fall bedarf die Rechtsfähigkeit des Menschen der Anerkennung, um wirksam zu werden, folgt nicht von selbst aus einem »Recht auf Würde«.

[57] Soweit er ein »Wesen ist, das überhaupt der Rechte fähig ist«, Kant, *Gemeinspruch* (Fn. 6), S. 146; eindrücklich F. Edler von Zeiller, Commentar über das allgemeine bürgerliche Gesetzbuch für die gesammten Deutschen Erblande der Österreichischen Monarchie, Erster Band, Wien u. Triest, 1811, § 16, Anm. 1 u.2, S. 102f. Zusammenfassend Conrad, *Individuum und Gemeinschaft* (Fn. 35), S. 5f.

[58] Vgl. Conrad, a. a. O., S. 23.

[59] Dagegen Cattaneo, Menschenwürde bei Kant (Fn. 3), S. 25; Kersting, *Kant über Recht* (Fn. 28), S. 41.

[60] Kant, *Kritik der praktischen Vernunft* (Fn. 5), S. 210.

[61] Kant, *Metaphysik der Sitten* (Fn. 7), Rechtslehre, S. 324f.

Personen regelt.[62] Das Recht sanktioniert aber auch nicht etwa moralische Achtung, die anderen Personen geschuldet ist, indem es sie unmittelbar zur zwangsweise durchsetzbaren Rechtspflicht erklärt. Denn auf die der Moral eigene innere Verbindlichkeit ihrer Pflichten kann sich das Recht, das als striktes und völlig äußeres auf bloße Legalität, nicht Moralität zielt[63], nicht erstrecken: Sich »einen Zweck vorzusetzen, das kann durch keine äußerliche Gesetzgebung bewirkt werden (weil es ein innerer Akt des Gemüts ist).«[64] Das Recht setzt also die Personen in ein Verhältnis der (beiderseitigen) Willkür zueinander, bei dem es auf die innere (löbliche oder zu tadelnde) Zwecksetzung, die mit dem äußeren Handeln jeweils verfolgt wird, gar nicht ankommt.[65] Das aus dem Freiheitsstandpunkt abgeleitete Rechtsverhältnis[66] ist die Freiheit, die ihre äußeren Schranken reflektiert, nicht ihren inneren Grund.

Das Prinzip der allgemeinen Rechtsfähigkeit des Menschen steht dennoch in innerem Bezug zur Moralität des Menschen. Denn der innere Grund der Freiheit spielt auch im Recht und für das Recht eine maßgebliche Rolle. Er definiert den Daseinszweck des Rechts und bildet die selbst nicht geregelte, aber doch unverzichtbare und in allen ihren Instituten präsente Voraussetzung einer modernen Rechtsordnung, sofern diese nicht nur als Zwangsordnung, sondern mit Rücksicht auf die Moralität und damit die Personalität, also: die *Würde des Menschen* auch als Freiheitsordnung gelten soll. Zwar fallen in einer solchen Rechtsordnung Moral und Recht nicht in eins. Aber zum einen stünde die Moralität des Subjekts außerhalb eines rechtlich abgesicherten Systems von Verhaltenserwartungen von vornherein auf verlorenem Posten. Das Recht schafft der Moralität einen Freiraum, innerhalb dessen sie die Willkür frei von Existenzängsten zum rechten Handeln bestimmen kann.[67] Zum anderen und vor allem wäre – wie zu zeigen ist – ohne Moralität der Mensch

---

[62] Kant, *Metaphysik der Sitten* (Fn. 7), Rechtslehre, § B, S. 337; vgl. auch Kant, *Über ein vermeintes Recht aus Menschenliebe zu lügen*, (Fn. 36), S. 637, 638 Anm. *: die »Pflicht gegen sich selbst ... gehört zur Ethik«, weshalb auch die Selbstschätzung als »Pflicht des Menschen gegen sich selbst« in der Tugendlehre abgehandelt wird, *Metaphysik der Sitten* (Fn. 7), Tugendlehre, § 11, S. 569.

[63] Kant, *Metaphysik der Sitten* (Fn. 7), Rechtslehre, § E, S. 339.

[64] Kant, *Metaphysik der Sitten* (Fn. 7), Rechtslehre, S. 347; »(d)enn im Moralischen bin ich für mich selbst, und die Gewalt hat hier keinen Sinn«, konstatiert auch Hegel, *Philosophie des Rechts* (Fn. 25), § 94, Zusatz, S. 181.

[65] Kant, *Metaphysik der Sitten* (Fn. 7), Rechtslehre, § B, S. 337.

[66] Vgl. Kant, *Gemeinspruch* (Fn. 6), S. 144: »Der Begriff ... eines äußeren Rechts überhaupt geht gänzlich aus dem Begriffe der Freiheit im äußeren Verhältnisse der Menschen zueinander hervor«.

[67] Gustav Radbruch, *Rechtsphilosophie*, hg. von E. Wolf und H.-P. Schneider, 8. Aufl. 1973, S. 137: »Das Recht ist ... die Möglichkeit der Moral ...«.

nicht der Rechte fähig, eine Fähigkeit, die ihrerseits den Grund allen Rechts und am Ende auch des Staats bezeichnet, der das »Recht der Menschen«[68] zu schützen berufen ist.

Kant beginnt allerdings seine »Einteilung der Rechtslehre« mit einer »Allgemeine(n) Einteilung der Rechtspflichten«, die ihren Ausgang von der inneren, dem Respekt vor der Menschheit in unserer eigenen Person geschuldeten »Rechtspflicht« gegen sich selbst nimmt. Dennoch bedeutet das nicht, dass nun aus der Moralität des Menschen unmittelbar bestimmte Rechtspflichten folgen sollen. Was Kant unter dem Titel von »Rechtspflichten« in seine Rechtslehre einführt, ist vielmehr ein *Rechtsstrukturprinzip*. Dieses wird aus der Moralität des Menschen als Person abgeleitet, die seine Würde ausmacht[69]: Denn das Gebot »Sei ein rechtlicher Mensch«, das nach *Kant* die »Verbindlichkeit aus dem *Rechte* der Menschheit in unserer eigenen Person« meint und von jedermann verlangt, »im Verhältnis zu anderen seinen Wert als den eines Menschen zu behaupten«, sich also als Selbstzweck, als Person zu setzen, ist konstituierendes Element einer jeden Rechtspflicht. Es ist Bedingung der Möglichkeit aller rechtlichen Verpflichtung. Nur wer als moralisches Subjekt die innere Verpflichtung sich selbst gegenüber kennt, weiß sich überhaupt – auch gegenüber anderen im Außenverhältnis – verpflichtet, so dass eine jede Pflicht, auch jede Rechtspflicht, die Pflicht gegen sich selbst einschließt.[70] Ein Wesen das keine Pflichten kennt, könnte darüber hinaus aber auch seinerseits andere nicht mit gleichberechtigtem Anspruch auf Achtung verpflichten, könnte gegen sie keine Rechte geltend machen.

---

[68] Kant, *Zum ewigen Frieden* (Fn. 28), S. 193, 207, Anm. *; ders., *Der Streit der Fakultäten* (Fn. 28), S. 261, 359f., Anm. *.

[69] Kant, *Metaphysik der Sitten* (Fn. 7), Rechtslehre, S. 344; Enders (Fn. 56), S. 241; ähnlich jetzt Georg Mohr, Person, Recht und Menschenrecht bei Kant, in: Eckart Klein/Christoph Menke (Hg.), *Der Mensch als Person und Rechtsperson*, Berlin 2011, S. 17–37, 34f. Anders hierzu und zum folgenden Kahlo, Sterbehilfe und Menschenwürde (Fn. 11), S. 733ff., insbesond. S. 735m. Fn. 106 a.E., unter zustimmender Bezugnahme auf M. Köhler, Die Rechtspflichten gegen sich selbst. In: *Jahrbuch für Recht und Ethik* 14, 2006, S. 425–446.

[70] Echte, eigenständige Rechtspflichten »gegen sich selbst« gibt es demgegenüber nicht, weshalb Kant die Auffassung zurückweist, ein jeder sei »natürlicher Weise verbunden, (sein) Leben zu erhalten, das sey das Prinzip des Rechts. Aber das gehört gar nicht zum Recht, denn da kann ich mit meinem Leben machen, was ich will. Es ist bloß Tugendpflicht«, Kant, Naturrecht Feyerabend (Fn. 38), S. 1334. Es kommt also am Ende auch der inneren »Rechtspflicht« gerade auf das »Verhältnis zu anderen« an, in welchem es zunächst darum geht und darum gehen muss, überhaupt die Möglichkeit von Rechtspflichten zu begründen. Dieses zentrale Begründungsproblem wird ausgeblendet von Kersting, *Kant über Recht* (Fn. 28), S. 54ff. Näher zur Frage der Begründung von Rechtspflichten Gustav Radbruch, *Rechtsphilosophie* (Fn. 67), der allerdings den rechtsphilosophischen Begriff der »Rechtspflicht« auf einen Imperativ reduzieren will, der – faktisch – wirkt und bestimmt, nicht aber – normativ – gilt und verpflichtet, S. 131, 133, 170 in Fn. 2.

Mit anderen Worten: Ohne das Bewusstsein von Personalität gäbe es keine Vorstellung von Pflicht, also auch keine Rechtspflichten, ohne die Anerkennung der eigenen Pflichtverbundenheit aber auch niemals eigene Rechte aus wechselseitiger Verpflichtung. Sieht man nämlich in diesem Entsprechungsverhältnis vom Pflichtmoment ab, reduziert sich die Seite des Rechts auf das Recht des Stärkeren.

Zwar ist das strikte Recht mit der Möglichkeit zu zwingen verknüpft, um den Einzelnen in die Schranken der berechtigten Verhaltenserwartung, also der für alle grundsätzlich gleichen Freiheit zu weisen.[71] Dennoch geht es im Recht, soweit es sich zugleich als Freiheitsordnung versteht, nicht darum, auf den Menschen ähnlich einer der Zurechnung nicht fähigen Sache, die als Mittel zu beliebigen Zwecken gebraucht wird, einzuwirken und dadurch bestimmte reflexhafte Reaktionen hervorzurufen. Das Recht baut, worin es sich von einem Mechanismus des bloß gewaltsamen Zwangs unterscheidet, auf die mit der Moralität vorausgesetzte Verpflichtungsfähigkeit des Menschen und gründet sich so »auf dem Bewusstsein der Verbindlichkeit eines jeden nach dem Gesetze«.[72] Die Moralität des Menschen erlaubt es nicht allein, ihm seine Handlungen als Taten persönlich zuzurechnen, ihn für sie verantwortlich zu machen.[73] Sie eröffnet dem zum Gesetzesgehorsam Verpflichteten auch die Chance (ohne dass es hier eine Garantie gäbe), sich im Bewusstsein seiner Autonomie von der Vernünftigkeit des Gebotenen selbst zu überzeugen, also auch Kritik zu üben und Begründungen zu verlangen: »da jeder, in dem was allgemeine Menschenpflicht betrifft, durch Vernunft überzeugt zu sein verlangt, daß dieser Zwang rechtmäßig sei, damit er nicht mit sich selbst in Widerspruch gerate.«[74]

Die »Rechtspflicht« gegen sich selbst hat also im Zusammenhang der Rechtslehre keine unmittelbar rechtliche Funktion. Sie kann nicht zwangsweise durchgesetzt werden, ein Verstoß löst keine Sanktionen aus.[75] Sie steht für die unabdingbare innere Voraussetzung einer jeden rechtlichen (äußeren) Verbindlichkeit zwischen Menschen und erweist sich als unselbständiges Teilelement einer die Moralität des Menschen nicht regelnden, wohl aber

---

[71] Kant, *Metaphysik der Sitten* (Fn. 7), Rechtslehre, § D, S. 338f.; § E, S. 339; vgl. *Gemeinspruch* (Fn. 6), S. 148.

[72] Kant, *Metaphysik der Sitten* (Fn. 7), Rechtslehre, § E, S. 339.

[73] Kant, *Die Religion innerhalb der Grenzen der bloßen Vernunft*. In: Werke, Bd. IV (Fn. 5), S. 645, 673 m. Anm. *; ders., *Metaphysik der Sitten* (Fn. 7), Rechtslehre, S. 329. Insoweit statuiert I, 3, § 3 PrALR: »Wo das Vermögen frey zu handeln, ganz mangelt, da findet keine Verbindlichkeit aus den Gesetzen statt«.

[74] Kant, *Gemeinspruch* (Fn. 6), S. 163; ähnlich Hegel, *Philosophie des Rechts* (Fn. 25), § 260, Zusatz, S. 407, § 261 u. Anm., S. 408, 409, § 299, Zusatz, S. 468. Zum Fehlen eines Widerstandsrechts u. Fn. 85.

[75] Insoweit wie hier Kahlo, *Sterbehilfe und Menschenwürde* (Fn. 11), S. 735.

voraussetzenden und bewusst einbeziehenden Rechtskonstruktion. Das gilt im Grundsatz entsprechend für das in einem zweiten Schritt hinzutretende Gebot, niemandem Unrecht zu tun (neminem laede).[76] Auch der vom Gebot »neminem laede« eingeforderte Respekt vor anderen bezeichnet selbst noch keine inhaltlich exakt umgrenzte, damit zwangsweise durchsetzbare Rechtspflicht, sondern die Konsequenz der inneren »Rechtspflicht« gegen sich selbst für das Außenverhältnis »zu anderen«: Der »Verbindlichkeit aus dem Rechte der Menschheit in unserer eigenen Person« entspricht als äußere Ausprägung die allgemeine Achtungspflicht gegenüber der Menschheit in anderen Personen. Aus den beiden Richtungen des Pflichtgedankens lässt sich infolge seiner Allgemeingültigkeit für alle Moralsubjekte (die in ihrer Moralität sich als Selbstzweck setzen) endlich das »Vermögen (entwickeln), andere zu verpflichten«[77], also das wechselseitige Vermögen, Rechtsansprüche im Verhältnis zwischen Personen zu begründen. Entscheidend ist aber, dass nicht nur dem Recht des einen die Pflicht des anderen entspricht, den geltend gemachten Rechtsanspruch zu erfüllen. Vor allem kann es ein Recht im eigentlichen Sinne nur unter der Bedingung geben, dass der Berechtigte im selben Moment seine grundsätzlich gleiche Pflicht anerkennt, die Rechtspositionen des Verpflichteten, damit dessen rechtlichen Achtungsanspruch zu wahren. Erst wenn die Verpflichtung wechselseitig ist, ist ihr Prinzip die Selbstzwecksetzung.

Beide »Rechtspflichten« formulieren so als Funktionselemente möglicher Rechtsverhältnisse gemeinsam das *Strukturprinzip des modernen Rechts* überhaupt: Mit der jeder Rechtspflicht vorausliegenden Verbindlichkeit aus dem »Rechte der Menschheit in unserer eigenen Person« einerseits, die das Rechtsubjekt (als Person im Rechtsverkehr) konstituiert, wie andererseits dem reziproken Respekt vor anderen als Personen ist die Entsprechung von Rechten und Pflichten im Verhältnis zwischen Personen vorgegeben, die den Menschen als Person im Recht ausmacht[78]: »Sei eine Person und respektiere die anderen als Person« (Hegel).[79] Für die Stellung des Einzelnen im modernen Recht, das auf der Menschenwürde fußt und vor ihr sich legitimiert, wird das so umrissene Rechtsverhältnis in seiner Wechselseitigkeit schlechterdings

---

[76] Kant, *Metaphysik der Sitten* (Fn. 7), Rechtslehre, S. 344.

[77] Kant, *Metaphysik der Sitten* (Fn. 7), Rechtslehre, S. 347.

[78] Auf seine »Einteilung der Rechtspflichten« kommt Kant deshalb zur Charakterisierung des Rechtszustands zurück, *Metaphysik der Sitten* (Fn. 7), Rechtslehre, § 41, S. 423.

[79] Hegel, *Philosophie des Rechts* (Fn. 25), § 36. Nicht erst Hegel »transformiert« also die moralische Achtungspflicht in das Rechtsprinzip, dass der Mensch als Person andere Personen zu respektieren hat, so freilich Antje Kapust, Art. Achtung. In: Gröschner u. a. (Fn. 35), S. 127, 128.

maßgebend.[80] Person ist der Mensch in der Beziehung zu anderen als gleichberechtigtes Glied eines Rechtsverhältnisses einander korrespondierender Rechte und Pflichten. Deshalb liegt die persönliche Gleichheit des bürgerlichen Zustands im Rechtsverhältnis wechselseitig gleicher Zwangsrechte.[81] Und gerade in dieser Gleichheit erweist sich der Mensch als »ein Wesen, das überhaupt der Rechte fähig ist.«[82]

Dieses Strukturprinzip des modernen Rechts würde sich freilich bei selbstläufiger Entwicklung im Verkehr der Menschen miteinander nicht durchsetzen können, bedarf dafür vielmehr der zwangsbewehrten Institutionalisierung im staatlichen Zustand. Auf dessen Notwendigkeit treibt Kants »Einteilung der Rechtspflichten« zu. Denn deren dritte »Rechtspflicht« formuliert – weil sonst das zuvor als maßgeblich statuierte Rechtsverhältnis ohne realistische Chance bliebe – schließlich das Gebot, in den staatlichen Zustand zu treten. Auch diese dritte »Rechtspflicht« ist offenkundig nicht als solche durchsetzbar. Aus vorstaatlicher Perspektive bezeichnet sie nur die mit Rücksicht auf die Freiheit und das Recht des Menschen unverzicht-

---

[80] Vgl. BVerfGE 24, 119 (144): »Eine Verfassung, welche - die Würde des Menschen in den Mittelpunkt ihres Wertsystems stellt, kann bei der Ordnung zwischenmenschlicher Beziehungen grundsätzlich niemandem Rechte an der Person eines anderen einräumen, die nicht zugleich pflichtgebunden sind und die Menschenwürde des anderen respektieren«. Schon für C. Wolff, *Grundsätze des Natur- und Völkerrechts*, Nachdr. der 2. Aufl. Halle 1769. In: Gesammelte Werke, hg. von J. École, H.W. Arndt u. a., Hildesheim/New York 1980 (lat.: Institutiones Juris Naturae et Gentium, Halle/Magdeburg 1750), I. Abteilung, Bd. 19, § 96, S. 59 ist das Wesen des Menschen durch Verbindlichkeiten und Rechte bestimmt. Jedoch heißt es: »Der Mensch ist eine sittliche Person (persona moralis), in so weit (!) als er als das Subject von gewissen Verbindlichkeiten und von gewissen Rechten angesehen wird ...«; eine Einschränkung, die das Preußische Allgemeine Landrecht von 1794 in I, 1, § 1 übernimmt, das die Rechtspersönlichkeit von vornherein unter den Vorbehalt ständischer Abstufung stellt (I, 1, §§ 2, 6 und 7); vgl. Conrad, *Individuum und Gemeinschaft* (Fn. 35), S. 16ff., 26f., H. Eichler, *Personenrecht*, Wien 1983, S. 207, 211ff.; dagegen Kirste, Rechtsperson (Fn. 35), S. 340. Im Code Civil (1804) ist die Personqualität bereits allgemein durch den Umstand bestimmt, dass der Einzelne »für sich Inhaber von Rechtsverhältnissen« sein kann. E. P. J. Spangenberg, *Commentar über den Code Napoleon*, Bd. I, Göttingen 1810, § 98 (S. 141) führt aus: »Person ist überhaupt das, dem man für sich, und abstrahirt von jedem anderen Gegenstande, ein Rechtsverhältniß zuschreiben kann, das mithin für sich Inhaber von Rechtsverhältnissen seyn kann«. In diesem Sinne definiert das Österreichische ABGB von 1811 (in § 16): »Jeder Mensch hat angeborene, schon durch die Vernunft einleuchtende Rechte und ist daher als Person zu betrachten«; vgl. von Zeiller, Commentar (Fn. 57), § 16, Anm. 1 u.2, S. 102f. und dazu Conrad, a. a. O., S. 21ff., 26. Savigny statuiert später, dass jedes »Rechtsverhältniß ... in der Beziehung einer Person zu einer andern Person« bestehe und der »ursprüngliche Begriff der Person oder des Rechtssubjects ... zusammen (falle) mit dem Begriff des Menschen. Jeder einzelne Mensch, und nur der einzelne Mensch, ist rechtsfähig«, *System* (Fn. 42), § 60, S. 1f.

[81] Kant, *Gemeinspruch* (Fn. 6), S. 146ff., 148, 149.

[82] Kant, *Gemeinspruch* (Fn. 6), S. 146, 148.

bare Ordnungs- und Garantiefunktion des Staates.[83] Im staatlichen Zustand läuft diese »Rechtspflicht« auf die allgemeine, gleichfalls nicht selbständig sanktionierte Pflicht zum Gesetzesgehorsam[84] hinaus.[85] Was Kant als weitere »Rechtspflicht« kennzeichnet, bestimmt umgekehrt aber zugleich den *Zweck des Staates*, der darin besteht, in seiner Rechtsordnung das Strukturprinzip des modernen Rechts und damit im Recht und durch das Recht die Würde des Menschen zu realisieren. Der Staat ist deshalb nach dieser Vorstellung, so hat es Fichte zusammenfassend formuliert, die »Vereinigung zur Einführung des Rechtsverhältnisses, das ist der Freiheit aller von der Freiheit aller.«[86]

V. Schluss: Die Würde des Menschen und das Rechtsverhältnis zum Staat

Von einem Rechtsverhältnis zwischen den Einzelnen *und dem Staat* spricht Kant allerdings nur am Rande und legt dabei die Betonung einseitig auf das Recht des Staates *auf*, die Pflicht der Bürger *zum* Gehorsam: etwa wenn vom Recht des »Oberbefehlshabers« die Rede ist, Abgaben von den Vermögenden zu erheben, um die Bedürftigen zu erhalten[87], oder wenn das Strafrecht als Recht des Staates beschrieben wird, den »Unterwürfigen ... wegen seines Verbrechens mit einem Schmerz zu belegen.«[88] Gesetzlich umschriebene und garantierte Rechtsansprüche des Einzelnen gegen den Staat werden nicht erwähnt.[89] Im Verhältnis zum Staat steht stattdessen die Untertänigkeit der Bürger im Vordergrund, das Rechtsstrukturprinzip der wechselseitig einan-

---

[83] Kant, *Metaphysik der Sitten* (Fn. 7), Rechtslehre, S. 344 und § 42, S. 424 f.

[84] Vgl. C. Schmitt, Inhalt und Bedeutung des zweiten Hauptteils der Reichsverfassung. In: Anschütz/Thoma (Hg.), *Handbuch des deutschen Staatsrechts*, Bd. 2, Tübingen § 101, S. 572–606, 597.

[85] Zur Konsequenz des Fehlens eines Widerstandsrechts Kant, *Über den Gemeinspruch* (Fn. 6), S. 154 ff.; *Metaphysik der Sitten* (Fn. 7), Rechtslehre, Allgem. Anmerkung A zu § 49, S. 437 ff.

[86] J.G. Fichte, *Die Staatslehre, oder über das Verhältnis des Urstaates zum Vernunftreiche* (1813). In: Fichtes Werke, hg. von I.H. Fichte (Nachdruck Berlin 1971), Bd. IV, Zur Rechts- und Sittenlehre II, S. 367–600, 411. Pointiert spricht C. Schmitt (Fn. 84), S. 580 in Fn. 24 vom »Prinzip einer freien, den Staat als ihre Schutzorganisation aus sich herausstellenden Gesellschaft«.

[87] Kant, *Metaphysik der Sitten* (Fn. 7), Rechtslehre, Allgem. Anmerkung C., S. 446 f.

[88] Kant, *Metaphysik der Sitten* (Fn. 7), Rechtslehre, Allgem. Anmerkung D. und E., S. 451 f., S. 452 ff.

[89] Erst recht nicht »Grundrechte«. Missverständlich Ernst-Wolfgang Böckenförde, *Zur Lage der Grundrechtsdogmatik nach 40 Jahren Grundgesetz*, München 1990, S. 59, wenn er ausführt, dass die »Grundrechte als Freiheitsrechte gegenüber dem Staat ... nur einen Teil der Kantschen Rechtsdefinition (abgreifen)«. Auf Rechte »gegenüber dem Staat« bezieht sich diese Rechts-Definition (»Zusammenstimmung der Freiheit eines jeden mit der Freiheit von jedermann nach einem allgemeinen Gesetze«) von vornherein nicht.

der korrespondierenden Rechte und Pflichten von Personen bleibt in seiner konstituierenden Bedeutung beschränkt auf die Ebene des Privatrechts, also der gesellschaftlichen Gleichordnung. Von den wechselseitigen Zwangsrechten des bürgerlichen Zustands ist das »Oberhaupt« gerade ausgenommen.[90] Das öffentliche Recht des bürgerlichen (d. i. staatlichen) Zustands bezeichnet folglich nur die notwendige publizistische (auf staatliche Durchsetzung zielende) Absicherung dieses Privatrechtszustands mit seinen wechselseitigen Zwangsrechten der Privatrechtssubjekte, ohne dass es »mehr, oder andere Pflichten der Menschen unter sich (enthielte).«[91]

Zur Entsprechung von Recht und Pflicht auch im *Verhältnis des Einzelnen zum Staat*, also zu einem genuin öffentlich-rechtlichen Rechtsverhältnis, kommt erst Hegel in seinen »Grundlinien der Philosophie des Rechts.«[92] Zwar kann in diesem Verhältnis die Identität von Recht und Pflicht, anders als auf der Ebene des Privatrechts, keine der vollständigen inhaltlichen Identität sein. Denn der Bürger kann keine Hoheitsbefugnisse gegen den Staat beanspruchen. Aber Rechte und Pflichten bedingen einander. Vor allem kann der Staat auf die Pflichtenstellung der seiner Gewalt Unterworfenen legitimer Weise nur rekurrieren, wenn er auch ihre Stellung als Rechtssubjekte und damit zugleich die rechtliche Begrenztheit seiner Machtposition anerkennt.[93] Am Ende dieses Gedankengangs, der im Verlaufe des 19. Jahrhunderts Gestalt und Wirklichkeit gewonnen hat, steht der moderne *Rechtsstaat mit seinem gerichtlichen Rechtsschutzsystem*[94], der die Würde des Menschen anerkennt, der dem Menschen aus Gründen seiner Würde die Möglichkeit einräumt, seine Rechte auch gegenüber dem Staat zu behaupten und einzuklagen und der zu diesem Zweck die Institutionen der Verwaltungs- und schließlich Verfassungsgerichtsbarkeit schafft.[95] Dann lässt sich mit Fug und Recht sagen,

---

[90] Kant, *Gemeinspruch* (Fn. 6), S. 146, 147, 148; oben bei Fn. 81. § 1 des Österreichischen ABGB von 1811 bestimmt daher: »Der Inbegriff der Gesetze, wodurch die Privat-Rechte und Pflichten der Einwohner des Staates unter sich bestimmt werden, macht das bürgerliche Recht aus«.

[91] Kant, *Metaphysik der Sitten* (Fn. 7), Rechtslehre, § 41, S. 424. Vgl. H. Hofmann, Das Postulat der Allgemeinheit des Gesetzes, in: ders., *Verfassungsrechtliche Perspektiven*, Tübingen 1995, S. 261, 277.

[92] Hegel, *Philosophie des Rechts* (Fn. 25), §§ 155, 261.

[93] Hegel, a. a. O., § 260, Zusatz, S. 407, § 261, Anm., S. 409; vgl. G. Jellinek, *System der subjektiven öffentlichen Rechte*, 2. Aufl. Tübingen 1905, S. 28, 85, 87.

[94] Zur gemeineuropäischen Gültigkeit des Gedankens EuGH (Große Kammer), Urt. v. 18. Juli 2013 – C- 584/10 P – Kommission u. a./Kadi, Rn. 66 f., 131 ff. Vgl. C. Schmitt (Fn. 84), S. 580 m. Fn. 24. Kritik an einem überbordenden »Justizstaat« oder »Jurisdiktionsstaat« z. B. bei dems., Das Reichsgericht als Hüter der Verfassung. In: ders., *Verfassungsrechtliche Aufsätze*, 2. Aufl., Berlin 1973, S. 63–100, 96, 97 f., 99 f.; ferner E. Forsthoff, Die Bindung an Gesetz und Recht. In: *Die Öffentliche Verwaltung* 12, 1959, S. 40, 44; E.-W. Böckenförde, *Gesetz und gesetzgebende Gewalt*, 2. Aufl. 1981, S. 402.

[95] Jellinek, *Subjektive öffentliche Rechte* (Fn. 93), S. 101 f., 121, 123.

dass das Gemeinwesen »seinen Mittelpunkt in der innerhalb der sozialen Gemeinschaft sich frei entfaltenden menschlichen Persönlichkeit und ihrer Würde findet«.[96] All dies liegt in seiner konkreten Ausformung jenseits des Horizonts von Kants Rechtslehre. Aber sie hat mit der Formulierung des Strukturprinzips des modernen Rechts, nach dem der Mensch als Person wesentlich Glied von Rechtsverhältnissen einander korrespondierender Rechte und Pflichten ist, auch für diese Entwicklung den Grundstein gelegt. Kants Rechtslehre erweist sich so als wesentlicher Bestandteil einer umfassenden praktischen Philosophie der Würde des Menschen.[97]

---

[96] Vgl. Fn. 2.

[97] Auch hier hat Kant also »die ›Würde der Person‹ ins Zentrum seines Denkens (ge)rückt«, vgl. Gerhardt, Philosophie des Lebens (Fn. 16), S. 57, 61.

Thomas Vormbaum

AUFKLÄRERISCHE KRITIK DER JURISTISCHEN AUFKLÄRUNG

Eines der hauptsächlichen Forschungsgebiete Mario A. Cattaneos war die Rechtsphilosophie der Aufklärung, insbesondere deren Strafrechtsphilosophie[1]; sie musste sich ihre Rolle freilich mit der Rechtsphilosophie Immanuel Kants[2] und der Kantianer, vor allem Grolmans[3] und Feuerbachs[4], teilen. Die folgenden Ausführungen versuchen die genannten Bereiche in einer Thematik zusammenzuführen. Die beiden Beispiele, an denen die Thematik dargestellt wird, stammen aus dem Bereich der Strafrechtsgeschichte und der allgemeinen Rechtsgeschichte und im abschließenden, sie zusammenführenden Teil wird versucht werden, Antworten auf aufgeworfene Fragen auch bei Kant zu finden.[5]

I.

Ein Beitrag, der die Aufklärung, wenn auch in kritischer Absicht, zum Gegenstand hat, muss mit einem Loblied auf die Aufklärung beginnen: Die Aufklärung, politisch zum Durchbruch gebracht durch die Große Revolution von 1789, bedeutete die »Befreiung des Menschen aus seiner selbst verschuldeten Unmündigkeit, [aus der] Unfähigkeit, sich seines Verstandes

---

1 S. vor allem die Aufsatzsammlung Cattaneo, *Aufklärung und Strafrecht.*

2 Statt vieler Titel sei nur erwähnt Cattaneo, *Menschenwürde*

3 Cattaneo, *Grolman.*

4 Hier hat sich seine ursprünglich positive Bewertung später ins Gegenteil verkehrt; s. den (posthum in dt. Übersetzung erschienen) Aufsatz: Cattaneo, *Feuerbach.*

5 Die folgenden Ausführungen fassen und führen Überlegungen zusammen und ergänzen sie, welche ich auf zwei Tagungen – 2004 an der Universität Padua, Sede Treviso, und 2005 an der Universität Duisburg-Essen – vorgetragen habe: Vormbaum, *Kant e la critica illuministica*; *Vormbaum*, *Beccaria.*

Die jetzige Fassung habe ich erstmals am 3. Oktober 2012 an der Universität Pavia unter dem Titel »Critica illuminista dell'iluminismo giuridico« vorgetragen. Den Paveser Kollegen, vor allem Prof. Ettore Dezza, Prof. Alba Negri und Prof. Sergio Seminara gilt mein Dank für Gastfreundschaft, Interesse und kritische Nachfragen.

ohne fremde Hilfe zu bedienen«; sie initiierte die *Autonomie des denkenden Menschen.*

Eberhardt Schmidt – übrigens der letzte, der, vor etwa 60 Jahren, eine umfassende Strafrechtsgeschichte verfasst hat, die heute freilich in mancherlei Hinsicht als veraltet gilt – hat die Charakteristika der strafrechtlichen Aufklärung auf die Punkte *Säkularisierung*, *Rationalisierung*, *Liberalisierung* und *Humanisierung* gebracht[6], also auf die Punkte, die wohl auch sonst als die wesentlichen der Aufklärung angesehen werden. Und man nimmt mit einigem Recht an, dass die heutige Strafrechtswissenschaft die Errungenschaften der Aufklärung bewahrt habe.

Die Strafrechtswissenschaft lehnt, nicht zuletzt unter Berufung auf die Errungenschaften der Aufklärung, *nichtsäkulare* oder *irrationale* Begründungen des Strafrechts ab. *Hexenprozesse* finden nicht mehr statt, *Gotteslästerung* als solche wird nicht mehr bestraft (sie versteckt sich heute hinter dem »Schutz des religiösen Gemeinschaftsfriedens«[7]), der *Meineid* wird nicht mehr als Sakraldelikt aufgefasst (seine Strafbarkeit wird heute mit dem »Schutz funktionierender Rechtspflege« begründet; man ist inzwischen gar so rational und säkular geworden, dass auch die falsche *uneidliche* Aussage vor Gericht strafbar ist[8]).

Die Strafrechtswissenschaft lehnt heute *Todesstrafe* und *Folter* ab – letztere seit einigen Jahren im Zeichen des »Feindstrafrechts« schon nicht mehr so einmütig und rückhaltlos, aber prinzipiell eben doch; und auch hier würden Strafrechtler sich, wenn sie befragt würden, wohl auf die Erbschaft der Aufklärung berufen.

Dennoch lassen sich vor allem zwei (untereinander zusammenhängende, aber nicht identische) Einwände gegen den Rationalismus der Aufklärung benennen. Ich will sie vorweg formulieren, um sie sodann nacheinander anhand von Beispielen zu betrachten. Es sind:

- Dominanz der *formalen Rationalität* und daraus folgend Vernachlässigung der individuellen, eigenheitlichen Dimension des Menschen;
- Dominanz der *Zweckrationalität* und daraus folgend Vernachlässigung der emotionalen bzw. humanitären Dimension des Menschen.

---

[6] Schmidt, *Aufklärung*

[7] S. den seit 1970 geltenden Text des § 166: »Wer öffentlich oder durch Verbreiten von Schriften [...] den Inhalt des religiösen oder weltanschaulichen Bekenntnisses anderer in einer Weise beschimpft, die geeignet ist, den öffentlichen Frieden zu stören, wird mit Freiheitsstrafe bis zu drei Jahren oder mit Geldstrafe bestraft«. – Dagegen § 166 des Reichsstrafgesetzbuches von 1869/1871: »Wer dadurch, daß er öffentlich in beschimpfenden Äußerungen Gott lästert, ein Aergerniß gibt [...]«.

[8] § 153 StGB. Ausführlich zur jüngeren Geschichte der Aussagetatbestände. Vormbaum, *Eid, Meineid und Falschaussage*

Beide Einwände setzen – ich sage dies vorsorglich, um Missverständnisse zu vermeiden – ein grundsätzliches Einverständnis mit den Anliegen der Aufklärung bereits voraus. Das gilt insb. für die unzweifelhaften rechtsstaatlichen Vorzüge, die sich aus den beiden genannten Aspekten der Rationalität *auch* ergeben; sie zeigen sich (ebenso wie ihre Nachteile) besonders deutlich im Straf- und Strafprozessrecht: Nur mit formaler Rationalität lässt sich letztlich der Grundsatz *nullum crimen, nulla poena sine lege* praktisch umsetzen, dem Gefahren vor allem vonseiten einer Berufung auf materielle Rationalität (hier: Gerechtigkeit) drohen; er dient jedoch weniger der *Gerechtigkeit* als der *Rechtssicherheit*. Die Berufung auf *Zweckrationalität* konnte im 18. Jahrhundert dazu eingesetzt werden, die damals zahlreichen unzweckmäßigen Strafrechtsnormen zu bekämpfen.

Das Problematische der *Zweckrationalität* wird jedoch deutlich, wenn z. B. die Folter – wie bei Beccaria – vorwiegend mit Zweckmäßigkeits- statt mit Humanitätsargumenten bekämpft wird. Und das Problematische der *formalen Rationalität* wird deutlich, wenn der Einzelmensch hinter der Menschheit verschwindet.

Diese beiden Aspekte möchte ich im Folgenden vertiefen und wähle als Beispiele zwei Probleme aus der Rechtsgeschichte.

II.

Das Beispiel für den ersten Aspekt – Dominanz der bloß formalen Rationalität – entnehme ich aus einer von mir durchgeführten Untersuchung einer Problematik der Geschichte des Prozessrechts.[9] Es ist der Eid der Juden vor Gericht im 19. Jahrhundert in Preußen.

Zu Beginn des 19. Jahrhunderts schworen Katholiken, Protestanten und Juden ihre spezifischen Eide mit unterschiedlichen Eidesformeln, auf die ich hier nicht im Einzelnen eingehen will. Die für Juden geltende Formel ging auf einen Vorschlag von Moses Mendelssohn zurück. Etwa seit 1830 forderten die Juden, ihre spezielle Eidesformel zu beseitigen und durch eine allgemeine Formel zu ersetzen. In jahrzehntelangen Bemühungen erreichten 1869 sie dieses Ziel. Zehn Jahre danach, 1879, wurde diese allgemeine Formel, nämlich: »Ich schwöre bei Gott dem Allmächtigen und Allwissenden, so wahr mir Gott helfe«, für ganz Deutschland und für alle Bürger vor Gericht vorgeschrieben. Es gibt seither nur noch eine einzige Eidesformel, der man nicht mehr entnehmen kann, ob der Schwörende Katholik, Protestant oder Jude ist.

---

[9] Vormbaum, *Judeneid.*

Diese Problematik des Judeneides ist im Kleinen ein Abbild der allgemeinen Entwicklung: der Auflösung der ständischen Korporationen und der Emanzipation des Individuums. Der Staat wurde tendenziell zu einer Ansammlung von Individuen. Aus der statusbestimmenden »Korporation« wurde – als Abbild der neuen Staatsauffassung – die partikuläre »Assoziation«, der Verein. So auch bei den Juden: Hatte in der Zeit des Ancien Régime für einen Juden die jüdische Existenz »einen alles bestimmenden und durch nichts in Frage gestellten Charakter«, so repräsentierte seit dem Ende des 18. Jahrhunderts für viele Juden das Judentum nur noch einen Teil ihrer Existenz.

Für die Juden als Gruppe hatte indes diese Entwicklung ihre problematische Seite, denn es war die Paradoxie der angesprochenen Entwicklung, daß gerade dic organisierte Randexistenz der Juden in der ständischen Gesellschaft ihre Existenz als Gruppe *strukturell* gesichert hatte. Theoretisch tendierte die neue moderne Gesellschaft freier Individuen zu einem säkularen Zusammenleben, in dem die Religion zur Privatsache, zu einem bloß partialen Bezug der Persönlichkeit wurde. Für das öffentliche Leben sollte es nur Staatsbürger ohne Ansehen der Person geben. Nun war Religion für die Juden – wie für die Christen – bis ins 18. Jahrhundert hinein mehr als nur ein Bekenntnis; sie war eine den gesamten Tages- und Jahreslauf prägende Lebensform. Wurde sie zur Privatsache, also aus dem öffentlichen Leben ausgeblendet, so wurde das Judentum »von der Nation zur Konfession« und letztlich als rechtlich relevantes Phänomen eliminiert.

Aber mehr noch: Auch die neue Gesellschaft war keine gänzlich neutrale, sondern eine nach wie vor von den Traditionen der Mehrheit geprägte Gesellschaft. Ein Aufgehen der Juden in dieser Gesellschaft bedeutete damit nicht nur ein Aufgeben der bisherigen kulturellen Identität; sie bedeutete ein Sichanpassen an diese spezifische Gesellschaft. Viele Juden waren bereit, den Schritt zur Taufe zu tun und sich zu assimilieren. Für die anderen aber, die in jeder Hinsicht, nur nicht im Hinblick auf die Religion, sich an die bestehende Gesellschaft anpassen wollten, ergab sich die Forderung, nun auch im Gerichtsverfahren dem Eid, wenn er schon nicht abgeschafft wurde – was damals nicht ernsthaft zur Debatte stand –, eine Form zu geben, die das spezifische religiöse Bekenntnis des Schwörenden außer Betracht ließ. Widerstand gegen diese Forderung gab es nicht nur seitens der christlichen Mehrheit, sondern auch innerhalb der jüdischen Orthodoxie. Wurde somit die alte Judeneid-Problematik in ihren letzten Jahrzehnten dominiert von dem Bemühen um eine angemessene Ausgestaltung des spezifischen Judeneides, so ist die moderne Judeneid-Problematik geprägt von der Forderung nach einer religiös neutralen Formulierung der Eidesformel.

Heute, da die Prozeßordnungen einerseits der Beweisperson erlauben, die Beteuerungsformel ihrer Religionsgemeinschaft dem Eid hinzuzufügen, andererseits ihr die Möglichkeit geben, anstelle des Eides eine eidesersetzende säkulare Bekräftigung abzugeben, ist das Thema als solches ohne spezifische Relevanz.

Aber die Grundproblematik ist erhalten geblieben. Man könnte sie titulieren als die *Problematik des Verhältnisses von Gleichheit und Eigenheit im Recht*. Eines der zurzeit aktuellsten Themen ist sicherlich die Frage der Berücksichtigung oder Ignorierung der Geschlechtszugehörigkeit. Ähnliche Schwierigkeiten tauchen stets auf, wenn es um die Frage geht, ob eine Bevölkerungsgruppe verlangen kann, daß ihre besondere Eigenheit rechtlich *berücksichtigt* wird, und andererseits, ob und wieweit sie verlangen kann, daß diese Eigenheit *nicht berücksichtigt* wird. Man denke nur an Homosexuelle, Ausländer, Behinderte und religiöse Minderheiten, um das rechtliche Konfliktpotential zu ermessen. Wie bekannt, gibt es in Deutschland und in Frankreich zur Zeit heftige Diskussionen um die Kopftücher muslimischer Lehrerinnen.

In der Antisemitismus-Forschung ist diese Problematik in letzter Zeit anhand eines deutschen Dramas der Aufklärungszeit, »Nathan der Weise« von *Gotthold Ephraim Lessing*, kritisch diskutiert worden:

Der Jude Nathan sagt dort zu dem christlichen Tempelritter:

> [...]Verachtet
> mein Volk, so sehr ihr wollt. Wir haben beide
> Uns unser Volk nicht auserlesen. Sind
> Wir unser Volk? Was heißt denn Volk?
> Sind Christ und Jude eher Christ und Jude
> Als Mensch? Ah! Wenn ich einen mehr in Euch
> Gefunden hätte, dem es gnügt, ein Mensch
> zu heißen [...].[10]

Lange Zeit und überwiegend bis heute ist dieses Schauspiel und gerade auch diese Passage als Ausdruck des Toleranzgedankens und der Humanität angesehen worden. In den letzten Jahren hat aber die Diskussion einen neuen Akzent bekommen: *Hans Mayer* erblickt in der Passage – bei aller Generosität der Absicht – den Versuch, den Juden in der Gestalt des Nathan »mit Hilfe von Wohlstand und gebildeter Humanität aus dem Sonderdasein zu befreien und zum Jedermann zu wandeln«[11].

Wie immer man sich die Regelung der angedeuteten Probleme vorstellt – eines scheint gewiß: Zu den unaufgebbaren Errungenschaften der Aufklärung bzw. der Moderne gehört die Anerkennung des autonomen Individuums ohne Rücksicht auf seine empirischen Gegebenheiten, insbesondere auf seine

---

[10] Gotthold Ephraim Lessing, *Nathan der Weise*, 2. Akt, 5. Szene.

[11] Mayer, *Außenseiter*, S. 343.

Gruppenzugehörigkeiten. Die Vorstellung von einer Rechtsordnung, die den Staat bzw. die in ihm organisierte Gesellschaft zunächst abstrakt als Summe von Individuen begreift, hat somit das Wesentliche einer freien, humanen und rechtsstaatlichen Form des Zusammenlebens erfaßt.

Sie bleibt indes defizitär, wenn sie den Individuen verwehrt, auch auf ihren Gruppenzugehörigkeiten zu beharren; dann schlägt die Egalité in den Terrorismus der Gleichheit um. Denn dies ist – noch einmal mit *Hans Mayer* – die Dialektik der Gleichheit: Daß unter ihr jeder Außenseiter zur Provokation wird.

Der Satz, dass alle Menschen Brüder seien, enthält die ganze Ambivalenz der Aufklärung: Alle Menschen sind gleich, aber sie sind auch ungleich. A. Finkelkraut hat dies in seinem Werk »Die verlorene Menschlichkeit« so formuliert:

> Die Menschen, die allesamt gleich, nämlich Menschen, und allesamt verschieden, nämlich jeder er selbst sind, bilden in der Welt eine Gemeinschaft von lauter Ausnahmen. Was man hingegen in den Lagern versuchte, war die Auflösung der Individuen in einer kompakten und namenlosen Totalität. Nichts, was einen Menschen von einem anderen Menschen unterscheidet, hat Bürgerrecht. Zusammenpferchen in Viehwagen, Schläge, Hunger, Sprechverbote, geschorene Köpfe, eintätowierte Nummern – alles zielte darauf ab, die individuelle Besonderheit des Einzelnen zu vernichten und damit zu erreichen, daß der Mensch nur noch als ein Teil eines einheitlichen Menschengeschlechts übrigbleibt.[12]

Hier zeigt sich eine antipodische Bruderschaft dieser Aussage zu dem erwähnten Lessing-Zitat. Und so wie die Menschen trotz des Gleichheitsgebotes nicht uniform sind, so fügt sich auch die Welt nicht der Norm. Sie ist kontingent, und aus dieser Kontingenz folgt die Existenz von Unaufgelöstem, Widersprüchlichem, sich begrifflich und systematisch nicht Fügendem. Am Beispiel der Juden: Die Juden, die in den europäischen Staaten leben sind gleichzeit ein Volk und staatsrechtlich zugleich *kein* Volk; sie sind gleich und doch verschieden.

III.

Bevor ich die Problematik der bloß formalen Rationalität vertiefe, möchte ich mich zunächst weiter mit dem anderen der oben erwähnten Kritikpunkte gegenüber dem Rationalismus der Ausklärung – der Dominanz der Zweckrationalität – auseinandersetzen. Ich habe bereits auf die rein utilitaristische

---

[12] Finkielkraut, *Verlust der Menschlichkeit,* S. 127f. – s. auch Cattaneo, *Strafrechtstotalitarismus,* S. 279.

Argumentation Beccarias gegen die Folter hingewiesen. Dasselbe gilt für seine Kritik der Todesstrafe.

Auch hier sollten wir nun konkret argumentieren und nach Belegen für diese Kritik suchen. Das Hauptkampffeld ist eben Beccarias Argumentation gegen Todesstrafe und Folter. Ich beschränke mich aus Zeitgründen auf das Problem der Todesstrafe.

Wie argumentiert nun Beccaria gegen die Todesstrafe?

Zunächst mit zwei kontraktualistischen Argumenten: Im Gesellschaftsvertrag sei vereinbart, dass jeder Vertragsschließende einen Teil – aber nur den unbedingt nötigen, also den kleinstmöglichen Teil – seiner Freiheit an das gemeinsame öffentliche Gut abtrete[13]. In diesem kleinstmöglichen Opfer könne aber das Opfer des größten aller Güter, des Lebens, nicht enthalten sein[14]. Die Argumentation ist zunächst frappierend; sie hat aber etwas Rabulistisches; und Kant hat Beccaria denn auch insoweit Sophisterei vorgeworfen. Und richtig ist ja immerhin, dass gedanklich der kleinstmögliche Teil im *Grenzfall* auch das Ganze sein kann, es sei denn, man weist empirisch nach, dass ein solcher Fall nicht vorkomme. Damit verweist Beccaria aber auf die späteren Zweckmäßigkeitsargumente.

Das zweite kontraktualistische Argument: Da der Mensch nicht Herr über sein eigenes Leben sei, könne er auch im Gesellschaftsvertrag nicht darüber verfügt haben.[15] Dieses Argument ist nur immanent schlüssig, denn Beccaria spricht sich ja immerhin gegen die Sanktionierung des Selbstmordes aus.

Wichtig ist nun der Übergang zwischen diesen beiden kontraktualistischen Argumenten und den nachfolgenden Argumenten (es sind abermals zwei): Beccaria führt aus:

> Die Todesstrafe ist also kein Recht, denn ich habe ja gezeigt, daß sie ein solches nicht sein kann, sondern sie ist ein Krieg der Nation gegen einen Bürger, weil diese die Vernichtung seiner Existenz für erforderlich oder nützlich hält. Werde ich aber nachgewiesen haben, dass dieser Tod weder nützlich noch notwendig ist, so werde ich für die Menschlichkeit einen Streit gewonnen haben.

Es folgen nun auf die kontraktualistische Argumentation gegen die Todesstrafe – die in meiner Textvorlage etwa eine halbe Seite einnimmt – neun Seiten, in denen die *Unzweckmäßigkeit* der Todesstrafe dargetan wird. Und es liegt in der Natur der Sache, dass es *empirische* Einwände sind, die Beccaria anführt. Er erklärt sich bereit, zwei Argumente für die Tötung eines Bürgers, falls sie belegt werden, zu akzeptieren:

---

[13] Beccaria, *Von den Verbrechen*, S. 11.

[14] Beccaria, *Von den Verbrechen*, S. 48

[15] Beccaria, *Von den Verbrechen*, S. 48 f.

1) »Wenn der Bürger, selbst wenn er der Freiheit beraubt ist, immer noch solche Beziehungen und solche Macht besitzt, daß die Sicherheit der Nation davon betroffen ist, wenn seine Existenz also eine gefährliche Umwälzung der bestehenden Regierungsform hervorbringen kann«.[16] Anders ausgedrückt: In politisch unruhigen Zeiten darf ein gefährlicher Bürger getötet werden. Aber auch diese Deduktion nimmt nur eine halbe Seite ein. Der ganze Rest fällt auf das zweite (insgesamt also das vierte) Argument:
2) Der zweite Grund, aus dem ein Bürger getötet werden darf, lautet: »Wenn [...] sein Tod das wirkliche und einzige Hindernis wäre, andere von der Begehung vom Verbrechen abzuhalten«.[17]

Als straftheoretisches Kürzel ausgedrückt: Wenn Gründe der Abschreckungs-Generalprävention dies erfordern. Bei einem modernen Autor würde man nun erwarten, dass er das Fehlen solcher Gründe mit Zahlen belegt. Angesichts fehlender Kriminalstatistik kann man dies von Beccaria wohl nicht verlangen; und in der Tat wartet er mit anderer Begründung auf: Er beruft sich auf die Natur – gemeint: die empirische Natur – des Menschen.[18]

Sein wichtigstes Argument: Weniger eindrucksvoll für das Gemüt der Menschen sei nicht die Härte der Strafe, sondern ihre Dauer. So besehen sei die Todesstrafe unzweckmäßig, denn ihr Vollzug sei ein »schreckliches, aber vorübergehendes« Schauspiel.[19] Sie sei daher nicht optimal, um Menschen von Verbrechen abzuschrecken, und *damit* nicht gerecht. Effektiver und damit gerechter sei die lebenslängliche Knechtschaft, da sie die Zuschauer immer wieder mit den Folgen des Verbrechens konfrontiere. Hinter dieser Überlegung tritt sogar diejenige zurück, dass – wie Beccaria einräumt – die Knechtschaft vielleicht sogar die insgesamt schmerzhaftere Strafe als die Todesstrafe sei.[20]

Manches, was Beccaria an empirischen Argumenten anführt, wird von der modernen Kriminologie und Soziologie bestätigt, anderes nicht, wieder anderes ist nicht mehr relevant in einer Zeit, in der sowohl Todesstrafe als auch Freiheitstrafe hinter Mauern vollzogen werden, die Abschreckung durch unmittelbare Konfrontation des Publikums also nicht mehr in Betracht kommt.

Sehr zwiespältig ist jedenfalls der Satz: »Um gerecht zu sein, *darf* eine Strafe *nur* jene Intensitätsgrade besitzen, die ausreichen, um Menschen von Verbrechen abzuhalten«. Die Umformulierung des Satzes »Um gerecht zu

16 Beccaria, *Von den Verbrechen*, S. 49.
17 Beccaria, *Von den Verbrechen*, S. 49.
18 Beccaria, *Von den Verbrechen*, S. 50.
19 Ebd.
20 Beccaria, *Von den Verbrechen*, S. 52.

sein, *muss* eine Strafe jene Intensitätsgrade besitzen, die ausreichen, um Menschen vom Verbrechen abzuhalten« ist nicht nur ein Wortspiel, sondern reale Gefahr, denn – wie Claus Roxin zu recht feststellt: »Wer abschrecken will, will sichergehen«[21], und die Begrenzung schlägt schnell in Legitimation um. Damit aber kommt man wieder zum Ausgangspunkt von Beccarias empirischen Überlegungen zurück, denn er hat ja die These aufgestellt, ein Bürger dürfe getötet werden, »wenn [...] sein Tod das wirkliche und einzige Hindernis wäre, andere von der Begehung vom Verbrechen abzuhalten«.

Was übrigens geschehen soll, wenn – zumindest im Einzelfall – die empirischen Annahmen nicht zutreffen, bleibt unklar. Beccaria hat die beiden – recht schwachen – kontraktualistischen Argumente ziemlich lieblos abgehandelt. Ein klarer abschließender Hinweis, dass es sich bei den ausgedehnten empirischen Ausführungen nur um Hilfsargumente gehandelt habe, fehlt.

Man wird einwenden, bei Texten dieser Art und zu dieser Zeit müssten auch taktische Überlegungen berücksichtigt werden. Darauf komme ich gleich zurück. Zunächst noch dies:

Beccaria und die anderen Strafrechtsdenker der Aufklärung befanden sich in einer komfortablen Lage – ich meine dies natürlich nicht *persönlich*: wie oft musste sich Voltaire der Verfolgung durch die Mächtigen entziehen, und Beccaria hat die erste Auflage seiner Schrift gewiss nicht ohne Grund anonym und mit falschem Erscheinungsort herausgebracht. Komfortabel war die Lage aber *argumentativ*, und dies resultierte sozusagen komplementär aus dem katastrophalen Zustand des damaligen Strafrechts. In einer Zeit, in der in Frankreich mit dem Tode bestraft werden konnte, wer bei einer Fronleichnamsprozession nicht vor der Monstranz den Hut abnahm, und in der in den meisten Staaten noch die Folter zur Anwendung kam, lagen kritische Argumente aus allen Arsenalen sozusagen auf der Straße – Gerechtigkeitsargumente ebenso wie Zweckargumente. Und hier verbirgt sich die List – besser gesagt: die Hinterlist – der Geschichte: Weil Politiker, also die Mächtigen, am ehesten auf Zweckmäßigkeitsargumente hören – denn das ist die Welt, in der sie heimisch sind –, konnte man am ehesten hoffen, mit eben diesen Argumenten Gehör zu finden. Und wer – was man Beccaria und den anderen Aufklärungsdenkern zubilligen wird – subjektiv für die Humanisierung des Strafrechts ficht, der ist eben auch bereit, die Todesstrafe für Kindesmörderinnen mit dem Argument zu bekämpfen, sie sei unzweckmäßig, weil dem Staat nun auch jene Kinder entgingen, welche die Bestrafte noch hätte gebären können – so Voltaire; Beccaria – immerhin – weist auf die gesellschaftlichen Ursachen der Kindestötung hin.

Was heißt dies für die Kritik am aktuellen Strafrecht und an der Strafrechtstheorie der Aufklärung? Die Kritik halte ich weitgehend für berechtigt

---

21 Roxin, *Sinn und Grenzen*, S. 380 (bezogen auf die Generalprävention).

(ohne dies hier natürlich näher ausführen zu können); auch die Denkstränge sind meines Erachtens zutreffend analysiert. Das aber ist die strafrechtsphilosophische Aspekt oder auch – wenn man so will – der Aspekt der juristischen Zeitgeschichte, der es auch darum geht, problematische Entwicklungslinien unserer Rechtsepoche nachzuzeichnen.

Historisch gesehen ist hingegen – wie es Leopold von Ranke gesagt hat – jede Generation gleich nah bei Gott; aus dieser *historischen* Perspektive muss daher das Handeln der Akteure aus ihrer Zeit heraus gedeutet und verstanden werden. Und so sollte man beide Ergebnisse nebeneinander stehen lassen und für ihren jeweiligen Bereich gelten lassen. Freilich ist auch auf der historischen Ebene festzuhalten, dass Beccarias Strafrechtskritik sich gegen ein religiöses Strafrecht richtete, das es damals gab, das freilich auch damals schon schwach war und das es heute nicht mehr gibt; die kritische Potenz seiner Argumente ist daher verbraucht.[22]

IV.

Wie angekündigt möchte ich nun im letzten Teil einige Betrachtungen anschließen, welche beide bisher exemplifizierten Probleme betreffen. Ich beginne diesen Teil, indem ich einige Überlegungen des polnischen Soziologen *Zygmunt Baumanns* zur »Dialektik der Ordnung« präsentiere.[23] Baumann hat das Verhältnis der Moderne zum Holocaust untersucht. Nach Baumann ist der Holocaust nicht bloß eine Extremform des Antisemitismus, eine monströse, pathologische historische Ausnahme, nach deren Ende man zur Normalität zurückkehrt; seine vernichtungsträchtige Brisanz resultiert vielmehr gerade aus dem Normalzustand der Moderne, nämlich aus ihrem Egalitätspostulat.[24] Dieses Postulat verschaffte den Juden – mit vielen Verzögerungen – die *Gleichheit.* Aber nicht nur das Gleichsein mit anderen wurde fingiert, sondern auch das Gleichsein *untereinander* wurde ihnen zugeschrieben, individuelle Eigenheiten wurden verdrängt. Um Abgrenzungsleistungen erbringen zu können, konstruierte die Moderne sich im *Rassismus* eine neue Natürlichkeit; damit schuf sie paradoxerweise ein Nichtkonformitätskriterium, das, weil aufklärerischer Bewußtseinsentwicklung nicht zugänglich, unveränderlich war:[25]

> Der Mensch *ist*, bevor er *handelt;* keine seiner Taten beeinflußt dieses Sein – so lautet, grob gefaßt, die philosophische Quintessenz des Rassismus. [...] Der

---

[22] Naucke, *Einführung*, S. XLII.

[23] Baumann, *Dialektik der Ordnung.*

[24] Baumann, *Dialektik der Ordnung*, S. 53f.

[25] Ebd.

> Rassismus kann nur dort zum Durchbruch kommen, wo der Entwurf einer perfekten Gesellschaft vorhanden ist und wo dieser Entwurf durch konsistente planerische Bemühungen realisiert werden soll.[26]

Die nazistischen Gesellschaftsplaner verfolgten das Projekt der perfekten Gesellschaft mit den Mitteln eines *social engineering*, das menschliches Leben in wertvolle und wertlose Elemente aufspaltete – ein Vorgehen wissenschaftlich begründeter Sozialplanung, das auf die Errichtung einer neuen und besseren Ordnung abzielt und sich so als moderne Weltanschauung und als modernes politisches Programm darstellt, denn es entspricht der Tendenz der Aufklärung zur Verabsolutierung der Wissenschaft, die »alles verwirft, was nicht der Erkenntnis zugänglich erscheint«.

Aufgegriffen wurde damit aber auch eine zweite Tendenz der Aufklärungsphilosophie: ihre aktiv organisierende Haltung gegenüber Natur und Gesellschaft. Wissenschaft sollte als wirkungsvolles Instrument der Weltverbesserung das natürliche Streben nach der vollkommenen Gesellschaft unterstützen.

> Die Besonderheit des Holocaust liegt also nicht darin, daß er eine exorbitante Erscheinungform xenophober oder anderer heterophober Reflexe gewesen wäre. Die Vollstrecker des Holocaust waren keine Verrückten, sondern in rationalem Denken ausgebildete und kulturell gebildete Menschen. Das eben ist das »Katastrophale«: Ohne die moderne Zivilisation und ihre wichtigsten Errungenschaften hätte es den Holocaust nie gegeben. [...] Wir leben in einer Gesellschaftsform, die den Holocaust ermöglicht hat und die keine Elemente enthält, die in der Lage wären, den Holocaust zu verhindern.[27]

Gewiss bedürfen diese Überlegungen Baumanns noch in mancher Hinsicht der Differenzierung. Es bleibt jedoch, daß Rationalität – wie immer verstanden – eine Chiffre der Moderne ist, daß sie seit dem Zeitalter der Aufklärung ihren Weg aus den Gelehrtenstuben in die Gesellschaft und die Politik genommen hat. Der eliminatorische Antisemitismus hatte zwar ein Ziel, das vor der Vernunft so wenig besteht wie das *Ad Maiorem Dei Gloriam* der gold- und blutgierigen Soldateska eines Cortez in Mexiko, eines Pizarro in Peru, des judenfeindliche Furors, der den Aufbruch zum ersten Kreuzzug begleitete, und des konfessionellen Blutrausches der Bartholomäusnacht – die Protagonisten dieser Aktionen und ihr Gefolge hätten sich aber niemals wie die Vertreter des Antisemitismus auf Rationalität und Wissenschaft berufen.

Zu den großen Versagern im Zivilisationsprozeß gehörte gerade die Wissenschaft. Hier sind in erster Linie Naturwissenschaften und Medizin zu

---

[26] Baumann, *Dialektik der Ordnung*, S. 81.

[27] Baumann, *Dialektik der Ordnung*, S. 102.

nennen, die sich für sozialhygienische und sozialdarwinistische Vorstellungen als besonders anfällig erwiesen. Jedoch waren auch die Geisteswissenschaften (die Jurisprudenz eingeschlossen) gegen totalitäre und eliminatorische Versuchungen nicht besser gefeit.

Will man eine Perspektive gewinnen, um die Immunisierung gegen solche Möglichkeiten zu verbessern, so setzt dies zuerst und zentral die Anerkennung eines gegenüber sozialer Planung *Unverfügbaren* voraus. Das heißt: Eine Strategie gegen die Aktualisierung solcher Potentiale des Rationalismus der Aufklärung setzt auf der *Real-Ebene* den Einbau sozialer und institutioneller Mechanismen, auf der kollektiven *Bewußtseins-Ebene* das Wachbleiben gegenüber den Möglichkeiten einer solchen Entwicklung, und schließlich auf der *(rechts)-theoretischen Ebene* die Verwerfung jeder instrumentellen Einbeziehung von Menschen in soziale Regulierung voraus.

Nötig ist eine zweite Aufklärung – eine Aufklärung, welche Aufklärung selber in ihr kritisches Denken einbezieht. Sie würde die angesprochenen beiden Defizite vermeiden.

Und nicht nur gegenüber dem zweiten Defizit – der Dominanz der Zweckrationalität – ist (wie allgemein bekannt) Unterstützung bei Kant zu finden, sondern auch gegenüber dem ersten Defizit, der Dominanz der formalen Rationalität, könnte auf Kant zurückgegriffen werden. Ich denke vor allem an folgende bekannte Stelle aus der *Metaphysik der Sitten*:

> Die Menschheit selbst ist eine Würde; denn der Mensch kann von keinem Menschen (oder von Anderen noch sogar von sich selbst) bloß als Mittel, sondern muß jederzeit zugleich als Zweck gebraucht werden, und darin besteht eben seine Würde (die Persönlichkeit), dadurch er sich über alle anderen Weltwesen, die nicht Menschen sind und doch gebraucht werden können, mithin über alle Sachen erhebt. Gleichwie er also sich selbst für keinen Preis weggeben kann [...], so kann er auch nicht der eben so nothwendigen Selbstschätzung Anderer als Menschen entgegen handeln, d. i. er ist verbunden, die Würde der Menschheit an jedem anderen Menschen praktisch anzuerkennen, mithin ruht auf ihm eine Pflicht, die sich auf die jedem anderen Menschen nothwendig zu erzeigende Achtung bezieht.[28]

Wie man sieht, geht Kant hier von der Würde der Menschheit – also der *Gattung* – aus, stellt aber sogleich fest: Die Würde, die der Menschheit *insgesamt* zukommt, realisiert sich in der Anerkennung der Würde jedes Individuums durch die anderen Individuen. Dies schließt die Anerkennung solcher Eigenheiten ein, die sich aus der Zugehörigkeit zu einer Gruppe ergeben.

Wichtig erscheint mir nun, daß diese Achtung bei Kant nicht nur als eine rationale Forderung aufgefasst wird – dies auch; denn man kann für die Achtung der Menschenwürde des Einzelnen rationale Gründe anführen –;

---

[28] Kant, *Metaphysik der Sitten*, S. 462 (§ 38).

Kant führt aber auch eine Kategorie der persönlichen Einstellung in die Debatte ein: die *Menschenfreundlichkeit.* Diese soll Teil von Vernunft und Aufklärung selber werden. Dies ist nicht nur eine Interpretation von meiner Seite, sondern findet sich bei Kant selber, nämlich in der Fußnote zu dem gerade erwähnten Zitat. Diese Fußnote mahnt einen menschenfreundlichen Gebrauch der Vernunft an[29]:

> Hierauf [sc. auf die Achtung des Anderen] gründet sich eine Pflicht der Achtung für den Menschen selbst im logischen Gebrauch seiner Vernunft: die Fehltritte derselben nicht unter den Namen der Ungereimtheit, des abgeschmackten Urtheils u. dg. zu rügen, sondern vielmehr voraus zu setzen, daß in demselben doch etwas Wahres sein müsse, und dieses heraus zu suchen; dabei aber auch zugleich den trüglichen Schein (das Subjective der Bestimmungsgründe des Urtheils, was durch ein Versehen für objectiv gehalten wurde) aufzudecken und so, indem man die Möglichkeit zu irren erklärt, ihm noch die Achtung für seinen Verstand zu erhalten. Denn spricht man seinem Gegner in einem gewissen Urtheile durch jene Ausdrücke allen Verstand ab, wie will man ihn dann darüber verständigen, daß er geirrt habe?

Ich möchte hierzu noch eine persönliche Bemerkung ergänzen: Es gibt einen Satz, der mich seit einigen Jahrzehnten, genauer: seit der Zeit, als ich Schüler eines altsprachlichen Gymnasiums war, begleitet; dieses Gymnasium war damals auch Universitätsgelehrten der klassischen Philologie bekannt, weil es eine der wenigen Schulen war, in denen die alten Sprachen – Latein und Griechisch – obligatorisch waren. So war denn auch der damals bekannteste Vertreter dieser Wissenschaft bereit, an dieser Schule einen Vortrag zum Thema: »Wesen, Werden und Entwicklung der Humanitätsidee« zu halten. Und sein eingangs erwähnter Satz lautete: »Humanität bedeutet [unter anderem], Prinzipien zu haben, ohne sie zu reiten«. Inzwischen wissen wir, dass dieser Gelehrte – Wolfgang Schadewaldt – während der Zeit der NS-Herrschaft in seinem Bereich eine beachtliche Rolle als Propagandist des Nazismus gespielt hat. Doch ungeachtet dessen scheint mir sein Satz – bei aller Trivialität – einen wichtigen Beitrag zur Zuschärfung des hier behandelten Problems zu liefern: Die Begrenztheit aller Welterklärungen sowohl auf epistemologischer als auch auf ethischer Ebene bedeutet keinen Mangel; sie zu akzeptieren ist ein Aspekt der Humanität.

Das ist, wie ich meine, der Kern einer neuen Aufklärung. Eine solche Aufklärung, die Rationalität als ihr Zentrum bewahrt, in der Rationalität aber nur einen Teil der Vernunft bildet; eine Aufklärung, die Rationalität durch Mitgefühl und Achtung von Menschenwürde und Lebensfreude bändigt, eine Aufklärung, die von Erforschung und menschenfreundlicher Veränderung

[29] Kant, *Metaphysik der Sitten,* Anmerkung zu § 39, S. 463.

der Welt nicht ablässt, aber Welt und Mensch ihre Eigenheit belässt, eine Aufklärung, die Spannungen zwischen Welt und Mensch mildert, unauflösbare Spannungen aber aushält, wäre vielleicht am besten mit dem heute altertümlich klingenden, in Wirklichkeit aber – wie ich finde – recht modernen Begriff *Weisheit* erfasst.

Literaturverzeichnis

Baumann, Z.: *Modernity and the Holocaust*; dt.: *Dialektik der Ordnung. Die Moderne und der Holocaust*, Hamburg 1992.

Beccaria, C.: *Von den Verbrechen und von den Strafen* (1764). Aus dem Italienischen von Thomas Vormbaum. Mit einer Einführung von Wolfgang Naucke. Berlin 2004.

Cattaneo, M.A.: *Aufklärung und Strafrecht. Beiträge zur deutschen Strafrechtsphilosophie des 18. Jahrhunderts*, Baden-Baden 1998.

Cattaneo, M.A.: Menschenwürde und ewiger Friede. Kants Kritik der Politik. In: *Juristische Zeitgeschichte*, Kleine Reihe, Bd. 11. Berlin 2004.

Cattaneo, M.A.: Karl Grolmans strafrechtlicher Humanismus. In: *Juristische Zeitgeschichte*, Abt. 4, Bd. 1. Baden-Baden 1998.

Cattaneo, M.A.: Paul Johann Anselm Feuerbach und das bayerische Strafgesetzbuch von 1813. In: *Jahrbuch der juristischen Zeitgeschichte* 12, 2011, S. 119ff.

Cattaneo, M.A.: *Terrore e arbitrio. Il problema giuridico nel totalitarismo* (1998). dt. Übers.: *Strafrechtstotalitarismus. Terror und Willkür*, Baden-Baden 2001.

Finkielkraut, A.: *L'umanité perdue*; dt. Übers.: *Verlust der Menschlichkeit. Versuch über das 20. Jahrhundert*, Stuttgart 1998.

Kant, I.: Die Metaphysik der Sitten (1797), Zweiter Theil. Metaphysische Anfangsgründe der Tugendlehre. Zweiter Theil. Von den Tugendpflichten gegen Andere. In: *Kants Werke*. Akademie Textausgabe. (Unveränderter Neudruck der Ausgabe 1902ff.). Berlin 1968, Band VI., S. 203ff.

Mayer, H.: *Außenseiter*, Frankfurt a. M. 1981.

Naucke, W.: Einführung: Beccaria, Strafrechtskritiker und Strafrechtsverstärker. In: Beccaria, *Verbrechen*, S. IX ff.

Roxin, C.: Sinn und Grenzen staatlicher Strafe. In: *Juristische Schulung* 1966, S. 377ff.

Schmidt, E.: Die geistesgeschichtliche Bedeutung der Aufklärung für die Entwicklung der Strafjustiz aus der Sicht des 20. Jahrhunderts. In: *Schweizerische Zeitschrift für Strafrecht* 73, 1958, S. 341ff.

Vormbaum, T.: Kant e la critica illuministica dell'illuminismo. In: Mario A. Cattaneo (Hrsg.), *Kant e la filosofia del diritto*. Neapel 2005, S. 37–48.

Vormbaum, T.: Beccaria und die strafrechtliche Aufklärung in der gegenwärtigen strafrechtswissenschaftlichen Diskussion. In: Helmut C. Jacobs (Hrsg.), *Gegen Folter und Todesstrafe. Aufklärerischer Diskurs und europäische Literatur vom 18. Jahrhundert bis zur Gegenwart*, Frankfurt a. M. 2007, S. 305–317.

Vormbaum, T.: Eid, Meineid und Falschaussage. Reformdiskussion und Gesetzgebung seit 1870. In: *Münsterische Beiträge zur Rechtswissenschaft,* Band 47. Berlin 1990.
Vormbaum, T.: Der Judeneid im 19. Jahrhundert. Darstellung und Deutung. In: *Juristische Zeitgeschichte,* Abt. 8, Bd. 2. Berlin 2006.

Carla De Pascale

DIE LEHRE KANTS ÜBER DIE MENSCHENWÜRDE UND DAS IDEALISTISCHE ERBE*

Die Würde als Thema der heutigen Debatte ist normalerweise nicht nur mit den Menschenrechten, sondern auch mit dem Begriff von Verantwortung verbunden (vor allem bei Autoren, die oft einen gedanklichen Bezug zu Kant haben, wie zum Beispiel Hans Jonas). Die Verantwortung ist ein Begriff, bei dem sowohl die moralische als auch die juristische Ebene implizit sind und auf der juristischen Ebene ist der Begriff von Zurechnungsfähigkeit unentbehrlich. Auf diese Weise haben wir mindestens ein weiteres Beispiel der relevanten Stellung, die Kant mit seinem Begriff von Würde im philosophischen Denken besitzt. Offensichtlich besteht eine enge Assoziation zwischen dem Begriff von Verantwortung und dem des Menschenrechtes, der das zentrale Thema dieses Seminars ist. Beide Begriffe zeigen, wie heute – ohne Zweifel wegen der totalitären Erfahrungen des letzten Jahrhunderts – die Kultur dazu tendiert, sich vom Paradigma der notwendigen Trennung des Rechts von der Moral zu befreien – von demselben Paradigma, das die Basis für die theoretisch-politische Bildung des »modernen Staates« gebildet hat.

Daraus ergeben sich sehr wichtige Resultate auf der theoretischen Ebene; das fordert aber gleichzeitig eine aufmerksame und genaue Rezeption der historischen Forschung. Für unser Thema ist es nämlich wichtig zu erkennen, dass deutsche klassische Philosophen wie Kant einerseits, Fichte andererseits und dann Hegel zur Bildung der heutigen Auffassungen beigetragen haben (in dem Sinne, dass es bei diesen Autoren nicht an Problembewusstsein für mögliche negative Folgerungen jener Zweiteilung zwischen Recht und Moral fehlte, an der sie selber bestimmt mitgewirkt hatten) und dass ihre Theorien dennoch und vor allem auch Bestandteil des genannten Bildungsprozesses des modernen Staates waren und entscheidende Grundzüge dieses Projektes in sich bewahrt haben.

In seiner jüngsten Studie bemerkt Georg Kateb[1], wie schwer es ist, den Begriff der Würde zu bestimmen, und schlägt vor, die Würde als einen existenz-

---

* Claudio Cesa in memoriam

1 Kateb, G.: *Human Dignity*, Cambridge 2011: eine Studie, die weniger zur Kant-Forschung gehört und eher die heutige Debatte betrifft.

bezogenen Wert anzusehen, der zur Identität einer Person als Mensch gehört. Die Würde eines Menschen zu verletzen bedeutet, ihn als nicht menschlich oder weniger als menschlich, als eine Sache, ein Werkzeug oder einen Untermenschen zu behandeln. Dieser intellektuellen Position liegt sicher auch eine Sensibilität im kantischen Sinne zugrunde, weil eben die klare Unterscheidung zwischen Sache und Person den Ausgangspunkt der kantischen Überlegung zur Würde darstellt.

Die Hervorhebung der Kluft zwischen Sache und Person zeigt sich schon in den frühen Werken Kants, seit seinen ersten Vorlesungen über die Ethik, und wird danach das Hauptthema in der *Grundlegung der Metaphysik der Sitten*. Trotz der vielfältigen Nuancen, die die Forscher in den verschiedenen Formulierungen des kategorischen Imperativs herausgearbeitet haben, denke ich, dass diese Formulierungen mindestens in Bezug auf unser Thema ein Ganzes bilden: Der Mensch ist zur Moralität fähig, weil er ein moralisches Gesetz zu formulieren und aufzurichten vermag; dies ist ein allgemein gültiges Gesetz, das aus dem Innern eines jeden Menschen hervorgeht (*Autonomie*) und von dem der Mensch denkt, dass es von jedem seinesgleichen geteilt wird, wenn er nur zur Moralität fähig ist. Der Mensch, der diese Charakterzüge besitzt, denkt sich selbst und seine Mitmenschen als Zweck und nicht als Mittel und behandelt alle auf entsprechende Weise.

In der *Metaphysik der Sitten* wird in der *Tugendlehre* das jugendliche Programm einer Analyse der Pflichten weiterentwickelt und die Würde zum Kernpunkt der Pflichten der Menschen gegen sich selbst erklärt: Der Mensch besitzt Würde, weil er eine Person ist und als solche über einen inneren Wert verfügt. Es folgen dann Ausführungen über Pflichten den Anderen gegenüber (die sich auf die Pflicht zur Achtung zurückführen lassen, die in engstem Zusammenhang mit dem Begriff der Würde steht).

Andererseits ist Kant das Verhältnis zwischen Pflichten und Rechten durchaus klar: gut erkennbar ist dies in der *Rechtslehre*, in der die Grundmotivation für die Reziprozität zwischen der Pflichtenlehre und der Rechtslehre deutlich herausgearbeitet wird. Die Quelle, in der sowohl alle Pflichten als auch alle Rechte ihren Ursprung haben, ist demnach die Freiheit als Autonomie – eine Freiheit, die sich bereits aus den sinnlichen Konditionierungen emanzipiert hat. Wir kennen Pflichten und Rechte »durch den moralischen Imperativ, welcher ein pflichtgebietender Satz ist, aus welchem nachher das Vermögen, andere zu verpflichten, d. i. der Begriff des Rechts, entwickelt werden kann.«[2] In dieser Arbeit erscheint die Freiheit, definiert als »Unabhängigkeit von eines Anderen nöthigender Willkühr«, als das einzige angebo-

[2] Kant, I.: *Metaphysik der Sitten*, AA, VI, 239.

rene Recht.[3] Auf juristisch-politischer Ebene sind die Konsequenzen relevant, die sich aus dieser Definition ergeben. Um diese Definition wird sich meine Untersuchung drehen und auf den Begriff der Würde bei Kant fokussiert sein, mit dem vorrangigen Ziel, anhand des letzteren Begriffs zu verdeutlichen, wie zweckdienlich sein Denken vor allem den Bedürfnissen seiner Zeit für die Errichtung der politischen Ordnung gewesen ist.

Als zusätzliche Voraussetzung mag das hier vielleicht der richtige Kontext sein, um hervorzuheben, dass das Wort bei Kant und später bei Fichte oft auch in seiner ursprünglichen Bedeutung von *dignitas* verwendet wird, die, vor allem in der Tradition Ciceros, eine Autorität, ein hohes Amt, eine Ehre, einen wichtigen Status oder einen Titel bezeichnet. Im gesamten Kant'schen Werk finden sich Ausdrücke wie: »Würde des Regenten« und »eines Ministers« (*Zum ewigen Frieden*, AA, VIII, 344, aber auch *Metaphysik der Sitten*, *Rechtslehre*, AA, VI, 315: »Alle drei Staatsgewalten sind Würde«), »Würde der obrigkeitlichen Gewalt« (*Rechtslehre*, AA, VI, 327), Würde des »Monarchen« (*Der Streit der Fakultäten*, AA, VII, 19), aber auch »Bewusstsein« »der eigenen Würde« (mit der die verschiedenen Völker ausgestattet sind: *Anthropologie*, VII, 316).

Es gibt dann auch Bezüge, die nicht aus konkreten Gegenständen, sondern aus abstrakten Begriffen bestehen, die aber immer sehr hohe Wesenheiten bezeichnen, die normalerweise mit dem Wissen und dessen großer Bedeutung zu tun haben; z. B. in der *Kritik der reinen Vernunft*, aber nicht nur hier, findet man häufig Ausdrücke wie »Würde der Philosophie« (AA, III, 81 u. 322; auch in der *Logik*, AA, IX, 23 u. 30), Würde eines »Grundsatzes« (AA, III, 206 und in der *Kritik der praktischen Vernunft*: »Würde eines obersten praktischen Princips«: AA, V, 71)[4], »Würde der Mathematik« (AA, III, 81 und 323)[5]; »Würde der Erkenntnis« (*Vorlesungen über die philosophische Religionslehre* (Politz): A PR 158), und auch, natürlich, »Würde Gottes«[6] und »Würde der Metaphysik«, »als bloße Spekulation«, die »mehr dazu dient, Irrtümer

---

[3] Die Freiheit ist »das einzige, ursprüngliche, jedem Menschen zustehende Recht« (ebd., AA, VI, 237).

[4] Und auch »Würde« der Vernunft, die »ein wahres oberes Begehrungsvermögen« ist: AA, V, 24 s.).

[5] Vgl. auch Kant, I.: *Reflexionen zur Metaphysik* (*Aus dem Nachlaß: 1762–1763*) Phase ε., AA, XVII, 262: »Die Mathematik zeigt die Großte Würde der menschlichen Vernunft, die Metaphysik aber die Schranken und ihre eigenthümliche Bestimmung«.

[6] »Weil nichts die Freyheit beweiset als das moralische Gesetz in mir durch den categorischen Imperativ, dieser aber eben darum allgebietend und allgewaltig, d. i. das Subject dieser hohen Würde Gott ist, so ist Gott selbst, der Menschen zum Menschen selbst gebietet, also ein Andrer, der doch aber Gott und das Ewige ist« (*Reflexionen zur Religionsphilosophie* (Aus dem Nachlaß: 1790–1804) Phase ω, AA, XIX, 647: 8105); »Würde Gottes«: *Vorlesungen über die philosophische Religionslehre* (Politz): PR 171; »Würde des höchsten Wesens«, *a.a.O.*, PR 161.

abzuhalten, als Erkenntnis zu erweitern« (AA, III, 549).[7] Interessant ist der Auszug der *Kritik der Urteilskraft* über die »Würde« des Gegenstandes der schönen Kunst (AA, V, 336). An einer Stelle in *Zum ewigen Frieden* schreibt Kant sogar über die »innere Würde« des Krieges »an sich selbst« (AA, VIII, 365).

Das Bemerkenswerteste bei Kant aber ist die Erweiterung der Begriffsbedeutung, die sich von der Bezeichnung eines adeligen Status, in dem sich der Mensch durch zufällige Umstände befindet, zur Bezeichnung der Würde des Menschen als solchen wandelt.

Im I. Abschnitt dieses Textes werde ich versuchen, die Geschichte des Begriffes in dieser letzten Auslegung in den vorkritischen Schriften Kants zu rekonstruieren. Im II. Abschnitt sollen die Rolle und die Bedeutung dieses Begriffes innerhalb der ausgereiften kantischen Praktischen Philosophie dargestellt werden. Der III. Abschnitt zeigt die Entwicklungslinien der von Fichte, dem Nachfolger Kants, durchgeführten Forschung zu diesem Thema.

I. Der Begriff Würde in den vorkritischen Schriften

Die berühmte Maxime, die als Grundelement die kantische Moralphilosophie kennzeichnet, nämlich den Menschen immer als Zweck und nicht als Mittel[8] zu behandeln, ist in der philosophischen Weltanschauung Kants schon sehr früh vorhanden, in jedem Fall mehr als 10 Jahre vor ihrer Fixierung in der *Grundlegung*. Das belegen die *Reflexionen zur Moralphilosophie* aus den Jahren 1773–1775.[9] Die Voraussetzung dieser Annahme ist der Unterschied zwischen »Sache« und »Person«, der in einer Passage von *Eine Vorlesung über Ethik* gut erklärt wird. An dieser Stelle spricht Kant über das Verhalten von jemandem, der sich für nicht mehr als »eine Sache« hält und infolgedessen

[7] »Daß sie (die Metaphysik) als bloße Speculation mehr dazu dient, Irrthümer abzuhalten, als Erkenntniß zu erweitern, thut ihrem Werthe keinen Abbruch, sondern giebt ihr vielmehr Würde und Ansehen durch das Censoramt, welches die allgemeine Ordnung und Eintracht, ja den Wohlstand des wissenschaftlichen gemeinen Wesens sichert und dessen muthige und fruchtbare Bearbeitungen abhält, sich nicht von dem Hauptzwecke, der allgemeinen Glückseligkeit, zu entfernen«.

[8] »Handle so, daß du die Menschheit sowohl in deiner Person, als in der Person eines jeden andern jederzeit zugleich als Zweck, niemals bloß als Mittel brauchst« (Kant, I.: *Grundlegung der Metaphysik der Sitten*, AA, IV, 429).

[9] Kant, I.: *Reflexionen zur Moralphilosophie* (*Aus dem Nachlaß: 1773–1775*) Phase ρ., AA, XIX, 165: 6801 (»Er soll nicht sich selbst tödten, weil er, wenn er mit sich selbst schaltet, sich als eine Sache betrachtet und die Würde eines Menschen verliert«).

»die Menschenwürde« verliert.[10] Die Analyse der Reflexionen aus dieser Zeit offenbart zwei weitere Lehren, die dem besseren Verständnis unseres Thema dienen können. Die erste zeigt, wie das Thema der Menschenwürde bei Kant mit dem Thema der Pflichten des Menschen gegen sich selbst unmittelbar verbunden ist[11]; die zweite stellt die Konstellation Person-Freiheit-Zweck-Wert dar und bietet uns direkt folgende Definition der Menschenwürde: »Die Würde der Menschheit in seiner eignen Persohn ist die Persönlichkeit selbst, d. i. die Freyheit, denn er ist nur Zwek an sich selbst, so fern er ein Wesen ist, daß sich selbst Zweke setzen kan. Die Vernunftlose, die das nicht könen, haben nur den Werth der Mittel«.[12]

Um die Problematik, mit der sich Kant hier beschäftigt, besser zu verstehen, können wir auch und vor allem *Eine Vorlesung über Ethik* heranziehen, ein Werk, das erst 1924, herausgegeben von P. Menzer, veröffentlicht wurde, das allerdings der vorkritischen Periode zuzuschreiben ist (1775–1780/1).

In diesem Zusammenhang ist ein kurzer Hinweis darauf wichtig, wie Kant historisch zur Gestaltung des ethischen Themas kam. Die Gewohnheit Kants und der Universitätsprofessoren seiner Zeit, die Vorlesungen durch die Lektüre schriftlicher Texte (von Meistern bereits veröffentlicht oder Ergebnis autonomer Forschungen) durchzuführen, ist bekannt. In der zweiten Hälfte des XVIII. Jahrhunderts bestanden die Vorlesungstexte in den deutschen Universitäten aus Handbüchern, vorwiegend der wolffischen Schule. In Bezug auf die Moralphilosophie waren die nicht nur von Kant verwendeten Handbücher diejenigen von Alexander Gottlieb Baumgarten: *Etica. Initia philosophiae practicae primae* (1760) und *Ethica philosophica* (1740, 1751 und 1763).[13] Auch wenn Kant im Allgemeinen dem Text von Baumgarten folgte, fügte er oft eigene Korrekturen und Ergänzungen hinzu. Allerdings ist der Kontext, in dem die obengenannte Stelle der Ethik-Vorlesung eingesetzt ist, diejenige der *Ethica Philosophica*, und speziell die Behandlung eines seit dem Stoizismus klassischen Themas der Moralphilosophie, nämlich der

---

[10] Kant, I.: *Eine Vorlesung Kants über Ethik*, hg. von P. Menzer, Berlin, 1924, S. 190: »Wer sich [...] als so etwas nimmt, der die Menschheit nicht respektiert, der sich zur Sache gemacht hat, der wird ein Objekt der freien Willkür für jedermann, mit dem kann hernach ein jeder machen, was er will, er kann von anderen als ein Thier, als eine Sache behandelt werden«.

[11] Kant, I.: *Reflexionen zur Moralphilosophie* (*Aus dem Nachlaß: 1773–1775*) Phase ρ., AA, XIX, 166: 6801: »Alle Pflichten [bestehen darin daß], nemlich die nothwendigen, bestehen nicht darin, daß wir der Menschen wohlfarth, sondern der Menschheit vorzüge und Würde ehren«. Die These wird in einer der einige Jahre später geschriebenen Reflexionen wiederholt: *Reflexionen zur Moralphilosophie* (*Aus dem Nachlaß: 1776–1778*) Phase υ–φ, AA, XIX, 216: 6966, υ? (μ? ρ?) Pr 16: »Alle Pflichten gegen sich selbst gehen auf die innere Würde«.

[12] Kant, I.: *Reflexionen zur Moralphilosophie* (Aus dem Nachlaß: 1776–1778) Phase φ, AA, XIX, 307: 7305, φ. Pr 110.

[13] Nachdruck in AA, XXVII, 2,1,S. 733ff.

Pflichten. Diese werden traditionell unterteilt in Pflichten gegen sich selbst, gegen die Anderen und gegen Gott (diese Einteilung findet sich schon in der *Deutschen Ethik* Wolffs).[14]

Wie bereits in den oben genannten *Reflexionen* erwähnt, ist nach Kant die Würde die exklusive Referenz für die Pflichten sich selbst gegenüber. Würde ist ein Begriff, der in unmittelbaren Zusammenhang mit den Begriffen »Menschheit« und »Person« steht. Wir müssen unsere Person und damit die Menschheit selbst achten. Bekanntlich ist Achtung ein Terminus, der innerhalb des Wortschatzes der Kant'schen Moralphilosophie unentbehrlich ist. Seinerseits verbindet sich der Begriff der Achtung mit dem Begriff »innerer Wert«, der im Kontext unserer Argumentation eine sehr wichtige Rolle spielt[15]. Man liest in *Eine Vorlesung über Ethik*: »Wir haben von Natur zwei Triebe, nach denen wir verlangen, von anderen geachtet und geliebt zu werden«. Von diesen »die stärkste Neigung« ist die der Achtung, weil »Die Achtung geht auf unseren inneren Wert [...]« (S. 234). In diesem Zusammenhang wollen wir uns jetzt mit der Tatsache, dass sich die sinnliche Neigungen als sekundär gegenüber dem rationalen Bewegungsgrund[16] (vom Kant *Motiv* genannt) vorstellen, nicht befassen: der kantische Dualismus ist auch in der Auffassung der menschlichen Natur bekannt, und darin ist die Erklärung dieses Aspektes zu finden.

Diese Achtung impliziert, dass wir gegenüber uns selbst als Personen keine uneingeschränkte Freiheit besitzen. Die Pflichten gegen sich selbst »gehen nur an die Würde des Menschen, sie beruhen darauf, daß [...] die Menschheit in unserer eigenen Person müßte hochgeschätzt werden, weil ohne diese der Mensch ein Gegenstand der Verachtung ist, welches ein absoluter Tadel ist, indem er nicht allein in Ansehung anderer, sondern auch in sich selbst nichts wert ist. Die Pflichten gegen sich selbst sind die oberste Bedingung

[14] Vgl. die offizielle Darstellung des Themas in der *Grundlegung*: »Nun wollen wir einige Pflichten herzählen nach der gewöhnlichen Eintheilung derselben in Pflichten gegen uns selbst und gegen andere Menschen, in vollkommene und unvollkommene Pflichten« und in der Anmerkung: »[...] verstehe ich hier unter einer vollkommenen Pflicht diejenige, die keine Ausnahme zum Vortheil der Neigung verstattet [...]« (AA, IV, 421).

[15] Die gleiche Position findet man in der *Grundlegung* und auch in der *Tugendlehre* [siehe unten Anm. 26] (»Im Reiche der Zwecke hat alles entweder einen Preis, oder eine Würde. Was einen Preis hat, an dessen Stelle kann auch etwas anderes als *Äquivalent* gesetzt werden; was dagegen über allen Preis erhaben ist, mithin kein Äquivalent verstattet, das hat eine Würde« (AA, IV, 434) und weiter: »Diese Schätzung giebt also den Werth einer solchen Denkungsart als Würde zu erkennen und setzt sie über allen Preis unendlich weg, mit dem sie gar nicht in Anschlag und Vergleichung gebracht werden kann [...]« (AA, IV, 435).

[16] »Der subjective Grund des Begehrens ist die Triebfeder, der objektive des Wollens der Bewegungsgrund; daher der Unterschied zwischen subjectiven Zwecken, die auf Triebfedern beruhen, und objektiven, die auf Bewegungsgründe ankommen, welche für jedes vernünftige Wesen gelten«: Kant, I.: *Grundlegung*, AA, IV, 127.

und das Principium aller Sittlichkeit, denn der Wert der Person macht den moralischen Wert aus [...]« (S. 150f.). Wie man sieht, ist ein weiterer angeschlossener Begriff der des *Wertes*, mit dem Zusammentreffen von *Wert der Person* und *moralischer Wert*. Weiter unten auf derselben Seite folgt eine Analyse der Freiheit. Die Freiheit ist nämlich, wie in der *Reflexion* Nr. 7305 zu lesen ist, ein grundlegender Begriff für die Definition von Würde. Die Freiheit ist der höchste Wert[17], indem sie die Fähigkeit ist, die es jeder anderen menschlichen Fähigkeit erlaubt, sich völlig zu entfalten. Andererseits »ist sie das Schrecklichste, was nur sein kann« – man könnte sagen, genau darum, weil sie Freiheit ist und weil sie von nichts eingeschränkt ist, wie das im Gegenteil bei der freien Willkür aller anderen lebendigen Wesen der Fall ist (die durch *Stimuli* gereizt werden).

Der nächste Schritt in der Argumentation ist folgender: wenn die Freiheit nicht subjektiv notwendig ist, muss sie es mindestens objektiv sein. Die objektive Notwendigkeit der Freiheit ist das Gesetz, natürlich ein Allgemeines Gesetz, das lautet: »Verfahre so, daß in allen deinen Handlungen Regelmäßigkeit herrsche« (S. 152). Die Notwendigkeit einer Begrenzung der eigenen Freiheit bedeutet: nicht den eigenen Neigungen folgen. Der Mensch muss seine eigene Freiheit durch die Regel der Übereinstimmung des freien Verhaltens mit den wesentlichen Zwecken der Menschheit begrenzen. Affekte und Leidenschaften sind psychische Zustände, die im Menschen durch Neigungen und Antriebe erzeugt sind[18]; man kann auch sagen: sie sind psychische Zustände, die davon abhängen, dass der Mensch nicht ausschließlich ein vernünftiges Wesen, sondern auch und vor allem ein Naturwesen ist.

Dass die Menschenwürde bei Kant eine Eigentümlichkeit des Menschen ist, und zwar jene Eigentümlichkeit, die ihn von jedem anderen auf der Erde lebenden Wesen unterscheidet, wird durch viele Stellen seiner Werke bezeugt, z. B. in den frühen *Beobachtungen über das Gefühl des Schönen und Erhabenen* (1764): innerhalb weniger Seiten (AA, II, 217–221) spricht Kant mehrmals über das »Gefühl von der Würde der menschlichen Natur«, und, dem Gegenstand des Werkes entsprechend, stellt sich neben dieses Gefühl auch »das Gefühl von der Schönheit der menschlichen Natur« (AA, II, 219) – und so finden sich auf einer Seite beide sogar wie ein Binom zusammengeführt (»Gefühl von der Schönheit und der Würde der menschlichen Natur«: AA, II, 217). Da das Werk nicht nur dem Schönen, sondern auch der Erhabenheit gewidmet ist, ist auch der Passus hervorzuheben, in dem Kant den Begriff

[17] Die Freiheit »stellt [...] den inneren Wert der Welt dar«, in dem Maße, in dem sie »das Vermögen ist, die unbegrenzte Brauchbarkeit jedes anderen Vermögens zu besorgen: sie ist der höchste Grad des Lebens, sie ist diejenige Eigenschaft, die eine notwendige Bedingung ist, die allen Vollkommenheiten zum Grunde liegt«: Kant, I.: *Eine Vorlesung Kants über Ethik*, S. 151.

[18] Ebd., S. 183.

der Würde den der *Erhabenheit* begleiten lässt. Beide immer in Bezug auf das menschliche Wesen. In den späteren Schriften erscheint das Wortpaar *Würde* und *Erhabenheit* sehr oft zusammen; es wird in der philosophischen Argumentation beinahe eine feste Redewendung, die den Menschen als solchen auszeichnet.[19] Bleibt man im ästhetischen Bereich, kann ein anderer Auszug zur Bestätigung unserer bis jetzt behaupteten These herangezogen werden: in der Schrift *Die Religion innerhalb der Grenzen der bloßen Vernunft* (1793) beruft sich Kant auf das von Schiller im selben Jahr veröffentliche Werk *Über Anmut und Würde* und erklärt: »Ich gestehe gern: daß ich dem Pflichtbegriffe gerade um seiner Würde willen keine Anmuth beigesellen kann« (AA, VI, 23).[20]

II. Der Begriff Würde in der kritischen Phase

Bei Betrachtung der kritischen Phase erweisen sich zwei Texte als zentral für unsere Untersuchung: auf der einer Seite die *Grundlegung* und auf der anderen die *Tugendlehre* in der *Metaphysik der Sitten*.

Ziel der *Grundlegung* ist, wie bekannt, eine philosophische Auffassung der Moralität zu erreichen; das heißt, jenem Teil der *Lehre von der Sitte*, der die Tugendlehre betrifft, eine philosophische bzw. wissenschaftliche Grundlegung zu geben. (Das bedeutet, eine Metaphysik zu entwickeln) Die *Ethik*, ein anderes Wort für *Sittenlehre*, umfasste im wörtlichen Gebrauch des XVIII. Jahrhunderts, dem Kant terminologisch immer noch folgt, sowohl die Moral als auch das Recht. In der späten *Metaphysik der Sitten* werden nämlich beide Disziplinen *Tugendlehre* und *Rechtslehre* noch zusammen behandelt, obwohl Kant seit Jahrzehnten gezeigt hat, dass ihm die relevanten Unterschiede zwischen Moral und Recht völlig klar waren. Die *Weltweisheit* des achtzehnten Jahrhunderts (man möchte am liebsten sagen: die populäre Moralphilosophie) konnte es sich erlauben, eine Pflichtenlehre zu verkünden, ohne von der Erfahrung zu abstrahieren, ja, sich vielmehr häufig auf sie zu beziehen. Die kritische praktische Philosophie, und insbesondere die *Metaphysik der Sitten* dagegen (im Verständnis des Begriffs Metaphysik, wie Kant ihn seit der kritischen Wende, seit der kopernikanischen Revolution definiert) kann das nicht, mehr noch: sie darf es nicht. Das Prinzip der Moralität, auf das sich die ganze kritische Philosophie stützt, darf nur auf der

---

19 Siehe z. B. *Der einzig mögliche Beweisgrund*, AA, II, 117, Anm. 1.

20 Kant, I.: *Die Religion innerhalb der Grenzen der bloßen Vernunft*, AA, VI, 23. Analoger Verweis auf *Über Anmut und Würde* in den Vorarbeiten zu *Die Religion… Aus dem Nachlaß*. Phase ω^2: ca 1793–94. II. Vorarbeiten zum ersten Stück L Bl C 1 R I 122f., 124–128, Zweite Seite Thalia XXIII 98.

reinen Vernunft basieren und muss unabhängig von jeder Erfahrung formuliert werden. In der »Reinheit« des Ursprungs der sittlichen Begriffe (d. heißt in der »Reinheit« der Vernunft, in der diese Begriffe ihren Sitz und Ursprung haben) liegt eben »ihre Würde um [...] zu obersten praktischen Principien zu dienen« (*Grundlegung* AA, IV, 411; vgl. auch *Kritik der praktischen Vernunft*: »der reine moralische Bewegungsgrund« lehrt »den Menschen seine eigene Würde fühlen«: AA, V, 152). Was den Mensch gerade als vernünftiges Wesen bestimmt, ist das »Bewusstsein«, zu dem er typischerweise fähig ist, der Würde, die in der reinen Darstellung der Pflicht eingefügt ist (»die reine und mit keinem fremden Zusatze von empirischen Anreizen vermischte Vorstellung der Pflicht«: AA, IV, 410), anders gesagt: des moralischen Gesetzes[21] (oder »Imperativ der Sittlichkeit«: AA, IV, 416, »kategorischer Imperativ«, »Gesetze der Sittlichkeit«: AA, IV, 420[22]).

Moralität besteht nur dann, wenn alle unseren Handlungen jene Gesetzgebung, die ein Reich der Zwecke ermöglicht, als ihren einzigen Bezugspunkt haben. Diese Gesetzgebung kann sich in jedem vernünftigen Wesen befinden und muss aus seiner Freiheit entspringen. Wegen der besonderen Eigenschaft der menschlichen Natur (er ist ›krummes Holz‹) benötigt der Mensch jedoch das Gebot der Pflicht, damit die Freiheit, auf deren Grundlage er handelt, tatsächlich Freiheit und nicht bloße »Freiwillkür« ist (AA, IV, 434).[23] Signifikant für die Bezeichnung von moralischer Freiheit bei Kant ist folgender Satz: »*Autonomie* ist also der Grund der Würde der menschlichen und jeder vernünftigen Natur« (AA, IV, 436).

Wichtig ist auch, dass genau dank des Begriffs von Würde, der – so möchte ich sagen – eine Art »gemeinsamen Nenner« in den Schriften Kants darstellt, das vernünftige Wesen im Bewusstsein, der Maxime des Willens als allgemein gesetzgebend zu folgen, auch allen anderen vernünftigen Wesen[24] die Fähigkeit und die Realität eines solchen Verhaltens vermittelt. Wie Kant oft

---

[21] In der *Grundlegung* ist es zu lesen: »Hieraus entspringt aber eine natürliche Dialektik d. i. ein Hang, wider jene strenge Gesetze der Pflicht zu vernünfteln und ihre Gültigkeit, wenigstens ihre Reinigkeit und Strenge in Zweifel zu ziehen und sie wo möglich unsern Wünschen und Neigungen angemessener zu machen, d. i. sie im Grunde zu verderben und um ihre ganze Würde zu bringen, welches denn doch selbst die gemeine praktische Vernunft am Ende nicht gut heißen kann« (AA, IV, 405).

[22] »Erhabenheit und innere Würde des Gebots« (AA, IV, 425; vgl. auch AA, IV, 405 und *Kritik der praktischen Vernunft* »Würde des Gesetzes«: AA, V, 147).

[23] Vgl. auch *Reflexionen zur Moralphilosophie* (*Aus dem Nachlaß: 1780–1789?*) Phase ψ. AA, XIX, 278: 7248: »Freyheit« »nach den Gesetzen« (d. h. die ständige Übereinstimmung mit sich selbst) bestimmt »den Werth und die Würde der Person«; und dann: die Freiheit hat Würde wegen ihrer »Unabhängigkeit« (AA, IX, 294).

[24] Seine Vernunft bezieht diese Fähigkeit auch auf alle anderen vernünftigen Wesen, indem sie gerade »aus der Idee der Würde eines vernünftigen Wesens, das keinem Gesetze gehorcht als dem, das es zugleich selbst giebt« (AA, IV, 434) ausgeht.

wiederholt, muss sich das vernünftige Wesen als Zweck in sich, gegenüber allen Gesetzen, denen es unterstellt wird, und gleichzeitig als universeller Gesetzgeber betrachten. Das begründet seine *Würde* (»Prärogativ«) gegenüber allen, nur natürlichen Wesen (AA, IV, 438). So wird die Würde auch der Begriff, der die verschiedenen Formulierungen des kategorischen Imperativs miteinander verbindet. Diese führen nämlich zu einem substantiell einheitlichen Gebot, in dem das allgemeine Gesetz, das der Mensch sich selbst gegeben hat, sich an Menschen richtet, die sich dank ihrer Würde für einen Zweck und nicht für bloßes Mittel halten.[25] Man gelangt auf dieser Weise zu der ausdrücklichen Bezeichnung von Würde, die daraus besteht, was sich über jeden Preis erhebt und daher einen inneren Wert besitzt.[26]

Exakt die gleiche Definition ist als Ergebnis eines analogen, wenn auch deutlich weniger gegliederten Weges (mit einer Analyse der »Pflichten« als wiederholender Kernpunkt) in der *Tugendlehre* wiederzufinden. Und diese Auffassung bleibt bis zum Ende unverändert, wie z. B. in der *Pädagogik* (1803; vgl. AA, IX 489–93) gezeigt wird.

Die Hauptkomponenten der in der Metaphysik der Sitten dargestellten Sichtweise sind folgende: Die Unterscheidung zwischen *homo phaenomenon* und *homo noumenon*, die eine Neuausrichtung des Begriffs der Würde als Schwerpunkt der Pflichten sich selbst gegenüber ermöglicht – ein »in seiner Person« selbstreferenzielles *exemplum* der »Menschheit«[27] (Der Mensch »[...] seiner *Persönlichkeit* nach, d. i. als mit innerer *Freiheit* begabtes Wesen (*homo noumenon*) gedacht, ist ein der Verpflichtung fähiges Wesen, und zwar gegen sich selbst (die Menschheit in seiner Person) betrachtet [...]«: AA, VI, 418) – und eine Erweiterung des Blickwinkels auf die Pflichten den Anderen gegenüber, für welche die Pflichten sich selbst gegenüber eine notwendige Vorbedingung darstellen; unmittelbar damit verknüpft ist bekanntlich der Begriff der »Achtung«: »Die Menschheit selbst ist eine Würde; denn der Mensch kann von keinem Menschen (weder von Anderen noch sogar von sich selbst) blos als Mittel, sondern muß jederzeit zugleich als Zweck gebraucht werden, und darin besteht eben seine Würde (die Persönlichkeit), dadurch er sich über alle andere Weltwesen, die nicht Menschen sind und doch gebraucht werden können, mithin über alle Sachen erhebt. Gleichwie er also sich selbst für keinen Preis weggeben kann [...], so kann er auch nicht

---

[25] »Also ist Sittlichkeit und die Menschheit, so fern sie derselben fähig ist, dasjenige, was *allein* Würde hat« (AA, IV, 435 Hervorhebung von mir, C.d.P.).

[26] »[...] das aber, was die Bedingung ausmacht, unter der allein etwas Zweck an sich selbst sein kann, hat nicht bloß einen relativen Werth, d. i. einen Preis, sondern einen innern Werth, d. i. Würde« (AA, IV, 435, in Verbindung mit den oben genannten Erwähnungen zu sehen, siehe Anmerkung 15).

[27] Dasselbe in der *Kritik der praktischen Vernunft*: Würde der »Menschheit in seiner Person« (AA, V, 88).

der ebenso nothwendigen Selbstschätzung Anderer als Menschen entgegen handeln, d. i. er ist verbunden, die Würde der Menschheit an jedem anderen Menschen praktisch anzuerkennen, mithin ruht auf ihm eine Pflicht, die sich auf die jedem anderen Menschen nothwendig zu erzeigende Achtung bezieht«. Und deshalb gilt: »Ein jeder Mensch hat rechtmäßigen Anspruch auf Achtung von seinen Nebenmenschen, und wechselseitig ist er dazu auch gegen jeden Anderen verbunden« (AA, VI, 462).[28]

In der Untersuchung bis hierhin wurde der Versuch unternommen, die philosophische Stärke des Binoms Freiheit/Würde zu messen. Noch offen ist dagegen das Verständnis der Wirkung im politisch-juristischen Kontext. Ausgangspunkt bei der Untersuchung der *Rechtslehre* ist die Freiheit als »Unabhängigkeit von eines Anderen nöthigender Willkühr« und als jedem Menschen »kraft seiner Menschheit« zustehendes Recht.

»Das angeborne Recht ist nur ein einziges«: wie man sieht, ist die Analyse der subjektiven Rechte bei Kant sowohl bezüglich ihrer Anzahl als auch ihres Inhalts äußerst beschränkt. An dieser Annahme kann man die ganze Differenz zwischen Kant und seinen unmittelbaren Nachfolgern (ich denke vor allem an Fichte) ablesen, aber ebenso zwischen Kants Lehre und den Theorien, die bereits von Anfang an von einer Vielheit von Grundrechten oder unveräußerlichen Rechten ausgehen, wie sie auch von den ersten schriftlichen Verfassungen anerkannt wurden. Und um nicht den Eindruck einer apriorischen und zu rigorosen[29] Stellungnahme zu Lasten Kants zu erwecken, führe ich den für mich überzeugenden Grund an, und zwar das völlige Fehlen des Terminus »Würde« in der ganzen übrigen *Rechtslehre* (nicht einmal in dem oben zitierten Satz erscheint das Wort Würde, aber doch das Wort »Menschheit«). Es handelt sich um eine Interpretation, von der ich nicht sagen kann, dass ich mir ihrer wirklich sicher wäre, und die ich hiermit zur Diskussion stelle.

Zu diesem Zweck schlüpfe ich in die Rolle des »Teufelsanwaltes« und fange an, in Frage zu stellen, was ich eben behauptet habe. Lesen wir etwa beispielhaft die *Allgemeine Erklärung der Menschenrechte* vom 10.12.1948, Art. 1 (die eine der Institutionen bildet, bezüglich derer die hier thematische Frage der Menschenwürde diskutiert wird): »Alle Menschen sind frei und gleich an Würde und Rechten geboren. Sie sind mit Vernunft und Gewissen begabt und sollen einander im Geiste der Brüderlichkeit begegnen«. Man beachte, dass

---

[28] Und im Abschnitt unmittelbar davor ist zu lesen: »Achtung [...] ist also die Anerkennung einer Würde (*dignitas*) an anderen Menschen, d. i. eines Werths, der keinen Preis hat, kein Äquivalent, wogegen das Object der Werthschätzung (*aestimii*) ausgetauscht werden könnte« (AA, VI, 462).

[29] Noch starrer die Position von Sensen, O.: Kant's Conception of Human Dignity. In: *Kant-Studien*, 100 (3), 2009, S. 309–331, mit ausführlicher Bibliographie. Wie Sensen, auch von der Pforten, D.: On the Dignity of Man in Kant. In: *Philosophy*, 84 (3), 2009, S. 371–391.

der Begriff der Würde dem der Gleichheit vor dem Gesetz vorausgeht. Daher hindert uns nichts daran, dass wir an die praktische Philosophie Kants, die eben auf der Verbindung von Freiheit und Würde basiert, als den fruchtbaren Boden denken, aus dem die modernsten und aufgeklärtesten Auffassungen der Menschenrechte entsprossen sind. Tatsächlich ist ein großer Teil der Deutungsgeschichte der kantischen Philosophie diesen Weg gegangen, mit Recht, erlaube ich mir hinzuzufügen, mindestens aus zwei guten Gründen: Wenn man zum einen an die Theorien des heutigen Verfassungsrechts denkt, fällt es auf, dass seine Grundlage eben die – auch kantische – Idee ist, dass der Mensch seinen Mitmenschen wegen ihrer Würde Achtung schuldet. Zum Zweiten braucht man nur an den heutigen Kosmopolitismus zu denken, der von der Philosophie Kants insofern stark beeinflusst worden ist, dass diese die Perspektive des traditionellen *Jus belli ac pacis* umkehren wollte. Während letzteres die Art und Weise, Krieg zu führen, bestimmen wollte, hatte sich die kantische Theorie zum Ziel gesetzt, die Wege zu bestimmen, um Frieden zu schaffen. Der Friede ist kein philanthropisches, sondern ein rechtliches Prinzip[30], ebenso wie es Gebot der moralisch-praktischen Vernunft ist, dass es keinen Krieg geben solle (es ist »ein Veto«).[31]

Aber meine eigenen Vorbehalte, mich so vielen berühmten Kollegen anzuschließen, die Kant als Meister der Lehre von den Menschenrechten verstehen, haben eben im kantischen Begriff von »Freiheit« ihren Ursprung. Dies ist ein sehr strenger und anspruchsvoller Begriff, der fordert, auf einen nach moralischen Gesichtspunkten untadeligen Menschen angewandt zu werden. Es handelt sich um einen Menschen, der in der Lage ist, so zu handeln, »als ob« er jedem Bestimmungsgrund der Sinnlichkeit völlig entzogen wäre. Wenn er dagegen in äußeren Verhältnissen mit anderen Menschen agiert, also auf der Ebene des Rechts, der Legalität, dann ist er, möchte man sagen, »zur Freiheit gezwungen«, also durch juristische Gesetze und von einem ganzen politischen System bestimmt, die ihm daran hindern, durch etwas anderes als die Idee des Rechts orientiert zu sein. Die politische Macht verkörpert diese Idee, und wenn die politische Macht so gerecht ist, diese Idee des Rechts vollständig zu verkörpern, gibt es keine Probleme. Wenn aber diese Gerechtigkeit Mängel aufweist, gibt es für den Staatsbürger keinen Schiedsrichter mehr, an den er sich wenden kann, und nicht einmal die Möglichkeit, sich auf den Himmel zu berufen, die es bei Locke gab.

Letztlich empfinde ich die negativen Wirkungen des Dualismus zwischen Phänomenon und Noumenon innerhalb der kantischen politischen Philo-

---

[30] Die Idee einer friedlichen Gemeinschaft aller Völker auf Erden »ist nicht etwa philanthropisch (ethisch), sondern ein rechtliches Princip« (*Rechtslehre*, AA, VI, 352).

[31] »Nun spricht die moralisch-praktische Vernunft in uns ihr unwiderstehliches Veto aus: *Es soll kein Krieg sein*« (ebd., AA, VI, 354).

sophie als besonders stark: in ihr findet man kein Streben, um die Distanz zwischen beiden zu verringern. Hier stellt sich nicht das Problem, die Idee des Rechts tatsächlich eine regulative Funktion übernehmen zu lassen; es wird keine politische Theorie nach dem Modell des »als ob« erarbeitet, etwa durch den Versuch, der Realität vom Fall zu Fall eine Form zu geben, die sich der Idee des Rechts möglichst annähert (allerdings mit der Ausnahme des Weltbürgerrechts[32]). Während das gewöhnliche Verhalten des moralischen Menschen die Züge eines Lebens tragen soll, das der Mensch zur ständigen Befolgung des Kategorischen Imperativs lebt, und *als ob* seine Seele unsterblich wäre, *als ob* Gott existieren würde, erscheint sein politisches Handeln als eigenartig »verantwortungslos«, weil es denen übertragen wird, die wissen, die können, die den Auftrag haben, zu (ver-)urteilen.

Die damit verbundene Unterordnung unter den Zwang der staatlichen Ordnung zeigt sich an vielen Stellen der kantischen Theorie: von der Ablehnung des Widerstandsrechts zu den Hindernissen, die jener wesentlich milderen Form realisierten Widerstands entgegengestellt werden, die aus dem vollen Ausdruck des Denkens besteht, wenn darunter der Ausdruck des Denkens ohne jede Beschränkung der Freiheit verstanden wird, unabhängig davon, ob ein privater oder öffentlicher Gebrauch der Vernunft gemacht wird. Diese Unterordnung erkennt man auch in dem bekannten Satz, »raisoniert« ruhig mal, aber gehorcht« wie an der bereits analysierten Stellung zur Todesstrafe, und weiter in der Analyse des Unterschieds zwischen aktiver und passiver Bürgerschaft[33], und endlich an der kantischen Konzeption der republikanischen Verfassung. Eine Konzeption, die ihren Ursprung sicher in der Auseinandersetzung mit den jüngsten französischen Vorstellungen hat und von ihnen bedeutende Anregungen erhalten hat, zum Beispiel die Dreiteilung der Macht, aber gleichzeitig die Formel Freiheit / Brüderlichkeit / Gleichheit ganz anders interpretiert hat (bei Kant: Freiheit / Gleichheit vor dem Gesetz / ökonomische Unabhängigkeit). Kurz gesagt, in der Beschreibung der politischen Gemeinschaft scheint Kant sich noch nicht vom hobbesschen Modell

---

[32] »[...] wir müssen so handeln als ob das Ding sei, was vielleicht nicht ist [...]«. Oben hatte Kant geschrieben: »Also ist nicht mehr die Frage: ob der ewige Friede ein Ding oder Unding sei [...]« (AA, VI, 354) und weiter: »Man kann sagen, daß diese allgemeine und fortdauernde Friedensstiftung nicht bloß einen Theil, sondern den ganzen Endzweck der Rechtslehre [...] ausmacht« (ebd., AA, VI, 355). Zum Thema siehe J.-F. Kervégan (sous la direction de), *Raison pratique et normativité chez Kant. Droit, politique et cosmopolitique*, Lyon 2010.

[33] Ein weiteres Element zur Bewertung der aktiven und passiven Staatsbürgerschaft wäre neben den entscheidenden Punkten der Diskussion zum Thema auch folgender Passus: der Mensch, »vornehmlich als Staatsbürger«, muß »im Staat immer als mitgesetzgebendes Glied betrachtet werden [...] (nicht bloß als Mittel, sondern auch zugleich als Zweck an sich selbst), und [...] also zum Krieg führen nicht allein überhaupt, sondern auch zu jeder besondern Kriegserklärung vermittelst seiner Repräsentanten seine freie Beistimmung geben [...]« (ebd., AA, VI, 345 f.).

emanzipiert zu haben, während die Analyse der Verhältnisse der Menschen untereinander auf die bloße, nicht näher herausgearbeitete, Pflicht der Achtung und – wie man vermuten darf – auf ein anschließendes Recht auf die wenig deutliche und noch weniger genau bestimmte Achtung der anderen beschränkt scheint. Vielleicht hat Kant seine Überzeugung von der geselligen Ungeselligkeit des Menschen nicht dazu gebracht, seine Untersuchungen weiter voran zu treiben. Andererseits ist hinzuzufügen, dass keine Zweifel an der wesentlichen Rolle bestehen können, welche die politische Philosophie Kants für die endgültige Überwindung des Ständestaats und des auf ihm begründeten Systems der Privilegien gespielt hat.

III. Der Begriff Würde bei Fichte

Das Thema einer sowohl moralisch als auch juristisch »gerechten« Gerechtigkeit war dagegen ein von Fichte zumindest erkanntes, wenn auch sicher nicht ganz gelöstes Problem. Fichte richtete seine Aufmerksamkeit auf zwei für die spätere Geschichte sehr wichtige Punkte: einerseits auf den Aspekt einer geschriebenen Verfassung als Grundgesetz, andererseits auf den Aspekt einer Kontrolle des positiven, von der Regierung erlassenen Rechts durch das Grundgesetz.[34] (Ein klarer kritischer Bezug zu Fichte ist in der folgenden Passage der *Rechtslehre* Kants enthalten: Es legitimiere nicht die Aufhebung des gesetzlichen Zustandes »der Vorwand der Staatsrevolutionisten, daß es auch, wenn Verfassungen verunartet sind, dem Volk zustehe, sie mit Gewalt umzuformen und überhaupt einmal für allemal ungerecht zu sein, um nachher die Gerechtigkeit desto sicherer zu gründen und aufblühen zu machen«: AA, VI, 353).

Aber analysieren wir zuerst kurz Fichtes Auffassung der Würde. In erster Linie erscheint der Begriff, genauso wie bei Kant, in seiner ursprünglichen Bedeutung von *dignitas*: Auch bei Fichte liest man von »Würde und Ämter[n]« in der *Zurückforderung der Denkfreiheit* (1793) und im *Beitrag zur Berichtigung der Urtheile des Publicums über die französische Revolution* (1793).[35] Viele Ausdrücke dieser Art findet man im Kapitel V im *Beitrag* mit einer Fülle von Anspielungen auf die Geschichte des alten Roms (z. B.: »curu-

[34] Ich erlaube mir den Verweis auf meine Arbeit: La Constitution et ses effets sur la conception de la Souveraineté : de la France républicaine à la Charte octroyée. In: *Penser la souveraineté à l'epoque moderne et contemporaine*, hg. von G.M. Cazzaniga, Y. Ch. Zarka. Pisa/Paris 2001, Band II, S. 349–367.

[35] Fichte, J.G., *Zurückforderung der Denkfreiheit*, *Sämmtliche Werke*, hg. von I.H. Fichte, 8 Bde., Berlin, 1971 (fotomech. Nachdr. von Fichte, J.G., *Sämmtliche Werke* (SW), hg. von I.H. Fichte, Berlin, 1845–46), VI, 17 und *Beitrag zur Berichtigung der Urtheile des Publicums über die Französische Revolution*, SW, VI, 30.

lische Würden«: SW, VI, 193; »Staatswürden«: SW, VI, 195; und weiter: »hohe Würde«, »höhere Würde« und so weiter; »König, Herzog, Fürst sind Benennung der Würde«: SW, VI, 213) und »Würde« im Sinne von »Amt« findet sich auch in der *Grundlage des Naturrechts nach Principien der Wissenschaftslehre* (1796/97), SW, III, 162. In der *Sittenlehre* ist zu lesen: »Die Würde dieser [der niederen] Stände«: SW, IV, 362. Erneut wird der Begriff, wie bei Kant auch bei Fichte, mit Bezug auf allgemeine und abstrakte Vorstellungen verwendet: seit der Rezension zu *Skeptische Betrachtungen über die Freiheit des Willens* von Creuzer (1793, SW, VIII, 411–26) wird neben die Verehrung der »menschlichen Würde« die Achtung der »moralischen Würde« des Philosophen und der »Würde einer Wissenschaft« gestellt. Sehr häufig sind Ausdrücke wie »Würde der menschlichen Natur« (*Die Bestimmung des Menschen*; *Über den Grund unseres Glaubens an eine göttliche Weltregierung*); »Würde seiner [des Menschen] Vernunft« (*Sittenlehre*); »sittliche Würde der Person« (*Ankündigung [der Appellation an das Publikum]*); »Würde der Vernunft«, »Würde« einer »Denkart« (*Ueber Belebung und Erhöhung des reinen Interesse für Wahrheit*) und so weiter.

Aber seit den Frühschriften ist vor allem der Begriff einer universellen »Würde« des Menschen und der Menschheit vorhanden (z. B.: *Zurückforderung*, SW, VI, 30 und *Beitrag*, SW, VI, 104, wie auch zuvor in *Versuch einer Kritik aller Offenbarung*, 1790, z. B.: SW, V, 28: »Interesse für die Würde der Menschheit an sich«), und zwar im gesamten philosophischen Werk ausgehend vom Titel des kurzen Aufsatzes *Über die Würde des Menschen, beim Schlusse seiner philosophischen Vorlesungen* (1794: SW, I, 412–416). Fichte ist hier treuer Erbe der kantschen Auffassung der Würde des Menschen an sich; auch er geht davon aus, dass sich der Mensch durch seine eigene Würde auszeichnet, da das Menschengeschlecht göttlichen Ursprungs sei, ebenso wie die Rechte, deren Inhaber der Mensch dank dessen sei (siehe *Einige Vorlesungen über die Bestimmung des Gelehrten*, 1794, SW, VI, 338, wo Fichte an Rousseau erinnert und sich auf dessen hohe Meinung beruft, die er sich in seiner Einsamkeit über den Gelehrten gebildet hatte. Aber als Rousseau in die reale Welt ging und die Möglichkeit hatte, zu sehen, wie die Gelehrten in Wirklichkeit waren, sah er »Menschen ohne Ahndung ihrer hohen Würde und des Gottesfunkens in ihnen, zur Erde niedergebeugt, wie die Thiere und an den Staub gefesselt [...]«. Interessant ist dieser Terminus »Gottesfunke«, den Fichte seit seinen frühestens Schriften benutzt, um die von Kant übernommene Auffassung des mit Würde ausgestatteten Menschen auszudrücken, weil er unter den bekannten Geschöpfen dasjenige ist, das Gott am nächsten steht).

Andererseits aber lässt die Philosophie Fichtes, die sich ganz auf den Begriff von Interpersonalität stützt, nur äußerst beschränkten Raum für die Betrachtung des Menschen an sich und wendet sich sofort der Betrachtung der Menschen in der Gesellschaft zu, und sogar noch früher dem »Wir«, das aus dem »Ich« aber auch dem »Du« besteht. Das erklärt, dass, z. B. in den zitierten *Vorlesungen über die Bestimmung des Gelehrten*, auf die erste Vorlesung ›Über die Bestimmung des Menschen an sich‹ nicht nur eine Vorlesung ›Über die Bestimmung des Menschen in der Gesellschaft‹ folgt, sondern, dass Fichte von Anfang an behauptet, der Menschen an sich sei bloß eine rhetorische Figur, ein obligatorischer Schritt, um zum wirklichen Thema zu kommen, nämlich dem »des Menschen in der Gesellschaft« (SW, VI, 301 ff.).

Ein weiteres bedeutsames Beispiel dafür findet man in seiner Auffassung der Pflichten: Fichte zeigt nur wenig Interesse für die Pflichten gegen sich selbst, gibt aber eine starke theoretische Begründung dafür, warum es vielmehr notwendig ist, die Aufmerksamkeit auf die Pflichten gegen die Anderen zu richten, richtiger: die Menschen und zusammen alles, das dem Menschen äußerlich ist (*Sittenlehre*, SW, IV, 258).[36] Jenseits der ausdrücklich gegen Kant gerichteten Polemik wegen seiner Bezeichnung des Menschen als Zweck und nicht als Mittel[37] – eine Polemik, die sowohl die soziale Dimension der eigenen Orientierung hervorhebt, als auch den Versuch darstellt, Kants Dualismus abzuschwächen – stützt sich Fichtes Stellungnahme über Inhalt und Wesen der verschiedenen Arten von Pflichten auf folgende Überzeugung: nach ihm hat der Mensch Pflichten sich selbst gegenüber nur in dem Maße, in dem sein Handeln nicht ungehemmt erfolgt, indem es auf einige Hemmnisse

[36] Die von Kant gegebene Darstellung der Frage hat möglicherweise implizit die Fichte'schen Entwicklungen beeinflusst (siehe oben, unter 1.), denn Kant hatte geschrieben: »Die Pflichten gegen sich selbst sind die oberste Bedingung und das Principium aller Sittlichkeit« und weiter hatte er dann betont, dass diese Pflichten »die Bedingungen sind, unter denen jede weitere Pflicht nur erfüllt werden kann« (Kant, I.: *Eine Vorlesung Kants über Ethik*, S. 172). Hinzuzufügen ist auch, dass, wenn die erste jener Pflichten die »Oberherrschaft über sich selbst« ist, nach Kant entsprechend »in der Selbstherrschung eine unmittelbare Würde« liegt (ebd., S. 175). Kant hat an der Rolle der Pflichten sich selbst gegenüber als »Bedingungen« aller weiteren Pflichten festgehalten und diesen so einen unverrückbaren Vorrang eingeräumt. Fichte hingegen hat die möglichen Folgen dieser »Bedingungen« hervorgehoben.

[37] Der Diskurs wird besonders deutlich in *Das System der Sittenlehre nach den Principien der Wissenschaftslehre* (1798), wo zu lesen ist: »Wie verhalte ich mich, als Person, zum Sittengesetze? Ich bin dasjenige, an welches es sich richtet, und dem es seine Ausführung aufträgt; der Zweck desselben aber liegt ausser mir. Ich bin sonach, *für mich*, d. i. vor meinem eigenen Bewusstseyn, nur Instrument, blosses Werkzeug desselben, schlechthin nicht Zweck« (SW, IV, 255). »Jedem sind alle andere ausser ihm Zweck; nur ist es keiner sich selbst. Der Gesichtspunct, vom welchem aus alle Individuen ohne Ausnahme letzter Zweck sind, liegt über alles individuelle Bewusstseyn hinaus; es ist [...] eigentlich der Gesichtspunct Gottes. Für ihn ist jedes vernünftige Wesen absoluter und letzter Zweck«. Das vernünftige Wesen »ist Zweck als *Mittel*, die Vernunft zu realisiren. Dies ist der letzte Endzweck seines Daseyns, dazu allein ist er da [...] Dadurch wird die Würde der Menscheit nicht herabgesetzt, sondern erhöhet« (SW, IV, 256). Und darüber hinaus: »Ich bin Werkzeug des Gesetzes, *als thätiges Princip*, nicht Mittel desselben als *Sache*« (SW, IV, 270).

stößt. Wenn sein Handeln hingegen nicht auf Hemmnisse stößt, richtet er seine Aufmerksamkeit nicht auf sein eigenes Vorgehen und vergisst in gewisser Hinsicht sich selbst. Er beschäftigt sich mit dem, was äußerlich zu ihm ist und wird real ein Mittel für einen höchsten Zweck, den das moralische Gesetz vorgibt.[38] Darum schlägt Fichte vor, nicht mehr von »Pflichten *gegen* mich selbst« zu sprechen (die aus den genannten Gründen für ihn keine besonders positive Bedeutung haben), sondern von »Pflichten *auf* mich selbst«, und bevorzugt, sie generell als »mittelbare« und »bedingte« Pflichten zu bezeichnen (SW, IV, 257 u. 259ff.). Abgesehen von dieser Art von Pflichten, sind alle anderen – wie gesagt – Pflichten *gegen das Ganze*, ein Ausdruck, der anscheinend eloquenter ist als der Ausdruck: »Pflichten gegen die Anderen«.

Wieder in *Einige Vorlesungen über die Bestimmung des Gelehrten* hebt Fichte unter erneutem Anklang an Kant die Würde der eigenen »besonderen Bestimmung« als Erzieher hervor, der seine jungen Zuhörer unterrichtet und wahrscheinlich zur Bildung von »Millionen noch ungeborener Menschen« beiträgt (SW, VI, 301).[39] Im weiteren Verlauf beobachtet er dann, dass es eine Gemeinschaft außerhalb von uns gibt, »in der keiner für sich selbst arbeiten kann, ohne für alle andere zu arbeiten, oder für den anderen arbeiten, ohne zugleich für sich selbst zu arbeiten«; »[...] wenn man einen Blick auf sich selbst thut und sich als Mittglied dieser grossen, innigen Verbindung betrachtet«, dann wächst »das Gefühl unserer Würde und Kraft« (SW, VI, 321).

Seit dem *Beitrag* tritt im Werk Fichtes sehr häufig das Wort *Menschenrecht* auf (SW, VI, 39; 41; 44; 55; 77 u. s. w.), verwendet nicht nur in der moralischen Bedeutung, sondern auch in der eigentlichen juristischen Lesart als unveräußerliches (und ursprüngliches) Recht. Fichte verknüpft damit die »Würde«. Genau dieser Begriff bildet das Fundament für die Einführung (ich wollte sagen: genau Umreißen) jener beiden Elemente seiner Lehre, die am Anfang dieses Abschnitts als besondere Beiträge des Autors zu dem hier behandelten Thema der praktischen Philosophie betont wurden: den Aspekt einer geschriebenen Verfassung (Konstitution) und den Gesichtspunkt verfassungsrechtlicher Vorgaben für alle Rechtsgesetzgebung.[40] Diese Elemente werden näher betrachtet in der zitierten *Grundlage des Naturrechts* und anschließend in *Das System der Rechtslehre vorgetragen von Ostern*

---

[38] Vgl. SW, IV, 257. Siehe auch & 20. und folgende.

[39] Nicht nur auf die Rolle des Erziehers, sondern auch auf das Recht eines jeden auf Erziehung und Bildung mit dem Ziel des Erreichens von Vervollkommnung kommt Fichte mehrmals zurück, insbesondere in den *Reden an die deutsche Nation* (1808).

[40] Ich habe das Thema behandelt in: Die Menschenrechtsproblematik bei Fichte. Ein kritischer Rückblick. In: *Der transzendentalphilosophische Zugang zur Wirklichkeit*, hg. von E. Fuchs, M. Ivaldo, G. Moretto. Stuttgart-Bad Cannstatt 2001, S. 411–437.

bis Michaelis 1812 (SW, X, 493–652)[41] nachbearbeitet und korrigiert. Über die der »Freiheit des guten Willen« eigene »Würde« schreibt Fichte in der *Grundlage des Naturrechts* und fügt dabei eine bedeutungsvolle Anmerkung hinzu: »[...] die Freiheit des guten Willen bleibt durch dieses Zwangsgesetz unangetastet, und in ihren ganzen Würde« (SW, III, 142). Dies bedeutet, dass das Zwangsgesetz, wenn es dieselbe Würde wie der gute Wille haben soll, präzise und unverzichtbare Kriterien erfüllen muss.

Genau auf dem guten Willen basieren »Treue« und »Glauben«, die das Leben einer moralischen Gemeinschaft artikulieren. Gehen diese jedoch verloren und wird der Boden der Moralität verlassen, muss die Ebene der Legalität betreten werden, in der »Freiheit und Sicherheit« nur durch das Zwangsgesetzt garantiert werden können (die Bestätigung liefert folgender Satz: »Dem Gerechten ist kein äusseres Gesetz gegeben; er ist von demselben ganz befreit, und durch seinen eigenen guten Willen davon befreit«: SW, III, 143). Die Gründung einer *res publica* durch einen Bürgervertrag ermöglicht die »stete Wirksamkeit« der »zwingende[n] Macht« des Staates (SW, III, 157), die Wirksamkeit wird garantiert durch das »Fundamentalgesetz« (oder »*constitutionelle*« Gesetz), das zur Institution des Vertrags selbst gehört. Der »Ephorat«, Inhaber des »Rechts der Aufsicht« der Exekutive und der »Beurteilung« ihrer Praxis, wird von Fichte als Gegengewicht der (faktisch nicht von der Judikative getrennten) exekutiven Gewalt verstanden. Bei Gesetzesverletzungen erlaubt die von den Ephoren innegehabte »absolut prohibitive Gewalt« die Aufhebung jedes Vollstreckungsaktes und die Einberufung der Gemeinschaft zur Einleitung einer neuen verfassungsgebenden Phase (SW, III, 160–173).

---

[41] Siehe De Pascale, C.: *»Die Vernunft ist praktisch«. Fichtes Ethik und Rechtslehre im System*, Berlin 2003, S. 193ff.

Markus Krienke

MENSCHENWÜRDE ALS NOTWENDIG ANERKANNTE FREIHEIT BEI HEGEL UND ROSMINI

Wie kann »intersubjektive Allgemeinheit« gedacht werden?

> »daß der Mensch ein schlechthin Festes, Unwankendes in sich selbst findet, einen festen Mittelpunkt: so daß ihn nichts verpflichtet, worin diese Freiheit nicht respektiert wird«[1].

I. Das Anerkennungsproblem der Menschenwürde bei Kant

Geistesgeschichtlich ist es die Unterscheidung der *entia moralia* von den *entia physica*, welche Kant durch die Abhebung der »Würde« vom »Preis« zu einem gewissen systematischen Abschluss gebracht und damit unser Verständnis von Menschenwürde entscheidend grundgelegt hat.[2] Würde wird damit letztendlich als moralische Freiheit ausbuchstabiert, und zwar näherhin als Charakteristikum der Selbstbestimmung aus praktischer Vernunft, sofern diese einen autonomen Sollensanspruch generiert.[3] Das bereits von Hegel angesprochene Problem, dass eine solche Verankerung der Würde im noumenalen Bereich praktischer Vernunft und selbstbestimmter Freiheit zu einer transzendental-abstrakten Verflüchtigung der Würde führen würde, wurde in der jüngsten Diskussion vor allem von Dreier vorgebracht: Dieser warf dem Kantischen Konzept vor, allein dem *mundus intelligibilis* anzugehören und sich damit nicht in konkreten Verhältnissen ausbuchstabieren zu können. Damit würde die grundgesetzlich ausgesagte »Unverletzbarkeit«

---

[1] Hegel, *Vorlesungen*, S. 591.

[2] Vgl. Becchi, *Il principio*, S. 27 f.

[3] Dies werde vor allem in der Formulierung des kategorischen Imperativs deutlich, in welchem Kant zwar »die ›Würde‹ des Menschen nicht explizit zur Sprache bringt«, doch dabei gerade darin, d. h. in der Selbstgesetzgebung aus praktischer Vernunft, deutlich macht, dass »›Würde‹, ›Autonomie‹ und ›Selbstweckhaftigkeit‹ systematisch gesehen austauschbare Begriffe« sind, »in denen es allesamt um eine adäquate Konzeption des Begriffs menschlicher Freiheit geht« (Luf, *Menschenwürde als Rechtsbegriff*, S. 309).

derart verstanden, dass die Menschenwürde per definitionem nicht in eine grundrechtlich relevante Konfliktsituation geraten kann, mithin derart ›immunisiert‹ wäre, dass sie moralisch-rechtlich bedeutungslos würde[4] – doch wäre eine solche metaphorische oder deklaratorische Reduktion des Art. 1 GG rechtsdogmatisch verhängnisvoll. Luf hat dagegen richtig präzisiert, dass man nach Kant beide Welten, die intelligible und die sinnliche, nicht voneinander scheiden kann. In dieser unmittelbaren gegenseitigen Verwiesenheit gibt die Menschenwürde das notwendige metaphysische Mindestmaß für alle moralisch-rechtlichen Problemsituationen voraus. Dieses muss sich freilich immer neu durch einen jeweils zu findenden gesellschaftlichen Konsens konkretisieren.[5]

Ein weiterer Vorwurf, der heute gegen die Kantische Definition erhoben wird, besteht darin, durch ihre metaphysische Verankerung sei die Menschenwürde unsensibel für die tatsächlichen Deprivationen der menschlichen Vernunft: Die Menschenwürde sei von einer ›normal‹ ausgebildeten, erwachsenen und funktionstüchtigen Vernunft her gedacht. Doch wendet auch hier Luf richtig ein, dass der Kantische Ansatz nicht in schlechter Weise idealisiert werden darf, und betont, dass »Kants philosophischer Anspruch, Vernunft in die geschichtlich-empirische Wirklichkeit kritisch einzuarbeiten, sich [...] ganz intensiv auf die ›tatsächlichen Deprivationen und Deformationen‹ einzulassen hat und gerade in dieser Konfrontation mit den geschichtlichen Realitäten dem Prinzip Menschenwürde Konturen zu verleihen vermag«[6]. Beide Konkretisierungen des Kantischen Gedankens, die ihn aus einer falsch verstandenen Noumenizität befreien, erlauben es mithin, in der Sinnenwelt konkrete Verwirklichungen zu ermöglichen, welche allerdings über die Möglichkeiten einer »negativen Anthropologie« nicht hinausgehen: Es lassen sich aus ihr keine institutionellen Konkretisierungen deduzieren. Demzufolge besitzt die »negative Anthropologie« Kants moralisch wie juristisch nicht mehr denn einen heuristischen Wert und zeigt die unaufgebbaren metaphysischen Grenzen dieser Diskurse auf.

Was die notwendige Konkretisierung der Menschenwürde in ›positive Freiheit‹ angeht, wurde durchaus argumentiert, dass auf dem Kantischen Grundsatz ein »freiheitsfunktionale[r] Sozialstaat«[7] begründet werden kann, weswegen er entscheidend über die Dimension der ›negativen Freiheit‹ hinausgehe und positive Freiheitsdimensionen mit in den Blick nehme.

---

[4] Vgl. H. Dreier, *Artikel 1 I Menschenwürde*, in: ders. (Hg.), Grundgesetz, S. 96; vgl. auch. R. Dreier, *Rechtsbegriff*, S. 25. Diese Problematik wurde jedoch bereits von Alexy erkannt, der in seiner *Theorie der Grundrechte* (1984) produktiv mit ihr umgeht.

[5] Vgl. Luf, *Menschenwürde als Rechtsbegriff*, S. 321.

[6] Luf, *Menschenwürde als Rechtsbegriff*, S. 322f.

[7] Kühl, *Zur Aktualität der Prinzipien*, S. 281.

Doch hält sich auch diese Perspektive im Rahmen des soeben Aufgezeigten: Das metaphysisch Gesollte gibt ein ideales Mindestmaß voraus, wobei alle darüber hinausgehenden Konkretisierungen jeweils ermittelt werden müssen und daher gerade nicht aus der Menschenwürde deduziert erscheinen.

Während diese an Kant geübten Kritikpunkte nicht verfangen, da sie im Grunde sein Begründungsprogramm, einen metaphysischen Standpunkt der Menschenwürde an die Realität anzulegen, nur bestätigen, rekurriert Theunissen auf die systematisch grundlegende Dimension, mithin das oftmals unausgesprochene berechtigte Element dieser Kritiken, welches bis auf Hegel zurückgeht und in der Herausstellung der »sozialen Unterentwickeltheit der Rechtsträger« besteht.[8] Diese Kritik trifft dabei keinesfalls nur Kant, sondern die neuzeitlich-naturrechtliche Ausbuchstabierung des *ens morale* als solche. Wenn in anderen Worten auch die negative Kantische Anthropologie durchaus mit den real-konkreten Umständen und sogar mit der sozialen Anspruchsdimensionen synthetisiert werden kann, so bleibt es doch immer der Einzelne, der selbst bei allen für Kant möglichen Konkretisierungen die Dimension der Menschenwürde realisiert. In der Tat besteht der zentrale Vorwurf Hegels an Kant darin, die (nicht in den Begriff aufgehobene) *Einzelheit* zum Ausgangspunkt von Moral und Recht gemacht zu haben. Damit hebe sich der Kantische Standpunkt dann auch nicht grundsätzlich von subjektivistischen Standpunkten wie den romantischen Gefühlskonzeptionen Fries', Jacobis oder Schleiermachers ab.[9]

Das Problem der Kantischen Einzelheit in ihrer »Abstraktheit« ist mithin nicht der, einen Vernunftstandpunkt einzunehmen – diesen teilt Hegel in der Einleitung der *Grundlinien* dezidiert[10] –, sondern ihre »Leere« bzw. die faktische Unbestimmtheit der Bestimmungen.[11] Es steht damit für Hegel »traurig um Vernünftigkeit und Gesetz«, da »sie nur seyn *sollten*«[12], aber nicht die Wirklichkeit bestimmen. In diesem Sinn resümiert Marquard: »Die Sollensphilosophie hat recht im schlimmsten, im äußersten Fall und bestimmt nun den äußersten Fall als durchgängige Wirklichkeitsverfassung, um durchgängig recht zu haben«[13].

---

[8] Theunissen, *Die verdrängte Intersubjektivität*, S. 345.

[9] »Wolff, Rousseau, Kant, Fries und alle Arten der Reflexionsphilosophie bleiben auf dem Standpunkt der Willkür stehen, weil sie die Freiheit nur im Rahmen einer Opposition von formalem Willen und natürlichen Neigungen denken können« (Peperzak, *Zur Hegelschen Ethik*, S. 128).

[10] Vgl. *RPh* S. 28 (§ 4).

[11] Vgl. *RPh* S. 30 (§ 5).

[12] Hegel, *Wissenschaft der Logik*, S. 123.

[13] Marquard, *Hegel und das Sollen*, S. 115.

Kann der Kantische Ansatz damit die sich stets konkret darstellenden »Verunstaltungen des Menschen« aufdecken? Für Hegel muss man dazu die konkrete Realisierung der Freiheitsbeziehungen mit in den Blick der Vernunft nehmen.[14] In diesem Untergrund deckt er dadurch eine Dynamik auf, welche in der Kantischen Transzendentalität untergeht, insofern sie dort immer bereits aus ihrer realen Konflikthaftigkeit gelöst wird: Doch lässt sich das Anerkennungsproblem nicht auf die apriorische Definition der Freiheitssphären reduzieren und offenbart damit eine moralische Grundlage, welche nicht im Rechtsphänomen (Hegelianisch: dem »abstrakten Recht«) auflösbar ist, sondern verlangt, dieses institutionell-sittlich zu begreifen.[15] Würde als Sittlichkeit bedeutet also, Hegelianisch dekliniert, mehr als der Anspruch auf Achtung der moralischen Selbstbestimmung aus praktischer Vernunft und mithin mehr als eine rein moralische *Konsequenz* der Rechtsdimension, welche sich als Außenseite und Entsprechung der Menschenwürde des Subjekts apriori ergibt. So wird nämlich bei Kant ›Anerkennung‹ nur als rechtliche Achtung der Menschenwürde verstanden, mithin in eine Rechtsbeziehung aufgelöst. Doch ergibt sich daraus kein rechtlich-gesellschaftlich umsetzbarer Begriff der Menschenwürde, weswegen das Defizit Kants nicht zufällig gerade im Übergang zur Rechtslehre zum Ausdruck kommt.[16] Dies wird umso deutlicher bei Fichte, für den »die Verwirklichung der Anerkennung im Handeln der Menschen nicht die Voraussetzung, sondern das Resultat der Konstituierung von Recht«[17] ist. Hegel dagegen – wie übrigens auch Rosmini – insistieren auf die moralische Bedeutung der Anerkennung, die in die Bestimmung des Rechts grundlegend eingeht, wodurch beider Rechtsphilosophien an systematisch entscheidender Stelle die Moral in den Rechtsdiskurs zurückholen, allerdings insofern diese auf der ›sittlichen‹ Ebene der Institutionen ›aufgehoben‹ bzw. ›verwirklicht‹ ist. Damit ist auch jeder ›individualistische‹ Standpunkt der Menschenwürde verlassen und die moralische Freiheit als Anerkennung verstanden, die als solche aber der Stabilisierung in sittlichen bzw. gesellschaftlichen Strukturen bedarf. Diese begründen die Würde nicht in deren »Grund«, sondern in ihren genuinen unbeliebigen Realisierungsformen. Diese Realisierung bleibt aber nicht auf einzelne moralische Handlungen begrenzt, sondern gelangt zu ihrer institutionellen Darstellung.

---

[14] »Eine das Individuum in seinem Sein mitkonstituierende, seine lebendige Freiheit allererst stiftende Beziehung zu anderen Individuen, die weder verdrängt noch in Idyllen verbannt wird, gibt es für den Hegel der *Rechtsphilosophie* allein im Untergrund der Verunstaltungen des Menschen, die seine Kritik entlarvt« (Theunissen, *Die verdrängte Intersubjektivität*, S. 358).

[15] Vgl. *FD* I, S. 121.

[16] »Kants zudem nicht gerade zahlreichen Ausführungen zur Menschenwürde [sind] in seiner Moralphilosophie, nicht in der Rechtsphilosophie zu finden« (Dreier, *Artikel 1 I Menschenwürde*, S. 96).

[17] Luf, *Zum Problem der Anerkennung*, S. 152.

Im Folgenden soll nun erörtert werden, wie beide, Hegel und Rosmini, gegen Kant diese sittlich-institutionelle Dimension der Anerkennung als konstitutiv für die Bestimmung der Menschenwürde einfordern, wobei charakteristische Übereinstimmungen wie auch Unterschiede in deren jeweiliger Kritik zutage treten. Dabei erscheinen beide zunehmend als Alternativkonzepte: Während Hegel beansprucht, in der Kritik Kants dessen subjektivitätstheoretischen Ausgangspunkt in der Überwindung des Subjektivismus zu seiner Vollendung zu führen, liegt für Rosmini die Problematik bereits in der theoretischen Ausgangsbestimmung des Kantischen Rechtssubjekts.[18]

Grundlegend gilt für beide mithin, dass Kant das Anerkennungsproblem auf ein Rechtsproblem reduziert und es nicht als konstitutive Dimension in die Bestimmung der Menschenwürde einbezieht.[19] Damit wird aber das Recht in einen nicht zu vernachlässigenden Positivierungssog gezogen, der sich dann bei Fichte wiederum in der charakteristischen Spirale der Kontrolle der Rechtssicherheit *ad absurdum* führt: Der Unlösbarkeit dieser Spirale entkommt Fichte schließlich nicht. Die institutionelle Nichtvoraussetzbarkeit von moralischen Vertrauensbeziehungen im transzendentalen Ansatz führt dann folgerichtig zum Zwangsgedanken des Staatsapparates und zu einem mechanistischen Gesetzesbegriff.[20] Erst im Rechtsdiskurs offenbaren sich mithin die Einseitigkeiten der moralischen Begründung der Menschenwürde bei Kant, diese lediglich ›nach innen‹ hin zu bestimmen. Damit bleibt aber die in der Menschenwürde ausgedrückte Moralität, so Hegel, »ohne Ausführung«, da ihre ›innere‹ Kompatibilität mit der Freiheit anderer bereits apriorisch aus dem Vernunftimperativ folgt und die tatsächliche Garantie der für die daraus sich ergebende Handlung durch eine rein rechtlich-›äußerliche‹ Gewährleistung des Freiheitsraumes sichergestellt wird. Diese Gewährleistung stellt aber gerade nicht auf die »Triebfeder« der Anderen ab, sondern erfolgt rein von außen und beruht nicht auf einem moralischen Grundkonsens. Damit wird die Anerkennungsdimension nicht konstitutiv für die Bestimmung der Menschenwürde – und aus Kantischer Sicht darf sie dies auch nicht sein, da sie diese relativieren würde und es gerade verhinderte, sie in ihrem »Grund« und absoluten Anspruch einzufordern.

---

[18] Vgl. Muscolino, *Person und Staat.*

[19] Vgl. Luf, *Zum Problem der Anerkennung*, S. 145. Seine Erörterungen relativieren diese Beobachtung durch den Nachweis, dass gerade das Rechtsprinzip die Dimension »allseitiger vernünftiger Zustimmungsfähigkeit« beinhaltet (ebd. S. 149). Allerdings stellt dann Luf selbst heraus, dass die »Betonung der Unterscheidung von Moralität und Legalität« dazu führe, dass »die konkrete Rechtsbewährung dem Bereich einer gegenüber zugrundeliegenden Motivationen indifferenten bloßen Legalität zugeordnet wurde, in deren Rahmen dann auf den Aspekt individueller Egozentrik [...] allzu großes Gewicht gelegt werden kann« (ebd. S. 150).

[20] Vgl. Luf, *Zum Problem der Anerkennung*, S. 156.

Für Hegel und Rosmini darf hingegen menschliche Würde nicht einfach ein Sollen bleiben[21], insofern sie sich im Anerkennen vollendet: Dies macht menschliche Würde nur dann nicht von der ›moralischen Leistung‹ des Subjekts abhängig, wenn diese moralische Anerkennungsdimension nicht ausschließlich von der subjektiven Willkür abhängig ist, d. h. nicht individualistisch im Sinne Kants interpretiert wird, sondern eine überindividuelle Dimension bezeichnet.[22] Umgekehrt gerät diese Dimension nur dann nicht mit der Freiheit des Subjekts in Konflikt – und relativiert auf diese Weise wieder die Würde –, wenn sie eine Dimension der Freiheit selbst bezeichnet. Menschliche Freiheit konkretisiert sich metaphysisch in gewissen Dimensionen – der Anerkennung –, die daher der Willkür des Einzelnen entzogen sind: Damit wird Freiheit erstmals von der Willkür unterschieden.[23] Sie lassen sich ihrer Prekarietät jedoch nur dann entziehen, wenn man das menschliche Subjekt aus jener »Einzelheit« befreit, in welcher es bei Kant durch die deontologische Sollensethik gefangen ist. Dies ist die gemeinsame Intention Hegels und Rosminis Kant gegenüber. Der grundlegende Unterschied besteht darin, dass durchaus auch Hegel und Rosmini einen starken Sollensbegriff besitzen, dieser aber nicht deontologisch reduziert wird, sondern sich erst im teleologischen Sollen vervollkommnet.[24]

Sowohl für Hegel als auch für Rosmini erweist sich als insuffizient, die Menschenwürde in ihrer ›Außenseite‹ auf das Problem der Freiheitsbeeinträchtigung zu reduzieren.[25] Das Verhältnis von Recht und Moral, bei Kant lediglich an der »Innenseite« gedacht, muss auch auf diese ausgedehnt werden, da sonst sogar für Hegel etwa die Moral selbst[26] und d. h. die Möglichkeit zu bestimmten Pflichten verhindert wird: »Ohne bestimmte Pflichten ist aber nur das absolute Mißtrauen des status naturalis oder die absolute Willkür-

---

21 »Das allgemeine, im *Sinne der Vernunftallgemeinheit*, ist auch allgemein in dem Sinne [...], daß es *für das* Bewußtseyn, sich als das Gegenwärtige und Wirkliche [...] darstellt; – aber ohne darum seine Natur zu verlieren [...]. Was allgemein gültig ist, ist auch allgemein geltend; was seyn soll, ist in der Tat auch, und was nur seyn *soll*, ohne zu *seyn*, hat keine Wahrheit. [...] denn die Vernunft ist eben diese Gewißheit, Realität zu haben, und was nicht als ein Selbstwesen für das Bewußtseyn ist, das heißt, was nicht erscheint, ist für es gar Nichts« (Hegel, *Phänomenologie des Geistes*, S. 142).

22 Vgl. *RPh* S. 46 (§ 30).

23 Vgl. Kobusch, *Die Entdeckung der Person*, S. 161 f.

24 Bei Hegel lautet dieser: »*[S]ei eine Person und respektiere die anderen als Personen*« (*RPh* S. 52 [§ 36]). Bei Rosmini wird dieser korrigiert zu: »Liebe alle Seienden« (Rosmini, *Principi della scienza morale*, S. 107).

25 Vgl. *RPh* S. 45 (§ 29).

26 »Der sittliche Sinn der Freiheit ist in der Moderne nach Hegel aber zugleich gefährdet. Und zwar durch die Verabsolutierung der Individualität als Subjekt privater Interessen sowie als ausschließlicher Rechtfertigungsgrund für Normen« (Siep, *Hegels praktische Philosophie*, S. 15).

herrschaft der Tyrannis denkbar«[27]. Die Menschenwürde muss sich also in bestimmten sittlichen Institutionen auch äußerlich verwirklichen, da sonst eine jede Affirmation der Menschenwürde den ›Widerspruch‹ der als Einzelheit konzipierten Würde deutlich machte, da dann jede Selbstaffirmation nur durch Negation des Anderen und *vice versa* möglich ist: Werden Freiheit und Würde mit anderen Worten nicht absolut gedacht, dann fällt deren relative Affirmation entweder in einen kriegerischen Urzustand zurück oder muss in der freiheitsvernichtenden Tyrannis durchgesetzt werden. »Aber die Kriterien für praktische Wahrheit bzw. Freiheit sind nicht unbestimmte Begriffe von Demokratie oder Brüderlichkeit, sondern eben die Strukturen von Gemeinwesen, die die genannte paradoxe Aufgabe erfüllen können«[28].

Auch für Rosmini steht fest, dass,wenn man Menschenwürde von der Einzelheit her denkt, man nicht den Menschen denkt, welcher nicht einfach Freiheitsprinzip ist, da dieses in innerer konstitutiver Relation mit der menschlichen Natur steht. Der Mensch ist als Realität »subsistente Relation«, wie sich Rosmini auch ausdrückt.[29] Damit zielt Intersubjektivität nicht nur auf die abstrakte Koordination von Freiheitssphären, sondern auf das Anerkennen einer anderen subjektiven Realität. Dieses Anerkennen drückt sich für Rosmini konkret als Liebe aus: »Liebe das Sein [...] in jener Ordnung, in der es sich deiner Vernunft manifestiert«[30]. Damit wird dem Anerkennen eine Bedeutung zugeordnet, welche es von einer reinen Rechtskonsequenz unterscheidet, denn Liebe stellt auf die innere Triebfeder ab, nicht lediglich auf das äußerlich Einforderbare.[31] Was Hegel mithin gegen Kant durch die die Anerkennung sicherstellende Sittlichkeit einwendet, wird von Rosmini durch die Dimension der Liebe ausgedrückt. Trotz aller grundlegender Unterschiede, die sich aus dieser spezifisch verschiedenen Auseinandersetzung mit Kant ergeben, stimmen doch beide darin überein, damit die Kantische Einzelheit zu überwinden.

---

[27] Siep, *Was heißt*, S. 94. Und er fährt fort: »Bestimmte Pflichten für ein ›moralisch‹ sich selbst bestimmendes Subjekt sind nur möglich in bezug auf eine bestimmte Gemeinschaft von Menschen, die die Freiheit der Individuen sichert, indem sie zugleich ihre eigene Freiheit von deren zufälligen Zwecken sichert« (ebd.). Vgl. auch Rameil, *Sittliches Sein.*

[28] Siep, *Was heißt*, S. 95.

[29] Vgl. Rosmini, *Antropologia in servizio della scienza morale*, S. 460 (§ 833, Anm. 50).

[30] Rosmini, *Principi*, S. 110.

[31] Vgl. Krienke, *»Ama gli esseri tutti«*.

II. Menschenwürde als Rechtsbegriff

Trotz der notwendigen Kritik steht für Hegel und Rosmini fest, dass die Verhältnisbestimmung zwischen Recht und Moral im Außenbereich nur unter der Voraussetzung der Kantischen Unterscheidung zwischen Moralität und Legalität geschehen kann[32], da sonst ein jedes Freiheitspotential vernichtet würde und man in die Substantialität der griechischen *polis* zurückfiele. In anderen Worten, müssen auch die Sittlichkeit bzw. die gesellschaftlichen Institutionen auf der Freiheit basieren, um nicht einen totalitären Staat, in welchem ›äußerlich‹ Legalität und Moralität identifiziert sind, hervorzubringen. Dies ist in der grundlegenden Einsicht beschlossen, dass sich Freiheit nicht nur selbst bestimmt – dies ist der Standpunkt der Kantischen Moral –, sondern sich ursprünglich mit anderen will.[33] Solches geschieht in den sittlichen Institutionen, die menschliche Freiheit dadurch realisieren, dass sie sie teilweise aus dem Individualismus und der Willkür der Beliebigkeiten herausnehmen, wobei diese Strukturen von nichts anderem denn der Freiheit selbst gerechtfertigt werden können. Damit holt Hegel mit seinem Institutionenbegriff jene zweite Dimension Ciceros in den Würdebegriff zurück, die im Zeichen der Aufklärung verlorengegangen ist, und zwar diejenige der konkreten gesellschaftlich-realen Ausformung derselben. Die objektive Dimension wird wieder eingeholt, nun aber in die subjektive integriert (und nicht, wie in vormoderner Zeit oder in der totalisierenden Tendenz, die subjektive der objektiven unterordnet).

Die kurzschlüssige Interpretation etwa Tugendhats, dass bei Hegel der Staat die Freiheit und Würde des Individuums letztlich unmöglich macht, nimmt mithin das systematische Anliegen Hegels nicht wahr.[34] Freilich stellt die Tatsache, dass der Begriff der Menschenwürde *qua talis* bei Hegel kaum begegnet und v. a. in den rechtsphilosophischen Schriften nicht vorkommt[35],

---

[32] Vgl. Ritter, *Moralität und Sittlichkeit.*

[33] Vgl. *RPh* S. 44 (§ 27). »Deswegen ist auch die Vorstellung, meine Freiheit reiche so weit, bis sie durch die Freiheit des anderen eingeschränkt würde, der Wirklichkeit der Freiheit ganz unangemessen. Denn auch diese Vorstellung geht davon aus, daß die Freiheit des Einzelnen an sich unendlich sei und sich auf alle möglichen Inhalte erstrecken könne. In Wirklichkeit beschränkt sich wahre Freiheit selbst, weil sie die Freiheit der anderen nicht als etwas ihr Fremdes, sondern als den ihrem Wollen eigenen Inhalt will« (Kobusch, *Die Entdeckung*, S. 163 f.).

[34] »Die Möglichkeit eines selbstverantwortlichen, kritischen Verhältnisses zum Gemeinwesen, zum Staat, wird von Hegel nicht zugelassen, vielmehr hören wir: die bestehenden Gesetze haben eine absolute Autorität; was vom Individuum zu tun ist, steht in einem Gemeinwesen fest; das eigene Gewissen des Einzelnen hat zu verschwinden, und an die Stelle der Reflexion tritt das Vertrauen; das ist es, was Hegel mit der Aufhebung der Moralität in Sittlichkeit meint« (Tugendhat, *Selbstbewußtsein*, S. 349).

[35] Vgl. Luf, *Menschenwürde in der Philosophie.*

einen gewichtigen Grund dafür dar, dass die rechtsphilosophische Diskussion bis heute weitgehend von der konstitutiven Bedeutung der intersubjektiven Anerkennung für die Stabilisierung eines metaphysischen Menschenwürdebegriffs absehen kann.[36] Aber gerade das aktuelle Problem, dass es in einer pluralistischen Gesellschaft an Zuerkennungskategorien fehlt, macht das Bedürfnis aus, Menschenwürde als Voraussetzung aller gesellschaftlichen Anerkennung neu in ihrer intersubjektiven Dimension zu thematisieren.[37] Insofern diesbezüglich auch die Hegelsche Antwort charakteristische Probleme offenbart, mag der hierzulande überraschend scheinende Blick auf Rosmini einige interessante und aktuell relevante Perspektiven zu eröffnen.

Zweifelsohne ist es eine Reaktion auf interne Probleme der Hegelschen Rechtsphilosophie, dass Karl-Heinz Ilting eine bedeutende liberale Hegelinterpretation vorgeschlagen hat: Um die »Aufhebung« der Subjektivität in den Staat zu vermeiden, insistiert er auf den ›liberalen Anfang‹ der *Grundlinien*, welcher eine individualistische Definition von Freiheit und Person fordere. Dadurch relativiert sich aber auch die Anerkennungsproblematik bzw. rückt ins zweite Glied. Dabei übergeht er freilich einige Stellen, die Hegel bereits in der Einleitung der *Grundlinien* selbst und nicht erst später, etwa in der Sittlichkeit, formuliert: »So bin ich wahrhaft frei nur dann, wenn auch der andere frei ist und von mir als frei anerkannt wird«[38]. Und wenn auch, wie Ilting zurecht herausstellt, die erste Realisierungsdimension der Freiheit die ›Inbesitznahme‹ des Eigentums (und zuvor noch der eigenen körperlichen Realität) ist, weswegen sich der Einzelne als Besitzindividuum konkretisiere, so ist doch gerade in diesem Eigentumsbegriff, wie Siep herausstellt, die Anerkennungsdimension bereits eingeschlossen. Hegel geht es schließlich nicht um eine chronologische, sondern logische Auffächerung der einzelnen Momente, in der sich die Menschenwürde rechtlich ausformt. Daher ist auch im individuellen Eigentum die erst im Vertrag und dann schließlich in der bürgerlichen Gesellschaft zur Sprache kommende Intersubjektivität bereits vorausgesetzt.

---

[36] »Ob und allenfalls welche rechtlichen, insbesondere welche menschenrechtlichen Konsequenzen aus dieser Anerkennungsdimension gezogen werden können, ist eine offene Frage. Sie sollte bei beiden Philosophen [Fichte und Hegel] wohl eher skeptisch beurteilt werden« (Luf, *Menschenwürde in der Philosophie*, S. 82f.).

[37] »Keiner von uns verdankt seine menschliche Würde dem Einverständnis und der Zustimmung der anderen; sie wird in einer humanen Rechtsordnung nicht gegenseitig zuerkannt und gewährt, sondern als das allen vorausliegende Fundament anerkannt. Der wechselseitige Akt der Anerkennung, der dem Gedanken des Rechts und einer rechtsförmigen Regelung zwischenmenschlicher Beziehungen zugrunde liegt, darf trotz des schöpferischen Charakters, der ihm ohne Zweifel innewohnt, nicht so verstanden werden, als brächten die Partner reziproker Anerkennungsverhältnisse den Grund ihrer Anerkennungswürdigkeit durch die erfolgte Anerkennung erst hervor« (Schockenhoff, *Beruht die Menschenwürde*, S. 250).

[38] Hegel, *Enzyklopädie*, S. 220 (§ 431 Z).

Im theoretischen Argument der *prima occupatio*, so Siep, interessiere Hegel die Dynamik der »occupatio«, weniger das der Gesellschaft Vorgängige, da erst im Gesellschaftszusammenhang die »occupatio« ihren Sinn und ihre Bestätigung – Anerkennung – erhalte. Diese Anerkennung ist nicht die rechtliche ›Konsequenz‹ der individuellen Dynamik der Eigentumskonstitution wie bei Kant, sondern ursprüngliche und konstitutive Dimension deren Konstitution. Damit ist die Eigentumsnahme also bereits in die Freiheitsdynamik der Anerkennung eingebettet: »In dem Anerkennen hört das Selbst auf diß einzelne zu seyn; es ist rechtlich im Anerkennen, d. h. nicht mehr in seinem unmittelbaren Daseyn [...]; der Mensch wird nothwendig anerkannt, und ist notwendig anerkennend«[39]. Die Anerkennung stellt mithin die ursprüngliche Verwirklichungsdynamik der Menschenwürde dar, welche sich dann durch die verschiedenen institutionellen Dimensionen hindurch realisiert.[40] Das Eigentum ist dabei durchaus eine von diesen, wie in dessen Wiederaufnahme als Grunddimension der »bürgerlichen Gesellschaft« deutlich wird.

An diesem Punkt ist aber nun mit Siep die zentrale Frage zu stellen, »warum [...] die an eine beschlußfähige Einzelperson gebundene Entwicklung des objektiven Willens mit der Beziehung dieser Person auf Sachen statt auf andere Personen beginnen« muss[41] – und in dieser Problematisierung besteht das berechtigte Anliegen Iltings. Denn trotz der intersubjektiven Vermitteltheit der Person ist und bleibt für Hegel die Natur als das ›erste Äußerliche‹ der Freiheit deren Negation und darin die Voraussetzung nicht nur dafür, dass der Geist zu sich selbst kommt, sondern dass er dies auch in intersubjektiver Vermitteltheit vermag. Nur über die Anerkennung des Eigentums lässt sich damit konkrete Anerkennung denken: »[W]as anerkennen die andern? das was ich habe, in dessen Besitz ich bin. Der Inhalt

[39] Hegel, *Jenaer Systementwürfe III*, S. 215. Unmittelbar zuvor stellt Hegel heraus: »Recht ist die Beziehung der Person in ihrem Veralten zur andern – das allgemeine Element ihres freyen Seyns – oder die Bestimmung, Beschränkung ihrer leeren Freyheit. Diese Beziehung oder Beschränkung habe ich nicht für mich auszuhecken, und herbey zu bringen; sondern der Gegenstand ist selbst dieses Erzeugen des Rechts überhaupt, d. h. der *anerkennenden* Beziehung« (ebd.).

[40] Laut Siep trifft es zwar zu, dass Hegel in der *prima ocupatio* nicht die Anerkennungsdimension mitdenkt (vgl. Ilting, *Rechtsphilosophie als Phänomenologie*, S. 233 f.), doch das dritte Moment, ohne welches das erste nicht gedacht werden kann, schließt die »intersubjektive Vermittlung« ein: »Da aber alle drei Formen die Einheit eines Systems einander vermittelnder Glieder bilden [...], kann die relative Isolierung des Moments der Aneignung der Sache von dem der Anerkennung dieser Aneignung durch andere, die in der Veräußerung schon impliziert ist, keine wirklich unabhängige Begründungsfunktion haben« (Siep, *Intersubjektivität*, S. 265).

[41] Siep, *Intersubjektivität*, S. 263.

geht also von meinem Besitze aus«[42]. Hegel sucht also in gewisser Weise, mit Kant über Kant hinauszugehen, da die Eigentumsdimension ebenso bei Kant bereits die erste grundlegende Realisierungsweise der transzendentalen Freiheit darstellt. Hegel dehnt diese Dimension gar auf die eigene körperliche Realität des Subjekts aus: »Aber als Person habe ich zugleich *mein Leben und Körper*, wie andere Sachen, nur *insofern es mein Wille ist*«[43]. Das Ich bestimmt sich also durch die Körperlichkeit und durch das Eigentum – und nur durch diese Bestimmtheit des Subjekts der bürgerlichen Gesellschaft (des »bourgeois«) wird die formelle Allgemeinheit des Individuums und damit seine Freiheitssphäre konstituiert.[44]

Gleichzeitig befreit er aber auch die Kantische Einzelheit, insofern diese sich über die Eigentumsdimension hinaus bestimmen muss. Dabei wird dann, gemäß der Bestimmung des Begriffs, deutlich, dass diese nur affirmiert werden konnte, insofern sie Einzelmoment eines umfassenden Anerkennungsbereichs war: »Die Grundlage des Rechts ist etwas Überindividuelles. Das Recht der Einzelnen ist ein Untergeordnetes«[45]. Die Verankerung nun nicht nur des Eigentumsrechts, sondern konsequent auch aller freiheitlichen Grundrechte in dieser die Einzelheit übersteigenden Dimension drückt sich schließlich darin aus, dass die Individualrechte bei ihm letztlich *nicht* als Grundrechte fortgedacht werden, »deren Durchsetzbarkeit durch Verfassungsgarantien und -organe zu sichern wären«[46]. Spätestens an diesem Punkt wird man der liberalen Hegelinterpretation Iltings nicht mehr folgen können. Denn bei Hegel wird die sittliche Idee des Menschen, welche immer nur zu Lasten der Individualität verwirklicht werden kann, gerade *ohne* die Anerkennung grundrechtlicher Freiheiten ausgemünzt.[47] Somit läuft bei Hegel die Definition der Menschenwürde als Anerkennungsverhältnis der Freiheit darauf

---

[42] Hegel, *Jenaer Sysyementwürfe III*, S. 216. Und er erklärt sofort: »Aber was besitze ich denn? – a) meinen Körper, b) das Ding, das ich schon im Mund, oder in der Hand habe« (ebd.). Damit drückt Hegel aus, dass bereits die Intentionalität einen Anerkennensanspruch begründet.

[43] *RPh* S. 59 (§ 47).

[44] Vgl. Theunissen, *Die verdrängte Intersubjektivität*, S. 372.

[45] Peperzak, *Zur Hegelschen Ethik*, S. 125.

[46] Siep, *Intersubjektivität*, S. 272.

[47] Vollkommen zuzustimmen ist dem zusammenfassenden Urteil Lufs, für den es »abwegig« erscheint, deswegen »Hegels Staatskonzept als despotisch, totalitär oder reaktionär zu qualifizieren. Bei aller Kritik an einem ›atomistischen‹ Liberalismus sowie der Ablehnung der Prinzipien der Revolution [...] als Abstraktionen steht seine Theorie doch auf dem Boden moderner Staatlichkeit, deren elementare Aufgabe es ist, Freiheit zu verwirklichen. Doch bereitet es im Rahmen seines Konzeptes Schwierigkeiten, den Fall der Differenz zwischen Besonderem und Allgemeinem, der Diskrepanz zwischen rechtlich-politischem Anspruch und individueller Freiheitsbehauptung anders als zu Lasten der individuellen Freiheit zu lösen. Im Lichte eines ›organischen‹ Staatsverständnisses sieht er weder demokratische Partizipation noch grundrechtliche Garantien vor« (Luf, *Menschenwürde*, S. 91).

hinaus, dass »[i]m Staat [...] der Geist des Volkes, die Sitte, das Gesetz das Herrschende [sind]. Da wird der Mensch als *vernünftiges* Wesen, als *frei*, als Person anerkannt und behandelt; und der Einzelne seinerseits macht sich dieser Anerkennung dadurch würdig, daß er [...] einem *Allgemeinen*, dem *an und für sich seienden Willen*, dem *Gesetze* gehorcht, also gegen andere sich auf eine *allgemeingültige* Weise benimmt, sie als das anerkennt, wofür er selber gelten will – als frei, als Person«[48]. Nun besteht das Spezifikum Hegels darin, dass diese Anerkennung im Allgemeinen des Staates nicht von der Beziehung der Liebe – wie sie Hegel in der Familie thematisiert hatte – her gedacht wird, denn die – bereits bürgerlich gedachte – Familie kommt gerade im Verhältnis zur bürgerlichen Gesellschaft an ihre Grenze. So wird das Prinzip der Liebe, noch für das frühe Denken Hegels entscheidend, durch das der Konkurrenz und institutionellen Vermittlung zwischen Individuen in der sittlichen Substanz abgelöst. Damit wird der Staat zum Allgemeinen der Subjektivität, insofern diese gerade nicht in interpersonalen Anerkennungsrelationen (»Liebe«) in ihrer Würde ansichtig wird, sondern nur in Überwindung der Konkurrenzsituation der bürgerlichen Gesellschaft in der freiheitlich-rechtlichen Organisation der Subjektivität, die jedoch folgerichtig nur ›äußerliche‹ Subjektivität ist, da die ›innere‹ Subjektivität – das Prinzip der Liebe – als Moralität in der Sittlichkeit negiert und aufgehoben wird. Die Ausführungen Hegels zum Gewissen sind in diesem Sinn emblematisch.

Damit kann das Bestreben, im Staat »das Prinzip der Subjektivität sich zum *selbständigen Extreme* der persönlichen Besonderheit vollenden zu lassen«[49], nur durch die Negierung und gänzliche Einordnung der Kantischen Innerlichkeit erfüllt werden. In der Tat wird gerade die Gewissensfreiheit als das ureigene subjektive Recht und die Grundlage der Freiheitsrechte negiert.[50] Diese werden ausschließlich in der Sittlichkeit des Staates realisiert, weswegen im Staat das Prinzip der Subjektivität dergestalt zu seiner Absolutheit gelangt, dass es die Einzelheit des Individuums nur negierend »aufhebt«[51]. Dies ist mit anderen Worten der logische Endpunkt des Hegelschen Ansatzes, einen Anerkennungszusammenhang dadurch zu konstituieren, dass Freiheit in ihrer Einzelheit sich im Anderen negiert, mithin die Idee einer positiven Relation

---

[48] Hegel, *Enzyklopädie*, S. 221 f. (§ 432 Z).

[49] *RPh* S. 215 (§ 260).

[50] Vgl. *RPh* S. 124 (§ 139).

[51] Es mag dahingestellt bleiben, ob der Deutung Theunissens, *Die verdrängte Intersubjektivität*, S. 336, zugestimmt werden kann, wonach der Staat die ›Verabsolutierung‹ der Einzelindividualität darstellt: »Die von der Einzelheit des besonderen Individuums angeblich verschiedene Einzelheit des Begriffs, die der Grund und das Ganze des Rechts sein soll, enthüllt sich als Projektion eines präsozial freien Individualwillens, so daß nicht zu sehen ist, wie die Rechtsphilosophie Hegels dem Atomismus des neuzeitlichen Naturrechts entgehen kann«. In der Konsequenz seiner Kritik ist ihm freilich zuzustimmen.

zwischen den Freiheiten, in welcher diese sich *positiv* anerkennen, fehlt. Die Anerkennung stabilisiert mithin nicht intersubjektive Relationen, sondern hebt sie in die Substantialität der Sittlichkeit des Staates auf. So muss aber die Anerkennungsdimension in der Negierung derselben Subjektivität gefunden werden, die sich dann auf der Ebene der Anerkennung ›aufhebend‹ affirmiert. Doch damit ist Würde nicht in der Einzelperson und grundrechtlich bestimmbar, sondern nur staatsbürgerlich. Es ist der substantielle Wille, welcher die Einzelnen anerkennt, die dadurch aber zu Akzidentien der sittlichen Substanz werden. Damit wird die ›Intersubjektivität‹ nur als ›Intrasubstantialität‹ verwirklicht. Nur der Rechtsstaat kann mithin Kontext der Anerkennung der Menschenwürde sein, in welchem sich die Individuen grundsätzlich als bürgerliche Einzelsubjekte verstehen. Trotz aller bildungspolitischen und kulturrevolutionären Verdienste dieser Perspektive, die Hegel ohne Weiteres zuerkannt werden müssen, hat der Mensch seine personale Würde damit aber nicht mehr ursprünglich aus sich, sondern vom sittlichen Staatsganzen her.

Freilich ist, als hegelinterne Kritik, Ryffel darin Recht zu geben, dass der Staat kein Substantielles sein kann, welches als Konsequenz aus dem Hegelschen Ansatz somit restlos erkennbar oder darstellbar wäre.[52] Dies würde auf ein Staatskonzept hinauslaufen, das selbst Hegel ablehnen müsste. In der Tat zieht Rosmini daraus die Konsequenz, den Staat in keiner Weise substanzialistisch zu denken und somit das Hegelsche Substanz-Akzidens-Problem der *Grundlinien* zu vermeiden: Dies gelingt ihm dabei durch ein ontologisches Überdenken der zentralen Kategorie des Kantischen und Hegelschen Freiheitsverständnisses selbst, nämlich des moralischen Seins.[53] Von der Kantkritik Hegels unterscheidet er sich darin, nicht in erster Linie die »Einzelheit« der Kantischen Abstraktheit, sondern die Selbstgesetzgebung, mithin eine Dimension, welche Hegel am Ausgangspunkt der *Grundlinien* vollauf übernimmt, einer grundlegenden Kritik zu unterziehen.[54] Nehme man den Gedanken der überindividuellen Dimension des moralischen Seins ernst, dann könne Autonomie nicht als subjektive Selbstgesetzgebung verstanden werden, wohl aber als subjektautonome Erkenntnis einer objektiven Seinsordnung (des Naturgesetzes, sogar im Kantischen und Hegelschen Ver-

[52] »Es ist aber, wie gegen Hegel geltend gemacht werden muß, kein Substantielles, über das ein einzelner oder gar ein Kollektivum, und wäre es eine noch so ideal gedachte Gemeinschaft, etwa die idealisierte antike Polis und ein ihr nachgebildetes modernes politisches Gemeinwesen, voll verfügte, so daß es ganz zur Erscheinung käme, sich als lauteres Wesen zu offenbaren vermöchte. Wer dies unterstellt, ist auf dem Weg, den Grund des Menschen zu zerstören. Relative Wirklichkeit wird zum Maßstab gemacht, oder theologisch gesprochen: Welt und Gott werden in eins gesetzt, die Welt vergötzt und Gott verweltlicht« (Ryffel, *Zur Begründung*, S. 74).

[53] Vgl. Kobusch, *Die Entdeckung*, S. 139–154, 165–171.

[54] Vgl. *FD* I, S. 166f.

ständnis), welcher in der praktischen Handlung zu entsprechen ist. Entspricht die Handlung dieser Ordnung, dann realisiert sich praktische Anerkennung. Diese realisiert sich als eine Bewegung der Liebe des Subjektes zum objektiv anerkannten Sein, was mithin aber die Autonomie des außersubjektiven, realen Seins voraussetzt. Für Rosmini ist mithin nicht das Subjekt, sondern das Sein ›autonom‹. Das Subjekt partizipiert an dieser Autonomie, indem es in der Vernunft, aufgrund des Aprioris der »Seinsidee«, die Fähigkeit besitzt, in Freiheit die Ordnung des Seins zu erkennen und anzuerkennen. Menschliche Würde ist mithin Partizipation am Sein[55], dessen Ordnung erkannt und anerkannt wird. Damit gewinnt Rosmini – wie Hegel – gegen Kant eine überindividuelle Basis der Verankerung der menschlichen Würde: in jener Intuition der »Seinsidee«, welche menschliche Vernunftfähigkeit in theoretischer und praktischer Weise grundlegt. Damit kommt das Sein im Erkennen und Anerkennen des Subjekts allererst zu sich – und genau dies macht die Würde der Person bei Rosmini aus. Das Subjekt, so Rosmini, »setzt sich« im Sein, aber diese Selbstsetzung ist nicht ›autonom‹ zum Sein – dies mit Hegel gegen Kant –, sondern in Partezipation am Sein und mithin in gewisser Weise auf eine Dynamik begründet, welche das Subjekt nicht aktiv entwirft. Alle Aktivität und Kreativität der Person begründet sich mithin auf eine erste, ontologische Passivität und dies ist die Partizipation an der im Subjekt zu sich kommenden Dynamik des Seins.[56] Rosmini, bei genauem Hinsehen, »subjektiviert« in gewissem Sinn den *actus essendi* thomistischer Provenienz, ohne ihn dadurch subjektimmanent zu reduzieren. Die Würde der Person besteht mithin darin, dass das Sein in ihr zu sich kommt. »Ist die Person gerettet, so ist auch der Mensch gerettet; geht die Person unter, so ist der Mensch untergegangen«[57].

Menschliche Würde ist damit eine komplexe Identität des Seinsakts: Die Realität des Subjekts setzt sich in der Idealität des Seins und erkennt darin seine moralische Freiheit, die es nur gegenüber der eigenen körperlichen Realität wie auch den Anderen gegenüber realisieren kann. Diese moralische Freiheit kann sich nicht auf subjektive Willkürfreiheit verkürzen, da sie aus der objektiven Erkenntnis der Seinsordnung resultiert, in welcher das Subjekt nicht ontologisch gesetzgebend ist, sondern »unter dem Kommando des Unendlichen steht«[58]. Jeder Anerkennungszusammenhang beruht mithin auf einer überindividuellen Instanz, welche sich im Unterschied zu Hegel aber nicht substantialistisch, sondern »synthetistisch« in einem jeden Subjekt realisiert. Das ontologisch Erste, das anerkannt werden muss, ist das Sein

---

[55] Vgl. *FD* I, S. 192, Anm. 2 (I, § 52).

[56] Vgl. Rosmini, *Teosofia*, II, S. 16f., 220 (§ 732f., 908).

[57] Rosmini, *L'introduzione*, S. 243.

[58] *FD* I, S. 192 (I, § 52).

selbst, was im Subjekt als Synthese aus Idealität und Realität den moralischen Seinsakt hervorbringt: Das Subjekt ist somit in dieser Synthese moralische Freiheit. Aus der komplexen Einheit dieses dreifachen Seinsakts besteht mithin die Menschenwürde als ontologischer, nicht intersubjektiv abhängiger Status der Person. Aus diesem Grund kann Rosmini in seiner *Rechtsphilosophie* unmissverständlich formulieren: »Die Person des Menschen ist das subsistierende menschliche Recht«[59]: »Das personale Element ist mithin immer etwas Hervorragendes: Seine Würde muss anerkannt werden. Sie darf niemals der Willkür eines jedweden anderen geopfert werden«[60].

Damit realisiert sich bei Rosmini eine vollkommen andere Bestimmung der Anerkennung als sie bei Hegel ausgeführt war: Rosmini hebt nicht auf den Gedanken ab, dass sich Freiheit in der Negation der Freiheit Anderer automatisch selbst affirmiert, wodurch die Menschenwürde selbst in ihrer Negation noch affirmiert wird. Denn so wird Menschenwürde, trotz der intersubjektiven Sensibilität, immer noch von der Subjektivität her gedacht. Für Rosmini zielt die Anerkennungsdynamik der Liebe dagegen auf den Anderen, welcher gerade dadurch als eigenständige Realität in ontologischer Autonomie affirmiert wird. Absolute Freiheit ist für Rosmini mithin nicht eine, welche im Anderen bei sich selbst ist, sondern sie ist bei sich im Anderen. Die Anerkennungsbewegung zielt auf das freie Affirmieren der *Subsistenz* des Anderen. Der Anderbezug fällt nicht mit dem Selbstbezug in einer überindividuellen Substantialität ineins, wobei die Menschenwürde auf eine »Selbstanschauung im Anderen« hinausliefe und damit die »Beziehung« auf den Anderen im Prinzip auf das Selbst zurückführte, nämlich als Beziehung auf sich selbst als auf sein Anderes. Damit wird aber das absolute Denken von Freiheit und Würde von der individuellen Beschränkung in der Einzelheit gelöst.[61]

Demgegenüber fasste Rosmini bereits in seinem moralphilosophischen Grundlagenwerk *Principi della scienza morale* von 1831 die Anerkennung als Liebe: Gerade dadurch, so Rosmini, werde deutlich, dass das »reale Sein« nicht auf das »ideale Sein« verkürzt werden könne, da der Anerkennungsakt als Liebe auf die liebend-handelnde Affirmation der subsistenten Realität zielt, welche bereits im theoretischen Erkenntnisakt »affirmiert« bzw. objektiv im Sein bestätigt wurde. Dies ist für das menschliche Subjekt jedoch nur dadurch möglich, dass es in der den Intellekt fundierenden »Intuition« am Sein teilhat.

Diese ontologische Wendung der Hegelschen Anerkennungsdynamik, welche mithin den Anderen nicht als notwendiges Freiheitsmoment der Affirmation der Würde des Subjekts ansieht, sondern die liebende Anerkennung

---

[59] *FD* I, S. 191 (I, § 49).

[60] Rosmini, *Filosofia della politica*, S. 137.

[61] Vgl. Siep, *Praktische Philosophie im Deutschen Idealismus*, S. 177.

in seiner je-subsistenten Eigenheit zum ureigensten Ausdruck der Menschenwürde macht, ist nun in der Lage, Intersubjektivität nicht auf die Substanz der Freiheit zu reduzieren, sondern sie als authentische Relation zu denken, in welcher die Freiheit ontologische Notwendigkeit in moralischer, nicht dialektisch-idealer Dimension annimmt. Eine solche ontologische Notwendigkeit ersetzt nicht Hegelianisch die Freiheit, sondern wird mit der Freiheit so synthetisiert, dass daraus die Perspektive der »moralischen Notwendigkeit« resultiert. Die moralische Notwendigkeit ist damit genuiner Ausdruck des *ens morale* als ursprünglicher Ausdruck der Freiheit.[62]

Diese Dimension moralischer Freiheit beruht für Rosmini jedoch auf dem Apriori des Anerkennens, welches als Liebe den Anderen in seiner Realität bejaht und ihn in seine Freiheit entlässt. Damit ist das Subjekt nicht Moment des Absoluten, sondern von diesem freigegeben und in seiner Realität konstituiert. Es ist also allererst Empfänger einer absolut freien Anerkennungshandlung seitens des Absoluten[63], weswegen die Konstitution der moralischen Freiheit des Subjekts in einer apriorischen Absolutheit des Seins statthat, in welcher dieses als Freiheitsgeschehen (Rosminisch: »Gesellschaft«) zwischen der Person und dem Absoluten gefasst wird. In der Tat tritt für Rosmini die Person »in die Sphäre jener Dinge ein, welche am Unendlichen teilhaben und einen unendlichen Preis erhalten«[64]. Die Würde, die über jeden Preis erhaben ist, ist also gerade nicht die subjektive Autonomie der praktischen Vernunft und auch nicht die Einzelheit des Subjekts, sondern allererst in ursprünglicher Gemeinschaft konstituiert. In ihrer intersubjektiven Anerkennung wird Freiheit in absoluter, d. h. ›begründender‹ Weise bejaht, doch kann diese absolute Dimension selbst von keiner intersubjektiven Relation zwischen menschlichen, d. h. endlichen und kontingenten Personen[65], d. h. in menschlicher Gesellschaftlichkeit oder im Staat, geleistet werden, sondern nur in der »Gemeinschaft« mit dem Absoluten, welcher aus diesem Grund

[62] »Wahre Freiheit kann es nur dann geben, wenn das letzte Motiv des Verhaltens ist, der Vernunft gemäß zu handeln – und d. h.: wenn eine autonome und zugleich rationale Bestimmung von letzten Zielen möglich ist. Daraus ergibt sich, daß Freiheit im höchsten und eigentlichen Sinn eine Autonomie des Begriffs und d. h. eine Letztbegründung des Denkens voraussetzt. Ein derart freies Handeln ist somit in höchstem Maße vorhersehbar – es ist Einheit von Freiheit und Notwendigkeit« (Hösle, *Hegels System*, S. 489).

[63] »Wo die freie Würde des anderen nicht anerkannt wird, geschieht dies grundsätzlich durch jemanden, der diese Gabe selbst bereits erhalten hat, andernfalls würde er gar nicht leben. Zudem geschieht dies um willen der freien Selbstbestimung, die freilich gerade in der Freigabe des anderen bestünde. So zeigt sich absolute Geltung der Würde darin, dass sie noch dort angestrebt wird, wo sie verneint wird« (Spieker, *Konkrete Menschenwürde*, S. 136).

[64] Rosmini, *Antropologia in servizio della scienza morale*, S. 489 (906).

[65] Rosmini bezeichnet das Kantische Rechtsprinzip signifikant als »Prinzip ›der Koexistenz‹« (*FD* I, S. 244, Anm. [I, § 255]; vgl. ebd. I, S. 160).

höchste Realität, d. h. Subjektivität sein muss. Aus diesem Grund ist für Rosmini die grundlegende Form der Menschenwürde jene der »universalen Menschheit«, welche die Menschen nicht als isolierte Subjekte, sondern in einer grundlegenden, wenngleich nicht kategorialen oder sichtbaren Gemeinschaft zusammenschließt. Aus diesem Begründungszusammenhang haben die Grundrechte für Rosmini alle eine ontologische Sozialbedeutung: Menschliche Würde ist immer nur zusammen mit den anderen gegeben, welche sich in derselben Dimension der absoluten Affirmation begründen und daher ein ›Reich der Zwecke‹ bilden, das nicht noumenal, sondern real ist. Menschliche Solidarpflichten und gegenseitige Anerkennung sind somit ein unmittelbares Faktum der Menschheit und mithin der ethische Grund der Menschenwürde.

Die notwendige sichtbare Konkretion findet für Rosmini in zweifacher Weise statt: Einmal dort, wo diese Konstitution der Menschenwürde im Absoluten auch real-religiös gelebt wird, und dies ist für Rosmini die »theokratische Gesellschaft« der Kirche.[66] Die zweite Konkretion ist die Liebesbeziehung zwischen Personen, welche ihre Perfektion in Ehe und Familie findet.[67] Die Familie ist daher nicht wie für Hegel jene erste Form der Sittlichkeit, die sich in die Gesellschaft und letztlich in den Staat hinein negiert, da in ihr die Anerkennung nur defizitär gelebt wäre, sondern sie ist innerhalb der menschlichen Gesellschaftlichkeit gar die ursprüngliche Form der Anerkennungsbeziehung. Da in der Liebe die Person ganz um des Anerkannten, nicht um des Anerkennens willen ist, und sich in gewisser Weise bezüglich der Hegelschen Definition die Anerkennungsdimension geradezu umkehrt, findet in der Familie, so Rosmini, die Vervollkommnung der eigenen Natur des Menschen statt. Die gesellschaftliche Beziehung ist bezüglich dieser beiden ersten und grundlegenden Gesellschaften des Menschen, in welcher Anerkennung als Liebe in existentiell-grundlegender Weise in der existentiellen Dimension der »Liebe« als Anerkennungsform realisiert ist, nur subsidiär. Sie negiert diese nicht, kann die ursprünglichen Realisierungen der Anerkennung als freie Anerkennung des anderen in seiner autonomen Realität und mithin ursprünglichen Freiheit aber auch nicht ersetzen. Damit holt Rosmini in den moralischen Diskurs der Menschenwürde eine Dimension zurück, die nicht erst seit Kant, aber durch ihn definitiv, aus ihr ausgeblendet wurde.[68]

---

[66] Vgl. *FD* IV, S. 888–917 (II, § 632–735).

[67] Vgl. *FD* IV, S. 989–1011 (II, § 969–1039).

[68] »[D]ie Tradition kulminiert in Kants berühmter Enfremdung von Vernunft und Empfinden: Und wenn Kant sich auf die ›gegenseitige Liebe‹ als eine der beiden unabdingbaren ›großen moralischen Kräfte‹ beruft, dann ist er darum bemüht zu betonen, dass man diese Liebe ›nicht als ein Empfinden (ästhetische Liebe), d. h. als ein Gefallen an der Vervollkommnung eines Anderen verstehen darf; sie meint nicht emotionale Liebe … Sie muss vielmehr als eine Maxime der Mildtätigkeit verstanden werden‹« (Rawlinson, *Alterity and Judgment*, S. 161).

Rosmini führt mithin die grundlegende ontologische Vermitteltheit des personalen Geistprinzips in der realen Körperlichkeit nicht ein, um die Kantische Abstraktheit zu überwinden, sondern um Freiheit in ihrer vollen moralischen Dimension zu denken: Freiheit realisiert sich in der Anerkennung als Liebe. Hierin besteht menschliche Würde: in dieser Beziehung zum Absoluten konstituiert zu sein und sie selbst stets neu zu konstituieren. Damit gelingt es Rosmini auch, über Kant hinaus, und dies durchaus mit Hegel, das rein körperliche Bestreben zum Wohlbefinden nicht aus der Bestimmung der Moralität und Würde auszuklammern. Im Gegenteil sieht er darin eine konstitutive Dimension derselben: »Sein Wohl bewußt zum Zweck zu machen, ist – im Gegensatz zu instinktiv-triebhafter Bedürfnisbefriedigung – bereits ein Moment moralischer Freiheit«[69]. Nur in der moralischen Freiheit wird es also möglich, das menschliche Streben nach *appagamento*, Befriedigung, positiv in die Definition der Würde zu integrieren.[70] Während für Hegel die Garantie für diese Bedürfnisbefriedigung letzten Endes der Staat ist und er dem Kantischen Staat vorwirft, dass er diese Dimension nicht mehr einbeziehe[71], lokalisiert Rosmini sie in der individuellen Natur des Subjekts durch die Wirklichkeit der Freiheit in gesellschaftlich-institutionellen Beziehungen, welche die Anerkennung desselben ausdrücken.[72] Alle Anerkennung kann mithin das *appagamento* der Person nicht außen vorlassen, da die Körperlichkeit nicht die »Negation« der Einzelfreiheit und somit eine Art ›Ureigentum‹ der Person bildet, sondern positiv von dieser integriert und als ihr originärer Selbstausdruck geordnet wird. Die Subsistenz der Person ist positiv im idealen Würdeprinzip inbegriffen: Es »beinhaltet«, so Rosmini, die reale Verwirklichung der menschlichen Natur.

In diesen beiden ursprünglichen Gesellschaften bringt Rosmini zum Ausruck, dass die Anerkennung als Verwirklichungsdimension der Menschenwürde Pflicht ist. Daraus geht dann die rechtliche Ausformung der Menschenwürde hervor, nicht umgekehrt: »Man muss freilich aufmerksam bemerken, dass die Pflicht, die moralische Freiheit anderer zu achten, nicht besteht, weil diese Fähigkeit ein Recht darstellte, sondern umgekehrt: Jene ist

[69] Siep, *Was heißt*, S. 79.

[70] »Das Recht der *Besonderheit* des Subjekts, sich befriedigt zu finden, oder, was dasselbe ist, das Recht der *subjektiven Freiheit* macht den Wende- und Mittelpunkt in dem Unterschiede des *Altertums* und der *modernen Zeit*« (*RPh* S. 112 [§ 124]).

[71] »Hegel stellt dem entgegen, daß der Staat auch das Recht des moralischen Subjekts, sich in seinen Zwecken befriedigt zu finden, sicherstellen soll« (Ilting, *Die Struktur*, S. 60).

[72] »Rosmini hat daher den Mut, das Empfinden der Person als Zeichen und Beweis des Rechts zu verstehen: In positiver Weise ist das Empfinden Gefallen, in negativer ist es der Schmerz der Verletzung. Beide bezeichnen das Recht und die Existenz des Rechts« (Capograssi, *Il diritto secondo Rosmini*, S. 331).

ein Recht, weil in den anderen diese Pflicht besteht, sie zu achten«[73]. Damit vermeidet Rosmini mit Hegel die Kantische Reduktion auf den Rechtsaspekt und begründet sie in der moralischen Freiheit. Diese ist aber nicht – wie bei Kant – der Reflex auf die apriorische Menschenwürde, sondern sie wird als originäre Anerkennungshandlung in Liebe verstehbar, worin sich die menschliche Würde allererst in ihrer sich realisierenden Sollensdimension ausdrückt.

Hegel musste gerade diese Dimension der Anerkennung als Liebe verneinen, um über Kant und Fichte einerseits sowie über Schelling andererseits hinauszukommen. Von seinem Standpunkt aus muss daher der Rosminische Ansatz transzendental bzw. subjektivistisch wirken. In der Tat haben die italienischen Neoidealisten Rosmini als den »italienischen Kant« bezeichnet. Freilich wäre ein solches Urteil nur unter der Voraussetzung berechtigt, dass Rosmini diese Transzendentalität immanentisiert hätte, wovon aber nicht die Rede sein kann. Gleichwohl meint Rosmini auch nicht, dass das Subjekt – zumal auf der Ebene der Thematisierung der Menschenwürde – nur unter Voraussetzung eines spezifischen Verständnisses von Transzendenz zu denken ist. Die Würdekonzeption Rosminis begründet sich auf der Transzendenz des Seinsbegriffs, welche in der Hegelschen Begrifflichkeit reduziert erscheint. Rosmini denkt mithin Menschenwürde in einer subjektivitätstheoretischen Wendung des thomistischen *actus essendi*, in welchem Subjektivität als moralische Freiheit, d. h. Selbstbestimmung nur in ursprünglicher Verdanktheit denkbar ist. Es ist mithin die ontologische Dimension des Seins, in welche das Individuum als solches eingebettet scheint, und die sich im Zusammenspiel von idealem Sein, realer Körperlichkeit und moralischer Freiheitsverwirklichung vollzieht, die dann zur Glückseligkeit und zur schlussendlichen Befriedigung des menschlichen Strebens führt. »In der Praxis, d. h. in den moralisch guten Handlungen, ist die Vernunft der Dignität und das innere Verdienst dieser Handlungen gleichermaßen doppelter Natur: Diese Handlungen sind mithin deswegen so erhaben und hervorragend, weil sie aus einem intelligenten Sein hervorgehen und stets auf ein solches ausgerichtet sind. So muss jede moralische Handlung, um eine solche zu sein, in einer liebenden Anerkennung bestehen, die auf ein mit Intelligenz dotiertes Sein ausgerichtet ist«[74]. Die Würde der moralischen Handlung entsteht also, wie Rosmini schlussfolgert, aus der Würde des handelnden Subjekts und der Würde des Gegenübers, auf das diese Handlung ausgerichtet ist.

Freiheit und Menschenwürde sind aus diesem Grund für Rosmini erfahrbar – im Gegensatz zu Kant, bei dem sie lediglich eine regulative Idee darstellen.[75] Bei Rosmini ist Freiheit Aktualität, die aber weder subjektiv

---

[73] *FD* I, S. 118; vgl. S. 125–128.

[74] Rosmini, *Principi*, S. 116.

[75] Luf, *Menschenwürde als Rechtssbegriff*, S. 310.

noch objektiv, d. h. ideal oder real verkürzbar ist, sondern in den drei Gesellschaften der religiösen Gemeinschaft, der Familie und der Zivilgesellschaft erfahren wird. Diese Aktualität wird nur interpersonal Wirklichkeit: Denn die Freiheitsbewegung *ist* für Rosmini per definitionem Anerkennung (*riconoscimento*). Für Hegel ist dieser Erfahrungsbereich die im Staat rechtlich geordnete bürgerliche Existenz. Während bei Hegel das Verhältnis der Personen durch das Verlassen des Naturzustandes konstituierbar wird[76], besteht sie für Rosmini in einer Vollendungserfahrung der eigenen intellektiv und volitiv ausgezeichneten menschlichen Natur. Nun wird oft, wie bei Schockenhoff, angemerkt, dass bei Hegel eine gewisse Entwicklung, die vom *Opus postumum* Kants ausgeht und über Fichte verläuft, zu ihrem Abschluss komme: nämlich jene, dass sich Subjektivität in Leiblichkeit ausdrückt und somit definitiv Descartes überwunden werde.[77] Diese Auffassung muss vom Rosminischen Standpunkt aus korrigiert werden, denn gerade die Leiblichkeit ist nicht der ursprüngliche Erfahrungszusammenhang der Freiheit bei Hegel. Eine auf dieser Dimension basierte Intersubjektivität findet sich erst bei Rosmini. Wie Hösle vollkommen richtig analysierte, »rächt [es] sich in verhängnisvoller Weise, daß Hegel für Natur und Intersubjektivität, für Es und Du, nur den Begriff der Objektivität hat und kategorial nicht so zu differenzieren vermag, daß er Subjektivitiät, das Denken *zwischen* Objektivität und Intersubjektivitiät, über jene, aber unter diese einordnet. *Das Denken der absoluten Subjektivität konstituiert keine Intersubjektivität, sondern macht sie zunichte – es ist in genau diesem Sinne nihilistisch*«[78]. Für Rosmini steht an dieser Stelle die moralische Freiheit, die sich in liebender Anerkennung als Relation vollzieht. Nur in Relation, nicht in der Substantialität der Sittlichkeit des Staates, kommt der Andere in seiner unreduzierbaren Würde in den Blick: »Hegel nimmt den Anderen nicht als den Adressaten wahr [...]. Denn als Adressat wäre der Andere weder Subjekt noch Objekt. Hegels Un-

[76] »Diß Verhältnis ist es gewöhnlich, was der Naturzustand genannt wird; das freye gleichgültige Seyn von Individuen gegeneinander, und das Naturrecht soll beantworten, was nach diesem Verhältnisse die Individuen für Rechte und Pflichten gegeneinander haben; welches die Nothwendigkeit ihres Verhaltens ist, – ihrer nach ihrem Begriffe selbstständiger Selbstbewußtseyne. Das einzige Verhältniß derselben aber ist, eben diß Verhältnis aufzuheben, *exeundu e statu naturae*. In diesem Verhältnisse haben sie keine Rechte und keine Pflichten gegeneinander, sondern halten sie erst durch das Verlassen desselben« (Hegel, *Jenaer Systementwürfe III*, S. 214).

[77] »Am Ende wird dieser Gedanke bei Hegel von seiner philosophisch-transzendentalen Abgehobenheit wieder in die praktische Ethik und in die Rechtsphilosophie zurückgeholt: Denn da in der realen Welt das *Ich* in keiner anderen Weise denn als ›Körper‹ existiert, scheint in ihm das konkrete ›Dasein der Freiheit‹ auf, sein notwendig geschützter Raum, in welchem es der Welt der Anderen erscheint« (Schockenhoff, *Comprensione*, S. 45).

[78] Hösle, *Hegels System*, S. 435.

vermögen, ihn als solchen zu sehen, folgt aber daraus, daß sein Denken ein Drittes neben Subjektivität und Objektivität nicht anerkennt, es sei denn deren Vermittlung«[79].

Das »Recht auf Rechte«, wie sich rechtstheoretisch die Menschenwürde ausdrücken lässt, ist für Rosmini in der moralischen Ordnung der Person verankert. Dies ist die »außergesellschaftliche« Fundierung des Rechts, welche aber auch nicht zu einer Trennung des Rechtsprinzips von der moralischen Dimension der Menschenwürde führt. Bei Hegel wird diese Dimension in der Sittlichkeit des Staates anschaulich.

III. Worauf beruht die Menschenwürde?

Gegen das Kantische Prinzip, dass die politische Ordnung aus den moralischen Prinzipien durch das Prinzip der »Publizität« hervorgeht[80], was ein individualistisches Menschenbild voraussetzt, dringen Rosmini und Hegel mithin auf eine institutionelle Ordnung. Der *»symmetrische[] Egoismus«*[81] äußert sich bei Kant in der Konzeption des »Volks von Teufeln«, und Fichte bekräftigt: »[D]er Staat kann ohne alles Bedenken als sein Grundgesetz annehmen: Liebe dich selbst über alles, und deine Mitbürger um dein selbst willen«[82]. Sowohl Hegel als auch Rosmini suchen, dieses transzendentale Apriori zu überwinden, dabei durchaus den legitimen subjektivitätstheoretischen Ausgangspunkt anerkennend[83], da das Beisichsein der Freiheit für Hegel und Rosmini durch das Christentum entdeckt worden ist und damit erlaubte, die substantielle Sittlichkeitskonzeption des vorchristlichen Staates zu überwinden. In ihrer Abstraktheit kann sie jedoch nicht für sich selbst bestehen, sondern braucht ein konstitutives Anderes. Daher muss die Menschenwürde als »Recht, Rechte zu haben«, als moralische Freiheit begründet werden, da nur in dieser Freiheit absolute Anerkennung möglich ist, ohne dass dies die Einzelfreiheit zerstört.

---

[79] Theunissen, *Die verdrängte Intersubjektivität*, S. 359.

[80] Vgl. Habermas, *Strukturwandel*, S. 193. Zudem setze dieses Prinzip die unproblematische Harmonisierbarkeit von Interessensgegensätzen voraus, weswegen dieser Begriff von Gesellschaft, so Luf, hinter dem Hegelschen zurückbleibt (vgl. Luf, *Zum Problem*, S. 149).

[81] Dieser Ausdruck stammt von Hösle, *Hegels System*, S. 468. »Unter einem inhaltlichen Aspekt ist [...] anzuerkennen, daß Hegels praktische Philosophie weit mehr von Intersubjektivität bestimmt ist als Kants und Fichtes Rechts- und Tugendlehre« (ebd. S. 469).

[82] Fichte, *Grundlage des Naturrechts nach Principien der Wissenschaftslehre*, S. 273.

[83] Zutreffend bemerkt Ritter: »Wenn Hegels Philosophie Nichtachtung des Individuums, Vergottung des Staates zugeschrieben wird, so beruht dies zuletzt darauf, daß Aufheben nicht als ›Aufbewahren‹ begriffen wird und so der Staat, wie er am Ende steht, als Negation und Verschwinden des Anfangs erscheint« (Ritter, *Moralität und Sittlichkeit*, S. 219).

Damit hängt die menschliche Gesellschaftlichkeit aber auch nicht von der Willkür der Einzelheit ab, sondern menschliche Würde dekliniert sich als ursprüngliche Gemeinschaftlichkeit. In dieser Weise will die Freiheit sich selbst. Die Institutionen fangen damit das auf, was interpersonale Relationen nicht zu leisten vermögen.[84] Signifikativ führen sie bei Hegel das, was in der Familie die natürlichen Bande sind, in Gesellschaft und Staat über, womit deutlich wird, dass sich Menschenwürde hier nur in der »zweiten Natur« des Menschen konstituiert. Für Kobusch lässt sich die Geltung der Institutionen bei Hegel gar als das »Anerkanntsein durch den substantiellen Willen« wiedergeben.[85] Hegel kennt, als konsequente Folge, keine Abwehrrechte oder Rechtsansprüche des Einzelnen gegen den Staat.[86] Die gegen Kant notwendig eingeforderte Dimension der Pflicht wird auf der Ebene der Sittlichkeit zur ›Vereinigung‹ von Recht und Pflicht im *Staat*[87], nicht in der intersubjektiven Relation, womit »*Intersubjektivität nicht die letzte Kategorie von Hegels System ist.* Mit seiner Trennung des absoluten Geistes vom objektiven Geist nimmt Hegel die Synthese, die im Begriff der Sittlichkeit stattfindet, wieder zurück und erweist sich damit letztlich ebenso als Philosoph der Subjektivität wie seine Vorgänger«[88]. Somit kommt manch einer nicht umhin einzuräumen, »daß der Substantialismus der Sittlichkeitslehre tatsächlich zur Restauration antiken Ordnungsdenkens gerät«[89].

Werden so auch die Vertragskonzeptionen durch die Anerkennungsdimension überwunden, so kann doch diese wiederum nur in der Sittlichkeit des Staates selbst verankert werden, die als solche weder aus der rechtlichen

---

[84] Vgl. Hösle, *Hegels System*, 474f. Hösle gibt einerseits Theunissens These Recht, dass Hegel die Kritik am Individualismus durch das Ausbleiben der Kategorie der Intersubjektivität verfehlt: »Hegels Kritik am Atomismus«, so paraphrasiert Hösle zustimmend Theunissen, »sei also nur ihrer Idee, nicht ihrer konkreten Durchführung nach ein Fortschritt gegenüber Kant und Fichte« (ebd. 474). Doch sei dieses Manko durch die »*Totalitäten* von intersubjektivem Verhalten«, d. h. die Institutionen, mehr als überdeckt worden (ebd. 475). Für das sich daran anschließende Problem der »Ontologie der Verbände, Institutionen usf.« verweist Hösle überraschenderweise nur auf die 1934 (!) erschienene Staatslehre Hellers.

[85] Kobusch, *Die Entdeckung*, S. 169.

[86] Vgl. Siep, *Hegels praktische Philosophie*, S. 19.

[87] »Der Staat, als Sittliches, [...] enthält, daß meine Verbindlichkeit gegen das Substantielle zugleich das Dasein meiner besonderen Freiheit, d. h. in ihm Pflicht und Recht in *einer und derselben Beziehung vereinigt* sind« (*RPh* S. 216 [§ 261]).

[88] Hösle, *Hegels System*, S. 471. Denn »Hegels Philosophie kannte, so wurde schon mehrfach betont, keinen *ausdrücklichen* Begriff von Intersubjektivität; ihre Grundkategorien sind Substanz und Subjekt. Um den Begriff der Sittlichkeit zu fassen, der die Subjektivität der Moralität überwindet, muß daher Hegel auf die Kategorie der Substanz zurückgreifen, die eigentlich noch tiefer steht als die Subjektivität« (ebd. S. 473f.).

[89] Theunissen, *Die verdrängte Intersubjektivität*, S. 336.

Individualität noch aus der Moralität unmittelbar hervorgeht.[90] Rosminis Bestreben war es dagegen, eine Alternative zur »*normativen Institutionenlehre*« Hegels zu finden, welche »sowohl den Subjektivismus überwinden als auch die Konsequenz vermeiden könnte, sich an den positiv gegebenen Staat als an die einzig denkbare Objektivität bedingungslos auszuliefern«[91]. Die Frage ist, wie eine solche Normativität, welche das überindividuelle Prinzip der Anerkennung voraussetzt, noch ursprünglich Menschenwürde begründen kann, mithin den liberalen Ausgangspunkt der *Grundlinien* bewahren kann. Rosmini findet eine Lösung dieses Dilemmas, indem er das Anerkennungsmoment im »moralischen Sein« verankert, welches eine Erfahrungsdimension von Freiheit und Würde in der Person selbst anerkennt. Aus diesem Grund kann Rosmini die Menschenwürde in der Einzelheit der Person als jene höchste Exzellenz bezeichnen – die Hegel nur für den Staat vorbehält.[92] Die dementsprechende Verankerung des Rechts in der Pflicht wird von Rosmini in der intersubjektiven Anerkennungsdimension bewerkstelligt, die er konsequenterweise zu Beginn der Rechtsphilosophie thematisiert und nicht in ihrer Kulmination im Staat wie bei Hegel.

Bei Hegel und Rosmini begegnen mithin zwei liberale Weiterentwicklungen Kants – denn beiden geht es um die angemessene Realisierungsform menschlicher Würde.[93] Wird bei beiden somit im Unterschied zu Kant die moralische Freiheit nicht als die Würde konstituierende Dimension, sondern als ihr ursprünglicher Erfahrungsraum fassbar, dann wird deutlich, wie Hegel diesen Erfahrungsraum im Rechtsstaat findet, Rosmini dagegen in der moralischen Selbsterfahrung der Person. Letztere Position setzt dabei voraus, die Person ontologisch auf einer grundlegenden Passivität begründet zu erkennen, was wiederum nur durch einen transzendenten Seinsbegriff möglich ist. Oder in anderen Worten: Wer sich wie Hegel apriori auf die Ebene der Immanenz stellt, wird in systematischer Weise Menschenwürde nicht absolut begründen können. Der Unterschied beider Konzeptionen kommt dann darin zum Ausdruck, dass beide gegen Kant »intersubjektive Allgemeinheit« in der Definition der Menschenwürde fordern, aber in dem Sinn, dass für Hegel die Intersubjektivität in die Allgemeinheit aufgehoben ist, während sich für Rosmini die Allgemeinheit in Intersubjektivität darstellt.

---

[90] Vgl. Theunissen, *Die verdrängte Intersubjektivität*, S. 339, 343.

[91] Hösle, *Hegels System*, S. 527.

[92] Für Hegel ist in der Tat höchster Zweck des Staates seine Existenz und Majestät, nicht diejenige der Individuen; vgl. *RPh* S. 210 (§ 258).

[93] Vgl. Maihofer, *Hegels Prinzip*, S. 386.

Literatur

Alexy, R.: *Theorie der Grundrechte*, Frankfurt a. M. 2011.

Becchi, P.: Il principio della dignità umana. Breve excursus storico-filosofico. In: *Colloqui sulla dignità umana*, hg. von A. Argiroffi, P. Becchi und D. Anselmo, Roma 2008, S. 23–31.

Capograssi, G. Il diritto secondo Rosmini. In: ders., *Opere*, Milano 1959, IV, S. 331–347.

Dreier, H. (Hg.): Grundgesetz. Kommentar, Bd. 1, Tübingen 1996.

Dreier, R., *Rechtsbegriff und Rechtsidee. Kants Rechtsbegriff und seine Bedeutung für die gegenwärtige Diskussion*, Frankfurt a. M. 1986.

Fichte, J. G.: *Grundlage des Naturrechts nach Principien der Wissenschaftslehre*, hg. von I. H. Fichte (Fichtes Werke, III, S. 1–385), Berlin 1965 (1845).

Habermas, J.: *Strukturwandel der Öffentlichkeit. Untersuchungen zu einer Kategorie der bürgerlichen Gesellschaft*, Frankfurt a. M. ^{18}1990.

Hegel, G. W. F.: Enzyklopädie der philosophischen Wissenschaften im Grundrisse, III. Die Philosophie des Geistes (Werke, hg. von E. Moldenhauer, 10), Frankfurt a. M. 1970.

Hegel, G. W. F.: *Grundlinien der Philosophie des Rechts*, hg. von J. Hoffmeister, Hamburg 1995 (*RPh*).

Hegel, G. W. F.: *Jenaer Systementwürfe III*, hg. von R.-P. Horstmann (Gesammelte Werke, 8), Düsseldorf 1976.

Hegel, G. W. F.: *Phänomenologie des Geistes*, hg. von W. Bonsiepen und R. Heede (Gesammelte Werke, 9), Hamburg 1980.

Hegel, G. W. F.: *Vorlesungen über die Geschichte der Philosophie*, Bd. 3, (Jubiläums-Ausgabe, hg. von H. Glockner, 19), Stuttgart-Bad Cannstatt 1965.

Hegel, G. W. F.: *Wissenschaft der Logik*. Die objektive Logik. Erstes Buch. Die Lehre vom Sein, hg. von F. Hogemann und W. Jaeschke (Gesammelte Werke, 21), Hamburg 1984.

Hösle, V.: *Hegels System. Der Idealismus der Subjektivität und das Problem der Intersubjektivität*, Hamburg ^{2}1998.

Ilting, K.-H.: Die Struktur der Hegelschen Rechtsphilosophie. In: *Materialien zu Hegels Rechtsphilosophie*, 2 Bde., hg. von M. Riedel, Frankfurt a. M. 1975, II, S. 52–78.

Ilting, K.-H.: Rechtsphilosophie als Phänomenologie des Bewußtseins der Freiheit. In: *Die Theorie der Rechtsformen und ihre Logik*, hg. von D. Henrich und H.-P. Horstmann (Veröffentlichungen der Internationalen Hegel-Vereinigung, 11), Stuttgart 1982, S. 225–254.

Kobusch, T.: *Die Entdeckung der Person. Metaphysik der Freiheit und modernes Menschenbild*, Darmstadt ^{2}1997.

Krienke, M.: »Ama gli esseri tutti«. Il problema della fondazione dell'etica in Antonio Rosmini. In: *Rivista teologica di Lugano* 14, 2009, S. 151–176.

Kühl, K.: Zur Aktualität der Prinzipien der Kantischen Rechts- und Eigentumslehre. In: *Festschrift für E. A. Wolff zum 70. Geburtstag am 1. 10. 1998*, hg. von R. Zaczyk, M. Köhler und M. Kahlo, Berlin u. a. 1998, S. 273–283.

Luf, G.: Zum Problem der Anerkennung in der Rechtsphilosophie von Kant und Fichte. In: *Wiener Jahrbuch für Philosophie* 24, 1992, S. 145–156.

Luf, G.: Menschenwürde als Rechtsbegriff. Überlegungen zum Kant-Verständnis in der neueren deutschen Grundrechtstheorie. In: *Festschrift für E. A. Wolff zum 70. Geburtstag am 1.10.1998*, hg. von R. Zaczyk, M. Köhler und M. Kahlo, Berlin u. a. 1998, S. 307–323.

Luf, G.: Menschenwürde in der Philosophie des Deutschen Idealismus. In: *Menschenwürde als Rechtsbegriff*, hg. von K. Seelmann (Archiv für Rechts- und Sozialphilosophie, Beiheft 101), Wiesbaden 2004, S. 82–92.

Maihofer, W.: Hegels Prinzip des modernen Staates. In: *Materialien zu Hegels Rechtsphilosophie*, 2 Bde., hg. von M. Riedel, Frankfurt a. M. 1975, II, 361–392.

Marquard, O.: *Hegel und das Sollen*, in: Philosophisches Jahrbuch 72, 1964, S. 103–119.

Muscolino, S.: Person und Staat bei Rosmini und Kant. In: *Rosmini und die Deutsche Philosophie*, hg. von M. Krienke, Berlin 2007, S. 385–402.

Peperzak, A.: Zur Hegelschen Ethik. In: *Die Theorie der Rechtsformen und ihre Logik*, hg. von D. Henrich und H.-P. Horstmann (Veröffentlichungen der Internationalen Hegel-Vereinigung, 11), Stuttgart 1982, S. 103–131.

Rameil, U.: Sittliches Sein und Subjektivität. Zur Genese des Begriffs der Sittlichkeit in Hegels Rechtsphilosophie. In: *Hegel-Studien* 16, 1981, S. 123–162.

Rawlinson, M. C.: Alterity and Judgment: Some Moral Implications of Hegel's Concept of Life. In: *Sanctity of Life and Human Dignity*, hg. von K. Bayertz (Philosophy and Medicine, 52), Dordrecht u. a. 1996, S. 161–175.

Ritter, J.: Moralität und Sittlichkeit. Zu Hegels Auseinandersetzung mit der kantischen Ethik. In: *Materialien zu Hegels Rechtsphilosophie*, 2 Bde., hg. von M. Riedel, Frankfurt a. M. 1975, II, S. 217–244.

Rosmini, A.: *Antropologia in servizio della scienza morale*, hg. von F. Evain (*Edizione critica*, 24), Roma-Stresa 1981.

Rosmini, A.: *Filosofia del diritto*, 6 Bde., hg. von P. Orecchia (*Edizione nazionale*, 35–40), Padova 1967–1969 (*FD*).

Rosmini, A.: *Filosofia della politica*, hg. von G. Marconi (*Edizione critica*, 37), Roma-Stresa 1978.

Rosmini, A.: *L'introduzione del Vangelo secondo Giovanni commentata*, hg. von S. F. Tadini (*Edizione critica*, 41), Roma-Stresa 2009.

Rosmini, A.: *Principi della scienza morale*, hg. von U. Muratore (*Edizione critica*, 23), Roma-Stresa 1990.

Rosmini, A.: *Teosofia*, 6 Bde., hg. von M. A. Raschini und P. P. Ottonello (*Edizione critica*, 12–17), Roma-Stresa 1998–2002.

Ryffel, H.: Zur Begründung der Menschenrechte, In: *Menschenrechte*, hg. von J. Schwartländer (Tübinger Universitätsschriften, 1), Tübingen 1978, S. 55–75.

Schockenhoff, E.: Beruht die Menschenwürde auf einer kulturellen Zuschreibung? In: *»Vom Rechte, das mit uns geboren ist«. Aktuelle Probleme des Naturrechts*, hg. von W. Härle und B. Vogel, Freiburg 2007, S. 248–261.

Schockenhoff, E.: Comprensione della dignità umana e dei diritti umani nel pensiero cattolico. In: *Colloqui sulla dignità umana*, hg. von A. Argiroffi, P. Becchi und D. Anselmo, Roma 2008, S. 35–59.
Siep, L.: *Hegels praktische Philosophie und das »Projekt der Moderne«* (Würzburger Vorträge zur Rechtsphilosophie, Rechtstheorie und Rechtssoziologie, 41), Baden Baden 2011.
Siep, L.: Intersubjektivität, Recht und Staat in Hegels »Grundlinien der Philosophie des Rechts«. In: *Die Theorie der Rechtsformen und ihre Logik*, hg. von D. Henrich und H.-P. Horstmann (Veröffentlichungen der Internationalen Hegel-Vereinigung, 11), Stuttgart 1982, S. 255–276.
Siep, L.: Was heißt: »Aufhebung der Moralität in Sittlichkeit« in Hegels Rechtsphilosophie? In: *Hegel-Studien* 17, 1982, S. 75–96.
Spieker, M.: *Konkrete Menschenwürde. Über Idee, Schutz und Bildung menschlicher Würde*, Schwalbach 2012.
Theunissen, M.: Die verdrängte Intersubjektivität in Hegels Philosophie des Rechts. In: *Die Theorie der Rechtsformen und ihre Logik*, hg. von D. Henrich und H.-P. Horstmann (Veröffentlichungen der Internationalen Hegel-Vereinigung, 11), Stuttgart 1982, S. 317–381.
Tugendhat, E.: *Selbstbewußtsein und Selbstbestimmung*, Frankfurt a. M. 1979.

Christiane Liermann Traniello

»EHRE« UND »WÜRDE« BEI ALESSANDRO MANZONI UND BEI ANTONIO ROSMINI

»Es ist nicht fair, von Griechenland zu verlangen, dass es seine nationale Würde für weitere finanzielle Unterstützung hergibt«, sagte der griechische Ministerpräsident Evangelos Venizelos zu Beginn des Jahres 2012, als sich die Schuldenkrise seines Landes wieder zuspitzte.[1] Der Philosoph Otfried Höffe mahnte hingegen wenig später die Deutschen, in der Krise die Selbstachtung nicht preiszugeben und sich nicht widerstandslos beschimpfen zu lassen. Selbstachtung sei Teil jener inneren Würde, die laut Kant »den Menschen vor allen Geschöpfen adelt«.[2] Dieser Gedanke liegt implizit der außerordentlichen Widerstandsformel zugrunde, mit der der Sozialdemokrat Otto Wels am 23. März 1933 das Nein der SPD gegen Hitlers »Ermächtigungsgesetz« verkündete: »Freiheit und Leben kann man uns nehmen, die Ehre nicht.«

Die Rede von *Würde* und *Ehre* hat Konjunktur – was möglicherweise selbst ein spezifisches Krisensymptom ist. *Ehre* und *Würde*, italienisch *Onore* und *Dignità*, sind jedenfalls Termini, die ein unendlich weites semantisches Feld anzeigen. Es sind Begriffe, die auf Individuen wie auf Kollektive bezogen werden. Beide beschreiben soziale Relationen und Interaktionen. Beide gehören zum Kontext sozialer Reziprozität von Anerkennung und Statusbeachtung. Damit unterliegen sie historischen Wandlungen, wie im Rahmen der neueren ›Geschichte der Emotionen‹ betont wird.[3]

Während sie in der Vormoderne fast austauschbar auftreten, diversifiziert sich ihre Bedeutung in der Moderne.[4] Aber sie bleiben auch unter den Bedingungen der Moderne Stabilisatoren, die soziale Beziehungen sowohl im persönlichen wie auch im gesellschaftlich-politischen Rahmen festigen. Durch die Berufung auf *Ehre*, oft verbunden mit *Treue*, ließen und lassen

---

[1] Vgl. *Süddeutsche Zeitung*, 31.1.2012.

[2] Vgl. *Frankfurter Allgemeine Zeitung* 16.2.2012, S. 34.

[3] Aus der Fülle der neueren Literatur sei zitiert U. Frevert, Vergängliche Gefühle, Göttingen 2013, insbesonders Seite 17ff.

[4] Man denke an Baldassare Castiglione, der in seinem berühmten Dialog über den »Hofmann« unterschiedliche Rollenideale diskutieren lässt, ohne selber Position zu beziehen.

sich persönliche und politische Loyalitäten stiften, kollektive Identitäten emotional stärken und gesellschaftliche Orientierungen anzeigen. Periodisch erleben die Ideale der *Würde* und *Ehre* eine Renaissance, und die ihnen entsprechenden sozialen Praktiken werden regelmäßig wiederentdeckt, in der wissenschaftlichen Reflexion wie im sozialpädagogischen Appell. Ebenso wie verwandte wertgebundene, immaterielle Tauschgaben – wie *Achtung* und *Respekt* – sind sie sowohl universal präsent und notwendig, als auch kulturellem Wandel unterworfen und auf höchst plurale Weise deklinierbar.[5] Das wird nicht zuletzt deutlich an den hilflosen Versuchen der westlich-pluralen Gesellschaften, mit dem Phänomen der sogenannten »Ehrenmorde« umzugehen. Denn diese unterlaufen jene Ausdifferenzierung zwischen einer »inneren« Ehre, im bürgerlichen Sinne verstanden als autonome Selbstachtung und Selbstdisziplin – Kennzeichen der Moderne – und der für die Vormoderne charakteristischen Hochschätzung der »äußeren« Ehre. In der Aufklärung wurden diese Leitmuster umkodiert, »Tugendadel« sollte aus rationaler Einsicht in das vernünftig-universale Wesen des Ehr- und Würdebegriffs den »Geburtsadel« ersetzen. Damit war der Übergang von der ständischen zur bürgerlichen Ehrkultur markiert. Von der *Reputation* als der »bloß« äußeren Ehre sollte sich die innere Ehre emanzipieren; sie zielte auf Befreiung aus dem Korsett der ständischen Zeremonialkultur, führte aber tatsächlich zu gesteigerter Internalisierung der Disziplinierungsfunktion. Bernard de Mandeville nannte die »innere Ehre« daher zynisch eine »Schimäre« [...] »erfunden von Moralisten und Politikern«. Am Übergang von ständischer zu bürgerlicher Gesellschaft wandelte sich diese »Schimäre« von einer eher kollektiven zu einer stärker im Individuum selbst arbeitenden Kontrollinstanz; aus der vormals auf Transparenz und Sichtbarkeit angelegten Sozialkontrolle wurde nun eine latente Selbstkontrolle.

Eine Kulturgeschichte der Konzepte *Würde* und *Ehre* jenseits dieser wenigen Stichworte liegt außerhalb der Reichweite des vorliegenden Beitrags. In einem deutsch-italienischen Dialog sind ja schon die sprachlichen Herausforderungen beachtlich, wenn man bedenkt, daß das deutsche Wort *Ehre* sowohl das lateinische *Honor* als auch *Gloria* übersetzt, während die italienische Sprache die Differenzierung in *Onore* und *Gloria* beibehält. Aufschlußreich wäre es, zu untersuchen, wie die beiden Begriffe in den unterschiedlichen nationalen kulturellen Kontexten in Sprichwörter gegossen und wie Bibel-

---

[5] Buschmann, Nikolaus/Murr, Karl Borromäus (Hg.), Treue. Politische Loyalität und militärische Gefolgschaft in der Moderne, Göttingen 2008; Frevert, Ute/Schreiterer, Ulrich, Treue – Ansichten des 19. Jahrhunderts, in: Manfred Hettling/Stefan-Ludwig Hoffmann (Hg.), Der bürgerliche Wertehimmel. Innenansichten des 19. Jahrhunderts, Göttingen 2000, S. 217–256; Vogt, Ludgera/Zingerle, Arnold (Hg.), Ehre: archaische Momente in der Moderne, Frankfurt a. M. 1994

worte zu populären Weisheitssprüchen geworden sind; man denkt hierbei natürlich an Paulus' Wort aus dem Römerbrief »Cui honorem, honorem«: »Ehre, wem Ehre gebührt«, wurde daraus im Deutschen, während es im Italienischen heißt »chi il timore, il timore«, wie es der Forderung des Kirchenlehrers Origines entspricht, der sagt, *Timor* und *Honor* seien allein Gott vorbehalten.

Wenn im vorliegenden Beitrag die beiden Begriffe *Ehre* und *Würde* zusammengenommen und anhand der Positionen einer Reihe prominenter italienischer Autoren betrachtet werden, so geschieht dies, um die rechtstheoretische und -philosophische Perspektive, die den Schwerpunkt dieses Sammelbandes in Erinnerung an Mario Cattaneo ausmacht, um einige kultur- und ideengeschichtliche Schlaglichter zu ergänzen. Einen kontingenten Anstoß dafür bot das Jahr 2011, in dem der italienischen Nationalstaatsgründung einhundertfünfzig Jahre zuvor, im Jahr 1861, gedacht wurde. Verstärkt in den Blick rückte damit erneut jene Literatur, die das *Risorgimento* (wie der Prozeß der Nationalstaatsbildung im Italienischen genannt wird) begleitet und angetrieben hat. In den patriotischen Traktaten, die für die nationale Einigung warben oder deren Etappen kritisch kommentierten, sind Ehre und Würde der Nation immer wiederkehrende Topoi. Die meisten Autoren folgten dabei mehr oder weniger explizit zwei miteinander verwobenen Leitmotiven. Das erste könnte man das »meritokratische« Leitmotiv nennen. Es besagt, Italien und die Italiener müssten sich würdig erweisen, überhaupt eine Nation sein zu dürfen und dann auch einen unabhängigen und geeinten Staat bilden zu können. Dabei wurde Dynamik suggeriert: Man unterstellte eine Prozesshaftigkeit, die auf Erfüllung drängte.[6] So sagte Giuseppe Mazzini im Revolutionsjahr 1848 im Sinne einer »mission completed«, »Wir können von uns sagen, daß wir der Freiheit würdig sind.«[7] Unterstellt wurde als zweites Leitmotiv, daß es so etwas wie »nationale Ehre« gebe, aus der auch nationale Pflichten erwüchsen. Es war eine Ehre, die vielfach verletzt erschien: der italienische Boden durch »Fremdherrschaft«, die italienischen Frauen durch die sexuellen Übergriffe der »Fremden«, die Würde der Italiener durch Unterdrückung.[8] Die vielfach verletzte Ehre wiederherzustellen, wurde zur Pflicht der jungen, national fühlenden Eliten. Denn Mazzini predigte: »Wir müssen es sagen: Wir leben entehrt, entehrt, uns selbst gegenüber. [...] Ihr könnt für ein paar Jahre die Freiheit opfern und den Sieg einer Idee; aber nicht einen Tag die Ehre«.[9]

---

[6] Das Motiv der »Figura«, die auf Erfüllung und Vollendung vorausweist, hat Erich Auerbach analysiert; vgl. dazu A. M. Banti, Il Risorgimento italiano, Rom 2009, S. 76.

[7] zit. nach A.M. Banti, Il Risorgimento, cit., S. 90.

[8] Ibid., S. 76

[9] Ibid., S. 92.

In unzähligen Schriften wurde die Nation als Gemeinschaft postuliert und zugleich als Subjekt personalisiert; das fiktive Kollektiv Nation wurde mit menschlichen Tugenden und Lastern belegt. Es trat als eine Persönlichkeit auf, die über Interessen, eigenen Willen und Ehre und Würde verfügte oder verfügen sollte. Für den Historiker und Publizisten Carlo Mariani gehörten »Unabhängigkeit« und »Ehre« seines Landes zusammen. Die inneritalienische Spaltung hingegen untergrabe »die Ehre, das künftige Schicksal und die Interessen der gesamten Nation«, schrieb Mariani in seiner »Politisch-militärischen Geschichte der italienischen Revolution«.[10]

Zwei Jahrzehnte zuvor, im Jahr 1824, hatte der Literat und Poet Giacomo Leopardi (1798–1837) in einem berühmten Pamphlet-Traktat mit dem Titel »Abhandlung zum gegenwärtigen Zustand der Sitten und Gewohnheiten der Italiener« beklagt, den Italienern fehle ein modernes, zeitgemäßes Ehr-Gefühl, wie es die aufgeklärten Nationen besäßen. Er unterschied einen modernen Ehr-Habitus, der weltoffen und tolerant sei, von vormoderner, im Clan-Denken verhafteter Ehrpusseligkeit. Den Mangel an einem »zivilen« Ehrgefühl hielt er für den Hauptgrund aller italienischer Malaisen. Allerdings unterschied Leopardi den heroischen »Amore della gloria« der Alten, dem er nachtrauerte, von dem modernen, entzauberten Bedürfnis nach wechselseitiger Anerkennung, das er als »Ehre« bezeichnete. In dieser modernen »Ehre« erkannte er eine kühle, kalkulierte Reziprozität, die ihm typisch für die fortschrittlichen Gesellschaften in Europa zu sein schien, deren Kohäsion und Steuerung hauptsächlich mit Hilfe der öffentlichen Meinung erfolge. Wo diese Kohäsion und die Möglichkeit des sozialen, öffentlichen, transparenten Austauschs jedoch fehlten, wie in Italien, hielt er einen für die Zivilgesellschaft verbindlichen Ehrenkodex für unmöglich. »Jeder Italiener ist praktisch gleich ehrenhaft und ehrlos«, heißt es in dem Traktat. »Ich will sagen, er ist weder das eine, noch das andere, denn Ehre gibt es dort gar nicht, wo es keine dichte Gesellschaft gibt.«[11] Bei den Italienern diagnostizierte Leopardi das Fehlen von kollektiver Selbstachtung und Ehrgefühl, die er – beim Einzelnen wie im Kollektiv – für die notwendigen Bedingung moralischen Handelns hielt: »Auf jeden Fall sind die Grundlage der Moralität eines Individuums und eines Volkes die konstante, tiefe Achtung für sich selbst und die Pflege, die darauf verwendet wird, sich die Selbstachtung zu erhalten [...], sowie der Eifer, das Fingerspitzengefühl und die Sensibilität für die eigene Ehre.« Trotz seiner Kritik an der zeitgenössischen Gesellschaft als Verfalls-

[10] C. Mariani, Storia politico-militare della rivoluzione italiana e della guerra di Lombardia del 1848, corredata di documenti, Turin 1854, Kap. 2, S. 54.

[11] G. Leopardi, Discorso sopra lo stato presente dei costumi degl'italiani, vgl. http://www.filosofico.net/leopdiscitalintero.htm oder http://www.magnanelli.it/Estratti/ESP_LeopardiDiscorsoSopraLoStatoPresenteDeiCostumi.htm

form von Gemeinwesen – im Gegensatz zur heroischen Gemeinschaft der antiken Welt – stand für Leopardi ausser Frage, daß auch unter den Bedingungen der Moderne tugendhaftes Verhalten und Anstand vom »Umgang mit der Gesellschaft« abhingen und im Umgang mit dieser trainiert und prämiert werden mußten.

Diese Wechselbeziehung haben auch die beiden prominenten Autoren literarisch und philosophisch bearbeitet, denen die folgenden Überlegungen gelten. Leopardi hielt nach dem Verlust des elitär-heroischen Ehrbegriffs der antiken Polisgemeinschaft mit pessimistischer Tendenz nur noch Schrumpfformen von Ehre und Würde in der nivelliert-entfremdeten Moderne für möglich. Die Freunde Alessandro Manzoni (1785–1873) und Antonio Rosmini (1797–1855) hingegen propagierten ganz ausdrücklich ein Ideal von Ehre und Würde, das sie der christlichen Botschaft zuschrieben. Diese hatte, so sahen es Beide, den zyklischen Verlauf der alten Geschichte durchbrochen und Fortschritt möglich gemacht, gerade weil das Evangelium den antiken Tugendkanon verworfen hatte.

Manzoni und Rosmini lassen sich trotz ihrer eigenständigen Positionen als paradigmatische Stimmen des abendländischen Gesprächs über Ehre und Würde lesen. Sie interagierten mit den Denkströmungen ihrer Zeit auf europäischer Ebene, vertraten jedoch Anschauungen, die keinesfalls mit der »bürgerlichen Wende« zu Beginn des 19. Jahrhunderts verrechenbar sind. Beide argumentierten vielmehr mit antiutilitarischer, antikollektivistischer und gleichermaßen antiindividualistischer Stoßrichtung. Ihre Freundschaft ist eine faszinierende intellektuelle Beziehung, von der man außerhalb Italiens kaum etwas weiß, da Antonio Rosmini anders als sein Freund Manzoni eine international weitgehend unbekannte Figur geblieben ist. Die Tatsache, daß er wegen seiner Auffassungen kirchenamtlich verurteilt wurde, hat dazu wohl entscheidend beigetragen.[12] In unserem Zusammenhang repräsentieren sie nach der literarischen (Manzoni) wie nach der philosophischen (Rosmini) Seite hin den Schritt zu einer stärkeren Abstraktion des Würdebegriffs, den sie sowohl in seiner sozialen Funktion, seiner historischen Genese als auch in seiner universalen Gültigkeit reflektieren.

Alessandro Manzoni plädierte für eine radikale Umwertung der Werte, indem er für die Apologie der verschrieenen christlichen »Sklavenmoral« eintrat. Er widersetzte sich dem machtvollen Topos, der besagte, mit der katholischen Religion und der katholischen Moral sei »kein Staat« zu machen. So wollte es bekanntlich eine illustre Denkschule mit großer Tradition, zu der

[12] Es sei für die deutschsprachige Literatur auf die zahlreichen Rosmini-Studien von Karl-Heinz Menke, Victor Conzemius und Markus Krienke verwiesen. Ein ausführliches biographisches Portrait findet sich bei Giancarlo Roggero, *Antonio Rosmini. Liebesfeuer aus Wahrheitslicht*, Schaffhausen 2000.

beispielsweise Machiavelli ebenso wie Hegel gehörten. Man warf der katholischen Glaubenslehre und ihrer Institution Kirche die Korrumpierung der Kultur, die Destabilisierung des politischen Gemeinwesens und überhaupt – im Gegensatz zum Protestantismus – Staatsuntauglichkeit vor. Dieser Polemik hielt Manzoni einen neuen, revolutionären Ehr- und Würdebegriff entgegen, den er aus dem Christentum schöpfte. *Dignità* korrespondierte bei ihm mit *Humilitas*, die er als Ernsthaftigkeit verstand, als Aufrichtigkeit, die die Reziprozität des gegenseitigen Wohl-Wollens implizierte.

In Manzonis gelehrten Traktaten (man denke an seine *Betrachtungen zur katholischen Moral*) wie in seinem literarischen Werk wurde Würde originellerweise als Antithese zu Verleumdung ausbuchstabiert, welche der Autor in Erzählungen vom falschen Zeugnis, von Verdächtigung und übler Nachrede faßte, für die er eine ausserordentliche soziologische wie psychologische Sensibilität besaß. Nicht weniger als die offene, physische Gewalt läßt die unsichtbare Gewalt der Verleumdung die Gesellschaft auseinanderfallen. In ihr erkannte Manzoni eine besonders heimtückische, weil massenwirksame Form der Verletzung von Ehre und Würde, die um so gefährlicher war, als Ursache und Wirkung, beiläufiger Auslöser und fanatisierte Massenhysterie in keinerlei steuerbarem Verhältnis zueinander standen. In den großen Szenen seines historischen Romans »Die Verlobten« führte Manzoni dieses Verlaufsmuster einer sozialen Katastrophe, ausgelöst durch Verdächtigungen, Verleumdungen und der Suche nach einem Sündenbock, literarisch vor. Bei der Verletzung von Ehre und Würde, so zeigte er, ging es also niemals nur um individuelle Kränkung, die nach Satisfaktion durch eine heilende Tat verlangte, sondern um nichts Geringeres als die Rationalität des Gemeinwesens selbst. Um zivil, das heißt vernünftig zu sein, bedarf die gesellschaftliche Ordnung einer Vorstellung von »universaler Gerechtigkeit, Menschenwürde und legitimem Fortschritt«, schreibt er in den *Betrachtungen zur katholischen Moral*. Er begründete dabei seine ethische Forderung mit dem scholastischen Rationalitätsgebot der »Angemessenheit«. So wie die Objekte der äußeren Welt mit angemessener Sachkenntnis zu beurteilen waren, so mußte der Mensch seiner durch das Evangelium beglaubigten Sakralität entsprechend behandelt werden. Böses Reden und Verleumdung waren also nicht bloß nach einem historisch wandelbaren Benimm-Kodex verwerflich, sondern insofern sie Profanierungen und Vulgarisierungen des Sakrosankten Humanum darstellten.[13] Manzoni folgte seinem Großvater, dem Aufklärer Cesare Beccaria, wenn er konstatierte, grausame Strafen und Folter widersprächen der Menschenwürde. Wie Beccaria begriff er grausame Strafen und Folter nämlich

---

[13] Vgl. http://it.wikisource.org/wiki/Osservazioni_sulla_morale_cattolica. Das Kapitel 14 trägt den Titel »Über die böse Rede«. Es stellt die Feigheit der Verleumdung der schlichten Würde des Evangeliums gegenüber.

nicht nur als kontraproduktiv bei der Rechts- und Wahrheitsfindung, sondern auch als Verletzung des Menschen in dessen absolutem Wert. Stärker noch als Beccaria betonte er daneben aber die Bedeutung der Wahrung der Menschenwürde für die soziale Stabilität, und zwar arbeitete er dies durch die Demonstration *ex contrario* heraus, in dem er zeigte, was geschieht und wie die Gesellschaft kollabiert, wenn die Menschenwürde nicht gewahrt wird.

Der christlich begründeten, unbedingten Hochachtung der Menschenwürde – als Würde des Humanen auch und gerade in dessen niedriger und verächtlicher Erscheinung – stellte Manzoni auf der anderen Seite einen Ehrbegriff entgegen, den er als maskulin-pathetisch, antiquiert und vor allem: seinerseits sozial destruktiv entlarvte. So führte er im berühmten sechsten Kapitel des Romans »Die Verlobten« an der Figur des Adeligen Don Rodrigo das egoistische Beharren auf einem aristokratischen Vorsprung an Ehre als Teil einer traditionellen Arroganz der Macht vor, die Gewalt als Mittel zur Durchsetzung der eigenen Interessen für legitim hielt, sich jedoch als a-sozial und hermetisch-irrational bloßstellte. Aber auch Renzo, der junge Held des Romans, scheitert, wo er glaubt, einem als vordergründig decouvrierten, traditional heroischen Ehrgefühl folgen zu müssen. Mit scharfen Kontrastfarben markierte Manzoni hier wie auch in seinen Theaterstücken die dramatische Distanz: auf der einen Seite ein gesellschaftlich diktierter Ehrenkodex, der heteronom, hohl und sinnlos erschien, entschieden ohne Möglichkeit, der Destruktivität in einem nihilistischen Sinne heroisch-tragische Genugtuung abgewinnen zu können; auf der anderen Seite jene Ehre, die das Christentum vorgab, die alle tradierten weltlichen Maßstäbe umstürzte, weil sie auf Satisfaktion verzichtete und den Ausgestoßenen beistand. So trafen Ehre und Würde im Geist christlicher *Humilitas* wieder zusammen: Das Plädoyer gegen die Todestrafe fügte sich bei Manzoni in das Plädoyer für ein postheroisches Ehrverständnis, und dieses wiederum korrespondierte mit der Verteidigung der Würde des Menschen.[14] In der Sprache der Kunst führte der Dichter vor, daß die ungerechte, gewalttätige Macht nicht bloß unangenehm und fatal für die einzelne Biographie des Schwächeren war, sondern daß es sich um eine Verletzung der Seinsordnung handelte, weil die Willkür des Stärkeren die Erfüllung der sittlichen Pflichten verhinderte. Dabei wob Manzoni die ontologische Ebene in den Kontext der dramatischen Verwicklung individueller und kollektiver Schicksale ein: Denn die brutale Willkür behinderte nicht nur den Einzelnen bei der Entfaltung seiner selbstbestimmten Würde – dem ganzen Volk, der italienischen Nation, blieb die Autonomie aufgrund von Fremdherrschaft versagt. Gegen deren Logik wandte sich die große Prophezeihung, die Manzoni im oben zitierten sechsten Kapitel seines Roman dem geistlichen Antipoden der weltlichen Willkürherrschaft in den

[14] Insbesondere Kapitel 9 des Traktats über die katholische Moral.

Mund legte: Mit der Verheißung »Ein Tag wird kommen ...« antizipiert dort Fra Cristoforo nicht irgendeine jenseitige Kompensation für das im Diesseits erlittene Leid der Unschuldigen, sondern er verkündete die Fragilität der Macht, die unfähig war zu erkennen, daß sie selbst nur einen Baustein im Plan der göttlichen Vorsehung bildet.

Revolutionär an Manzonis Sichtweise war, daß er die Menschenwürde zwar aus der Gottesebenbildlichkeit des Menschen herleitete, dabei aber nicht die Figur des machtvollen Schöpfergottes vor Augen hatte. Die Würde des Menschen wurde also nicht nach Art der Renaissance-Denker aus der Analogie zum göttlichen Leistungspotential abgeleitet, sondern aus der Analogie zum Gekreuzigten, dem der Mensch in seiner Erbärmlichkeit und Leidensfähigkeit ebenbildlich war. Das geduldige Ertragenkönnen von Leid wurde damit zum vornehmsten Zug des Menschen, zur Quelle seiner Gott ebenbildlichen Würde, ebenso wie der Verzicht auf Vergeltung den Menschen in revolutionär neuer Weise nobilitierte.

Ähnlich provokante Anschauungen finden sich bei Antonio Rosmini. Rosminis Denken steht im Mittelpunkt eines hochkomplexen historisch-kulturellen Moments. Sein Werk bildete nach der Französischen Revolution den komplettesten Versuch, das katholische Denken in ein neues »Organon« zu fassen, das die wichtigsten Errungenschaften der Kultur der Moderne umgreifen und doch dem christlichen Denken treu bleiben sollte.

In den beiden großen Werken »Neuer Versuch über den Ursprung der Ideen« und »Anfänge und Gründe der Ethik« legte Rosmini die erkenntnistheoretischen, metaphysischen und ethische Grundlagen. Er reagierte auf die außerordentliche, grundstürzende Zeit, in der er lebte, und verfaßte teils parallel, teils sukzessive in den 1830er und 1840er Jahren seine grossen politik- und rechtstheoretischen Werke. Denn er sah seine Aufgabe in einem gewaltigen Projekt: der Konstitution einer neuen Ordnung des Wissens und der sittlichen, rechtlichen und politischen Praxis beziehungsweise der *Re*stitution einer wahrhaft humanen und zugleich den intellektuellen Bedürfnissen der Moderne entsprechenden Ordnung. Dieses Vorhaben reichte von den rechtsphilosophischen Abhandlungen zu den Verfassungsprojekten und dem grossen, umstrittenen ekklesiologischen Reformentwurf. Was seine Werke ungewöhnlich macht, ist, dass er stets versucht hat, alles Wissen und sämtliche Denkschulen mit zu diskutieren, die Lösungen bereithalten könnten. Denn den »Kairos« der eigenen Lebenszeit betrachtete er als Moment eines großen Neuanfangs, der alle Quellen des Wissens unvoreingenommen ausschöpfen sollte.[15]

Im Zentrum seiner Überlegungen stand die Person. Sie bildete den Ausgangspunkt. Um sie kreiste alles, ihr diente alles, auch die Gesellschaft. Jeg-

[15] P. Piovani, La teodicea sociale di Rosmini, Brescia, 2. ed 1997, S. 11f.

licher gesellschaftliche Zusammenschluß bestand um ihretwillen und war funktional auf sie hingeordnet. So war es nur konsequent, daß Rosmini seine politikphilosophischen Traktate mit der Zusammenfassung jener anthropologischen Thesen begann, die er in seinem Grundlagenwerk »Anthropologie im Dienst der Ethik« (»Anthropologia in servizio della scienza morale«) 1831–32 verfaßt und 1838 veröffentlicht hatte. Dort entwarf er einen ethisch-metaphysischen Personbegriff, den er dann auch für das politisch-juridische Feld fruchtbar machte und entfaltete. Demnach war Person nicht einfach ein Synonym für Mensch. Personalität bedeutete nach Rosmini vielmehr eines der Konstitutionsprinzipien des Menschen (neben den Sinnen, der Geistigkeit etc.). Die Person bildete das höchste Prinzip der menschlichen Handlungen. Im »Mikrokosmos Mensch«, so sah es Rosmini, nahm das personale Prinzip den obersten Rang ein. Es stand für die Ausübung des freien, vernünftigen Willens. Für ihn war »Person« nicht identisch mit einem Individuum, das frei und verantwortlich ist (denn unter dieser Bedingung wäre ein Schlafender, ein Kleinkind, ein geistig Behinderter keine Person). Person bezeichnete vielmehr das ontologische Prinzip von Freiheit und Verantwortung. Person meinte das »eingeborene« Prinzip, das »den Menschen vom ersten Moment seiner Existenz an bis zum Ende seines Lebens hin begleitet«, egal wie es mit den Bedingungen für dessen Entwicklung und für die tatsächliche Ausübung seiner intellektuellen und moralischen Fähigkeiten auch bestellt sein mochte. Folglich war Personalität nicht identisch mit Moralität und auch nicht mit Selbstbewußtsein (Ich, Subjekt, Individuum). In der »Philosophie des Rechts« trat Rosmini dafür ein, daß Personalität (und die daraus folgenden Rechte) auch denjenigen zuerkannt werden sollten, die ohne Selbstbewußtsein, Vernunft oder Freiheit zu sein schienen. Denn die Personalität bestand eben nicht in der tatsächlichen vollständigen Aktuierung der geistigen Fähigkeiten, sondern in deren Prinzip, im »wesenhaften Akt« oder »ersten Akt« der menschlichen Vernunft. Es gibt »keinen Dummen, Schwachsinnigen, Betrunkenen und auch kein Kind, welches ohne diesen Akt wäre«, heißt es in dem zitierten Traktat »Anthropologie«.[16] Entsprechend schrieb er

[16] Vgl. M. Dossi, Antonio Rosmini. Ein philosophisches Profil, üb. aus dem Italienischen und bearbeitet von Markus Krienke, Stuttgart 2003, für das folgende insbesonderes S. 213 ff; vgl. für die Textstellen A. Rosmini, Principij della scienza morale, vgl. Art. 9, S. 81. Die folgenden Ausführungen basieren ganz wesentlich auf Markus Krienkes für den deutschen Sprachraum maßgeblichen Untersuchungen zu Rosminis Moralphilosophie. Es sei daher allgemein auf Krienkes zahlreiche Rosmini-Studien verwiesen, die seine Literaturliste nennt, vgl. www.cattedrarosmini.org, »Direttore della cattedra«, http://www.cattedrarosmini.org/site/view/view.php?menu1=m6; vgl. auch A. Rosmini, »Antropologia in servigio della scienza morale«, hg. von C. Riva, Mailand 1954. Der Nachweis der im folgenden zitierten Textstellen bei Rosmini findet sich in P. Costa, Civitas. Storia della cittadinanza in Europa. 2° L'Età delle rivoluzioni (1789–1848), Rom 2000, S. 511 ff.

in der »Rechtsphilosophie«: »Damit der Mensch also das allgemeine Recht hat, als Zweck anerkannt zu werden, genügt es, daß er die Potenzen von von Vernunft und Wille besitzt, selbst wenn sie nur als Potenzen betrachtet werden, welche (lediglich) zum Erleiden oder zum Geniessen fähig sind.«[17] Die menschliche Leidensfähigkeit bildete für ihn ein Rechtskriterium.

In der Anerkennung der Personalität eines jeden Menschen sah Rosmini folglich auch den Maßstab zur Beurteilung des wahrhaften, humanen Fortschritts: »Eine der Verbesserungen, welche den modernen Zeiten eine unermeßliche Ehre einbringen, und in denen der Fortschritt augenscheinlich ist, ist die Art und Weise, wie heutzutage die Irrenhäuser geordnet und geleitet werden. Die Maxime, der man folgt, besteht letztlich darin, in dem Dummen einen Menschen wie wir alle zu sehen und ihn als einen uns Ähnlichen zu behandeln. Derselbe Fortschritt, welcher noch größeren Lobes würdig ist, ist in der Erziehung der Kinder zu beobachten. Man erkennt langsam das Aufblitzen der Vernunft zu einer immer früheren Zeit; und ich zweifele nicht daran, daß man irgendwann auch die Vernunft in dem ersten Lächeln aufblitzen sehen wird, das das Kind an die Mutter richtet, und man wird so jene wertvolle Kunst weiterentwickeln, durch welche die Vernunft des Säuglings und jene des Erwachsenen beginnen, miteinander zu kommunizieren, so daß man zum gegenseitigen Verständnis zwischen dem Kind und dem Erwachsenen eine gemeinsame Sprache entdecken können wird.«[18]

Aus diesem Gedanken entwickelte er die folgende Defintion: »Die Person kann man als ›ein vernünftiges Subjekt‹ definieren, und da wir eine möglichst vollständige Defintion geben wollen, werden wir sagen, daß ›man unter der Person ein substantielles und vernünftiges Individuum versteht, sofern es ein aktives, höchstes und unmitteilbares Prinzip enthält.‹«[19]

Rosmini betonte die Substantialität des personalen Seins (weshalb er auch von »Subjekt« oder »substantiellem Individuum« sprach). In diesem Sinne verstand er *Person* als den absoluten Wert eines jeden Menschen in dessen je individueller Existenz. Dementsprechend betonte er, daß Personalität eine tatsächliche Dimension beschreibe, daß ihr mithin eine spezifische ontologische Konsistenz zukomme. Im geschaffenen Universum gebe es keine vollkommenere Existenz als eben jene einer vernünftigen Natur. Sie war »vernünftige Substanz«, weil sie von Natur aus mit dem *actus primus* der Vernunft ausgestattet war, worunter Rosmini die »intuitive« Wahrnehmung des Seins verstand.

Hinzu kam der dynamische, relationale Aspekt: Die Person bildete nach Rosmini »eine subsistente Relation«. Die Relationalität hielt er für in die

---

[17] A. Rosmini, Filosofia del Diritto, hg. von R. Orecchia, Padua 1969, Buch I, N° 41.

[18] Ibid., Buch I, N° 39, Anm. 1.

[19] A. Rosmini, Philosophie der Politik, dt. Übersetzung, Innsbruck 1999, S. 154.

innere Ordnung der Person eingeschrieben. Denn Vernunft und Willen, deren Prinzip die Person bildete, waren ihrem Wesen nach auf das Sein bezogen, denn das Sein wurde immer schon von der Vernunft »intuiert«, wodurch es zum Objekt des willentlichen An-erkennens (oder eben Ver-kennens) wurde. In diesem Sinne war die Person stets auf Kommunikation angelegt.

Wenn Rosmini gleichwohl sagte, die Person sei »un-kommunizierbar«, so meinte er damit deren unaufhebbare Einzigkeit, Originalität und Ursprünglichkeit. Als Person war der Mensch nicht objektivierbar, nicht verrechenbar. Tatsächlich deutete Rosmini das menschliche Sein als eine komplexe Struktur, als ein System vielfältig bestimmter Prinzipien, die hierarchisch vernetzt waren und im personalen Prinzip gleichsam ihr gemeinsames Haupt besaßen. Wenn er »Mensch« sagte, meinte er die menschliche Natur, die Gesamtheit der physischen, biologischen, psychischen und geistigen Prinzipien, die in ihrem Zusammenwirken das menschliche Sein in seiner ganzen Komplexität begründeten. Mit dem Begriff »Person« meinte er hingegen das höchste Prinzip: Einsicht und Willen, in denen letztlich das eigentliche Mensch-Sein ruht. Für Rosmini folgten die Würde des Menschen und dessen absoluter, unvergleichlicher Wert aus der »natürlichen Hinordnung« der Person zum Absoluten, zu Gott. Sie wurden also metaphysisch begründet. Die Beziehung zum absoluten Sein (für Rosmini: Gott) befähigte den Menschen zur Wahrheit (er erkennt das Sein), zur Tugend (er liebt das Sein) und zum Glück (er genießt das Sein). Durch diese ihre Teilhabe an der dreifachen Unendlichkeit des Seins erhielt die Person selbst eine unendliche Dimension, und diese erschien Rosmini als der Grund ihrer absoluten Würde. Entsprechend postulierte er:

»Das personale Element ist also immer etwas Herausragendes. Seine Würde muß geachtet werden und darf nie nach Belieben aufgeopfert werden. [...] Aber worin besteht eigentlich die Würde dieses personalen Elements? [...] Die Würde des personalen Elements besteht allein darin, daß es jenes Element ist, durch das der einzelne mit seinem ganzen Selbst die Wahrheit – das objektiv geschaute Sein in seiner ganzen Fülle – anstreben kann«.[20] Die menschliche Würde war mithin Würde aufgrund von Teilhabe und Möglichkeit zur Teilhabe. Die Person bildete nicht das Absolute selbst. Rosmini sagt in der »Philosophie des Rechts«, die menschliche Würde werde vom Menschen »empfangen«; sie komme ihm von außen zu, von einem äußeren Grund. Damit meinte er, daß sich die unbedingte Achtung der Person nur dann begründen lasse, wenn man deren Bezug zum Absoluten zugrundelege, wobei dieser Bezug zum Absoluten zur Person wesentlich gehöre. Die Rechte des Menschen stammten also nicht von dessen Aktivitäten und Leis-

[20] Ibid, S. 155.

tungen, sie waren nicht meritokratisch zu verstehen, sondern entstammten einem äußeren Grund, Gott.

Die Teilhabe an der unendlichen Würde des Seienden machte die Finalität der Person aus, ihren Ziel-Zweck-Status.[21] Daher, so heißt es in der »Philosophie des Rechts«, »kann nichts das personale Prinzip überragen, nichts kann oberhalb jenes Prinzips stehen, das seiner Natur nach einem Meister und Herrn von unendlicher Würde folgt. Daraus folgt, daß dieses Prinzip das von Natur aus höchste Prinzip ist, so daß niemand das Recht hat, einem einen Befehl zu erteilen, der unter dem Befehl des Unendlichen steht.«[22] Eine berühmte pointierte Wendung bei Rosmini besagt sogar: »Die Person selbst ist das Recht«. Gemeint war: Die Person ist das subsistente Wesen des Rechts, sie ist das Recht in seiner vollen ontologischen Realität.

Die angemessene Darstellung der Rechte des Menschen leitete sich mithin von der philosophischen Anthropologie her, die die spezifische Bewegung der Person zur Erreichung des Guten hin erfaßte. Die Erfüllung der Person setzte jene Freiheit des Subjekts voraus, die sich in der Anerkennung der objektiven Ordnung vollzog.[23] Freiheit hieß also klarerweise nicht Willkür und Beliebigkeit, sondern Selbstdisziplin und Herrschaft über die eigenen Instinkte zwecks Anerkennung des objektiven Guten; sie war die Verfügungsmacht des Menschen über die eigenen Handlungen. »Die Moral der Freiheit ist die, die ein absolutes Gut anerkennt, das der Mensch erreichen kann, und die folglich im Einzelnen ein Element von absolutem Wert sieht. Die Moral der Sklaverei ist hingegen die, die ausschließlich relative, begrenzte Güter in ihre Berechnung mit einbezieht, von denen der Mensch jene unverletzliche Würde nicht herholen kann, aufgrund deren allein er frei ist.«[24]

Rosmini zufolge besaß man ein Recht, wenn man ein Interesse verfolgen konnte, und zwar in der sicheren Gewißheit, daß den anderen die moralische Verpflichtung auferlegt war, eine solche Handlung nicht zu behindern. Daher lautete seine Defintion: »Das Recht ist eine Fähigkeit, das zu tun, was gefällt, welche geschützt wird durch das moralische Gesetz, das anderen die Achtung befiehlt.«[25]

Insofern das »Recht« in der Handlungsvollmacht nach dem Sittengesetz bestand, befanden sich die Rechte nicht auf derselben Ebene wie die Pflichten, sondern waren deren Folgen. Die Pflichten besaßen gegenüber dem Recht das logische und ontologische Prius, denn sie gründeten in der Natur des Seins, in

---

21 P. Piovani, La teodicea sociale, cit., S. 3.

22 A. Rosmini, Filosofia del diritto, cit., Buch I, S. 52.

23 Vgl. P. Costa, Civitas, cit., S. 514.

24 A. Rosmini, Storia comparativa e critica dei sistemi intorno al principio della morale, S. 376, vgl. dazu P. Piovani, La teodicea sociale, cit., S. 244 ff.

25 A. Rosmini, Principij della scienza morale, cit., zit. nach P. Costa, Civitas, cit., S. 514.

der objektiven Ordnung, während die Rechte aus dem Subjekt hervorgingen. Stellte man Recht und Pflichten auf dieselbe Stufe, sagte Rosmini, verlor man die autonome Konsistenz des Objekts aus dem Blick. »Das Subjekt wird dann absoluter, willkürlicher Akteur der sittlichen Entscheidung – wie im 18. Jahrhundert eine schlimme Lehre des unmenschlichen Egoismus vertreten hat.«[26]

Gegen eine solche als subjektivistisch zurückgewiesene Rechtslehre der Aufklärung stellte er die Trias, die gemäß seiner Auffassung das Recht des Menschen begründete: Sie war gebildet aus der Aktivität eines Subjekts, der Freiheit als Ausübung eines vernünftigen Willens sowie der Erlaubtheit und Intersubjektivität der Handlung.

Rechte, im Plural, leiteten sich dann aus einem weiteren Kernkonzept ab, das die Aktionen des Subjekts charakterisierte, welches Rechte besaß. Es war das Eigentum. Gemeint war zunächst nicht unbedingt Besitz oder Eigentum an äußeren Objekten, sondern allgemein die Sphäre des Proprium, insofern der Mensch die Fähigkeit besaß, sich Dinge, materielle oder immaterielle, zu eigen zu machen und anzueignen. In diesen Wesensqualitäten des Subjekts, in der Sphäre seiner Freiheit und seines Eigentums, verortete Rosmini den Grund des Rechts und der Rechte, die er dann weiter differenzierte. Er unterschied die individuellen Rechte, die zum Subjekt gehörten, unabhängig von dessen sozialen Bindungen, von den sozialen Rechten, die sich aus der Beziehung des Individuums zu den unterschiedlichen Geselligkeitsformen ergaben. Er unterschied des weiteren die naturgegebenen Rechte, die aus der menschlichen Natur folgten, von den erworbenen Rechten, die auf eine besondere Handlung oder eine Erwerbsaktion zurückgingen. Insofern alle Rechte vom »personalen Prinzip«, von der menschlichen Person abhingen beziehungsweise deren Ausdruck waren (und nur als solche bildeten sie überhaupt »Rechte«), waren Rechte immer absolut und unverletzlich.

Der bedeutende italienische Rechtsgelehrte Giuseppe Capograssi (1889–1956) hat Rosminis Rechtsphilosophie als eine »singuläre Identifikation des Rechts mit der Person« bezeichnet, die widersprüchlich und unverständlich wirke, weil man es gewohnt sei, »Recht« als etwas Normatives, Gesellschaftliches, Kollektives, Durchsetzbares zu sehen. Dagegen sperrte sich Rosmini. Sein philosophisches System war um die Identifikation von Person und Recht herum konstruiert. Für ihn war alle konkrete, historische Erfahrung des Rechts, die Zwinggewalt, die Gesetze und Gehorsamsverhältnisse, aus denen sich »Recht« zusammensetzt, letztlich auf einen einzigen Punkt verwiesen: auf die menschliche Person.[27]

---

[26] A. Rosmini, Filosofia del diritto, cit., Buch I, S. 127.

[27] G. Capograssi, Il diritto secondo Rosmini, in ders., Opere, Bd. 4, Mailand 1959, S. 323–353.

Von ihr her erwickelte er seine politische Philosophie ebenso wie seine Verfassungsentwürfe. Sie zeigen, daß er in einer Kernfrage des europäischen politischen Denkens, der Frage nach dem Verhältnis von Naturzustand und gesellschaftlichem Zustand, eine Position der Äquidistanz zwischen dem klassischen, »aristotelischen« Modell und der Perspektive des neuzeitlichen Naturrechts hobbes'scher Prägung einnahm.[28] Mit dem ersten teilte Rosmini die Auffassung, daß die Gesellschaftlichkeit eine der vernünftigen Natur des Menschen eigene Dimension darstellte und daß mithin die verschiedenen geschichtlichen Formen von Geselligkeit (einschließlich der politischen Form des Staates) als Ausdruck und Entwicklungsstufen dieser ursprünglich vorhandenen Eigenschaft begriffen werden konnten. Der neuzeitlichen Perspektive schloß er sich durch die Betonung der menschlichen Freiheit an, indem er den freien Willensakt der sich assoziierenden Individuen herausstrich. Der freie Willensakt war die Bedingung für die Konstitution und vor allem für die Ausgestaltung der Gesellschaft.

Auch wenn hier eine Vielzahl von Spielarten denkbar schien, neigte Rosmini selbst im Laufe seines Lebens immer stärker dazu, den Schutz der Rechte zum Hauptkriterium für die Qualität und zur wichtigsten Funktion einer politischen Gesellschaft oder eines Staates überhaupt zu erklären. Dementsprechend sah er die Kernaufgabe des politischen und juridischen Denkens in der Suche nach solchen konstitutionellen Mechanismen, die die Rechte der Person sichern sollten. Deren unverletzliche Freiheit mußte durch eine Garantie geschützt sein, die ihrerseits der Willkür entzogen war. Daß es sich um gleiche Freiheits- und Entfaltungsrechte handelte, hat Rosmini immer wieder betont. So schrieb er: »Wenn es nur ein wahres, absolutes Gut gibt, wie es der Schöpfer der Frohen Botschaft gelehrt hat, und wenn jeder Mensch dieses Gut gleichermaßen erreichen kann, ist klar, daß jeder Mensch denselben Wert wie die anderen besitzt, insofern er in gleicher Weise auf das höchste Ziel hingeordnet ist. Folglich darf niemand als bloßes Mittel des Willens oder des Glücks von anderen Menschen betrachtet werden, seien sie je einzeln genommen oder zusammen, auch wenn sie die Mehrheit ergäben. Indem nun die Gleichheit aller Menschen hinsichtlich ihrer Bestimmung festgelegt war, wurde Jedem auch eine Freiheitsposition garantiert, die von den anderen nicht angerührt oder verletzt werden darf, auch nicht von der Gesellschaft, egal wie sie beschaffen ist. Wenn man also genau hinschaut, wird deutlich, daß diese christliche Gleichheit und Freiheit das sicherste Fundament darstellt, auf dem die modernen Gesellschaften basieren.«[29]

---

[28] Dies ist die Hauptthese in E. Botto, Etica sociale e filosofia della politica in Rosmini, Mailand 1992.

[29] Zit. nach P. Piovani, Teodicea sociale, cit., S. 246.

Die Politik hatte dann die bestmöglichen Rahmenbedingungen bereitzustellen, die die Respektierung der Rechte der anderen gewährleisteten. Rosmini war überzeugt, daß das politische Gemeinwesen dabei vorsichtig und zurückgenommen agieren mußte. Denn die Rechte des einzelnen wurden ja nicht nur durch die Mitmenschen bedroht, sondern ganz massiv auch durch die organisierte Macht selbst, durch den Staat. Ja, man kann sagen, daß sich Rosmini zunehmend mit dem Phänomen der staatlichen Rechtsverletzung auseinandergesetzt hat. Auf Tocquevilles Spuren erkannte er, daß die übergriffige Herrschaftsgewalt nach Art der antiken Sagengestalt Proteus wandlungsfähig war und sich den unterschiedlichsten Systemen, auch den demokratischen, einschreiben konnte. Gerade dem modernem Staat wohnte die systematische, präpotente Tendenz inne, in die Rechtssphäre des einzelnen einzudringen, weil er sich anmaßte, für das »Glück« seiner Bürger zuständig zu sein. Einer solchen Vorstellung vom Staat als Beglückungsanstalt setzte Rosmini das Modell eines nur behutsam agierenden, Eingriffe nach Möglichkeit vermeidenden Staates entgegen. Ebensowenig wie der Bürger vom Staat die allumfassende Versorgung und Wohlfahrt erwarten durfte, durfte sich der Staat angesichts der Fülle der »unintended consequences« die Rolle des Versorgers und Wohltäters zuschreiben. »Die Regierung muß genau bedenken, daß das individuelle Glück nicht ihr Werk ist. [...] Sie kann und muß die freie Anstrengung verteidigen, die jedes Mitglied der Gesellschaft unternimmt, um ein so großes Ziel zu erreichen. [...] Sie muß sich selbst gegenüber furchtsam und mißtrauisch sein können.«[30]

Diese »freie Anstrengung« eines jeden Lebens bildete in Rosminis großem Entwurf den archimedischen Punkt, von dem aus die verfassungsmäßige Einhegung der staatlichen Macht begründet wurde. Aber letztlich stellte er die freie Entfaltung des Menschen in einen sehr viel größen Kontext. Er erkannte in ihr die Funktionsbedingung der Schöpfungsordnung in eschatologischer Perspektive. Danach bedingten sich Freiheit und Vorsehung gegenseitig. Denn im System der Theodizee war die Freiheit keine zufällige Beigabe, sondern die notwendige Ausstattung des Menschen für die Zwecke der Vorsehung. Diesem Gesamtplan der göttlichen Providenz hatte dann auch die politische Architektur zu entsprechen. Zugleich erschien Rosmini das Streben nach einer besseren Gesellschaft nicht als Widerspruch zur Schöpfungsökonomie. In seiner »sozialen Theodizee« wurde die Schöpfung nicht durch eine vollkommene Gesellschaft gerechtfertigt, welche imstande wäre, das Böse zu überwinden. Denn der Mechanismus der Gesetze der Vorsehung produzierte keine automatische innerweltliche Mechanik. Vielmehr war die freie Mitarbeit des Menschen erforderlich für die Ziele der Welten- und Schöpfungsökonomie. Die Providenz, so sah es Rosmini, braucht die Freiheit

[30] A. Rosmini, Philosophie der Politik, cit. S. 240f.

des Menschen. Dieser Gedanke war das zentrale Konstruktionsprinzip seiner »sozialen Theodizee«: Der Mensch war als freies Wesen ein notwendiges Gut für den Weltenplan und den Weltenbau, ein Gut von absolutem Wert.[31] Würde und Wert der menschlichen Individualität waren unermesslich, weil sie von der umfassenden Würde der gesamten Schöpfungsordnung Zeugnis ablegten.

Manzoni und Rosmini haben auf unterschiedliche Weise – mit literarischen und philosophischen Mitteln – das Thema der Ehre und Würde im Sinne eines christlich-liberalen Ansatzes entfaltet. Beide schrieben der christlichen Frohen Botschaft die Revolution des Menschenbildes zu. Bestimmte innerweltliche Naturmechanismen – wie die Präpotenz des Stärkeren – wurden dadurch nicht aufgehoben, aber sie wurden umkodiert; ihnen wurde der Rechtsstatus abgesprochen. Die Annahme eines *Rechts* des Stärkeren hielten Beide für eine monströse Konstruktion. Manzoni zeigt mit den Mitteln der Kunst, wie sich der Stärkere als Einzelner oder in Form der hysterisierten Masse an der Würde des Menschen vergreift und damit Gesellschaft, verstanden als Kommunikationsraum und Anerkennungsgemeinschaft, aufhört zu existieren. Rosmini baut die Würde des Einzelnen in eine Theodizeearchitektur ein, von der her sie ihren Platz und ihren Wert erhält. Während Manzoni literarisch gewissermaßen die soziale Katastrophe vorführt, die bei Nichtachtung der Menschenwürde eintritt, leitet Rosmini aus dem metaphysisch-eschatologisch deduzierten Verständnis von menschlicher Würde die Notwendigkeit konstitutioneller Sicherungsmaßnahmen und Schutzgarantien ab, die, so gut es geht, die Möglichkeit der Verletzung der Menschenwürde minimieren sollen.

---

[31] Vgl. P. Piovani, Teodicea sociale, cit., S. 244.

Maria Pia Paternò

LEOPARDI UND DER MENSCHENWÜRDEBEGRIFF DER MODERNE

Leopardi hat sich mit der deutschen Philosophie stets im Wesentlichen kritisch auseinandergesetzt und dabei ständig deren scheinbar widersprüchliche Mischung von Reichtum an Fantasie, Gelehrtheit und Gründlichkeit hervorgehoben. Die von ihm als »Systematiker, Romanautoren, Sektierer, Phantasten und Geisterseher« bezeichneten deutschen Gelehrten verleihen ihren Untersuchungen einen zugleich romanhaften und metaphysischen Charakter: »die geduldigsten und ausdauerndsten Beobachter, welchen Rang ohne Zweifel die Deutschen als die Gelehrtesten und im Lernen und Sichunterrichten Fleißigsten einnehmen, sind dank eines seltsamen Widerspruchs auch die romanhaftesten.«[1] Leopardi stellt fest, dass die deutsche Philosophie in ihren Schulen komplexe Denksysteme schafft und mit Sorgfalt und Fleiß ihre Studien verfolgt; jedoch untersuche sie die Natur nur mit der Vernunft, ohne Zuhilfenahme der Einbildungskraft und des Gefühls. Daraus ergibt sich die Wirkungslosigkeit von Ergebnissen, welche aus den Deutschen die seinerzeit geduldigsten und fleißigsten, sowie am wenigsten originellen Gelehrten Europas macht.

Im ständigen Bedarf an Analyse, Diskussion und Genauigkeit haben die Deutschen ihren charakteristischen Beitrag zu den Studien sowohl im Bereich der Literatur als auch der Philosophie und der Wissenschaft geleistet, ohne aber je große Entdeckungen zu machen. Denn zu einem Überblick über die Welt seien sie nicht in der Lage gewesen. Für die einzelnen Teile sei die Genauigkeit durchaus gut – erläutert Leopardi unter Bezugnahme auf den philosophischen Ansatz der Deutschen –, aber nicht für das Ganze. Um die

[1] Leopardi, G.: *Discorso sopra lo stato presente dei costumi degl'Italiani*, zitiert nach der deutschen Teilübersetzung. In: *Schade um Italien. Zweihundert Jahre Selbstkritik*, ausgewählt, eingeleitet und übersetzt von Jappe, A., Frankfurt/Main 1997, S. 76. Dort fährt Leopardi fort mit der Behauptung, dass »kurz gesagt«, die Deutschen »in der Literatur, der Philosophie und Wissenschaft immer noch das [sind], was die Antike waren, nämlich Systematiker, Romanautoren, Sektierer, Phantasten und Geisterseher. Und sie verbinden diese Eigenschaften mit einem höchsten und unermüdlichen Fleiß und der Neigung zum gewohnheitsmäßigen Beobachten, Erfahren und Lernen.«

Wahrheit des Ganzen zu erfassen, genüge nicht eine genaue und vortreffliche Analyse, sondern es bedürfe eines freien und sicheren Blicks, welcher durch die Kraft des Gefühls und der Einbildung manchmal dazu gelange, »einen großen Punkt der Natur; den Mittelpunkt eines großen Systems; den Schlüssel, die Feder und den gesamten Komplex einer großen Maschine«[2] zu erfassen. Dazu gelangten die Deutschen nicht, weil sie beschränkt seien dadurch, dass bei ihnen die Schärfe der Analyse sich nicht mit den Eigenschaften des Fühlens und Einbildens verbinde, welche die Grundlage der Originalität und der Erkenntnis bilden. Deswegen

> kriechen [sie] stets zu Füßen der Wahrheit und um diese herum; nur selten ergreifen sie sie mit starker Hand: hilflos folgen sie ihr zu allem Zwist dieses Labyrinthes der Natur, während der enthusiastische, heißblütige, phantasievolle, und geniereiche Mensch, der empfänglich für große Illusionen ist, sich auf einer Anhöhe befindet und mit einem Blick das ganze Labyrinth erkennt, und die wenngleich flüchtige Wahrheit kann sich ihm nicht verbergen. Und nachdem er seine Erleuchtungen und Nachrichten Philosophen wie den Deutschen mitgeteilt hat, helfen ihm diese nach Kräften, das Bild des Labyrinthes zu beschreiben und zu vervollkommnen, wobei sie ihn im Detail beurteilen.[3]

Dieses kritische Urteil über die deutsche Philosophie wurde von Leopardi auf die Mehrzahl der deutschen philosophischen »Schulen« und »Sekten« ausgedehnt und schloss ausdrücklich ein »die, eben metaphysische, Sekte und Schule Kants, die noch in verschiedene Sekten verfällt, und vor Kant die von Wolff.«[4] Mit ihrer eigentümlichen Mischung aus Metaphysik, Märchen und Träumen, habe keine dieser Schulen irgendeine wirklich große theoretische Entdeckung gemacht:

> Welches sind denn bei dieser Materie die großen Entdeckungen von Leibniz, dem vielleicht größten Metaphysiker von Deutschland, und sicherlich großen Spekulanten der Natur, bedeutendem Mathematiker etc.? Monaden, Optimismus, vorherbestimmte Harmonie, angeborene Ideen; Märchen und Träume. Was davon ist von Kant, dem Schulbegründer etc. etc.? Ich glaube, dass niemand es weiß, nicht einmal seine Schüler.[5]

Die Leopardi-Forscher fragten sich nach dem Grund für dieses kritische Urteil und suchten seine Erkenntnisquellen des deutschen Denkens und

---

[2] Ders.: *Zibaldone di pensieri*, hg. von G. Pacella. Mailand 1991, S. 1851. Der Bezug ist auf Leopardis Manuskript. Sofern das Zitat in der Teilübersetzung *Gesänge, Dialoge und andere Lehrstücke, Zibaldone*, Düsseldorf 1998 vorhanden ist, wird diese mit der Seitenangabe des deutschen Textes verwendet.

[3] Ebd., S. 1854.

[4] Leopardi, G.: *Discorso sopra lo stato presente dei costumi degl'Italiani*, a. a. O., S. 76.

[5] Ebd., S. 1857.

Kantischen Kritizismus, wobei sie keine eindeutigen Schlüsse zogen.[6] Ihre Studien stehen den Gelehrten zur Verfügung, die sich mit diesem Aspekt des Leopardischen Denkens beschäftigen und bewerten wollen, ob das Spektrum seiner Lektüre ihm die Bildung eines persönlichen Urteils erlaubte und über die zahlreichen und bedeutenden Eindrücke hinausging, die ihn durch das Lesen von Madame de Staëls Abhandlung *De l'Allemagne* erreichten.

Dagegen hat der Gegenstand der vorliegenden Studie nichts mit Quantität und Qualität der Leopardi zur Verfügung stehenden Lesetexte zu tun, um den philosophischen Denken seiner Zeit eigenständig zu beurteilen. Die gewählte Problematik betrifft vielmehr die Einordnung von Leopardis Anthropologie in den Bereich des abendländischen philosophischen Denkens: die zu überprüfende Hypothese ist, dass seine Vorstellung des Menschen in radikalem Gegensatz zur neuzeitlichen steht. Mit eingeschlossen ist dabei seine kantianische Variante, von der ihn eine Vielzahl von Faktoren trennt. Der gemeinsame Ausgangspunkt in der sogenannten kopernikanischen Wende führt nämlich bei Kant und Leopardi zu recht unterschiedlichen anthropologischen Auffassungen und philosophischen Systemen: einerseits Vernunft und Eigenständigkeit sowie eine Auffassung der Menschenwürde, die auf eine systematische Verbindung verschiedener vernünftiger Wesen durch gemeinschaftliche Gesetze verweist[7]; andererseits die Einbildungskraft und Zerbrechlichkeit aller Lebewesen inmitten eines von einer gleichgültigen und nicht fürsorgenden Natur beherrschten Kosmos.

I. Eine zu überprüfende Hypothese

Es könnte also sein, dass die Kritik des zeitgenössischen politisch-philosophischen Denkens an der anthropologischen Auffassung der Moderne in Leopardis Überlegungen zur Natur des Menschen Anregungen zur Forschung und Reflexion findet, die im bis zu Kant reichenden rationalistischen *mainstream* fehlen. Denn mit Leopardi besaß die abendländische Philosophie –

[6] Pacella, G.: Riflessi della cultura tedesca nelle letture e nell'opera di Giacomo Leopardi. In: *Akten des deutsch-italienischen Kolloquiums Stuttgart: Publikationen des italienischen Kulturinstituts Stuttgart*, November 1989; Negri, A.: Leopardi e la filosofia di Kant. In *Trimestre*, Dezember 1971; Cellerino, L.: *L'io del topo. Pensieri e letture dell'ultimo Leopardi*, mit Anhang *Wieland e Kant nello Zibaldone*, Rom 1997; Marcon, L.: *Kant e Leopardi. Saggi*, Neapel 2011. Zur Beziehung zwischen Leopardi, Vico und Herder vgl. dagegen Osols-Wehden, I.: Leopardi und die geschichtsphilosophischen Ideen Vico und Herders. In: *Leopardi in seiner Zeit. Leopardi e il suo tempo*, hg. von S. Neumeister. Tübingen 1995, S. 241–254.

[7] Kant, I.: *Grundlegung zur Metaphysik der Sitten*, Riga 1785. Dieses Thema wird im zweiten Abschnitt unter dem Titel »Übergang von der populären sittlichen Weltweisheit zur Metaphysik der Sitten« analysiert.

schon in der Neuzeit – den Vertreter eines gegenüber dem vorherrschenden Modell des *homo oeconomicus* abweichenden Menschenbildes.

Gegenstand der zeitgenössischen Kritik sind sowohl der metaphysische Ansatz und der falsche Universalismus als auch die solipsistische Gestaltung des »Ich« der Moderne, welche ein beziehungs- und kontextloses Subjekt mit einer lediglich zweckmäßigen Rationalität darstellt. Das zeitgenössische politisch-philosophische Denken sieht hingegen im Menschen ein verkörpertes, eingebettetes, verwundbares, notleidendes Wesen und erkennt daher im anthropologischen Modell der Moderne ein Menschenbild, das verfehlt, partiell und unvollständig ist. Daraus ergäbe sich die Notwendigkeit eines Überdenkens, das zu einer »anthropologischen Bescheidenheit« und sogar zu einer »kopernikanischen Wende der Anthropologie«[8] führe.

Diese Wende impliziert die Ablehnung des universalistischen Subjektivitätsbildes der Moderne sowie ihrer Illusion einer transparenten und gesetzgebenden Vernunft. Diese, an die Moderne so oft wiederholte Kritik, lautet wie folgt: Sie habe eine »falsche« Universalität propagiert, weil eben nicht »alle« berücksichtigt und mit einbezogen sind. Der Gedankengang des Abendlandes sei demnach partikularistisch und maskulinistisch geprägt: Seine universalisierende Sprache erhebe den Mann zum Paradigma der ganzen Gattung und stelle ihn »in die Mitte der symbolischen Ordnung, welche Norm und Abweichung definiert.«[9] Damit bringe der falsche Universalismus der Moderne eine dichotome und oppositionelle Logik hervor.

Die kombinierten Wirkungen des Anthropozentrismus und der Logik des Identischen, welche das moderne politisch-philosophische Denken daran hindern, die Alterität angemessen zu betrachten, sind daher in unserer Zeit Gegenstand verbreiteter Kritik.[10] Die Grundvoraussetzungen für diese radikale Ablehnung der philosophischen Tradition der Moderne, die heute das

---

[8] Höffe, O. : *Déterminer les droits de l'homme*. In: *Revue de métaphysique et de morale*, 4, 1997, S. 476.

[9] Vgl. Cavarero, A.: *Il pensiero femminista. Un approccio teoretico*. In: *Le filosofie femministe*, hg. von F. Restaino u. A. Cavarero. Turin 1999, S. 2. Dort liest man, dass die abendländische Tradition »den Mann in das Zentrum der symbolischen Ordnung stellt, welche Norm und Abweichungen, das Normale und Anormale festlegt« und »ihn [daher] als eines der beiden Menschengeschlechter ansieht, jedoch gleichzeitig als universelles Paradigma der gesamten Spezies«.

[10] Vgl. diesbezüglich Young, I.M.: *Justice and the Politics of Difference*, Princeton, 1990. Siehe aber auch Benhabib, S.: *Situating the Self. Gender, Community and Postmodernism in Contemporary Ethics*, Cambridge 1992. Die nach-aufklärerische Verteidigung des Universalität gereicht Seyla Benhabib zum philosophischen Entwurf dieses Bandes, der als ein Versuch konzipiert ist, das Erbe des abendländischen Denkens in der Neuzeit neu zu interpretieren, um damit den politischen und moralischen Universalismus – in neuer Form und mit neuen Inhalten – zu rekonstruieren. Ein solcher, von den metaphysischen Tendenzen der Aufklärung gereinigter Universalismus wird bei ihr zur Grundlage für einen Vorschlag, welcher darin besteht, dessen

normale Terrain ist, auf dem wir uns im wissenschaftlich-philosophischen Bereich bewegen, lieferte uns die Philosophie von Nietzsche. Gleichwohl hat Leopardi als erster die Basis für jene Zerstörung der abendländischen Tradition geschaffen, die dann von großen Denkern unserer Zeit fortgeführt und weiterentwickelt wurde. Allerdings war kein anderer Philosoph gleichermaßen radikal wie Leopardi, die anthropozentrische Logik und zweckmäßige Rationalität anzuprangern, welche die Individuen in einen Kreis von Passivität und Gleichgültigkeit schließt, wo als einzige Leidenschaft der Egoismus bewahrt wird. Nicht bloß auf Nietzsche und auf die Zeitgeschichte gründet also unser eigenes Menschenverständnis, sondern auf die Philosophie Leopardis[11], der schon inmitten der Moderne ihr abstrahierendes Paradigma zugunsten einer Neubewertung der Singularität und des Konkreten zu bearbeiten versucht hat und dem falschen Universalismus der philosophischen Tradition des Abendlandes sowie deren dichotomem Aufbau ebenso fremd geblieben ist wie seinem entkörperten und unbedingten Subjekt.

Die zeitgenössische Unzufriedenheit über die zweckmäßige Rationalität der Moderne und ihre scheinbar universellen Logik greift deshalb nicht das Denken von Leopardi und dessen Vernunftkritik an. Aus Leopardis Kritik der modernen Philosophie entstehen sowohl seine originellen Bemerkungen über die Lebewesen, deren Einzigartigkeit und Schwäche er erfasst, als auch die Aufforderung, vom unbesonnenen Vorschlag einer Auslöschung der Leidenschaft durch die Vernunft abzurücken und stattdessen sich einem Ziel mit einer völlig anderen Finalität zuzuwenden: nämlich derjenigen, »die Vernunft in Leidenschaft zu verwandeln.«[12]

Erbe kritisch neu zu behandeln. Dadurch würde der Universalismus von den Illusionen einer transparenten und gesetzgebenden Vernunft befreit und auch von der unhaltbaren Forderung nach einem entkörperlichten und kontextlosen Subjekt, das jeder historischen und kulturellen Kontingenz enthoben ist.

[11] Nach den Worten des berühmten italienischen Philosophen Emanuele Severino »initiiert und begründet [Leopardis Philosophie] die gesamte zeitgenössische Philosophie (oft diese Begründung verdrängend) und vermag daher die Unausweichlichkeit des Scheiterns der Technik zu verstehen, zu deren Paradies uns die Zivilisation hinführt.« Vgl. Severino, E.: *Cosa arcana e stupenda. L'Occidente e Leopardi*, Mailand 2010 (1. Aufl. 1997), S. 7.

[12] Vgl. *Zibaldone*, a. a. O., S. 293 f. Zu diesen Aspekten des Denkens von Leopardi siehe die Einleitung von Giulio Prete zu Leopardi, G.: *Trattato delle passioni*, Rom 1997, S. IX ff., vor allem S. XII, wo es heißt: »die Vernunft hat die Leidenschaften ausgedörrt; und indem sie sie abstrakt machte, hat sie sie an die Ausübung der Unterdrückung gebunden. Deshalb verlässt die Leopardische Topik einen Moment die Beschreibungsmodi, um eine Aufforderung zu richten, die sich ihres Risikos und ihrer Unzeitgemäßheit bewusst ist: ›die Vernunft in Leidenschaft zu verwandeln‹ (*Zibaldone*, S. 293 f.). Auf der gleichen Linie – einer tatsächlich anderen Moral – befinden sich die vielen Bemerkungen zu den Lebewesen, ihrer Einzigartigkeit, die beseitigt und in Zahlen aufgegangen ist (die Geschichte der Kriege ist die Geschichte dieser Streichung). Und auf derselben Linie steht auch die Würdigung der Zerbrechlichkeit.« Zur

Die Leopardi-Studien der letzten beiden Jahrzehnte haben neue Horizonte eröffnet, indem sie die enge Verbindung zwischen den dichterischen, philosophischen und politischen Aspekten in Leopardis Oeuvre aufzeigten.[13] In seiner Philosophie gibt es kein Vergessen des Körpers noch fehlende Würdigung der menschlichen Schwäche, kein Übersehen der Gefühle und Leidenschaften, noch Verbergen der Einzigartigkeit hinter vereinheitlichten universalistischen Kategorien. Beim Auffinden neuer Wege von Leopardis Aktualität haben einige jüngere Forschungen sogar den einheitsstiftenden Kern des Leopardischen Denkens in der Dialektik von »Sorge« und »Gleichgültigkeit« ermittelt.[14] In der Ästhetik, so wie in der Ontologie und der Ethik würden wir auf diese Weise einer bisher vernachlässigten Vorwegnahme des aktuellen Interesses für die Begriffe der Sorge[15] und der Verantwortung[16] gegenüberstehen.

Leopardischen Vernunftkritik als Kritik der modernen Philosophie vgl. außerdem Prete, G.: Critica del moderno. In: *Il pensiero poetante. Saggio su Leopardi.* Erweiterte Ausgabe, Mailand 2006, S. 90–102.

[13] Zur philosophischen Größe Leopardis vgl. Severino, E.: *Il nulla e la poesia. Alla fine dell'età della tecnica: Leopardi*, Mailand 1990, und ders.: *Cosa arcana e stupenda*, a. a. O., wo der Autor die Tatsache beklagt, dass »die philosophische Größe Leopardis weiterhin ignoriert wird, obwohl in der Zwischenzeit ausgezeichnete Studien zu seinem poetisierenden Denken erschienen sind« (S. 7). Aufsätze zum philosophischen Denken von Leopardi von den neunziger Jahren bis heute sind in den Anmerkungen zum vorliegenden Text berücksichtigt. Bezüglich der politischen Aspekte des Leopardischen Denkens vgl., abgesehen von dem um einiges zurückliegenden Beitrag von Gazzola Stacchini, V.: *Leopardi politico*, Bari 1974, die in den Akten des VI. Internationalen Leopardi-Kongresses enthaltenen Aufsätze *Il pensiero storico e politico di Giacomo Leopardi*, Florenz 1989, sowie Frosini, F.: Leopardi politico. In: *Isonomia*, 2006, aufzufinden im Internet auf der Web-Seite www.uniurb.it/Filosofia/isonomia/2006frosini.pdf. Erst kürzlich haben sich mit diesem Thema beschäftigt: Mastrangelo, L.: *Leopardi politico e il Risorgimento*, Neapel 2010, u. Luciani, M.: L'Italia ritrovata grazie ad un poeta? Politica e forma di governo nel pensiero di Giacomo Leopardi. In: *Diritto pubblico*, 1–2, Jan.-Aug. 2010, S. 55–140.

[14] Vgl. Stoyanova, S.: *Equilibrisms: Giacomo Leopardi's Ethical and Aesthetic Dialectics of care*, West Sussex, 2007.

[15] Unter einigen der interessantesten im Mittelpunkt stehenden zeitgenössischen Theoretisierungen zu diesem Thema siehe zumindest Tronto, J.: *Moral Bounderies. A political Argument for an Ethic of Care*, London-New York 1995; Nussbaum, M.: *New Frontiers of Justice. Disability, Nationality, Species Membership*, Cambridge 2006 u. Pulcini, E.: *La cura del mondo. Paura e responsabilità nell'età globale*, Turin 2009.

[16] Ich beziehe mich vor allem auf Jonas, H.: *Das Prinzip Verantwortung: Versuch einer Ethik für die technologische Zivilisation*, Frankfurt a. M. 1979.

II. Die Auffassung des Ichs in der Moderne und die kopernikanische Wende Leopardis

In zahlreichen Passagen wertet Leopardi das Gefühl auf und bezieht sich dabei auf den Zivilisierungsprozess der Menschheit wie auf die Geschichte eines Verfalls, der uns von unserer wahren anthropologischen Natur entfernt. Ihre Lektüre löst durch Analogie die Erinnerung an Rousseaus *Diskurs über die Entstehung der Ungleichheit unter den Menschen* aus. Die Positionen von Leopardi und Rousseau sind unter zahlreichen Gesichtspunkten ähnlich. Der Lernprozess, mit welchem die Menschen sich von ihrer ursprünglichen Natur entfernen, ist für beide die Geschichte einer langsamen Anpassung an die Umwelt, durch die der Mensch sich allmählich von der eigenen tierischen Natur mittels einer unausgewogenen Behauptung der Rationalität[17] löst und einen Nachahmungsmechanismus auslöst, welcher das Einzelwesen dem Urteil und Blick des Anderen übergibt.[18] Aber es gibt bezeichnende Unterschiede bezüglich des Gefühlsgrundes jenes von beiden Autoren geschilderten Ich. In der Darstellung von Rousseau ist dieses beziehungssehnsüchtige Ich die Ausgeburt der Eigenliebe: also der Auswuchs eines Prozesses, der sich aus der Überwindung der Dynamik von Selbstliebe und Mitleid entwickelt, welche die menschliche Natur vor jeglicher Sozialisierung gekennzeichnet hatte.[19]

Dieses komplexe Spiel von Eigenliebe, Selbstliebe und Mitleid ist in der negativen Anthropologie von Leopardi abwesend.[20] Im Zentrum der Auf-

---

[17] Siehe den Gedanken 3935 im *Zibaldone*, wo Leopardi eine von ihm geteilte Passage des *Diskurs über die Ungleichheit* zitiert. Darin hatte Rousseau behauptet, dass »tout homme qui pense est un homme dépravé.«

[18] Vgl. Damiani, R.: L'antropologia perenne di Giacomo Leopardi. In: *La prospettiva antropologica nel pensiero e la poesia di Giacomo Leopardi*, a. a. O., S. 76ff. Bezüglich der Nachahmung in der anthropologischen Auffassung von Rousseau siehe Pulcini, E.: *Rousseau e le patologie della modernità: le origini della filosofia sociale*, hg. von G. M. Chiodi u. R. Gatti. Mailand 2012; Neuhouser, F.: Rousseau und das menschliche Verlangen nach Anerkennung. In: *Deutsche Zeitschrift für Philosophie*, 56, 2008, Heft 6, S. 899–922, sowie ders.: *Rousseau's Theodicy of »Amour propre«: Evil, Rationality and the Drive for Recognition*, Oxford 2009.

[19] Rousseau, J.-J.: *Diskurs über die Ungleichheit*, hg. u. übersetzt von H. Maier. Paderborn 1993, S. 369: »Man darf *L'amour propre* [die Eigenliebe] und *L'amour des soi-même* [die Selbstliebe] nicht durcheienderbringen – zwei Leidenschaften, die ihrer Natur und ihren Wirkungen nach sehr verschieden sind. *L'amour de soi-même* ist ein natürliches Gefühl, das jedes Tier dazu veranlaßt, über seine eigene Erhaltung zu wachen, und das, im Menschen von der Vernunft geleitet und durch das Mitleid modifiziert, die Menschlichkeit und die Tugend hervorbringt. *L'amour propre* ist nur ein relatives, künstliches und in der Gesellschaft entstandenes Gefühl, das jedes Individuum dazu veranlaßt, sich selbst höher zu schätzen als jeden anderen, das den Menschen all die Übel eingibt, die sie sich wechselseitig antun, und das die wahrhafte Quelle der Ehre ist«.

[20] Zu diesen Aspekten des Leopardischen Denkens vgl. Ottaviani, A.: Homo duplex o »uomo a quattro gambe«? La questione delle bestie nel pensiero antropologico di Leopardi. In: *La*

merksamkeit steht hier ausschließlich die Eigenliebe als einzige und stärkste Wurzel aller menschlichen Leidenschaften, die keine Grenzen kennt und unablässiges Verlangen nach dem Unendlichen ist[21]: »Es gibt keine Leidenschaft außer der Eigenliebe, und alle Leidenschaften sind eine Wirkung von ihr, die sich von der Ursache nicht unterscheidet und ohne sie nicht existiert.«[22]

Die uns von Leopardi geschilderte verabsolutierende und grenzenlose Leidenschaft des Ich, ist natürlich und untrennbar verbunden mit dem »Hass gegenüber dem Anderen, der davon die untrennbare Folge ist«.[23] Die Eigenliebe lenkt das Beziehungssubjekt Leopardis zu einem kämpferischen und konfliktreichen Verhalten, bei dem klare Bezüge zum Hobbeschen *bellum omnium contra omnes* anklingen.[24] Allerdings liefert Leopardi mit der Behauptung, dass der Mensch sich niemals »der Selbstliebe und auch nicht des Hasses gegenüber dem Anderen«[25] zu entblößen vermag, eine Präzisierung, die weder von Rousseau noch von Hobbes hätte in ähnlicher Weise dargestellt werden können. Denn er führt näher aus, dass eine solche Realität in gleicher Weise von den Menschen und den anderen Lebewesen geteilt wird, deren Unterschiede alle einer eher quantitativen als qualitativen Ordnung zugeschrieben werden.

Anders als Hobbes und Rousseau, zieht Leopardi eine kontinuierliche Verbindungslinie zwischen der Menschheit und den genauso mit Empfindungsvermögen und Vernunft ausgestatteten anderen Lebewesen. Die Idee einer Abstufung der Vernünftigkeit unter den Lebewesen, die einhergeht mit der Anerkennung der tierischen Fähigkeit zur Einbildung und Freiheit, führt bei Leopardi zur Frage nach der substanziellen Identität der Seele von Mensch und Tier. Mit der philosophischen Anthropologie seiner Zeit hätte dieser Interpretationsansatz nur schwerlich in Einklang gebracht werden können; denn diese war der Rousseauschen Philosophie der Freiheit und dem Anthropozentrismus der kantianischen Spekulation tief verpflichtet.

Die kontinuierliche Verbindungslinie zwischen Mensch und Tier wurde bei Rousseau dort unterbrochen, wo er die konditionierten Reaktionen der Tiere auf die Umwelt mit der Freiheit verglichen hatte, die stattdessen die Entgegnung des Menschen charakterisiert. Während das Tier ausschließlich durch den Antrieb der Natur handelt, so kann sich der Mensch den ihm vor-

---

prospettiva antropologica, a. a. O., S. 573–584, und Janowski, F.: *L'animale infelice: la differenza antropologica nel pensiero di Leopardi*, ebd., S. 541–560.

21 Vgl. *Zibaldone*, a. a. O., S. 2490f.

22 Ebd.

23 Ebd, S. 2205.

24 Man vgl. den *Zibaldone*, a. a. O., S. 2436–2441 mit den entsprechenden Passagen bei Hobbes, T.: *De Cive*, I, 12 u. *Leviathan*, III. Von »einer politischen Psychologie fast Hobbescher Prägung« spricht Mastrangelo, L.: *Leopardi politico*, a. a. O., S. 60.

25 *Zibaldone*, a. a. O., S. 890.

geschriebenen Gesetzen entziehen: Das Tier wählt oder verwirft mit seinem Instinkt, der Mensch hingegen durch einen Akt der Freiheit.

Tiefgreifend diskontinuierlicher war die von Kant gezogene Trennungslinie. Im menschlichen Zivilisierungsprozess erkannte er die Geschichte einer Entwicklung, welche den Menschen allmählich vom Tier entfernt und ihren Höhepunkt in dem vom Menschen erworbenen Bewusstsein erreicht, »Selbstzweck« zu sein und sich gerade diesbezüglich von den anderen Lebewesen zu unterscheiden, die als bloße Mittel zur Erreichung seiner Zwecke bezeichnet werden.[26]

Nichts könnte Leopardis Auffassung vom Menschen und Universum entfernter sein. Wenn bei Kant – und bei Rousseau – die Würde der Menschen in einer Fähigkeit zur Freiheit besteht, die unter ihnen eine von den anderen Lebewesen nicht geteilte Gleichheit begründet, so erweist sich die Freiheit in der Leopardischen Argumentation als reine Illusion in der modernen Gesellschaft, und das – von Kant im Menschen ermittelte – Ziel der Schöpfung bleibt sowohl bezüglich seiner Existenz als auch hinsichtlich seiner Inhalte dunkel und problematisch.

Die Ablehnung des Anthropozentrismus der abendländischen Tradition veranlasst Leopardi dazu, alle empfindenden und denkenden Wesen einer einzigen Lebenskette zuzuordnen und eine regelrechte kopernikanische Wende zu verwirklichen. Ihr geht es nicht, wie hingegen bei Kant, um eine philosophischen Perspektive, welche den Menschen in den Mittelpunkt des Erkenntnisprozesses stellt, sondern um eine Umwälzung der Position des Menschen im Kosmos, die ihn zu einer Randstellung zwingt.

Die Frage wird sorgfältig in den *Operette morali* behandelt. In dem Dialog zwischen Kopernikus und der Sonne äußert sich ersterer folgendermaßen[27]:

---

[26] Zu diesen Aspekten siehe vor allem Kants in den Jahren 1796–1797 veröffentlichte *Anthropologie in pragmatischer Hinsicht*, und auch seinen *Mutmaßliche[n] Anfang der Menschheitsgeschichte* von 1786, wo geschrieben steht: »Das erstemal, daß er zum Schafe sagte: *den Pelz den du trägst, hat dir die Natur nicht für dich, sondern für mich gegeben*, ihm ihn abzog und sich selbst anlegte: ward er eines Vorrechtes inne, welches er, vermöge seiner Natur über alle Thiere hatte, die er nun nicht mehr als seine Mitgenossen an der Schöpfung, sondern also seinem Willen überlassene Mittel und Werkzeuge zur Erreichung seiner beliebigen Absichten ansah. Diese Vorstellung schließt (wiewohl dunkel) den Gedanken des Gegensatzes ein: daß er so etwas zu keinem Menschen sagen durfte, sondern diesen als gleicher Theilnehmer an den Geschenken der Natur anzusehen habe« (Kant, I.: *Gesammelte Schriften*, Berlin u. Leipzig 1910ff., Bd. VIII, S. 114).

[27] Diesbezüglich interessante Bemerkungen enthält der Beitrag von Negri, A.: Leopardi, Nietzsche e la scelta copernicana. In: *Interminati spazi ed eterno ritorno. Nietzsche e Leopardi*, Florenz 1994, S. 139–179. Zur Bedeutung von Kants kopernikanischer Wende vgl. Benevenga, E.: *Kant's Copernican Revolution*, Oxford 1987, und Gerhardt, V.: Kants kopernikanische Wende. In: *Kant-Studien*, LXXVIII, 2, 1987, S. 139–152.

> Die Erde hat bis heute den ersten Platz in der Welt eingenommen, nämlich die Mitte; ... So zeigten sich alle Dinge in ihrem Dienst beschäftigt, und das Universum glich einem Hof, in dem die Erde gleichsam auf einem Thron saß und die anderen Himmelskörper ringsum als Höflinge, Wächter und Diener ihr Amt versahen. So hat denn die Erde immer geglaubt, sie sei die Kaiserin der Welt ... Und was soll ich Ihnen nur noch von den Menschen sagen, die sich immer für die allerersten und allerwichtigsten Geschöpfe hielten und halten werden? Jeder von uns, wenn er auch nur in Lumpen gekleidet ist und nicht einmal eine trockene Brotrinde zu beißen hat, war fest überzeugt, ein Kaiser zu sein; nicht von Konstantinopel oder Deutschland oder der halben Erde wie die römischen Kaiser, sondern ein Kaiser des Universums, ein Kaiser der Sonne, der Planeten, aller sichtbaren und unsichtbaren Sterne ... Wenn Sie nun aber verlangen, daß die Erde ihren Platz in der Mitte verlasse, wenn wir sie dazu bringen zu laufen, zu kreisen, sich ständig abzumühen ..., so wird das dazu führen, daß ihre Majestät die Erde und ihre Majestäten die Menschen den Thron räumen und auf die Herrschaft verzichten müssen und mit ihren Lumpen und ihrem Elend, das nicht klein ist, allein zurückbleiben.[28]

Kopernikus fährt dann mit seinen Überlegungen fort, indem er deren weitreichende anthropologischen und philosophischen Implikationen umreißt:

> Es geht mir darum zu sagen, daß es sich da nicht um eine rein materielle Angelegenheit handelt, wie es auf den ersten Blick den Anschein hat, und daß ihre Wirkungen nicht nur die Physik betreffen; denn sie wird die Stufenfolge der Dinge und die Rangordnung der Wesen durcheinanderbringen, den Endzweck der Geschöpfe verändern und dadurch auch in der Metaphysik, ja in allem, was sich auf den spekulativen Teil des Wissens bezieht, eine gewaltige Umwälzung bewirken. Und die Folge wird sein, daß die Menschen, wenn sie noch vernünftig diskutieren können und wollen, entdecken werden, daß sie etwas anders sind, als was sie bisher waren oder zu sein glaubten.[29]

Daraus können wir schließen, dass im Denken von Leopardi gerade der menschliche Verzicht auf jede Zentralität im Kosmos das herausragende

---

[28] Leopardi, G.: *Kopernikus*. In: *Gesänge, Dialoge und andere Lehrstücke, Zibaldone*, Düsseldorf 1998, Szene IV, S. 451f. Dieses Thema taucht in den *Operette morali* wiederholt auf, z. B. im Dialog zwischen einem Kobold und einem Gnomen, oder im Dialog zwischen der Erde und dem Mond.

[29] Ebd., S. 452. Dieses Thema wäre dann hier zu vervollständigen, indem man die Entgegnung der Sonne auf der Seite 452f. liest: »Das alles, mein Sohn, macht mir keine Angst, denn ich habe soviel Respekt von der Metaphysik wie vor der Physik oder auch von der Alchimie oder die Nekromantie. Und die Menschen werden sich abfinden, das zu sein, was sie sind, und wenn es ihnen nicht paßt, mögen sie Beweise gegen die Vernunft führen und der offensichtlichen Wahrheit zum trotz argumentieren, was ihnen sehr leicht fallen wird, und auf diese Weise fortführen, sich zu halten, wofür sie wollen, für Barone oder Grafen oder Kaiser oder was ihnen sonst beliebt. Das wird sie trösten, und mich werden sie mit ihren Einbildungen nicht im geringsten ärgern«.

Thema philosophischer Beschäftigung ist. Der Mensch wird nicht in die Mitte der Welt gestellt, und er ist – nach Leopardis Vorstellung – keineswegs besser als alle anderen tierischen Wesen. Wenn er sich als anders erweist, dann eher unbequemer und fehlerhafter als besser oder vollkommener. Was also sind die Menschen? Gerade darum geht es hier. Bevor wir über Menschenwürde reden, müssen wir uns darüber im Klaren sein, was nach Leopardis Auffassung den Menschen eigentlich ausmacht.

III. Mensch, Tier, Pflanze, Wesen

Was ist der Mensch? So heißt es im *Zibaldone* auf Seite 1456. Und die Antwort lautet: Er ist ein Tier, das mit einer vergleichsweise größeren Anpassungsfähigkeit ausgestattet ist.[30] Keineswegs wird der Mensch also als ein gegenüber der Tierwelt andersartiges Wesen dargestellt; und nie unter Hervorhebung seiner eigenen, nur ihm exklusiv zukommenden Rationalität, Autonomie oder Moralität. Der Unterschied zwischen Mensch und Tier lässt sich quantitativ messen. Beide sind empfindliche und vernünftige[31] Wesen, die in unterschiedlichem Ausmaß und Proportion solche Eigenschaften wie Selbstliebe, Begehren, Hoffnung, Mitleid, Anpassung und Einbildungskraft besitzen.[32] Gradationen statt Dichotomien also; und keine Vernachlässigung des Körpers. »Der Körper ist der Mensch« – so steht es im *Dialog zwischen Tristan und einem Freund* geschrieben.[33] Leopardis Philosophie unterscheidet nicht scharf zwischen Animalität und Humanität und gebraucht einen Wortschatz, der weitaus mehr auf Hoffnung und Einbildung Bezug nimmt als auf Vernunft, Moralität und Unabhängigkeit.

Anders als im Anthropozentrismus und im philosophischen Rationalismus der Moderne, reißt die Philosophie von Leopardi den Menschen aus dem Mittelpunkt des Kosmos: sie versteht den Unterschied zwischen ihm und dem Tier relativ, also eher als Differenz im Grade und weniger im Wesen. Natürlich leidet darunter stark sein Begriff der *Menschen*würde. Allerdings sind die Differenzen bei Leopardi nicht unbeträchtlich, weil sie den Menschen *über* die anderen Lebewesen stehen lassen, obwohl sie ihn dem *Zentrum* des Kosmos entreißen.[34] Dank der größeren Intensität seiner Leidenschaften,

---

[30] Vgl. *Zibaldone*, a. a. O., S. 1456.

[31] Vgl. ebd., S. 1825.

[32] Vgl. ebd., S. 1761 ff., 1923–1925 u. 1452 f.

[33] Leopardi, G.: Dialog zwischen Tristan und einem Freund. In: *Gesänge, Dialoge und andere Lehrstücke, Zibaldone*, a. a. O., S. 477.

[34] Zu diesem Thema vgl. Cassano, F.: *Oltre il nulla. Studio su Giacomo Leopardi*, Rom u. Bari 2003, S. 31 ff.

schreibt Leopardi, »steht [der Mensch] in der irdischen Natur auch hier auf der höchsten Stufe, so wie er überhaupt den höchsten Rang unter den irdischen Wesen einnimmt.«[35]

Den Menschen zeichnen der höchste Grad von Lebenskraft und Eigenliebe aus, wodurch er sich weniger für die Gesellschaft eignet und stärker dem Leiden ausgesetzt ist.[36] Größere Bedürfnisse, Anpassungs- und Lernfähigkeiten, Selbstliebe, größeres Mitleid und Einbildungskraft machen aus ihm nicht so sehr das erste oder beste Wesen, sondern vielmehr dasjenige, welches am meisten leidet: »Der Mensch hat mehr Lebensgefühl, demnach mehr Selbstliebe und mehr Leiden«[37], schreibt Leopardi im *Zibaldone*, indem er darauf hinweist, daß das Leben viel mehr als Freude, Schmerz und Leiden enthält. Leben ist Leiden[38]: Diesem allgemeingültigen Gesetz ist der Mensch stärker ausgesetzt als das Tier, weil ihn seine spezifische Lernfähigkeit besser unterrichtet und ihm bewusst macht, dass er zwangsläufig dem allgemeinen Gesetz vom notwendigen Ende aller Dinge untersteht.

Der Leopardische Mensch ist also kein Zoon politikon oder das soziale Tier der Tradition, sondern vielmehr ein »unglückliches Tier«, das seinen spezifischen Rang in der Kette der Wesen nichts anderem verdankt als dass er dem Schmerz stärker ausgesetzt ist. Im *Zibaldone* gibt es zahlreiche Stellen, wo Leopardi auf diese Begriffe zurückkommt. Und diese fehlen übrigens auch nicht in den Gedichten und in den *Operette morali*. Demnach ist es unvermeidlich, sich auf einige Seiten zu beziehen, wo das Thema eingehender behandelt wird um dabei den Kernpunkt von Leopardis Position und die mit ihr verbundenen Schwierigkeiten offenzulegen. Denn der Stufenbau bei den Unterschieden verhindert nicht, dass die Differenz, obwohl quantitativ, nicht überwindbar sind.

Auf den Seiten 1923 und 1924 vergleicht Leopardi Mensch und Tier, wobei er mit ihrer Ähnlichkeit beginnt, die nur bei jenem »minimalen Grad« größerer Anpassungsfähigkeit aufhört, welche dem Menschen eigen ist. Der

---

35 *Zibaldone*, a. a. O., S. 3773, dt. Übers. S. 801.

36 Daher, heisst es im Zibaldone, »muß also jedes menschliche Einzelwesen mehr Haß auf die anderen Einzelwesen, sei es der eigenen, sei es der anderen Gattungen, in sich tragen, gemäß den Gesetzen, die ich an mehreren Orten entwickelt habe. Und welche andere Eigenschaft läuft der Geselligkeit mehr zuwider, schließt von Natur den geselligen Geist eher aus als die heftigste Liebe zu sich selbst, die heftigste Sucht, alles an sich zu reißen, und der heftigste Haß auf die Anderen alle? Diese heftigsten Neigungen finden sich sämtlich im Menschen. Diese Eigenschaften sind im Menschen von Natur viel stärker ausgebildet als in irgendeinem andern Lebewesen. Er steht in der irdischen Natur auch hier auf der höchsten Stufe, so wie er überhaupt den höchsten Rang unter den irdischen Wesen einnimmt« (*Zibaldone,* a. a. O., S. 3773, dt. Übers. S. 800f.).

37 *Zibaldone*, a. a. O., S. 2412, siehe jedoch auch S. 2489ff.

38 Vgl. ebd., S. 3550–3552.

uns von Leopardi auf diesen Seiten des Zibaldone geschilderte menschliche Lernprozess ist zu Beginn durch eine Differenz gekennzeichnet, die gegenüber dem Tier fast unbedeutend ist: eine so geringfügig größere natürliche Veranlagung zum Lernen und Sich-Anpassen, schreibt Leopardi, dass sie in ihrer Dimension mit einem Senfkorn verglichen werden kann. Im Laufe der Zeit macht der Mensch jedoch einen abrupten Beschleunigungsprozess durch, aufgrund dessen »[er] kraft der erworbenen Gewöhnung und der Fähigkeit zum Sich-an-etwas-Gewöhnen (...) dazu gelangt, sich endlos von jeglichem Tiere und von der gesamten Natur zu unterscheiden.«[39] Mit diesem Übergang vermittels des Lern- und Zivilisierungsprozesses vergrößert sich der Abstand zwischen Mensch und Tier so sehr, dass er letztlich als nicht enden könnend[40] definiert zu werden vermag.

An der Zunahme des Abstandes zwischen den Menschen und den anderen Lebewesen wirken übrigens auch andere Elemente mit, deren Natur auf einen qualitativen Unterschied verweist. Trotz der schon oben zitierten Stellen ist es keineswegs ungewöhnlich, auf den Seiten Leopardis Bezüge auf eine quantitative Ordnung der Differenzen zu finden. Diese Bezüge deuten auf die Besonderheit des menschlichen Leidens hin, welche in einigen Eigenschaften begründet ist, die man als nicht zum Erfahrungsbereich der Tiere gehörend bezeichnet. Das heißt gemäß Seite 40 des Zibaldone: » die Voraussicht von Übeln (die bei den Tieren nicht besteht)«, die Leidenschaften, »Unzufriedenheit mit der Gegenwart, die Unmöglichkeit, das eigene Verlangen zu stillen«, jedoch vor allem der »bei den Tieren unmögliche« Wunsch, dem eigenen Leben ein Ende zu setzen.

In der Möglichkeit, einen Selbstmord zu planen, sowie in der Gefährdung durch unbekannte, der Tierwelt unbekannten Leidensformen werden demnach Charakteristiken und Fähigkeiten erkennbar, die sämtlich und ausschließlich menschliche sind. Wenn auch die Geburt für alle anstrengend und lebensgefährlich ist, so sind nur für den Menschen bestimmte Daseinswege denkbar: Denn nur er ist der zermürbenden Wirkung von Öde und Unruhe ausgesetzt und kann aufgrund seiner Einbildungskraft die Perspektive aufkommen lassen, das eigene Leben zu beenden. Man muss aber nicht nur hervorheben, dass »kein anderes Tier außer dem Menschen sich selbst freiwillig tötet«[41], sondern ebenfalls unterstreichen, dass dem Menschen nicht

---

[39] Ebd., S. 1924.

[40] Ebd., S. 1924f. Zum Thema der Perfektibilität bei Leopardi vgl. Neumeister, S.: *La perfettibilità in Leopardi.* In: *Leopardi. Poeta e pensatore*, a. a. O., S. 105–117.

[41] Vgl. die Schlusszeilen von *Die Wette des Prometheus.* In: *Gesänge, Dialoge und andere Lehrstücke, Zibaldone,* a. a. O., S. 325, wo Leopardi schreibt: »Momos wollte Prometheus eben gratulieren zu den vortrefflichen Wirkungen der Zivilisation und der Ufriedenheit, die sie unserem Leben bringt, und wollte ihn auch daran erinnern, daß kein anderes Tier außer dem

wie dem Tier Ignoranz gegenüber dem eigenen Zustand beigemessen werden kann. Diese Ignoranz erlaubt hingegen dem Tier, bei gleichen äußeren Umweltbedingungen eine Ruhe zu finden, die zu genießen dem Menschen stattdessen versagt ist. Es handelt sich um einen Unterschied, den Leopardi mehrfach feststellen konnte: sowohl in seinen Prosawerken als auch in den Gedichten, wie im Falle der poetischen Meditationen im *Nachtgesang eines wandernden Hirten in Asien*, wo er den Unterschied zwischen den Existenzbedingungen des Menschen und jenen der Herde auf der Weide wie folgt darstellt:

> Liegst du im Schatten, auf der grünen Weide,
> bist du gestillt und froh;
> und viele lange Tage
> verbringst du frei von aller Unrast so.
> Wohl kann auch ich im grünen Schatten liegen,
> doch eine Sorge faßt
> mir an die Seele, und ein Stachel treibt mich,
> daß ich auf meiner Rast
> nicht Ruh noch Frieden finde.
> (113–121)

IV. Welche Würde für den Menschen?

Überlegungen zum Thema der Menschenwürde im Denken Leopardis müssen das Bewusstsein des menschlichen Leidens als Ausgangspunkt haben. Hier stehen nicht die Perfektibilität des Menschen und seine von ihm erahnten Fortschrittsmöglichkeiten im Vordergrund, sondern das fast unerträgliche Ausmaß von Not, die den Menschen deshalb zukommt, weil sie die Realität ihrer Nichtigkeit erfahren können. In dieser spezifischen menschlichen Not wird also die Würde des Menschen verankert sein müssen. Wenn das oberste Glied der ununterbrochenen Kette der Lebewesen von einem Geschöpf mit Surplus an Lebensgefühl und daher größerer Not repräsentiert wird, so stehen wir vor einem Gegensatz: Das sich liebende Leben bringt Not statt Elan und Freude hervor. In einem Stück der *Operette morali* erklärt die Natur einer verzweifelten menschlichen Seele, worin die menschliche Überlegenheit besteht:

Menschen sich selbst tötet oder aus Verzweiflung über das Leben seine Kinder umbringt.« Zum Thema des Selbstmordes siehe auch den *Dialog zwischen Plotin und Porphyros*, zu denen ich im letzten Abschnitt dieses Aufsatzes zurückkehre.

> die Größe der Seele bedingt eine größere Intensität des Lebens, und diese bedingt wieder ein stärkeres Empfinden des eigenen Unglücks .... Diese größere Eigenliebe bedingt ein stärkeres Verlangen nach Glück und folglich größere Unzufriedenheit und Qual bei dessen Ausbleiben und größeren Schmerz über das Leid, das einem Menschen widerfährt.[42]

Wenn dem so ist – also keine Auswege aus der Eigensüchtigkeit und dem Leiden zu finden sind –, sollten wir dann gerade nicht auf jede Hoffnung verzichten und daraus – wie die Seele in ihrem Dialog mit der Natur – schließen, dass es für uns besser wäre, wenn die Möglichkeit bestünde, das unvollkommenste aller Wesen zu sein und uns damit von allen »unheilvollen Gaben«, die uns erheben, zu befreien?[43] Der Leser hat die Vermutung, dies sei noch nicht Leopardis letztes Wort. Es bleibt bei ihm der Eindruck zurück, dass dem menschlichen Zustand eben doch eine eigene Würde zusteht. Dieses Gefühl beschreibt uns sehr wirkungsvoll Francesco De Sanctis, und zwar dort, wo er feststellt:

> Leopardi bringt anstelle der erwarteten Wirkung die gegenteilige hervor. Er glaubt nicht an den Fortschritt, aber lässt dich ihn begehren; er glaubt nicht an die Freiheit, aber lässt dich sie lieben. Er nennt Liebe, Ruhm und Tugend Illusionen, aber er entzündet in deiner Brust ein unerschöpfliches Verlangen. Und du kannst von ihm nicht ablassen, ohne dass du dich nicht besser fühlst; aber du kannst dich ihm auch nicht nähern, ohne dass du dich nicht sammelst und reinigst, damit du nicht in seiner Gegenwart erröten musst. Er ist skeptisch, aber macht dich zu einem Gläubigen; und während er eine weniger traurige Zukunft für das gemeinsame Vaterland nicht für möglich hält, erweckt er in deiner Brust eine große Liebe zu ihm und entflammt dich zu edlen Taten. Sein Begriff von der Menschheit ist so niedrig, aber seine hochherzige, freundliche und reine Seele ehrt und erhebt sie.[44]

Das bei De Sanctis festgestellte doppelte Register erfordert eine umfassende Deutung des Leopardischen Denkens, die nicht im Nihilismus sein letztes und definitives Wort erkennt. In diesem Sinne hat Franco Cassano Leopardis Denken interpretiert. Für ihn besteht das Spezifikum seiner Philosophie gerade im komplexen und widersprüchlichen Verhältnis zwischen Wahrheit und Widerstand, welche beide im Denkhorizont eines Verzweifelnden bewahrt werden, der jedoch keinen Anlass zu Verschlossenheit und Zynismus gibt:

---

[42] Leopardi, G.: *Dialog zwischen der Natur und einer Seele.* In: *Gesänge, Dialoge und andere Lehrstücke, Zibaldone,* a. a. O., S. 306.

[43] Ebd., S. 308: »so laß mich, wenn du mich liebst, im unvollkommensten von ihnen wohnen, oder, wenn du das nicht kannst, so befreie mich von den unheilvollen Gaben, die mich adeln, und mache mich dem dümmsten und einfältigsten Menschengeiste gleich, den du jemals hervorgebracht hast.«

[44] De Sanctis, F.M.: *Saggi critici,* Bari 1953, S. 184f.

> Leopardis Äußerungen wollen Wahrheit und Widerstand zusammenhalten: Würden sie in eine der beiden Richtungen münden, so glitten sie in Zynismus oder Blindheit ab. Und von hier kommt jenes Partizip Präsens des im Brief an De Sinner von 1832 verwendeten Ausdrucks *philosophie désespérante*. Die Verzweiflung kann niemals ein Partizip Perfekt bilden; etwas, was man einmal für immer *erfahren* hat. Die fehlende Hoffnung muss stets wehtun, um nicht eine sentimentale Tarnung des Zynismus zu sein: *weder lügen noch resignieren*. An diesem, Oxymoron und Paradox streifenden Kreuzungspunkt steckt die Resistenz von Giacomo Leopardi.[45]

Diese schwierige und mühselige Strategie erweist sich für den modernen Menschen als unumgänglich, infolge des verlorenen Kontaktes mit der Natur und des sich daraus ergebenden »Massaker[s] der Illusionen«, das den Menschen zur »Erkenntnis der Wahrheit über die Dinge und ihres wirklichen Gewichtes und Wertes« geführt hat.[46] Indem die Menschen von den Illusionen befreit wurden, hat die strenge Vernunft[47] der Moderne die Existenz äußerst problematisch gemacht und auf eine Übung in Egoismus und Niederträchtigkeit reduziert, bei welcher die Koexistenz jener »eitle[n] Freude an eingebildeten Dingen«, die Leopardi als »die beständigste Freude in diesem Leben« bezeichnete, einem unaufhaltsamen Auflösungsprozess unterzogen wird.[48]

Was also bleibt dem Menschen nach der Zerstörung der Illusionen? Was bleibt, nachdem er sich zivilisiert und so sehr von der Natur entfernt hat? Was bleibt ihm denn nun eigentlich als nur ihm eigenes Gut noch übrig?

Nach Ansicht von Cesare Luporini besteht das einzige, bittere, dem Menschen bleibende Gut in der ausschliesslich menschlichen Würde des Bewusstseins der Wahrheit.[49] Dieses Bewusstsein, welches »die Größe und Kraft des menschlichen Intellekts« zeigt, sowie »die Erhabenheit und Noblesse des Menschen«, ist nichts anderes als das Bewusstsein der eigenen, konstitutiven

---

45 Cassano, F.: *Oltre il nulla*, a. a. O., S. 43.

46 Leopardi, G.: *Abhandlung über den gegenwärtigen Zustand der Sitten der Italiener*, a. a. O., S. 43.

47 Ebd.

48 Vgl. *Zibaldone*, a. a. O., S. 51, dt. Übers. S. 499: »Die beständigste Freude in diesem Leben ist die eitle Freude an eingebildeten Dingen. Ich erachte die Einbildungen für etwas gewissermaßen Reales, denn sie gehören wesentlich zum System der menschlichen Natur, und von der Natur sind sie allen Menschen gegeben; man darf sie daher nicht gering, wie Träume eines einzelnen, schätzen, sondern ernstlich als Träume des Menschen und von der Natur ihm verordnet, da sonst unser Leben das elendste, roheste Ding wäre. Sie sind daher notwendig ein Teil an der Bildung und Ordnung der Dinge.«

49 Luporini, C.: *Leopardi progressivo* (1947), Rom 1996, S. 78. Dort steht geschrieben: »Die Wahrheit wird höchste Menschenwürde und Tugend. Diese Würde des Menschen bleibt nach dem Verfall der Illusionen sein einziges, wenn auch bitteres Gut.«

und nicht verbesserbaren Kleinheit. Die Kraft und Größe des menschlichen Geistes, schreibt Leopardi in beinahe paradoxer Weise, besteht in der Möglichkeit, mit demselben Gedanken die menschliche Kleinheit und die unbegreifliche Weite der Existenz zu erfassen: »Nichts läßt die Größe und Macht des menschlichen Geistes, nichts den Adel und Rang des Menschen besser erkennen, als daß der Mensch zu ermessen und voll zu verstehen und stark zu empfinden vermag, wie klein er doch ist.«[50]

Der Bezug auf das Selbst-Bewusstsein des Menschen gibt uns jedoch nur einen Teil von Leopardis komplexer Position wieder, bei welcher die menschliche Erkenntnis der Wahrheit auch Erkenntnis der Unentbehrlichkeit der Illusionen ist, sowie auch nachdrückliche Beklagung der unerträglichen Gleichgültigkeit der Naturordnung.

In der Philosophie Leopardis wird die enttäuschende Kenntnisnahme des Nichts, zu der das Leben unabänderlich bestimmt ist, zu einer Erfahrung, die auf die lebendige Macht der Illusionen nicht verzichten kann. Wahrheit und Illusion sind als scheinbare Gegensätze beide tief im Menschen verwurzelt. In seinem Leben glaubt er immer weiter an die Illusionen, obwohl er die Wahrheit erfasst und die Illusionen als Täuschungen entlarvt. Zwar verbergen sie die schmerzvolle Wahrheit nicht, aber die Wahrheit vermag sie nicht zu vernichten. Neben dieser Wahrheitserkenntnis bestehen die Illusionen stets weiter fort: Wie auch immer es sei, die Illusion überlebt[51] und blüht als Surrogat des den Menschen vorenthaltenen Glücks wieder auf.

> Wie sehr auch die Wahnbilder durch die Vernunft entlarvt und entwertet sein mögen, sie halten sich dennoch hienieden und bilden den größten Teil unseres Lebens. Alles zu wissen genügt nicht, damit sie einer verliere, selbst wenn sie als eitel erkannt sind. Und vergehen sie einmal, so bleibt eine mächtige Wurzel

---

50 *Zibaldone,* a. a. O., S. 3171 f., dt. Übers. S. 764 f. Man siehe hierzu auch die Fortsetzung von Leopardis Überlegungen, die ganz um das Binom Größe – Kleinheit kreisen: »Wenn er die Vielheit der Welten betrachtet, so fühlt er sich als ein winziger Teil eines Himmelskörpers, der ein ganz kleiner Teil eines Systems unter zahllosen ist, die das Weltall bilden, und bei solcher Betrachtung überkommt ihn die Einsicht, wie klein er ist, und indem er dies tief empfindet und entschieden ins Auge faßt, wird er sich selber beinahe zum Nichts und verliert sich im Unermeßlichen und verirrt sich gleichsam in der unbegreifliche Weite des Daseins; und damit, und mit diesem Gedanken, erbringt er den best möglichen Beweis seines Adels und der unvergleichlichen Kraft seines Geistes, welcher, auf ein so winziges Wesen beschränkt, dennoch zur Kenntnis und zum Verständnis so hoch seine eigene Natur überragender Dinge zu fassen und in sich aufzunehmen vermag. Gewiß ist es keinem anderen denkenden Wesen auf Erden möglich, auch nur in Betracht zu ziehen, daß es klein sei, ob nun an und für sich genommen oder im Vergleich mit anderen Dingen; wäre es selbst auch, dem Körper nach, nur ein Billionstel des Menschen, vom Geiste zu schweigen. Je größer tatsächlich die Lebewesen sind – so, wie der Mensch im Verhältnis zu den übrigen irdischen Wesen-, desto fähiger sind sie, ihre eigene Kleinheit zu erkennen und zu empfinden.«

51 Vgl. Severino, E.: *Il nulla e la poesia*, a. a. O., S. 127 ff.

> zurück, und so leben sie fort und gelangen wieder zur Blüte, aller Erfahrung und gewissen Kenntnis zum Trotz.[52]

Vielleicht könnte man sagen, dass nach dem Massaker der Illusionen eine komplexe Dynamik von Illusion und Ernüchterung bestehen bleibt. Sie ermöglicht sowohl die Bewusstmachung der Wahrheit als auch eine Reaktion auf ihre Unerträglichkeit, die Widerstand erregt und tröstend wirkt. Das Erkennen der Nichtigkeit des Lebens und der Unstillbarkeit des Verlangens lässt die Menschen nämlich nicht ohne jegliche Möglichkeit zur Handlung. Das Leiden ist – und bleibt – ein unauslöschbares Element des Lebens, dessen Endlichkeit Frustration und Qual des Verlangens ist. Allerdings repräsentiert das Gefühl der Nichtigkeit aller Dinge, die aus dem Nichts kommen und ihrer Bestimmung nach zum Nichts zurückkehren ein Leiden, das nicht jegliche Handlungsmöglichkeit ausschließt.

> Bei Leopardi [schreibt Franco Cassano] spielt das Nichts eine entscheidende Rolle, aber es ist nur sein vorletztes Wort. Wenn es wahr ist, dass die Moderne die Menschen von den Illusionen befreit zu haben scheint, nur um sie egoistischer und niederträchtiger zu machen, dann ist es ebenso wahr, dass die Entzauberung nicht mit der Kapitulation zusammenfällt.[53]

Auf dem Grunde der Leopardischen Spekulation bleibt der Gedanke, dass die Menschen »das Erlernte in Solidarität verwandeln können.«[54] Der Erlernungs- und Erfahrungsprozess – wodurch der Mensch lernt, keinen Anspruch auf Freude zu haben –, ist also am Ende in gewisser Weise die Forderung nach konstruktiver Erlernung. Was daraus zu erlernen ist, macht eigentlich die Würde des Menschen aus: die Bewahrung von Bereitschaft zur Kritik, die sowohl auf Misanthropie als auch auf Resignation verzichtet und eine fortwährende Kritik jeder Verletzung des Menschen ermöglicht, welche als Trost erlebt werden kann.

V. Widerstand, Solidarität, Mitleid

Die Leopardische Philosophie, die keinerlei Antwort auf das Problem des Leidens zu geben vermag, reagiert auf den Schmerz der Existenz, indem sie eine Vielfalt von Lösungen vorschlägt, die partielle und differenzierte

---

[52] *Zibaldone*, S. 213f., dt. Übers. S. 553.

[53] Cassano, F.: *Oltre il nulla*, a. a. O., S. IX.

[54] Vgl. ebd., S. 43. Die Aussicht auf Hoffnung wird in Leopardis Philosophie, so wie sie Franco Cassano versteht, nie wirklich aufgegeben. Gemäß Cassano handelt es sich um eine Philosophie, welche die Idee nie ganz fallen lässt, dass die Menschen imstande seien, das von der Welt Erlernte in Solidarität zu verwandeln.

Möglichkeiten der Opposition und der Abgrenzung anbieten. Sie verlaufen entlang zweier Hauptstränge, welche mit der Möglichkeit von Widerstand und der Übung von Mitleid zu tun haben und auf die Dimensionen des Forderns und der Fürsorge verweisen. Die Leopardische Anthropologie eröffnet dem gewöhnlichen und dem genialen Menschen unterschiedliche Wege; dabei empfiehlt sie letzterem besondere – und besonders hohe – Ausdrucksformen.

Leopardis Gedicht *»Der Ginster«* besingt eine solche Auffassung der Menschenwürde, die den wenigen Seelen eigen ist, welche den Mut besitzen, die Wirklichkeit des Daseins zu durchschauen, und dennoch an ihrem Platz verbleiben, ohne sich jemals einzubilden, dass das Menschengeschlecht für die Ewigkeit bestimmt sei. *»Die Blüte der Wüste«* versinnbildlicht einen Mann von edlem Sinn, der den wahren Wert des eigenen Daseins schätzt und mit seinem freien Wort gesteht, wie »hart das Los« der Menschen und »wie schwach das Leben« sei. Es handelt sich um einen Poeten, der offen und klar seiner Verachtung für die unsinnige Philosophie seines verblendeten Jahrhunderts[55] Ausdruck verleiht, die ängstlich den Rücken zur Wahrheit gewandt hatte: zur Wahrheit des schweren Loses und des niederen Standes, welche die Natur den Menschen bescherte.

Ein edler Sinn erkühnt sich,
die todgeweihten Augen
zum allgemeinen Schicksal zu erheben;
mit seinem freien Wort,
das keine Wahrheit mindert,
gesteht er ein, welch hartes Los uns traf,
welch karges, schwaches Leben;
im Leiden zeigt er
sich voll Größe, voller Kraft und mehrt sein Elend
nicht mit dem schwersten Ungemach, dem Hass,
dem Zorn auf seinesgleichen; [...]

Der Ginster ist Emblem für einen mutigen Mann, der die Wahrheit auszusprechen wagt. Dadurch lässt er in sich eine Widerstandskraft entstehen, die in der Anerkennung der eigenen Schwäche besteht. Sie erweist sich als die

[55] Leopardis Polemik gegen das blinde Aufklärungszeitalter geht aus seinem gesamten Werk hervor. Gleichwohl zeigt sie sich sich in besonders wirksamer Weise bei seiner Anklage in der *Palinodie an den Marchese Gino Capponi*, deren ironisch-polemisierender Ton gegen die Aufklärung sich mit dem Ernst verbindet, mit dem er die Wahrheit des Nichts und des menschlichen Leidens ausspricht: »Geht's aber einmal an, daß wir das Wahre / beim Namen nennen, so wird's jeder Mensch, / zu welcher Zeit auch, nur unglücklich sein, / und nicht allein durch Sitten und Gesetze, / auch sonst in allen Teilen seines Lebens / durch unheilbare innere Natur / und allgemeine Ordnung, die im Himmel / wie auf Erden herrscht« (190–197, in: *Gesänge, Dialoge und andere Lehrstücke, Zibaldone*, S. 232).

tapfere Gewissheit, ein Opfer des unüberwindlichen Nichts der Existenz zu sein und deshalb zugrunde zu gehen. Den Ginster als Beispiel für ein nicht zu bezwingendes menschliches Bewusstsein darzustellen, das mit Würde auf jeden stolzen Wahn verzichtet und den Tod in seiner Unausweichlichkeit anerkennt, ihm mutvoll begegnet, entspricht aber nur zu einem Teil seinem wahreren Wesen. Denn das Gedicht enthält zahlreiche Denkanstöße zum Mitleid und zur Solidarität, wozu alle Menschen aufgerufen sind, um gemeinsam den verheerenden Wirkungen der nicht fürsorgenden Natur zu widerstehen. Der Appell zur menschlichen Solidarität in den zu Recht berühmten Versen 120–157 ermöglicht eine Reflexion über Liebe und Mitleid, und auf diese Weise verschiebt er die Aufmerksamkeit vom bisherigen Thema, wie der Ginster dem Tod begegnet, dazu, wie er die Existenz erlebt. Leopardi deutet letzteres auch an anderen Stellen des Textes an, wo der Ginster nicht nur als Symbol eines Widerstandes erscheint, sondern auch als Überbringer einer Gabe mit unbestreitbar trostbringender Wirkung.

> [...] Nun dehnt sich rings
> Ein einz'ger Trümmerhaufe,
> wo du gedeihst, du freundliches Gewächs,
> und wie aus Mitgefühl mit fremdem Unglück
> zum Himmel einen wundersüßen Duft
> als Trost der Wüste sendest [...]

Das Gedicht verdeutlicht, dass die Leopardische Philosophie nicht nur das Leiden und das Nichts kennt, sondern auch Bezüge zur mitmenschlichen Beziehung, zum Trost und zur Fürsorge herzustellen vermag. Mit ihr entwickelt Leopardi eine Anthropologie des Mitleids, die beschreitbare Wege nicht ausschließlich für das dichterische Genie vorsieht, sondern auch einige Möglichkeiten für den gewöhnlichen Menschen. Dieses Unternehmen erweist sich als möglich, weil in Leopardis Deutung das Mitleid seine eigene Wurzel in der Eigenliebe der Individuen hat und seine Übung keine Opfer oder Spenden verlangt.

Anders als bei Rousseau und Schopenhauer[56] wird das Mitleid von Leopardi wie ein Ausdruck des individuellen Egoismus betrachtet und als ein Vergnügen bezeichnet: »Das wesentliche und notwendige Fundament des Mitleids ... ist stets das eigene Selbst«[57], hebt er im *Zibaldone* hervor. Allerdings handelt es sich dabei um eine Leidenschaft, die ein besonderes Terrains

---

[56] Siehe von Schopenhauer, A.: *Über die Grundlage der Moral* und *Die Welt als Wille und Vorstellung*. Zum Vergleich zwischen Leopardi und Nietzsche siehe, außer der bereits zitierten Publikation von De Sanctis, F.: *Schopenhauer und Leopardi*, die Darstellungen von Otto, W.F.: *Intorno a Leopardi*, Genua 1992 und von Aloisi, A.: *Esperienza del sublime e dinamica del desiderio in Giacomo Leopardi*. In: *La prospettiva antropologica*, a. a. O., S. 243–258.

[57] *Zibaldone*, S. 448.

erfordert, weil sie eines »feinen Gefühls« und eines »raffinierten Egoismus« bedarf.[58] Diese beiden Eigenschaften können sich nur bei solchen Individuen entwickeln, welche von der Natur und den Menschen nicht überaus schlecht behandelt wurden; denn »ohne das Gefühl und das Bewusstsein, auf der Welt etwas zu sein und zu gelten, ist es unmöglich, jemals Mitleid zu empfinden.«[59]

Aus Leopardis Sicht handelt es sich also nicht um etwas, das leicht im ständig durch die nicht fürsorgende Natur bedrohten Menschen bewahrt werden kann. Eine so beschaffene Natur prägt kein mütterlich schützendes Verhalten aus und überlässt ihn dem Elend einer leidenden und bedürftigen Existenz. Um diese Leere weniger schmerzhaft zu gestalten, ruft Leopardi die praktische Philosophie zu Hilfe und stellt sich einen Leitfaden zur Linderung des menschlichen Leidens vor. Darin wird empfohlen, alle Formen – platonische, stoische und kartesianische – des Dualismus von Körper und Geist aufzugeben und stattdessen in stets angemessener Weise und soweit wie möglich Einbildung und Hoffnung zu kultivieren.[60] Es handelt sich um Güter, welche der Mensch sich selbst zu beschaffen vermag, indem er sich für das eigene Leben einen Zweck vorstellt und sich fest bemüht, diesen beharrlich zu verfolgen. Dabei soll er jenen »Tropfen Illusion« und jenen »Funken Hoffnung« kultivieren, ohne die das Leben kein Leben ist.[61]

Das menschliche Verlangen nach Glück, welches durch die Lebenserfahrung leicht zunichte gemacht wird, ist ein Gut, das zu seiner Verwaltung einer – nicht von allen besessenen – Fürsorge und Umsicht erfordert. Es bedarf nämlich, wie schon gesagt, der Fähigkeit, sich selbst eine Perspektive und eine Hoffnung zu geben, aber auch, dass diese Perspektive erreichbar und bei der Hand ist.[62] Die von Leopardi auf diesen Seiten angesprochene Weisheit ist eine Kunst, die alles andere als einfach ist und nur von den wenigen erlernt werden kann, welche außer ihrer, aufgrund ihrer inneren Beschaffenheit vorhandenen Fähigkeit, sich mit diesem wenigen zu begnügen, nicht dieses durch überaus viele Enttäuschungen und Entbehrungen des Lebens beraubt wurden. Die für- und vorsorgelose Natur bleibt Leopardis Zielscheibe des Protestes und zwingt ihn, den stets der Schicksalhaftigkeit der Existenz ausgesetzten Einzelnen an einem hauchdünnen Faden seines stets gefährdeten Wohlergehens zu lassen. Das bei Mutter Natur nicht vorhandene elterliche Modell des asymmetrischen Verhältnisses von Fürsorge bleibt auch in den menschlichen Beziehungen nur auf wenig beschränkt. Der Eltern größter

---

[58] Ebd., S. 3117f.

[59] Ebd., S. 449.

[60] Ebd., S. 76.

[61] Im *Zibaldone* gibt es zahlreiche Stellen, an denen sich Leopardi auf diese Begriffe bezieht. Siehe vor allem die S. 139, 248, 285, 614f. u. 4518.

[62] Ebd., S. 4250.

Dienst für die Kinder besteht darin, die schmerzhaften Wirkungen ihrer eigenen Entscheidung, diese in die Welt zu setzen und sie zum Leiden des Daseins zu verurteilen, auszugleichen.[63]

Nur auf wenig scheint auch die Trostmöglichkeit der freundschaftlichen Beziehung beschränkt zu sein, die eine Verbindung unter Gleichen darstellt, in der jedem Einzelnen eine umfassende und gründliche Beziehung zum Fühlen des Anderen erlaubt ist. Die Begegnung erfolgt auf der Ebene der Wechselseitigkeit zwischen gleichgesinnten und mitleidenden Männern, die sich unter Mitteilung ihrer tiefen Empfindungen zu einer Ethik der Verantwortung bekennen, wie sie in einem Dialog der *Operette morali* zwischen Plotin und Porphyrios geschildert wird.

> »Laß uns leben,« – sagt Plotin seinem zu Selbstmordgedanken neigenden Freund Porphyrios – »sei nicht die Ursache eines so großen Schmerzes für deine Freunde, die dich von Herzen lieben, und für mich, der ich keinen teueren Menschen und keine angenehmere Gesellschaft kenne. Hilf uns lieber, das Leben zu ertragen, als uns rücksichtslos im Stiche zu lassen. Laß uns leben, mein Porphyrios, und uns gegenseitig beistehen; laß uns willig den Teil der Leiden unseres Geschlechtes tragen, den das Schicksal uns bestimmt hat. Wir wollen einander Gesellschaft leisten, uns gegenseitig ermutigen, unterstützen und helfen, damit wir dieses mühsame Leben so gut als möglich überstehen. Es wird ohne Zweifel kurz sein. Und wenn der Tod kommt, werden wir nicht klagen. Und auch in jener letzten Zeit werden die Freunde und Gefährten uns beistehen, und der Gedanke wird uns erheitern, daß sie auch nach unserem Tode unser gedenken werden und uns lieben«.[64]

In dem ausgewählten Beispiel handelt es sich um eine Art der Fürsorge und der Liebe, die wenig mit der verschafften Erleichterung durch den Poeten gemein hat, der das Nichts der Existenz besingt. Es handelt sich hier um den Trost, welcher aus der partiellen Befriedigung entsteht, die der beziehungssehnsüchtigen menschlichen Natur geboten wird, deren Egoismus und unterbleibende Fürsorge das Bedürfnis nach Kommunikation und miteinander Teilen nicht unterdrücken kann. Nicht nur Kinder oder rohe Menschen können sich bei starken Empfindungen nicht zurückhalten, »tschau, schau« und »hör, hör« auszurufen, sondern auch die Erwachsenen und gebildeteren Menschen haben alle an diesem Verlangen teil, die anderen an dem, was man empfindet, partizipieren zu lassen. Und mit dem Verweis auf eine nur wenig zitierte Seite im *Zibaldone* möchte ich meine Ausführungen beenden. Damit soll nachdrücklich die Relevanz einer Argumentationslinie in der

---

[63] Ebd., S. 2607.

[64] Leopardi, G.: *Dialog zwischen Plotin und Porphiryos.* In: *Gesänge, Dialoge und andere Lehrstücke, Zibaldone,* a. a. O., S. 471. Zum Thema des Mitleids vgl. Bosco, U.: *Titanismo e pietà in Giacomo Leopardi*, Florenz 1957, für den gerade im genannten Dialog »der Theoretiker des *amor sui* letzten Endes seine Doktrin verleugnet« (S. 66).

Leopardischen *philosophie désespérante* unterstrichen werden, welche auf die Notwendigkeit von Fürsorge und Beziehung hindeutet und den Blick für die Notwendigkeit der Beziehung für das egoistische und konfliktbeladene Ich öffnet, das viele vergleichsweise bekanntere Seiten in Leopardis Werk einnimmt:

> Der Wunsch, einander die eigenen Wahrnehmungen [...] mitzuteilen, zeigt sich am deutlichsten und ist am stärksten, wo das Individuum der Natur noch ganz nahe ist. Die Kinder können ihn auf keine Art unterdrücken [...] Dann können auch die besonders rohen und unwissenden, ungebildeten Menschen, überhaupt das gemeine Volk, in ähnlichen Augenblicken nicht an sich halten; »tschau, tschau«, »hör, hör«, ruft da einer dem anderen zu. [...] Und man beachte, wie oft jener Ausruf getan wird, wenn gar keiner zu hört; es muß nur jemand die entsprechenden Erlebnisse haben; wir sagen »schau« und »hör«, auch ohne daß einer da ist, der sehen oder hören könnte, und versuchen so auf alle Weise ein Bedürfnis zum Schein zu befriedigen, das sich nicht wirklich befriedigen läßt. Und obwohl sich dies desto eher zuträgt, je primitiver eine Person ist, und um so öfter, je leichter sie in Erstaunen versetzt wird oder *starke* und *lebhafte* Eindrücke hat, so stößt es doch auch den gebildetesten Menschen usw. sehr häufig zu; wir müssen nur darauf achtgeben, wie oft es uns selbst im Laufe eines Tages geschieht, ohne daß wir es merken; ob wir nun allein sind oder mit anderen zusammen. Und ich glaube nicht, daß ein Mensch so schweigsam und der Rede, dem Gespräch, der *Mitteilung* so feind sein kann, daß er nicht unter dem Eindruck einer besonders lebhaften, starken Wahrnehmung gleichsam unwillkürlich, oder unüberlegt und ohne es selbst zu bemerken, solche Ausrufe hören läßt, die den Wunsch und die Absicht kundtun, sich mitzuteilen, sein Erlebnis mit andern zu teilen.[65]

[65] *Zibaldone,* a. a. O., S. 486f., dt. Übers. S. 597f.

II.
DIE GEGENWART DER MENSCHENWÜRDE ALS RECHTSBEGRIFF IN DEUTSCHER UND ITALIENISCHER PERSPEKTIVE

Paolo Becchi

DER BEGRIFF DER »WÜRDE« UND SEIN GEBRAUCH IN DER ITALIENISCHEN RECHTSORDNUNG

I. Gebrauch des Begriffs der Würde in Verfassung und Gesetzgebung

1. Die Würde in der Verfassung

Das erste, was den ausländischen Rechtsgelehrten erstaunen muss, wenn er sich der Analyse der italienischen Rechtsordnung zuwendet, ist die Verwendung des Würdebegriffs, wie er aus der italienischen Verfassung hervorgeht. Die am 1. Januar 1948 und somit vor der Allgemeinen Erklärung der Menschenrechte in Kraft getretene Verfassung nimmt drei Mal explizit auf den Begriff der Würde Bezug: Art. 3 Abs. 1 spricht von der »gleichen sozialen Würde« (»pari dignità sociale«) aller Bürger; Art. 36 Abs. 1 hält fest, dass der Arbeiter Recht auf eine Entlohnung hat, welche ihm und seiner Familie »eine freie und würdige Existenz« (»un'esistenza libera e dignitosa«) sichert; Art. 41 Abs. 2 schliesslich statuiert, dass privatwirtschaftliche Tätigkeit niemals dermassen gestaltet sein darf, dass sie »der Sicherheit, der Freiheit und der menschlichen Würde Schaden bereiten könnte« (»in modo da recar danno alla sicurezza, alla libertà, alla dignità umana«).

Während man in Deutschland den Begriff der Würde abstrakt und allgemein versteht, gleichsam als eine dem Menschen innewohnende Eigenschaft, findet sich nichts von alledem in den eben zitierten Verfassungsbestimmungen wieder. Die Italienische Republik gründet nicht auf der Anerkennung eines absoluten und unbedingten Prinzips wie der Menschenwürde, sondern »auf der Arbeit«, wie Art. 1 festhält (»L'Italia è una Repubblica democratica, fondata sul lavoro«). Deshalb ist das Subjekt, welches explizit mit dem Begriff der Würde in Zusammenhang gebracht wird, nicht der Mensch als solcher, vielmehr in seiner Eigenschaft als Bürger, Arbeiter respektive Unternehmer. Sogar in Art. 41, wo – an exklusiver Stelle – von der »menschlichen Würde« die Rede ist, bezieht sich der Begriff auf den Bereich der wirtschaftlichen Tätigkeiten, die sich nicht herabwürdigend oder erniedrigend auf die sie ausführenden Angestellten auswirken dürfen.

Hervorgehoben sei der Begriff der »gleichen sozialen Würde«, welcher meines Wissens in keiner anderen Verfassung zu finden ist. Wie in einem der wenigen diesem Begriff gewidmeten Beiträge bemerkt wurde, »handelt es sich eindeutig nicht um einen absoluten, sondern relativen Begriff.«[1] Wir haben es somit nicht mit einem absoluten und unbedingten, überpositiven Prinzip zu tun, wie es etwa dem fast zeitgleich entstandenen Art. 1 des deutschen *Grundgesetzes* entspringt[2], sondern mit einer Bestimmung des positiven Rechts, die explizit der Gesamtheit der Bürger zugute kommt.

Es besteht ein enger Zusammenhang zwischen den drei Artikeln der Italienischen Verfassung, die auf die Würde Bezug nehmen. Auch wenn sie sich auf drei verschiedene Personengruppen (Gesamtheit der Bürger, Arbeitnehmer und Arbeitgeber) beziehen, liegt der Schwerpunkt in der sozialen Dimension der Würde. Dies zeigt sich im ersten Fall darin, dass das Prinzip der allgemeinen Gleichheit aller Bürger auch den Wegfall aller Privilegien bedeutet, die sich aus Adelstiteln oder Zugehörigkeit zu einer bestimmten Gesellschaftsschicht ergeben hatten. Nach Abschaffung sämtlicher Adelsprivilegien ist die eigene Arbeit (hier im weitesten Sinn als jegliche produktive Leistung verstanden) als Beitrag zum Fortschritt der Gesellschaft die einzige Bezugnahme der Italienischen Verfassung auf die Würde. Zur formellen Gleichheit »vor dem Gesetz« kommt die soziale Gleichheit hinzu. Art. 3 Abs. 2 bringt dies zum Ausdruck mit der Partizipation aller Bürger – vor allem der auf Grund ihrer Lebensumstände faktisch daran gehinderten – am öffentlichen Leben: »Würde« ist nicht etwas von Natur aus Geschenktes, das es zu verteidigen gälte, sondern etwas, was zu fördern und aufzubauen ist, indem alle Hindernisse ausgeräumt werden, welche »die volle Entwicklung der menschlichen Person und die wirksame Teilnahme aller Arbeitskräfte an der politischen,

---

1 Vgl. Ferrara, G: La pari dignità sociale. Appunti per una ricostruzione. In: *Studi in onore di Giuseppe Chiarelli*, vol. II, Milano 1974, S. 1089–1105; der gleiche Interpretationsansatz, aber angepasst an den neuen Kontext der Krise des *Welfare* findet sich im Artikel von Marella, M.R.: Il fondamento sociale della dignità umana. Un modello costituzionale per il diritto europeo di contratti. In: *Rivista critica del diritto privato*, XXV, 1, 2007, S. 67–103. Vgl. auch Grossi, P.: La dignità nella Costituzione italiana. In: *La tutela della dignità dell'uomo*, hg. von E. Ceccherini. Napoli 2008, S. 113–136 (unter gleichem Titel auch erschienen in *Diritto e società*, 2008/1, Nr. 1, S. 31–63). Das Thema wird auch behandelt in Vincenti, U.: *Diritti e dignità umana*, Roma-Bari 2009, S. 117–123.

2 Für eine Gegenüberstellung der italienischen und der deutschen Verfassung mit spezifischem Bezug auf das Thema der Würde verweise ich auf meinen Beitrag: Die italienische verfassungsrechtliche Variante im Vergleich zur deutschen. In: *Menschenwürde. Begründung, Konturen, Geschichte*, hg. von G. Brudermüller und K. Seelmann. Würzburg 2008, S. 107–116 und jetzt umfassender: La dignità umana nel »Grundgesetz« e nella Costituzione italiana. In: *Ragion pratica*, Nr. 38, 2012, S. 25–44 (der Schwerpunkt der Ausgabe ist dem Thema der Würde gewidmet, S. 5–180).

wirtschaftlichen und sozialen Organisation des Landes behindern« (Art. 3 Abs. 2).

In den anderen beiden Fällen verlangt dieser sozial konnotierte Würdebegriff, dass dem Arbeitnehmenden und seiner Familie ein minimaler materieller Lebensstandard gewährleistet wird (Art. 36) bzw. dass die Tätigkeit der Arbeitgeber wohl frei ist, aber der Würde des Arbeitnehmers nicht zuwiderlaufen darf. Die Arbeit muss dem Arbeiter und seiner Familie eine würdige Lebensführung erlauben (Art. 41). Gleichzeitig müssen ebenso würdige Arbeitsbedingungen herrschen.

Während der Begriff der Würde traditionell mit dem Adjektiv »menschlich« in Verbindung gebracht wird, verfolgt die italienische Verfassung, indem sie in diesem Zusammenhang die zwei Adjektive »gleich« und »sozial« verwendet, einen anderen Ansatz.

Das in Art. 4 Abs. 1 postulierte »Recht auf Arbeit« (»La Repubblica riconosce a tutti i cittadini il diritto al lavoro e promuove le condizioni che rendano effettivo questo diritto«) erwächst aus diesem Verständnis der Menschenwürde. Der Leitgedanke ist, dass die Individuen erst durch die Arbeit zur vollen Entfaltung ihrer Persönlichkeit und folglich ihrer Würde gelangen können. Die Würde ist sowohl mit der gesellschaftlichen Rolle jedes Bürgers verknüpft als auch mit dem Anspruch, dass der Staat jedem die Möglichkeit sichern muss, eine solche würdig spielen zu können. Die Würde ist somit etwas, das sich der Bürger durch seine Leistungen in der Gesellschaft verdient. Und in einem besonderen Fall ist sie sogar Bedingung für die Ausübung eines wichtigen Bürgerrechts: Art. 48 Abs. 3 sieht nämlich vor, dass das Wahlrecht u. a. beschränkt werden kann »in den vom Gesetz vorgesehenen Fällen sittlicher Unwürdigkeit«. Nun ist der Verlust des aktiven Wahlrechts in anderen Rechtsordnungen vorgesehen, aber wahrscheinlich nur in Italien wegen »sittlicher Unwürdigkeit«. Die italienische Rechtsordnung erkennt die Würde jedenfalls nicht jedem Menschen ohne weiteres zu, sondern erwartet sie von jedem einzelnen Staatsbürger, so dass ihm ohne sie auch das aktive Wahlrecht abhanden kommt. In diesem besonderen Zusammenhang ist die Würde somit nicht etwas zu Bewahrendes, Schützendes bzw. Förderndes, sondern eine Bürgerpflicht, deren Verletzung Sanktionen nach sich zieht. Die Würde erscheint in der italienischen Verfassung somit in unterschiedlichen Aspekten, die aber alle zeigen, dass die Würde – abhängig vom gesellschaftlichen Verhalten – sowohl erlangt als auch verloren werden kann.[3]

Wohlverstanden anerkennt auch die italienische Verfassung die »unverletzbaren Menschenrechte«, die sich aus der schieren Existenz als Mensch

---

[3] Für eine Zusammenfassung vgl. Ridola, P.: Libertà e diritti nello sviluppo storico del costituzionalismo. In: *I diritti costituzionali*, hg. von R. Nania und P. Ridola. Torino, Band I, [2]2006, S. 128.

ableiten (Art. 2) – und somit nicht nur im Kontext des sozialen Gefüges, in welchem sich die Persönlichkeit entwickelt, sondern auch im Kontext der Existenz als einzelner Mensch Geltung beanspruchen. Hingegen fehlt jegliche Spur auf einen Ursprung der Menschenrechte aus den moralischen Quellen der Menschenwürde. Bezeichnenderweise nimmt nicht einmal Art. 32 Abs. 2 explizit Bezug auf den Begriff der Menschenwürde – ein Artikel, der heute im Zentrum zahlreicher bioethischer Diskussionen steht und bekräftigt, dass »niemand zu einer medizinischen Behandlung genötigt werden darf, es sei denn gestützt auf eine gesetzlicher Grundlage« (und dass letztere »in keinem Fall die durch die Achtung der menschlichen Person gesetzten Grenzen verletzen darf«).

Implizit ist der Verweis auf den Begriff der Würde auch in einem anderen Zusammenhang: dem Umgang mit Strafgefangenen. Art. 27 Abs. 3 bekräftigt – zunächst negativ –, dass »die Strafen nicht aus Eingriffen bestehen dürfen, welche dem Verständnis von Menschlichkeit entgegenstehen«, und fährt – nun positiv – fort, dass die Strafen »auf die (gesellschaftliche) Wiedereingliederung des Verurteilten ausgerichtet« sein müssen.[4] Damit wird im Bereich des strafrechtlichen Menschenrechtsschutzes das Prinzip anerkannt, dass kein Verurteilter herabwürdigend und demütigend behandelt werden darf, gleichzeitig aber die soziale Dimension bekräftigt, wonach der Zweck der Strafe auf die gesellschaftliche Wiedereingliederung des Gefangenen ausgerichtet ist.

Eine Analyse des Verfassungstextes ginge mit einer detaillierteren Auseinandersetzung mit den einzelnen Verfassungsbestimmungenen einher. Letzteres kann und soll im vorliegenden Rahmen indes nicht erfolgen. Wichtiger ist vielmehr folgende Feststellung: In der italienischen Verfassung ist der explizite Gebrauch des Wortes »Würde« auf den Bereich der sozialen Dimension beschränkt – die paritätische Würde, welche die grundlegende Gleichheit der Bürger voraussetzt. Demgegenüber erfolgt der andere Wortgebrauch, wo »Würde« als überpositives Prinzip verstanden wird, jeweils nur implizit. Die vom Verfassungsgeber verwendete, eigentümlich anmutende Formulierung einer »gleichen sozialen Würde« hat in der Doktrin – die wenigen erwähnten Ausnahmen ausgenommen – keinen besonderen Nachhalt gefunden.[5] Ein

---

[4] Vgl. diesbezüglich v. a. Ruotolo, M.: Il principio di umanizzazione della pena e i diritti dei detenuti nella Costituzione italiana. In: *Diritto e società*, 2005/1, Nr. 3, S. 51–74 und, vom gleichen Autor, die Monografien *Diritti dei detenuti e Costituzione*, Torino 2002 und *Dignità e carcere*, Napoli 2011.

[5] Um das Gesagte zu belegen sei erwähnt, dass der Begriff der »gleichen sozialen Würde« in den zwei Monografien, welche das Thema der Würde im verfassungsrechtlichen Kontext behandeln, nur beiläufig auftaucht. Vgl. Bartolomei, F.: *La dignità umana come concetto e valore costituzionale*, Torino 1987, S. 20–21 und Pirozzoli, A.: *Il valore costituzionale della dignità.*

Blick in die etablierten Verfassungskommentare[6] und juristischen Lexika genügt für diese Feststellung. Einzig die *Enciclopedia giuridica Treccani* enthält einen Eintrag über den Begriff der Würde, jedoch beschränkt auf die Würde des Arbeitnehmers.[7] Das Interesse an der Thematik nimmt jedoch zu, wie die Einträge über die »Würde« im *Trattato di Biodiritto*[8] und im neuestens erschienenen vierten Band der *Enciclopedia di bioetica e di scienza giuridica*[9] belegen. Offensichtlich steht die Bedeutung des Würdebegriffs im Bereich der Bioethik im Zentrum zahlreicher Diskussionen, sei es in Bezug auf den Beginn (künstliche Empfängnis) als auch auf das Ende (Behandlungsabbruch, Euthanasie) des Lebens. Dazu im Einzelnen weiter unten.

2. Die Würde in der Gesetzgebung

Bevor wir einige interessante Äusserungen der Rechtsprechung näher betrachten, ist es angezeigt, einen Blick auf die ordentliche Gesetzgebung zu werfen. Auch wenn der Begriff der Würde weder im italienischen Zivil- noch Strafgesetzbuch erscheint, wird er in der Gesetzgebung wiederholt verwendet.[10] Vor dem Hintergrund der grossen Bedeutung, welche der Person des Arbeitnehmers in der italienischen Verfassung beigemessen wird, ist beispielsweise die Regelung der Stellung der Arbeitnehmenden zu sehen, wie sie im Gesetz Nr. 300 vom 20. Mai 1970 erscheint, in welchem der Verweis auf die Würde von zentraler Bedeutung ist. Indem der Gesetzgeber den Schutz der Arbeitnehmer mit – in der Verantwortung der Arbeitgeber liegenden – Kontrollmechanismen bezüglich Tätigkeit und Persönlichkeit der Arbeitnehmer ausgestaltete, setzte er die verfassungsrechtlichen Vorgaben um. In den letzten Jahren wurde dieser Schutz immer mehr ausgeweitet, so im Hinblick auf verpönte Erscheinungen wie *mobbing* (vgl. das Gesetzesdekret vom

---

Un'introduzione, Roma, 2007, S. 125–126. Auch im neuesten Band von Politi, F.: *Diritti sociali e dignità nella Costituzione Repubblicana,*Torino 2011, findet man nur lakonische Äusserungen wie z. B. dass »die Diskussion um die Frage, ob die soziale Würde mit der Menschwürde *tout-court* gleichzusetzen ist, noch anhält« (S. 151).

[6] Die wichtigsten sind aufgeführt im mageren Eintrag unter »pari dignità sociale« im *Commentario alla Costituzione*, Art. 1–54, Torino, 2006, S. 671–672 (Celotto, A.).

[7] Vgl. Cataudella, A.: Dignità e riservatezza del lavoratore (tutela della), in: *Enciclopedia Giuridica Treccani*, XI, Roma, [1]1989, S. 1–11 (des Sonderdrucks).

[8] Vgl. Resta, G.: La dignità. In: *Trattato di Biodiritto*, unter der Leitung von S. Rodotà und P. Zatti hg. von S. Rodotà und M. Tallacchini, Band I: *Ambito e fonti del biodiritto*. Milano 2010, S. 259–296 (der beste zur Zeit erhältliche Überblick über das Biorecht in italienischer Sprache).

[9] Mastropietro, A., Vicini, A., Carmignani Caridi, S.: Dignità. In: *Enciclopedia di bioetica e di scienza giuridica*, hg. von E. Sgreccia und A. Tarantino, Band IV. Napoli-Roma, ESI, S. 283–320.

[10] Für eine ausführlichere Behandlung vgl. Becchi, P.: La dignità. In: *Il risarcimento del danno non patrimoniale*, II, Parte speciale, Band I. Torino 2009, S. 25–49.

11. April 2006, Gleichstellungsgesetz) und – mit letzterem nicht selten einhergehende – sexuelle Belästigung, die gleichermassen als diskriminierend angesehen werden.[11]

Ausgehend von der Person des Arbeitnehmers hat sich aber der Schutz der Würde im Laufe der Zeit auf andere Personengruppen ausgedehnt, die in ihren jeweiligen Lebensumständen geschützt werden sollten: Die Gefangenen, die Frauen, die Kranken, die Behinderten, die Ausländer, die Konsumenten, sogar die Toten und – mit weiteren, immer genaueren Differenzierungen – z. B. die Drogenabhängigen und Sterbenden. Demgegenüber hat im Zusammenhang mit Embryonen bisher keine relevante Berufung auf den Begriff der Würde Eingang in die Gesetzgebung gefunden. Im umstrittenen Gesetz Nr. 40 des Jahres 2004 über die künstliche Befruchtung wird kein direkter Bezug auf die Würde des Embryos genommen, obwohl dessen Art. 1 davon spricht, dass die Rechte aller Betroffenen, »eingeschlossen diejenigen der Ungeborenen«, geschützt werden sollten.[12] Im Folgenden seien nun aber einige Gesetze mit Berufung auf den Würdebegriff erwähnt.

Bezüglich der Behandlung von Strafgefangenen bestimmte in Umsetzung der verfassungsrechtlichen Vorgaben schon das Gesetz Nr. 354 vom 26. Juli 1975 über den Strafvollzug, dass »der Strafvollzug mit dem Begriff der Menschlichkeit vereinbar sein muss und die Würde der Person zu wahren hat.« Bezüglich des Schutzes der Frauen sei an das Gesetz Nr. 194 vom 22. Mai 1978 über den Schwangerschaftsabbruch erinnert, in welchem statuiert wird, dass die vom Gesetz vorgeschriebenen Untersuchungen »unter Wahrung der Würde und Intimspähre der Frau« vorgenommen werden müssen (Art. 5). Bezüglich des Umgangs mit Kranken bereits wegweisend das Gesetz Nr. 833 vom 23. Dezember 1978, das den »Servizio Sanitario Nazionale« ins Leben rief und auf Art. 32 der italienischen Verfassung Bezug nimmt, indem es festhält (und hier mit ausdrücklichem Verweis auf die Würde), dass auch gerichtlich angeordnete medizinische Behandlungen »unter Wahrung der Würde der menschlichen Person« zu erfolgen haben (Art. 33). Im Besonderen auf die Drogenabhängigen ausgerichtet ist das Gesetz (Präsidialdekret Nr. 309 vom 9. Oktober 1990; die späteren Änderungen im Gesetz Nr. 49/2006 betreffen nicht das hier behandelte Thema), welches vorschreibt, dass die Resozialisierungstherapien »unter Wahrung der Würde der menschlichen Person« auszugestalten sind (Art. 122 Abs. 2). Die Würde des Sterbenden wird im neuen, umstrittenen Gesetzesentwurf über »die Patient-Arzt-Bezie-

---

11 Vgl., im Allgemeinen, Ballestrero, M.V., De Simone, G.: *Diritto del lavoro*, Milano 2003 und, im Besonderen, Barbera, M.: Molestie sessuali: la tutela della dignità. In: *Diritto e pratica del lavoro*, 1992, S. 1401–1406.

12 Unter der neuesten Literatur erwähnenswert die Tagungsberichte *In vita, in vitro, in potenza: Lo sguardo del diritto sull'embrione*, hg. von D. Carusi und S. Castignone. Torino 2011.

hung, die Patientenaufklärung und Patientenverfügungen« erwähnt, jedoch nur in einer deklaratorischen Bezugnahme: Während das Gesetz (Art. 1 lit. *b*) »die Würde jeder Person anerkennt und wahrt und sie über die Interessen der Gesellschaft und der wissenschaftlichen und technologischen Anwendungen stellt«, schreckt es nicht davor zurück, genau diese Würde in anderen, konkretisierenden Artikeln zu verletzen (z. B. wenn es nicht möglich ist, im Rahmen der Patientenverfügung über die künstliche Ernährung zu verfügen oder wenn in Notsituationen die Behandlung auch ohne Zustimmung des Patienten erfolgen kann, selbst wenn dieser diesbezüglich noch urteilsfähig wäre).[13] Im Bereich der Ausländergesetzgebung bekräftigt das Gesetz Nr. 40 vom 6. Mai 1998 in Art. 12, dass im Fall der Unmöglichkeit der Ausweisung von Sans-Papiers »der Ausländer in einem Durchgangszentrum in der Art und Weise unterzubringen ist, dass Nothilfe und die volle Wahrung seiner Würde sichergestellt sind«. (Im neueren Gesetz Nr. 125 vom 24. Juli 2008 wurde diese Bestimmung nicht geändert – mit der Ausnahme, dass die »Durchgangszentren« jetzt »Personenidentifikations- und Wegweisungszentren« genannt werden). In einem Präsidialdekret vom 30. März 2001 wird auf die Notwendigkeit hingewiesen, »den Verbreitungsgrad diskriminierender Handlungen (...), welche die Würde der Ausländer schwer verletzen« zu überwachen. Mit Bezug auf die Behinderten ist das Rahmengesetz Nr. 104 vom 5. Februar 1992 über den Beistand, die soziale Integration und die Rechte Behinderter von besonderer Bedeutung, in dessen Art. 1 es »die volle Wahrung der menschlichen Würde sowie der Freiheits- und Selbstbestimmungsrechte der behinderten Person sicherstellt und deren vollkommene Integration in Familie, Schule, Arbeit und Gesellschaft fördert«. Ein neueres Gesetz (Nr. 7 vom 9. Januar 2006) schützt behinderte Personen darüber hinaus spezifisch vor Diskriminierung, verstanden als »Belästigungen respektive unerwünschte Verhaltensweisen, die aus Gründen im Zusammenhang mit der Behinderung erfolgen und die Würde und Freiheit einer behinderten Person verletzen oder ihr gegenüber ein Klima der Einschüchterung, Demütigung oder Feindseligkeit erzeugen« (Art. 2 Abs. 4). Auch wenn im Bereich des Konsumentenschutzes das einschlägige Gesetz (Nr. 281 vom 30. Mai 1998) keinen expliziten Bezug auf den Begriff der Würde nahm, trat letzterer doch im Gesetz Nr. 39 vom 1. März 2002 in Erscheinung, wenn es in Art. 52 ein Verbot von »Teleshopping, sofern es die menschliche Würde herabsetzt« (im italienischen Text wird das Wort »vilipendio« verwendet) vorsah. Auffällig hier der Gebrauch des Begriffs »vilipendio«, der sich in der italienischen Ge-

[13] Vgl. dazu Becchi, P.: *Il testamento biologico. Sui limiti delle »Disposizioni in materia di alleanza terapeutica, di consenso informato e di dichiarazioni anticipate di trattamento,* Brescia 2011, und jetzt *Rifiuto di cure e direttive anticipate. Diritto vigente e prospettive di regolamentazione,* hg. von D. Carusi, S. Castignone und G. Ferrando. Torino 2012.

setzgebung zunächst nur im Tatbestand von Strafnormen findet, welche die Verletzung von gesetzlich geschützten Institutionen, Sachen und Symbolen ahnden; von einem »vilipendio« von Personen spricht die italienische Gesetzgebung sonst nur im Zusammenhang mit Bekenntnis und Ausübung des persönlichen Glaubens oder dann im Zusammenhang mit der Störung der Totenruhe. Im vorliegenden Zusammenhang hat der Gesetzgeber den Begriff offensichtlich anders gebraucht. Im Bezug auf den Konsumentenschutz sei schliesslich auf das Dekret Nr. 206 vom 6. September 2005 verwiesen, mit welchem der »Codice del Consumo« erlassen wurde: Gemäss dessen Art. 27*bis* muss der Schutz der menschlichen Würde in den Verhaltenskodizes der Produzentenorganisationen gewährleistet sein, und nach der Bestimmung von Art. 30 Abs. 1 ist »Teleshopping, sofern es die menschliche Würde verletzt, verboten«. Im Zusammenhang mit Verstorbenen erscheint die Bezugnahme auf die Würde in mehreren Gesetzen auf Regionalebene, welche das Bestattungs- und Begräbniswesen regeln und wo – so oder ähnlich – bekräftigt wird, die »Würde des Verstorbenen« zu wahren (so z. B. Art. 1 des Gesetzes der Region Umbrien vom 21. Juli 2004, n. 12).

Zu einem der – immer spezifischeren – Bereiche, wo dem Schutz der Würde besondere Bedeutung zukommt, zählt nun auch die Mitgliedschaft in nicht wirtschaftlichen Vereinen. In Art. 2 des Gesetzes Nr. 383 vom 7. Dezember 2000 wird denn auch von der »Würde der Vereinsmitglieder« gesprochen. Um diesen Aspekt der mit der Rolle einer Person in sozialen Gebilden zusammenhängenden Würde hervorzuheben, sei auch an die Berufskodizes vieler Berufsverbände erinnert, in denen das Wort »Würde« verwendet wird, um die eigene Berufsgruppe zu kennzeichnen. So wird der ursprünglich auf die Arbeiterschaft bezogene Würdebegriff auf die freien Berufe ausgeweitet, z. B. die Journalisten, die Anwälte, die Ärzte und die Apotheker.

Bis jetzt war unser Augenmerk – wenn auch nicht ausschliesslich – auf die gesellschaftliche Dimension der Würde und auf die Art und Weise gerichtet, wie sie in verschiedenen sozialen Kontexten verletzt wird. Heute droht der menschlichen Würde aber auch Gefahr durch die Gesellschaft als Ganze, wenn nämlich jene darauf abzielt, die Individuen des Kerns ihrer Intimität zu berauben, der dem indiskreten Auge der Öffentlichkeit doch gerade entzogen sein sollte. Jeder Mensch hat nicht nur etwa einen – positiven – Anspruch darauf, in dem, was er in der Gesellschaft ist, geschützt zu werden, sondern auch einen – negativen – Anspruch auf den Schutz dessen, welches er der Öffentlichkeit nicht preisgeben, sondern vielmehr geheim halten will. In diesem Zusammenhang kommt die Würde nicht dem Arbeiter, der Frau, den Behinderten usw. zu, vielmehr jedem einzelnen Individuum, das ein Recht darauf hat, nicht in seiner Privatsphäre verletzt zu werden. Auf diese Weise ist der Begriff der Vertraulichkeit, der *privacy*, die andere Seite der sozialen Würde. Letztere betrifft den gesellschaftlichen, erstere den individuellen Bereich. Die einschlägige Gesetzgebung im Bereich des Datenschutzes (Gesetzesdekret Nr. 196/2003) trägt genau den erwähnten Ansprüchen Rechnung. Bezeichnenderweise beschränkte sich das Datenschutzgesetz nicht darauf, generell-abstrakte Tatbestände aufzuzählen, unter welche die Gerichte konkrete Fälle zu subsumieren haben, sondern setzte auch einen Datenschutzbeauftragten ein, der über allfällige Verletzungen der *privacy* urteilen sollte.

In diesem Zusammenhang sind zwei Anordnungen von besonderem Interesse: In der ersten (vom 9. November 2005) betreffend Datenbearbeitung im Gesundheitswesen wird gefordert, dass jene »unter vollkommener Achtung der Würde des Betroffenen« zu erfolgen habe und dass »der Schutz der persönlichen Würde all jener gewährleistet sein muss, welchen eine medizinische Behandlung zukommt, insbesondere aber im Hinblick auf schwächere Personengruppen wie physisch und psychisch Behinderte, Minderjährige, Alte und Menschen in Not oder Bedürftigkeit« (Datenschutzbeauftragter, *Medizinische Einrichtungen: Achtung der menschlichen Würde;* Referent: Pizzetti). Auch wenn die »persönliche Würde« allen Menschen zukommt, wird den schwächeren Personen diesbezüglich besondere Aufmerksamkeit zuteil.

Die zweite Anordnung betrifft einen vom Gesetzgeber noch nicht näher geregelten Bereich: das Abhören privater Telefongespräche. Nach wiederholten journalistischen Publikationen von Protokollen abgehörter Telefongespräche erliess der Datenschutzbeauftragte am 21. Juni 2006 einen Entscheid (Datenschutzbeauftragter, *Publikation abgehörter Telefongespräche und Würde der Person;* Referenten: Chiaravalloti und Paissan) und bekräftigte darin, dass das Recht auf Zugang zu freier Information und die damit zusammenhängende Pressefreiheit nur insoweit gegeben sind, als sie die »vollkommene Achtung der persönlichen Würde« nicht gefährden.

Schliesslich sei noch ein internationales Rechtsdokument erwähnt: das Übereinkommen zum Schutz der Menschenrechte und der Menschenwürde im Hinblick auf die Anwendung von Biologie und Medizin (Übereinkommen über Menschenrechte und Biomedizin), vom Europarat am 19. November 1996 verabschiedet und abgeschlossen in Oviedo am 4. April 1997. Das Übereinkommen nimmt mehrmals auf die Würde Bezug und wurde auch von Italien ratifiziert (Gesetz Nr. 145/2001). Da die Ratifikationsurkunde aber noch nicht – wie in Art. 33 vorgesehen – hinterlegt wurde, ist sie für Italien noch nicht in Rechtskraft.[14]

Zusammengefasst: Die ordentliche Gesetzgebung liess einen überaus differenzierten Schutz der Würde entstehen, welcher sich von der ursprünglichen, in der Verfassung anvisierten sozialen Dimension mit der Vorstellung materieller Gleichberechtigung zu neuen Bereichen hin weiterentwickelt hat. All

---

[14] Vgl. dazu Becchi, P.: A dieci anni dalla Convenzione di Oviedo. Una banale questione in tema di consenso informato. In: *Ragion pratica,* Nr. 29, 2007, S. 565–569.

dies widerspiegelt sich, wie noch gezeigt wird, sowohl in der Verfassungs- als auch in der ordentlichen Rechtsprechung.

II. Verwendung des Würdebegriffs in der Verfassungs- und der ordentlichen Rechtsprechung

1. Die Würde in der Verfassungsrechtsprechung

Es ist in diesem Rahmen nicht möglich, eine umfassende Analyse der einschlägigen Rechtsprechung zu präsentieren.[15] Wir werden uns darauf beschränken, grundlegende Tendenzen auszumachen. Hierbei wird vorab von der Rechtsprechung des Verfassungsgerichtshofes ausgegangen. Letzterer hat vom Würdebegriff alles in allem vorsichtigen Gebrauch gemacht. Im Urteil Nr. 3 des Jahres 1957 wurde der Begriff »gleiche soziale Würde« in der Formulierung zu definieren versucht, »dass jedem Bürger bei aller Verschiedenheit von Stellung und Beruf, mögen damit auch unterschiedliche soziale Bedingungen einhergehen, die gleiche Würde zugestanden werden muss«. Auf diese Weise wurde der Würdebegriff einerseits in dem Sinn umschrieben, wie Art. 3 der Italienischen Verfassung jegliche Form von Diskriminierung verbietet; andererseits wurde er als Mittel der Verstärkung und Unterstützung betrachtet, wenn es um die durch Art. 2 geschützten unverletzlichen Menschenrechte geht. Einzelne – vor allem neuere – Urteile bezeichnen die Menschenwürde sogar als einer Interessenabwägung zugänglich (Vgl. z. B. das Urteil Nr. 196 des Jahres 2004).

Demgegenüber messen nur wenige Urteile der Würde einen autonomen Bedeutungsgehalt zu – sei es, erstens, um eine Grundlage für ein neues verfassungsmässig geschütztes Recht zu schaffen; sei es, zweitens, um eine Grenze zu ziehen, die nicht einmal von anderen verfassungsmässigen Rechten überschritten werden darf. Im erstgenannten Kontext leitete das Gericht im Urteil Nr. 37 vom 7. Februar 1985 aus dem Würdebegriff – wenn auch nur für den Einzelfall – »ein verfassungsmässiges Recht auf Alimentenzahlung« ab.

---

[15] Für eine eingehendere Betrachtung vgl. Ruggeri, A., Spadaro, A.: Dignità dell'uomo e giurisprudenza costituzionale. In: *Politica del diritto*, 3, 1991, S. 343–337 und, neuestens, Gambini, F.: Il principio di dignità. In: *I diritti della persona. Tutela civile, penale, amministrativa*, hg. von P. Cendon, Bd. I. Torino 2005, S. 236–242 sowie v. a. Pirozzoli, A.: *Il valore costituzionale della dignità. Un'introduzione*, Roma 2007, S. 103–137 (dort findet sich der heute umfangreichste Überblick über die Verfassungsrechtsprechung). Vgl. jetzt auch Di Ciommo, M.: *Dignità umana e Stato Costituzionale. La dignità umana nel costituzionalismo europeo, nella costituzione italiana e nelle giurisprudenze europee*, Firenze 2010, S. 158–175 und Monaco, G.: La tutela della dignità umana: sviluppi giurisprudenziali e difficoltà applicative. In: *Dignità e diritto. Prospettive interdisciplinari*, Tricase (Lecce) 2010, S. 167–196.

Es bezeichnete die Pflicht zur Alimentenzahlung als »auf den Schutz der existenziellen Lebensgüter und der Menschenwürde hin ausgerichtet.«

Im zweiten Zusammenhang fasste es die Würde – jeglicher Abwägung verschlossen – als absolute Grenzziehung auf, so dass ihr andere verfassungsmässig geschützte Rechte weichen müssen. Im Urteil Nr. 293 vom 11. Juli 2000 hatte das Verfassungsgericht über die Strafbarkeit der medialen Massenpublikation von realem, aber abstossendem Bildmaterial zu entscheiden und dabei in der Würde eine unüberschreitbare Grenzlinie gesehen, vor der auch die Meinungsäusserungsfreiheit Halt machen muss, sei doch »die Würde der Person ein verfassungsmässiger Wert, welcher durch das gesamte positive Recht hindurchdringt«. Für den Verfassungsgerichtshof existiert somit ein »Minimalgehalt« der Achtung der menschlichen Person, welcher über die – wenn auch legitime – Pluralität der in unserer Gesellschaft vertretenen ethischen Ansichten hinausgeht. Und dieser Minimalgehalt findet sich im Prinzip der Würde, das so zu einer Schlüsselnorm der gesamten Rechtsordnung wird.

Von der Würde als einem »unantastbaren Kern«, einer »unüberschreitbaren Grenze« ist auch in einigen Urteilen zu medizinischen Behandlungen die Rede (z. B. Urteil Nr. 509 vom 13. November 2000, zitiert im Urteil Nr. 11 des Jahres 2005 und Urteil Nr. 282 vom 19. Juni 2002). In diesem Zusammenhang sei auch an das neuere Urteil Nr. 151 vom 8. Mai 2009 erinnert, welches eine Bestimmung des Gesetzes über die künstliche Fortpflanzung mit Verweis auf die Art. 3 und 32 der Italienischen Verfassung als verfassungswidrig bezeichnete (übrigens ohne den Begriff der »Würde« explizit zu verwenden).

Wie bereits erwähnt handelt es sich bei den vorher betrachteten Urteilen, wo die Würde als solche i.S. eines autonomen Bedeutungsgehalts geschützt wird, um Einzelfälle. Viel häufiger wird der Würdebegriff nicht auf den Menschen als solchen angewendet, sondern auf eine bestimmte Eigenschaft, welche der persönlichen oder beruflichen Situation einer Person innewohnt. So wurden z. B. geschützt: Die Würde des Armeeangehörigen im Allgemeinen (Urteil 189/1976) und die Würde des hierarchisch untergebenen Armeeangehörigen im Besonderen (Urteil 45/1992); die Würde der Hausfrau als Arbeiterin (Urteil 85/1985); die Würde der gerichtsmedizinisch zu untersuchenden Person (Urteil 54/1986); die Würde des zur Adoption freigegebenen Minderjährigen (Urteil 303/1996); die Würde des Strafgefangenen im Allgemeinen (Urteil 526/2000) bzw. im Besonderen (Urteil 158/2001); die Würde des behinderten Kindes (Urteil 465/2002); die Würde des Richters (Urteil 204/2004); die Würde der Sizilianer (Urteil 283/2002); die Würde der Homosexuellen (Verordnung 129/2005); die Würde der Juden (Urteil 268/1998); vor allem aber und wiederholt die Würde der Arbeitnehmenden. Es ist gerade diese fokussierte Aufmerksamkeit des Verfassungsgerichts nicht einem abstrakten Menschen, sondern konkreten Individuen gegenüber – vor allem jenen »schwächeren Gesellschaftsgliedern«, die leicht zum Ziel von

Diskriminierungen werden –, welche die Eigenart des Würdebegriffs in der italienischen Verfassungsordnung zum Ausdruck bringt.

2. Würde in der ordentlichen Rechtsprechung

Diese Eigenart kommt aber auch in der Analyse der ordentlichen Rechtsprechung zum Vorschein.[16] Nach dem Gesagten wird es nicht erstaunen, dass gerade die Würde der Arbeitnehmenden das am häufigsten anzutreffende Beispiel in einschlägigen Urteilen darstellt. An dieser Stelle sei aus einer Erwägung einer wichtigen Entscheidung des Kassationsgerichts (Nr. 5977 vom 29. November 1985) zitiert:

> Die Würde des Arbeiters ist Ausdruck der menschlichen Person, die im Hinblick auf einen gemeinschaftlichen Zweck – die Entwicklung der wirtschaftlichen, gesellschaftlichen und spirituellen Lebensgemeinschaft, welcher sie angehört –, und auf die Vervollkommnung der eigenen Persönlichkeit, ihre Handlungen nach dem höchsten Erfüllungsgrad ordnet. Jegliche Arbeitsleistung ist folglich unmöglich, wenn sie und die Personen, welche sie erbringen, geringgeschätzt werden und wenn sie unter Zwang würdelos erbracht wird.

Die Art und Weise, wie das oberste Gericht hier die Wichtigkeit der Arbeit und der Würde der sie erbringenden Personen hervorhebt, steht mit den verfassungsmässigen Vorgaben im Einklang und bezeugt die zentrale Bedeutung, welche der Arbeit (und dem Arbeitnehmenden) im gesellschaftlichen und wirtschaftlichen Leben Italiens zukommt.

In neuester Zeit ist der Begriff der Würde im Bereich der Arbeit mit neuen Erscheinungen in Verbindung gebracht worden, wie z. B. dem *mobbing* oder Belästigungshandlungen – vor allem sexueller Art. Ebenfalls zeigt sich – wie in der Verfassungsgerichtsbarkeit – auch in der ordentlichen Rechtsprechung die erwähnte Tendenz, den Schutz der Würde spezifischen Kategorien von Personen zu gewähren: den Minderjährigen (Kassationsgericht, strafrechtliche Abteilung, Urteil Nr. 39927 vom 17. November 2005), den Behinderten (Gericht Rom, 26. Mai 1997), den Drogenabhängigen (Gericht Ivrea, 14. November 1996), den Strafgefangenen (Kassationsgericht, strafrechtliche Abteilung, Nr. 8411 vom 3. Februar 2004), den Nicht-EU-Angehörigen (Kassationsgericht, strafrechtliche Abteilung, Nr. 26783 vom 5. Dezember 2005) oder den Toten (Kassationsgericht, strafrechtliche Abteilung, Nr. 23356, vom 27. April 2001).

---

[16] Für eine vertiefte Analyse sei verwiesen auf Alpa, G.: Dignità. Usi giurisprudenziali e confini concettuali. In: *Nuova Giurisprudenza Civile Commentata,* II, 1997, S. 415–426; ferner Cataudella, A.: Dignità e riservatezza del lavoratore. In: *Enciclopedia Giuridica Treccani,* Roma, 1989, S. 1–11 des Sonderdrucks sowie Gambini, F.: Il principio di dignità. In: *I diritti della persona. Tutela civile, penale, amministrativa,* hg. von P. Cendon. Bd. 1, Torino, 2005, S. 231–242.

Auch hier würde eine detaillierte Analyse in diesem Rahmen zu weit führen. Auf einen Fall soll jedoch näher eingegangen werden, zeigt er doch die Entwicklung der Rechtsprechung des obersten Gerichts gut auf. Das entsprechende Urteil betrifft die (zweitinstanzlich bestätigte) Verurteilung eines Fregattenkommandanten wegen Beschimpfung eines Untergebenen. Der Kommandant begründete seinen Rekurs ans höchste Gericht damit, dass im bisherigen Verfahren nicht auf die Aussage des beschimpften Untergebenen abgestellt wurde, der eingeräumt hatte, seiner Ansicht nach hätte der Kommandant die zu beurteilende vulgäre Bemerkung nicht bösartig, sondern scherzhaft gemacht. Das oberste Gericht wies den Rekurs jedoch ab mit der Begründung, es sei irrelevant »dass sich der Adressat von der Beschimpfung nicht angegriffen fühlte, ist doch das Objekt des strafrechtlichen Schutzes in einem sehr viel weiteren Rahmen auszumachen, nämlich im Wert der menschlichen Würde als solchem« (Kassationsgericht, strafrechtliche Abteilung, Urteil vom 1. April 2004, Nr. 15503). Es ist offensichtlich, dass hier die Würde zum objektiven Wert erhoben wird, welcher subjektiven Wertungen selbst der betroffenen Parteien entzogen ist. Vom Schutz der sozialen Würde der Arbeitnehmenden sind wir so zum Schutz einer Vorstellung von Würde als eines unverfügbaren und selbst für ihre Träger unverzichtbaren Wertes gelangt.

Die meisten gerichtlichen Bezugnahmen auf den Würdebegriff finden wir aber (und vor allem seit einem berühmten Urteil des Geschworenengerichts in Florenz am 18. Oktober 1990) im Zusammenhang mit medizinischen Behandlungen. Um die Grenzen dieses Beitrages nicht zu sprengen, sei an dieser Stelle nur etwas zu zwei schwierigen Fällen gesagt, die in Italien breite Debatten ausgelöst hatten: die traurigen Schicksale von Piergiorgio Welby und Eluana Englaro.[17]

Im Fall Welby nahmen die Rechtsvertreter des an progressiver Muskeldystrophie Leidenden Rückgriff auf den Würdebegriff, als sie die Einstellung der künstlichen Beatmung forderten. Sie machten geltend, zwar hätte das Leben des Patienten verlängert werden können, jedoch nur unter Bedingungen, die Welby selbst als erniedrigend und entwürdigend erachtete. Die Achtung der Würde wurde hier mit dem Recht auf Selbstbestimmung in Verbindung gebracht, indem der Patient ein Recht habe, auf eine von ihm nicht mehr gewünschte medizinische Behandlung zu verzichten. Obwohl

---

[17] Für eine detaillierte Beschreibung der beiden Fälle verweise ich auf meinen Beitrag: Am Ende des Lebens. Rechtliche Fragen im Zusammenhang mit dem Tod in der heutigen Medizin. In: *Auf der Scholle und in lichten Höhen. Festschrift für Paul Richli zum 65. Geburtstag*, hg. von M. Caroni, S. Heselhaus, K. Mathis, R. Norer. Zürich/St. Gallen/Baden-Baden 2011, S. 23–54. Vgl. jetzt auch Becchi, P.: *La giustizia tra la vita e la morte. Welby, Englaro e il testamento biologico*, Torino 2012.

dieses Recht – wie wir gesehen haben – von der italienischen Verfassung geschützt ist, war dessen Geltendmachung in diesem Fall schwieriger als man hätte vermuten können. Der Arzt, welcher das Beatmungsgerät abschaltete – nachdem er sich unmittelbar zuvor über den entsprechenden Willen des Patienten vergewissert hatte –, wurde wegen Tötung auf Verlangen strafrechtlich verfolgt; allerdings wurde er von der Intstruktionsrichterin freigesprochen, wobei sein Verhalten als rechtfertigende Pflichterfüllung qualifiziert wurde. In ihrer Begründung beschrieb die Richterin Welby als einen Patienten, »der sich bereits tiefgründig bewusst war, dass er jegliche Hoffnung auf ein Leben, welches noch als solches bezeichnet werden konnte und welches die mit dem Menschsein notwendig einhergehende Würde bewahrt hätte, verloren hatte« (Gericht Rom, Urteil vom 23. Juli/17. Oktober 2007, Nr. 2049). Obwohl dieser Bezug auf die Würde von untergeordneter Bedeutung ist, fällt auf, dass die Richterin – wenn auch implizit – anerkannte, dass die Fortsetzung des Lebens des Patienten unter den gegebenen Bedingungen mit dessen Verständnis von Menschenwürde unvereinbar war.

Gerade hinsichtlich dieses Aspektes ist der zweite Fall interessant, jener von Eluana Englaro, der dem zuletzt betrachteten Würdeverständnis – nach einem langen Prozessgang – zum Durchbruch verholfen hat. Frau Englaro befand sich seit mehreren Jahren im Wachkoma. Das Gericht von Lecco war in seinem Dekret vom 1. März 1999 noch von einem objektiven Würdeverständnis ausgegangen, wonach die Würde als unüberschreitbare Grenze verstanden wurde, was in casu bedeutete, dass die künstliche Ernährung der seit mehreren Jahren im Wachkoma gelegenen Frau fortzusetzen war. Dazu ist allerdings zu bemerken, dass das Gericht bei seiner Entscheidung die Würde mit dem Recht auf Leben gleichsetze. Demgegenüber stützte sich der Kassationshof in seinem Urteil Nr. 21748 vom 16. Oktober 2007 auf ein subjektives Würdeverständnis und bezeichnete es als unwürdig, das schiere Weiterleben des Körpers über Jahre zu verlängern, wenn die betroffene Person – wäre sie noch bei Bewusstsein – dieser Behandlung mit Sicherheit nicht zugestimmt hätte. Dieses Urteil versuchte eine Synthese zwischen dem objektiven und dem subjektiven Würdeverständnis herzustellen, indem es die Vorstellung der menschlichen Würde in ihrer Allgemeinverbindlichkeit und Abstraktheit aufrecht erhalten wollte, auch wenn das Recht anerkannt wurde, »die letzte Phase der eigenen Existenz nach subjektiven Vorstellungen der menschlichen Würde zu erleben.«

Wer sich dauerhaft im Zustand des Wachkomas befindet, gilt rechtlich immer noch als Person mit sämtlichen Rechten und Pflichten und muss in seinen verfassungsmässigen Rechten geschützt werden, angefangen beim Recht auf Leben und dem Recht auf medizinische Versorgung – und zwar umso mehr, als sich der Patient in einem Zustand äusserster Schwäche befindet und seine Rechte nicht mehr selbst geltend machen kann. Und dennoch; nebst denen, welche die möglichst dauerhafte künstliche Lebensverlängerung als im Interesse des – auch bewusstlosen – Patienten liegend betrachten, gibt es auch andere Stimmen: Wer die persönliche Würde untrennbar mit der Erlebniswelt und letztere mit dem Bewusstsein verbindet, erachtet das Weiterleben auf unbestimmte Zeit in einem Zustand ohne Wahrnehmung der Aussenwelt als in höchstem Masse mit der eigenen Überzeugung unvereinbar. Ein Staat wie Italien, der sich in seiner Verfassung zum Pluralismus der Werte bekennt und das Prinzip der Selbstbestimmung und der freien Entscheidung ins Zentrum der Patient-Arzt-Beziehung stellt, kommt nicht darum herum, auch jene letzte Entscheidung zu respektieren (So, zusammengefasst, die Argumentation des Kassationsgerichts, erste zivilrechtliche Abteilung, Urteil Nr. 21748 vom 16. Oktober 2007).

In jedem Fall eröffnet das Thema des *finis vitae* ein neues Blickfeld und stellt die Frage, ob die Würde ein sogar über dem Leben als solchem stehendes Prinzip darstellt.

III. Schlussfolgerungen

Es verbleibt eine grundsätzliche Fragestellung: Gibt es etwas, was die – wie oben beschrieben höchst unterschiedlichen – Gebrauchsvarianten des Würdebegriffs in Verfassung, Gesetzgebung und Rechtsprechung verbindet oder stellt sich die Würde letztendlich als eine suggestiv-beflügelnde wie vage und unbestimmte Vorstellung heraus? Was verbindet z. B. den Schutz der Würde der Strafgefangenen mit dem Schutz der Würde der Arbeitnehmenden? Oder die Würde letzterer mit derjenigen sterbend Kranker? Es ist offensichtlich, dass in all diesen Situationen die »Würde« einen anderen Bedeutungsgehalt annimmt. Ein Gefangener hat Anrecht auf eine saubere Zelle, das Recht, nicht schlecht behandelt oder gefoltert zu werden und das Recht auf ein Minimum an Privatsphäre. Ein Arbeitnehmer – vorab – auf Arbeitstätigkeit und ein Arbeitsumfeld, welche nicht entwürdigend sind. Selbst wenn man die bezahlte Arbeit als Form materieller Ausbeutung betrachten wollte, würde nicht einmal der orthodoxeste Marxist sie als eine Form von Folter bezeichnen. Die Schwierigkeiten nehmen noch zu, wenn man von überwiegend gesellschaftlich konnotierten Zuständen zur Betrachtung individueller Lebenssituationen übergeht: Was hat die Würde des Arbeitnehmers, dessen Recht auf vollkommene Entwicklung seiner Persönlichkeit und auf die effektive Teilnahme am gesellschaftlichen Leben zu tun mit der Würde des sterbend Kranken, der – mit Bezug auf ebendiese Würde – das Hinausschieben des Todes ablehnt?

Sogar derselbe Ausdruck des »würdigen Lebens« nimmt zwei verschiedene Bedeutungen an – je nachdem, ob er sich auf das Recht des Arbeitnehmers auf einen für ihn und seine Familie bedarfsdeckenden Lohn oder aber auf das Recht des Sterbenden bezieht, ein seiner Ansicht nach nicht mehr würdiges Leben nicht zu verlängern. Allerdings wird, gerade im letzten Zusammenhang, das Argument der Würde sowohl von denjenigen ins Feld geführt, welche im Namen der Sakralität des Lebens gegen die Euthanasie kämpfen, als auch von ihren Gegnern, welche aus dem Prinzip der Selbstbestimmung ein Recht auf Sterben ableiten.

So wäre man auf den ersten Blick zu schliessen versucht, dass der Würdebegriff als solcher nicht gerade geeignet ist, die sich konkret stellenden Probleme zu lösen. Greift man dennoch auf ihn zurück, dann deshalb, weil gerade die ihm eigene Unbestimmtheit erlaubt, ihn für die verschiedensten Zwecke zu »instrumentalisieren«: Seine Dehnbarkeit macht ihn in einer unbestimmten Vielfalt von Umständen anwendbar. Doch damit lassen sich keine Probleme lösen.

Eine solche Sichtweise überzeugt, näher betrachtet, keineswegs. Es überrascht nämlich nicht, dass man in verschiedenartiger Weise von »Würde« spricht. Die Sprache hat eine offene Struktur, und weshalb sollte dies für das Wort »Würde« nicht auch gelten, welches – wie jedes andere Wort – mehrdeutig und vor allem unbestimmt ist. Dies widerspiegelt sich im unterschiedlichen Gebrauch des Würdebegriffs in den von uns betrachteten Fällen. Sicherlich kann man darüber diskutieren, ob gewisse Verwendungen des Würdebegriffs sich nicht zu weit von der »gewöhnlichen« Wortbedeutung entfernen; doch das wahre Problem ist ein anderes: Angenommen es gibt ihn, welches ist der Kern an Gewissheit, welcher uns den Würdebegriff festlegen liesse?

Diese Frage lässt sich nicht abstrakt beantworten. Aus dem oben betrachteten Wortgebrauch ergibt sich, dass in den ersten Jahrzehnten nach Erlass der italienischen Verfassung der Hauptakzent auf der »sozialen Würde« und deren enge Bindung an die materielle Gleichheit (vgl. den Art. 3) lag. Ohne dass jener Zusammenhang an Bedeutung verloren hätte, stellte sich ihm in letzter Zeit ein anderer gegenüber – zurückgehend auf Art. 32, der sicherstellen will, dass bei medizinischen Behandlungen »die Achtung der Menschlichen Person in keinem Fall« verletzt wird und somit eine auch für die Gesetzgebung unüberschreitbare Grenzlinie zieht. Es mag paradox erscheinen, dass der Würde im Verfassungstext ausgerechnet nur dort ein absoluter und unbedingter Charakter zukommt, wo das Wort explizit nicht erwähnt ist – auch wenn heute die herrschende Lehre und Rechtsprechung jenen Artikel unter dem Blickwinkel des Würdeprinzips deutet.

So äussert sich Stefano Rodotà zu Art. 32 der Verfassung pointiert: »Es handelt sich dabei um eine der stärksten Bestimmungen unserer Verfassung, setzt sie doch dem Gesetzgeber eine unüberschreitbare Grenze; stärker noch als das, was Art. 13 zur persönlichen Freiheit bestimmt, der doch auf Gesetzgebung und richterlichen Beschluss gestützte Beschränkungen zulässt. Art. 32 geht weiter. Wenn wir uns dem harten Kern der Existenz nähern – der Notwendigkeit, die menschliche Person als solche zu achten – stehen wir dem Unentscheidbaren gegenüber.«[18] Auch hier steht das Würdeprinzip übrigens im engen Zusammenhang mit einem Grundrecht: der körperlichen Gesundheit. Die juristische Debatte über den Würdebegriff in Italien scheint somit dadurch gekennzeichnet, dass das Würdeprinzip fast nie als absolutes, unbedingtes Prinzip als Grundlage der Menschenrechte erscheint, sondern vielmehr mit letzteren einhergeht.

Mit Bezug auf die Debatte in Italien darf dem Bedeutung beigemessen werden, was Eugenio Ripepe (einer der wenigen Rechtsphilosophen, die sich mit der Thematik befasst haben) etwas verallgemeinernd ausdrückte: Dass nämlich die Würde – weit davon entfernt, selbst etwas zu begründen – nichts Anderes als das »Ergebnis einer Menge von Werten«[19] sei, stets wandelbar und an die Entwicklung der vorherrschenden Meinungen gebunden. Ähnlich hat vor kurzem der bekannte Zivilirechtler Paolo Zatti die These vertreten, dass für die Erklärung des Würdebegriffs der Rückgriff auf den (auf Carl Gustav Jung zurückgehenden) Begriff der »Konstellation« dienlich sei. So »konstelliert« sich die Würde, interagiert mit dem Leben, der Integrität und somit mit der Freiheit, ohne jene soziale Dimension zu verlieren, durch welche sie sich in Italien von Beginn an auszeichnete. Andererseits wäre es aber riskant, »auf das Fundament der Würde zu verzichten.«[20] Doch jenes Fundament kann nur einen harten Kern andeuten, der sicherlich weniger flexibel, dafür aber beständiger ist als eine eigentliche Generalklausel, die alle von einem vielfältigen Gebrauch des Würdebegriffs geschaffenen Merkmale zwar nicht schmälern, aber übersteigen würde. Jener Kern kann aber nicht mit dem Adjektiv »sozial« in Zusammenhang gebracht werden, sondern nur mit dem Adjektiv »menschlich«, das keine schiere Zutat, sondern wesentlicher Bestandteil der Würde ist, so dass im Deutschen beide Begriffe ein einziges Wort bilden: *Menschenwürde.*

Der unantastbare Kern der Würde ist somit der Mensch selbst. Letztlich unverfügbar und unübersteigbar ist die ontologische Vorstellung der menschlichen Natur. In der heutigen Welt sieht sich letztere vor allem mit

---

[18] So formuliert es Stefano Rodotà im Vorwort seines Beitrages Sulla giuridificazione della dignità umana. In: *Rivista critica del diritto privato,* XXV, Nr. 1, 2007, 3–5 (4).

[19] Vgl. Ripepe, E.: La dignità umana: il punto di vista della filosofia del diritto. In: *La tutela della dignità dell'uomo*, hg. von E. Ceccherini. Napoli 2008, S. 11–38. Neben Ripepe darf ich auch auf die vor kurzem erschienene zweite Auflage meines Beitrages zum Thema verweisen: Becchi, P.: *Il principio diginità umana*, Brescia 2013.

[20] Vgl. Zatti, P.: Note sulla »semantica della dignità«. In: P. Zatti, *Maschere del diritto volti della vita.* Milano 2009. S. 29–49.

den vielerlei Ängste weckenden Problemen der Genmanipulation konfrontiert. Und darüber ist die Debatte eröffnet.[21]

[21] In Bezug auf die Konvention von Oviedo vgl. Furlan, E. (Hg.): *Bioetica e dignità umana. Interpretazioni a confronto a partire dalla Convenzione di Oviedo*, Milano 2009.

Kurt Seelmann

MENSCHENWÜRDE – DIE NEUERE TRADITION IN DEUTSCHLAND[1]

I. Einführung

Eine intensive Debatte über das Thema Menschenwürde gibt es in Deutschland insbesondere seit der Entstehung des Grundgesetzes (1949) und in der unmittelbar diesem Ereignis vorausgehenden und nachfolgenden Zeit. Die deutsche Debatte bedient sich dabei allerdings eines schon in den Jahren davor innerstaatlich wie international verwendeten Begriffs, der in einigen Länderverfassungen, aber vor allem auch in internationalen Dokumenten (allen voran der UNO-Charta von 1945 und der Allgemeinen Erklärung der Menschenrechte der UNO von 1948) genannt wird. Das Neue an dieser Entwicklung des Begriffs der Menschenwürde um die Mitte des letzten Jahrhunderts liegt wohl darin, dass Menschenwürde nunmehr vergleichbar den Menschenrechten zum subjektiven Recht[2] gewordenen ist und nicht mehr wie in früheren Debatten den Menschen vom Tier abzugrenzen oder Pflichten zu begründen sucht. Die besondere Herausstellung der Menschenwürde nach dem Zweiten Weltkrieg geschah vor allem – aber keineswegs nur[3] – in Reaktion auf die Untaten des deutschen Nationalsozialismus. Erst von da an

---

[1] Einige der in diesem Beitrag angestellten Überlegungen sind bereits kurz erörtert in dem Beitrag des Verfassers: Recht auf Achtung und Schutz der Menschenwürde – leere Floskel oder Grundlage der Rechtsordnung? In: *Religionsfreiheit im Kontext der Grundrechte*, hg. von A. Loretan. Zürich 2011, S. 101–117.

[2] Zur Wandlung des Menschenwürdebegriffs von einem Pflichten generierenden zu einem Rechte begründenden Begriff vgl. Lohmann, G.: Menschenwürde als »Basis« von Menschenrechten. In: *Menschenwürde und Medizin*, hg. von J. C. Joerden, E. Hilgendorf, F. Thiele. Baden-Baden 2013, S. 179–193, 180.

[3] Hörnle, T.: Die Menschenwürde: Gefährdet durch eine »Dialektik der Säkularisierung« oder »Religion der Moderne«? In: *Postsäkulare Gesellschaft. Perspektiven interdisziplinärer Forschung*, hg. von W. Schweidler. München 2007, S. 170–189, 178, spricht zu Recht von »vielfältigen Wurzeln des Bedürfnisses nach Unverfügbarem« und sieht neben der demonstrativen Absage an das nationalsozialistische Unrechtsregime auch den Einfluss Immanuel Kants, Tabus im Umgang mit dem menschlichen Körper und die Aufwertung von Selbstachtung als Hintergründe.

greifen Verfassungen anderer Staaten den Begriff auf, was sie vorher nur sehr sporadisch gemacht hatten.[4]

Dennoch ist bis heute unklar und umstritten, worin genau eine Beeinträchtigung der Menschenwürde gesehen werden sollte: Geht es um Diskriminierungen oder Instrumentalisierungen von Menschen? Oder geht es um eine Respektsverweigerung? Oder um Demütigung? Wie immer man hier die Auswahl trifft, die Probleme verlängern sich: Welche Differenzierung zwischen Menschen ist diskriminierend? Ist Instrumentalisierung wirklich vermeidbar? Lässt sich Respekt überhaupt rechtlich definieren? Und sind Demütigungen tatsächlich immer verwerflich?

Ein Grund für die grosse Unsicherheit bei der richtigen Verortung des Begriffs der Menschenwürde innerhalb des Rechts könnte sein, dass dieser Begriff traditionell eher dem Bereich der Moral als dem des Rechts zugehörte. Er musste deshalb, so direkt ins Recht versetzt, notwendig gewisse Schwierigkeiten bereiten.[5] Aber vielleicht ist die Problematik noch grundsätzlicher und reicht über die bekannten Verrechtlichungsprobleme rechtsmoralistischer[6] oder rechtspaternalistischer[7] Art hinaus: Menschenwürde könnte eine moralische Kategorie sein, die grundsätzlich einer rechtlichen Umformung Hindernisse entgegensetzt, weil sie die »ganze Person«, die »Persönlichkeit« zu erfassen sucht und sich damit einer für das neuzeitliche Recht davor eher typischen Benennung einzelner subjektiver Berechtigungen sperrt. Das wurde durchaus auch noch in den ersten Jahren des Grundgesetzes als Einwand formuliert und dem bekannten Normalfall einzelner Grundrechte als spezieller Abwehrrechte gegenüber dem Staat gegenübergestellt.[8] Vergleichbar

---

[4] Relativ früh schon in Art. 6 der Verfassung von Portugal von 1933 und in der Präambel der irischen Verfassung von 1937 und – als menschenwürdiges Dasein – sogar schon bei der Regelung der Wirtschaftsordnung in Art. 151 Abs. 1 der Weimarer Reichsverfassung von 1919 in Deutschland. Die italienische Verfassung von 1948 enthält drei Hinweise auf die Würde (Art. 3 Abs. 1, Art. 36 Abs. 1 und Art. 41 Abs. 2, vgl. dazu Becchi, P.: Menschenwürde: Die italienische verfassungsrechtliche Variante im Vergleich zur deutschen. In: *Menschenwürde. Begründung, Konturen, Geschichte,* hg. von G. Brudermüller, K. Seelmann. Würzburg 2008, S. 107–116, 108). In der juristischen Literatur ist der Begriff schon vorher nicht gänzlich unbekannt, vgl. nur Gierke, O.: *Deutsches Privatrecht, Erster Band – Allgemeiner Teil und Personenrecht,* Leipzig 1895(!): »Jedem Menschen gebührt als solchem ein Recht auf die allgemeine menschliche Ehre, d. h. auf die Achtung seiner Menschenwürde. Diese Ehre ist heute schlechthin unverlierbar und muss auch beim Verbrecher geachtet werden.«

[5] Darauf weist hin Hofmann, H.: Bioethik, Gentherapie, Genmanipulation – Wissenschaft im rechtsfreien Raum? In: *JZ,* 1986, S. 253 ff., 260.

[6] Dazu Feinberg, J.: *The Moral Limits of the Criminal Law,* Bd. 4, Harmless Wrongdoing, Oxford 1988.

[7] Dazu Feinberg (o. Fn. 6), Bd. 1, Harm to Others, Oxford 1984.

[8] Vgl. etwa Jerusalem, F.W.: Die Grundrechte des Bonner Grundgesetzes und ihre Durchsetzung in der Rechtsprechung. In: *Süddeutsche Juristenzeitung,* 1950, S. 4 ff, 4, Fn. 3: »Soweit die

ist ein solcher die Menschenwürde kennzeichnender Holismus der rechtlichen Erfassung des Menschen dem sog. allgemeinen Persönlichkeitsrecht im Zivilrecht. Die erstaunliche Gleichzeitigkeit der Entstehung des rechtlichen Würdeschutzes und der endgültigen Durchsetzung des allgemeinen Persönlichkeitsrechts um die Mitte des 20. Jahrhunderts[9] könnte andererseits bedeuten, dass das Recht in einem bestimmten Stadium seiner Entwicklung solcher Kategorien dringend bedurft hat. Helmut Coing hat bereits zwei Jahre vor dem Grundgesetz auf diesen Zusammenhang von Menschenwürde und Persönlichkeitsrecht hingewiesen.[10]

Im Folgenden wird zunächst in einem Überblick gezeigt, worin das Bundesverfassungsgericht überhaupt die Schutzrichtung für eine Garantie der Menschenwürde sieht (2). Aus den entschiedenen Fällen ergibt sich, dass insbesondere eine Statusgarantie (der Mensch hat als Person zu gelten) und eine Wahrung von Integrität und Identität (der Mensch ist als ein konkretes Individuum zu achten und zu schützen) gemeint sind (3). Neben diesen zwei verschiedenen Schutzrichtungen auf den Menschen als Person und als Individuum (»Persönlichkeit«) wurde bei der Beschreibung des Verletzungsverhaltens seit den 50er Jahren in der Tradition von Kant die Verletzung der Menschenwürde häufig in der vollständigen Instrumentalisierung eines anderen Menschen gesehen. Das hat mitunter dazu geführt, dass man in der Instrumentalisierung sogar den Oberbegriff für alle Verletzungen der Menschenwürde gefunden zu haben glaubte (4). Da sich diese These aber nicht aufrechterhalten liess, bemühte man sich um andere Umschreibungen unter Betonung des Begriffs der Demütigung (5). Diese wird in der neueren Philosophie insbesondere als ein Akt interpretiert, der die Selbstachtung des Opfers verletzt (6). Auch diese These wirft, wie sich im folgenden ergibt, grosse Schwierigkeiten in jeder ihrer Varianten auf. Deshalb wird im vorliegenden Text dafür plädiert, ein anderes, interaktives Verständnis der Würdeverletzung zu gewinnen. Die Verletzung der Würde wäre danach eine Verletzung von Respekt und Anerkennung zwischen den Menschen. Damit ist nicht die Missachtung eines Rangs, sondern die Verletzung der Selbstdarstellung und die Verletzung der Orientierungskompetenz zu verstehen (7). Während sich die Statusgarantie als Schutzrichtung noch relativ einfach in ein rechtliches Schutzkonzept einpassen lässt, lassen sich die anderen Arten

---

Grundrechte die Freiheitssphäre des Einzelnen gegenüber dem Staate bilden, geht den Staat die Würde des Menschen nichts an.«

[9] Vgl. Hubmann, H.: *Das Persönlichkeitsrecht,* Köln/München 1953.

[10] Coing, H.: Das Grundrecht der Menschenwürde, der strafrechtliche Schutz der Menschlichkeit und das Persönlichkeitsrecht des Bürgerlichen Rechts. In: *Süddeutsche Juristenzeitung*, 1947, S. 642ff.; vgl. auch Huber, H.: Die Bedeutung der Grundrechte für die sozialen Beziehungen unter den Rechtsgenossen. In: *Zeitschrift für schweizerisches Recht,* 74, 1955, S. 173ff., 206: Würde-Orientierung der Persönlichkeitsrechte.

des Schutzes vor Demütigung nicht so einfach verrechtlichen und scheinen stärker durch einen traditionell moralischen Gehalt von Pflichten bestimmt (8). Hält man die Entwicklung gleichwohl für prinzipiell plausibel, so muss abschliessend angedeutet werden, welchen Veränderungen sich das Recht öffnen muss (9).

II. Die Rechtsprechung des Bundesverfassungsgerichts

In der deutschen verfassungsgerichtlichen Rechtsprechung wird in den ersten Nachkriegsjahren der Schutz der Menschenwürde primär als eine *Statusgarantie* begriffen. Es geht darum, ob jemandem sein »ungeschmälertes Lebensrecht als Bürger in der staatlichen Gemeinschaft bestritten wird«[11] oder ob jemand »zu einem unterwertigen Glied jener Gemeinschaft« gestempelt wird.[12] Der Status eines Rechtssubjekts darf, so das deutsche Bundesverfassungsgericht, nicht in Frage gestellt werden.[13] Der Mensch ist als »gleichberechtigtes Glied« der Gemeinschaft vor Diskriminierung zu sichern[14] und er darf keine Behandlung erfahren, die »Ausdruck der Verachtung des Wertes (ist), der dem Menschen kraft seines Personseins zukommt«, oder er darf einfach keiner »verächtliche(n) Behandlung« unterworfen werden[15]. Man könnte also zusammenfassend sagen, er muss als gleichberechtigte Person, als mit allen anderen gleiches Rechtssubjekt von der Staatsgewalt behandelt wird. Dies ist wohl auch gemeint, wenn »grausame, unmenschliche und erniedrigende Strafen« verboten sind[16] oder wenn generell jede »Erniedrigung, Brandmarkung, Verfolgung, Ächtung« ausgeschlossen werden.[17] Insbesondere diese Schutzrichtung eines Statusschutzes der Person dürfte primär als Reaktion auf die Zeit des Nationalsozialismus zu erklären sein.

Zu Achtung und Schutz der Würde wird man neben dem Schutz der Person auch noch eine weitere, insbesondere aber in späteren Urteilen aufgegriffene Schutzrichtung zählen können, nämlich den »Schutz der Integrität der menschlichen Person«[18] insbesondere gegen Eingriffe oder Aufdeckungen

[11] BVerfGE 16, 49, 56.
[12] BVerfGE 21, 371, 373.
[13] BVerfGE 115, 118, 153.
[14] a. a. O.
[15] BVerfGE 30, 1, 39 bzw. 25/26.
[16] BVerfGE 45, 187, 228; ebenso BVerfGE 72, 105, 115/116 und BVerfG HHR 2004, Nr. 166, S. 10.
[17] BVerfGE 1, 97, 104, 107; BVerfGE 115, 118, 153.
[18] BVerfGE 27, 344, 350/351.

im Bereich der Intimsphäre – negativ als Abwehr von Eingriffen[19], positiv z. B. als Recht auf Wissen über die eigene Abstammung[20]. Damit wird in der neueren Rechtsprechung der Mensch nicht mehr primär als mit allen anderen gleiche Person und damit in diesem seinen Status geschützt, sondern als Individuum mit seinen je ganz besonderen Merkmalen und damit seiner Integrität und Identität. Dies gilt auch, wenn das Bundesverfassungsgericht es als eine Frage der Menschenwürde ansieht, dass bei Strafgefangenen drohenden Persönlichkeitsveränderungen entgegenzuwirken ist[21] oder dass die »grundlegenden Voraussetzungen individueller und sozialer Existenz des Menschen« erhalten bleiben.[22]

Schliesslich aber wird in der Rechtsprechung immer wieder darauf hingewiesen, es widerspreche der »menschlichen Würde, den Menschen zum blossen Objekt im Staat zu machen«[23] – die »Objektformel«, wie man heute sagt, oder auch, meist verstanden in derselben Bedeutung, das *Instrumentalisierungsverbot*. Besonders prominent wurde der Hinweis auf dieses Argument durch die Ausführungen des Bundesverfassungsgerichts in seiner Entscheidung über die Verfassungswidrigkeit des Luftverkehrsgesetzes. Der Staat, so das Gericht, behandle durch den Abschuss unbeteiligter Passagiere eines von Terroristen als Waffe verwendeten Flugzeugs diese Unbeteiligten »als blosse Objekte seiner Rettungsaktion zum Schutze anderer« und diese würden dadurch »verdinglicht und zugleich entrechtlicht«.[24]

Somit zeigen sich auf der Basis der deutschen Gerichtsentscheidungen mehrere im Folgenden noch einmal in ihrem theoretischen Zusammenhang als Statusgarantie und Identitätsschutz einerseits und – dann etwas ausführlicher – als Instrumentalisierungsverbot andererseits anzusprechende Stossrichtungen im praktischen Umgang mit der Menschenwürde-Problematik:

III. Statusgarantie und Identitätsschutz

In den ersten Nachkriegsjahren dient der Menschenwürdeschutz vor allem als eine *Statusgarantie*: Nie wieder soll einzelnen Menschen oder Gruppen von Menschen der Status von gleichen Rechtssubjekten aberkannt werden, das heisst: Niemand soll als Untermensch oder Mensch zweiter Klasse mit

---

[19] A. a. O. (Scheidungsakten); BVerfG 1 BvR 170/07 v. 27.02.2008, Abs. 191 (Computer-Infiltration).

[20] BVerfGE 79, 256, 268; BVerfG 1 BvR 421/05 v. 13.02.2007, Abs. 59.

[21] BVerfGE 45, 187, 238 ff.; 64, 261, 272 f., 277 f.

[22] BVerfGE 45, 187, 228; 72, 105, 115 f.

[23] BVerfGE 5, 85, 204; 30, 1, 25/26; 45, 187, 228; 72, 105, 115/116; BVerfGE 115, 118, 153.

[24] BVerfG, 1 BvR 357/05 vom 15.2.2006. Abs. 124.

einem minderen Rechtsstatus in der Rechtsordnung leben müssen. Jeder soll, unabhängig von verschiedenen konkreten Rechten, dennoch, wie es bereits Hannah Arendt[25] formuliert hat, ein völlig gleiches »Recht, Rechte zu haben« besitzen. Das setzt in der weiteren Entwicklung wohl auch Lebensbedingungen jenseits des Existenzminimums voraus, ohne welche auch Rechte nicht geltend gemacht werden können. In diesem Sinne erscheint die Menschenwürde als die Voraussetzung aller einzelnen Rechte. Der Gedanke wird etwa von Joel Feinberg aufgegriffen, der »human dignity« als »recognizable capacity to assert claims« definiert.[26] Auch wenn nachher noch deutlich wird, dass sich unter den Gesichtspunkt der Statusbeeinträchtigung keineswegs jede Würdeverletzung subsumieren lässt, so dürfte wohl doch richtig sein, dass jedenfalls das Bestreiten dieses Rechts auf Rechte üblicher Weise als eine Würdeverletzung eingestuft wird und die Statusgarantie somit als ein wichtiges Element des Würdeschutzes zu gelten hat.

Daneben gewinnt, wie zu sehen war, das menschliche Individuum in seiner Partikularität in neuerer Zeit verstärkt seinerseits einen Würdeschutz. Also der Mensch wird im Würdeschutz nicht nur in all dem geschützt, was ihn mit sämtlichen anderen gleich erscheinen lässt, d. h. in seiner Person, sondern gerade auch in dem, was ihn von anderen unterscheidet, in seiner individuellen Persönlichkeit. Diese individuelle Persönlichkeit kann Schaden nehmen, wenn der Mensch in seiner Identität und Integrität verletzt wird, wenn er keine geschützte Intimsphäre geniessen kann, nicht Herr der über ihn geführten Daten ist oder einer Persönlichkeitsveränderung etwa durch eine überlange Freiheitsstrafe unterworfen wird.

IV. Instrumentalisierungsverbot

Neben diese unterschiedlichen Schutzrichtungen eines Personschutzes und eines Schutzes des konkreten Individuums tritt, wie zu sehen war, in der Rechtsprechung eine Beschreibung des verletzenden Verhaltens als solchen: Der Einzelne dürfe nicht verdinglicht, nicht zum blossen Objekt für andere gemacht werden – oder aber, er dürfe nicht erniedrigt, gedemütigt oder in seiner Integrität verletzt werden. Was eignet sich hier als Oberbegriff und

---

[25] Arendt, H.: *Elemente und Ursprünge totaler Herrschaft. Antisemitismus, Imperialismus, Totalitarismus* (1951), 12. Aufl. 2008, S. 618. Vgl. auch Enders, C.: *Die Menschenwürde in der Verfassungsordnung. Zur Dogmatik des Art. 1 GG*, Tübingen 1997, S. 503: »Recht auf Rechte«. Zuerst wohl bei Hegel, G. W. F.: *Philosophie des Rechts. Die Vorlesung von 1819/20 in einer Nachschrift*, hg. von D. Henrich, Frankfurt a. M. 1983, S. 127: »Das absolute Recht ist, Rechte zu haben«.

[26] Feinberg, J.: *Rights, Justice and the Bounds of Liberty*, Princeton 1980, S. 151.

welche Einschränkungen müssen gemacht werden? Beginnen wir mit den Schwierigkeiten des Instrumentalisierungsverbots, des Verbots, Menschen zum blossen Objekt zu machen, mit der »Objektformel«. Die Objektformel, wie sie insbesondere von dem Verfassungsrechtler Günter Dürig in den 50er Jahren formuliert worden ist, will nämlich noch mehr als eine Status-Garantie und ein Verbot der Verletzung von Identität und Integrität: Sie will generell die völlige Instrumentalisierung von Menschen als Menschenwürde-Verletzung ausweisen, der Mensch soll niemals bloss zum Objekt gemacht werden.[27] Mario Cattaneo, dessen Gedächtnis dieser Band ehren soll, hat darauf aufmerksam gemacht, dass wir dieses Verlangen, den Menschen nicht zum Objekt zu machen, bereits 20 Jahre vor Kant bei Cesare Beccaria finden.[28]

Jemanden z. B. als blosses Blut- oder Organdepot zu verwenden, indem man ihm zur Lebensrettung eines anderen gegen seinen Willen Blut oder gar eine Niere entnimmt, wäre ein Beispiel für eine solche vollständige Instrumentalisierung, die nicht notwendig den Status als Person in Frage stellt und sich auch nicht von vornherein als verändernder Eingriff in die konkrete Persönlichkeit einordnen lässt, also offenbar eine eigenständige Art der Würdeverletzung darstellt. Bei Dürig tritt die Objektformel sogar – eine weitere Besonderheit – auch der jeweils geschützten Person gegenüber normativ auf, so dass das Einverständnis dieser geschützten Person an der Verletzung der Menschenwürde nichts ändern würde.[29]

Aber hilft die Objektformel wirklich bei der Beschreibung des würdeverletzenden Verhaltens? Ihr wird immer wieder vorgeworfen, sie tauge schon deshalb nicht für eine korrekte und vollständige Erfassung der Verletzungen der Menschenwürde, weil sie nicht trennscharf die verwerflichen Fälle von Instrumentalisierung von deren alltäglichen und akzeptierten Erscheinungsformen unterscheiden könne. Zwei Beispiele werden hervorgehoben: Wer einen anderen belüge, um für sich daraus einen Vorteil abzuleiten, instrumentalisiere diesen anderen völlig – und doch würden wir intuitiv zögern, darin eine Verletzung der Menschenwürde zu sehen.[30] Als weiteres Beispiel

---

[27] Dürig, G.: Der Grundsatz von der Menschenwürde. Entwurf eines praktikablen Wertsystems der Grundrechte aus Art. 1 Abs. 1 in Verbindung mit Art. 19 Abs. 2 des Grundgesetzes. In: *AöR*, 81, 1956, S. 117–157, 127: »Die Menschenwürde als solche ist getroffen, wenn der konkrete Mensch zum Objekt, zu einem blossen Mittel, zur vertretbaren Grösse herabgewürdigt wird.«

[28] Cattaneo, M.A.: Menschenwürde bei Kant. In: *Menschenwürde als Rechtsbegriff, ARSP-Beiheft 101,* hg. von K. Seelmann. Stuttgart 2004, S. 24–32, 24.

[29] Dürig (o. Fn. 27), S. 126: »Da der allgemein menschliche Eigenwert der Würde unabhängig von der Verwirklichung beim konkreten Menschen ist, kann ein staatlicher Angriff die Menschenwürde als solche auch verletzen, selbst wenn der konkrete Mensch mit einem Angriff auf seine Fähigkeit, sich frei zu entscheiden, einverstanden ist.«

[30] Schaber, P.: Menschenwürde und Selbstachtung. Ein Vorschlag zum Verständnis der Menschenwürde. In: Menschenwürde / La dignité de l'être humain, hg. von E. Angehrn, B. Baertschi. In:

gilt die Blutentnahme ohne oder gar gegen den Willen einer Person.[31] In Fällen, in denen das Blut zur Hilfeleistung für einen anderen entnommen wird, besteht zwar, wie schon erwähnt, durchaus die verbreitete Auffassung, es handle sich um Menschenwürdeverletzungen. Beschränkt man sich aber auf die Fälle, in denen etwa durch die Polizei die Entnahme zur Kontrolle des Blutalkoholgehalts veranlasst wird, so ist richtig, dass insoweit bei den meisten Menschen keine Intuition von einer Verletzung der Menschenwürde vorliegen dürfte. Somit stellt sich die Frage, ob sich diejenigen Instrumentalisierungen, in denen man aus guten Gründen eine Menschenwürdeverletzung sehen kann, nicht doch noch klarer von anderen Instrumentalisierungen, die nicht die Menschenwürde verletzen, abgrenzen lassen. Diese Abgrenzung erscheint auch deshalb wichtig, weil die Instrumentalisierung auch keine notwendige Bedingung für die Verletzung der Menschenwürde zu sein scheint. Denken wir nur an ein Quälen um des Quälens willen, das mangels strategischer Rationalität[32] wohl nicht zu den Instrumentalisierungen gezählt werden kann und wohl auch nicht zu den Objektivierungen – den Anderen zum Objekt machen meint ja gerade, ihn wie eine Sache den Zwecksetzungen Anderer zu unterwerfen, zum blossen Instrument der Handlungen Anderer zu machen (weshalb sich die »Objektformel« nicht wirklich vom Instrumentalisierungsverbot unterscheidet).[33] Dennoch wird vermutlich fast jeder allein schon ab einer gewissen Intensität der Qualen und nicht erst beim Instrumentalisieren von einer Verletzung der Menschenwürde ausgehen. Auch die oben betrachteten in der Rechtsprechung als typische Fälle der Verletzung der Menschenwürde angeführten Fälle der Aberkennung des Personstatus und der Beraubung der Identität und Integrität als Persönlichkeit sind nicht notwendig Fälle auch von Instrumentalisierung. Somit ist Instrumentalisierung oder »Zum-Objekt-Machen« weder hinreichende noch notwendige Bedingung einer Menschenwürdeverletzung.

Studia Philosophica, Jahrbuch der Schweizerischen Philosophischen Gesellschaft. Basel 2004, S. 93–106, 98

31 Hoerster, N: *Ethik des Embryonenschutzes. Ein rechtsphilosophischer Essay,* Stuttgart 2002, S. 14

32 Diese fordert etwa Birnbacher, D.: Annäherungen an das Instrumentalisierungsverbot. In: *Menschenwürde – Begründung, Konturen, Geschichte,* hg. von G. Brudermüller, K. Seelmann. Würzburg 2008, S. 9–23, 17, zu Recht für das Vorliegen eines Instrumentalisierens.

33 Nicht ganz einsichtig erscheint deshalb, inwiefern die Objektformel – im Unterschied zum Begriff der Instrumentalisierung – auch zweckfreie Formen unmenschlicher Behandlung erfassen soll. So aber Birnbacher, D.: Kann die Menschenwürde die Menschenrechte begründen? In: *Die grossen Kontroversen der Rechtsphilosophie,* hg. von B. Gesang, J. Schälike. Paderborn 2011, S. 77–98, 95; Jaber, D.: *Über den mehrfachen Sinn von Menschenwürde-Garantien mit besonderer Berücksichtigung von Art. 1 Abs. 1 Grundgesetz,* Frankfurt a. M. 2003, S. 229f.

V. Demütigungsverbot als neuer Oberbegriff?

Folglich sind nicht alle vollständigen Instrumentalisierungen von Menschen schon Verletzungen der Menschenwürde. Wenn es andererseits aber Fälle von Menschenwürde-Verletzungen gibt, die nicht unter die Instrumentalisierungen fallen, so liegt es nahe, nach einem anderen Oberbegriff für die Würdeverletzungen zu suchen. Gewöhnlich wird ein solcher tauglicher Oberbegriff heute in der »Demütigung«[34] (oder – im selben Sinn – in der »Erniedrigung«[35]) gesehen. Nicht jede Instrumentalisierung ist eine Demütigung, der Kreis der Demütigungen ist insoweit enger und vermag gerade jene Instrumentalisierungen zu erfassen, welche die Würde verletzen. Diese Begrenzung des Anwendungsbereichs erlaubt es dann, Fälle des auf Vorteil bedachten Lügens und der Blutentnahme zum Zweck des Alkoholtests aus dem Bereich der Würdeverletzungen auszunehmen. Auch ist dieser Begriff der Demütigung zugleich weiter als der des Instrumentalisierens und dürfte es deshalb ermöglichen, zusätzlich das Aberkennen des Personstatus oder die Verletzung der Persönlichkeit – zwei Würdeverletzungen, die zu Beginn in der Übersicht zur Rechtssprechung erörtert wurden – im Oberbegriff mit zu erfassen.

Allerdings sind auch Demütigungen nicht in jedem Fall verwerflich – so kann z. B. mit einer berechtigten Kritik an der von einem anderen aufgebauten Identität[36] aus der Sicht des Kritisierten und auch von Dritten durchaus eine Demütigung verbunden sein. Wie also sollte man diejenigen Demütigungen, welche die Menschenwürde verletzen, näher bestimmen?

VI. Verletzung der Selbstachtung?

Versucht man zu ergründen, worin der Kern einer Demütigung bestehen könnte, so wird heute in der Literatur – vor allem der philosophischen Literatur – häufig eine Verletzung der Selbstachtung als Folge der Demütigung

34 Übersichten bei Stoecker, R.: Menschenwürde und das Paradox der Entwürdigung. In: *Menschenwürde – Annäherung an einen Begriff*, hg. von R. Stoecker. Wien 2003, S. 133–151, 138, der dazu ängstigende, schmerzhafte und beschämende Handlungen zählt, und bei Hörnle, T.: Menschenwürde als Freiheit von Demütigungen. In: *ZRPh*, 2008, S. 41–61: »erhebliche Demütigung« im Fall von Verachtung, erzwungener verfehlter Symbolisierung oder völliger Kontrolle auf der einen Seite, bei Ohnmacht und Ausgeliefertsein auf der anderen (S. 55).

35 Schaber (o. Fn. 30), S. 100.

36 Stoecker, R.: Selbstachtung und Menschenwürde. In: Angehrn/Baertschi (o. Fn. 30), S. 107–119, 116; zum Beispiel der Decouvrierung des sich tarnenden Vergewaltigers ders. (o. Fn. 34), S. 139.

genannt.[37] Da es vom Verhalten anderer abhänge, ob jemandem neben den vielen sozialen Rollen auch die Rolle einer individuellen Persönlichkeit gelinge, ja ob man sich überhaupt weiter um sie bemühe, und da in modernen Gesellschaften angesichts der vielen sozialen Rollen jedes Individuums die sie einigende Rolle, die Individualität, von zentraler Bedeutung sei[38], müsse man eine die Würde verletzende Demütigung an die Verletzung der Selbstachtung koppeln.[39] »Jemanden zu erniedrigen heisst demnach, ihm die Möglichkeit zu nehmen, sich selbst zu achten«[40].

Ein solches Verständnis einer die Würde verletzenden Demütigung als Verletzung der Selbstachtung lässt allerdings eine Paradoxie entstehen[41]: Man kann die Selbstachtung einerseits deskriptiv verstehen und einfach darauf abstellen, ob diese bei jemand vorhanden ist, wie dies etwa Harry Frankfurt tut.[42] Dann macht man sich von den Zufällen der individuellen Selbstachtung abhängig und überlässt es allein der Einschätzung des Opfers, ob eine Demütigung überhaupt vorliegt. Man kann die Selbstachtung aber andererseits auch normativ verstehen und mit Avishai Margalit[43] darauf abstellen, ob jemand einen rationalen Grund hat, sich in seiner Selbstachtung verletzt zu empfinden. Aber kann das Opfer einer Demütigung je einen rationalen Grund haben, seine Selbstachtung zu vermindern? Das mag in Fällen der Verursachung des Verlusts der Selbstkontrolle möglich sein, wenn man etwa glaubt, auch sich selbst Vorwürfe machen zu müssen. Als Kriterium für das Vorliegen einer Demütigung aber taugt es nicht – denn wir würden eine Vergewaltigung auch dann für eine Demütigung halten, wenn die Vergewaltigte in keiner Weise ihre Selbstachtung verringert sieht und wir würden auch nicht annehmen, sie habe einen rationalen Grund, ihre Selbstachtung verringert zu sehen.

Vorgeschlagen wird deshalb eine etwas zurückhaltendere Formulierung: Würde sei »der Anspruch, die Bedingungen der Selbstachtung gesichert zu

---

[37] Vgl. zuerst Margalit, A. *The Decent Society*, Cambridge, MA 1996; übers. *Politik der Würde. Über Achtung und Verachtung*, Berlin 1997 (danach hier zitiert) sowie Balzer, P., Rippe, K.-P., Schaber, P.: *Menschenwürde vs. Würde der Kreatur. Begriffsbestimmung, Gentechnik, Ethikkommissionen*, Freiburg i. B. 1998, S. 28.

[38] Zuerst wohl in diesem Sinn Luhmann, N.: *Grundrechte als Institution*, Berlin 1965, Kapitel 4.

[39] Stoecker (o. Fn. 30), S. 112.

[40] Schaber (o. An. 30), S. 101.

[41] Zu dieser Paradoxie vgl. Stoecker (o. Fn. 34), S. 140.

[42] Frankfurt, H.: Equality and Respect, In: ders., *Necessity, Volition and Love*, Cambridge 1999, S. 150ff., 153.

[43] Margalit (o. Fn. 37), S. 23; ähnlich Raz, J.: On Frankfurt's Eplanation of Respect for People. In: *Contours of Agency. Essays on Themes of Harry Frankfurt*, hg. von S. Buss, L. Overton. Cambridge/MA, London, 2002, S. 299ff., 308.

haben«[44] – nicht die Selbstachtung selbst, sondern deren Bedingungen. Dann wäre nämlich ganz unabhängig davon, ob jemand seine Selbstachtung selbst als verletzt *ansieht* oder aber ob er auch nur aus der Sicht verständiger Dritter die Selbstachtung als verletzt ansehen *sollte*, jedenfalls mit der Beeinträchtigung der Bedingungen für die Selbstachtung schon die Würde verletzt. Der Nachteil dieses scheinbaren Auswegs aus der Paradoxie besteht aber darin, dass es, wie beispielsweise die schon erwähnte Vergewaltigung, Fälle der Demütigung gibt, bei denen nicht nur nicht die Selbstachtung empirisch oder normativ beeinträchtigt ist, sondern auch die Bedingungen der Selbstachtung aus der Sicht der Betroffenen oder Dritter nicht notwendig beeinträchtigt sind.

VII. Verweigerung der Achtung des Rangs?

Es scheint somit bei allen Demütigungen primär um ein anderes Problem als das der Selbstachtung zu gehen. Ist es nicht eher eine Achtungs*relation* zwischen Personen, die beim Würdeschutz in Frage steht? Wenn Stoecker davon spricht, dass es sich bei der Demütigung um einen Gesichtsverlust handle, ist genau diese Frage angesprochen.[45] Es geht bei der Demütigung um die Verweigerung der geschuldeten wechselseitigen Anerkennung, um die Störung einer Kommunikation.

Wechselseitige Anerkennung liesse sich zunächst verstehen im Sinne einer in neuerer Zeit wieder aufgegriffenen Rang-Metaphorik. Man habe an den Aspekt der wechselseitigen Anerkennung des Rangs einer Person, wenn auch unter veränderten Bedingungen, auch in der aktuellen Debatte inhaltlich anzuknüpfen: »everyone is entitled to the sort of respect that nobles have been claiming«.[46]Der Unterschied des heutigen Würdebegriffs zum traditionellen

---

[44] Schaber, P.: Der Anspruch auf Selbstachtung. In: *Die Begründung von Menschenwürde und Menschenrechten*, hg. von W. Härle, B. Vogel. Freiburg 2008, S. 188–201, 190; ähnlich ders.: *Instrumentalisierung und Würde*, Paderborn 2010, S. 59ff.

[45] Stoecker (o. Fn. 34), S. 145.

[46] Waldron, J.: Dignity and Rank. In: *European Journal of Sociology*, 48, 2007, S. 201–237, bes. 217ff., 224; Waldron stützt sich hierbei insbesondere auf Vlastos, G.: Justice and Equality. In: *Theory of Rights*, hg. von J. Waldron. Oxford 1984, S. 41–76, 54: »caste society (with a unique caste)«; vgl. auch Habermas, J.: Das Konzept der Menschenwürde und die realistische Utopie der Menschenrechte. In: *DZPhil*, 58, 2010, S. 333–357, 350: »Aber nun soll der Status für alle gleich sein«; Lohmann, G.: Menschenwürde als »soziale Imagination« – Über den geschichtlichen Sinn der Deklaration der Menschenrechte und Menschenwürde nach 1945. In: *Facetten der Menschenwürde*, hg. von N. Knoepffler, P. Kunzmann, M. O'Malley. Freiburg u. München 2011, S. 54–74, 57: Für die Geschichte des allgemeinen Würdebegriffs wie für die des sozialen, ständischen, gelte eine Gemeinsamkeit: »In beiden Geschichten ist mit ›Würde‹

Ehrverständnis sei nur, dass nunmehr alle Menschen diesen früher für Einzelne herausgehobene Personen und Schichten reservierten besonderen Rang einnehmen dürften.

Die Einwände gegen das Konzept liegen auf der Hand[47]: »Hoher Rang« macht nur bei einem Ranggefälle Sinn. Soll dieses nicht mehr zwischen Menschen verlaufen, kann die Abgrenzung nur stattfinden gegenüber den Tieren und anderen nichtmenschlichen Lebewesen. Das läuft einer Tendenz zuwider, zumindest empfindende Wesen mit Respekt um ihrer selbst willen zu behandeln. Eine weitere Besonderheit, die mit einer an Ehre orientierten Zuerkennung eines Rangs verbunden ist, liegt in der Gruppenbezogenheit der Ehre. Damit ist nicht nur gemeint, dass im ursprünglichen Konzept der Ehre nur eine Gruppe von Menschen zu den zu Ehrenden gehört – was sich tatsächlich schlicht durch Zuerkennung des Rangs an alle aus der Welt schaffen liesse. Hinzu tritt vielmehr, dass die Ehre und der damit zusammen hängende Rang etwas ist, was von vornherein der Gruppe als solcher und dem Einzelnen nur im Umstand seiner Zugehörigkeit zur Gruppe zukommt. Ein weiterer Unterschied der auf Ehre abstellenden Bestimmung des sozialen Rangs gegenüber modernen Würdekonzepten besteht darin, dass selbst dann, wenn wir einzig und allein das Individuum betrachten, das die Ehre der Gruppe geltend macht, dessen Individualität in einem sehr viel schwächerem Ausmass ausgeprägt ist als uns dies bei den modernen Würdekonzepten unverzichtbar erscheint. Das in der Ehre verletzte Individuum ist im Grunde nicht selbst, sondern es ist in seinem »Alter ego« verletzt.[48] Es geht dem Rang-Konzept in seiner Herkunft aus dem Schutz der Ehre nicht wie in den modernen Würdekonzepten um die Integrität und Identität des unmittelbar Betroffenen, sondern um dessen von der Gruppe herrührende Normen und um ein Aussenbild, das selbst dann, wenn es individuelles Aussenbild ist, von der Gruppenzugehörigkeit geprägt wird.

---

eine besonders hochgeschätzte Wertung eines Modus freier Selbstbestimmung gemeint, die dem Würdigen einen besonderen Rang zuspricht ...«; Birnbacher (o. Fn. 33), S. 87: »Insoweit trägt der universalisierte Würdebegriff noch Spuren des Begriffs der kontingenten, auf einer besonderen gesellschaftlichen Stellung beruhenden Würde, von dem er historisch abstammt.«

[47] Ausführlich dazu Seelmann, K.: Rang und Würde. In: *Festschrift für Gerd Brudermüller,* hg. von I. Götz, I. Schwenzer, K. Seelmann, J. Taupitz,München 2014, S. 771–778.

[48] Holzhauer, H.: Zur Vorgeschichte des allgemeinen Persönlichkeitsrechts. In: *Recht und Persönlichkeit,* hg. von H.-U. Erichsen., H. Kollhosser, J. Welp. Berlin 1996, S. 51–71, 65.

VIII. Verweigerung der Anerkennung

Wechselseitige Anerkennung als Gegenstand des Menschenwürdeschutzes hat also nichts zu tun mit einer Achtung des Rangs anderer, sondern hat in einer noch näher zu erläuternden Weise zu tun mit gestörter Kommunikation in der Aussendarstellung und der Orientierungskompetenz des Individuums:

Diese Kommunikation, die gestört wird, betrifft zunächst die Darstellung des Selbstbildes nach aussen[49]. Wer immer gedemütigt ist, egal ob er sich faktisch selbst in seiner Selbstachtung verletzt fühlt oder sich aus der Sicht Verständiger eigentlich verletzt fühlen müsste oder aber beides nicht der Fall ist – der erleidet durch die Demütigung einen Gesichtsverlust im Verhältnis zu seinen Mitmenschen. Und dies kann auf dreierlei Weise geschehen:

Eine erste Möglichkeit kann darin liegen, dass die Demütigung auf ein Scheitern oder eine Erschwerung der bewussten und gewollten Darstellung des Selbstbildes nach aussen zielt. Man wird jemand aber wohl zweitens auch schon dann für gedemütigt halten müssen, wenn er in einer Darstellung beeinträchtigt wird, die auch aus seiner eigenen Sicht gar nicht seinem Selbstbild entspricht. Würdeschutz wäre dann auch die Einräumung der Chance, sich gelegentlich nach aussen anders zu geben, als einem im Inneren zumute ist. »Deshalb hat die Gesellschaft die Aufgabe, ein solches Verfahren nicht nur zu tolerieren, sondern sogar zu unterstützen, z. B. indem sie den Menschen intime Freiräume zugesteht oder sie nur in Ausnahmefällen in peinliche, weil entlarvende Situationen bringt«[50]. Ja noch darüber hinaus wird drittens eine Demütigung auch dann vorliegen können, wenn weder ein richtiges noch ein falsches Selbstbild intentional repräsentiert wird, sondern jemand einfach auftritt, ohne jede gewollte Darstellung. Beispielhaft sei dies »ex negativo« an der Bioethik-Debatte veranschaulicht: Wer frühen Embryonen keine Menschenwürde zuordnen will, stellt diese Embryonen gern als »Zellhaufen« im Bild vor. Und wer Klonieren für eine Verletzung der Menschenwürde hält, bildet die Klone gern als Armee von gesichtslosen Puppen ab. Würde scheint, so wollen uns diese Bilder sagen, etwas mit menschlicher Gestalt und Einzigartigkeit zu tun haben – noch vor jeder gewollten echten oder falschen Repräsentation des Selbstbildes. Die individualisierbare und nicht als Massenprodukt hergestellte menschliche Gestalt mit einem »eigenen Gesicht« steht in solchen Aussagen für die Würde, weil uns offenbar nur die Kontingenz auch die Einzigartigkeit verbürgt und weil diese Einzigartigkeit in unseren Intuitionen mit Würde verknüpft ist. Individuelle Menschen also

---

[49] Dazu ausführlich Seelmann, K.: Repräsentation als Element von Menschenwürde (o. Fn. 30), S. 141–158, bes. 152f.

[50] Stoecker, R.: Die Würde des Embryos. In: *Ethik in der Medizin in Lehre, Klinik und Forschung*, hg. von D. Gross. Würzburg 2002, S. 53ff. und 64.

z. B. auf eine blosse Nummer zu reduzieren gilt wohl unstreitig als eine die Würde dieser Menschen verletzende Demütigung.

Dennoch sind im Begriff der Demütigung als einer Anerkennungsverweigerung nicht nur diese drei Formen der Behinderung menschlicher Repräsentation enthalten. Denn damit erfassen wir die Anerkennungsverweigerung nur von der einen Seite der Anerkennungsrelation her, von der Dynamik der Repräsentation des Inneren nach aussen. Anerkennungsverweigerung enthält aber zudem auch das Element, dass der Gedemütigte nicht einer Rechtfertigung im Umgang mit ihm für würdig empfunden wird, dass ihn der Täter einer ihm angetanen Tat einer Begründung seines Verhaltens nicht für würdig erachtet. Mit anderen Worten steht hinter dem Gebot, den anderen anzuerkennen, auch die Vorstellung, der andere habe ein »Recht auf Rechtfertigung«.[51] Nur wer von anderen Menschen für deren Verhalten ihm gegenüber Rechtfertigungen erfährt, kann in sich die Kompetenz erhalten, sich in der Welt zu orientieren. Denn dies können Menschen offenbar nur, wenn sie ihren Umgang mit anderen Menschen in einer gewissen Konsistenz erleben, wenn sie nicht unverstandenem und unverstehbarem Verhalten anderer – insbesondere einer Willkür der Staatsmacht – ausgeliefert sind, wenn sie also in ihrer Orientierungskompetenz geschützt werden. Schutz der Orientierungskompetenz darf nicht verwechselt werden mit einem Schutz bereits der blossen Orientierungssicherheit. Das Recht hat nicht die Aufgabe, jeden in seinen verschiedenen Meinungen über die Welt und Haltungen zur Welt zu sichern und vor den Zumutungen des Umdenkenmüssens zu schützen. Nicht um einzelne Inhalte unserer Orientierung kann es gehen, sondern nur um unsere Fähigkeit, uns überhaupt in der Welt der menschlichen Interaktion zurechtfinden zu können und darin nicht durch andere behindert zu werden.

IX. Verrechtlichung von Anerkennung?

Die verschiedenen Kennzeichnungen dessen, worum es bei einer Würdeverletzung geht, eignen sich offenbar in unterschiedlichem Ausmass für eine Verrechtlichung. Betrachtet man die verschiedenen Elemente, die dem Menschenwürde-Schutz zugrunde liegen, so verwundert nicht, dass in der Rechtsprechung die Statusgarantie vorherrscht. Insoweit ist nämlich die Einpassung in rechtliche Denkfiguren nicht besonders schwierig. Die Statusgarantie als Garantie eines Rechts auf Rechte lässt sich rechtstheoretisch als eine Voraus-

---

[51] Dazu Forst, R.: Die Würde des Menschen und das Recht auf Rechtfertigung. In: *Deutsche Zeitschrift für Philosophie,* 2005, S. 589–596; vgl. auch dens.: *Das Recht auf Rechtfertiung. Elemente einer konstruktivistischen Theorie der Gerechtigkeit,* Frankfurt a. M. 2007.

setzung der einzelnen Rechte begreifen und hinreichend in eine rechtliche Kategorisierung einordnen.

Weit schwerer ist das Verbot der Demütigung zu verrechtlichen, das sich positiv als Anerkennungsgebot erweist und den Schutz der Selbstdarstellung ebenso wie der Orientierungskompetenz enthält. Es als rechtliche Denkfigur zu erfassen macht Mühe. Die anerkannten Grundrechte sind bekanntlich Freiheitsrechte, Teilhaberechte oder Leistungsrechte und damit immer auf einzelne Entfaltungsmöglichkeiten oder Güter gerichtet. Demgegenüber ist ein Demütigungsverbot oder Anerkennungsgebot auf die menschliche Individualität des anderen in ihrer Gesamtheit bezogen, zeigt sich, wie schon zu Beginn erwähnt, eher als holistisches Konzept der Beziehung zum Anderen. Ist Menschenwürde nicht Übereinstimmung mit der einen oder anderen Rolle, sondern die Konformität eines Menschen damit, »wer er insgesamt ist«[52], so ergeben sich daraus auch entsprechende Konsequenzen für die Möglichkeiten der Verletzung und für den Schutz einer solchen Menschenwürde. Derlei hat man traditionell der Moral und nicht dem Recht zugeordnet. Auch noch Kant behandelt das »Recht auf Achtung von seinen Nebenmenschen« wie die Liebespflichten anderen gegenüber in seiner Tugendlehre und nicht in der Rechtslehre[53] – worauf gleich noch einzugehen sein wird. Die Selbstdarstellung und die Orientierungskompetenz und damit der wechselseitige Respekt sind also traditionell nicht Gegenstand einer rechtlichen Regelung. Es fragt sich umso mehr, welche Veränderungen sich im Recht andeuten, wenn derlei Objekte rechtlichen Schutz erhalten.[54]

Indem wir die Selbstdarstellung schützen, erweitern wir den Schutz der Privatsphäre über deren traditionellen eher statisch begriffenen Schutzumfang hinaus. Der Schutz der Privatsphäre wird in der Selbstdarstellung ausgedehnt auf das aktive, nicht durch Zwang beeinflusste Nach-aussen-Kommunizieren des Privaten. Das Individuum erhält darin den Schutz seiner von ihm selbst bestimmten *Identität*. Im Schutz der Orientierungskompetenz dehnt demgegenüber das Recht seinen Schutz über den Bereich des traditionellen Schutzes der Handlungsfreiheit der Person hinaus aus. Der Schutz erstreckt sich jetzt nicht mehr nur auf die Freiheit der Umsetzung des Willens in das Handeln, sondern erfasst bereits die Fähigkeit zur Bildung des Willens vor dem Hintergrund der Wahrnehmung der Welt.

---

[52] Stoecker (o. Fn. 34), S. 144.

[53] Ausführlich dazu Hruschka, J.: Rechtsstaat, Freiheitsrecht und das »Recht auf Achtung von seinen Nebenmenschen«. In: Sharon Byrd, B., Hruschka, J., Joerden, J.C., *Jahrbuch für Recht und Ethik/Annual Review of Law and Ethics*, Bd. 1, Berlin 1993, S. 193–206.

[54] Genauer dazu Seelmann, K.: Respekt als Rechtspflicht? In: *Rechtsphilosophie im 21. Jahrhundert*, hg. von W. Brugger u. a., Frankfurt a. M. 2008, S. 418–439, bes. 436ff.

Diese Veränderungen der beiden Schutzgegenstände haben miteinander gemeinsam, dass in ihnen ein Bereich im Vorfeld des klassischen Rechtsschutzes vom modernen Recht erfasst wird. In beiden Bereichen, beim Schutz der Selbstdarstellung und bei dem der Orientierungskompetenz, zeigt sich nämlich im modernen Recht eine verstärkte Erfassung der inneren Sphäre der Person zusätzlich zu der traditionell verrechtlichten äusseren Sphäre. Der Schutz geht nun über den seit langem dem Recht bekannten Schutz von Privatheit und Handlungsfreiheit hinaus. Gegenüber dem Schutz der Privatheit betrifft der Regelungszuwachs im Fall der Selbstdarstellung zusätzlich die symbolische Präsentation der Privatsphäre nach aussen schon dort, wo noch gar keine Handlungen vorliegen, die in die Sphäre des sich Darstellenden eingreifen würden. Beim Schutz der Orientierungskompetenz werden zusätzlich zum Schutz der Handlungsfreiheit bereits deren interne Voraussetzungen erfasst und das Recht masst sich so eine Zuständigkeit auch im Bereich der Willensbildung an.

Das Konzept des Menschenwürdeschutzes übt so in beiden Erweiterungen eine Scharnierfunktion[55] zwischen Recht und Moral aus: Im traditionellen Verständnis, in der klassischen Moderne, assoziiert man das Recht mit dem »Aussen« und die Moral mit dem »Innen« – äussere direkt in die Rechtssphäre des anderen eingreifende Handlungen und nicht innere Motive sind konstitutiv für rechtlich erhebliches Verhalten. Im Menschenwürdeschutz als Schutz der Repräsentation des »Innen« im »Aussen« und damit als Schutz des zu repräsentierenden »Innen« einerseits und als Schutz der inneren Willensbildung andererseits bemerken wir eine Auflösung dieses so klar erscheinenden Verhältnisses. Wichtig für die weitere Entwicklung wird sein, dass man in diesem Prozess eine den sozialen Frieden in einer pluralistischen Gesellschaft störende Re-Moralisierung der Rechtsordnung vermeidet ohne doch den erreichten Stand eines auch rechtlichen Respekt-Schutzes gegenüber anderen Menschen aufs Spiel zu setzen.

Der Schutz der Menschenwürde als rechtlich geregelter Schutz stellt also die Rechtsordnung nicht nur vor die Herausforderung, Konturen für einen zunächst nicht scharf konturierten Begriff finden zu müssen. Darüber hinaus schafft die Verpflichtung zu Achtung und Schutz der Menschenwürde neue Abgrenzungsprobleme des Nur-Moralischen von dem, was aus guten Gründen verrechtlicht werden kann. Gegenüber den von den Aufklärungsphilosophen und Kant gesetzten traditionellen Grenzen zwischen Verletzungsverbot (tauglicher Gegenstand von Recht) und Zuwendungsgebot (nur Gegenstand

[55] Zum Begriff der Scharnierfunktion Seelmann, K.: Menschenwürde – ein Begriff im Grenzbereich von Recht und Ethik. In: *Rechtsethik*, hg. von M. Fischer, M. Strasser, Frankfurt a. M. 2007, S. 41 (33 ff.); Habermas (o. Fn. 45), S. 347 f.

der Moral)[56] und damit zwischen »vollkommenen« und »unvollkommenen« Pflichten werden hier offenbar neue Grenzlinien gezogen, indem das »Verletzungsverbot« von der Verletzung einzelner Rechte auf einen gesamthaften Respekt ausgedehnt wird und somit ein Teilbereich des traditionellen Feldes der Moral im Menschenwürdeschutz eine Verrechtlichung erfährt. Angelegt ist das schon in der Überlegung von Kant, dass die allgemeine Achtungspflicht gegen andere Menschen – obwohl er sie noch zu den Tugendpflichten rechnet[57] – mit den Rechtspflichten den Charakter als »negative Pflicht« gemeinsam hätte.[58] Als Verbot der Herabsetzung, der Demütigung, steht sie in einer Parallele zu den anderen Verletzungsverboten des Rechts und kann wie diese, aber anders als die »Liebespflichten« der »Tugendlehre«, jedermann gegenüber in gleicher Weise eingehalten und in ihrem äusseren Vollzug auch erzwungen werden.

Vereinfacht wäre aber wohl die Sicht, wonach durch die Menschenwürde nur der »egalitär-universalistische Gehalt der Moral ins Recht importiert wird«[59]. Der Respektschutz greift weiter, indem er nicht nur die (mit allen gleiche) Person, sondern auch das sich dem Egalitären entziehende konkrete Individuum als Persönlichkeit unter Schutz stellt. Darin besteht die eigentliche Herausforderung für eine künftige rechtstheoretische Erfassung des Phänomens der Menschenwürde als Rechtsbegriff.

---

[56] Ausführlich dazu Kersting, W.: Das starke Gesetz der Schuldigkeit und das schwächere der Gütigkeit. Kant und die Pflichtenlehre des 18. Jahrhunderts. In: *Studia Leibnitiana*, 14, 1982, S. 184–220.

[57] Kant, I.: *Die Metaphysik der Sitten* (1797), Werke Insel-Ausgabe, Bd. 4, S. 606.

[58] Kant (o. Fn. 57), S. 606, vgl. dazu auch Hruschka (o. Fn. 53), S. 202.

[59] Habermas (o. Fn. 45), S. 347.

Stephan Stübinger

DIE AKTUELLE FOLTERDEBATTE IM RÜCKGRIFF AUF PHILOSOPHISCHE UND SOZIOLOGISCHE KLASSIKER

Als Rechtswissenschaftler ist man geneigt zu behaupten, die Folter dürfte aus juristischer Sicht *eigentlich* keine Probleme mehr bereiten; sie eigne sich allenfalls noch als rechtshistorisches Thema, aber nicht als Beispiel für eine rechtsdogmatische Aufgabenstellung, die Anlass für juristische Auslegungs- oder Meinungsverschiedenheit sein könnte. Es gibt wohl kaum eine Verhaltensweise, deren rechtliche Bewertung so eindeutig geregelt zu sein scheint, wie jene Handlungen, die man als Folter bezeichnen kann. Es lassen sich zahlreiche nationale und internationale Rechtsvorschriften und Vereinbarungen benennen, in denen die Unzulässigkeit entsprechender Maßnahmen mehr oder weniger eindeutig zum Ausdruck gebracht wird.

I. Die Gesetzeslage

Allen voran gilt die Menschenwürdegarantie des Art. 1 I GG als unhintergehbare Sperre für sämtliche Foltertätigkeiten, denn gerade im Hinblick auf die Geschichte lässt sich kaum eine vergleichbar große Missachtung der Würde eines Menschen denken. Zudem bestimmt Art 104 I S. 2 GG, dass »Festgehaltene Personen ... weder seelisch noch körperlich mißhandelt werden« dürfen.[1] Auf internationaler Ebene regelt Art. 5 der Allgemeinen Erklärung der Menschenrechte (vom 10.12.1948), dass niemand der »Folter oder grausamer, unmenschlicher oder erniedrigender Behandlung oder Strafe unterworfen werden« darf; mit einem ähnlichen Wortlaut setzen auch Art. 3 der Europäischen Menschenrechtskonvention (vom 4.11.1950) sowie

[1] Hierzu eingehend F. Rottmann, Das Misshandlungsverbot des Art. 104 Abs. 1 S. 2 GG als Maßstab verfassungskonformer Auslegung. In: H. Goerlich (Hg.), *Staatliche Folter*. Heiligt der Zweck die Mittel?, Paderborn 2007, S. 75ff.; B. Beutler, *Strafbarkeit der Folter zu Vernehmungszwecken*, Frankfurt u. a. 2006, S. 90ff.; s. a. C. Enders, Die Würde des Rechtsstaats liegt in der Würde des Menschen – Das absolute Verbot staatlicher Folter. In: »*Rettungsfolter im modernen Rechtsstaat?*« Eine Verortung, hg. von P. Nitschke, Bochum 2005, S. 144ff.

Art. 7 des Internationalen Pakts über bürgerliche und politische Rechte (vom 19.12.1966) das Folterverbot fest. Schließlich haben sich zahlreiche Staaten in einem Übereinkommen gegen Folter und andere grausame, unmenschliche oder erniedrigende Behandlung oder Strafe (vom 10.12.1984 – sog. Anti-Folter-Konvention) dazu verpflichtet »wirksame gesetzgeberische, verwaltungsmäßige, gerichtliche oder sonstige Maßnahmen« zu treffen, um »Folterungen in allen« der jeweiligen »Hoheitsgewalt unterstehenden Gebieten zu verhindern« (Art 2 I Anti-Folter-Konvention). Art. 2 II dieser Konvention schließt sogar die Möglichkeit einer »Rechtfertigung für Folter« selbst für den Fall aus, dass »Krieg oder Kriegsgefahr, innenpolitische Instabilität oder sonstiger öffentlicher Notstand« herrscht.[2] Mehr Gesetzestext zur Unterbindung bestimmter Handlungsweisen, die auf den Sammelbegriff der Folter gebracht werden, findet sich sonst kaum noch.

Dabei schien nicht nur die Legalität, sondern auch die Legitimität dieser Verbote lange Zeit so gut wie zweifelsfrei zu sein; positives Recht und vorpositive Begründungen waren nahezu deckungsgleich. Neben der Ächtung von Sklaverei gibt es wohl nichts, was vergleichbar eindeutig politisch und rechtlich verpönt zu sein schein, wie die Folter[3] – jedenfalls wenn man den offiziellen Verlautbarungen dazu Glauben schenken möchte. Für Folteropfer wie für Sklaven wird vermutet, dass es um die Behandlung von Menschen im Rahmen eines asymmetrischen Machtverhältnisses geht, »who quite literally have ›*no* rights‹ «.[4] Ganz in diesem Sinne wurde offenbar unter den Vernehmungsexperten des US-Militärs im Kampf gegen den Terrorismus die inoffizielle Losung ausgegeben: »rule number one is, terrorists have no

---

2 Ausführlich zu den zahlreichen völker- und verfassungsrechtlichen Rechtsquellen zum Folterverbot z. B.: R. Esser, Die menschenrechtliche Konzeption des Folterverbotes im deutschen Strafverfahren. In: G. Gehl (Hg.), *Folter – zulässiges Instrument im Strafrecht?*, Weimar 2005, S. 145ff.; R. Hofmann, Das völkerrechtliche Folterverbot. In: H. Ostendorf (Hg.), *Folter. Praxis, Verbot, Verantwortlichkeit*, Münster 2005, S. 9ff.; F. Selbmann, Die Rechtsfigur der »Rettungsfolter« und das Völkerrecht, *Neue Justiz* 2005, S. 300f.; M. Hong, Das grundgesetzliche Folterverbot und der Menschenwürdegehalt der Grundrechte – eine verfassungsjuristische Betrachtung. In: *Rückkehr der Folter*, hg. von G. Beestermöller/H. Brunkhorst, München 2006, S. 26ff.; T. Bruha/C.J. Tams, Folter und Völkerrecht, *ApuZ* 36, 2006, S. 16ff.; K.H. Gössel, Enthält das deutsche Recht ausnahmslos geltende, »absolute« Folterverbote?. In: *Festschrift für Harro Otto*, Köln u. a. 2007, S. 42ff.; B. Beutler (Fn. 1), bes. S. 135ff.; F. Lamprecht, *Darf der Staat foltern, um Leben zu retten?*, Paderborn 2009, S. 74ff./87ff.; A. Bahar, *Folter im 21. Jahrhundert*, München 2009, S. 29ff.; L. Sonderegger, *Die Rückkehr der Folter?*, Berlin 2012, S. 69ff.

3 Ähnlich bereits H. Shue, Torture, *Philosophy and Public Affairs* 2, 2, Winter 1978, S. 124.

4 Darin sieht S. Levinson, Slavery and the Phenomenology of Torture, *Social Research* 74, 2007, S. 149ff./164ff. (150), die Parallele zwischen Sklavenhaltung und Folter.

rights«.[5] Bei Gelegenheit dieser Parallelisierung zwischen Folter und Sklaverei kann man wohl auch in Anlehnung an Bernard *Williams* Behauptung, dass es noch »etwas schlimmeres gibt als die Akzeptanz der Sklaverei: ihre Rechtfertigung«[6], sagen, dass entsprechendes lange Zeit auch für die Stellungnahmen zur Folter gegolten hat. Schon der Hauch einer Legitimationsbemühung konnte ausreichen, den Verdacht eines Rückfalls in die rechtlich-politische Steinzeit auszulösen. Dieser Eindeutigkeit entsprechend könnte der Text *eigentlich* an dieser Stelle bereits mit der schlichten Feststellung beendet werden: Der Einsatz von Folter ist niemals zu rechtfertigen und daher immer Unrecht; diese schlichte Feststellung zu treffen, stellt im Hinblick auf die glasklare Rechtslage gar kein rechtswissenschaftliches Problem dar.

II. Zur veränderten Diskussionslage

Bis vor wenigen Jahren hätte dieses Fazit wohl auch ausgereicht, wenn ein Rechtswissenschaftler zu den Problemen der Folter befragt wurde. Folter war allenfalls noch Gegenstand von Rechtshistorikertagungen, im Übrigen herrschte angesichts der ungewöhnlich klaren Gesetzeslage kaum noch Klärungsbedarf. Die Auseinandersetzung um mögliche Bedingungen einer zulässigen Anwendung der Tortur gehört daher *eigentlich* der Vergangenheit an. Zumindest an dem Wörtchen ›eigentlich‹, das nun schon mehrfach gefallen ist, lässt sich jedoch schon erkennen, dass es inzwischen doch nicht mehr ganz so einfach zu sein scheint. Das ›Eigentliche‹ ist hier das Schlupfloch, durch das die vermeintlich fest eingeübte Urteilssicherheit in die Unsicherheit des Problematischen entweichen kann. Wie so häufig ist der eigentliche Soll-Zustand anders als der Ist-Zustand.

Mindestens zwei Ereignisse sind zu nennen, die der besagten Problematik wieder juristische Brisanz verliehen haben und das Unzeitgemäße wieder zeitgemäß machen[7]: einerseits sind es die – zunächst nur gerüchteweise aufgekommenen und später durchaus offiziell bestätigten – Informationen über die Behandlungsmethoden innerhalb us-amerikanischer Militärstraflager (in der kubanischen Guantanamo Bay Naval Base, auf der Air Base im afgha-

---

[5] Zit. nach M.K. Wynia, Consequentialism and Harsh Interrogations, *The American Journal of Bioethics* 5, 1, 2005, S. 4, der sich (in Fn. 1) auf die entsprechende Information einer im Irak eingesetzten militärischen Vernehmungsperson beruft.

[6] B. Williams, *Scham, Schuld und Notwendigkeit*, Berlin 2000, S. 129; daran erinnert auch C. Kutz, Torture, Necessity and Existential Politics, *California Law Review* 95, 2007, S. 235.

[7] Treffend die Bemerkung von H.J. Curzer, Admirable Immorality, Dirty Hands, Ticking Bombs, and Torturing Innocents, *The Southern Journal of Philosophy* 44, 2006, S. 32: »torture ... has moved from nightmare to newspaper«.

nischen Bagram (Baghran), im irakischen Abu Ghraib und anderswo)[8] und andererseits der hierzulande bekannt gewordene ›Frankfurter Fall‹, in dem ein stellvertretender Polizeipräsident die Anwendung unmittelbaren Zwangs für den Fall angeordnet hat, dass der zu verhörende Kindesentführer sich noch länger weigern sollte, den Aufenthaltsort des entführten Jungen preiszugeben und dies in einem Aktenvermerk festgehalten hat.[9] Die angedeuteten Vorkommnisse sind freilich kaum vergleichbar und nur schwer auf einen gemeinsamen Nenner zu bringen, den man als Folter bezeichnet. Gleichwohl gehören sie gemeinsam zur Geschichte der neueren Diskussion.

Vor den genannten Ereignissen wurde nur gelegentlich von einer kleinen überschaubaren Anzahl von Autoren eine Rechtfertigungsmöglichkeit oder gar eine generelle rechtliche Zulassung von Foltermaßnahmen in bestimmten Fallkonstellationen ins Gespräch gebracht.[10] Unter deutschen Juristen war es vor allem der Heidelberger Staatsrechtler und Rechtsphilosoph Winfried *Brugger*, der seit Mitte der 1990er Jahre zunächst für eine Ausnahme vom absoluten Folterverbot und dann sogar für ein Recht auf und eine daraus folgende staatliche Pflicht zur Folter in bestimmten Situationen offen eingetreten ist.[11] Hierfür musste er z. T. scharfe Kritik einstecken[12] oder er ist insoweit – was im Wissenschaftsbetrieb fast noch schlimmer ist – mit beredtem Schweigen belegt worden. Denn die meisten haben es wegen der klaren Gesetzeslage und der ethisch-politischen Diskreditierung der Folter schlicht nicht für nötig gehalten, sich hierzu zu äußern.

Obwohl das Thema inzwischen salonfähig geworden ist, bleibt es gleichwohl heikel und emotionsgeladen. Einige befürchten, dass wir uns »auf dem Weg in ein neues Mittelalter« befinden könnten, wie dies zumindest der in

---

8 Dazu ausführlich M. Danner, *Torture and Truth*, London 2005, mit zahlreichen Dokumenten und schockierenden Fotos (S. 78ff.); s. a. R. Brody, The Road to Abu Ghraib. In: *Torture*, ed. by K. Roth et al., New York 2005, 145ff.; K. Mladek, Folter und Scham. In: T. Weitin (Hg.), *Wahrheit und Gewalt*, Bielefeld 2010, S. 243ff.

9 Siehe die Darstellung des Sachverhaltes im Urteil des LG Frankfurt *Neue Juristische Wochenschrift* 2005, S. 692f.; ausführlich zu diesem Fall D. Anders, Aktuelles Forum – Die Diskussion zur rechtlichen Zulässigkeit staatlicher Folter in Ausnahmesituationen. In: H. Goerlich (Hg.), *Staatliche Folter*. Heiligt der Zweck die Mittel?, Paderborn 2007, S. 18ff.

10 Vgl. die Überblicke über den damaligen Diskussionsstand von J.P. Reemtsma, *Folter im Rechtsstaat?*, Hamburg 2005, S. 15ff.; St. Stübinger, Zur Diskussion um die Folter. In: Institut für Kriminalwissenschaften und Rechtsphilosophie Frankfurt a. M. (Hg.), *Jenseits des rechtsstaatlichen Strafrechts*, Frankfurt u. a. 2007, S. 282ff.; H. Schmitz, »Rettungsfolter« zwischen Fiktion und Wirklichkeit. In: K. Altenhain u. a. (Hg.), *Die Wiederkehr der Folter?*, Göttingen 2013, S. 273ff. jeweils m.N.

11 Vgl. W. Brugger, Würde gegen Würde, *Verwaltungsblätter für Baden-Würtemberg* 1995, S. 446ff.; ders., Darf der Staat ausnahmsweise foltern?, *Der Staat* 35, 1996, S. 67ff.; ders., Vom unbedingten Verbot der Folter zum bedingten Recht auf Folter?, *JuristenZeitung* 2000, S. 165ff.

12 Siehe etwa H. Kramer, Wunsch nach Folter, *Kritische Justiz* 33, 2000, S. 624f.

Frageform präsentierte Untertitel sowie die Überschrift des Einleitungskapitels des Buches von Alexander *Bahar*, Folter im 21. Jahrhundert (a. a. O. (Fn. 2), 11), suggeriert wird. Auch nach der jüngsten Aktualisierung angesichts der aufgetretenen Folterfälle zeigen einige Autoren ihre Bedenken, wenn nicht sogar Ekel oder Abscheu, sich auf dieses Thema überhaupt einzulassen.[13] So schreibt beispielsweise Jeremy *Waldron* am Anfang seiner Abhandlung ›Torture and Positive Law‹: »It is dispiriting as well as shameful to have to turn our attention to this issue«.[14] Der bekannte Slowenische Philosoph und Psychoanalytiker Slavoj *Zizek* meint sogar, die Debatte als solche sei an sich gefährlicher als ein offenes Eintreten für die Folter, das wenigstens als klare – ideologisch motivierte oder idiosynkratisch einzustufende – Positionierung aufgefasst und entsprechend in das übliche Koordinatensystem des im weitesten Sinne Politischen eingeordnet werden könne; durch diese Form der Diskussion werde jedoch auch weiterhin ein allgemeines Bekenntnis gegen die Folter mit einem reinen Gewissen ermöglicht und dabei zugleich ein Themenfeld erschlossen, auf dem es letztlich keine Begrenzungen mehr geben könne. Schon die Bereitschaft zur Anerkennung konkreter Ausnahmen vom absoluten Folterverbot unter nomineller Beibehaltung seiner prinzipiellen Geltung müsse letztlich zwangsläufig den »Sinn für die Schuld, für das Bewusstsein der Unzulässigkeit« des Folterns innerhalb des rechtsstaatlichen Denkens aushöhlen.[15] Ähnliche Bedenken gegen die bloße

---

[13] Vgl. z. B. S.F. Kreimer, Too Close to the Rack and the Screw: Constitutional Constraints on Torture in the War on Terror, *University of Pennsylvania Journal of Constitutional Law* 6, 2003, S. 278ff., der eingangs beinahe entschuldigend anführt, dass er sich dazu veranlasst fühlt, sich mit der Folter zu beschäftigen, was er vor nicht allzu langer Zeit selbst nicht für möglich gehalten hätte, denn: »There are some articles I never thought I would have to write; this is one« (S. 278); s. a. R. Gaita, Torture: The Lesser Evil, *Tijdschrift voor Filosofie* 68, 2006, S. 254; sowie L.M. Seidman, Torture's Truth, *University of Chicago Law Review* 72, 2005, der seinen Aufsatz mit den Worten beginnt: »No one wants to talk about torture« (S. 881), um dann zu erklären, dass uns die Folter etwas Wahres über uns selbst zu sagen hat, was uns zu der Einsicht bringen sollte: »We need ... to talk about torture« (S. 918).

[14] J. Waldron, Torture and Positive Law, *Columbia Law Review* 105, 2005, S. 1683.

[15] S. Zizek, *Willkommen in der Wüste des Realen*, Wien 2004, S. 106ff. (107); s. a. dens., *Auf verlorenem Posten*, Frankfurt 2009, S. 112ff. Zu Zizeks viel beachteter Argumentation s. a. S. Levinson, »Precommitment« and »Postcommitment«: The Ban on Torture in the Wake of September 11, *Texas Law Review* 81, 2003, S. 2042f.; ders., The Debate on Torture, *Dissent* 50, 3, summer 2003, S. 86f.; ders., Contemplating Torture. In: ders. (Ed.) *Torture*. A Collection, Oxford 2004, S. 30ff.; C.W. Tindale, Tragic Choices: Reaffirming Absolutes in the Torture Debate, *International Journal of Applied Philosophy* 19, 2005, S. 214; L.M. Seidman (Fn. 13), S. 883 m. Fn. 7; S. Lukes, Liberal Democratic Torture, *British Journal of Political Science* 36, 2006, S. 1; A.J. Bellamy, No pain, no gain?, *International Affairs* 82, 2006, S. 125; R.S. Brown, Torture, Terrorism, and the Ticking Bomb, *Journal of International Law & Policy* 4, 2007, S. 4; Y. Ginbar, *Why not Torture Terrorists?*, Oxford 2008, S. 169f.; J.J. Wisnewski/R.D. Emerick, *The Ethics of Torture*, London/New York 2009, S. 20f.

Thematisierung von vermeintlichen Legitimationsbedingungen werden wohl auch Jürgen *Habermas* dazu bewogen haben, auf eine Einladung zu einem Symposium zu dieser Frage mit der Bemerkung zu antworten, »allein eine Veranstaltung zu diesem Thema zu *planen*, sei eine ›Regression in faschistische Denkmuster‹«.[16]

In umgekehrter Richtung werden aber auch die neueren Bemühungen um eine Rechtfertigung einer »Rettungs«- bzw. »Notwehr«-Folter[17] mit scharfen Worten verteidigt. Solchen Diskursverweigerungen oder den rigorosen Ablehnungen jedweder Folterungen durch das Festhalten an bestimmten Prinzipien wird eine »willful blindness«[18] bzw. »eine Art von schizophrener Halbblindheit«[19] unter Verwendung von bloßen Pseudo-Argumenten[20] unterstellt oder geradezu fanatische[21], irrationale oder unmoralische[22] bzw. gar totalitäre[23] Züge attestiert und ein gefährlicher Glaube an fantastische bis utopische Illusionen vermutet.[24]

---

16 Zitiert nach R. Trapp, *Folter oder selbstverschuldete Rettungsbefragung?*, Paderborn 2006, S. 11 Fn. 7 (Hervorhebung dort), der sich insoweit auf den Veranstalter dieses Symposiums, Wolfgang Lenzen, beruft, der die entsprechende Antwort von Habermas per E-Mail empfangen habe; dazu auch L. Ellrich, Was spricht für die Folter?. In: T. Weitin (Hg.), *Wahrheit und Gewalt*, Bielefeld 2010, S. 59.

17 Siehe zu dieser Begrifflichkeit R. Merkel, Folter und Notwehr, *Festschrift für Günther Jakobs*, Köln u. a. 2007, S. 381; für eine englische Entsprechung: U. Steinhoff, Defusing the Ticking Social Bomb Argument, *Global Dialogue* 12, 1, 2010, o.P. – (online Journal unter: http://www.worlddialogue.org/print.php?id=457); ders., Legalizing Defensive Torture, *Public Affairs Quarterly* 26, 2012, S. 19ff.

18 L.M. Seidman (Fn. 13), S. 883; kritisch zu solch wechselseitigen Beschuldigungen P. N. S. Rumney, Is Coercive Interrogation of Terrorist Suspects Effective?, *University of San Francisco Law Review* 40, 2006, S. 509ff. m.w.N.

19 A. Eser, Zwangsandrohung zur Rettung aus konkreter Lebensgefahr, *Festschrift für Winfried Hassemer*, Heidelberg 2010, S. 721.

20 U. Steinhoff (Fn. 17), *Global Dialogue* 12, 1, 2010.

21 So etwa E.A. Posner/A. Vermeule, Should Coercive Interrogation be Legal?, *Michigan Law Review* 104, 2006, S. 676.

22 Vgl. U. Steinhoff, Torture – The Case for Dirty Harry and against Alan Dershowitz, *Journal of Applied Philosophy* 23, 2006, S. 346.

23 I.d.S. V. Erb, Nothilfe durch Folter, *Juristische Ausbildung* 2005, S. 30; ders., Folterverbot und Notwehrrecht. In: *»Rettungsfolter im modernen Rechtsstaat?« Eine Verortung*, hg. v. P. Nitschke, Bochum 2005, S. 164ff.

24 Siehe etwa die Polemik von H. MacDonald, How to interrogate Terrorists. In: *The Torture Debate in America*, ed. by K.J. Greenberg, Cambridge 2006, S. 95f.

III. Diverse Argumentationsweisen zur (Auf-)Lösung des Folterproblems

Die Auseinandersetzung mit diesem Thema gehört seit nunmehr mehr als einem Jahrzehnt zum moralphilosophischen, politischen und rechtlichen Standardrepertoire. Die Debatten um die amerikanischen Untersuchungspraktiken und die Erörterung des Falles in Deutschland weisen dabei einige strukturelle Gemeinsamkeiten[25] aber auch wichtige Unterschiede auf, die eine sorgsame Differenzierung erforderlich machen.[26]

1. Definitionsprobleme

Parallel verläuft beispielsweise eine der Strategien zur Verteidigung der Maßnahmen innerhalb der amerikanischen und deutschen Debatte. In beiden Fällen wird von einigen Diskutanten versucht, die beschriebenen Handlungen aus dem in den genannten Rechtsvorschriften gezogenen Definitionsbereich der Folter herauszuhalten.[27] Immerhin kann schon im Allgemeinen in beinahe allen Formen von (polizeilichen) Verhören ein Abgrenzungsproblem zwischen erlaubten Tricks und verbotenen Vernehmungsmethoden (beispielsweise i.S.d. § 136a StPO) konstatiert werden. So ist etwa daran erinnert worden, dass Verhöre generell Momente von Zwang, Täuschung und Drohung innehaben und deshalb auch die durchaus fließende Grenze zur Folter allzu leicht überschritten werden kann.[28] Eines der Argumente, die u. a. von Vertretern der amerikanischen Regierung und ihren juristischen Beratern[29]

---

[25] Die Parallelen berühren sich nicht erst im Unendlichen, sondern im fernen Hong Kong – in den (in Fn. 17 und 22 zitierten) Beiträgen des dort lehrenden Uwe Steinhoff, der den Verlauf beider Diskussionslinien gleichermaßen gut überblickt und insbesondere die auf die Notwehrdogmatik bezogene Argumentation des Frankfurter Falles in die amerikanische Debatte einführt.

[26] Ebenso J.-M. Piret, Torture as a Lesser Evil?. In: *Governing Security under the Rule of Law*, ed. by J. Blad et al., The Hague 2010, S. 99ff./115ff., bes. 117; ähnlich – für die Diskussion in Deutschland und die ältere Debatte bzgl. der Folterproblematik in Israel – auch K. Ambos, Rettungsfolter und (Völker-)Strafrecht. In: H. Koriath u. a. (Hg.), *Grundfragen des Strafrechts, Rechtsphilosophie und die Reform der Juristenausbildung*, Göttingen 2010, S. 6f.

[27] Zu dieser Strategie einer Legitimation durch Definition: B. Wolf, Die Regeln der Ausnahme. In: K. Harrasser u. a. (Hg), *Folter*, München 2007, bes. S. 113ff.

[28] Vgl. etwa N. Sherman, Torturers and the Tortured, *South African Journal of Philosophy* 25, 2006, S. 85; M. Ignatieff, Moral Prohibition at a Price. In: *Torture*, ed. by K. Roth et al., New York 2005, S. 20f.

[29] Vgl. etwa J.C. Yoo, A Crucial Look at Torture Law. In: *Civil Liberties vs. National Security in a Post-9/11 World*, ed. by M. K. B. Darmer et al., Amherst S. 2004, S. 321ff.

(den »legal technicians«[30]) vorgebracht wurde, lautet denn auch: die u. a. in Guantánamo praktizierten Untersuchungsmethoden seien gar keine Folter, sondern lediglich mit legalem Zwang ausgeführte Verhöre[31]; in diesem Kontext fällt dann nicht selten die zynisch klingende Bezeichnung ›torture lite‹.[32] Außerdem seien in den genannten Straflagern ohnehin nur die Schlimmsten der Schlimmen untergebracht, die den vollen Schutz des Rechts ohnehin nicht genießen sollten.[33] Die nach juristischer Beratung politisch genehmigten Verhörtaktiken seien noch im Rahmen des Rechts.[34] I.d.S. bekräftigte der frühere

---

[30] K. Kessler Ferzan, Torture, Necessity, and the Union of Law & Philosophy, *Rutgers Law Journal* 36, 2004, S. 189f.

[31] Vgl. zu dieser Argumentation z. B. J.H. Skolnick, American Interrogation. In: *Torture*. A Collection, ed. by S. Levinson, Oxford 2004, S. 105ff., bes. 111; J.B. Elshtain, Reflection on the Problem of »Dirty Hands«, ebenda, S. 85ff.; M. Ignatieff, *Das kleinere Übel*, Berlin 2005, S. 190f.; L. May, Torturing Detainees During Interrogation, *International Journal of Applied Philosophy* 19, 2005, S. 193ff.; D. Luban, Liberalism, Torture, and the Ticking Bomb, *Virginia Law Review* 91, 2005, bes. S. 1437f.; C.W. Tindale (Fn. 15), S. 211f.; A.J. Bellamy (Fn. 15), S. 121ff. jeweils m. w. N.; s. a. T. Bruha/C.J. Tams (Fn. 2), bes. S. 21f. Zu einigen von US-Soldaten eingesetzten Verhörmethoden siehe ferner M. Danner (Fn. 8), S. 6 u.ö. (sowie den dort – S. 243ff. – abgedruckten Bericht des IKRK vom Februar 2004); S. Levinson (Fn. 15), *Texas Law Review* 81, 2003, S. 2027f.; J. Ip, Two Narratives of Torture, *Northwestern Journal of International Human Rights* 7, 2009, S. 43ff.; J.J. Paust, The Absolute Prohibition of Torture and Necessary and Appropriate Sanctions, *Valparaiso University Law Review* 43, 2009, S. 1553ff. m.N.; J.P. Terry, Torture and the Interrogation of Detainees, *Campbell Law Review* 32, 2010, S. 600m. N. Zu dem Versuch – trotz offenkundiger Überschneidungen – das unrechtmäßige Foltern von legalen Möglichkeiten von Zwangsverhören zu unterscheiden siehe etwa E.A. Posner/A. Vermeule, (Fn. 23), S. 672ff.

[32] Siehe zur Einführung und Verwendung dieses Begriffs etwa D. Campbell, US interrogators turn to ›torture lite‹, *The Guardian*, January 25, 2003, S. 17; M. Bowden, The Dark Art of Interrogation, *The Atlantic Monthly*, October 2003, S. 53; S.F. Kreimer, »Torture lite,« »Full Bodied« Torture, and the Insulation of Legal Conscience, *Journal of National Security Law & Policy* 1, 2005, S. 187ff.; J. Bell, »Behind This Mortal Bone«: The (In)Effectiveness of Torture, *Indiana Law Journal* 83, 2008, S. 339ff., bes. 349ff.; J. Wolfendale, The Myth of »Torture Lite«, *Ethics & International Affairs* 2009, S. 47ff.

[33] Vgl. dazu B. Hudson, Justice in a Time of Terror, *British Journal of Criminology* 49, 2009, S. 712f., die den früheren US-Verteidigungsminister Donald Rumsfeld zitiert, der die Guantanamo-Häftlinge als »›the worst of the worst‹« beschrieben hatte, und dagegenhält: »Justice involves protecting the rights of ›the worst of the worst‹, as well as the rights of those who are or may be innocent« (S. 713).

[34] Zur unheilvollen Allianz zwischen Politikern und Juristen bzw. Politik und Recht(swissenschaft) vgl. eingehend: A. Bahar (Fn. 2), S. 57ff.; D. Cole, *The Torture Memos*: Rationalizing the Unthinkable, New York 2009, S. 19ff.; ders., The Taint of Torture: The Roles of Law and Policy in our Descent to the Dark Side, *Houston Law Review* 49, 2012, S. 53ff., bes. 59ff.; M.K. B. Darmer, Waterboarding and the Legacy of the Bybee-Yoo »Torture and Power« Memorandum, *Chapman Law Review* 12, 2009, S. 639ff., bes.

US-Präsident George W. *Bush*: »I want to be absolutely clear ... The United States does not torture. It's against our laws, and it's against our values«[35]; die u. a. von der CIA eingesetzten Methoden seien lediglich » ›enhanced interrogation techniques‹ « bzw. » ›an alternative set of procedures‹ «[36] – Unrecht ist eben nur eine Alternative zum Recht – das etwas andere Recht.

In der Stoßrichtung vergleichbar – bei aller sonstigen Unvergleichbarkeit – wurde für den Frankfurter Fall argumentiert, die Drohung mit bestimmten Zwangsmaßnahmen sei selbst noch keine Folter.[37] Hier zeigt sich tatsächlich das erste typische Problem, das sich für Juristen allerdings in beinahe jeder rechtlichen Würdigung stellt. Stets besteht die Schwierigkeit, exakt zu bestimmen, welche Verhaltensweisen unter ein gesetzliches Tatbestandsmerkmal subsumiert werden können und welche nicht, zumal im Falle des Folterbegriffs graduelle Abstufungen unvermeidbar erscheinen, die nicht zu-

---

644ff.; J.D. Ohlin, The Torture Lawyers, *Harvard International Law Journal* 51, 2010, S. 193ff., bes. 199ff.; C. Finkelstein, When Government Lawyers Break the Law: The Case for Prosecution, *University of Pennsylvania Law Review* 158, 2010, S. 196ff.; J. Mayer, America's »Extraordinary Rendition« Program. In: *The United States and Torture*, ed. by M. Cohn, (paperback Ed.) New York/London 2012, S. 147ff.

[35] Zit. nach I.A. Linnartz, The Siren Song of Interrogational Torture, *Duke Law Journal* 57, 2008, S. 1493 m.N. auch zu weiteren Beteuerungen von anderen Regierungsmitgliedern; s. a. L. Sonderegger (Fn. 2), S. 97 m.N. in Fn. 190. Zur Rolle und Verantwortung von George W. Bush und anderer Regierungsvertretern s. a. M. Danner, The Twilight of Responsibility, *Houston Law Review* 49, 2012, S. 71ff.

[36] Zitiert nach R. Falk, Torture, War, and the Limits of Liberal Legality. In: *The United States and Torture*, ed. by M. Cohn, (paperback Ed.) New York/London 2012, S. 123; s. a. K. Lasson, Torture, Truth Serum, and Ticking Bombs, *Loyola University Chicago Law Journal* 39, 2008, S. 330 Fn. 4 m.N.; J. Mayerfeld, Playing by Our Own Rules, *Harvard Human Rights Journal* 20, 2007, S. 90.

[37] So etwa W. Steinke, Kann die Androhung von Gewalt straflos sein?, *Kriminalistik* 2004, S. 328; R.R. Jaeger, Folterdebatte – es gibt kein schwarz oder weiß. In: G. Gehl (Hg.), *Folter* – Zulässiges Instrument im Strafrecht?, Weimar 2005, S. 32; R.D. Herzberg, Folter und Menschenwürde, *JuristenZeitung* 2005, S. 321ff., bes. 325f.; R. Merkel (Fn. 17), S. 375ff., bes. 401f.; wohl auch E. Hilgendorf, Folter im Rechtsstaat?, *JuristenZeitung* 2004, S. 339; A. Eser (Fn. 19), S. 719f.; differenzierend B. Kretschmer, Folter in Deutschland, *Recht und Politik* 2/2003, S. 106f.; M. Seebode, Strafrechtliche Bemerkungen zum Folterverbot. In: H. Goerlich (Hg.), *Staatliche Folter*. Heiligt der Zweck die Mittel?, Paderborn 2007, S. 55; s. a. die Darstellung verschiedener Differenzierungsversuche von J. Kinzig, Not kennt kein Gebot?, *ZStW* 115, 2003, S. 799ff., der selbst für eine weite Auslegung des Folterbegriffs plädiert, der Drohungen einschließt (S. 801); S. Braum, Erosion der Menschenwürde, *KritV* 88, 2005, S. 284; J.C. Joerden, Über ein vermeintes Recht (des Staates) aus Menschenliebe zu foltern, Festschrift für Joachim Hruschka, Berlin 2005, S. 520f. Kritisch zu solchen Relativierungen M. Jahn *KritV* 87, 2004, S. 36f.; F. Saliger, Absolutes im Strafprozess?, *ZStW* 116, 2004, S. 41f.; W. Schild, Folter(androhung) als Straftat. In: G. Gehl (Hg.), *Folter* – Zulässiges Instrument im Strafrecht?, Weimar 2005, S. 61; C. Roxin, Rettungsfolter?, *Festschrift für Kay Nehm*, Berlin 2006, S. 211ff.

letzt den unterschiedlichen Bestimmungsversuchen geschuldet sind.[38] Die gleichsam als offiziell zu behandelnde Definition in Art 1 I Anti-Folter-Konvention spricht etwa davon, dass es sich bei der Folter um »jede Handlung, durch die einer Person vorsätzlich große körperliche oder seelische Schmerzen oder Leiden zugefügt werden«, handeln muss (der englische Wortlaut spricht von »severe pain or suffering«, also eher von schwerem/schwerwiegendem Schmerz oder Leiden). Allein die exakte Bestimmung der ausreichenden ›Größe‹ oder ›Schwere‹ macht die Anwendung dieses Begriffes im Einzelfall schwierig[39]; dies gilt schon für das Ausmaß an physischen Beeinträchtigungen, insbesondere aber für mentale Auswirkungen psychischer Folter, die in hohem Maße von subjektiven Empfindungen und individuell verschiedenen Faktoren (z. B. Alter, Geschlecht, kultureller Hintergrund, religiöse Überzeugungen) abhängig sein kann.[40]

Derartige Definitionsprobleme sollen im Folgenden ausgeblendet bleiben, da hier nicht konkrete Fallkonstellationen beurteilt werden sollen, sondern eher allgemeine Probleme zur Verhandlung stehen. Nicht ob eine Handlung im Einzelfall als Folter qualifiziert werden kann, soll an dieser Stelle interessieren, sondern ob selbst unstreitig als Folter angesehene Maßnahmen in irgendeiner Weise gerechtfertigt werden können. Die Frage, welche Verhaltensweisen die rechtlichen Grenzen des Erlaubten möglicherweise überschreiten, tritt im hiesigen Zusammenhang demnach hinter die Frage zurück, ob selbst bei eindeutiger Überschreitung des Folterverbots die Möglichkeit einer Rechtfertigung bestehen soll oder nicht.

Ebenfalls ausgeklammert wird damit auch die umstrittene Frage nach der Effektivität der Tortur.[41] Nicht die mögliche oder nachweisbare Wirk-

---

[38] Zu diversen Definitionen und graduellen Bestimmungen des Folterbegriffs sowie zu unterschiedlichen Typen von Folter siehe z. B. J.J. Wisnewski/R.D. Emerick (Fn. 15), S. 1ff.; vgl. auch C.W. Tindale, The Logic of Torture, *Social Theory and Practice* 22, 1996, S. 351ff.; F.-C. Schroeder, Der Begriff der Folter, *Festsschrift für Dionysos Spinellis II*, Athen 2001, S. 983ff.; M. Strauss, Torture, *New York Law School Law Review* 48, 2003, S. 208ff.; A. Elken, A Moral Evaluation of Torture as a Policy Tool, *Journal of Politics & Society* 2004, S. 95ff.; M. Davis, The Moral Justifiability of Torture and other Cruel, Inhuman, or Degrading Treatment, *International Journal of Applied Philosophy* 19, 2005, S. 162ff.; J. Waldron a. a. O. (Fn. 14), S. 1688ff./1695ff.; D. Sussman, What's Wrong with Torture?, *Philosophy and Public Affairs* 33, 2005, S. 1ff.; S. Lukes (Fn. 15), S. 5ff./9ff. jeweils m.w.N. S.a. BGHSt 46, 292 (303f.).

[39] Siehe hierzu J.J. Wisnewski/R.D. Emerick (Fn. 15), S. 2ff.; R. Marx, *Kritische Justiz* 37, 2004, S. 284ff.; L.M. Seidman (Fn. 13), S. 888f.; W. Schmitt Glaeser, Folter als Mittel staatlicher Schutzpflicht?, *Festschrift für Josef Isensee*, Heidelberg 2007, S. 507ff., bes. 521ff.

[40] Speziell dazu H. Reyes, The worst scars are in the mind: psychological torture, *International Review of the Red Cross* 89, 867, 2007, S. 591, bes. 596ff.

[41] Siehe dazu etwa die unterschiedlichen Einschätzungen von D. Rejali, *Torture and Democracy*, Princeton/Oxford 2007, S. 446ff.; B. Brecher, *Torture and the Ticking Bomb*, Malden/Oxford 2007, S. 24ff.; M. Bagaric/J. Clarke *Torture: When the Unthinkable is Morally Permissible*, Al-

samkeit, sondern die Problematik der denkbaren Rechtmäßigkeit wird hier diskutiert; für die Beantwortung dieser Frage wäre es ohnehin ineffektiv auf die (In-)Effizienz von Foltermaßnahmen zu verweisen. Nur wenn oder weil etwas auch nur ausnahmsweise funktionieren mag, heißt das nicht, dass es auch legitimiert werden kann; und umgekehrt sagt eine generell unterstellte Untauglichkeit nichts über eine denkbare Legitimation einzelner Ausnahmen aus. Aus einem ähnlichen Grund wird hier auch eine Diskussion der beliebten Argumentationen mit drohenden Dammbrüchen[42], schiefen Ebenen[43] (slippery slopes[44]) o. ä.[45] ausgespart. Es mag – vor allem im Kontext der Rede von einem globalen ›Krieg gegen den Terrorismus‹ – durchaus nicht unberechtigt sein, davon auszugehen, dass sich eine einmal zugelassene Folterpraxis in einem Ausnahme-Dauerzustand rasch wie ein Krebsgeschwulst[46] im sozialen Organismus ausbreiten könnte,[47] gar eine ganze Tortur-Kultur entstehen würde, wie beispielsweise David *Luban* (a. a. O. (Fn. 31), bes. 1452ff.) befürchtet, oder zumindest mittelfristig zu notwendigen Legalisierungen und Institutionalisierungen drängen könnte. Doch obgleich solche

---

bany 2007, S. 53ff.; F. Allhoff, *Terrorism, Ticking Time-Bombs, and Torture*, Chicago/London 2012, S. 140ff.; M. Strauss (Fn. 38), S. 261ff.; R. Blakely, Why torture?, *Review of International Studies* 33, 2007, S. 376ff.; P. N. S. Rumney (Fn. 18), S. 479ff.: J. Bell (Fn. 32), S. 339ff.; L. Sonderegger (Fn. 2), S. 60ff. jeweils m.w.N.; speziell zu neurowissenschaftlichen Zweifeln an der Tauglichkeit von Folter-Verhörmethoden: S. O'Mara, Torturing the Brain, *Trends in Cognitive Science* 13, 2009, S. 497ff.

42 I.d.S. etwa H. Bielefeldt, Die Absolutheit des Folterverbots. In: *Rückkehr der Folter*, hg. v. G. Beestermöller/H. Brunkhorst, München 2006, S. 112f.

43 So beispielsweise W. Janisch, Folter ist keine Gefahrenabwehr, *Anwaltsblatt* 2005, S. 33.

44 Dazu z. B. M. Strauss (Fn. 38), S. 265ff; G. Blum, The Laws of War and the »Lesser Evil«, *The Yale Journal of International Law* 35, 2010, S. 47f. m.N.

45 Eine interessante Variante davon hat Uwe Steinhoff, (Fn. 17), *Global Dialogue* 12, 2010, in kritischer Absicht das »ticking social bomb argument« getauft, wonach nach einer Rechtfertigung eines einzelnen Folter-Falles »a social explosion of torture« zu befürchten sei. I.d.S. etwa E. Scarry, Five Errors in Reasoning of Alan Dershowitz. In: *Torture*, ed. by S. Levinson, Oxford 2004, S. 288: »Torture is itself a ticking bomb«; ebenso G. Hunsinger, Torture Is the Ticking Time-Bomb, *Dialog* 47, 2008, S. 232.

46 Das Bild von der Folter als »Cancer of Democracy« geht wohl zurück auf den gleichlautenden Untertitel der englischen Ausgabe des Buches von Pierre Vidal-Naquet, *Torture*, 1963; siehe dazu D. Rejali (Fn. 41), S. 47ff.; vgl. auch E. Press, In Torture we Trust?. In: *Civil Liberties vs. National Security in a Post-9/11 World*, ed. by M. K. B. Darmer et al., Amherst 2004, S. 222; A.J. Bellamy (Fn. 15), S. 142.

47 I.d.S. schon H. Shue (Fn. 3), der der Folter insofern eine »metastatic tendendcy« zuschreibt (S. 143) und befürchtet, dass eine legalisierte Folter schnell dazu tendiere »to become … a routine procedure institutionalized into the method of governing«, was letztlich zur Unkontrollierbarkeit führe (S. 138f.); ähnlich S.B. Twiss, Torture, Justification, and Human Rights: Toward an Absolute Proscription, *Human Rights Quarterly* 29, 2007, S. 361.

Gefahren durchaus bestehen, so reichen solche Befürchtungen allein noch nicht aus, die Legitimationsfähigkeit einer ausnahmsweise praktizierten Folter zu widerlegen.[48]

2. Ethik vor Recht?

Beim Versuch, auf diese Frage nach einer Legitimation von Folterungen eine Antwort zu geben, trennen sich freilich die Hauptwege der deutschen und amerikanischen Debatte. Während im Kontext der Fälle in Amerika vorwiegend auf einer ethisch-politischen[49] bzw. öffentlich-rechtlichen[50] Ebene i. w. S. über die Legitimitätsproblematik diskutiert wird, hat sich in Deutschland der Schwerpunkt der Diskussion alsbald auf eine primär strafrechtliche Bewertung der Handlung des mit Folter drohenden Polizeibeamten verlagert; schließlich ging es hier um die entsprechende Beurteilung im Rahmen eines konkreten Strafverfahrens, in dem sich viele als (virtuelle) Verteidiger oder Ankläger angeboten haben und entsprechende Plädoyers pro oder contra der Strafbarkeit der angeklagten Polizisten vortragen wollten.[51] Neben diesem strafrechtlichen Lösungsweg ist jedoch auch hierzulande noch auf dem Gebiet des Verfassungsrechts sowie des einfachen öffentlichen Rechts nach Begründungen für eine ausnahmsweise Zulassung der Folter gesucht worden: so hat z. B. auf der Basis seiner früheren Beiträge zu diesem Thema (vgl. die Nachweise oben Fn. 11) Winfried *Brugger* eine rein öffentlich-recht-

---

48 Insofern ähnlich kritisch zu solchen Argumenten im Diskussionszusammenhang des Frankfurter Falles, der sich schon gar nicht für solche Befürchtungen eignet: V. Erb, Zur strafrechtlichen Behandlung von »Folter in der Notwehrlage«, *Festschrift für Manfred Seebode*, Berlin 2008, S. 102f./120f. m.w.N.; A. Eser (Fn. 19), S. 725f.

49 Zu unterschiedlichen sozial- und moral-philosophischen Argumentationen siehe z. B. F. Allhoff, A Defense of Torture, *International Journal of Applied Philosophy* 19, 2005, S. 248ff.; D. Sussman (Fn. 38), S. 1ff., bes. 11ff./19ff.; s. a. die ausführliche Gegenüberstellung der verschiedenen ethischen Begründungen von R. Trapp, (Fn. 16), S. 103ff. Zu einigen politischen Legitimationsversuchen vgl. etwa J.T. Gathii, Torture, Extra-Territoriality, Terrorism and International Law, *Albany Law Review* 67, 2004, S. 101ff. m.z.N.; Y. Lee, The Defense of Necessity and Powers of the Government, *Criminal Law and Philosophy* 3, 2009, S. 133ff., bes. 138ff.

50 Zu primär verfassungsrechtlichen Dimension der Fragestellung vgl. etwa S.F. Kreimer (Fn. 13), S. 278ff.; R. Dasgupta, Constitutionality of Torture in a Ticking-Bomb Scenario, *Pace Law Review* 30, 2008, S. 544ff.; s. a. J. Waldron (Fn. 14), S. 1681ff., bes. 1709ff./1718ff./1726ff. Zu deliktsrechtlichen Konsequenzen von Folteranwendungen nach u.s.-amerikanischem Recht vgl. R.H. Seamon, U.S. Torture as a Tort, *Rutgers Law Journal* 37, 2005, S. 715ff.

51 Zum Meinungsstand siehe etwa H.-U. Paeffgen. In: NomosKommentar zum Strafgesetzbuch, Baden-Baden [4]2013 Vor §§ 32 Rn. 151 m.z.N.; siehe auch schon St. Stübinger (Fn. 10), S. 295ff. m.N. in Fn. 38.

liche Lösung vorgeschlagen.[52] Auf einer verfassungsrechtlichen Ebene hat auch Matthias *Herdegen* im ›Maunz/Dürig‹ – Grundgesetzkommentar für eine einschränkende Auslegung des Art 1 GG in diesen Fällen plädiert.[53] Ebenfalls bei der Auslegung des Art. 1 I GG setzt Fabian *Wittreck* an, der allerdings keine Reduktion des Würdeschutzes befürwortet, sondern z. B. die Würde eines Entführungsopfers als Rechtfertigungsgrund in Rechnung stellen möchte, die dann Auswirkungen auf eine polizei- und strafrechtliche Bewertung der einschlägigen Folterfälle zeitige.[54] Schließlich möchte Walter *Schmitt Glaeser* aus einer grundrechtlich verbürgten »Schutzpflicht« des Staates zumindest *le lege ferenda* eine deutlich erweiterte Ermächtigung zur Anwendung unmittelbaren Zwangs ableiten (a. a. O. (Fn. 39), 507ff.). Die verschiedenen Begründungsstränge können im Hinblick auf den aktuellen Meinungsaustausch (übrigens auf beiden Seiten des Atlantiks[55]) nicht durchweg sauber voneinander getrennt werden, soweit auch in den hiesigen vorgeblich rein strafrechtlichen Begutachtungen nicht selten offene oder versteckte Argumente aus dem Begründungsarsenal der Moral, der Politik oder des Verfassungs- oder sonstigen öffentlichen Rechts eingehen.

Unterschiedlich fallen in dieser Hinsicht die zentralen Argumente aus, mit denen am Ende entweder eine mögliche Rechtfertigung der jeweiligen Handlungsweise oder aber deren Verneinung begründet werden soll. Die amerikanische Auseinandersetzung konzentriert sich dabei meist direkt auf die Frage nach einer allgemein-rechtlichen und damit vor allem eine im weitesten Sinne ›moralischen‹[56] Befugnis zur Tortur in bestimmten tragischen

---

[52] Siehe vor allem W. Brugger, *Freiheit und Sicherheit*, Baden-Baden 2004, S. 56ff. m.w.N.; ders., Einschränkung des absoluten Folterverbots bei Rettungsfolter?, *ApuZ* 36, 2006, S. 9ff.

[53] *M/D*-Herdegen Art. 1 I Rn. 44f./90; vgl. zu dieser Argumentation St. Stübinger (Fn. 10), S. 301ff.; F. Hanschmann, Kalkulation des Unverfügbaren. In: *Rückkehr der Folter*, hg. v. G. Beestermöller, H. Brunkhorst, München 2006, S. 130ff.; K.H. Gössel, Festschrift für Harro Otto (Fn. 2), S. 56ff.; L.K. Sander, Menschenwürde und »Exklusion«. In: *Jenseits des rechtsstaatlichen Strafrechts*, Frankfurt u. a. 2007, S. 263ff.; M. v. Schenck, *Pönalisierung der Folter in Deutschland*, Frankfurt u. a. 2011, S. 73ff. jeweils m.w.N.

[54] F. Wittreck, Menschenwürde als Foltererlaubnis?. In: G. Gehl (Hg.), *Folter*, Weimar 2005, S. 37ff.

[55] Vgl. etwa A. Raviv, Torture and Justification, *George Mason Law Review* 13, 2004, S. 135ff., dem es zwar primär um die strafrechtliche Verantwortlichkeit geht, die er von der verfassungsrechtlichen Problematik unterscheiden möchte (S. 137 Fn. 10), der dann aber gleichwohl in eine eher allgemeine ethisch-politische Diskussion übergeht (S. 139ff.). S.a. J.T. Parry, Progress and Justification in American Criminal Law, *Tulsa Law Review* 40, 2005, S. 656ff, bes. 660, der ebenfalls die individuelle strafrechtliche Verteidigungsmöglichkeit mit der staatlichen Legitimitätsfrage kombiniert; vgl. auch dens., »Just for Fun«, *Journal of National Security Law & Policy* 1, 2005, S. 261ff.

[56] Clare Keefe Coleman hat die Lektüre der sog. »Torture Memos«, in denen Juristen (namentlich John Yoo und Jay S. Bybee) die Rechtmäßigkeit von Foltermaßnahmen (wie z. B. das »water-

Situationen, d. h. hier steht unmittelbar ein mitunter moralisch herzuleitendes ›Recht zu foltern‹ in Rede. Dies entspricht durchaus einer in anglo-amerikanischen Strafrechtstheorien auch sonst gängigen Anlehnung des Rechts an die Moral in Fragen der Rechtfertigung und Entschuldigung.[57] In Anbetracht der auf Grund der ausdrücklichen gesetzlichen Verbote fehlenden Legalität sei die entscheidende Frage nach der Berechtigung von Foltermaßnahmen nicht, »›was it legal?‹, but ›was it good?‹«[58]; wenn es am Ende gut ausgeht, ist es offenbar egal, ob es legal war. Daher gelte es, das Gute im Illegalen zu suchen, denn unbeschadet der zugestandenen Illegalität, sei das maßgebliche Problem: »getting the good torture, but only the good torture«.[59] Damit wird – entgegen dem sonst in politisch-liberalen Theorien geltend gemachten Grundsatz des Vorrangs des Rechts[60] (vor Moral und Politik) – die Priorität des Guten vor dem Rechten angedeutet.

Erst in zweiter Hinsicht wird eine gesetzliche Lösung eingefordert, durch die eine Legalisierung der ohnehin stattfindenden Praktiken erreicht werde; wenn Folter unter Umständen als legitim angesehen werden könne, so müsse sie auch legalisiert und gerichtlich angeordnet werden dürfen. Im Zentrum stehen hier die entsprechenden Vorschläge von A.M. *Dershowitz*, der für einschlägige Fallkonstellationen die Anordnung von richterlich überprüften Foltervollmachten (torture warrants) gefordert hat.[61] Die ethische Rechtfertigung der Tortur drängt dann gewissermaßen auf eine Legalisierung dieser Praxis; das (positive) Recht habe insofern der Moral zu folgen, ehe es von der Faktizität von außer-rechtlichen Legitimationsanmutungen abgehängt wird.

boarding«) begründet und so die politische Genehmigung für deren Einsatz ermöglicht haben, als Lehrstück in puncto Bildung moralischer Urteilskraft für die amerikanische Juristenausbildung empfohlen: Teaching the Torture Memos: »Making Decisions under Conditions of Uncertainty«, *Journal of Legal Education* 62, 2012, S. 81ff.

[57] Zu diesem »Standard Account« siehe etwa die kritische Darstellung von M.N. Berman, Justification and Excuse, Law and Morality, *Duke Law Journal* 53, 2003, bes. S. 7ff. m.z.N.

[58] Dazu – kritisch – B. Hudson (Fn. 33), S. 705 unter Verweis auf die entsprechend zugespitzte Fragestellung von David Aaronovitch.

[59] F. Allhoff, Torture Warrants, Self-Defense, and Necessity, *Public Affairs Quarterly* 25, 2011, S. 218.

[60] Grundlegend J. Rawls, *Eine Theorie der Gerechtigkeit*, 4. (stw-)Auflage Frankfurt 1988, S. 50f./486ff./611ff.; ders., Die Idee des politischen Liberalismus, Frankfurt 1992, S. 364ff.; ders., Politischer Liberalismus, Frankfurt 1998, S. 266ff.

[61] A.M. Dershowitz, *Why Terrorism Works*, New Haven/London 2002, S. 132ff., bes. 156ff.; ders., The Torture Warrant, *New York Law School Law Review* 48, 2003, S. 275ff.; ders., Torture without Visibility and Accountability is worse than with it, *University of Pennsylvania Journal of Constitutional Law* 6, 2003, S. 326; ders., Tortured Reasoning. In: *Torture*. A Collection, ed. by S. Levinson, Oxford 2004, S. 257ff.; ähnlich auch A.C. McCarthy, Torture: Thinking about the Unthinkable. In: *The Torture Debate in America*, ed. by K.J. Greenberg, Cambridge 2006, S. 98ff.; siehe zu beiden L. Windeln, *Kampf um die Folter*, Marburg 2010, S. 37ff./42ff.

Gesetze könnten nämlich nicht auf Dauer verbieten, was gesellschaftlich als legitim akzeptiert werde und deshalb ohnehin geschehe.

In eine ähnliche Richtung – freilich ohne Umweg über moralische Intuitionen – hatte zuvor bereits Niklas *Luhmann* in seinem vielbeachteten Vortrag über die Frage ›Gibt es in unserer Gesellschaft noch unverzichtbare Normen?‹ eine »juristische Lösung« im »Fall der Folter« angedacht und ausdrücklich empfohlen, »jedes moralische Urteil (und das heißt auch: jede ethische Konstruktion des Problems) zu vermeiden, weil das nur dazu führen könnte, ... den Teufel im Recht mit dem Beelzebub der Moral auszutreiben«. Da es jedenfalls irgendwie unbefriedigend sei, »wenn man gar nichts tut und Unschuldige dem Fanatismus der Terroristen opfert«, müsse »ungeachtet aller legalistischen Bedenken« die sonst eventuell ungezügelt einsetzbare Tortur in die Formen des Rechts gegossen werden, z. B. durch »Zulassung der Folter durch international beaufsichtigte Gerichte, Fernsehüberwachung der Szene in Genf oder Luxemburg, telekommunikative Fernsteuerung«.[62] *Luhmanns* (womöglich »ironisch inszenierter«[63]) Vorschlag sollte immerhin dazu dienen, das Problem heim ins Recht zu holen, das dann nur noch die Gebrauchsanweisung für mögliche Folteranwendungen liefern müsse. Dabei geht es um ein Rechtsproblem, das das Recht entscheiden müsse, ohne es entscheiden zu können.[64]

a) *Vom Umgang mit tickenden Bomben*

Beliebte Beispiele für eine solche Lage, in denen eine Foltererlaubnis möglich oder gar moralisch geboten erscheine, sind verschiedene Versionen des sog. ›ticking bomb‹-Szenarios[65], in denen es meist um den Schutz von vielen

---

[62] N. Luhmann, *Gibt es in unserer Gesellschaft noch unverzichtbare Normen?*, Heidelberg 1993, S. 27/3/27; zur Bedeutung Luhmanns in der Folterdebatte vgl. etwa M. Jahn, *Das Strafrecht des Staatsnotstandes*, Frankfurt 2004, S. 209ff.; St. Stübinger (Fn. 10), S. 283ff.; R. Poscher, Menschenwürde als Tabu. In: *Rückkehr der Folter*, hg. v. G. Beestermöller/H. Brunkhorst, München 2006, S. 75ff.; G. Frankenberg, Torture and Taboo, *The American Journal of Comparative Law* 56, 2008, S. 404f.; H. Schmitz (Fn. 10), S. 277f.

[63] Dies mutmaßt zumindest H. Brunkhorst, Folter vor Recht, *Blätter für deutsche und internationale Politik* 1, 2005, S. 81.

[64] Ausführlicher dazu C. Douzinas, Torture and Systems Theory, *Soziale Systeme* 14, 2008, S. 110ff.

[65] Zu diversen Varianten dieses ebenso beliebten wie umstrittenen Fallbeispiels siehe z. B. B. Brecher (Fn. 41), S. 14ff.; J.J. Wisnewski, Hearing a Still-Ticking Bomb Argument, *Journal of Applied Philosophy* 26, 2009, S. 205ff.; ders. / R.D. Emerick (Fn. 15), S. 16ff.; D. Luban (Fn. 31), S. 1440ff.; F. Allhoff (Fn. 49), S. 246ff.; ders. (Fn. 41), S. 87ff.; V. Bufacchi/J.M. Arrigo, Torture, Terrorism and the State, *Journal of Applied Philosophy* 23, 2006, S. 355ff.; J. Mayerfeld, In Defense of the Absolute Prohibition of Torture, *Public Affairs Quarterly* 22, 2008, S. 109ff.,

(Unschuldigen) unter folternder Aufopferung eines einzigen (Schuldigen[66]) geht.[67] In solchen Fallkonstellationen geht es um die Vorstellung, man könne durch Anwendung der Tortur von einem Verdächtigen den Ort erfahren, an dem eine Bombe platziert wurde, deren Detonation eine Vielzahl von Menschenleben kosten werde. In Anbetracht der in Aussicht gestellten Rettung einer großen Anzahl potenzieller Anschlagsopfer soll die zeitlich begrenzte und eine in ihrer Intensität möglichst gering zu haltende Beeinträchtigung der Würde des zu folternden (mutmaßlichen) Täters schon fast als eine Lappalie erscheinen. Auf diese Weise mutiert die normative Frage des Rechtmäßigen zum Problem einer quasi-ökonomischen Logik des Zahlenmäßigen. Nur quantitativ verschieden davon stellt sich in dieser Hinsicht[68] die Lage im Frankfurter Fall dar, in dem nicht viele – potenzielle –, sondern ein – aktuelles – Opfer und ein Täter »in eine vorbehaltlose Güterabwägung« einzubeziehen sind; im Übrigen gelte jedoch auch hier: »die Folter trifft einen Schuldigen, und ihr Ziel ist es, einen Unschuldigen zu retten«.[69]

Noch deutlicher wird die Schuldfrage geklärt, wenn die folternde Lösung des Problems schon gleich als *»selbstverschuldete finale Rettungsbefragung«*[70] etikettiert oder beteuert wird, dass sich – nach allen Regeln juristischer Zu-

---

bes. 113ff.; J. Ip (Fn. 31), S. 40ff.; F. Belvisi. In: B. Clucas et al. (Eds.), *Torture*, Baden-Baden 2009, S. 61ff.; J.-M. Piret, (Fn. 26), S. 103ff.; H. Schmitz (Fn. 10), S. 269ff. Für die neuere Debatte maßgebend M. Walzer, Political Action, *Philosophy and Public Affairs* 2, 1973, S. 166ff.

66 Zur Struktur dieser Argumentation s. a. G. Blum (Fn. 44), S. 22f., die auch die Erweiterung der in Betracht kommenden Folterkandidaten auf die »unschuldigen« Angehörigen (Frauen und Kinder) von Terroristen argumentativ auf die Probe stellen möchte; s. a. H.J. Curzer, (Fn. 7), S. 31ff; K. Bennoune, Terror/Torture, *Berkeley Journal of International Law* 26, 2008, S. 37f. Gegen die Einbeziehung »Unschuldiger« z. B. R. Trapp (Fn. 16), S. 46f.; sowie J.J. Wisnewski/R.D. Emerick (Fn. 15), S. 34ff. – in Auseinandersetzung mit entsprechenden Überlegungen von M. Bagaric/J. Clarke (Fn. 41), S. 29ff.

67 Ein Prototyp einer solchen Fallgestaltung findet sich schon in einem Nachlass-Fragment von Jeremy Bentham aus dem Jahr 1804 (Mss. Box 74.b, p. 429), abgedruckt in: W.L. & P.E. Twining, Bentham on Torture, *Northern Ireland Legal Quarterly* 24, 1973, S. 347 Fn. 3; vgl. dazu A.M. Dershowitz, *Terrorism* (Fn. 61), S. 142ff.; J. Kleinig, Ticking Bombs and Torture Warrants, *Deakin Law Review* 10/2, 2005, S. 614f. m. Fn. 1; M. Hong (Fn. 2), S. 24f. m. Fn. 5 auf S. 160f.; A.J. Bellamy (Fn. 15), S. 132f.; B. Brecher (Fn. 41), S. 32f.; F. Allhoff (Fn. 59), S. 234 Anm. 1; ders. (Fn. 41), S. 89ff.

68 In strafrechtsdogmatischer Perspektive besteht freilich eine durchaus qualitative Differenz zwischen beiden Konstellationen – im Unterschied zwischen Notstand und Notwehr.

69 E. Hilgendorf (Fn. 37), S. 335; siehe dazu auch L. Greco, Die Regeln hinter der Ausnahme, *GA* 2007, S. 631f. m. Fn. 20, der zutreffend darauf hinweist, dass es »zunächst unklar« sei, ob Hilgendorf an dieser Stelle »nicht bloß Hinweise auf fremde Argumente« anführe oder – was Greco schließlich für plausibler hält – bemüht ist, »sich die Behauptungen letztlich doch anzueignen«.

70 R. Trapp (Fn. 16), bes. S. 44/52f.; kritisch zu solch »euphemistischen Metamorphosen« L. Ellrich, (Fn. 16), S. 50 (f.); P. Tiedemann, *Menschenwürde als Rechtsbegriff*, Berlin [3]2010, S. 333.

rechnungskunst – letztlich der »Gefolterte die Schmerzen selber zu(füge)«.[71] Es geht demnach um eine Art Selbst-Marterung in mittelbarer Täterschaft; der Folterer verschwindet als Akteur, denn er ist gleichsam nur der willfährige Folterknecht des Gefolterten, der selbst der eigentliche Täter hinter dem scheinbaren (Folter-)Täter ist. Die Tortur wird dem Folterer gewissermaßen aufgezwungen. In dieser Deutung wird aus einer (sonst womöglich willkürlich erscheinenden) Folter-(Rettungs-)Aktion eine bloße (beinahe unwillkürliche) Reaktion, die sich der Gefolterte selbst zuschreiben lassen muss und die er auch verdient habe. Durch solche terminologische bzw. zurechnungstechnische Veränderungen soll zugleich der Charakter der Übelszufügung, der sonst mit dem Ausdruck Folter verbunden wird, relativiert oder sogar verdeckt werden. Die bloß re-aktive Tortur erscheint dann nicht mehr so sehr als ein – wenn auch im Vergleich zur alternativen Tatenlosigkeit geringeres – Übel,[72] sondern gilt fast schon als eine erzwungene Wohltat, jedenfalls klingt sie nicht mehr nach einer Untat. Nur mühsam lässt sich der Eindruck vertuschen, dass in diese Begründungsstrategie letztlich Restmomente einer punitiven Verhängung solcher Foltermaßnahmen einfließen, soweit damit angedeutet wird, dass der Gefolterte die entsprechende Behandlung auch verdient habe.

Durch die skizzierte Zuspitzung sowie die imputierte Schuldzuweisung soll vor allem die Bestandskraft und vorgebliche Absolutheit des Folterverbots provoziert und die Prinzipientreue der vermeintlich rigorosen Foltergegner auf eine harte Probe gestellt werden. Dies erinnert insoweit ein wenig an die früheren ›Gewissenstests‹, die Wehrdienstverweigerer in den 1970er und 80er Jahre über sich ergehen lassen mussten, um ihren vermeintlich nur vorgeschützten Pazifismus überprüfbar zu machen[73]; es sollte getestet werden, ob nicht doch Konstellationen vorstellbar sind, in denen der ach so Friedliebende – trotz grundsätzlicher Bedenken – doch zur Waffe greifen und der Pazifist zum Krieger werde. Ähnlich wird auch im hiesigen Zusammenhang gefragt: Soll das Recht tatsächlich selbst in Anbetracht des drohenden Verlustes von – im schlimmsten Fall – unzähligen Menschenleben an diesem Grundsatz der absolut verbotenen Folter festhalten? Soll die Selbstbindung des Rechtsstaates wirklich dem Schutz von (Kindes-)Entführern oder bombenlegenden Attentätern dienen? Kann es in diesem Sinne Unverfügbares

[71] R. Merkel (Fn. 17), S. 392; siehe zu dieser Imputationslogik (in einem anderen Zusammenhang) auch R. Merkel, § 14 Abs. 3 Luftsicherheitsgesetz, *JuristenZeitung* 2007, S. 376ff.

[72] Zur häufig anzutreffenden Begründungsfigur des geringeren oder kleineren Übels siehe etwa M. Ignatieff (Fn. 31), passim; A. Fiala, A Critique of Exceptions, *International Journal of Applied Philosophy* 20, 2006, S. 130ff.; G. Blum (Fn. 44), bes. S. 55ff.

[73] So auch N. Werber, A Test of Conscience without Indispensible Norms, *Soziale Systeme* 14, 2008, S. 83ff.

oder »Tabus«[74] im Recht geben, die selbst in solchen Extremlagen nicht preisgegeben werden dürfen? Gibt es einen Punkt, an dem selbst eingefleischte Befürworter eines absoluten Ausschlusses der Folter der Versuchung erliegen, doch zu diesem Instrument zu greifen?

Solch kritische Anfragen werden freilich meist mit nicht weniger heiklen Gegenfragen gekontert, die auf das Maß der Foltermaßnahmen zielen, zu dem sich die Befürworter bereiterklären könnten.[75] In deren Wunschvorstellung hat die Tortur, die selbstverständlich stets ›den Richtigen‹ trifft, meist schnellen Erfolg. Schließlich soll es etwa nach Rainer *Trapp* nur um eine verschärfte Vernehmungsmethode oder lediglich um eine kurze »Rettungsbefragung« gehen; im Rahmen dieses eben nicht ganz zwanglosen Gesprächs mit einem höchstwahrscheinlich Schuldigen, das unter »medizinischer und richterlicher Begleitung« geführt werde, müsse lediglich sichergestellt sein, dass es »bei den äußerstenfalls zulässigen Zwangsmaßnahmen bleibt«. Die konkreten Maßnahmen sollen dann eben an die »medizinischen Experten« delegiert werden; mit diesen ärztlichen Angelegenheiten habe jemand, der »ausschließlich als Ethiker« argumentieren möchte, nichts zu tun.[76] So leicht wie im Frankfurter Fall, in dem die Drohung mit vergleichsweise harmlos klingenden Schmerzzufügungen ausreichte, den Entführer zur Preisgabe des Aufenthaltsortes seines zu diesem Zeitpunkt freilich bereits toten Opfers zu bringen, wird die erhoffte Information bei hartgesottenen Terroristen nicht zu bekommen sein. Gelegentlich wird vage angedeutet, dass es bei »einem fanatisierten Täter ... zum Äußersten kommen« kann, was immer das heißen mag; im Übrigen liege es eben »in der Hand des Einzelnen ... das in concreto erforderliche Mittel zu finden«.[77] Andere verweisen auf einen nüchternen Folter-Kalkül, in dem sich die Strenge der Tortur nach der Anzahl der bedrohten Leben richten könne; um Terror-Attacken in der Größenordnung vom 11. September 2001 verhindern zu können, sei beinahe jedes Mittel recht.[78]

---

[74] Zur oft verwendeten Konnotation von Folter und Tabu siehe etwa M. Kaufmann, Gefahr und Chance durch Grenzüberschreitung. In: *Grenzen als Thema der Rechts- und Sozialphilosophie*, hg. v. W. Brugger/G. Haverkate (ARSP-Beiheft 84), Stuttgart 2002, S. 24 ff.; F. Saliger (Fn. 37), S. 35 ff.; K. Lüderssen, Die Folter bleibt tabu – Kein Paradigmenwechsel ist geboten, *Festschrift für Rudolphi*, Neuwied 2004, S. 691 ff.; R. Poscher (Fn. 62), bes. S. 79 ff.; G. Frankenberg (Fn. 62), S. 403 ff.; kritisch zum Einsatz des Tabu-Begriffs z. B. C. Fahl, Notwehr und Tabu, *Juristische Rundschau* 2011, S. 340 ff. m.N.

[75] Siehe etwa J.P. Reemtsma (Fn. 10), S. 120 f.; B. Kretschmer, (Fn. 37), S. 110 f.; W. Schild (Fn. 37), S. 75; K. Günther, Darf der Staat foltern, um Menschenleben zu retten?. In: *Rückkehr der Folter*, hg. v. G. Beestermöller/H. Brunkhorst, München 2006, S. 106 f.

[76] R. Trapp (Fn. 16), S. 47/50/54; ähnlich R.R. Jaeger (Fn. 37), S. 35.

[77] V. Erb (Fn. 48), S. 120 f./122.

[78] F. Allhoff (Fn. 41), S. 198 ff., der darauf hinweist, dass das Risiko der Fehleinschätzung der Folterer zu tragen habe, der für unverhältnismäßige Folterungen bestraft werden soll.

Wie weit würde man aber gehen wollen, wenn der Gefolterte nicht ›im Handumdrehen‹ gesteht? Gibt es dann überhaupt noch ein Halten? Wie lassen sich tastbare Grenzen einer Verletzung einer unantastbaren Würde ziehen? Solange nur ganz allgemein von Verhörtechniken die Rede ist, wird die drohende Maßlosigkeit von der Unbestimmtheit des Folterbegriffs geschützt. Ist etwa das an dem Topterroristen *Khalid Shaikh Mohammed* über Wochen insgesamt 183-fach ausgeführte ›waterboarding‹[79], das der damalige US-Präsident *Bush* persönlich genehmigt haben soll[80], angemessen, um an erhoffte Informationen über geplante Anschläge zu gelangen? Können im äußersten Fall auch die Kinder eines Terrorverdächtigen herangezogen werden, um mit deren Folterung oder Tötung zu drohen – wie dies offenbar ebenfalls bei *Khalid Shaikh Mohammed*[81] und anderen[82] geschehen ist? Ferner wird an das Irrtumsrisiko erinnert (das sich in amerikanischen Militärlagern nicht gerade selten realisiert hat, wenn man bedenkt, dass unter tausenden von Inhaftierten, die quasi als Kriegsgefangene im ›War on Terrorism‹ unter Terrorverdacht festgenommen wurden, sich nur wenige als wirklich echte Terroristen entpuppten, denen Informationen über bevorstehende Attentate zu entlocken waren[83]): gerade ein Falschverdächtigter muss eventuell besonders lange gefoltert werden, da man auf dessen Aussage notwendigerweise lange vergeblich wartet.

Auch wenn die angedeuteten Auswüchse primär in den Fällen einer ›Präventiv-Folter‹ im Rahmen eines aus allen rechtlichen Fugen geratenen Anti-Terror-Krieges zu beklagen sind, »Prinzipiell ausgeschlossen« erscheint »ein nachhaltiges, über Wochen oder Monate praktiziertes systematisches Zerbrechen der Persönlichkeit« auch in Entführungskonstellationen wie im Frankfurter Fall keineswegs, denn es ist nicht »schlechthin undenkbar«, dass eine

---

79 Vgl. J.J. Wisnewski, *Understanding Torture*, Edninburgh 2010, S. 45; A.W. McCoy, Mind Maze. In: *The United States and Torture*, ed. by M. Cohn, (paperback Ed.) New York/London 2012, S. 40; R. Blakeley, Dirty Hands, Clean Conscience?, *Journal of Human Rights* 10, 2011, S. 555f.; J.P. Terry (Fn. 31), S. 605; L. Sonderegger (Fn. 2), S. 32 jeweils m.N.; s. a. F. Allhoff (Fn. 41), S. 164/199 m.N. bzgl. der Skepsis gegenüber dieser Zahl in Fn. 44 auf S. 235.

80 Siehe M. Danner (Fn. 35), S. 86 m.N.

81 Dazu G. Blum (Fn. 44), S. 22 m.N. in Fn. 106; R. Blakeley (Fn. 79), S. 554.

82 Z. B. bei Mohammed al Qahtani: vgl. J.J. Wisnewski (Fn. 79), S. 216f.; J.J. Paust, (Fn. 31), S. 1555 m.N. in Fn. 71; ders. Criminal Responsibility of Bush Administration Officials with Respect to Unlawful Interrogation Tactics and the Facilitating Conduct of Lawyers. In: *The United States and Torture*, ed. by M. Cohn, (paperback Ed.) New York/London 2012, S. 283/297; s.a die dahin gehenden Gedankenexperimente von F. Allhoff (Fn. 41), S. 103ff./200ff.

83 Zu der geringen ›Trefferquote‹ vgl. etwa E. Scarry (Fn. 45), S. 284; J. Bell (Fn. 32), S. 352; R. Dasgupta (Fn. 50), S. 551 m.N.; M.K. Wynia (Fn. 5), S. 5; J.J Wisnewski, The Oversimplification of the ›Complex‹ Analysis, *Idea* 16, 2012, o.P. (online-Journal unter: http://www.ideajournal.com/articles.php?id=52#_ftn3=).

solche Situation langfristig fortbesteht.[84] In dieser Hinsicht braucht man nur ein bekanntes Beispiel ein wenig verlängern, um die Frage nach der Intensität und dem Irrtumsrisiko in vergleichbarer Weise stellen zu können: wenn es etwa im sog. ›heißen Herbst‹ 1977 während der Entführung von Hanns Martin *Schleyer* gelungen wäre, ein Mitglied der RAF zu verhaften, das als Mittäter dieser Entführung in Betracht gekommen wäre, müsste dann nicht auch nach der von einigen vertretenen Notwehrlösung eine unter Umständen wochenlange Folterprozedur in Gang gesetzt werden, wenn es nicht gelänge, rasch an Informationen zu gelangen, z. B. deshalb, weil der Inhaftierte zwar zutreffend als Anhänger der terroristischen Vereinigung eingeschätzt wurde, tatsächlich aber in die konkrete Aktion nicht einbezogen war?

Selbst die Einbeziehung von ›unschuldigen‹ Dritten ist keineswegs sicher abzuwenden. Zwar darf sich eine Notwehrhandlung gem. § 32 StGB nach heute nahezu einhelliger Auffassung sicherlich zu Recht allein gegen den (oder die) Angreifer richten, um eine rechtfertigende Wirkung entfalten zu können, doch ist eine solche Lesart keineswegs zwingend; eine andere Auslegung wird weder vom Wortlaut noch durch eine historische Interpretation ausgeschlossen. Im Blick auf die Geschichte des Notwehrrechts erweist sich diese Einschränkung sogar als kontingent. Noch im 19. Jahrhundert gab es in einigen Länderstrafgesetzen sogar ganz ausdrücklich Notwehrregelungen, durch die nicht nur der eigentliche Akt der Verteidigung gegen den Angreifer, sondern jede Handlung von Strafe freigestellt wurde, die für die Abwehr durch den Angriff begründeten Gefahr zweckdienlich sein konnte, selbst wenn dadurch die Rechte Dritter – bis hin zu deren Leben – beeinträchtigt wurde. Im Hinblick auf eine erfolgreiche Abwehr der Not für das bedrohte Rechtsgut erscheint dies durchaus nicht abwegig. Eine ähnlich extensive Deutung des Notwehrrechts wurde – schon unter der Geltung des RStGB – noch bis weit ins 20. Jahrhundert hinein vielfach vertreten.[85]

b) *Prinzipientreue oder Folgenorientierung?*

An solchen Problemstellungen drückt sich gleichsam der philosophische und politische Kern aller Rechtsbegründung aus seiner gesetzlichen Schale, in der er im Normalzustand ruhen kann. Damit ist unmittelbar nach den Grundlagen des Rechts bzw. des Rechtsstaats gefragt. Daher wird aus einer rechtsphilosophischen Perspektive die Differenz zwischen einer deontologischen (oder auch moralisch absolutistischen[86]) und einer utilitaristischen / konsequen-

---

[84] So aber ganz optimistisch V. Erb (Fn. 48), S. 121.

[85] Dazu näher St. Stübinger, »Not macht erfinderisch«, *ZStW* 123, 2011, S. 411 f. m.N.

[86] So kennzeichnet etwa Jeremy Waldron seine strikte Haltung gegen jeden Versuch einer Legitimation von Folter: vgl. dens. (Fn. 14), S. 1709 ff.; ders., What are Moral Absolutes Like?,

tialistischen Grundlegung betont.[87] Im Zentrum des Rechts stößt man dann letztlich auf diese beiden Dauerrivalen der (normativen) Ethik, die sich als zwei unversöhnliche Grundformen sämtlicher (d. h. ethischer, politischer und rechtlicher) Normbegründung gegenüberstehen, wobei sich die eine an festen Prinzipien orientieren will und die andere nach den Folgen bzw. dem Nutzen bestimmter Handlungen fragen möchte. Die Verteidiger eines absoluten Folterverbots werden meist einem strikten Deontologismus (vornehmlich kantischer Provenienz[88]) zugerechnet, während diejenigen, die für einen notfalls folternden Rettungseinsatz eintreten, mit Vorliebe dem Utilitarismus zugeordnet werden.[89] Die Menschenwürde eines Einzelnen kann nämlich im utilitaristischen Kalkül gegenüber den möglicherweise zu rettenden Menschenleben eher gegengerechnet werden. Im Vergleich zu dem biologisch bzw. physisch greifbaren Gut des menschlichen Lebens, stellt sich insofern die nicht (an-)tastbare Würde des Menschen, die als Hürde vor jeder Folteranwendung aufgestellt wird, als ein eher meta-physisches Prinzip dar, dessen partielle und vorübergehende Verletzung im Kontrast zur Endgültigkeit des Todes im konsequentialistischen Blick als weniger gravierend erscheinen muss. Diese Einteilung ist allerdings kein begründungstheoretischer Selbstläufer, denn es werden sehr wohl auch einige gewichtige utilitaristische Argumente gegen die Folter angeführt.[90] Schließlich waren es auch keineswegs nur prinzipientheoretische Gründe zur Verbesserung der Humanität oder zur Durchsetzung von Menschenrechten, sondern nicht zuletzt die Zweifel an der

---

Harvard Review of Philosophy 18, 2012, S. 4ff.; s. a. J.J. Wisnewski (Fn. 79), S. 3 u.ö.; ders. (Fn. 83); L.M. Seidman (Fn. 13), S. 889; R.S. Brown (Fn. 15), S. 6f.; R. Blakeley (Fn. 79), S. 545; J. Mayerfeld (Fn. 65), S. 112; F. Allhoff (Fn. 41), S. 128ff.; von einem »Absolutismus« der Vertreter einer »Unbedingtheit des Folterverbots« spricht auch A. Eser (Fn. 19), S. 715.

87 Siehe etwa J.J. Wisnewski (Fn. 79), S. 68f.; F. Allhoff, Terrorism and Torture, *International Journal of Applied Philosophy* 17, 2003, S. 106f.; ders. (Fn. 41), S. 114ff.; B. Brecher (Fn. 41), S. 12f.; R. Matthews, Dirty Hands, Cosmopolitan Value and State Evil: Reflections on Torture, *Animus* 11, 2006, S. 66f.; E.A. Posner/A. Vermeule (Fn. 21), S. 676ff.; J.D. Ohlin (Fn. 34), S. 224ff.; G. Blum (Fn. 44), S. 39ff.; C.K. Coleman (Fn. 56), S. 111f.; vgl. auch die Klassifizierung der genannten Ethiktypen und den Versuch einer Synthese beider Ansätze zu einem »deontologischen Konsequentialismus« von. F. Lamprecht (Fn. 2), S. 202ff./230ff.

88 Vgl. dazu etwa J.J. Wisnewski/R.D. Emerick (Fn. 15), S. 68ff.

89 Siehe hierzu z. B. M. Bagaric/J. Clarke (Fn. 41), S. 28ff.; J.-M. Piret (Fn. 26), 104; K. Bennoune (Fn. 66), S. 38f.

90 Dazu etwa R. Trapp, (Fn. 16), S. 186ff.; J.J. Wisnewski, (Fn. 79), S. 143ff.; s. a. A. M. Dershowitz, *Terrorism* (Fn. 61), S. 142ff.; M. Strauss (Fn. 38), S. 255ff.; J.M. Arrigo, A utilitarian argument against torture interrogation of terrorists, *Science and Engineering Ethics* 10, 2004, S. 543ff.; V. Bufacchi/J.M. Arrigo (Fn. 65), S. 355ff., bes. 362ff.; D. Sussman (Fn. 38), S. 12f.; L.M. Seidman (Fn. 13), S. 888ff., bes. 891ff.; A. Fiala (Fn. 72), S. 127ff., bes. 129f.; E.A. Posner/A. Vermeule (Fn. 21), S. 680ff.; der Sache nach auch P. Gebauer, Zur Grundlage des absoluten Folterverbots, *NVwZ* 2004, S. 1405, bes. 1408ff.

Zweckmäßigkeit der überkommenen Tortur, die einst zur Forderung nach ihrer Abschaffung geführt haben.[91] Umgekehrt hat etwa Fritz *Allhoff* zwischenzeitig zu zeigen versucht, dass auch in einem (nicht-kantischen) Deontologismus eine Begründung von Folter jedenfalls nicht unmöglich erscheinen muss (a. a. O. (Fn. 49), 249 ff.), obgleich er selbst eher auf die gewöhnliche Logik des Zählbaren im Rahmen einer Verhältnismäßigkeitsprüfung eines rechtlich-moralischen Notstands setzt, in dem die Folter das (schon quantitativ) geringere Übel sein kann: (vgl. a. a. O. (Fn. 59), bes. 228 ff.).

c) *Rückgriff auf philosophische Klassiker – Kant vs. Bentham*

Mitunter werden auch die beiden Klassiker der jeweiligen Position zum Meinungskampf in den Ring geschickt und man wird bisweilen – z. B. von Jean Bethke *Elshtain* – regelrecht zu einem eindeutigen Bekenntnis aufgefordert: »where do you stand? With Kant or with Bentham?« (a. a. O. (Fn. 31), 78). Auf der Seite der Utilitaristen muss nämlich meist Jeremy *Bentham* als Säulenheiliger herhalten, der in Zeiten, in denen es – nach den grundlegenden Kritiken an der Folterpraxis durch *Beccaria* u. a.[92] – schon nicht mehr populär war, offen für die Folter einzutreten (Ende des 18. Jahrhunderts)[93], ein gutes – allerdings zu Lebzeiten nicht veröffentlichtes – Wort für ihre Legitimationsfähigkeit in bestimmten Fällen eingelegt hatte.[94] Unabhängig davon, ob man *Bentham* nun als »father of utilitarianism« bezeichnet[95]

---

[91] Siehe dazu eingehend M.A. Cattaneo, *Aufklärung und Strafrecht*, Baden-Baden 1998, S. 49 ff./54 ff.; D. Hüning, Die Folterkritik der kriminalpolitischen Aufklärung. In: K. Altenhain/N. Willenberg (Hg.), *Die Geschichte der Folter seit ihrer Abschaffung*, Göttingen 2011, bes. S. 68 ff.

[92] Vgl. dazu M.A. Cattaneo (Fn. 91), S. 49 ff.; G. Jerouschek, Thomasius und Beccaria als Folterkritiker, *ZStW* 110, 1998, S. 661 ff./666 ff.; J. D. Bessler, Revisiting Beccarias's Vision, *Nothwestern Journal of Law and Social Policy* 4, 2009, bes. S. 198 f./222; K. Ambos, Cesare Beccaria und die Folter – Kritische Anmerkungen aus heutiger Sicht, *ZStW* 122, 2010, S. 504, bes. 513 ff.; D. Hüning (Fn. 91), S. 56 ff.; W. Rother, *Verbrechen, Folter, Todesstrafe*, Basel 2010, S. 56 ff./76 ff. jeweils m.w.N.

[93] Eingehend zur Diskussion um die Folter um 1800: A. Koch, Folterbefürworter nach Beccaria. In: K. Altenhain/N. Willenberg (Hg.), *Die Geschichte der Folter seit ihrer Abschaffung*, Göttingen 2011, S. 12 ff. m.z.N.

[94] Siehe den Abdruck der Manuskripte aus Benthams Nachlass, »Of Torture« und »Of Compulsion and herein of Torture«. In: W.L. & P.E. Twining, (Fn. 67), S. 308 ff. bzw. 320 ff.; Auszüge des erstgenannten Textes auch in: *The Phenomenon of Torture*, ed. by W.F. Schulz, 2007, S. 221 ff.; zu Benthams Verteidigung der Möglichkeit legitimer Folter vgl. auch R. Morgan, The Utilitarian Justification of Torture, *Punishment & Society* 2, 2000, S. 186 ff.; W. Twining, Torture and Philosophy, *Proceedings of the Aristotelian Society*, Supplementary 52, 1978, S. 148 ff.; demgegenüber zählt E. Hilgendorf (Fn. 37), S. 332, Bentham undifferenziert zu den Folter-Kritikern.

[95] So etwa W.F. Schulz in seinen einführenden Worten zum Abdruck von Benthams Nachlassfragment ›Of Torture‹ in dem von ihm herausgegebenen Sammelband ›*The Phenomenon of Torture*‹, 2007, S. 221.

oder ihn eher nur für einen unter vielen Vertretern des Utilitarismus halten möchte[96], eignet sich der von ihm maßgeblich geprägte Grundgedanke der utilitaristischen Ethik, wonach der Nutzen bzw. die Erreichung von Glückseligkeit für die größtmögliche Zahl als Hauptkriterium für die Richtigkeit moralischer und rechtlicher Handlungen dienen soll, besonders gut zur Grundlegung einer Legitimation der Folter zu einem i.d.S. guten Zweck. Zumindest in der Standardversion des ›ticking-bomb-Szenarios‹ (dazu oben zu Fn. 65) erscheint die Verteilung von Kosten und Nutzen eindeutig zu sein: wenn es dem Überleben von vielen dient, muss auf die Würde eines Einzelnen keine Rücksicht genommen werden; eine unantastbare Würde eines Attentäters nützt den zahlreichen Opfern eines Anschlags ganz offensichtlich nichts.

Während die Patenschaft *Benthams* für die folterfreundliche Ansicht – zumindest in der amerikanischen Debatte – wohl unstreitig ist, wird die Rolle seines klassischen moralphilosophischen Gegenspielers, Immanuel *Kant*, innerhalb der Folterproblematik durchaus differenzierter gesehen. Meist wird insbesondere dessen ethische Grundlegung dafür herangezogen, einen deontologischen Damm gegen jede Aufweichung des absoluten Folterverbotes zu errichten.[97] Dies habe sogar in den positiv-rechtlichen Regelungen ihren Niederschlag gefunden; so will etwa Sanford *Levinson* – mit durchaus kritischem Blick – in der oben (vor Fn. 2) zitierten Regelung des Art. 2 II der UN-Anti-Folter-Konvention, durch die ein notstandsfestes Folterverbot etabliert werde, »the most ›Kantian‹ passage ... in any legal materials« erkannt haben (a. a. O. (Fn. 4), 157). Insofern steht das ›Kantische‹ noch recht vage als bloßes Synonym für ausnahmslos geltende Regelungen. Einigen gilt schon die bloße Möglichkeit rein formaler Prinzipien, die an das Kategorische des kategorischen Imperativs *Kants* erinnern, als Ausweis für das prima facie-Unrecht inhumaner Maßnahmen wie Folter.[98] Die sture Einhaltung einmal gesetzter Regelungen ist freilich kein Selbstzweck und darf für sich allein sicher nicht als Hauptcharakteristikum der praktischen Philosophie *Kants* gelten. Dennoch gilt vielen – nicht nur in diesem Diskussionszusammenhang – gerade dieser Stereotyp als ein Erkennungsmerkmal einer kantischen Argumentation.

Gleichwohl wird *Kant* gelegentlich auch für die Gegenposition in Anspruch genommen. Mit Winfried *Brugger* war es immerhin einer der frühen

---

[96] So etwa R. Trapp (Fn. 16), S. 32 f. m.w.N.

[97] Hierzu – in kritischer Absicht – R. Trapp (Fn. 16), S. 109 ff.; s. a. unter Bezug auf Kants Konzeption einer moralabhängigen Politik H. Williams, The torture convention, rendition and Kant's critique of ›pseudo-politics‹, *Review of International Studies* 36, 2010, bes. S. 198 ff. / 202 ff.

[98] I.d.S. bezeichnet etwa Michael Davis (Fn. 38), S. 169 f., entsprechende Begründungen als »broadly Kantian« (S. 162).

Vertreter eines legitimierbaren Foltereinsatzes in Extremsituationen (dazu oben zu Fn. 11), der *Kant* als Zeuge für seine Sicht der Dinge reklamierte.[99] Die unterschiedlichen Einschätzungen resultieren nicht zuletzt aus dem Mangel an einer eindeutigen Stellungnahme *Kants* zur Folter. Anders als für *Bentham* lässt sich bei *Kant* weder aus den veröffentlichten Schriften noch aus dem Nachlass eine ausdrückliche Erwähnung dieser Problematik herauslesen. Durch die offene Quellenlage können daher die Interpretationschancen genutzt werden, dem Orakel von Königsberg eine je passende Antwort zu entlocken. Die Aussicht erscheint jedenfalls allzu verlockend, den wohl bedeutendsten Philosophen der Neuzeit als Zeugen für die eigene Ansicht zu berufen. Aus der grundsätzlichen Opposition zum Utilitarismus á la *Bentham* lässt sich dabei für sich allein noch keine sichere Aussage über die Positionierung *Kants* in dieser Frage gewinnen[100]; ebenso wenig ergibt sich eine gegenteilige Ansicht aus *Kants* spöttischer Kritik an der von *Beccaria* – vermeintlich aus bloß »teilnehmender Empfindelei einer affektierten Humanität« – aufgestellten »Behauptung der Unrechtmäßigkeit aller Todesstrafe«[101], denn die Gründe, die *Kant* seinerseits für die Todesstrafe anführt, taugen nicht zu einer Mutmaßung über eine möglicherweise positive Stellungnahme zu Gunsten der Folter.

Für eine rigorose Ablehnung jeglicher Folter werden dabei hauptsächlich zwei Begründungsmomente aus dem kantischen Erbe hervorgehoben: einerseits wird an den Grundsatz erinnert, dass jemand niemals nur als Mittel, sondern immer nur als Zweck an sich selbst behandelt werden dürfe.[102] Dieser »praktische Imperativ« lautet nach *Kant*: »Handle so, dass du die Menschheit, sowohl in deiner Person, als in der Person ei-

---

99 W. Brugger (Fn. 11), *Der Staat* 35, 1996, S. 86ff.; kritisch dazu St. Stübinger (Fn. 10), S. 288ff. m.w.N.

100 In vagen Andeutungen und auf der Grundlage seiner verfehlten Einschätzung zu Bentham (vgl. oben Fn. 94) so aber wohl E. Hilgendorf (Fn. 37), S. 332.

101 I. Kant, *Metaphysik der Sitten*, Rechtslehre A 203 / B 232, (stw-)Werkausgabe VIII, hg. v. W. Weischedel, S. 457; eingehend zu Kants Kritik an Beccaria: M.A. Cattaneo (Fn. 91), S. 7ff.

102 Vgl. die mehr oder weniger ausführlichen Andeutungen, die teils affirmativ, teils kritisch angeführt werden: F. Lamprecht (Fn. 2), S. 217; A.M. Dershowitz, *Terrorism* (Fn. 61), S. 149; F. Allhoff (Fn. 87), S. 107; ders. (Fn. 49), S. 256f.; ders., (Fn. 41), S. 80/128; F. Saliger (Fn. 37), S. 47; H. Bielefeldt (Fn. 42), S. 113; G. Beestermöller, Folter – Daumenschrauben an der Würde des Menschen. In: *Rückkehr der Folter*, hg. v. ders. / H. Brunkhorst, München 2006, S. 125ff. m.w.N.; W. B. Wendel, Legal Ethics and the Separation of Law and Morals, *Cornell Law Review* 91, 2005, S. 103; D. Sussman (Fn. 38), S. 13ff.; Y. Shany, The Prohibition against Torture and Cruel, Inhuman, and Degrading Treatment and Punishment, *Catholic University Law Review* 56, 2007, S. 843; T. Macho, »Auf der rein utilitaristischen Ebene die Folter bekämpfen zu wollen, ist kontraproduktiv«. In: K. Harrasser u. a. (Hg), *Folter*, München 2007, S. 47ff.; H. Williams (Fn. 97), S. 200f.; s. a. schon B. Paskins, Torture and Philosophy, *Proceedings of the Aristotelian Society*, Supplementary 52, 1978, S. 173/178.

nes jeden andern, jederzeit zugleich als Zweck, niemals bloß als Mittel brauchest«[103]; immerhin gilt diese sog. ›Zweckformel‹ des kategorischen Imperativs für viele als zentrale Begründungsfigur im Rahmen der philosophischen Herleitung der Menschenwürde und taucht speziell in vielen verfassungsrechtlichen Interpretationen zu Art. 1 I GG auf, in denen in Anlehnung daran etwa betont wird, dass der Mensch nicht zum Objekt staatlicher Willkür gemacht werden dürfe.[104] Folter wird dabei generell als eine der denkbar schlimmsten Entwürdigungen angesehen, da der Gefolterte mit Gewalt gegen sich selbst als Mittel zur Informationsbeschaffung eingesetzt werde.

Andererseits wird *Kants* genereller ethisch-juridischer Rigorismus hervorgehoben, den er selbst nicht zuletzt an dem umstrittenen Beispiel eines ausnahmslosen Lügenverbotes demonstriert hat.[105] Danach sollte die Pflicht zur Wahrhaftigkeit selbst dann noch greifen, wenn durch die wahre Auskunft gegenüber jemandem, der gerade darauf aus ist, den Aufenthaltsort eines Freundes zu erfahren, um diesen ermorden zu können, dessen Leben gefährdet werde. Dies gilt vielen als Beleg für die Bestandskraft von unbedingten Grundsätzen, deren Einhaltung unbeschadet möglicher Folgen geboten sei. Wenn nach *Kant* schon die Wahrhaftigkeit als konstitutives Moment für die Begründung eines wechselseitigen Rechtsverhältnisses angesehen werden soll, dann müsste dies erst recht für die Würde des Menschen gelten.

Die gegen ein i.d.S. kantisch begründetes absolutes Folterverbot gerichtete Gegenansicht bemüht sich darum, andere Facetten der kantischen Philoso-

---

[103] I. Kant, *Grundlegung zur Metaphysik der Sitten* BA 66, (stw-)Werkausgabe VII, hg. v. W. Weischedel, S. 61.

[104] Dazu und zum Folgenden St. Stübinger (Fn. 10), S. 288 f. m.N. in Fn. 27/29 und S. 293 f.; s. a. M. Rothhaar, Der Grundsatz der Menschenwürde und das Problem des »Zwecks an-sich«, *ARSP* 2008, S. 421 ff, bes. 426 ff.; vgl. aber auch D. von der Pfordten, *Menschenwürde, Recht und Staat bei Kant*, Paderborn 2009, S. 9 ff. m.N., der ein wenig sehr bemüht darauf aufmerksam macht, dass Kant den Begriff der Würde zumindest in seiner ›Grundlegung zur Metaphysik der Sitten‹ nicht schon im Zusammenhang dieser (zweiten) Formel einführt, der häufig behauptete Zusammenhang zwischen der zitierten Zweckformel und dem Menschenwürdekonzept zumindest nicht ganz so textsicher belegt werden könne. Wieder anders O. Sensen, Kant's Conception of Human Dignity, *Kant-Studien* 100, 2009, S. 309 ff., der Kants Begriff der Würde mit dem der Erhabenheit kurzschließt und ihn in die Tradition der Stoischen Philosophie stellt (bes. S. 315 ff.).

[105] Eingehend dazu J.C. Joerden (Fn. 37), S. 495 ff. / 503 ff.; s. a. die Andeutungen bei C.W. Tindale (Fn. 15), S. 216; H.J. Curzer (Fn. 7), S. 36 f.; S. Lukes (Fn. 15), S. 5; J.B. Elshtain (Fn. 31), S. 81 f.; O. Gross, The Prohibition on Torture and the Limits of the Law. In: *Torture*, ed. by S. Levinson, Oxford 2004, S. 238; beide Aspekte erwähnen etwa B. Brecher (Fn. 41), S. 12 f.; A. Harel / A. Sharon, What is really wrong with torture?, *Journal of International Criminal Justice* 6, 2008, S. 245 f. / 255.

phie zu mobilisieren, d. h. gleichsam mit *Kant* gegen *Kant* zu argumentieren. Dafür wird zum einen versucht, das durch die Tortur angesprochene Problem der Würdeverletzung zu relativieren, indem die Würde als ethischer Begriff in Beziehung zum Kantischen Begriff des Rechts gesetzt wird. Dies geschieht z. T. dadurch, dass die entwürdigende Folterung in Relation zu der Würdeverletzung gesehen wird, die beispielsweise der Entführer im Frankfurter Fall oder die Terroristen im Fall einer drohenden Detonation ihren Opfern zufügen würden. Dann steht Würde gegen Würde und für den Staat als Hüter des Rechts stellt sich das Dilemma, nicht beide zugleich schützen zu können. Insofern könne jedenfalls die Würde des Täters nicht mehr absolut gelten.[106]

Teilweise wird jedoch auch die Bedeutung der Würde für die Rechtsphilosophie *Kants* insgesamt relativiert. I.d.S. hat etwa der Philosoph Heiner F. *Klemme* in einem Tagungsbeitrag ›Das rechtsstaatliche Folterverbot aus der Perspektive der Philosophie Kants‹ einer kritischen Begutachtung unterzogen. Dabei hat er zunächst zutreffend darauf aufmerksam gemacht, dass der Begriff der Würde aus der Ethik *Kants* stammt, d. h. primär in den moralphilosophischen Schriften hergeleitet wird, woraus zuallererst folge, dass »unmenschliche und grausame Handlungen gegen die Würde des Menschen« verstoßen und zwar gegen die des Folterers, der seine »Tugendpflicht« verletze. Wer einem anderen die nötigende Achtung als gleich-freies Gegenüber schuldig bleibt, verfehlt seine eigene moralisch gebotene Vernünftigkeit, denn die Anerkennung des anderen ist für Kant die Grundlage eines vernünftigen Miteinanders. Im Rahmen der Begründung des Rechts soll die Würde hingegen keine tragende Rolle mehr spielen, weil das Wort dort zumindest in den »zentralen Passagen der ›Metaphysischen Anfangsgründe der Rechtslehre‹ ... nicht einmal erwähnt« werde. Daraus scheint dann der Schluss gezogen werden zu können, die Menschenwürde sei für *Kant* überhaupt »kein rechtlicher Begriff«. Das allein bedeute zwar noch keineswegs, dass sich bei *Kant* eine »vernunftrechtliche Rechtfertigung der Folter« finden lasse, dennoch gelte grundsätzlich – insbesondere unter Berücksichtigung von *Kants* Ablehnung eines Widerstandsrechts: »Rein rechtlich betrachtet muss das Volk einem Herrscher gehorchen, der Folter als legitimes Mittel des Rechtserhalts betrachtet ... Greift also der Herrscher *im bürgerlichen Zustand* auf die Folter als Mittel des Staatserhalts zurück, muss der Untertan aufgrund des Widerstandsverbotes die grausame und unmenschliche Behandlung ertragen«. Aus *Kants* Rechtskonzeption folge jedenfalls kein (subjektives) Recht auf Freiheit von (staatlicher) Folter, obwohl ein folternder »Herrscher damit ›unrecht‹« tue. Selbst die gröbste Untat eines Tyrannen muss das Volk erdulden, ohne

---

[106] I.d.S. etwa W. Brugger (Fn. 11), *Der Staat* 35, 1996, S. 86ff.; kritisch dazu St. Stübinger (Fn. 10), S. 290f.

sich wehren zu dürfen; das Unrecht des folternden Herrschers geschieht insofern scheinbar zu Recht. Wenn aber schon die unrechte Folter widerstandslos hingenommen werden müsse, so muss wohl die unausgesprochene Konsequenz von *Klemme* gedeutet werden, dann muss erst recht die gut gemeinte Tortur in Notwehr oder Notstandslagen in der kantischen Rechtsphilosophie akzeptiert werden. Jedenfalls gibt es nach dieser Lesart, in der bei Kant die Würde im Recht nicht mehr vorkomme, keine rechtlichen Grenzen für die unrechten Taten eines Herrschers. Dadurch wird dann zugleich mit behauptet: »*Kant* ist weder ein klassischer Menschenrechtstheoretiker, noch ist er ein klassischer Rechtsstaatstheoretiker«.[107]

Der Hinweis auf die moralphilosophische Grundlegung des Würdebegriffs ist sicherlich insofern treffend beschrieben, als die Würde des Menschen nicht erst vom Recht aus zu begründen ist und schon gar nicht rechtliche Institutionalisierungen zur Voraussetzung hat; sie wird vielmehr schon vor der Begründung eines Rechtsverhältnisses vorausgesetzt, denn sie gilt *Kant* als unmittelbare Grundlage sowohl des eigenen subjektiven Selbstverständnisses als auch der Inter-Subjektivität. Dies wird durch die immer wieder betonte Formel von der Menschheit in eigener und anderer Person betont, die eine essentielle Existenz des Allgemeinen in jedem Einzelnen deutlich machen soll. Die Würde (der Menschheit) erweist sich für *Kant* dabei vor allem durch die Fähigkeit des Menschen als Vernunftwesen, sich selbst Gesetze geben zu können, denn es ist gerade die so verstandene »Autonomie ... der Grund der Würde der menschlichen und jeder vernünftigen Natur«. Dabei stellt *Kant* schon für den ethischen Zusammenhang klar, dass es stets auf das »Verhältnisse vernünftiger Wesen zueinander« ankommt (Grundlegung AB 79/76 (Fn. 103), 69/67). Diese wechselseitige Anerkennung autonomer Personen wird in der moralphilosophischen Perspektive jedoch noch in Reflexion auf die subjektive Handlungspflicht betrachtet. Erst nach der ethischen Herleitung eines solchen Begriffs der Autonomie kann für *Kant* überhaupt sinnvoll von der Würde des Menschen gesprochen werden.

Im Recht geht es demgegenüber nicht in erster Linie um die subjektive Selbstgesetzgebung bzw. Selbstverpflichtung eines freien Willens, sondern um die Abgrenzung inter-personaler Willkür-Freiheiten im Kontext von Handlungen. Der »Begriff des Rechts« betrifft nach *Kant* nämlich »nur das äußere und zwar praktische Verhältnis einer Person gegen eine andere« (Rechtslehre

[107] H.F. Klemme, Das rechtsstaatliche Folterverbot aus der Perspektive der Philosophie Kants. In: K. Altenhain/N. Willenberg (Hg.), *Die Geschichte der Folter seit ihrer Abschaffung*, Göttingen 2011, S. 39ff., Zitate S. 51/40f./47/51f. Zur Skepsis gegenüber der Möglichkeit einer Verrechtlichung der Würdekonzeption i.S.v. Kant allgemein – jenseits der Folterproblematik – vgl. auch D. von der Pfordten (Fn. 104), S. 25f.; K. Seelmann, »Menschenwürde« als ein Begriff des Rechts?. In: H.-H. Gander (Hg.), *Menschenrechte*, Freiburg/München 2009, S. 167ff.

AB 32 (§ B), a. a. O. (Fn. 101), 337); und dies bereits in unmittelbarer – auch in noch nicht staatlich vermittelter – Beziehung der Personen zueinander, d. h. schon vor und unabhängig von dem Eintritt in einen bürgerlichen Zustand (status civilis). Deshalb ist die Frage nach einem Widerstandsrecht für die begriffliche Bestimmung des Rechts zunächst noch ganz irrelevant. Immerhin geht es für *Kant* im Recht immer schon um die wechselseitige – symmetrische – Beziehung von Personen, d. h. um Subjekte, deren »Handlungen einer Zurechnung fähig sind«, wie *Kant* in der Einleitung zu seiner Metaphysik der Sitten (für Rechts- und Tugendlehre gemeinsam) definiert. Daraus folge für die »moralische Persönlichkeit« als »Freiheit eines vernünftigen Wesens unter moralischen Gesetzen«, dass »eine Person keinen anderen Gesetzen, als denen, die sie (entweder allein, oder wenigstens zugleich mit anderen) sich selbst gibt, unterworfen ist« (a. a. O. (Fn. 101), 329f.). Dabei ist unter ›moralisch‹ der Oberbegriff sowohl für die ethische wie für die juridische Gesetzgebung zu verstehen.[108] Hierbei fällt auf, dass *Kant* an dieser Stelle für die Kennzeichnung der (moralischen) Persönlichkeit just an die Formulierung erinnert, die er bereits in seiner Grundlegung für die Bestimmung der »Idee der Würde eines vernünftigen Wesens« verwendet hatte, die ebenfalls dadurch gekennzeichnet ist, dass es dabei um ein Vernunftwesen geht, das »keinem Gesetze gehorcht, als dem, das es zugleich selbst gibt« (Grundlegung AB 76f. (Fn. 103), 67).

In diesem Begründungsmoment der Selbstgesetzgebung einer autonomen Person scheint die von *Klemme* u. a. vermisste Verbindung zwischen Recht und Würde zu liegen, die sich eben nur im systematischen Begründungszusammenhang erschließt und verborgen bleibt, wenn man nur nach dem Wort ›Würde‹ im Text der Rechtslehre sucht. Tatsächlich taucht diese Vokabel dort nur eher beiläufig und z. T. in einem anderen Sinne (etwa dem eines allgemeinen Statussymbol – »Würde … des Staatsbürgers«) auf. Gerade durch den Bezug zur autonomen Selbstbestimmung wird in den Begriffen der Person bzw. der Persönlichkeit folglich bei *Kant* das Moment der Würde der Beteiligten konserviert, die nur als solche ein wechselseitiges Rechtsverhältnis eingehen können. Auch insofern beginnt der Begründungszusammenhang beim je eigenen Selbstverständnis der einzelnen Rechtsperson. *Kant* formuliert nämlich »als Verbindlichkeit aus dem Rechte der Menschheit in unserer eigenen Person« bzw. als erste »innere« Rechtspflicht des Menschen: »im Verhältnis zu anderen seinen Wert als den eines Menschen zu behaupten, welche Pflicht durch den Satz ausgedrückt wird: ›mache dich anderen nicht

---

[108] Zu diesem in dieser Zeit nicht nur bei Kant üblichen Sprachgebrauch St. Stübinger, Von der alten Imputationen-Lehre zum klassischen Verbrechensbegriff, *Rechtswissenschaft* 2, 2011, S. 163ff. m.N.; siehe dazu und zum Folgenden auch O. Laschet, *Metaphysik und Erfahrung in Kants praktischer Philosophie*, Freiburg/München 2011, S. 163ff./218ff.

zum bloßen Mittel, sondern sei für sie zugleich Zweck‹« (Rechtslehre AB 43f. a.a.O. (Fn. 101), 344f.). Nur wer die eigene Verpflichtung als selbstzweckhafte autonome Persönlichkeit kennt, kann sich auch in einem anderen als Gleichen anerkennen. Die Autonomie ist daher auch für die Rechtspersonen der Grund ihrer Würde und eben diese »angeborene Persönlichkeit« soll den Menschen schließlich davor schützen, »bloß als Mittel zu den Absichten eines anderen gehandhabt« zu werden (Rechtslehre A 193/196/B 223/226 a.a.O. (Fn. 101), 451/453). Hier springt die Verbindung zur Herleitung von Autonomie und Würde in der Grundlegungsschrift gleichsam in die Augen. An solchen Textstellen musste das Wort Würde von *Kant* gar nicht explizit verwendet werden, um es herauslesen zu können.

Der Begriff des Rechts als Verhältnis zwischen Personen enthält in deren Kennzeichnung als autonome Persönlichkeiten demnach sehr wohl die Würde als grundlegende Bestimmung. Jedes Rechtsverhältnis setzt für *Kant* notwendig eine Relation zwischen autonomen und daher achtungswürdigen Personen voraus. Eine Beziehung, in dem auf einer Seite gerade die Würde des anderen missachtet wird, kann nicht als Recht bezeichnet werden. Im Staat, dessen Aufgabe die Sicherung der schon ohne ihn – im ›Privatrecht‹ im kantischen Sinne – möglichen Rechtsverhältnisse ist, kann deshalb ebenfalls nicht auf diesen Aspekt der Achtung der Würde autonomer Personen verzichtet werden. Der wechselseitige Begründungskontext zwischen der Freiheit als Selbstgesetzgebung und der Würde des Menschen ist nicht nur in der Ethik aktiv, sondern bleibt auch für die Rechtsphilosophie konstitutiv. Bei aller Verschiedenheit von Recht und Moral – darin unterscheiden sie sich gerade nicht. Dieser grundlegende Zusammenhang zwischen der auf der Autonomie basierenden Würde und dem Recht als praktisches Verhältnis zwischen Personen lässt sich nicht durch einen Rückschluss aus dem fehlenden Recht auf Widerstand gegen eine u.U. unrechte Herrschergewalt entkräften, wie dies *Klemme* zu zeigen versucht hat.

d) *Folter als Rechtsproblem*

Soweit durch eine Vermittlung ethischer Grundüberzeugungen allerdings die Folterproblematik lediglich an die Moralphilosophie, von der diese Unterscheidung zwischen Deontologie und Utilitarismus getroffen und dem Recht zur Übernahme empfohlen wird, delegiert werden soll, übergeht dieser Verweis die spezifisch rechtliche Dimension, die immer dann anwesend ist, wenn es um die Folter geht. Neben der skizzierten Beziehung zwischen autonomen Personen geht es im Recht des bürgerlichen Zustands zusätzlich um die Konstitutionsbedingungen des Rechtsverhältnisses zwischen dem Staat und seinen Bürgern bzw. – soweit es um elementare Grundrechte geht – sogar zwischen Staat und Mensch. Nicht nur historisch, sondern auch normativ ist die Idee des Rechtsstaats notwendig mit dem Folterverbot verknüpft.[109] Die unbedingte Achtung der Menschenwürde jedes Einzelnen stellt darin eine – wenn nicht sogar *die* – entscheidende und nicht suspendierbare Voraussetzung für jede rechtsstaatliche Verfasstheit dar. Mit dem absoluten Verbot der Folter verzichtet der Staat auf real-mögliche Mittel und Instrumente, die ihm zwar faktisch zur Verfügung stehen mögen, die jedoch aus dem Arsenal normativ zulässiger Handlungsweisen gestrichen worden sind, da sie die gravierendste Missachtung der menschlichen Würde markieren. Diese Verzichtserklärung wird durch die zahlreichen Rechtsvorschriften ausgedrückt, die die Folter als ein reines Rechtsproblem ausweisen. Dies entzieht die individuelle Würde als spezifisch rechtliches Bindemittel zwischen Staat und Bürger/Mensch zugleich jeder Form einer konsequentialistischen Verrechnung. Die Würde – als Gegenbegriff zum Preis[110] – lässt sich jedenfalls nicht als Rechenwert in die Kosten-Nutzen-Analyse eines »ökonomischen«[111] Foltermodells einspeisen. Eine ausnahmslos menschenwürdige Behandlung ist dabei die Form, in der diese Beziehung als Rechtsverhältnis konkret realisiert werden kann. Der Rechtsstaat hat keine andere (Da-)Seinsweise als die rechtsförmige Einheit jener Verhaltensweisen seiner Vertreter, die ihm als eigenes Handeln und Unterlassen zugerechnet werden können.

Darin begründet sich zugleich die Rechtssubjektivität des Einzelnen, die als normative Substanz des Rechtsstaats gelten kann und durch einen Rechtsanspruch auf Achtung der Würde manifestiert wird. In der handlungsbeschränkenden Ausgestaltung der Beziehungsweise zwischen der staatlichen Gemeinschaft und den einzelnen Rechtssubjekten ist daher keineswegs durch ein bloß abstraktes Prinzipiendenken begründet, sondern dient der Konkretisierung der Daseinsform eines Rechtsstaats, der seine Realität überhaupt nur in der Einhaltung rechtsförmiger Verhaltensweisen finden kann. Der Staat als Rechtssubjekt ist nichts als die Einheit seiner Normen und die ihnen entsprechenden Taten. Die typisch rechtliche Ebene der Folterproblematik ist daher auch für eine ethische Grundsatzüberzeugung nicht hintergehbar. Die Menschenwürde lässt sich schon gar nicht in das Rechenwerk des Utilitarismus einspeisen, in dem sie als einzelner Zählwert gegenüber der zahlenmäßigen Überzahl anderer betroffener Rechte und Güter ohnehin

[109] Siehe hierzu und zum Folgenden J. Reemtsma, (Fn. 10), bes. S. 80ff./122ff.; ders., Zur Diskussion über die Re-Legitimierung der Folter. In: *Rückkehr der Folter*, hg. v. G. Beestermöller/ H. Brunkhorst, München 2006, S. 71ff.; St. Stübinger, a. a. O. (Fn. 10), S. 277ff., bes. 310ff.

[110] Grundlegend I. Kant, *Grundlegung* (Fn. 103) BA 77, (stw-)Werkausgabe VII, hg. v. W. Weischedel, S. 68.

[111] Zu dem »economic model of torture«, das gerade in dem oben (Text zu Fn. 65) beschriebenen »ticking-bomb-Szenario« seinen Ausdruck findet, vgl. J.J. Wisnewski/R.D. Emerick (Fn. 15), S. 16ff.

unterzugehen droht.[112] Durch die Verzahnung mit den allgemeinen Legitimationsbedingungen eines Rechtsstaats lässt sich die Achtung der Würde auch nicht mit dem Hinweis aushebeln, ein Terrorist oder sonst ein Verbrecher habe den entsprechenden Rechtsanspruch auf Respekt der eigenen Würde selbst verwirkt.[113] Die Unantastbarkeit der Würde gilt insofern ohne Ansehen der Person, sie darf nicht als ein Verdienst angesehen werden und geht selbst dann nicht verloren, wenn sich jemand seinerseits unwürdig verhält.

3. Vorrang des Politischen?

a) *Unmittelbare Verantwortungsübernahme (mit Max Weber)*

Neben diesem Ausweichen auf das Gebiet der Ethik wird im Kontext der Folterdebatte immer wieder auf eine politische Dimension dieses Problems aufmerksam gemacht. Schließlich gelte es, einen Krieg gegen den Terrorismus zu führen und zu gewinnen; dieser Kampf gegen einen gewaltigen und gewalttätigen Terror zwinge dazu, sich auf die »dunkle Seite«[114] (der Macht) zu begeben und nicht nur auf die Ohnmacht des Sollens eines Rechts zu vertrauen, das sich selbst die Hände gebunden habe. Im Kontrast zu den sauberen Operationsweisen des Rechts, die stets im sterilen Milieu formalisierter Verfahren gegen Einzelne Anwendung finden können, muss sich die Politik eben manchmal die Hände ›schmutzig‹ machen.[115] Sie hat es nämlich mit

---

[112] Ebenso R. Marx, *Kritische Justiz* 37, 2004, S. 295ff.

[113] Siehe zu dieser Argumentation zuletzt etwa K. Amelung, »Rettungsfolter« und Menschenwürde, *Juristische Rundschau* 2012, S. 18ff., bes. 20; s. a. F. Allhoff (Fn. 87), S. 107ff.; S. Kershnar, For Interrogational Torture, *International Journal of Applied Philosophy* 19, 2005, S. 230ff. m.w.N. Vgl. zu solchen Begründungen, die bereits in anderen Zusammenhängen eine Rolle gespielt haben, auch St. Stübinger (Fn. 10), S. 297f. m. Fn. 42.

[114] Zu dem häufig verwendeten Bild von der »dark side«, auf der sich der Krieg gegen den Terror abspiele, siehe z. B. J. Mayer (Fn. 34), S. 139, die auf einen Ausspruch des früheren Vize-Präsidenten Dick Cheney verweist, der schon früh davon gesprochen habe, »that the government needed to ›work through, sort of, the dark side‹« (Nachweis S. 158 Fn. 4); s. a. J. Ip (Fn. 31), S. 38f. m.N. in Fn. 23. Auch Amnesty International USA hat ihrem Bericht vom 13. Dezember 2006 mit der Überschrift »Five Years on ›the Dark Side‹: A Look Back at ›War on Terror‹ Detentions« betitelt: zit. nach K. Bennoune (Fn. 66), S. 31 Fn. 149.

[115] Grundlegend zu einer solchen »Dirty Hands«-Doktrin des politischen Handelns (u. a. auch im Kontext des Foltereinsatzes) bereits M. Walzer (Fn. 65), S. 160ff.; allgemein zu diesem Topos: P. Baumann, Schmutzige Hände? Zum Verhältnis von Moral und Politik, *Logos* N.F. 7, 2001, S. 187ff. m.w.N.; siehe dazu auch – im Kontext der aktuellen Folter-Debatte: J.J. Wisnewski, (Fn. 79), S. 105ff.; J.B. Elshtain (Fn. 31), S. 77ff., bes. 81f.; A. Raviv (Fn. 55), S. 141f.; S. Lukes (Fn. 15), S. 3ff./12ff.; R. Matthews (Fn. 87), S. 66ff.; S.R. Paeth, »Dirty Hands« Revisted: Morality, Torture, and Abu Ghraib, *Journal of the Society of Christian Ethics* 28/1, 2008,

der Stabilisierung staatlicher Macht zu tun, aus der eine reale Verantwortung für das Große und Ganze erwächst, das die Politik zusammenhalten soll. Politiker müssen zudem ex ante entscheiden, während die praktisch bedeutsame juristische Beurteilung stets ex post erfolgen kann. Zwar steht auch die Justiz unter einem Entscheidungszwang, der einen gewissen Zeitdruck erzeugt und so einer wahrhaft idealen Urteilsmöglichkeit entgegensteht; der Zwang, im Rahmen einer angemessenen Verfahrensdauer zu einer Entscheidung zu gelangen, bezieht sich jedoch auf die nachfolgende Bewertung eines (vergangenen) Verhaltens als recht oder unrecht. Demgegenüber müssen die politischen Entscheidungsträger meist zukunftsweisende Beschlüsse fällen; in einigen heiklen Situationen kommt dann sogar noch ein Zeitdruck hinzu, der eine Entscheidung zusätzlich erschwert. So sehr man sich in rein rechtlicher Hinsicht die Absolutheit des Folterverbots wünschen möge, so dankbar wird mancher sein, wenn ein politisch verantwortlicher Akteur in einem Extremfall (wie er beispielhaft im oben – zu Fn. 65 – skizzierten ›ticking bomb‹-Szenario auftreten kann) das Recht Recht sein lasse und trotz des rechtlichen Verbots foltert, um Menschenleben zu retten; was rechtlich verboten ist, könne politisch sehr wohl geboten oder müsse zumindest erlaubt sein. In diesem Sinne meint etwa der – ob seiner rechtswissenschaftlichen Rührigkeit – bekannte US-amerikanische Bundesrichter Richard A. *Posner*: »that if the stakes are high enough torture is permissible. No one who doubts that should be in a position of responsibility«.[116] Handeln gegen das Gesetz könne daher durchaus zum Geschäft eines Politikers gezählt werden, wenn die politischen Ziele des Gemeinwesens anders nicht zu erreichen sind. Politische Entscheidungsträger sehen sich nämlich nicht selten mit bösen Mächten ringen, denen notfalls auch mit üblen Methoden zu widerstehen ist.

Als einen wichtigen Kronzeugen, der für ein solches Verständnis politischen Handelns aussagen könnte, mag man sich hierbei auf Max *Weber*, den

---

S. 163 ff.; W.R. Casto, Advising Presidents, *The Georgetown Journal of Legal Ethics* 26, 2013, bes. S. 189 ff.

116 R. A. Posner, Torture, Terrorism, and Interrogation. In: *Torture*, ed. by S. Levinson, Oxford 2004, S. 295. Ähnlich wohl auch H. Meier, Rettungsfolter?, *Merkur* 57, 12, 2003, S. 1140: »Folter im Staatsdienst ist immer verboten, das heißt ausnahmslos und unter allen Umständen ein Angriff auf die Würde des Menschen. Sie ist manchmal, in gewissen Kriminalfällen, eine Versuchung, der zu widerstehen ist. Und sie ist selten, im Extremfall des terroristischen Massenmords eine Versuchung, der zu erliegen politisch diskutabel sein kann«. Für Extremfälle ähnlich O. Gross, Torture and an Ethics of Responsibility. In: *Law, Culture and the Humanities* 3, 2007, S. 35 ff., bes. 44 ff., der zwar an einem absoluten rechtlichen Verbot von Folter festhalten möchte, sich in Situationen, die auf ein katastrophales Szenario zulaufen, aber einen Akt politischen Ungehorsams dagegen vorstellen kann; zur Position von Gross in dieser Frage s. a. K. Bennoune (Fn. 66), S. 32 f.

Stammvater der (politischen) Soziologie, berufen,[117] der einst als eine Art politischen Imperativ den allgemeinen »Satz: du sollst dem Übel gewaltsam widerstehen, sonst – bist du für seine Übernahme verantwortlich« formuliert hat. Das Böse färbt gleichsam auf den ab, der es unterlässt, es rechtzeitig zu bekämpfen. Zum Zweck dieser manchmal notwendigen Übelabwendung arbeitet die Politik »mit einem sehr spezifischen Mittel: Macht, hinter der Gewaltsamkeit steht«. Der übergeordnete Sinn des politischen Handelns bringt es für *Weber* unweigerlich mit sich, »daß die Erreichung ›guter‹ Zwecke in zahlreichen Fällen daran gebunden ist, daß man sittlich bedenkliche oder mindestens gefährliche Mittel ... mit in Kauf nimmt«, denn die »Aufgabe« der Politik ist oft eine »solche, die nur mit Gewalt zu lösen« ist.[118] Zur manchmal notwendig gewalt-tätigen Abwehr drohender Schäden bedarf es demnach der Anwendung einer politischen Verantwortungs-Ethik, die nicht auf die Einhaltung (gesinnungs-)ethischer oder auch rechtlicher Prinzipien pochen kann, sondern die unmittelbaren Konsequenzen des Handelns in den Blick nehmen muss. Die Alternative zur Gewalt-Tätigkeit des politischen Handelns wäre die Un-Tätigkeit, die den Untaten des Bösen ihren Lauf lassen müsste. *Weber* selbst deutet aber bereits an, dass eine gewaltsame Abwehr eines drohenden Übels stets die Gefahr in sich birgt, ihrerseits in üble Gewaltsamkeit auszuarten, von der am Ende nicht sicher ist, ob sie tatsächlich noch besser als das abgewendete Übel ist. Hier mag man sogleich an *Nietzsches* Warnung Denken:

> Wer mit Ungeheuern kämpft, mag zusehen, dass er nicht dabei zum Ungeheuer wird. Und wenn du lange in einen Abgrund blickst, blickt der Abgrund auch in dich hinein.[119]

Ungeklärt bleibt in *Webers* Beschreibung von ›Politik als Beruf‹ allerdings das Verhältnis zum Recht. In seiner Schrift geht es allein um eine angemessene ethische Einstellung der politischen Akteure, die er durch seine berühmt gewordene Unterscheidung zwischen Gesinnungs- und Verantwortungsethik genauer bezeichnen möchte. Wer im Kontext der Folterdiskussion auf diesen Text rekurrieren möchte, hat das Rechtsproblem stillschweigend durch diese Differenz der politischen Ethik ersetzt. Insofern geht es lediglich um eine

---

[117] Vgl. entsprechende Hinweise bei M. Walzer (Fn. 65), S. 163f./176f.; S. Levinson (Fn. 15), *Dissent* 50 (summer 2003), S. 83; ders. (Fn. 15), *Texas Law Review* 81, 2003, S. 2032f.; J. Kleinig (Fn. 65), S. 615f.; S. Lukes (Fn. 15), S. 3f.; R. Matthews (Fn. 87), S. 74. Vgl. auch die diskrete Anspielung auf Weber bei W. Brugger (Fn. 11), *JuristenZeitung* 2000, S. 172m. Fn. 30; dazu auch St. Stübinger (Fn. 10), S. 286ff. m.w.N.

[118] M. Weber, *Politik als Beruf* (1919), (Reclam-Ausgabe) Stuttgart 1992, S. 69/68/71/79.

[119] F. Nietzsche, *Jenseits von Gut und Böse* Nr. 146, Kritische Studienausgabe V, S. 98; dazu auch B. Kretschmer, (Fn. 37), S. 114.

noch weithin recht-lose Verantwortungs-Politik, deren rechtliche Verantwortlichkeit ausgeblendet bleibt.

b) *Ausnahmen vom Recht (mit Carl Schmitt)*

Teilweise wird als weitere theoriegeschichtlich tragende Säule der Behauptung einer Vorrangstellung des Politischen – speziell im Rahmen der Terrorismusbekämpfung (nicht nur mit Hilfe von Folter) und der dazu reformulierten Sicherheitspolitik – gegenüber dem Recht an Carl *Schmitts* ›Politische Theologie‹ erinnert,[120] dessen gesamte politische Lehre bereits seit den 1990er Jahren ein erstaunliches Revival innerhalb der politischen und philosophischen Diskussionen erlebt hat, da sie als eine Art Allzweckwaffe für all diejenigen fungieren kann, die die offenbar unvermeidliche Kontingenz des Rechts durch politische Willkür bestätigt finden wollen.[121] *Schmitt* hatte bekanntlich versucht, die Grenzen des Rechts dadurch zu bestimmen, dass er die Bedingungen seiner Aufhebung an den Begriff der Souveränität gekoppelt hat. Jenseits dieser Grenze waltet das Machtspiel einer souveränen Politik und behauptet für sich ein Vor-Recht zur Aufhebung des (positiven) Rechts. Die rechtlich geordnete Bindung an die geltenden Gesetze wird in manchen (Not-) Fällen gelockert oder hört sogar ganz auf zu wirken. Es ist Ausdruck

---

[120] Siehe etwa F. Johns, Guantánamo Bay and the Annihilation of the Exception, *The European Journal of International Law* 16, 2005, S. 613ff., bes. 619ff.; C. Kutz (Fn. 6), S. 238/268ff. jeweils m.w.N.; M. Ignatieff, a. a. O. (Fn. 31), S. 67ff.; K.L. Scheppele, Law in a Time of Emergency, *Journal of Constitutional Law* 6, 2004, S. 8ff./62ff.; U. Thiele, Der Pate. Carl Schmitt und die Sicherheitsstrategie der USA, *Blätter für deutsche und internationale Politik* 8/2004, S. 992ff.; D. Dyzenhaus, Schmitt v. Dicey: Are States of Emergency inside or Outside the Legal Order?, *Cardozo Law Review* 27, 2006, S. 2005ff., bes. 2016ff.; D. Luban, Carl Schmitt and the Critique of Lawfare, *Case Western Reserve Journal of International Law* 43, 2010, S. 457ff.; W.E. Scheuerman, Carl Schmitt and the Road to Abu Ghraib, *Constellations* 13, 2006, 108ff., der sich jedoch primär auf einige Nachkriegsschriften von Schmitt konzentriert um sie für eine Analyse der aktuellen Geschehnisse fruchtbar zu machen; einige Andeutungen finden sich zudem bei J.T. Parry, The Shape of Modern Torture, *Melbourne Journal of International Law* 6, 2005, S. 523 m. Fn. 35; K.J. Heller, The Rhetoric of Necessity, *Georgia Law Review* 40, 2006, S. 786/803f.; O. Gross, Chaos and Rules, *The Yale Law Journal* 112, 2003, S. 209; ders., Are Torture Warrants Warranted?, *Minnesota Law Review* 88, 2004, S. 137; ders., (Fn. 105), S. 239; dazu auch H. Shue, Torture in Dreamland, *Case Western Reserve Journal of International Law* 37, 2005, S. 232; J.-M. Piret (Fn. 26), S. 102; vgl. ferner noch G. Agamben, Vom Ausnahmezustand, *Lettre International* 61, Frühjahr 2003, S. 61ff.; ders., *Ausnahmezustand*, Frankfurt 2004, S. 7ff. u.ö.; J. Derrida, *Schurken*, (stw-Ausgabe) Frankfurt 2006, S. 140ff./208ff.; C. Mouffe, *Über das Politische*, Frankfurt 2007, S. 100ff

[121] Ausführlich zu diesem Schmitt-Revival St. Stübinger, Der Feindbegriff Carl Schmitts im Antiterrorkrieg, *Ancilla Iuris* 2008, S. 73ff. m.z.N. (online unter anci.ch); s. a. A. Vermeule, Our Schmittian Administrative Law, *Havard Law Review* 122, 2009, S. 1096ff.; A. de Ruiter, The Political Character of Absolute Enmity, *ARSP* 98, 2012, S. 52ff. m.w.N.

politischer Souveränität, über das Vorliegen solcher Ausnahmen zu befinden, denn: »Souverän ist, wer über den Ausnahmezustand entscheidet« – so lautet *Schmitts* berühmt-berüchtigte Definition des Souveränitätsbegriffs. Demnach kann es Situationen geben, in denen »der Staat bestehen bleibt, während das Recht zurücktritt ... Im Ausnahmefall suspendiert der Staat das Recht, kraft eines Selbsterhaltungsrechtes«. Das Recht kann allein den »Normalfall« den allgemeinen Normen gemäß ordnen, die in ruhigen Zeiten gleichsam wie von selbst nach dem Gang des juristisch-logischen Subsumtionsschemas anzuwenden sind. Demgegenüber ist die »Ausnahme ... das nicht Subsumierbare«; hier versagt die Automatik der juristischen Logik des Schließens von der allgemeinen Regel auf den konkreten Einzelfall. Statt einen besonderen Lebenssachverhalt unter abstraktes Recht zu subsumieren, muss im Ausnahmefall »die Norm vernichtet« werden; es tritt sodann das »selbständige Moment der Entscheidung«, eine »Dezision, in absoluter Reinheit«, für eine ganz besondere Situation in den Vordergrund, die nicht im Rahmen der generellen Rechtsordnung erfasst werden kann, denn jede »generelle Norm verlangt eine normale Gestaltung der Lebensverhältnisse, auf welche sie tatbestandsmäßig Anwendung finden soll und die sie ihrer normativen Regelung unterwirft«. Fehlt ein solch »homogenes Medium«, so kann das Recht seinen Sinn nicht erfüllen und seiner Ordnungsaufgabe nicht nachkommen. Was in einer konkreten Ausnahme-Situation nicht dem allgemeinen Recht subsumiert werden kann, muss eigens für den einzelnen Fall entschieden werden. Im »Ausnahmefall ... sondert sich die Entscheidung von der Rechtsnorm, und (um es paradox zu formulieren) die Autorität beweist, daß sie, um Recht zu schaffen, nicht Recht zu haben braucht«.[122] Selbst- bzw. Machterhaltung bleibt dabei offenbar das einzige Kriterium, das als inhaltlicher Bestimmungsgrund noch zur Verfügung steht, wenn die Orientierung an normativen Gesichtspunkten des Rechts umgangen werden soll. Der normale Rechtszustand kann sich weder selbst schaffen noch allein erhalten. Hierfür bedarf es politischer Schützenhilfe. Im Zuge einer quasinatürlichen Überlebensstrategie wird dem politischen Gemeinwesen so etwas wie das quasi-animalische Vermögen der ›Auto-tomie‹ zugeschrieben, d. h. das aus der Tierwelt bekannte Phänomen, bei Gefahr bestimmte (Körper-)Teile abwerfen zu können, die sich später wieder regenerieren mögen. In einer für die Existenz des Staates gefährlichen Ausnahmesituation soll dieser sich vorübergehend seiner Rechts-ordnung entledigen können, um zumindest den Rest des staatlichen Organismus' am Leben zu erhalten; in ruhigeren Zeiten mag dann der rechtliche Teil des Staatswesens wieder nachwachsen.

[122] C. Schmitt, *Politische Theologie*, 2. Ausgabe Berlin 1934, S. 11/18f. / 20.

c) *Hierarchieprobleme*

Ob es sich im Falle der Folter – zumindest wenn es um die Abwehr eines verheerenden Terroranschlags handelt – überhaupt um eine Situation handelt, in der im Sinne *Schmitts* eine Ausnahme vom geregelten Normalzustand des Rechts vorliegt, lässt sich nicht abstrakt sagen; dies müsste ja gemäß der Theorieanlage erst im Einzelfall einer souveränen Entscheidung überlassen bleiben. Es bleibt freilich zu befürchten, dass in Zeiten des globalen Terrorismus der Ausnahmezustand beinahe als Regelfall angesehen werden könnte, für den die politische Dezision gegenüber dem normengeleiteten Rechtsurteil den Vorzug reklamiert. Dafür spricht der durchaus inflationäre Gebrauch dieses Konzeptes und die steigende Inanspruchnahme der Theorie Carl *Schmitts.*[123] Darauf kommt es im hiesigen Zusammenhang nicht an. Entscheidend ist, auf die Voraussetzungen sowohl des *Schmitt*'schen als auch des *Weber*'schen Politikverständnisses im Kontext der Rechtsfrage aufmerksam zu machen, die als solche sehr wohl bestehen bleibt. Mit Hilfe beider Konzeptionen soll jeweils in Betracht gezogen werden, dass man sich mit der Frage nach der Zulässigkeit von Folter vielleicht gar nicht im Zentrum des Rechts aufhält, sondern längst dessen Peripherie erreicht hat, vielleicht sogar die Grenze zur Politik bereits überschritten hat. Die fallweise Entscheidung für den Einsatz von Folter gibt dann insoweit gar nicht mehr vor, ›im Recht‹ zu sein; sie wird außerhalb getroffen. So kann behauptet werden, dass zwar nicht ›mit Recht‹ gefoltert wird, aber dennoch eine übergeordnete Notwendigkeit hierzu besteht, denn es sei nun einmal die Aufgabe der Politik, Not abzuwenden. So gesehen geht es quasi um eine ›Entrechtlichung‹ der Folterproblematik. Wenn das Recht zu schwach erscheint, einen handfesten Konflikt entscheiden zu können, wird es entweder – nach der Lösung von Carl *Schmitt* – politisch außer Kraft gesetzt oder – mit Max *Weber* – durch einen (Gewalt-)Akt politischer Verantwortungsübernahme zumindest durch einen insoweit vermeintlich übergeordneten Gesichtspunkt verdrängt[124].

---

[123] Vgl. dazu etwa G. Agamben, *Ausnahmezustand* (Fn. 120), bes. S. 31 f.; dazu auch M. Brumlik, Vernichtungslager und Ausnahmezustand, *Kriminologisches Journal* 39, 2007, S. 117 ff.; s. a. S. Levinson, Preserving Constitutional Norms in Times of Permanent Emergencies; sowie O. Gross, What »Emergency« Regime?, beide in: *Constellations* 13, 2006, S. 59 ff. bzw. 74 ff., bes. 76 ff.

[124] Zu punktuellen Gemeinsamkeiten in Webers und Schmitts Politikverständnis siehe etwa P. Pasquino, Bemerkungen zum »Kriterium des Politischen« bei Carl Schmitt, *Der Staat* 25, 1986, S. 390 ff. Jürgen Habermas hat einst sogar einmal behauptet, »daß Carl Schmitt ein legitimer Schüler« oder »ein ›natürlicher Sohn‹ Max Webers« war (Eine Diskussionsbemerkung [1964]. In: ders., *Zur Logik der Sozialwissenschaften*, erweiterte (stw-)Ausgabe Frankfurt 1985, S. 85 m.Fn. 9).

Die Frage, ob es sich überhaupt um Recht oder vielleicht doch um Ethik oder Politik handelt, ist in der Tat ein schwieriges Problem, in dessen Zusammenhang eine Klärung der Hierarchie benötigt wird, die im Verhältnis zwischen der ethischen, politischen und juridischen Dimension der Folter herrscht. Es geht dabei zugleich um die Grenzen des Rechts, d. h. zum einen um die heikle Frage, ob es im innersten mehr oder anderes ist als Ethik und ob es einen Vorrang des Rechten vor dem Guten beanspruchen kann; und zum anderen, ob das Recht als Schranke der Politik gelten darf oder ob es weichen muss, wenn sich politische Notwendigkeiten breit machen und eine eigene Gesetzmäßigkeit des politischen Handelns behauptet. Politik und Ethik geben in diesem Zusammenhang an, einen direkteren Zugang zum Problem der Folter legen zu können, der ohne die vielfältigen Vermittlungen des Rechts auskommen soll. Das Recht ist durch seine mannigfaltigen Regelungen zu kompliziert, es verlangt zuviel an Rücksicht. Politische und ethische Urteile sollen offenbar einfacher zu haben sein; zudem sind sie leichter konkretisierbar als das meist abstrakt bleibende Recht.[125] Während die rechtliche Analyse einer Problemstellung wie die der Anwendung von Folter auf die Hierarchie von Normen achten muss, vermag die Ethik bzw. Politik einen unvermittelten Zugriff auf – mitunter quantifizierbare – Werte zu versprechen, die alltäglichen Intuitionen häufig näher stehen. Mit den ethischen und politischen Lösungsvorschlägen lassen sich handfeste Konfliktbereinigungen anbieten, die im günstigsten Fall die Rettung von Menschenleben vorweisen kann, die durch die streng juridische Einhaltung von Prinzipien verloren scheinen. Aus solchen vermeintlich materiellen Erfolgsaussichten bezieht der Verweis auf Ethik und Politik einen Großteil ihrer Anziehungskraft in den fraglichen Folterfällen. Hier wird ganz grundsätzlich der Vorzug pragmatischer und performativer Aktionsmöglichkeiten gegenüber dem theoretischen und konstativen Charakter rechtlicher Diskurse reklamiert, in denen es lediglich darum gehe, einen Rechtszustand zu beschreiben oder festzustellen, der als solcher unberührt bleiben soll, während mit den ethischen und politischen Lehren weitaus konkretere Handlungsanweisungen und Wertebewegungen verbunden werden können; mit Ethik und Politik lassen sich auch dort Fakten schaffen, wo das Recht nur Untätigkeit verordnen kann. Das Recht wird wie ein unbequemes Kleidungsstück abgelegt, wenn es den politischen Handlungsspielraum allzu sehr einzuengen droht.

Ganz so leicht darf sich das Recht jedoch nicht aus seiner Regelungshoheit verdrängen lassen. Der angebliche Vorrang des Ethischen bzw. des Politi-

[125] In diese Richtung zielt etwa Seumas Millers Versuch, eine moralische Rechtfertigung von Folter gegenüber entgegenstehenden rechtlichen Regelungen zu begründen: Is Torture Ever Morally Justifiable?, *International Journal of Applied Philosophy* 19, 2005, S. 179ff., bes. 188f.; ders., *Terrorism and Counter-Terrorism*, Malden/Oxford 2009, S. 152ff., bes. 163ff.

schen gegenüber den rechtlichen Regelungen in Sachen Folter, würde nämlich nicht allein eine einzelne Norm in einem einzelnen Fall suspendieren, sondern zugleich die Rechtsordnung selbst in Frage stellen, deren Geltung nicht nur in guten Zeiten verheißen wird, sondern auch in Krisen noch Bestand haben soll. Eine rechtsförmige Behandlung von Konflikten muss sich gegen ethisch und politisch überschießende Reaktionen behaupten. Wenn durch Folter die Würde eines Menschen missachtet wird und der Anspruch auf unbedingte Achtung der Menschenwürde zu den konstitutiven Momenten des Rechts als solchem gehört, dann kann es keine über das Recht hinausgreifenden Aspekte geben, die den Einsatz einer solchen Maßnahme – zu welchem Zweck auch immer – rechtfertigen könnte. Zumindest müssen eventuelle Rechtfertigungen innerhalb des Rechts gesucht werden. Die Behauptung eines ethisch oder politischen Vor-Rechts, das in bestimmten Bedarfsfällen an die Stelle des durch die Menschenwürdegarantie mitbegründeten Rechtsverhältnisses zwischen jedem Rechtssubjekt und der staatlichen Rechts-Ordnung treten soll, basiert letztlich auf einer jeweils vor-rechtlichen Überlegung, die Folter zur Not als Nicht-Recht, nicht jedoch als Unrecht erkennen möchte. Eine typisch rechtliche Verfasstheit, in der die Folter durch das unbedingte Achtungsgebot der Menschenwürdegarantie aus dem Aktionspotenzial eines Rechtsstaates ausgeschlossen wird, verträgt keine ausnahmsweise Suspendierung durch vermeintlich in Notfällen überlegenere Normierungen durch diverse Ethik- und Politikkonzepte; das vermeintliche Vor-Recht dieser beiden Normbereiche, das Recht im Bedarfsfall auszuhebeln, entpuppt sich daher als Umgehung eines der Grundpfeiler rechtsstaatlichen Denkens, das im absoluten Würdeschutz und dem daraus abgeleiteten Folterverbot einen normativen Wegweiser auch für Ethik und Politik aufgestellt hat. In diesem Sinne gilt, was bereits *Kant* für das Verhältnis politischer und rechtlicher Regelungen formuliert hat:

> Das Recht muß nie der Politik, wohl aber die Politik jederzeit dem Recht angepaßt werden.[126]

IV. Resümee

Die vorstehende Analyse hat nun also doch eine ganze Reihe von rechtswissenschaftlichen Problemen mit der Folter zutage gefördert, u. a. weil sich verschiedene Ansichten breit machen, die bestreiten, dass es sich hierbei um ein genuines Rechtsproblem handelt, das sich überhaupt nur unter Verweis

---

[126] I. Kant, *Über ein vermeintes Recht aus Menschenliebe zu lügen*, A 312, Werkausgabe VIII, S. 642.

auf die vielfältigen rechtlichen Vermittlungen angemessen behandeln lässt. Dies berührt vor allem die Frage nach dem Kernbestand rechtlicher Themenstellung, d. h. die Abgrenzung zu Ethik und Politik sowie die Frage nach der systematischen Stellung der strafrechtlichen Bewertung im Einzelfall eingesetzter Torturen. Das Verhältnis zur ethischen oder politischen Behandlung dieser Problematik stellt dabei keineswegs ein eitles Kompetenzgerangel dar; es geht vielmehr ums Ganze, d. h. um die Frage, ob das Recht tatsächlich immer nur so lange unter Vorbehalt gilt, bis normative Überlegungen aus anderen Regelungsgebieten sich als in praxi überlegen darbieten und es aus seiner Position verdrängen. Der Hinweis auf die primäre Zuständigkeit des Rechts ist demgegenüber wichtig, um die gesamte Vielfalt der Folterdiskussion einholen zu können. Die Komplexität der Folterproblematik lässt sich aber andererseits nicht durch eine Reduzierung auf eine gegenüber dem übrigen (öffentlichen, Verfassungs- und Völker-)Recht isolierte strafrechtliche Lösung einholen. Das Urteil über die Rechtswidrigkeit der Folter erstreckt sich stets über das gesamte Recht, da mit einer Missachtung des absoluten Anspruchs einer unantastbaren Menschenwürde zugleich das zentrale Moment allgemeiner Rechtsbegründung betroffen ist.

Sobald diese Fragen geklärt sind, kann vielleicht zur alten Selbstverständlichkeit im juristischen Umgang mit der Folterthematik zurückgekehrt werden, denn – wie gesagt: *eigentlich* bereitet die Folter aus rechtswissenschaftlicher Perspektive keine Probleme.

III.
AKTUELLE PARADIGMATISCHE PROBLEME DER ANWENDUNG DES RECHTSBEGRIFFS DER MENSCHENWÜRDE IN WISSENSCHAFT UND PRAXIS DES DEUTSCHEN STRAFRECHTS

Michael Kahlo

DIE MENSCHENWÜRDE – EINE RECHTSGARANTIE MIT AUSNAHMEN IM GELTENDEN STRAFRECHT DER BUNDESREPUBLIK DEUTSCHLAND?

Zur aktuellen deutschen Diskussion über die staatliche sog. Rettungsfolter

I. Einleitung: Recht und Gewalt

In seiner 2005 erschienenen Monographie »Diritto e forza« (Recht und Gewalt) hat *Mario A. Cattaneo*, an dessen Person und Werk der vorliegende Sammelband erinnern soll, das Verhältnis von Recht und Gewalt bereits im Untertitel des Buches treffend als ein »delicato rapporto« bezeichnet[1] und dieses »problematische Verhältnis« – nach einer Analyse und Kritik des »auf Gewalt gegründeten Rechts«[2] – unter verschiedenen Hinsichten[3] weiterführend untersucht und im Ergebnis durch den »Vorrang des Rechts vor der Gewalt« bestimmt.[4] Eben diesen »Vorrang« sieht er, wie er im Rückgang auf Überlegungen *Beccarias* dargelegt hat[5], im Fall staatlicher Folter zu Recht als nicht gewahrt an.

Der darin (scil.: in staatlicher Folter) also liegende *Rechtsbruch* wurde und wird von der deutschen Justiz und strafrechtswissenschaftlichen Literatur einhellig dann und insoweit als *Missachtung der Menschenwürde* (Art. 1 Abs. 1 GG) beurteilt, als die staatliche Folterpraxis als Mittel strafprozessualer Inquisition, d. h. im Rahmen eines Strafverfahrens zu dem Zweck erfolgt, einen bestimmten Straftatverdacht aufzuklären.[6]

Nun können staatliche Folterhandlungen öffentlicher Amtsträger – wie unter anderem *Brigitte Kelker* in ihrer eindringlichen Trierer Antrittsvor-

---

[1] Vgl. Mario A. Cattaneo, *Diritto e forza. Un delicato rapporto*, Padua 2005.

[2] Siehe dazu die Untersuchungen des Ersten Teils der Monographie, die sich mit dem »auf Gewalt gegründeten Recht« befassen.

[3] Diese Hinsichten entwickelt Cattaneo (a. a. O.) in Auseinandersetzung mit den Auffassungen von Montesquieu (1. Kapitel, S. 57 ff.), Rousseau (2. Kapitel, S. 64 ff.), Thomasius und Kant (3. Kapitel, S. 67 ff.), Beccaria (5. Kapitel, S. 77 ff.) und Wladimir Solowjow (6. Kapitel, S. 82 ff.) sowie durch die Behandlung des Problems der Gewalt im Strafrecht (4. Kapitel, S. 73 ff.).

[4] Vgl. a. a. O., Zweiter Teil: Der Vorrang des Rechts vor der Gewalt, S. 57 ff.

[5] a. a. O., S. 78/79.

[6] Siehe dazu statt anderer nur Meyer-Goßner, *Strafprozessordnung (StPO)*, 57. Auflage, München 2014., § 136 a Rn. 1 m. w. N.

lesung vom 19. Februar 2010 über »Grundfragen eines Zusammenhanges zwischen Menschenwürde und Strafrecht« zutreffend in Erinnerung gerufen hat[7] – auch anderen Zwecken dienen als der Straftatverdachtsaufklärung, darunter dem Zweck der Erzwingung von Aussagen einer in staatlichem Gewahrsam befindlichen »festgehaltenen Person«[8], mittels derer wirkliche oder vermeintliche *akute Gefahren* für einzelne oder mehrere andere Personen beseitigt (»abgewehrt«), diese also gerettet werden sollen. Solche also *nicht reaktiv*, als rechtsgemeinschaftliche Antwort auf das Bestehen eines Tatverdachts zum Zweck der Tatverdachtsklärung (»Ermittlungsfolter«), sondern ausschließlich oder vorrangig *präventiv* begründeten staatlichen Folterhandlungen werden deshalb zumeist als *»Rettungsfolter«* bezeichnet.[9] Auch staatliche Rettungsfolter wurde in Deutschland freilich bis weit in die 80er Jahre des 20. Jahrhunderts hinein durchweg wegen Missachtung der Menschenwürde der etwa zu folternden Person als unzulässig angesehen.[10]

---

[7] Vgl. dazu die Publikation der Schriftfassung dieses Vortrages in: Urs K. Kindhäuser u. a. (Hrsg.), *Strafrechtswissenschaft als Analyse und Konstruktion. Festschrift für Ingeborg Puppe zum 70. Geburtstag*, Berlin 2011, S. 1673 ff., bes. S. 1679. – Im Mittelpunkt der dort behandelten »Grundfragen« stehen im Übrigen sehr zu Recht die unterschiedlichen Konzeptionen von Menschenwürde (S. 1682 ff.) sowie zentrale Bestimmungen (»Eckpunkte«) eines mit der Freiheit der Person verbundenen Begriffs der Menschenwürde (S. 1685 ff. i. V. m. S. 1681 f.), der zur Rechtfertigung von Kriminalstrafe und des strafgesetzlichen Systems von Strafarten sowie als grundlegender Bezugspunkt der strafrechtlichen Unrechtstheorie und nicht zuletzt des Strafverfahrensrechts notwendig sei (S. 1678 f.). Dem ist mit einer Erweiterung auf *alle* strafrechtlichen Sanktionen (also: nicht nur die Kriminalstrafe) zuzustimmen.

[8] So die Formulierung von Art. 104 Abs. 1 S. 2 GG: »Festgehaltene Personen dürfen weder seelisch noch körperlich mißhandelt werden.«

[9] Gegen diese Begrifflichkeit allerdings Wolfgang Schild, der die Bezeichnung deswegen ablehnt, weil sie vom sprachlichen Gehalt her eine positive Bewertung aufdränge, und stattdessen von »Polizeifolter« spricht, die er von der (von ihm ebenfalls für unzulässig gehaltenen) »privaten Folter« unterscheidet; vgl. dens., Folter einst und jetzt, in: Peter Nitschke (Hrsg.), *Rettungsfolter im modernen Rechtsstaat? Eine Verortung*, Bochum 2005, S. 69–95, bes. S. 78). – Kritik am Terminus der »Rettungsfolter« (wenngleich mit anderer Intention) auch bei Reinhard Merkel, Folter und Notwehr, in: Michael Pawlik/Rainer Zaczyk (Hrsg.), *Festschrift für Günther Jakobs zum 70. Geburtstag*, Köln 2007, S. 375–403, der »Notwehrfolter« für »die korrekt Bezeichnung« hält (S. 381, 389 und öfter), dabei aber übersieht, dass es hier – anders als etwa beim (ebenfalls problematischen) tödlichen, sog. finalen Rettungsschuss – gar nicht um Notwehr (genauer: Nothilfe), sondern um den (noch dazu prinzipiell unsicheren) Versuch geht, die in staatlichem Gewahrsam festgehaltene Person zur Preisgabe von Informationen zu zwingen, mittels derer man eine andere, existentiell gefährdete Person retten zu können hofft; näher zu den daraus sich ergebenden Problemen und Konsequenzen nachstehend unter Ziffer II. 3.).

[10] Die Sachverhalte, für welche die ausnahmsweise Zulässigkeit der sog. Rettungsfolter etwa hätte erwogen werden können, waren in der Bundesrepublik Deutschland vor allem Entführungen von hochrangigen Repräsentanten der Wirtschaft (darunter 1977 von Hanns-Martin Schleyer, seinerzeit Präsident des Arbeitgeberverbandes) und des Staates (1975 von Peter Lorenz, sei-

Dieser Konsens der rechtlichen Beurteilung ging jedoch – wie man sagen muss: ohne Not, d. h. zunächst ohne konkreten äußeren Anlass, insbesondere deutlich vor den Anschlägen vom 11. September 2001 in den USA[11] und den dadurch ausgelösten rechtspolitischen Debatten – seit den 90er Jahren in Deutschland schrittweise dadurch verloren, dass von dem strikten Verbot staatlicher Folterpraxis zumindest für bestimmte Konstellationen möglicher sog. Rettungsfolter[12] Ausnahmen erwogen[13] oder sogar gefordert wurden.[14]

Der darin liegende Beginn der Erosion des bis dahin geltenden *Foltertabus*[15] wurde in Deutschland dann freilich schlagartig dadurch befördert, daß

---

nerzeit Spitzenkandidat der CDU für das Amt des Regierenden Bürgermeisters von Berlin) durch Mitglieder der sog. Rote-Armee-Fraktion (RAF) zwecks Freipressung von »Genossen«; vgl. dazu Benno Zabel, *Die Ordnung des Strafrechts*, Leipziger Habilitationsschrift (erscheint demnächst), 1. Teil, unter A. I. 1.1.2. b), und aus der Judikatur die Eil-Entscheidung des BVerfG im *»Fall Schleyer«* BVerfGE 46, 160. Die Erwägung der ausnahmsweisen Zulässigkeit staatlicher Folter für Fälle des (Staats-)Notstandes in der Heidelberger philosophischen Dissertation von Ernst Albrecht (*Der Staat – Idee und Wirklichkeit. Grundzüge einer Staatsphilosophie*, Stuttgart 1976) bildete ihrerseits eine Ausnahme, die rechtlich seinerzeit ohne Wirkungsmacht blieb, und wurde im Übrigen von Albrecht selbst in einem in der Süddeutschen Zeitung vom 15./16.1.1976 abgedruckten Leserbrief »in aller Form« zurückgenommen; vgl. zu diesen früheren Sachverhalten Claus Roxin, Kann staatliche Folter in Ausnahmefällen zulässig oder wenigstens straflos ein?, in: Jörg Arnold u. a. (Hrsg.), *Menschengerechtes Strafrecht: Festschrift für Albin Eser zum 70. Geburtstag*, München 2005, S. 461 ff., bes. S. 467.

11 Und erst recht vor den »Folge-Anschlägen« vom 11. März 2004 in Madrid und vom 7. Juli 2005 in London.

12 Vgl. dazu bes. Winfried Brugger, Darf der Staat ausnahmsweise foltern?, in: *Der Staat 35 (1996), S. 67 ff.*; ferner ders., Vom unbedingten Verbot der Folter zum bedingten Recht auf Folter?, in: *Juristenzeitung (JZ) 2000, S. 165 ff.*; siehe auch den späteren Beitrag: Das andere Auge. Folter als zweitschlechteste Lösung, in: Peter Nitschke (Hrsg.), *Rettungsfolter im modernen Rechtsstaat? Eine Verortung*, 2005, Rn. 107 ff.

13 So zuerst von Brugger, *Juristenzeitung* a. a. O.; vgl. aber auch Herdegen, in: Maunz/Dürig u. a. (Hrsg.), *Grundgesetzkommentar*, Art. 1 Abs. 1 (Menschenwürde) Rn. 45, der es »im Einzelfall« für möglich hält, »dass die Androhung oder Zufügung körperlichen Übels, die sonstige Überwindung willentlicher Steuerung oder die Ausforschung unwillkürlicher Vorgänge wegen der auf Lebensrettung gerichteten Finalität eben nicht den Würdeanspruch verletzen.«

14 Vgl. dafür besonders Volker Erb, Notwehr als Menschenrecht, in: *Neue Zeitschrift für Strafrecht (NStZ) 2005, S. 593 ff.*; ders., Nothilfe durch Folter, *Jura 2005, S. 24 ff.*; sowie ders., Folterverbot und Notwehrrecht, in: Peter Nitschke (Hrsg.), *Rettungsfolter im modernen Rechtsstaat? Eine Verortung*, 2005, S. 149 ff.

15 Angesichts der – für eine kritisch ausgeklärte Rechtswissenschaft und -praxis – unzureichenden Tragfähigkeit von Tabus als Basis rechtlicher, zumal strafbewehrter Verbote wird man diesen Erwägungen und Forderungen freilich immerhin das Verdienst zubilligen müssen, die Verfassungs- und Strafrechtswissenschaft mit ihrer auch diesbezüglich ursprünglichen Aufgabe konfrontiert zu haben, tragfähige Begründungen zu entwickeln, die durch bloße Verweise auf bestimmte historische Erfahrungen – im Fall staatlicher Folter in Deutschland besonders auf die exzessive Folterpraxis der Gestapo – eben nicht zu ersetzen sind.

die Justiz mit folgendem realen Fall sich zu befassen hatte, in dem es um den nachstehenden Sachverhalt ging:

> Der 11-jährige Sohn einer Frankfurter Bankiersfamilie war von einem mit der Familie bekannten Jurastudenten entführt worden, um ein Lösegeld zu erpressen. Nachdem der Student 3 Tage nach der Entführung bei der Abholung des Lösegeldes von der Polizei beobachtet und schließlich festgenommen worden war, bemühte sich die Frankfurter Polizei, den Aufenthaltsort des entführten Kindes durch eine Aussage des Festgenommenen in Erfahrung zu bringen, dessen Aussageverhalten die Fahnder jedoch wiederholt in die Irre führte. Daraufhin entschloß sich der – infolge Urlaubsabwesenheit des Polizeipräsidenten zuständige – Vizepräsident der Frankfurter Polizei, der es seiner Einlassung nach für möglich hielt, daß das Kind noch lebte, dazu, dem festgehaltenen Jurastudenten durch einen mitangeklagten Untergebenen mit dem Einsatz physischen Zwangs (also der Zufügung von Schmerzen) drohen zu lassen, falls dieser das Versteck des Kindes nicht preisgebe. Er tat dies, obwohl ihm bekannt war, daß ein von den beteiligten polizeilichen Einsatzleitern erarbeiteter Stufenplan, der verschiedene Maßnahmen bezüglich des Inhaftierten (darunter eine Konfrontation des Studenten mit Angehörigen der Familie des Kindes) vorsah, nicht von vornherein aussichtslos war[16], um den Aufenthaltsort des Kindes zu ermitteln. Infolge der Drohung gab der im Polizeigewahrsam Festgehaltene das Versteck des Kindes zutreffend an, das aber nur noch tot geborgen werden konnte, da der inhaftierte Tatverdächtige es bereits kurz nach der Entführung getötet hatte, so daß das Kind im Zeitpunkt der unternommenen Lösegelderpressung bereits tot war.[17]

Das wegen dieses Sachverhalts gegen den Polizei-Vizepräsidenten (und den erwähnten Untergebenen im Rang eines Kriminalhauptkommissars) eingeleitete Ermittlungsverfahren führte zur Anklageerhebung und aufgrund der durchgeführten Hauptverhandlung schließlich zu einem Schuldspruch wegen

---

[16] Als Grund für die Entscheidung, nicht auf den angeführten Stufenplan zu setzen, gab der angeklagte Polizei-Vizepräsident im Rahmen des Ermittlungsverfahrens sowie der Hauptverhandlung glaubhaft an, angesichts der (vermeintlich) drohenden akuten Lebensgefahr für das Kind sei die Zeit »davongelaufen«, d. h. es habe aus seiner Sicht nicht mehr genügend Zeit dafür zur Verfügung gestanden, die (unsicheren) Wirkungen einer Realisierung des Stufenplans abzuwarten; vgl. näher dazu LG Frankfurt am Main, *Neue Juristische Wochenschrift (NJW) 2005, 692ff.*

[17] So der im Rahmen der Entscheidung des LG Frankfurt am Main mitgeteilte Sachverhalt, vgl. NJW 2005, 692. – Die irrige Annahme der Polizeibeamten, das Kind sei noch am Leben, ist nur für die Begründung, nicht aber auch für das Ergebnis der strafrechtlichen Beurteilung in diesem Fall von Belang: An Stelle der realen Nothilfe- oder Notstandslage tritt deren irrtümliche Annahme, so daß der Sachverhalt nach den Regeln zu beurteilen ist, die für das vermeintliche Vorliegen der Voraussetzungen eines (vermeintlich bestehenden) Rechtfertigungsgrundes gelten (hier: §§ 32, 34 StGB); vgl. dazu näher nachstehend; vgl. zur Bedeutung dieses Arguments im Rahmen der Frage nach der Erforderlichkeit insbes. Roxin, a. a. O. Fn. 10, S. 469/470.

Verleitung eines Untergebenen zu einer Straftat (§ 357 StGB), und zwar der Nötigung im Amt (§ 240 Abs. 1, 2 StGB) zum Nachteil des inhaftierten tatverdächtigen Studenten[18], sowie zu einer Verwarnung des Angeklagten unter dem Vorbehalt einer Geldstrafe von 90 Tagessätzen zu je 120. – Euro (§ 59 Abs. 1 StGB) – ein Resultat, das trotz der Milde der ausgesprochenen Sanktion[19], nicht nur in weiten Teilen der Bevölkerung auf Unverständnis stieß, sondern auch in der (Straf-) Rechtswissenschaft nicht ohne Widerspruch geblieben ist.[20]

Es mag deshalb durchaus *fragwürdig* sein, ob das Herzstück der Urteilsbegründung – die Ablehnung einer etwaigen Rechtfertigung der Rettungsfolterhandlung aufgrund der angenommenen Mißachtung der als abwägungsfest erachteten Menschenwürde des Entführers (Art. 1 Abs. 1 GG)[21] – einer genaueren Überprüfung standhält oder ob diejenigen, welche die Entscheidung – und über sie hinaus: das strikte (strafbewehrte) Verbot auch der sog. Rettungsfolter und das mit diesem kategorischen Verbot verbundene Paradigma der Unabwägbarkeit der Menschenwürde – kritisieren und ablehnen, die besseren Gründe für sich haben.[22]

---

18 Vgl. zu dem gegen diesen geführten Strafverfahren, das mit seiner Verurteilung wegen an dem entführten Kind begangenen Mordes zu lebenslanger Freiheitsstrafe mit Feststellung besonderer Schuldschwere endete, und den von ihm selbst angestrengten Verfahren einerseits LG Frankfurt am Main, *Strafverteidiger (StV) 2003, 325* und *StV 2003, 327* m. Anm. v. Weigend, *StV 2003, 436*, andererseits BVerfG, *NJW 2005, 656* (Nichtannahme der Verfassungsbeschwerde des Verurteilten gegen die seine Revision verwerfende Entscheidung des BGH).

19 Die zuweilen als »Geldstrafe auf Bewährung« bezeichnete Verwarnung mit Strafvorbehalt gemäß § 59 I StGB kann im System der strafgesetzlichen Sanktionen des StGB als mildeste der »einseitigen« Sanktionsformen bezeichnet werden. – Näher zu dieser Sanktion nachstehend unter III.

20 Vgl. dazu aus verfassungsrechtlicher Sicht vor allem Winfried Brugger, a. a. O. Fn. 12 sowie aus strafrechtlicher Sicht besonders Volker Erb, a. a. O. Fn. 14; siehe aus strafrechtlicher Sicht ferner Albin Eser, Zwangsandrohung zur Rettung aus konkreter Lebensgefahr – Gegenkritische Rückfragen zur sogenannten »Rettungsfolter«, in: Felix Herzog u. a. (Hrsg.), *Festschrift für Winfried Hassemer zum 70. Geburtstag*, Heidelberg 2010, S. 713ff.

21 Der Menschenwürdeverstoß wird außer auf Art. 1 I GG auch auf Art. 104 I S. 2 GG (»Festgehaltene Personen dürfen weder körperlich noch seelisch mißhandelt werden«), Art. 3 der Europäischen Menschenrechtskonvention, EMRK (»Niemand darf der Folter oder unmenschlicher oder erniedrigender Strafe oder Behandlung unterworfen werden«), Art. 7 S. 1, 14 Abs. 1 lit. g) des Internationalen Paktes über bürgerliche und politische Rechte (IPBPR) sowie Art. 2 der Anti-Folter-Konvention der Vereinten Nationen (UN) gestützt.

22 Weitgehend außer Betracht bleiben können dabei die Überlegungen von Wolfgang Trapp, die dieser insbesondere in seiner Monographie *Folter oder selbstverschuldete Rettungsbefragung?* (Paderborn 2006) vorgetragen hat, da dessen Überlegungen sich im wesentlichen auf die *ethische* Dimension der Problematik beschränken. Allerdings ist festzustellen, dass Trapps (untauglicher) Versuch, sogar ein (ethisches) *Gebot* der Zwangsandrohung resp. -anwendung zu konstruieren, durch eine bemerkenswerte Verharmlosung der Androhung oder Ausübung von Gewalt

II. Strategien der Legitimation staatlicher sog. Rettungsfolter

Wendet man sich zwecks Klärung dieser Frage den Konzeptionen zu, die auf eine Rechtfertigung staatlicher Rettungsfolterhandlungen hinauslaufen, lassen sich hauptsächlich *3 Ansätze* zu diesem Unternehmen ausmachen.[23]

1. Die Suggestionsmethode

Ich beginne mit einem Ansatz, den man die *Suggestionsmethode* nennen kann und der überwiegend bei Autoren anzutreffen ist, die polizeilichen Institutionen zuzurechnen sind oder jedenfalls nahestehen. Diese Methode besteht darin, sich dem Problem staatlicher sog. Rettungsfolter im Ausgang von erfundenen, wenngleich nicht schlechthin unrealistischen Fällen anzunähern, in denen die Gefahr nicht nur feststeht, sondern zugleich von einer Qualität (Lebensgefahr) und einem Ausmaß (Gefahr für Tausende »unschuldiger Menschen«) ist, das nach staatlichem Eingreifen in Form von »polizeilicher Rettungsfolter« nachgerade zu schreien scheint. Solche exorbitanten Gefahren werden zum Beispiel in Form von »ticking-bomb-Fällen«, verheerenden terroristischen Angriffen auf Unschuldige, u. ä. vorgestellt. Angesichts solcher monströser Szenarien wird dann – nach der Feststellung, daß es gesetzliche Grundlagen (Ermächtigungen) zur polizeilichen Gefahrenabwehr in Form von sog. Rettungsfolter nicht gibt – dafür plädiert, staatliche »Rettungsfolter-

---

anläßlich polizeilicher Vernehmungen in hoheitlichem Gewahrsam gekennzeichnet ist. So läßt die Untersuchung schon in ihrem Titel eine erstaunliche Realitätsferne der philosophischen Beurteilung erkennen: Angesichts der (wenn auch gesetzlich geregelten) Machtverhältnisse, welche speziell Vernehmungssituationen im Polizeigewahrsam prägen, stellt die Beschreibung dieser durch Gewaltandrohung oder sogar -ausübung bestimmten Situation als »Befragung« eine kaum nachvollziehbare Verzeichnung dar (siehe auch schon ders., ›Individualrechte ernst – aber nicht unangemessen ernst genommen‹, in: Julian Nida-Rümelin/Wilhelm Vossenkuhl (Hrsg.), *Ethische und politische Freiheit*, Berlin/New York 1998, S. 447ff., wo mit Bezug auf derartige polizeiliche Maßnahmen von die »Aussagefreudigkeit erhöhenden Motivationshilfen notfalls auch der rauheren Art« die Rede ist), die auch mit fehlenden Kenntnissen des Polizei- und Strafprozeßrechts, das aus gutem Grund zahlreiche schützenden Formen für jede Verdächtigen-/Beschuldigtenvernehmung vorsieht (vgl. nur §§ 136, 136 a StPO), nicht zureichend erklärt ist.

[23] Eine andere dreigliedrige, jedoch in öffentlich-rechtliche und strafrechtliche Ansätze unterteilende Differenzierung findet sich bei Roxin, a. a. O. Fn. 10, S. 463ff. – Vgl. für einen anderen Ansatz den Beitrag von Rolf-Dietrich Herzberg, der das strikte Verbot staatlicher Folter im Grundsatz nicht in Frage stellt, jedoch dafür plädiert, den Folterbegriff enger zu fassen (vgl. ders., Folter und Menschenwürde, *Juristenzeitung (JZ) 2005, S. 321* ff., bes. S. 325/326); ähnliche Überlegungen zum Folterbegriff auch bei Eser, a. a. O. Fn. 20.

praxis« *übergesetzlich*, insbesondere mit Hilfe der Figur des übergesetzlichen (Staats-)Notstandes, zu rechtfertigen.[24]

Indessen vermag die suggestive Beschwörung solcher Gefahren *rechtliche* Argumentation nicht zu ersetzen. Das rechtliche Bedenken der hier in Rede stehenden Methode zeigt aber insbesondere zweierlei: Zum einen, daß die Bedrohung für das Leben Vieler für die Rechtsfrage der Erlaubnis staatlicher (Rettungs-)Folterakte deshalb nichts hergibt, weil *menschliches Leben als Rechtsgut nicht quantifizierbar* und deshalb auch nicht nach der Zahl bedrohter Menschenleben abzuwägen ist[25]; zum anderen und vor allem aber, daß einer übergesetzlichen Rechtfertigung polizeilichen Eingriffshandelns in Form der sog. Rettungsfolter das *Rechtsstaatsprinzip (Art. 20 Abs. 3 GG)* entgegensteht, demzufolge für jeglichen hoheitlichen Eingriff in die Rechte einer Person eine gesetzliche Grundlage gegeben sein muss.[26] Es ist deshalb auch dieses Prinzip gewesen, dessentwegen im Jahr 2005 das deutsche Luftsicherheitsgesetz (LuftSG) um eine Bestimmung (§ 14 Abs. 3 LuftSG) erweitert wurde, die einen – wenn auch, wie durch das Bundesverfassungsgericht alsbald festgestellt wurde: verfassungswidrigen[27] – Versuch darstellte, rechtliche

---

[24] Vgl. zu dieser Position statt anderer etwa Kurt Gintzel, Die »unlösbare« Pflichtenkollision – ein Beitrag zur »Folterdiskussion« und zugleich eine Abgrenzung von Verwaltungszwang und Aussageerpressung, in: *Die Polizei 2004, 249ff.*; informativ zu der in diesem Zusammenhang diskutierten (übergesetzlichen) rechtfertigenden Pflichtenkollision Claus Roxin, *Strafrecht. Allgemeiner Teil I.*, 4. Auflage, München 2006, § 16 Rn. 4ff. (zum übergesetzlichen Notstand) und Rn. 115ff. (zur Pflichtenkollision); siehe auch Schönke/Schröder/Perron, *Strafgesetzbuch Kommentar (StGB)*, 29. Auflage, München 2014, Rn. 2 (mit Hinweis auf die einschlägigen Entscheidungen RGSt 61, 242 und 62, 137 zum Schwangerschaftsabbruch). – Auch der angeklagte Vizepräsident der Frankfurter Polizei hat sich in dem vorstehend angeführten Strafverfahren gegen ihn auf eine Rechtfertigung kraft (übergesetzlichen) Notstandes berufen. – Diesen Standpunkt hat ferner auch der Sächsische Generalstaatsanwalt Klaus Fleischmann im Rahmen einer Podiumsdiskussion zur Folterproblematik mit dem Verfasser im LG Chemnitz vertreten.

[25] Grundlegend zum Lebensnotstand schon Immanuel Kant, *Metaphysik der Sitten (MdS)*, Einleitung in die Rechtslehre, Anhang II. (Das Notrecht), AA VI, S. 235/236 mit dem berühmten Zitat: »Not hat kein Gebot (necessitas non habet legem)«; und gleichwohl kann es keine Not geben, welche, was unrecht ist, gesetzmäßig machte; vgl. dazu näher Wilfried Küper, Es kann keine Not geben, welche, was unrecht ist, gesetzmäßig machte. Immanuel Kants Kritik des Notrechts, in: Rainer Zaczyk u. a., (Hrsg.), *Festschrift für E. A. Wolff zum 70. Geburtstag*, Berlin usw. 1998, S. 285ff.; ferner speziell mit Blick auf § 34 StGB und dessen Voraussetzung des wesentlichen Überwiegens des geschützten Interesses etwa Kristian Kühl, *Strafrecht. Allgemeiner Teil*, 7. Auflage, München 2012, § 8 Rn. 114 sowie NK-Neumann, StGB, § 34 Rn. 74, beide m. w. N.

[26] Siehe zu dem damit angesprochenen *Gesetzesvorbehalt* nur Schnapp in: von Münch/Kunig, *Grundgesetz-Kommentar* (GGK), 6. Auflage, München 2012, Art. 20 Rn. 65, 73ff.

[27] Vgl. BVerfGE 115, 118ff. (Entscheidung vom 15. Februar 2006 zur *Verfassungswidrigkeit von § 14 Abs. 3 des deutschen Luftsicherheitsgesetzes*, der dem Staat die Tötung unschuldiger Flugpassagiere im Zusammenhang mit dem Abschuss ziviler, von Terroristen als Waffe mißbrauchter

Regeln für die staatliche Abwehr exorbitanter (terroristischer) Gefahren aus der Luft, insbesondere durch den Einsatz entführter ziviler Flugzeuge als »Waffe«, vorzusehen.

2. Die Abwägungsmethode

Einen im Ausgangspunkt sehr ähnlichen, in der Begründung aber doch ganz anderen Versuch der Legitimation staatlicher sog. Rettungsfolter stellt ein verfassungsrechtlicher Ansatz dar, der sich als *Abwägungsmethode* bezeichnen läßt und den als erster und wohl am nachdrücklichsten *Winfried Brugger* vorgetragen hat.[28] Auch er geht zunächst von einem »Gefahr-Szenario« aus, indem er einen hypothetischen Fall (Sachverhalt) bildet, welcher die Problematik einer strikten, unbedingten Menschenwürdegarantie nahelegen soll. Ein solcher Fall soll vorliegen, wenn ein in polizeilichem Gewahrsam befindlicher Erpresser, der vor seiner Festnahme in einer Stadt eine chemische Bombe deponiert und deren Zünder aktiviert hat, sich auch auf eindringliches Befragen und nach Androhung aller zulässigen Zwangsmittel weigert, das Versteck der in wenigen Stunden explodierenden Bombe, durch deren Detonation alle (nicht mehr zu evakuierenden) Einwohner der Stadt getötet würden, preiszugeben und stattdessen auf der Freilassung rechtskräftig verurteilter politischer Kampfgenossen sowie der Zur-Verfügung-Stellung eines Fluchtflugzeugs besteht.[29] Anhand des Sachverhalts unternimmt es Brugger – unter

---

Flugzeuge zu dem Zweck erlauben sollte, eine große Zahl anderer Unschuldiger zu retten), wo zur Begründung der Verfassungswidrigkeit nicht allein auf das kompetenzrechtliche Argument eines Verstoßes gegen Art. 35 Abs. 2 S. 2, Abs. 3 S. 1 GG, sondern ergänzend auch darauf abgestellt wird, daß eine derartige Erlaubnis gegen das Recht auf Leben (Art. 2 Abs. 2 S. 1 GG) sowie die unbedingte Menschenwürdegarantie des Art. 1 Abs. 1 GG verstieße; dazu aus dem strafrechtlichen Schrifttum (zustimmend) Claus Roxin, Der Abschuss gekaperter Flugzeuge zur Rettung von Menschenleben, *Zeitschrift für Internationale Strafrechtsdogmatik (ZIS) 6 (2011), S. 552ff.*, vgl. bes. S. 554f.

[28] Vgl. dazu zunächst seinen grundlegenden Aufsatz »Darf der Staat ausnahmsweise foltern?«, a. a. O. Fn. 12. Brugger hat diesen Ansatz bekanntlich anschließend, auch in Auseinandersetzung mit seinen Kritikern, durch manche zusätzliche Hinsichten vertieft (vgl. dazu dens., a. a. O. Fn. 12), ohne dadurch jedoch den hier vorrangig interessierenden Kern der Begründung zu verändern. – Der allzu frühe Tod Winfried Bruggers am 13. November 2010 schließt eine Erwiderung auf die nachstehende Kritik an seiner Konzeption leider aus; immerhin bewahrt die Auseinandersetzung mit dieser Konzeption aber doch die Erinnerung an eine profilierte Seite des wissenschaftlichen Werks Bruggers und damit zugleich an seine Person.

[29] Vgl. zu diesem Sachverhalt Bugger, a. a. O. Fn. 12, S. 69 (» – noch – hypothetischer Fall«); ein ähnlicher Sachverhalt findet sich auch in Niklas Luhmanns Traktat *Gibt es in unserer Gesellschaft unverzichtbare Normen?* (1993), S. 1 und 27 (mit bemerkenswert vager Antwort auf die thematische Frage im Hinblick auf die etwaige Zulässigkeit staatlicher Folter); weitere hypothetische, aber auch reale Fälle bei Trapp, a. a. O. Fn. 22, S. 9ff.

der angenommenen Voraussetzung, der Inhaftierte sei durch notfalls gewaltförmigen Zwang zur Preisgabe des Bombenverstecks zu bewegen – zu zeigen, daß die die Menschenwürde als Rechtsbegriff bestimmenden Vorschriften unserer Verfassung, im vorliegenden Kontext also namentlich Art. 1 Abs. 1 und 104 Abs. 1 S. 2 GG, zwar keine Wortlautlücke (»Formulierungslücke«), wohl aber eine *Wertungslücke* insofern aufweisen, als sie (scil.: die Vorschriften) die Fälle der Kollision der Menschenwürdegarantie für mehrere Personen und der dadurch notwendig werdenden Abwägung zwischen der Menschenwürde des Einen und der des Anderen nicht regelten. Und diese Wertungslücke sei – für den angeführten Fall und andere vergleichbare Ausnahmesachverhalte[30] – durch eine teleologische (?) Reduktion der absoluten Menschenwürdegarantie des Art. 1 Abs. 1 i. V. m. Art. 104 Abs. 1 S. 2 GG zu schließen.

Indessen ist auch diese Argumentation durchgreifenden Einwänden ausgesetzt. – Sie übersieht zunächst, daß etwaige Regelungslücken – ganz gleich, ob Formulierungs- oder Regelungslücken – nicht durch teleologische Reduktion[31], sondern, wenn überhaupt, durch Rechts- oder Gesetzesanalogien[32] zu schließen wären, die eine *planwidrige* Regelungslücke voraussetzen. Deren Nachweis bleibt Brugger aber schuldig.

Für einen solchen Nachweis müsste im Hinblick auf die verfassungsgesetzliche Menschenwürdegarantie – in ihrer allgemeinen Gestalt des Art. 1 GG, vor allem aber in der speziellen Ausprägung, die diese mit Bezug auf die Besonderheiten hoheitlichen Gewahrsams durch Art. 104 Abs. 1 S. 2 GG erfahren hat – gezeigt werden, daß diese gerade nicht unbedingt gelten, sondern abwägungsoffen sein soll und daß (auch) in denjenigen Fällen, für die staatliche »Rettungsfolter« in Betracht kommt, die Menschenwürde des Einen gegen die Menschenwürde des Anderen von Verfassungs wegen abgewogen werden dürfte oder gar abgewogen werden müsste. Dies aber wird gerade nicht gezeigt.

Und dieses ließe sich auch gar nicht zeigen, so daß sich das Versäumte auch nicht nachholen lässt: In einem durch eine freiheitliche Verfassung fundierten Rechtsstaat, zu dessen Essentialia auch die Gewaltenteilung zählt (vgl. Art. 20 Abs. 2 S. 2 GG), steht die Befugnis hoheitlicher Zwangseingriffe, wie schon zur »Suggestionslösung« vermerkt wurde, unter Gesetzesvorbehalt (Art. 20 Abs. 3 GG) und wären Lücken der Verfassung nicht durch den Rechtsanwender (Exekutive, Judikative), sondern – wenn überhaupt – nur mit Zwei-Drittel-Mehrheit durch den Deutschen Bundestag zu schließen

---

[30] Vgl. zu den Kennzeichen solcher Ausnahmesachverhalte Brugger, a. a. O., S. 74 unten.

[31] Vgl. zu dieser Karl Engisch, *Einführung in das juristische Denken*, 11. Auflage, Stuttgart usw. 2010, S. 260 Fn. 50; S. 299/300; und S. 305 bei und in Fn. 137.

[32] Vgl. zu dieser Unterscheidung und den Voraussetzungen einer Analogie im Recht nochmals Engisch, a. a. O., bes. Kap. VII., S. 235 ff.

(Art. 79 Abs. 1, 2 GG), und dies auch nur, insoweit dadurch nicht die strikte Menschenwürdegarantie berührt würde.[33]

3. Die menschenrechtlich fundierte Notwehrkonzeption

Diese Schwächen versucht ein dritter und letzter Ansatz zu vermeiden, der sich als *(auf ein Naturrecht der Notwehr gegründete) menschenrechtlich-strafrechtliche Konzeption* bezeichnen läßt. Nach diesem Ansatz, der in Deutschland besonders von dem Mainzer Strafrechtslehrer *Volker Erb* mit Nachdruck vertreten worden ist und wird, sollen hoheitlich tätige Amtswalter, namentlich auch Polizisten, in den Fällen der sog. Rettungsfolter aus dem Gesichtspunkt der *Nothilfe* gerechtfertigt handeln.[34] Ausgehend von

---

[33] Da die unbedingte Menschenwürdegarantie zu den »in den Artikeln 1 und 20 GG niedergelegten Grundsätzen« und damit zum unveränderbaren Kernbestand der deutschen Verfassung zählt (vgl. dazu die sog. Ewigkeitsgarantie des Art. 79 Abs. 3 GG), wäre eine solche »Lückenfüllung« freilich auch nicht einmal auf diesem Wege zulässig. – Verfehlt daher die Erwägungen Reinhard Merkels (a. a. O. Fn. 9, S. 400 f.) zu einer möglichen gesetzlichen Ermächtigung zur »Notwehrfolter« in Ausnahmelagen. Soweit Merkel diese Erwägungen darauf stützt, daß die Unabwägbarkeit der Menschenwürde »ein unhaltbares Dogma des Verfassungsrechts« sei (so a. a. O., S. 387 mit Verweis auf das Dictum Lüderssens von »der großen Lebenslüge des Verfassungsrechts«), vermißt man dafür eine nähere Begründung; und soweit er seine Argumentation auf die Vorstellung aufbaut, das Unterlassen drohungs- oder gewaltförmiger (also: folternder) Einwirkung auf die im Polizeigewahrsam festgehaltene Person sei als eine Form objektiver Unrechtsteilnahme zu beurteilen (a. a. O., S. 390 ff.), übersieht er, daß diese Vorstellung eine *Rechtspflicht* zur Vornahme von Folterhandlungen voraussetzen würde, die sich schwerlich begründen läßt. – Immerhin läßt sich aber sagen, daß das *»Licht der Positivierung«* auch hier erhellend wirkt: Man versuche sich nur einmal vorzustellen, wie eine ausdrückliche gesetzliche Regelung – sei es im Polizeirecht, sei es in Form einer Ergänzung des § 32 StGB um einen entsprechenden Zusatz – aussähe, durch die staatliche Folter unter bestimmten Voraussetzungen zu Rettungszwecken erlaubt würde (vgl. dazu nur die Definition der »selbstverschuldeten Rettungsbefragung« bei Trapp, a. a. O. Fn. 22, S. 44); Aufnahme und klärende Verdeutlichung des Problems bei Stefan Braum, Erosionen der Menschenwürde – Auf dem Weg zur Bundesfolterordnung (BFO)?, *Kritische Vierteljahresschrift für Gesetzgebung und Rechtswissenschaft (KritV) 2005, S. 282 ff.* – Zu Recht regeln die Bestimmungen der Art. 3, 16 Abs. 2 EMRK (wonach nicht einmal bei »Krieg oder in einem anderen öffentlichen Notstand« von dem strikten Verbot abgewichen werden darf) apodiktisch die »Abwägungsfestigkeit« des staatlichen Folterverbots; treffend dazu Diethelm Klesczewski, *Strafrecht. Allgemeiner Teil*, 2. Auflage, Leipzig 2012, § 4 Rn. 362.

[34] Mit dieser Konzeption habe ich mich bereits in meinem Beitrag »Die Aufklärung als Zeitenwende und ihre Bedeutung für die strafrechtliche Beurteilung staatlicher Folter«, in: Diethelm Klesczewski / Steffi Müller / Frank Neuhaus (Hrsg.), *Strafrecht in der Zeitenwende*, fundamenta iuris Band 8, Paderborn 2010, S. 45 ff. auseinandergesetzt; auf die Ausführungen dieses Beitrags, der wesentliche Teile der nachstehenden Überlegungen enthält, sei deshalb hier ergänzend hingewiesen. – Vgl. zur Kritik der den Ansichten Erbs in mancher Hinsicht nahestehenden Überlegungen Reinhard Merkels (außer in Fn. 9 und in vorstehender Fn. 33) besonders in den nachstehenden Fn. 37 und 61.

der Annahme, daß die *Notwehr ein Menschenrecht* sei, das jedem Menschen kraft seines Menschseins zustehe und das als Naturrecht deswegen jeder Rechtsstaat anerkennen müsse, wird die Ansicht vertreten, daß § 32 StGB, als strafgesetzliche Ausprägung dieses Menschenrechts, in Form der Nothilfe als Rechtfertigungsgrund auch auf das Handeln von Polizeibeamten anzuwenden sei und deswegen rechtfertigend wirke, wenn ein Polizeibeamter einem Tatverdächtigen gegenüber Handlungen vornehme oder anordne, die zwar als Folter zu beurteilen seien und damit die insoweit einschlägigen Straftatbestände der Körperverletzung (§§ 223 ff., 340 StGB), der Freiheitsberaubung (§ 239 StGB), der Nötigung (§ 240 StGB) oder der Verleitung eines Untergebenen zu einer Straftat (§ 357 StGB) verwirklichten, sich aber als erforderlich zur Abwendung eines gegenwärtigen, rechtswidrigen Angriffs auf eine Person, also ein aktuelles Tatopfer, darstellten.[35]

Indessen sprechen auch gegen diesen Standpunkt durchgreifende Bedenken, und zwar auch dann, wenn davon abgesehen wird, daß schon für die private Abwehr von Gefahren, wie sie (lebensbedrohliche) Entführungen darstellen, in Deutschland primär die Erlaubnisnorm des rechtfertigenden Notstandes (§ 34 StGB), nicht aber der Rechtfertigungsgrund der Notwehr (§ 32 StGB) einschlägig sein dürfte.[36]

---

[35] Vgl. dazu Volker Erb, a. a. O. Fn. 14; vgl. außerdem ders., Zur strafrechtlichen Behandlung von »Folter« in der Notwehrlage, in: Hendrik Schneider u. a. (Hrsg.), *Festschrift für Manfred Seebode zum 70. Geburtstag*, Berlin 2008, S. 99 ff.; dieser Beitrag verfährt in erster Linie apologetisch, d. h. er verteidigt – mit einer Ausnahme (zu dieser weiter unten, bei Fn. 44) – den eigenen Standpunkt gegen Einwände. – Zustimmung hat dieser Standpunkt in Deutschland etwa erfahren durch Kristian Kühl, a. a. O. Fn. 24, § 7 Rn. 156a, der der abweichenden herrschenden Ansicht bemerkenswerterweise Prinzipientreue entgegenhält (»Wir Deutschen lieben unsere Prinzipien«). – Für das griechische Strafrecht zustimmend Dionysios Spinellis, Darf Folter als Nothilfe in extremen Fällen angewandt werden?, in: Hendrik Schneider u. a. (Hrsg.), a. a. O., S. 387 ff. – Für *Italien* sind solche Erwägungen aufgrund ähnlich gelagerter Sachverhalte – wie etwa die *Entführung und Ermordung Aldo Moros* durch Mitglieder der »Brigate Rosse« (Roten Brigaden) – dagegen nicht bekannt, übrigens auch nicht im Zusammenhang mit der Bekämpfung der Mafia. Dies erscheint angesichts der von Art. 1 Abs. 1 GG ganz verschiedenen, eben nicht fundamental-konstitutiven Bedeutung der Menschenwürde in der Verfassung der Republik Italien (vgl. dazu besonders deren Art. 3 Abs. 1 mit seiner Rede von der »pari dignità sociale«, also der »gleichen sozialen Würde«) sowie der italienischen Rechtsordnung durchaus bemerkenswert; vgl. näher zur Menschenwürde im italienischen (Verfassungs-)Recht den Beitrag von Paolo Becchi in diesem Band.

[36] Skeptisch gegenüber dem Ansatz bei der Notwehrregelung in Fällen von Entführungen auch Roxin, a. a. O. Fn. 10, S. 464 unten (»recht gekünstelte, aber theoretisch noch denkbare Auslegung der Nothilfevorschrift«), der zutreffend darauf hinweist, daß man für diesen Ansatz das Schweigen des Entführers als Angriff durch Unterlassen ansehen müsste; generell ablehnend zur Möglichkeit eines Angriffs durch Unterlassen etwa Schönke/Schröder/Perron, *Strafgesetzbuch Kommentar*, 29. Auflage, München 2014, § 32 Rn. 10 m. w. N.; eingehend zu den Problemen einer solchen Annahme jüngst auch Heribert Schumann, Notwehr gegen Unterlas-

So ist es schon im Grundsatz problematisch, die strafgesetzliche private Nothilfebefugnis des § 32 StGB[37] auf polizeiliches, also hoheitliches Staatshandeln zu übertragen[38], ist doch diese Befugnis ersichtlich ganz bewusst als Ausnahme vom staatlichen Monopol zwangsförmiger Rechtsdurchsetzung (sog. Gewaltmonopol) konzipiert, insofern sie mit der »erforderlichen Verteidigung gegenüber einem gegenwärtigen rechtswidrigen Angriff« von einer Situation ausgeht, in der die prinzipiell vorrangigen Möglichkeiten

---

sen?, in: Wilhelm Degener/Michael Heghmanns (Hrsg.), *Festschrift für Friedrich Dencker zum 70. Geburtstag*, Tübingen 2012, S. 287, bes. S. 298ff.; siehe zum Ganzen auch Edda Weßlau, Die staatliche Pflicht zum Schutz von Verbrechensopfern und das Verbot der Folter, in: Norman Paech u. a. (Hrsg.), *Völkerrecht statt Machtpolitik*, Hamburg 2004, S. 390ff., bes. S. 407 (gegen die Annahme von Notwehr bzw. Nothilfe).

[37] Daß es an dieser Stelle einzig und allein um die Befugnis zur Not*hilfe*-, nicht aber auch um die Not*wehr*befugnis geht, ergibt sich aus der problematischen Konstellation: Es steht ja nicht die unbestreitbare *Selbst*verteidigungsbefugnis des Amtsträgers in Rede, der immer auch natürliche Person und als solche angreifbar ist, sondern thematisch sind staatliche Eingriffe zur Abwehr von Angriffen auf *Dritte* (Bürgerinnen und Bürger). – Das (und die damit verbundene Komplikation des Problems) wird von Reinhard Merkel (a. a. O. Fn. 9) verkannt, sofern dieser für seine Argumentation von einem als subjektives Recht vorgestellten, vorpositiv (naturrechtlich) verstandenen »Notwehrrecht« ausgeht; aber diese Vorstellung übersieht, daß Notwehr (sofern sie hier überhaupt vorläge; vgl. dagegen nochmals oben in Fn. 9 sowie bei und in den nachstehenden Fn. 41 und 42) kein subjektives *Recht*, sondern wie alle anderen Unrechtsausschließungsgründe (Rechtfertigungsgründe) eine Ausnahmeerlaubnis für besondere Konfliktlagen (im Fall der Notwehr: Notwehrlagen) begründet; von einer solchen Erlaubnis läßt sich aber schwerlich behaupten, sie sei »das, womit das Recht des Einzelnen erst beginnt« (so Merkel, a. a. O., S. 384/385). Und etwas anderes läßt sich auch nicht aus den herangezogenen Kant-Zitaten herleiten: So ist die in diesem Zusammenhang von Merkel (S. 386) angeführte, von Kant (*MdS*) im § D. der Einleitung in die Rechtslehre begründete *begriffliche* Verknüpfung von Recht und Zwang schwerlich mit der Notwehrbefugnis (oder anderen privaten Notbefugnissen) gleichzusetzen; und der Verweis auf Kants in dessen Nachlass aufgefundene (von diesem selbst also nicht zur Veröffentlichung bestimmte) notwehrbezogene Notiz handelt ersichtlich von *privater Selbst*verteidigung, nicht aber vom Problem *staatlich* organisierter, *polizeilicher Nothilfe*.

[38] Zutreffend kritisch gegen eine solche Übertragung auch Diethelm Klesczewski, a. a. O. Fn. 33, sowie, von anderer Grundlage, auch Günther Jakobs, Kommentar: Rechtfertigung und Entschuldigung bei Befreiung aus besonderen Notlagen (Notwehr, Notstand, Pflichtenkollision), in: Albin Eser/Haruo Nishihara (Hrsg.), *Rechtfertigung und Entschuldigung*, Band IV, Freiburg i. Br. 1995, S. 143, bes. S. 160ff.; ebenso schon ders., *Strafrecht. Allgemeiner Teil. Die Grundlagen und die Zurechnungslehre*, 2. Auflage, Berlin/New York 1993, 11/17 i. V. m. 12/41ff. (zur Notwehr bzw. Notwehrhilfe). – Der Einwand gilt aus den nachstehend dargelegten Gründen im Übrigen in gleicher Weise gegenüber den privatrechtlich normierten Ausnahmeerlaubnisnormen der §§ 228, 904 BGB und letztlich auch bezüglich des rechtfertigenden Notstandes (§ 34 StGB) als der vorrangig in Betracht ziehenden Erlaubnisnorm, auch wenn dieser mit seinen gesetzlichen Erfordernissen der Güterabwägung (erhebliches Überwiegen des Rettungsgutes gegenüber dem Eingriffsgut) sowie der Angemessenheit erheblich engere Voraussetzungen als § 32 StGB aufweist, die (scil.: die Voraussetzungen) sich im Sinne der nachfolgenden Überlegungen bestimmen lassen; so auch Jakobs, a. a. O., 13/42.

(rechts-)staatlich organisierter Rechtssicherung nicht zur Verfügung stehen. Und dies gilt unabhängig davon, ob man den Grund der hier in Rede stehenden Befugnis im Rechtsgüterschutz oder im Sinn der Rechtsbewährung sieht.[39] Zu diesem Situationsbezug stünde die Ansicht offenbar im Widerspruch, § 32 StGB sei in der Form der Not*hilfe*befugnis die Rechtsgrundlage auch für die Akte staatlicher Amtsträger (Polizei), ganz abgesehen davon, dass so dem Amtsträger – abweichend von den vorrangigen spezialgesetzlichen Bestimmungen des Polizeirechts – erlaubt würde, in staatlichem Gewahrsam befindliche Personen zum Zweck vermeintlich oder wirklich möglicher Rettung gefährdeter, insbesondere in Lebensgefahr sich befindender Dritter, körperlich oder seelisch zu misshandeln und so das strikte verfassungsgesetzliche Verbot amtlichen Folterhandelns zu unterlaufen. Schon diese Überlegung spricht also dagegen, die private Nothilfebefugnis als gesetzliche Rechtsgrundlage für Akte staatlicher Folter anzusehen, ganz gleich, zu welchem Zweck diese erfolgt.[40]

Hinzu kommt außerdem das Argument, daß der Versuch, staatliches Folterhandeln aus dem Gesichtspunkt der Nothilfe zu rechtfertigen und so durch den verfolgten Lebensrettungszweck maßgebend zu beschränken (»Nothilfefolter«), den Sinn der problematischen Eingriffshandlungen dadurch verzeichnet, daß er den *unmittelbaren* Zweck solcher Akte systemwidrig ausblendet; dieses auch sonst für Fälle der Gewaltnötigung für maßgeblich gehaltene Nahziel[41] besteht ja nämlich gerade nicht im Ziel der Lebensrettung, sondern darin, *Informationen zu beschaffen*, und es ist so das Ziel der Lebensrettung erst der nur für die Strafzumessung relevante Endzweck solcher Folterhandlungen. Ob aber solche Informationsbeschaffungsfolter überhaupt wirkt, das angestrebte Nahziel, die unter Umständen lebensret-

---

[39] Vgl. zu diesen beiden Begründungsansätzen für die Notwehrbefugnis etwa Diethelm Klesczewski, a. a. O. Rn. 337ff. m. w. N. (mit eigenem weiterführendem Ansatz; siehe zur Begründung dieses Ansatzes schon Michael Köhler, *Strafrecht Allgemeiner Teil*, 1. Auflage, Berlin usw. 1997, S. 260ff.).

[40] Angesichts der eindeutigen verfassungsgesetzlichen Rechtslage sind vielmehr die *ausdrücklichen Handlungsverbote des § 18 Abs. 8 und 9 SächsPolG* die angemessenen Regelungen. – Gegen den hier vertretenen Standpunkt läßt sich auch nicht einwenden, daß die vorstehend kritisierte Ansicht (immerhin die h. M. im Strafrecht; vgl. dazu ausführlich Georg Wagenländer, *Zur strafrechtlichen Beurteilung der Rettungsfolter*, Berlin 2006, S. 93ff. m. w. N.) sich aus den vielen Länderpolizeigesetzen vorgesehenen Notrechtsvorbehalten ergebe, da diese Vorbehalte richtigerweise als klarstellende Deklarationen der Geltung dieser Rechte auch für den Fall auszulegen sind, daß Polizeibeamte angegriffen werden oder in (existenzielle) Gefahr geraten.

[41] So zutreffend auch Diethelm Klesczewski, a. a. O. Fn. 33. – Vgl. zu dieser Frage ferner die einschlägige Rechtsprechung zu den Sitzblockade-Sachverhalten (siehe dafür nur BGHSt 35, 270, 275f.) und für die Literatur Thomas Fischer, *Strafgesetzbuch. Kommentar (StGB)*, 60. Auflage, München 2013, § 240 Rn. 42ff.; differenzierend Wessels/Hettinger, *Strafrecht. Besonderer Teil 1*, 37. Auflage, Heidelberg 2013, Rn. 423.

tenden Informationen zu erhalten, also erreicht wird, ist zudem objektiv-ex ante zweifelhaft[42], und angesichts dieser generellen Zweifel an der Geeignetheit staatlichen Folterhandelns auch zum Endzweck der Lebensrettung ist solches Handeln ein ersichtlich ganz besonders schwerwiegender Fall der Instrumentalisierung der sich in staatlichem Gewahrsam befindlichen Person.

Im Übrigen könnte aber selbst dann, wenn § 32 StGB in seiner Alternative der Nothilfeerlaubnis als Ermächtigungsgrundlage für polizeiliches Eingriffshandeln herhalten könnte, dies nicht zur Konsequenz haben, die polizeiliche Aktion den Schranken zu entziehen, welche die Verfassung des Grundgesetzes jeglichem staatlichen Eingriffshandeln setzt. Mit anderen Worten: Die einfachgesetzliche Regelung des § 32 StGB könnte unmöglich die bestehenden, vorrangigen und maßstäblichen verfassungsrechtlichen Garantien außer Kraft setzen. Vielmehr wäre gerade umgekehrt die strafgesetzliche Erlaubnisnorm verfassungskonform dahin auszulegen, daß das strikte Folterverbot des Art. 104 Abs. 1 S. 2 GG eine im Grundsatz etwa in Betracht kommende Nothilfebefugnis über das Merkmal des Gebotenseins der Nothilfe (§ 32 Abs. 2 StGB) begrenzen würde.[43] Und dieses Argument ist auch nicht dadurch zu entkräften, dass man ihm den Wortlaut des Art. 1 Abs. 1 S. 2 GG entgegenhält, demzufolge »dem Staat Achtung *und* Schutz der Menschenwürde« obliegen, weswegen es sich anbiete, »im Konfliktfall dem Verfassungsauftrag zum Schutz der Würde des Opfers vor der Pflicht zur Achtung der Würde des Angreifers Vorrang zu gewähren«[44]; ist doch das *Schutz*gebot nicht we-

---

[42] Dieser Gesichtspunkt *prinzipiell* unsicherer »Erfolgsaussicht« betrifft nicht nur den »Daschner-Fall«, sondern dürfte für jeden Folter-Sachverhalt gelten – eine eigentlich alte Einsicht, die auch die (wenngleich nur schrittweise erfolgte) Abschaffung der Folter als strafprozessuales Rechtsinstitut beeinflusst hat; vgl. zu diesem Argument schon Christian Thomasius/Martin Bernardi, *Dissertatio de tortura ex foris Christianorum proscribenda,* 1705, und dazu Verf., a. a. O. Fn. 34, S. 52 ff.; Cesare Beccaria, *Dei delitti e delle pene*, Livorno 1764; informativ zur Geschichte dieser Abschaffung die von Jan Zopfs edierte Textsammlung *Quellen zur Aufhebung der Folter*, Berlin 2010; klärend ferner ders., ›Die Fürsten schaffen die Folter ab‹, in: Karsten Altenhain/Nicola Willenberg (Hrsg.), *Die Geschichte der Folter seit ihrer Abschaffung*, Göttingen 2011, S. 25 ff.

[43] Die unter Hinweis auf das strafgesetzliche Bestimmtheitsgebot (Art. 103 Abs. 2 GG) zu Recht geäußerte Kritik an einem unreflektierten Verständnis des Merkmals des »Gebotenseins« (vgl. dafür insbes. Michael Köhler, a. a. O. Fn. 39, S. 263: »diffus ethisierendes Gemeinschaftsdenken«) trifft die hier vorgetragene Begründung nicht, da diese sich mit dem Rechtsbegriff der Menschenwürde auf ein (bestimmbares) juristisches Prinzip stützt; überhaupt gegen ein Verständnis des Gebotenseins als (begrenzendes) Merkmal der Notwehrbefugnis allerdings Manfred Seebode, Strafrechtliche Bemerkungen zum Folterverbot, in: Helmut Goerlich (Hrsg.), *Staatliche Folter. Heiligt der Zweck die Mittel?*, fundamenta iuris Band 5, Paderborn 2007, S. 51 ff., bes. S. 71 f.

[44] So aber Erb, a. a. O. Fn. 35, S. 105 unter Berufung auf Brugger (kursiv im Original); vgl. allerdings zum prinzipiellen Vorrang der Abwehr- vor der Schutzpflichtdimension nochmals bei diesem, a. a. O. Fn. 12, S. 80.

niger auf die Würde des Inhaftierten zu beziehen, die durch staatliches Folterhandeln von Amtsträgern, zu welchem Zweck auch immer, unzweifelhaft verletzt würde. – Es bleibt daher dabei, dass nach geltendem deutschem Recht die Androhung oder Anwendung von Gewalt gegenüber in staatlichem Gewahrsam befindlichen Personen durch Amtsträger, zu welchem Zweck auch immer, eine gegen Art. 104 Abs. 1 S. 2 i. V. m. Art. 1 Abs. 1 GG verstoßende unrechtmäßige Menschenwürdeverletzung darstellt.

III. Inkurs: Überlegungen zum Strafurteil des LG Frankfurt a. M. v. 10.12.2004

Zu dieser Beurteilung kommt auch das hier schon eingeführte *Strafurteil des Landgerichts Frankfurt am Main vom 20. Dezember 2004*: Dadurch, daß er den ihm untergebenen mitangeklagten Kriminalhauptkommissar angewiesen habe, dem inhaftierten tatverdächtigen Jurastudenten Gewalt anzudrohen, um diesen dadurch zu zwingen, den Aufenthaltsort des entführten Kindes anzugeben, habe der angeklagte Vizepräsident der Frankfurter Polizei seinen Untergebenen schuldhaft zu einer Straftat der Nötigung im Amt verleitet[45]; eine Rechtfertigung dieser Anweisung scheide ebenso aus wie eine etwaige Entschuldigung.

Die Sorgfalt der Begründung dieses Schuldspruchs korrespondiert dabei der »prozessualen Vorgeschichte«, insofern die Anklage durch die Staatsanwaltschaft wegen der »besonderen Bedeutung des Falles« (§ 24 Abs. 1 Nr. 3 Alt. 3 GVG) nicht zum Amtsgericht, sondern eben zum Landgericht erhoben wurde. Das Urteil beschränkt sich nämlich nicht darauf, das Vorliegen nur *einer* Rechtfertigungsvoraussetzung – insbesondere der Erforderlichkeit bei § 32 StGB bzw. der Nicht-anders-Abwendbarkeit bei § 34 StGB – zu verneinen,[46] sondern befaßt sich außerdem mit den Problemen des Gebotenseins der Nothilfe sowie der Angemessenheit etwaiger Notstandshilfe, und dies unter bemerkenswerter Aufnahme und Erörterung der letztlich zentralen Frage, ob sich Ausnahmen vom strikten Verbot staatlicher Folter begrün-

---

[45] Da unter »Verleiten« i. S. d. § 357 StGB (abweichend von § 160 StGB) *jede* Form erfolgreichen Bestimmens zu verstehen ist (vgl. nur Lackner/Kühl, *Strafgesetzbuch. Kommentar (StGB)*, 28. Auflage, München 2014, § 357 Rn. 3), war die Tatbestandsverwirklichung unproblematisch zu bejahen. – Dagegen hat das Gericht den Tatbestand der Aussageerpressung (§ 343 Abs. 1 StGB) verneint, weil der Angeklagte nicht zu dem Zweck gehandelt habe, eine Aussage des tatverdächtigen Jurastudenten in dem gegen diesen geführten Ermittlungsverfahren zu gewinnen, sondern ausschließlich und zielgerichtet das Leben des entführten Kindes retten wollte (vgl. LG Frankfurt am Main NJW 2005, 695 und dazu Manfred Seebode, a. a. O. Fn. 43, S. 51 ff.).

[46] Vgl. dazu LG Frankfurt am Main NJW 2005, 694; dieser Gesichtspunkt fehlender Erforderlichkeit im konkreten Fall findet sich auch bei Roxin, a. a. O. Fn. 10, S. 469/470.

den lassen[47]: Diese Frage sei insbesondere deswegen zu verneinen, weil das »strikte Verbot, einem Beschuldigten Gewalt auch nur anzudrohen, ... bereits das Ergebnis einer Abwägung aller zu berücksichtigenden Interessen« sei, die »bei Errichtung des Grundgesetzes vorgenommen« worden sei.[48]

Angesichts dessen verwundert freilich die schon erwähnte Milde der Sanktion: Ausspruch einer Verwarnung unter dem Vorbehalt einer Geldstrafe von 90 Tagessätzen zu je 120. – Euro, zusammen also 10.800. – Euro.[49] – Zu diesem Urteil kommt das Gericht dadurch, daß es die festgestellten »massiven mildernden Umstände« – angeführt werden: die Absicht des Angeklagten, das Leben des entführten Kindes zu retten; die besondere und ungewohnte Verantwortungslast des Angeklagten[50]; der hohe Erfolgsdruck; das »provozierende und skrupellose Aussageverhalten« des Jurastudenten, das »die Nerven der Ermittler auf Äußerste strapazierte«; die »außergewöhnliche Hektik« und die »angespannte Befindlichkeit des Angeklagten«; sein »tadelloses Vorleben«; die Belastung des Angeklagten und seiner Familie durch die Berichterstattung in den Medien; die lange Verfahrensdauer; die dienstlichen Einbußen des Angeklagten; sowie die Schwierigkeit der Konfliktlage[51] – *dreifach verwertet* hat. Zum einen zur Begründung dafür, warum trotz Vorliegens der Voraussetzungen des Regelbeispiels des Mißbrauchs der Stellung als Amtsträger (§ 240 Abs. 4 Nr. 3 StGB) nicht von dem für die Verwirklichung eines besonders schweren Falles von Nötigung vorgesehenen Strafrahmen auszugehen sei[52]; zum zweiten im Zuge der konkreten Strafzumessung gemäß § 46 Abs. 2 StGB, also im Kontext der Entscheidung gegen eine Freiheits- und für eine Geldstrafe sowie der Festsetzung der Anzahl der Tagessätze; und drittens bei der Begründung dafür, es wegen Vorliegens der Voraussetzungen des § 59 Abs. 1 StGB – günstige Sozialprognose, besondere Umstände der Tat und der Persönlichkeit des Täters sowie Entbehrlichkeit einer »Verteidigung der Rechtsordnung«[53] – bei einem Schuldspruch in Verbindung mit dem Vorbehalt der festgesetzten Geldstrafe zu belassen.

Nun ist ein solches Urteil – auch wenn es auffällt, daß der naheliegenden Möglichkeit des Angeklagten, sich der Rechtslage durch einen schlichten An-

---

[47] LG Frankfurt am Main, a. a. O., S. 693–695.

[48] LG Frankfurt am Main a. a. O., S. 694.

[49] Die Staatsanwaltschaft hatte demgegenüber laut »Spiegel online« vom 20. 12.2004 »27.000. – Euro Geldstrafe auf Bewährung«, also eine deutlich höhere Anzahl von Tagessätzen, beantragt.

[50] Dieser vertrat den urlaubsbedingt abwesenden Polizeipräsidenten.

[51] Vgl. dazu LG Frankfurt am Main a. a. O., S. 695/696.

[52] Bei Annahme eines besonders schweren Falles wäre die Verhängung einer »Freiheitsstrafe von sechs Monaten bis zu fünf Jahren« unumgänglich gewesen.

[53] Nach wie vor erhellend und kritisch zu diesem unbestimmt-zweifelhaften generalpräventiven Erfordernis immer noch Wolfgang Naucke, *»Verteidigung der Rechtsordnung«. Kritik an der Entstehung und Handhabung eines strafrechtlichen Begriffs*, Berlin 1971.

ruf bei der Staatsanwaltschaft zu versichern und dadurch eine sichere Basis für das weitere Vorgehen zu gewinnen, erstaunlich wenig Bedeutung beigemessen wird[54] – offenbar lege artis und vertretbar zu begründen.[55] Und doch fällt auf, daß zwischen der Emphase, mit der die Menschenwürde (und ihre Verletzung durch den Angeklagten) herausgestellt wird, und dem konkreten Urteilsspruch eine bemerkenswerte Diskrepanz besteht, die nahelegt, sich dem Begriff der Menschenwürde und seiner Bestimmung auch für das Recht noch einmal zuzuwenden.

IV. Immanuel Kants Bestimmung der Menschenwürde

Begründet wurde das bis hierher Vorgetragene bislang allein durch den Verweis auf das strikte Statut der deutschen Verfassung, deren Art. 1 Abs. 1 und 104 Abs. 1 S. 2 GG die Würde des Menschen als Person im Recht kategorisch vor staatlichem Folterhandeln, zu welchem Zweck auch immer, schützen.

Dieses Statut beruht nun aber, wie vielfach schon vermerkt wurde[56], zunächst auf den besonderen horribelen geschichtlichen Erfahrungen der nationalsozialistischen Zeit, unter deren Eindruck die verfassungsgebende Versammlung (die sog. Mütter und Väter des Grundgesetzes) seinerzeit stand. Das jedoch ist als *Grund*, zumal für eine strikte, abwägungsfeste Rechtsgarantie, schwerlich zureichend. Und dies nicht nur deshalb, weil menschliche Erinnerung im fortschreitenden Lauf der Zeit dazu tendiert, zunehmend zu verblassen[57] und dadurch als Bezugspunkt und Grundlage an Festigkeit zu verlieren, so dass es angesichts der »Flüchtigkeit von Erinnerung« ratsam (klug) erscheint, an die maßgebend-bestimmende Erfahrung permanent zu erinnern[58]; sondern vor allen Dingen deswegen, weil bloße Erfahrung

---

54 Berücksichtigt wird dieser Gesichtspunkt allein im Rahmen der (bejahten) Frage nach der Vermeidbarkeit des Verbotsirrtums, dem der Angeklagte unterlag; vgl. LG Frankfurt am Main a. a. O. Fn. 46, S. 695.

55 Die schon verschiedentlich vermerkte *innere Widersprüchlichkeit des § 46 StGB* (vgl. dazu nur die Kritik bei Michael Köhler, *Über den Zusammenhang von Strafrechtsbegründung und Strafzumessung*, Heidelberg 1983, S. 15ff., bes. S. 18) sowie kaum weniger des § 59 Abs. 1 StGB (mit seiner Mischung aus generalpräventiven sowie tat- und täterbezogenen Voraussetzungen) mag dabei hier außer Betracht bleiben, auch wenn sie die den Tatgerichten überantworteten Strafzumessungsentscheidungen unsicher macht.

56 Vgl. dazu statt anderer Christoph Enders, *Die Menschenwürde in der Verfassungsordnung*, Tübingen 1997, S. 25ff. i. V. m. S. 404ff. m. w. N.

57 Dieses »Verblassen« wirkt sich im Umgang eines Volkes mit seiner Vergangenheit auch dann noch aus, wenn es nicht zum Vergessen führt. So macht es einen großen Unterschied, ob noch Zeitzeugen einer vergangenen Periode leben, die für die von ihnen gemachten Erfahrungen buchstäblich einstehen.

58 Aus diesem Blickwinkel ließe sich die strikte Menschenwürdegarantie des Grundgesetzes als Unternehmen der gesetzesförmigen Erinnerung an die gravierenden staatlichen Würdeverlet-

ohne Prinzip nicht dazu taugt, Rechtssätze – schon gar nicht kategorische Rechtsgarantien wie die Würde des Menschen – zu legitimieren.[59] Es ist also geradezu notwendig, nach einer festeren, beständigen Grundlage für diese Garantie zu fragen.

1. Subjektivität und Menschenwürde im Kontext einer kritischen Philosophie der Freiheit

Wie sich eine solche strikte Bedeutung der Menschenwürde begründen läßt, hat wohl am überzeugendsten *Immanuel Kant* gezeigt,[60] in dessen praktischer Philosophie die Würde des Menschen als Subjekt und Rechtsperson eine zentrale und auch für das Recht fundamentale Bestimmung bildet.[61]

---

zungen der nationalsozialistischen Zeit zu dem Zweck auffassen, es künftig nie mehr zuzulassen, Menschen wie Gegenstände (Objekte) zu behandeln.

[59] Dazu immer noch unübertroffen Kant, *Metaphysik der Sitten(MdS)*, 1797, AA VI, Einleitung in die Rechtslehre, § B.

[60] Im Vergleich mit seiner nachstehend in Erinnerung gerufenen Begründung erscheinen neuere Versuche, die Menschenwürde zu begreifen, zuweilen geradezu ratlos; für diesen Befund sei hier nur stellvertretend auf die von Carla de Pascale (in diesem Band) herangezogene, 2011 in Harvard erschienene Studie von Georg Kateb über *»Human Dignity«* verwiesen, in welcher die vermerkten Schwierigkeiten, den Begriff der Würde zu bestimmen, zu dem Vorschlag führt, die Würde als einen existenzbezogenen Wert anzusehen, der zur Identität einer Person als Mensch gehört und deren Verletzung bedeuten soll, daß diese Person als nicht-menschlich oder weniger menschlich, als eine Sache, ein Werkzeug oder als Untermenschen behandelt wird. – Gemessen an dieser eher diffusen »Bestimmung ex negativo« erscheint die ebenfalls an der Verletzung ansetzende »Objekt-Formel« des Bundesverfassungsgerichts (vgl. zu dieser den Beitrag von Kurt Seelmann in diesem Band) als ausgesprochen präzise.

[61] Vgl. dazu auch die Beiträge von Norbert Hinske, Christoph Enders und Thomas Vormbaum zu diesem Band. – Bei diesem Rekurs auf Kant geht es nicht etwa um die Bemühung eines prominenten Gewährsmannes für den Standpunkt eines strikten Folterverbots (so aber Reinhard Merkel, a. a. O. Fn. 9, S. 385/386: Kant als »Schwurzeuge für ein absolutes Verbot auch der Notwehrfolter), sondern um die Aufnahme eines wesentlichen, für viele: des überzeugendsten Beitrages zur Bestimmung des Begriffs der Menschenwürde, dem auch heute noch Maßgeblichkeit zukommt (so zutreffend Gerhard Luf, Menschenwürde als Rechtsbegriff, in: Michael Kahlo/Michael Köhler/Rainer Zaczyk (Hrsg.), *Festschrift für E. A. Wolff zum 70. Geburtstag*, Berlin usw. 1998, S. 307–323, bes. S. 308). Gerade an einer solchen Begriffsbestimmung mangelt es aber dem Gedankengang Merkels (vgl. dazu insbesondere S. 398ff. im Anschluss an die Nachfrage von Weyma Lübbe, was denn der Staat nach Art. 1 Abs. 1 GG keinesfalls bewirken dürfe), und nur deshalb kann er die nach dem Maßstab der Menschenwürde (also der strikten Anerkennung des Status als *Person* im Recht) schwerlich haltbare Behauptung aufstellen, eine – sei es auch schwerster – staatlicher sog. Rettungsfolter unterworfene Person werde dadurch (noch) nicht »zum bloßen Objekt der Verbrechensbekämpfung« gemacht, mag die Form dieses Zwangs noch so unzulässig sein, sondern vielmehr »als Subjekt einer zurechenbaren Unrechtstat … behandelt« (S. 387). Angesichts dessen verwundert es dann auch nicht, daß die zunächst prinzipiell ansetzenden Überlegungen Merkels am Ende in einen nur noch von Erwägungen

Nun habe ich diese Begründung bereits an anderer Stelle rekonstruiert, auf die hier deshalb zunächst hingewiesen werden soll.[62] Es mag an dieser Stelle aber doch daran erinnert werden, daß der *Begriff der Würde* in der kantischen Bestimmung mit dem gelebter (praktischer) Subjektivität originär und unauflöslich verbunden ist:[63] Der Mensch »hat« Würde, weil und insofern er als solcher durch das (selbst zu begreifende) *Vermögen zur Selbstbestimmung als Person* konstituiert und deswegen der gegenseitigen Anerkennung unaufhebbar würdig ist. Eben darin unterscheidet er sich in seiner Existenz als seiner selbst bewußter Repräsentant von praktischer Vernunft von bloßen Gegebenheiten (»Objekten«) in der Welt, wie sie lebendige oder anorganische Sachen darstellen; er ist ein durchaus endliches, aber nicht weniger das Unbedingte repräsentierendes Dasein, eben: »verkörpertes Freiheitsdasein«.[64]

»kluger und pragmatisch vernünftiger Rechtspolitik« geleiteten Ausblick münden (S. 402/403). Die zum Beschluß zu Recht von ihm hervorgehobenen »Fragen des individuellen Rechts« werden durch solche Erwägungen aber kaum begründet zu beantworten sein.

[62] Vgl. dazu nochmals meinen Beitrag »Die Aufklärung als ›Zeitenwende‹ und ihre Konsequenzen für die strafrechtliche Beurteilung staatlicher Folter«, a. a. O. Fn. 34, bes. S. 57 ff.

[63] An dieser Verknüpfung des Würdebegriffs mit *lebendiger* Subjektivität ist, wie hier am Rande vermerkt werden soll, auch abzulesen, wie irreführend die verbreitete Rede von der Menschenwürde im Zusammenhang mit (rechtlichen) Problemen der Sterbehilfe ist; um eine andere, nicht auf ein vermeintliches Recht auf einen »Tod in Würde« (was immer man sich darunter vorzustellen haben mag) gestützte Begründung der rechtlichen Grenzen zulässiger Sterbehilfe habe ich mich an anderer Stelle bemüht, vgl. Verf., Sterbehilfe und Menschenwürde, in: Georg Freund/Uwe Murmann (Hrsg.), *Grundlagen und Dogmatik des gesamten Strafrechtssystems. Festschrift für Wolfgang Frisch zum 70. Geburtstag*, Berlin 2013, S. 711 ff.; siehe auch schon ders., Paternalismus im deutschen Strafrecht der Sterbehilfe? – Überlegungen zur strafrechtlichen Beurteilung der aktiven indirekten Sterbehilfe, der sog. Hilfe zum Sterben und der passiven Sterbehilfe, in: Michael Anderheiden u. a. (Hrsg.), *Paternalismus und Recht. Gedächtnisschrift für Angela Augustin*, Tübingen 2006, S. 259 ff.

[64] Vgl. dazu unlängst die treffenden Überlegungen von Kenneth Westphal, Autonomie und Freiheit verkörperter Personen. Bemerkungen zu Hegel und den heutigen Lebenswissenschaften, in: Kurt Seelmann/Benno Zabel (Hrsg.), *Autonomie und Normativität. Zu Hegels Rechtsphilosophie*, Tübingen 2014. – Als solches läßt er sich aber insbesondere vom Boden der Behauptungen der neueren Lebenswissenschaften (»life sciences«), die seit geraumer Zeit so von sich Reden machen und darauf zielen, die menschliche Praxis als durchgängig durch kausalgesetzlich determiniert vorgestellte Vorgänge im Gehirn, also als Wirkungen hirnphysiologischer (biologischer) Prozesse, zu erklären, gerade nicht begreifen, weswegen der Begriff der Menschenwürde von diesem Boden nicht einmal zu *denken* ist. – Angesichts dessen sind die Auswirkungen dieser »sciences« auch auf die (Straf-)Rechtswissenschaft (vgl. dafür etwa die strafrechtphilosophische Untersuchung von Reinhard Merkel, *Willensfreiheit und rechtliche Schuld*, Baden-Baden 2008, sowie im Anschluss an diese Tatjana Hörnle, *Kriminalstrafe ohne Schuldvorwurf: Ein Plädoyer für Änderungen in der Verbrechenslehre*, Baden-Baden 2013) durchaus kritisch zu sehen; berechtigt daher die (von Hörnle freilich ignorierte) Kritik, die Rainer Zazcyk in seiner Rezension der Untersuchung von Merkel in *Goltdammer's Archiv für Strafrecht (GA) 2009, S. 371 ff.* vorgetragen hat.

2. Die Menschenwürde als Rechtsbegriff

Als Freiheitsdasein wird er aber dadurch verletzt, daß *Andere* ihn wie ein Objekt behandeln, ihn – in der unübertroffenen Formulierung *Kants* – zu einem »Gegenstand des Sachenrechts« herabwürdigen, »wowider ihn seine angeborne Persönlichkeit schützt«.[65] Mit diesem Schritt zum gegenseitigen (Interpersonal-)Verhältnis hin ist dann auch schon der *Rechtsbegriff der Menschenwürde* angesprochen, geht es im Recht doch nie allein um die praktische Selbstbestimmung des Einzelnen »für sich«, sondern um die gemeinsame Organisation von äußerer Selbständigkeit für selbstbestimmte Existenz.[66] Diese Aufgabe ist es also, die Recht als normative Ordnung überhaupt sowie konkrete Rechtsordnungen ausmacht und prägt.[67] Das Recht und seine Konkretisicrung zu einer bestimmten Ordnung ist so als eine Form der Organisation äußeren Freiheitsdaseins zu verstehen.

Ist dies aber richtig, dann ist es auch nur konsequent, die Freiheit der Person als (Rechts-)Subjekt und mit ihr deren unverlierbare Würde[68] als Grundkategorie rechtlicher Ordnung zu begreifen und zu etablieren.[69] In positiver

---

[65] Kant, *MdS*, AA VI, Allgemeine Anmerkung E. zum »Staatsrecht«.

[66] Eindrucksvoll unter Berücksichtigung auch der interkulturellen Perspektive unlängst nochmals herausgearbeitet von Rainer Zaczyk, *Selbstsein und Recht*, Frankfurt am Main 2014.

[67] Vgl. dazu nochmals Kant, a. a. O. Fn. 59, wo zur Bewältigung der Aufgabe, »Recht sowohl als Unrecht« zu erkennen, zwar primär auf die »bloße Vernunft« verwiesen, dieser Verweis aber mit dem Zusatz versehen wird, daß dabei die positiven Gesetze »vortrefflich zum Leitfaden dienen können«.

[68] Klärend zu diesem damit nochmals erinnerten Zusammenhang von Freiheit und Menschenwürde Enders, a. a. O. Fn. 56, S. 127ff., bes. S. 189ff. (beispielsweise S. 211: »Subjektivität und mit dieser die Menschenwürde«). – Ergänzend: Die Würde des Menschen als Person im Recht ist also nicht nur eine »regulative Idee« (wie Markus Krienke, in diesem Band, bei und in Fn. 75 unter mißverständlicher Bezugnahme auf Gerhard Luf ausführt), sondern eine fundamentale *Wirklichkeit*, so wahr es die Person vermag, ihre Freiheit handelnd in die Erfahrungswelt einzuzeichnen und so Spuren der praktischen Vernunft in der Welt zu hinterlassen, wie nicht zuletzt Gerhard Luf (a. a. O. Fn. 61) überzeugend herausgearbeitet hat: Es vermöge sich die menschliche Kausalität aus Freiheit »empirisch in zeichenhafter Weise zu vergegenwärtigen«, in Form nämlich eines empirischen Zeichens einer intelligibelen Ursache (S. 310), insofern der Mensch durch seine Praxis »in die sinnliche Natur, d. i. den Inbegriff der Erscheinungen nach Gesetzen, das Sittengesetz ... einarbeitet« (S. 312/313 unter zutreffendem Verweis auf Friedrich Kaulbach, *Immanuel Kant*, 2. Auflage, Berlin/New York 1982, S. 224), indem er »ein kategoriales Anerkennungsverhältnis gleicher und freier Vernunftpersonen« etabliert und repräsentiert (S. 311 unten); die Anwendung der praktischen Vernunftperspektive, also des Freiheitsgesetzes, auf die Erfahrungswelt erfolge dabei »im Rahmen einer ›Typik der reinen praktischen Urteilskraft‹, und zwar »in analogisch-symbolischer Form über den Begriff der allgemeinen Gesetzlichkeit, die dem Natur- und dem Freiheitsgesetz gemeinsam ist« (S. 315/316).

[69] Vgl. allerdings dazu, daß dies für die Verfassung der Republik Italien so nicht zutrifft, nochmals den Beitrag von Paolo Becchi, in diesem Band.

Hinsicht wird dies dann primär und fundamental durch Grundrechte geschehen, die der Person im Recht als gegenseitigem Verhältnis den Raum für die Betätigung ihrer Freiheit als Selbstbestimmung (Autonomie) garantieren sollen. Daraus folgt aber auch, daß *Handlungen*, die diesen grundrechtlich geschützten Status und mit ihm auch diese Autonomie *schlechthin* in Frage stellen (»negieren«), Angriffe auf die Menschenwürde der Person darstellen, wenn und insofern sie den Einzelnen zum »bloßen Objekt« für eigene Zwecke machen.[70]

3. Menschenwürde und Strafrecht

Solche Handlungen, welche die Autonomie und mit ihr auch die Würde der Person angreifen und verletzen, werden nun freilich typischerweise nicht durch staatliche Akteure verwirklicht, sondern durch Straftaten von Privatpersonen. So wahr solche Taten nämlich dadurch gekennzeichnet sind, daß die Täterperson den Anderen (das Opfer) nicht als gleichbedeutsam-selbstbestimmtes Dasein anerkennt, sondern sich diesem durch den eigenmächtig, in besonders verwerflicher Weise handelnden (eigen- oder fremdnützigen) Zugriff auf existentielle Bedingungen von dessen rechtlichem Freiheitsdasein (Strafrechtsgut) überordnet, behandelt die Person des Täters oder der Täterin das Tatopfer als *bloßes* Objekt für eigene Zwecke. Und insofern der Staat solches Verhalten strafbewehrt verbietet (inkriminiert), ist legitimes Strafrecht so notwendig Freiheitsdaseinsschutz und eben dadurch Menschenwürde-

---

[70] In der bekanntlich Günter Dürig zugeschriebenen, auch vom Bundesverfassungsgericht vielfach verwendeten *Objekt-Formel* (vgl. BVerfGE 27, 1, 6 – »Mikrozensus«; 45, 187, 220ff. – »Lebenslange Freiheitsstrafe«; 96, 375, 399 – »Kind als Schaden«; sowie zuletzt 115, 118ff. – »Flugzeugabschuss«) wird so der *Rechtsbegriff der Menschenwürde für intersubjektive Praxis ex negativo* konturiert; vgl. dazu nochmals Enders, a. a. O. Fn. 56, S. 20ff. – Abweichend davon hat Eric Hilgendorf im Rahmen seiner Kritik des mit der Objekt-Formel nicht selten verbundenen Instrumentalisierungsgedankens (Instrumentalisierungsverbot und Ensembletheorie der Menschenwürde, in: Urs K. Kindhäuser u. a. (Hrsg.), *Strafrechtswissenschaft als Analyse und Konstruktion. Festschrift für Ingeborg Puppe zum 70. Geburtstag*, Berlin 2011, S. 1653ff.) die Auffassung vertreten, es seien »Menschenwürdeverletzungen ohne verletzende Akteure« denkbar (a. a. O., S. 1659); da er im Rahmen der von ihm vorgetragenen »Ensembletheorie der Menschenwürde« diese jedoch bestimmt als »ein Ensemble von grundlegenden subjektiven Rechten« (a. a. O., S. 1665f.), welche die »Autonomie bzw. Autonomiefähigkeit (des Menschen) zu schützen bestimmt sind«, so dass »eine Menschenwürdeverletzung … dann die Verletzung (mindestens) eines dieser Rechte« sei, bleibt unklar, wie ein Naturereignis oder ein Roboter (vgl. dazu die Beispiele a. a. O., S. 1658/1659; die Beschreibung des Roboters als »autonom agierend« mag dabei einen lapsus linguae darstellen) eine *Rechtsverletzung* sollen begehen können (ohne darüber in mittelalterliche Vorstellungen zurückzufallen). – Kritisch zur Tragfähigkeit des Instrumentalisierungsgedankens auch Markus Rothaar, Der Grundsatz der Menschenwürde und das Problem des »Zwecks an sich«, in: *Archiv für Rechts- und Sozialphilosophie (ARSP)*, Band 94, Wiesbaden 2008, S. 421–433, bes. S. 431f.

schutz.[71] Liegen freilich besondere Erlaubnisnormen vor, welche den Angriff auf die fremde Freiheit ausnahmsweise erlauben (Rechtfertigungsgründe), stellt die fragliche Eingriffshandlung »unter dem Strich« weder eine Freiheits- noch eine Würdeverletzung dar, sondern sie ist vielmehr als Ausdruck jenes zweitstufigen Rechtsprinzips zu beurteilen, das die Rechtfertigungsgründe grundlegend bestimmt und formt, von dem aus diese deshalb auch zu systematisieren sind: des Prinzips rechtsvernünftiger (Selbst-)Einschränkung der je besonderen Freiheit (des den Eingriff duldenden) zur allgemeingesetzlichen *(inter-)personalen Freiheitsverwirklichung*.[72]

In diesem Sinn lässt sich ein Handeln dann aber nicht mehr verstehen, wenn es – wie die an festgehaltenen Personen ausgeübten Akte seelischer oder körperlicher Mißhandlung (Art. 104 Abs. 1 S. 2 GG) – durch Amtsträger (hier: Polizisten), also Repräsentanten des faktisch übermächtigen (»Leviathan«), und dabei doch für das Recht der Freiheit stehenden Staates (res publica), unter Ausschluss der Öffentlichkeit, nämlich im besonderen (polizeilichen) Gewaltverhältnis, verwirklicht wird und darauf zielt, die festgehaltene Person dadurch zu einer Reaktion (Erklärung, Aussage) zu motivieren, daß diese auf einen bloßen Ursache-Wirkungs-Mechanismus (ein »Schmerzensbündel«) reduziert wird. Denn eine intensivere Entpersonalisierung – zumal verübt durch eine Handlung, die als ein hoheitlicher Akt in ganz besonderem Maß mit dem Anspruch auftritt, Ausdruck eines allgemeinen Gesetzes zu sein – ist nicht mehr vorstellbar.[73] Und eben darin liegt der *Grund der Unbedingtheit des staatlichen Folterverbots*.[74] Gerade weil es der Staat selbst ist,

---

[71] Treffend zu diesem Zusammenhang auch Klesczewski, a. a. O. Fn. 33, § 1Rn. 1: »Recht lässt sich danach, in Anlehnung an Kant, kennzeichnen als gemeinverträgliche Ordnung zwischenmenschlicher Freiheitsausübung. Diese Rechtsordnung wird nun nicht beiläufig, sondern schlechthin in Mitleidenschaft gezogen, wo der eine dem anderen durch einen bewußt eigenmächtigen Angriff auf dessen Rechtsgüter seinen Willen aufzwingt ... Hierdurch ist nicht nur das Opfer in seinem elementaren Selbstwert als Rechtssubjekt betroffen, hierdurch ist auch unser auf die Menschenwürde verpflichtetes Gemeinwesen aufgerufen, sich schützend vor das Opfer zu stellen, Art. 1 Abs. 1 2 GG.«

[72] Grundlegend zu diesem Prinzip Michael Köhler, a. a. O. Fn. 39, Kapitel 5: Rechtswidrigkeit und Rechtfertigung tatbestandsmäßigen Handelns, S. 235 ff. (kursiv nicht im Original).

[73] Unrealistisch und verfehlt deswegen die Behauptung von Dieter Birnbacher, der Gefolterte behalte »die Freiheit, sich durch Preisgabe der zur Rettung erforderlichen Informationen jederzeit – nicht nur im Vorfeld, sondern *auch während der Prozedur* – zu entziehen« (so ders., Ethisch ja, rechtlich nein – ein fauler Kompromiß? Ein Kommentar zu R. Trapp, in: Wolfgang Lenzen (Hrsg.), *Ist Folter erlaubt? Juristische und philosophische Aspekte*, Paderborn 2006, S. 135 ff., bes. S. 140/141; kursiv nicht im Original). Jedenfalls für die Situation »während der Prozedur« wäre erklärungsbedürftig, was man sich unter der Freiheit des Gefolterten vorstellen soll.

[74] Nahestehend Christoph Enders, Die Würde des Rechtsstaats liegt in der Würde des Menschen – Das absolute Verbot staatlicher Folter, in: Peter Nitschke (Hrsg.), *Rettungsfolter im modernen*

der die Organisation mitpersonalen äußeren Freiheitsdaseins repräsentiert[75], erwiese sich staatliches Folterhandeln als fundamental selbstwidersprüchlich, d. h. es würde der Staat durch solches Handeln sich selbst und mit ihm äußeres Freiheitsdasein überhaupt negieren.

Und dies gilt nicht nur für gewaltförmiges Handeln, sondern auch für die *Drohung mit Gewalt*, macht solches Drohen doch nur Sinn, wenn es von Anfang an mit der Aussicht auf die Verwirklichung des Angedrohten verbunden ist[76] und deshalb einer eigenen Dynamik unterliegt.

So zeigt sich denn am Ende unseres Gedankengangs, daß das angesichts seiner äußerst milden Rechtsfolgenentscheidung eher »symbolische Strafurteil« des Landgerichts Frankfurt am Main nicht überzeugt. Dies ändert aber nichts daran, daß der Entscheidung das Verdienst zukommt, die strikte Geltung des Verbots staatlicher Folter rechtskräftig festgestellt zu haben – ein Verdienst, das angesichts der (auch strafrechtswissenschaftlichen) Folgediskussion um die Absolutheit des Verbots staatlichen Folterhandelns nicht hoch genug eingeschätzt werden kann. Es steht daher zu hoffen, daß dieses Urteil eben deshalb »in die Strafrechtsgeschichte eingehen wird«.[77]

V. Fazit

Zusammenfassend läßt sich somit festhalten:

Die Menschenwürde ist in der deutschen Verfassung durch Art. 1 GG gegen jeglichen staatlichen Angriff absolut, d. h. einschränkungslos geschützt.

Dieser unbedingte Schutz der Menschenwürde hat in Art. 104 Abs. 1 S. 2 GG eine zusätzliche, spezielle Ausprägung zum Zweck des strikten Aus-

---

Rechtsstaat? Eine Verortung, 2005, Rn. 133 ff.; siehe auch Heiner Bielefeldts Essay *Menschenwürde und Folterverbot*, Berlin 2007, in dem herausgearbeitet wird, daß die Menschenwürde »den Status einer unhintergehbaren Prämisse rechtlichen Denkens und Argumentierens überhaupt« habe und »als Anspruch wechselseitiger Respektierung der Menschen als Rechtssubjekte ... das Apriori der Rechtsgemeinschaft und des Rechtsstaates« bilde (S. 9); sowie Stephan Stübinger, Zur Diskussion um die Folter, in: Institut für Kriminalwissenschaften und Rechtsphilosophie Frankfurt a. M. (Hrsg.), *Jenseits des rechtsstaatlichen Strafrechts*, Frankfurt am Main 2007, S. 277 ff. und den Beitrag desselben zu diesem Band.

[75] Nicht zufällig spricht deshalb Kant (*MdS*, AA VI, Rechtslehre, Staatsrecht, § 47) hinsichtlich der drei Staatsgewalten von »Würden« – ein Prädikat, das diese nur insofern und deshalb verdienen, weil sie die *Autonomie des Staates* ausmachen, sich selbst nach Freiheitsgesetzen zu bilden und zu erhalten, und zwar durch das permanente Streben nach dem »Zustand der größten Übereinstimmung der Verfassung mit Rechtsprinzipien« (a. a. O. § 49 a. E.).

[76] So zutreffend auch Roxin, a. a. O. Fn. 10, S. 464. – Dies spricht auch gegen den Vorschlag von Herzberg (a. a. O. Fn. 23), den Folterbegriff einzuschränken, und die in mancher Hinsicht ähnlichen Erwägungen von Eser (a. a. O. Fn. 20).

[77] So die Formulierung von Roxin, a. a. O. Fn. 10, S. 471 a. E.

schlusses jedweder Form staatlicher Folter erhalten. Staatliches Folterhandeln ist daher – auch in der Form der sog. Rettungsfolter – unbedingt verboten, wie nicht zuletzt durch die »abwägungsfeste« Regelung der Art. 3, 15 Abs. 2 EMRK positivrechtlich bestätigt wird.

Die für die deutsche (straf-)rechtswissenschaftliche Diskussion zunehmend festzustellenden Versuche, das unbedingte Verbot staatlicher Folter für solche Handlungen zu relativieren, die zu dem Endzweck erhoffter Abwendung von Lebensgefahr für Dritte vorgenommen werden[78], sind deshalb unbegründet. Und dies auch deswegen, weil sie durchweg verkennen, daß der genannte Zweck nur über das objektiv-ex ante generell unsichere Nahziel realisierbar wäre, die gefolterte Person zum (wahrheitsgemäßen) Sprechen zu bringen.[79] – Damit scheidet zugleich die Möglichkeit einer gesetzlichen (»positiven«) Ausnahmeregelung für staatliche Rettungsfolter – sei es in Form einschlägiger Regelungen im Polizeirecht, sei es in Form einer Ergänzung des § 32 StGB – aus.[80]

Die festgestellte absolute Garantie der Menschenwürde läßt sich in Deutschland rechtshistorisch zunächst auf die besonderen Erfahrungen mit staatlicher Willkür während des nationalsozialistischen Regimes zurückführen, ist dadurch allein jedoch nicht zureichend begründbar. Vielmehr bedarf es einer Argumentation, die den Zusammenhang der Menschenwürde mit der Autonomie der Subjektivität aufnimmt, von dieser Basis aus die Menschenwürde (auch) als Rechtsbegriff bestimmt und so mit der Staatstheorie verbindet, das dessen auch für verfaßte Rechtsstaatlichkeit fundamentale Bedeutung unverlierbar festgehalten wird.

Amtsträger, die durch ihr hoheitliches Handeln – sei es auch mit der Intention, Menschenleben zu retten – das strikte Verbot staatlicher Folter mißachten, sind bei Verwirklichung der einschlägigen Straftatbestände (insbesondere der §§ 223 ff., 240 Abs. 1, 2 und 4 Nr. 3, 343 und 357 StGB) folglich regelmäßig nicht nur »symbolisch«, sondern tatangemessen zu bestrafen.

---

[78] Vgl. dazu nochmals Heiner Bielefeldt, a. a. O. Fn. 74, S. 5: die Vertreter dieser Ansicht seien »schon lange keine kleine Minderheit mehr«; näher zu dieser Ansicht und deren Kritik a. a. O., S. 11–14 unter Ziffer III.

[79] Vgl. dazu nochmals oben, bei und in Fn. 42.

[80] Vgl. dazu nochmals oben, bei und in Fn. 33.

Benno Zabel

IM SCHATTEN DER FOLTER

Zum Verhältnis von Recht, Gewalt und Wahrheit in der Entwicklung des Strafrechts

I. Vorüberlegungen

Die Debatte um die ausnahmsweise Rechtfertigung oder generelle Ächtung der Folter ist ohne die Rezeption aufklärerischen Denkens nicht zu verstehen. Rezeption begründet Kontinuitäten, sorgt für Identitätsstiftung und ermöglicht kohärente Deutungsmuster. Das schlägt sich auch im gängigen Narrativ wider. Aufklärerisches Denken, so heißt es, hat nicht nur die theoretischen Auseinandersetzungen dieser Epoche beeinflusst, sondern kennzeichnet auch die rationale und wohlfahrtsökonomische Verwaltung der Gesellschaft bis heute.[1] Diese Idee der Aufklärung wird zum großen Versprechen einer souveränen praktischen Vernunft. Eingelöst werden soll es durch das normative Kalkül eines Rechtsbegriffs, der sich im Verlaufe des 18. und frühen 19. Jahrhunderts herausbildet und unmissverständlich auf die Selbstverantwortung der handelnden Akteure und deren Rechtspersonenqualität Bezug nimmt.[2] Als Leitkategorien dieser Entwicklung gelten nunmehr Freiheit, Eigentum und Vertrag, die einerseits im Gefüge einer »gerechten Ordnung« platziert werden; andererseits über die philosophischen Positionen eines John Locke und Jean Jacques Rousseau, Immanuel Kant oder Benjamin Constant,[3] Eingang in Politik und Staatslehre, vor allem aber in die mutig aufstrebenden

---

[1] Vgl. etwa W. Schneiders, Das Zeitalter der Aufklärung, 2. Aufl. 2001; darüber hinaus M. Cattaneo, Aufklärung und Strafrecht, 1998; W. Naucke, Über die Zerbrechlichkeit des rechtsstaatlichen Strafrechts, 2000 und P. Prodi, Eine Geschichte der Gerechtigkeit. Vom Recht Gottes zum modernen Rechtsstaat, 2. Aufl. 2005.

[2] Dazu nur G. Luf, Freiheit und Gleichheit, 1978 und P. Grossi, Das Recht in der europäischen Geschichte, 2000.

[3] J. Locke, Two Treatise of Government, 1698; J.J. Rousseau, Contrat Social, 1762; I. Kant, Grundlegung der Metaphysik der Sitten, 1785; ders., Metaphysik der Sitten, 1797 und B. Constant, De la liberté chez les moderne. Écrits politique, 1819/1980; zu den Hintergründen dieser Entwicklung bereits E. Cassirer, Philosophie der Aufklärung, 1932; zur damit einhergehenden, durchaus kontroversen Freiheitssemantik J. Berlin, Two Concepts of Liberty, in: ders., Four Essays on Liberty, 1969, pp. 118–172.

Einzelwissenschaften finden.[4] Der »alten Metaphysik« wird nun ebenso der Kampf angesagt wie einer entmündigenden Religion oder transzendenten Rechtsbegründungen.[5] Im Gegenzug mobilisiert die »Befreiung« des Menschen zum Bürger neue Vorstellungen von Individualität, Individualismus und subjektiven Rechten. Wegweisend werden hier so unterschiedliche Engagements wie die Paul Anselm Feuerbachs, Cesare Beccarias, John Stuart Mills oder Wilhelm v. Humboldts.[6] Das Projekt dieses Bewusstseinswandels kristallisiert schließlich in der Anerkennung eines allgemein verbürgten oder jedenfalls geforderten Würdeanspruchs: Weshalb die rechtlich-juristischen Handlungsspielräume in der Weise einzurichten seien, dass der Einzelne, so der zum Gemeingut avancierende Imperativ Kants, jederzeit zugleich als Zweck, aber niemals bloß als Mittel – als Objekt – gebraucht werde.[7] Die Folter als Disziplinar-, Straf- und Beweisinstrument, wie sie der gemeinrechtliche Inquisitionsprozess kannte, ließ sich mit diesem Projekt nicht vereinbaren, ihre Abschaffung schien deshalb nur folgerichtig.

Es ist dieses Verständnis der Ideen- als rechtlicher Emanzipationsgeschichte, das heute, wenn auch mit unterschiedlichen Gewichtungen, als (idealtypische) Legitimationsgrundlage funktionierender Verfassungsstaaten dient.[8] Indes, wir müssen vorliegend nicht auf den Erklärungswert so genannter Dialektiken – der Aufklärung, der Vernunft, des Rechts – eingehen, um gleichwohl zu sehen, dass die Realentwicklungen und die damit verbundenen Überzeugungen immer zwei Seiten haben.[9] Das zeigt sich nicht nur im aufklärerischen Anliegen selbst, sondern auch in den konkreten politischen, moralischen und rechtlichen Konsequenzen. Namentlich die strafrechtsgeschichtliche Forschung der letzten Jahre hat auf die hochkomplexen Transformationsprozesse aufmerksam gemacht und dabei eine »Geschichte der Folter

---

[4] Analysen dazu finden sich bei K. Bayertz, Weltanschauung, Philosophie und Naturwissenschaft, 3 Bde. 2007; D. Klippel, Naturrecht und Rechtsphilosophie, 2012; B. Plé, Die ›Welt‹ aus den Wissenschaften, 1996; H. Schnädelbach, Philosophie in Deutschland, 1831–1933, 1983 und J. Stolzenberg (Hrsg.), Philosophie und Wissenschaft, 2012.

[5] Wobei die Einschätzungen darüber, was die Stelle der »alten Metaphysik« usw. einnehmen sollte, schon damals sehr weit auseinander gingen, vgl. nur F. W. G. Hegels, Enzyklopädie der philosophischen Wissenschaften, 1830; A. Comtes, Discours sur l'esprit positif, 1842 und K. Marx', Deutsche Ideologie, 1844; zum Abschied von den so genannten »großen Erzählungen« als Paradigma der Moderne prononciert J.F. Lytoard, La condition postmoderne, 1979/1986.

[6] Siehe P.J. A. Feuerbach, Anti-Hobbes oder über die Grenzen der höchsten Gewalt und das Zwangsrecht der Bürger gegen den Oberherrn, 1797; J.S. Mill, On Liberty, 1859; C. Beccaria, Über Verbrechen und Strafen, 1998 (Dei delitti e delle pene, 1764/1766) und W. v. Humboldt, Ideen zu einem Versuch, die Grenzen der Wirksamkeit des Staates zu bestimmen, 1792/1851.

[7] I. Kant, Grundlegung der Metaphysik der Sitten, AA IV, 1785, S. 429.

[8] Statt vieler E.-W. Böckenförde, Der säkularisierte Staat, 2006; ders., Recht, Staat, Freiheit, 2006.

[9] Prominent T.W. Adorno/M. Horkheimer, Dialektik der Aufklärung, 1944/1947.

nach ihrer Abschaffung« rekonstruieren können.[10] Wir wollen an diesen Einsichten anknüpfen. Allerdings wird sich unser Erkenntnisinteresse nicht auf den »Abschaffungsdiskurs« des 18. und 19. Jahrhunderts beschränken. Eher wird es uns darum gehen, die Brüche und Kontinuitäten offen zu legen, die sich in den Gewährleistungsformen des Rechtsstaats bis in die Gegenwart fortschreiben. Leitend wird für uns der Aspekt der strafrechtlichen Wissens- und Wahrheitskontrolle sein, war sie doch der zentrale Bezugspunkt der Geständnisfolter. Welche legitimatorische Bedeutung die Neuordnung dieser Praxis hat, wird – so unsere These – nur dann nachvollziehbar, wenn man das Spannungsfeld reflektiert, in dem sich das Recht im Zuge seiner »Modernisierung« bewegt (hat). Einsetzen werden wir mit einer Skizze zum Verhältnis von Recht und Gewalt im Zuge der Abschaffung staatlich veranlasster Folter. Hier interessiert uns besonders die normative Kopplung von Subjektivität und hoheitlichem Zwang. Warum diese Kopplung überhaupt zum Problem wird, können wir nur durch einen Blick auf die »Körpergeschichte« des Strafrechts verständlich machen (2.). Die Kopplung von Subjektivität und Zwang ist bis heute mit einem Organisationsprinzip des modernen Staates, dem Sicherheitsgewährleistungsanspruch, verbunden. Es wird zu zeigen sein, dass dieses Organisationsprinzip nicht nur die Rationalitätsstandards des reformierten Verfahrens mobilisiert, sondern zugleich neue Aporien begründet hat (3.). Für das Strafrecht bedeutet das keine Wiederkehr der Geständnisfolter. Es bedeutet aber, dass sich Recht und Staat auf andere (körpergelöste) Techniken verlegt haben, um Wissen zu erlangen und Wahrheit zu erforschen. Das Rechtssubjekt wird auf diese Weise nicht nur mit einem neuen Ordnungsregime, sondern auch mit neuen Gefahren für seinen Rechtstatus konfrontiert. (4.). Es ist diese Verletzbarkeit und Verletzlichkeit des Subjekts, die bei allen Unterschieden der Epochen das unaufhebbare Dilemma des (Straf-)Rechts hervorhebt, gleichermaßen Freiheit und Zwang zu sein (5.).

II. Recht und Gewalt

1. Zur Politik und Dynamik des Zwangs

Was Recht von nackter Gewalt, legitimen Zwang von purer Machtausübung unterscheidet, bestimmen Gesellschaften oder ganze Epochen durch ein Ensemble von informellen und institutionalisierten Praktiken, von Lebens-, Denk- und Wissensformen – *représentations collectives*, wie sie Durkheim nannte – und den darin zum Vorschein kommenden normativen Standards.

[10] Dazu jüngst K. Altenhain/N. Willenberg (Hrsg.), Die Geschichte der Folter nach ihrer Abschaffung, 2011.

Auch deshalb sind Rechtskulturen veränderlich, können regressiv oder integrativ wirken. Die Transformationsprozesse des Strafrechts seit der zweiten Hälfte des 18. Jahrhunderts sind in erster Linie als Kompensationsprozesse zu verstehen. Sie betreffen die Funktionen des Zwangs ebenso wie die Inszenierungen der Körper-Person. Sie zielen aber vor allem auf die Stabilität der geltenden Ordnung, die sich, wie Hegel als erster klar gesehen hat, von einer stratifikatorischen in eine dynamische zu wandeln beginnt.[11] Die Peinliche Gerichtsbarkeit, so wie sie aus den Herrschaftskonstellationen des westfälischen Staates hervorgegangen war, sah sich immer seltener in der Lage, den damit einhergehenden Ausdifferenzierungen der Gesellschaft, den Bedürfnissen der Akteure, aber auch den alten und neuen Kriminalitätsformen, angemessen Rechnung zu tragen.[12] Im Mittelpunkt der Debatte standen fortlaufend zu bewältigende Dysfunktionalitäten, etwa bei der Anwendung der Tortur, und – damit verbunden – Fragen der allgemeinen Akzeptanz des Verfahrensrechts.[13] Um die Hintergründe der Entwicklung richtig erfassen zu können, müssen wir das Kalkül der prozessualen Entscheidungslogik, d. h. das Beweisregime des gemeinrechtlichen Inquisitionsprozesses, kurz in Erinnerung rufen. Dieses Regime hatte sich in der Spruchpraxis der vormodernen Strafjustiz zu einem Konglomerat aus streng formalen und funktional-pragmatischen Strategien der Konflikterledigung entwickelt.[14] Den normativen Bezugspunkt bildete bis Ende des 18. Jahrhunderts die Peinliche Halsgerichtsordnung Kaiser Karls des V. von 1532 (PGO) – die *Carolina* – und der dort statuierte Wahrheits- bzw. Schuldnachweis.[15] Dementsprechend war zur Verhängung der gesetzlich vorgesehenen Strafe, der poena ordinaria, eine plena probatio, d. h. ein Vollbeweis erforderlich. Dieser ergab sich aus dem Vorbringen zwei Wissenszeugen – in der Regel Augenzeugen der Tat. Soweit

[11] G. W. F. Hegel, Grundlinien der Philosophie des Rechts, 1820/1821, §§ 182ff.; eine moderne soziologische Analyse findet sich bei N. Luhmann, Gesellschaftsstruktur und Semantik, Bd. 3, 1989, S. 149ff.; vgl. aber auch E. Durkheim, Über soziale Arbeitsteilung. Studie über die Organisation höherer Gesellschaften, 1893/1992 und M. Weber, Die protestantische Ethik, 1920, 8. Aufl. 1988.

[12] Dazu nur A. Ignor, Geschichte des Strafprozesses in Deutschland, 2002, S. 147ff.; K. Härter, in: A, Blauert/G. Schwerhoff (Hrsg.), Kriminalitätsgeschichte, 2000, S. 459ff.

[13] Zur Kontroverse um das Beweisrecht im Ancien Régime M. Schmoeckel, Humanität und Staatsraison, 2000, S. 187ff.; kultur- und sozialgeschichtlich B. Zabel, Rechtsgewährleistung, 2012, S. 50ff.

[14] Zum Beweisrecht des gemeinrechtlichen Inquisitionsprozesses etwa K.A. Hall, Die Lehre vom corpus delicti, 1933; A. Ignor (wie Anm. 12), S. 60ff. und öfter; G. Jerouschek GA 1992, S. 493ff.; M. Schmoeckel (wie Anm. 12), S. 187ff.; F. Schaffstein ZStW 101 (1989), S. 493ff. und L. Schulz, Normiertes Misstrauen, 2000, S. 177ff.

[15] Zur *Carolina* und deren Bedeutung für die Professionalisierung der Peinlichen Gerichtsbarkeit vgl. hier nur W. Trusen, in: P. Landau/F.C Schroeder (Hrsg.), Strafrecht, Strafprozess und Rezeption, 1984, S. 29ff.

auf dieses Zeugnis nicht zurückgegriffen werden konnte, war aber alternativ auch noch ein anderer Weg möglich. Sprachen nämlich starke Verdachtsmomente für eine Täterschaft, etwa in Gestalt eines Augenzeugen oder von beglaubigten Indizien (§ 23 PGO), so galt das als Halbbeweisung – semiplena probatio –, die jedoch bei Vorliegen eines Geständnisses zu einem Vollbeweis erstarkte und so ebenfalls die Verurteilung zu einer ordentlichen Strafe ermöglichte. Genau hier liegt der erste Knackpunkt unserer Problemstellung. Denn war ein in diesem Sinne freiwilliges Tateingeständnis nicht zu erreichen, durfte – ausnahmsweise und als Notbehelf – die Tortur zur Aussageerzwingung einsetzt werden.[16] Freilich kannte bereits die *Carolina* Ausnahmen von dieser förmlichen Beweis- und Verfahrenspraxis. Etwa dann, wenn es um die Aufdeckung von Tatumständen ging, die nicht unmittelbar den Verbrecher (Missetäter), sondern mutmaßliche Komplizen, Unterstützer etc. betraf.

Insofern betonte die Gerichtordnung, dass ein Verbrecher »der in seiner missethat helffer gehabt«, den jemand zu »verreterey« oder »vergifftung« angestiftet oder sich der Zauberei und Brandstiftung schuldig gemacht habe, auch im Wege der Tortur darüber befragt werden könne, »wer jn darzu bestelt ... wer jm darzu geholffen, oder geraten habe«.[17] Aber nicht nur hinsichtlich des Ob der Tatumstände, sondern auch des Wie der konkreten Wissensermittlung – des Torturmaßes – sah die Gerichtsordnung bereits einen eigenverantwortlichen, also flexibilisierten Handlungsspielraum des Richters vor. So normierte § 58 PGO, der Richter solle das Torturmaß »nach gelegenheyt des argkwons der person ... nach ermessung eyns guten vernünfftigen Richters, fürgenommen werden«.[18] Dem Richter wurden damit erhebliche Kompetenzen abverlangt; war doch die Abwägung zwischen der jeweiligen Verdachtsschwere und der notwendigen Zwangsreaktion – die, je nach Beweislage, zugleich eine Kriminalstrafe sein konnte – zentraler Bestandteil einer respektierten Gerichtsbarkeit.

Diese, wenn auch vorsichtige Dynamik im Umgang mit Kriminalität, Delinquenten und Verdacht sollte nicht übersehen werden, wenn man die Beweiskultur, insbesondere die Ausdifferenzierung der Zwangs- und Körpertechniken im Rahmen des Inquisitionsprozesses verstehen will.[19] Die

---

[16] Zur (Rechts-)Geschichte und Einordnung der Geständnisfolter in die zeit- und kulturbedingten Kontexte etwa W. Schild, in: P. Nitschke (Hrsg.), Rettungsfolter im modernen Rechtsstaat?,2005, S. 69 ff.; J. Langbein, Torture and the Law of Proof, 1977; M. Schmoeckel (wie Anm. 12), S. 237 ff.; G. Schwerhoff, Inquisition, 3. Aufl. 2011 und R. Zagolla, Im Namen der Wahrheit, 2006; klassisch C. Thomasius, Über die Folter, 1705/1960 (ed. R. Lieberwirth). Speziell zu den Hexenprozessen siehe W. Behringer, Hexen- und Hexenprozesse in Deutschland, 2. Aufl. 1998.

[17] Vgl. die §§ 49, 50, 51 und 52 PGO.

[18] Im Übrigen musste entsprechend § 7 PGO Rat gesucht werden.

[19] Siehe nur I. Ignor (wie Anm. 12), S. 83 ff.; zum Körperregime sogleich.

angesprochene Dynamik des Verfahrens ist gleichermaßen Signatur und Einbruchstelle dessen, was wir als politischen Gestaltungswillen der Obrigkeiten und Autoritäten bezeichnen können. Von der »guten Ordnung und Policey« des Hochmittelalters bis hin zur Staatsverwaltung in der Vor- und Frühmoderne kommt so der Einfluss hoheitlicher Sicherheits- und Rechtsdurchsetzungsinteressen gerade im Inquisitionsprozess zur Geltung. Der (duale) Inquisitionsprozess des 18. Jahrhunderts, mit seiner Verschränkung policeylicher und justizieller Elemente ist damit einerseits Ergebnis der sich neu formierenden Gesellschaft, andererseits wirkt er massiv auf und in diese hinein. Der ordnungspolitische Gestaltungswille der Herrschaftseliten hatte eine komplexe Erwartungs- und Funktionslogik installiert, die durch Kriminaljustiz und Gerichtsbarkeit beständig umgesetzt und aktualisiert werden musste. Dazu gehörte etwa die Realisierung utilitaristischer Zwecke, also eines umfassenden, spezial- und generalpräventiven Abschreckungsprogramms, die Einführung und Ausdifferenzierung flexibel handhabbarer Deliktstypen durch eine ausgreifende Policeygesetzgebung, die Ergänzung des bestehenden Strafensystem durch außerordentliche, arbiträre Sanktionen, vor allem durch Zuchthaus, Arbeitsstrafen oder Landesverweisung sowie die zunehmende Inanspruchnahme des Inquisitionsstrafrechts zum Zweck der sozialen Disziplinierung und Informationsbeschaffung, so bei der Erforschung schwer zu kontrollierender krimineller Milieus und *dangerous groups*.[20] Dieser Funktionslogik entsprechen Form und Struktur des Verfahrens, die später die Kritik der Reformbewegung auf sich ziehen und bis in die Gegenwart hinein die Kontrastfolie für das aufgeklärt-moderne Strafrecht abgeben werden.[21] Organisatorisch unterschieden waren demnach ein lokales Ermittlungs- und ein zentralisiertes Entscheidungsverfahren. Für die Erforschung der Tat und ihrer Umstände war das lokale Ermittlungsverfahren zuständig. Verhör und Untersuchungshaft rechtfertigten sich durch die »unbedingte« Wahrheitsorientierung des Rechts – die zugleich eine Sicherheitsorientierung war –, was, im Gegenzug, die zwangsbewehrte Aussagepflicht des Inquisiten einschließen musste.[22]

Herausgebildet hatte sich so bereits im Ancien Régime eine *Politik des Zwangs*, die neben der Geständnisfolter, weitere Formen der Wissens- und Informationsbeschaffung professionalisierte. Das betrifft zum einen die so genannte Ermittlungsfolter, deren Aufgabe darin bestand, die zwangsweise

[20] K. Härter, in: K. Altenhain/N. Willenberg (wie Anm. 10), S. 83 ff.

[21] Stellvertretend für dieses Rezeptions- und Deutungsmuster Eb. Schmidt, Einführung in die Geschichte der deutschen Strafrechtspflege, 3. Aufl. 1995, S. 179 ff.

[22] Zu dieser Funktionslogik etwa J. Langbein, zugleich mit Hinweis auf die frühzeitigen Wandlungsprozesse (wie Anm. 16), pp. 3 et seq. und W. Sellert, in: N. Achterberg (Hrsg.), Festschrift für H.-H. Scupin, 1983, S. 161 ff.

Sicherung von Tat- oder Gefahrenwissen zu gewährleisten. Und es betrifft zum anderen die Straf- bzw. Abschreckungsfolter, die einen pragmatischen und informalisierten Umgang mit zunehmender Massen-, Armuts- und politischer Kriminalität gestattete, indem sie bei verdächtigen und auch geständigen Inquisiten die Entbindung von der Instanz ohne »Freispruch«, d. h. eine Verdachtsstrafe, oder die entsprechende Einwirkung auf bestimmte »Tätertypen« ermöglichte.[23]

2. Legitimationsdiskurse

Vor diesem sozial- und strafrechtsgeschichtlichen Hintergrund kann auch die These von der zunehmenden Bedeutungslosigkeit, der Abschaffung oder Ächtung der Folter im Legitimationsdiskurs der (Vor-)Moderne verortet werden. Zunächst ist festzuhalten, dass der Verweis auf das Aufklärungsprogramm herrschender Eliten in der 2. Hälfte des 18. Jahrhunderts, allen voran Preußens,[24] das zeitgenössische Verständnis darüber, wie ein rechtlich funktionierendes Gemeinwesen geordnet sein müsse, nur bedingt abbildet.[25] Der retrospektiv-konstruktivistische Blick auf eine Epoche fundamentaler gesellschaftlicher Umwälzungen ist häufig durch die Idee einer linearen Fortschrittsgeschichte geprägt, die versucht, Ursprünge und Erzählungen zu mobilisieren, die ein kohärentes Bild der je eigenen Kultur und Ordnung zeichnen. Das gilt nicht zuletzt für das Strafrecht und namentlich für den Umgang mit Folter und Zwang. Allerdings stellt eine solche Sicht der Dinge eine grobe Vereinfachung komplexer Sachverhalte, von Motivationen, Praktiken und in Anspruch genommenen Erklärungsmustern dar. Das zeigt bereits der Erlass Friedrich II. von 1740. Bekanntermaßen waren von dem Folterverbot Delikte ausgenommen, die, wie etwa beim *crimen laese majestatis*, eine Destabilisierung der öffentlichen Ordnung und eine offenkundige Bedrohung der »Staats-Sicherheit« besorgen ließen.[26] Ob Friedrich II. an dieser Überzeugung festgehalten oder im Verlaufe seiner Regentschaft ein umfassendes Folterverbot durchgesetzt hat, muss hier nicht entschieden werden.[27] Wesentlich interessanter ist die Tatsache, dass die Einschränkung der Geständnisfolter einerseits zu großen Irritationen in der Kriminaljustiz, namentlich im Berliner Criminalcollegium, führte; andererseits den Gesetz-

---

[23] Zur Entwicklung, Bedeutung und Problematik der Verdachtsstrafe E. Balogh, Die Verdachtsstrafe in Deutschland im 19. Jahrhundert, 2009, S. 39ff. und öfter; F. Schaffstein (wie Anm. 14), S. 493ff.; M. Schmoeckel (wie Anm. 12), S. 295ff. und B. Thäle, Die Verdachtsstrafe, 1993.

[24] Instruktiv J. Zopfs, in: K. Altenhain/N. Willenberg (wie Anm. 10), S. 25ff.

[25] Vgl. auch R. Ludi, Fabrikation des Verbrechens, 1999, S. 68ff. und öfter.

[26] So Friedrich II. ausdrücklich in einem Brief an Voltaire aus dem Jahre 1776.

[27] Siehe aber J. Zopfs (wie Anm. 24), S. 25, 26ff.

geber, aber auch die Professoren und Praktiker auf den Plan rief. Das ist kaum verwunderlich, forcierte doch gerade die beabsichtigte Aufhebung der Territion und die Einschränkung der Folter die Krise des inquisitorischen Strafverfahrens- und Beweisrechts.[28] Vorliegend geht es uns weniger um diesen Aspekt der machttektonischen Verschiebungen.[29] Leitend ist für unseren Problemzusammenhang der Blick auf die damit einhergehenden Kompensationsstrategien, die mit dem Abschaffungskalkül einhergingen. Verweisen diese doch zugleich auf das dahinter stehende Kraftfeld von Autonomie und Verfahren, Körper und Kontrolle.

Kompensationsstrategien haben in erster Linie den Anspruch, Garantie-, Funktions- oder Effektivitätsverluste auszugleichen oder institutionelle Anpassung vorzunehmen, die durch ein verändertes ordnungspolitisches Koordinatensystem notwendig werden oder notwendig erscheinen. Für das Strafrecht der »Transformationszeit« bedeutet das die Überführung der noch weitgehend starren Politik des Zwangs in ein bewegliches System *(multi-)funktionaler Wissensermittlung*. Dem lag eine fortschreitende Umstellung der überkommenen Beweis- und Sanktionspraxis zugrunde.[30] So wurde zwar an der Wahrheitserforschung als Zweck des Inquisitionsverfahrens festgehalten, gleichzeitig unterwarf man aber Beweisvoraussetzungen und Zwangsbefugnisse einem neuen konfliktspezifischen Anwendungsregime. Die poena extraordinaria/arbitraria, zuerst als Ergänzung zur poena ordinaria und damit zum Vollbeweis eingeführt, stieg bis zum Ende des 18. Jahrhunderts zur dominierenden Form der Verfahrensbeendigung auf. Das Geständnis oder zumindest das Interesse an der »inneren Stimme« des Beschuldigten bleibt integraler Bestandteil der richterlichen Untersuchung, wird nun aber mit dem Sachbeweis, d. h. mit den »erreichbaren« Indizien kombiniert.[31] Diese Entwicklung hat ihre Entsprechung im Wandel der Zwangstechniken und im zunehmend differenzierten Umgang mit der individuellen Körper-Person, eine Entwicklung, die am Ende auch das Strafrecht der Transformationszeit über sich hinaus treiben wird.

---

[28] M. Schmoeckel (wie Anm. 12), S. 439 ff.

[29] Zu diesen Verschiebungen vgl. aber M. Foucault, Il faut défendre la société, 1996; P. Grossi (wie Anm. 2), S. 156 ff.; J. Habermas, Strukturwandel der Öffentlichkeit, 1962; R. Koselleck, Preußen zwischen Reform und Revolution, 1989; N. Luhmann, Gesellschaftsstruktur und Semantik, Bd. 4, 1995, S. 101 ff.; P. Prodi (wie Anm. 1), S. 283 ff.; W. Reinhardt, Geschichte der Staatsgewalt, 1999, S. 281 ff., 440 ff.

[30] Einzelheiten finden sich bei I. Ignor (wie Anm. 12), S. 211 ff.

[31] Vgl. B. Zabel (wie Anm. 13), S. 125 ff.

3. Körpertechniken

Markante Signaturen dieser Entwicklung sind die Lügen- und Ungehorsamsstrafen.[32] Sie gehen, wie die rechtsgeschichtliche Forschung gezeigt hat, aus der Ermittlungsfolter hervor und dokumentieren – unübersehbar – die Gegenläufigkeiten in der hoheitlichen Macht- und Verfahrensorganisation.[33] Freilich war man sich in der zeitgenössischen Diskussion durchaus bewusst, dass auch dieses Gewalt- und Zwangsmittel einer besonderen Legitimation bedurfte. Interessant ist insofern die Abgrenzung zur traditionellen Geständnisfolter. Demnach sei die (Geständnis-)Folter gegen den Leugnenden gerichtet; der Strafrichter habe jedoch keine Gewissheit, dass der Inquisit schuldig ist. Sie füge auf den bloßen Verdacht ein Übel – Gewalt – zu, ziele insofern auf die Zukunft und bestrafe keine in der Vergangenheit liegende Tat, habe den Zweck Geständnisse zu erpressen und kenne kein Maß, da immer so lange gefoltert wurde, bis der Delinquent geständig gewesen sei.[34] Die Ungehorsamsstrafe dagegen bestrafe Lügen, die Verweigerung einer Antwort oder ungebührliches Verhalten. In der Regel sei gewiss, dass der Inquisit der Tat schuldig sei. Weshalb es auch keinen Unschuldigen, sondern jemanden treffe, der der hoheitlichen Aufklärungsarbeit durch verweigerte oder irreführende Aussagen Widerstand entgegensetzte.[35] Ungeachtet der Frage, ob hier die jeweiligen Zwecke und Praktiken zutreffend beschrieben waren und ob damit auch die gewollte Abgrenzung geleistet werden konnte, ist doch nicht zu verkennen, dass es bis weit in das 19. Jahrhundert hinein ein starkes Bestreben gab, mittels Einsatz psychischen und physischen Zwangs die innere Stimme hörbar und das heißt die Körper-Person des Beschuldigten in den Dienst des Gemeinwohls oder – wie wir heute sagen würden – des Rechtsgüterschutzes zu stellen. Körper und Norm, Recht und Gewalt bilden nach wie vor ein dichtes Gewebe, in dem nur die Funktion des Zwangs beweglich zu werden scheint. »Daß der Staat«, so etwa Hohbach 1832, »gegen Angeschuldigte auf Erklärung, und zwar auf wahrheitsgemäße Erklärung über die Fragen, welche

---

[32] Vgl. etwa die §§ 363, 364 öStGB v. 1803 und die §§ 292–297 preuß. CO v. 1805. Eine Analyse der zeitgenössischen Regelungen, insbes. zu den Artt. 189–194 des bayr. Strafgesetzbuches v. 1813 findet sich bei J. Zopfs, in: ders. (Hrsg.), Quellen zur Aufhebung der Folter, S. 5ff.

[33] Zur Lügen- und Ungehorsamsstrafe vgl. K. Härter, Policey und Strafjustiz, Bd. 1, 2005, S. 439ff.; D. Mauß, Die »Lügenstrafe« nach Abschaffung der Folter ab 1740, 1974; N. Knapp, Die Ungehorsamsstrafe in der Strafprozesspraxis des 19. Jahrhunderts, 2011; M. Niehaus/C. Lück, in: J. Reichertz/M. Schneider (Hrsg.), Sozialgeschichte des Geständnisses, 2007, S. 75ff., 115ff.; N. Willenberg, in: K Altenhain/dies. (wie Anm. 10), S. 115ff. und J. Zopfs, in: A. Koch et al. (Hrsg.), Feuerbachs Bayrisches Gesetzbuch, 2014, S. 69ff.

[34] C. J. A. Mittermaier, Handbuch des peinlichen Processes, Bd. 2, 1812, S. 154ff.

[35] G. Hohbach, Ueber Ungehorsamsstrafen und Zwangsmittel zur Erforschung der Wahrheit gegen anwesende Angeschuldigte, in: Archiv des Criminalrechts 12, 3 (1832), S. 449ff.

ihnen in Bezug auf das ihnen angeschuldigte Verbrechen vorgelegt werden, ein Recht habe, ist von den Schriftstellern über das deutsche Strafrecht bis auf die neueste Zeit faßt allgemein behauptet oder wenigstens vorausgesetzt worden.«[36] Und noch in der württenbergischen Strafprozeß-Ordnung von 1843 heißt es: »wenn der eines Verbrechens geständige oder rechtskräftig überführte Angeschuldigte einzelne für das Recht des Beschädigten wichtige Umstände, ... z. B. den Verbergungsort gestohlener Sachen, anzugeben weigert, so können die im Art. 144 bestimmten Zwangsmittel [genannt sind dort: Nahrungsentzug, Dunkelsarrest, zusätzlicher Freiheitsentzug; BZ] gleichfalls zur Anwendung kommen.«[37] Nun ist die gängige Praxis der Lügen- und Ungehorsamsstrafen immer auch mit dem Problem des Strafrechts gerechtfertigt worden, die schon erwähnten dangerous groups, im damaligen Jargon, »sittlich entartete« Verbrecher, »Räuber«, »Diebe«, »Vaganten« einer gerechten Strafe zuführen zu können.[38] Gerade in Bezug auf solche kriminellen Milieus galt die Politik des Zwangs als eine »sociale Nothwendigkeit«, die man schon um der Förderung der bürgerlichen Sicherheit nicht in Abrede stellen könne.[39] Es ist deshalb bezeichnend, aber auch verräterisch, wenn Ludwig von Jagemann die Entstehung und Funktion der Folter genau aus dieser Idee heraus zu erklären versucht. Zunächst auf Sklaven, also Unfreie bezogen, sei die Folter gleichsam ein Notbehelf zur Wahrheitserforschung gewesen, »welche nichts mit dem Geiste, sondern blos mit dem Körper als mit demjenigen Theile des Organismus zu schaffen habe, welchen der Mensch mit dem Thiere gemein hat ... weil in der That von jener Menschenclasse, so lange sie in der jämmerlichen Unterdrückung, in einer Lage, die jeden höheren Aufschwung unmöglich machte, fortleben musste, keine Aufrichtigkeit zu erwarten war, und ohne solche, namentlich beim Zeugnisse, die Criminalpflege doch nimmermehr bestehen kann.«[40] Hier scheinen sich doch eher Kontinuitäten in der Normierung von Zwang und der Einschreibung von Körpertechniken anzudeuten als die großen Unterschiede. Denn auch die Lügen- und Ungehorsamsstrafen behaupten – als »sociale Notwendigkeit« – zuallererst den Zusammenhang zwischen Kriminalisierung und gesellschaftlicher Sinnpro-

---

[36] G. Hochbach (wie Anm. 35), S. 449, 462.

[37] Württenbergische Strafprozeß-Ordnung vom 22. Juni 1843, hier zitiert nach Regierungsblatt für das Königreich Württenberg [...] 1843, Stuttgart 1844, S. 155.

[38] Zum Ganzen jetzt L. K. Sander, in: K. Härter et al. (Hrsg.), Repräsentationen von Kriminalität und öffentlicher Sicherheit, Frankfurt 2010, S. 509.

[39] Vgl. nur L. v. Jagemann, Artikel: Frage, Criminalfrage, in: Rechtslexikon für Juristen aller teutschen Staaten enthaltend die gesammte Rechtswissenschaft, Bd. 4, Leipzig, 1843, S. 322 ff. und F. Nöllner, Ueber die gegen verhaftete Angeklagte zulässigen Arten von Ungehorsamsstrafen, in: Zeitschrift für deutsches Strafverfahren einschließlich des Gefängniswesens 1 (1841), S. 145, 169 f.

[40] L. v. Jagemann (wie Anm. 39), S. 322, 338; dazu auch N. Willenberg (wie Anm. 33), S. 115, 131.

duktion. Es ist insofern kaum verwunderlich, dass Theorie und Praxis der Lügen- und Ungehorsamsstrafen vor allem in ihrer restaurativ-freiheitswidrigen Ausrichtung wahrgenommen werden; und zwar unabhängig davon, ob sie – was häufig der Fall gewesen sein dürfte – nur als Drohpotential zur Geltung kamen.[41] Dem soll in der Tendenz gar nicht widersprochen werden. Und trotzdem erfasst diese Einschätzung die Bedeutung der juridischen Umbuchungsprozesse nur partiell. Richtig besehen ist auch das Modell der Lügen- und Ungehorsamsstrafen nur in seiner ambivalenten Haltung zum Recht als gleichermaßen machterhaltende und statusbegründende Institution zu verstehen. Lügen- und Ungehorsamsstrafen sind offensichtlich Hybride – juristische Mischformen –, denen noch die Logik des vormodernen Inquisitionsprozesses anhaftet, weshalb es so schwer fiel, einen kategorialen Unterschied zu fixieren. Andererseits ist in Theorie und Praxis das Unbehagen zu spüren, dass die dogmatische Einordnung und alltägliche Anwendung begleitet.[42] Quer durch die Lager der politischen und juristischen Eliten, von Konservativen und Reformern setzt sich deshalb die Einsicht durch, dass zumindest den Dysfunktionalitäten, die durch die Kopplung von Recht und Gewalt entstehen, wirksam begegnet werden müsse. Das betraf nicht nur Unzweckmäßigkeitserwägungen im Allgemeinen, also die Effektivität und Effizienz des Verfahrens,[43] sondern auch die Person des Inquisiten selbst; insofern darauf zu achten sei, dass Maß und Art des Zwanges »der Gesundheit und de[m] menschlichen Körper keinen Schaden bringe«.[44]

4. Wahrheit und Schmerz

Diese Ambivalenz, die sich hier im Verhältnis von Recht und Gewalt und im Umgang mit dem Inquisiten zeigt, ist nur zu verstehen, wenn man sich den Bedeutungswandel vor Augen führt, den die Körper-Person als Bezugspunkt des peinlichen Verfahrens durchmacht. Für die Geständnisfolter, die eingebunden war in das bereits skizzierte Arrangement der gesetzlichen Beweisregeln, war der Körper des Inquisiten ein Wahrheits- und Wissenspeicher. Nicht umsonst wurde der Tortur eine *wahrheitsoffenbarende* Kraft zugesprochen. Insofern hatte sie eine doppelte Stoßrichtung. Sie hatte den Widerstand des Körpers zu überwinden und auf diese Weise das Innenleben,

---

[41] K. Härter (wie Anm. 20), S. 104 ff. und N. Willenberg (wie Anm. 33), S. 115, 127 ff.

[42] M. Niehaus/C. Lück (wie Anm. 33), S. 115 ff.

[43] In diesem Sinne – und im Anschluss an C. Beccaria (wie Anm. 6) – bereits P. J. A. Feuerbach, vgl. die Darstellung bei G. Radbruch, Feuerbach, 1934, S. 74.

[44] So bereits die Anordnung des bayrischen Kurfürsten vom 16. September 1801 (dort interessanterweise die Abschaffung bzw. Einschränkung der Tortur betreffend); dazu I. Striedinger in: Zeitschrift für Bayrische Landesgeschichte (ZBLG), Bd. 8 (1935), S. 222 ff.

das Selbstwissen – das, was wir heute als forum internum kennen[45] – ans Licht zu bringen.[46] Wo die Wahrheit ist, da ist die Seele; und wo die Seele ist, da ist die Wahrheit, formulierte treffend der Barockjurist Giovanni Battista de Luca.[47] Die häufig mit dem Inquisitionsprozess und insbesondere mit dem Geständniszwang verknüpften Verinnerlichungs- und Individualisierungstendenzen des Rechts[48] sind deshalb differenziert zu betrachten: Als weltlicher Akteur war der Sünder und Missethäter Teil einer fest gefügten Ordnung, von einer selbstbewussten, expressiven Individualität, der man im sozialen Handeln Ausdruck verlieh und in der Gemeinschaft anerkannt wurde, konnte keine Rede sein.[49] Individualität erlangte der Mensch allein in Bezug zu Gott. Als individuelle Seele war er unsterblich. Insoweit war es ihm möglich, als »Einzelmensch« vor dem Jüngsten Gericht aufzutreten und für sich einstehen.[50] Der Körper hatte an dieser Hochschätzung, aber auch an der Jurdifizierung der individuellen Seele keinen Anteil. In der christlichen Semantik – auf die wir hier nicht näher eingehen können – galt er als Werkzeug oder als vergängliche Gestalt der sündhaften Seele.[51] Dieser Körper hatte durchaus ein »Eigenleben«, konnte triebhaft sein, sich dem Willen widersetzen; ein Eigenrecht hatte er nicht.[52] Die Erzeugung körperlicher Schmerzen durch die Tortur und zum Zweck der Wahrheitserforschung war

---

[45] Zur Genese und Semantik dieses gleichermaßen theologischen und juridischen Begriffs P. Prodi (wie Anm. 1), S. 82ff.; B. Zabel, in: T. Gutmann et al. (Hrsg.), Evolution, Entwicklung, Epigenesis des Rechts, 2014; zur Säkularisierung theologisch imprägnierter Begriffe im Strafrecht T. Gutmann, in: H. Dreier/E. Hilgendorf (Hrsg.), Kulturelle Identität als Grund und Grenze des Rechts, 2006, S. 295ff.; ders., in: N. Jansen/P. Oestermann (Hrsg.), Gewohnheit, Gebot, Gesetz, 2011, S. 295ff.

[46] Vgl. bereits J. Fried, in: Historisches Jahrbuch 105 (1985), S. 388ff.; darüber hinaus G. Jerouschek, in: J. Hausmann/T. Krause (Hrsg.), Festschrift für W. Sellert, 2000, S. 351ff.; H. Kantorowicz ZStW 44 (1924), S. 97ff.; W. Schild, Von peinlicher Frag, 2000, S. 135ff.; M. Schmoeckel (wie Anm. 12), S. 237ff. und W. Trusen ZRG KA (1988), S. 168ff.; ders., in: D. Schwab (Hrsg.), Festschrift für P. Mikat, 1989, S. 435ff.; zu den kultur- und rechtstheoretischen Hintergründen H. Bermann, Law and Revolution. The Formation of the Western Legal Tradition, 1983 und E. Kantorowicz, The Kings's Two Bodies. A Study in Mediaeval Political Theology, 1957.

[47] Theatrum veritate et iustitiae, 1669–1681, XV, 134 (De iudiciis, disc. XXXV, Nr. 31).

[48] M. Foucault, Die Wahrheit der juristischen Formen, 2002, S. 52ff. (La verité et les formes juridiques, 1994).

[49] N. Luhmann (wie Anm. 11), S. 149, 165ff.

[50] Vgl. nur J. le Goff, Die Geburt des Fegefeuers, 1990 und P. Prodi (wie Anm. 1), S. 82ff. und öfter.

[51] Paradigmatisch C. Galen, Quod animi corporis temperamenta sequentur, GSM II, 1891, S. 32ff. (ed. I. Müller).

[52] P. Burschel (Hrsg.), Das Quälen des Körpers, 2000; J. le Goff, Geschichte des Körpers im Mittelalter, 2007, S. 41ff.; P. Legendre, La fabrique de l'homme occidental, 1996; W. Schild, in: Gepeinigt, begehrt, vergessen. Symbolik und Sozialbezug des Körpers im späten Mittelalter und der frühen Neuzeit, 1992, S. 147ff.

kein Selbstzweck oder nur bloße Nebenfolge einer juristischen Prozedur. Die Schmerzzufügung war das zentrale Element der peinlichen Befragung, weil nur durch sie die Gotteslästerung aus der Welt geschafft werden konnte.[53] Als solche war die Tortur bestimmten Regelungen – einer »Ordnung der Gewalt« (M. Schmoeckel) – unterworfen, was ihr, wie alle wussten, den ambivalenten Charakter, Recht und Gewalt gleichermaßen zu sein, nicht nahm.[54] Als zentrales Element hatte die Schmerzerzeugung aber vor allem eine Funktion: nämlich den Körper, d. h. die äußere Gestalt der Seele so zu arrangieren, dass sich der wahrhafte, freie Wille artikulieren kann. Denn der menschliche Wille kann in dieser Vorstellung weder gezwungen noch gebrochen werden.[55] Durch Schmerz gezwungen oder gebrochen werden, kann nur der Körper. Die herbeigeführte Erschöpfung, das Leiden, der psycho-physische Zusammenbruch garantieren geradezu die Wahrheit der Tat und das Wissen von der Sünde; fehlt jetzt doch die Energie zur Lüge und zum Widerstand. Die in den Körper (Leib)-Seele-Komplex integrierte intellektualistische Willenstheorie begründet so zwar das (moderne) Konzept strafrechtlicher Verantwortlichkeit, birgt damit aber gleichzeitig das Potential für einen erfahrungsgelösten Terror einer vermeintlich göttlichen Vernunft.[56]

Das »Kompensationsstrafrecht« der Sattelzeit und hier der Abschaffungsdiskurs ist auch eine Reaktion auf den erfahrungsgelösten Terror einer vermeintlichen göttlichen Vernunft. Genau besehen kulminiert hier eine Entwicklung, die bereits im Spätmittelalter begann. Entscheidend wird der (erneute) Rückgriff auf die Erfahrung und d. h. auf erfahrungsgeleitete Weltbeobachtung. Mit ihr vollzieht sich schrittweise eine Verzeitlichung und Historisierung der Welt. Insbesondere die Entdeckung der Historizität bringt –

[53] So etwa Azo, Summa Codicis zu C.9.41, 1581, mit Verweis auf Cicero, Topica c.20 (§ 74); zur Debatte J. Fried (wie Anm. 46), S. 388, 418 ff.; A.L. Sabadell, in: K. Harrasser et al. (Hrsg.), Folter. Politik und Technik des Schmerzes, 2006, S. 91 ff.; W. Schild, Alte Gerichtsbarkeit, 1980; M. Schmoeckel (wie Anm. 12), S. 241, 254 ff. und J.-P. Wils, Gotteslästerung, 2007, S. 54 f.

[54] M. Schmoeckel, ebenda. Die damit verbundenen praktischen Probleme, etwa des Gewaltexzesses auf der einen Seite oder der Immunisierung resp. Unempfindlichkeit gegen Schmerzen auf der anderen, können vorliegend nicht vertieft werden. Das gilt auch für die heute gut erforschten Ketzer- bzw. Hexenprozesse.

[55] Zu dieser Vorstellung und der Willenstheorie J. Fried, in: Historische Zeitschrift 240 (1985), S. 313 ff.

[56] Auch wenn der Körper durch den Schmerz gezwungen oder gebrochen werden konnte, war es doch nur die Seele, die den Schmerz *unmittelbar empfand*. Nach der aristotelisch-galenischen Tradition hat nicht das Körperliche die *facultas sentendi*, sondern allein die Seele. »Nichts kann mit Schmerzen geplaget sein, außer die Seele selbst«, heißt es noch im 17. Jahrhundert bei Johann Baptist van Helmont; Aufgang der Artzney-Kunst etc., 1683, S. 500. Die allgemeine Schmerzursache in der Natur und die Schmerzwirkung in der Seele werden ohne jegliche Bedingung körperlicher Schmerzvermittlung gedacht, vgl. D. Morris, Geschichte des Schmerzes, 1994, passim.

wenn auch nur langsam – die Transzendenz auf Abstand.[57] Allerdings zeigt die Praxis der Geständnisfolter, welche Beharrungskräfte bestehende Kulturen haben können.[58] Foucault hat die These vertreten, dass das politisch-juristische Dispositiv der inquisitio, einschließlich der Tortur, schon den Keim in sich trug, der sich dann in der Karriere der experimentellen Erkenntnisweisen realisierte und bis heute die Attraktivität und Bedeutung der Natur- und Humanwissenschaften ausmacht.[59] Ob die Natur- und Humanwissenschaften auf diesem Wege ihre Herkunft vergessen oder regelrecht verdrängt und die inquisito »nur« in eine Mikrophysik der Macht umgemünzt haben, brauchen wir an dieser Stelle nicht zu entscheiden.[60] Kaum zu bestreiten ist aber, dass der experimentelle Erfahrungsbezug die Sicht – nicht nur, aber eben auch – auf die Körper-Person nachhaltig verändert.[61] Vor allem die Anfang des 18. Jahrhunderts immer selbstverständlicher werdende empirische Naturforschung korrigiert, erweitert und optimiert das medizinische, physiologische und anthropologische Wissen über den Menschen massiv.[62] Die maßgeblich durch Descartes und Leibniz betriebene Aufwertung des Körpers, die vor allem dadurch gelingt, dass dem Körper ein positiver Eigenwert zugesprochen wird, der auch die Leidens- und Schmerzempfindungsfähigkeit notwendig mit umfasst,[63] wird im Verlaufe des 18. Jahrhunderts »einzelwissenschaftlich« eingelöst. Schmerz und Körper werden nun als organische Einheit begriffen. Was die Aufmerksamkeit auf die somatisch-anatomische Basis, die Funktionsweise des Schmerzes und die individuelle Schmerzerfahrung lenkt.[64] Die Folge ist eine sukzessive Ablösung von einem traditionell mechanistischen und die Hinwendung zu einem vitalistischen »Körperbild«

---

[57] H. U. Gumbrecht spricht in diesem Zusammenhang vom Übergang der Präsenz- in eine Sinnkultur, Diesseits der Hermeneutik, 2004, S. 101 ff.; daran anknüpfend J.-P. Wils (wie Anm. 53), S. 54 f.

[58] Vgl. R. Bacon, Opus maius, 1265/1897, VI, 1 (ed. J.H. Bridges). –

[59] M. Foucault, Überwachen und Strafen, 1992, S. 289 (Surveiller et punir, 1975); hierzu bereits F. Bacon, The Great Instauration, 1620.

[60] Wir werden darauf aber im Verlaufe unserer Überlegungen zurückkommen.

[61] R. Toellner, in: Gepeinigt, begehrt, vergessen. Symbolik und Sozialbezug des Körpers im späten Mittelalter und in der frühen Neuzeit, 1992, S. 131, 138 ff.

[62] Das Selbstverständnis dieser Zeit bringt der Mediziner Hermann Boerhaave auf den Punkt, wenn er darauf insistiert, dass »[d]as Vordringen zu den letzten metaphysischen und ersten physischen Ursachen für den Arzt weder notwendig, noch nützlich, noch möglich [ist]«. Die Medizin hat vielmehr, aber eben auch nur naturwissenschaftliche Erfahrungswissenschaft zu sein. Institutiones medicae, 1721, S. 8.

[63] G.W. Leibniz, Essais de Théodicée, 1710, §§ 241–359.

[64] H. Boerhaave, Kurze Lehr-Sätze über Erkennung und Heilung der Krankheiten, 1728; G. Krüger, Naturlehre, 1748 und G. v. Swieten, Herman Boerhaaves kurzgefaßte Lehrsätze, 1742; zum Ganzen D. v. Engelhardt, Krankheit, Schmerz und Lebenskunst. Eine Kulturgeschichte der Lebenskunst, 1999; H.P. Nowitzki, Der wohltemperierte Mensch, Aufklärungsanthropologien

der Medizin. Der Schmerz wird als Indiz, als sicherer Indikator für die *Empfindlichkeit* einer Körperfaser genommen; was durch eine Fokussierung auf das konkrete Schmerzzeichen und das dadurch angezeigte Schmerzgefühl ermöglicht wird.[65] Gefragt sind deshalb offenbare Kennzeichen Leidens.[66] In der Sache geht es hier um eine Theorie der *Repräsentation*, die sich auf eine phänomenologische Einordnung des Schmerzes beschränkt, damit aber allen Theorien eine Absage erteilt, die aus der unabweisbaren Präsenz des Schmerzes Wahrheiten über den Grund des Schmerzes, die Motive der Körper-Person, ableiten wollen.[67] Diese Theorieentwicklung und Deutung des Schmerzes berührt – und damit ist der Bogen zur strafrechtlichen Diskussion gespannt – auch das Legitimationsmodell der Geständnisfolter. Der durch die Tortur verursachte Schmerz kann zwar äußerlich in gewisse Grade eingeteilt werden. Anders als die herkömmlichen Spannungs- und Wahrheitstheorien des Schmerzes ließe das, so etwa der damals renommierte Forensiker Albrecht von Haller, keine Rückschlüsse auf die Wahrheit der Aussage oder die Wahrheit der Tat zu. Für Haller kann der verursachte Schmerz lediglich als Indikator für die spezifischen Fasereigenschaften der Muskeln und Nerven dienen. Insofern sagt die Eigenschaft und Reizbarkeit der Fasern nichts darüber aus, ob es sich um den Körper eines Delinquenten oder einer unbescholtenen Bürgers handelt.[68] Hallers Phänomenologie oder Semiotik des Schmerzes ist deshalb auch als Plädoyer für den verletzbaren und insoweit verletzlichen Menschen zu verstehen.[69] Spätestens hier treffen sich die Einwände Hallers mit der rechtsphilosophischen Kritik Beccarias. Es könne nicht, so Beccaria, »der Schmerz zum Prüfstein der Wahrheit werden, als würde diese in den Muskeln und Nerven eines elenden Menschen zu finden sein. Es ist dies das sicherste Mittel, kräftige Verbrecher freizusprechen und schwache Unschuldige zu verurteilen.«[70] Und bei Sonnenfels heißt es mit etwas mehr Pathos: »In dem kritischen Zeitpunkte der auf das Höchste gebrachten Empfindlichkeit entreißt ihm der siegenden Schmerz – die Sprache der Wahrheit? Welch ein Wahn!«[71] War das zunächst auf die

im Widerstreit, 2003, S. 33 ff.; P. Sarasin, Reizbare Maschinen. Eine Geschichte des Körpers 1765–1914, 2001; S. van der Walt/C. Menke (Hrsg.), Die Unversehrtheit des Körpers, 2006.

65 A. v. Haller, Anfangsgründe der Physiologie des menschlichen Körpers, Bd. 4, 1768; erläuternd R. Toellner, Mechanismus – Vitalismus: ein Paradigmenwechsel?, 1977, S. 61 ff.

66 A. v. Haller, Abhandlung des Herrn von Haller von den empfindlichen und reizbaren Theilen des menschlichen Leibes, 1756, S. 2 ff.

67 Ebenda.

68 Vgl. A. v. Haller, Vorlesungen über die gerichtliche Arzneiwissenschaft, 1784, 2. Bd., 2. Teil, S. 55 und öfter.

69 Siehe R. Bograds, in: A. Bähr (Hrsg.), Grenzen der Aufklärung, 2005, S. 95, 116 f.

70 C. Beccaria (wie Anm. 6), S. 92 f.

71 J v. Sonnenfels, Ueber die Abschaffung der Tortur, 1775, S. 22.

Tortur gemünzt, so war es nur eine Frage der Zeit, bis sich die Kritik – trotz vehementer Verteidigung in Theorie und Praxis – auch gegen die »Kompensationsformen«, die Lügen- und Ungehorsamsstrafen, richten würde. Denn mit der Abschaffung der Folter war nun das Verhör gleichermaßen zum Ort prekärer juristischer Kommunikation und zum Mittel geworden, um »die Wahrheit der Gesellschaft« in den Körper des Verdächtigen einzuschreiben.[72] Zu der Einsicht, dass die Kopplung von Recht, Verfahren und (Körper-)Gewalt immer wieder Dysfunktionalitäten hervorbringen würde, gesellte sich zusehends die Einsicht in die Notwendigkeit klarer Grenzziehungen und Regeln. Beispielhaft ist hierfür das Lehrbuch des Strafprozesses von Anton Bauer aus dem Jahre 1835. In einer umfangreichen Darstellung des Verhörs versucht der Autor die Unterschiede zur Folter oder folterähnlichen Methoden herauszuarbeiten. Danach müssten alle Mittel als unerlaubt betrachtet werden, »welche die Rechte des Angeschuldigten, oder die Wahrheit verletzen, oder die Glaubwürdigkeit des erlangten Geständnisses, insbesondere die Freiheit und Originalität desselben zweifelhaft machen ... Es gehören dahin I) alle Arten des Zwangs, sey es körperlicher ... oder psychischer Zwang.«.[73] Diese Einsicht in die Notwendigkeit klarer Grenzziehung und Regeln zielt aber nicht nur auf die institutionelle Form der Wahrheitserforschung. Sie beruht vielmehr auf einer neuen Sensibilität für ein ebenso altes wie latentes Problem: die Schutzwürdigkeit höchstpersönlichen Wissens und folglich die Organisation der Moral diesseits und jenseits des Rechts.

Diese, im engeren Sinne juristischen und kriminalpolitischen Neujustierungen bezeichnen aber nur einen Ausschnitt der mentalitätsgeschichtlichen und politischen Veränderungen im Ausgang des 18. Jahrhunderts. D. h. sie treten zu einer Vielzahl von Strömungen hinzu, die sich schließlich zu einer unverkennbaren Signatur verdichten, die wir hier die umfassende *Individualisierung des Subjekts* nennen wollen. Diese Individualisierung des Subjekts betrifft nun nicht mehr (nur) die Stellung des Einzelnen zu Gott und innerhalb seiner Religion, sondern charakterisiert das Subjekt als soziales und schutzbedürftiges Wesen, das immer weniger über die schichtenspezifische Zugehörigkeit definiert wird, aber auch deshalb umso mehr auf eine eigenständige, häufig lohnabhängige Subsistenzsicherung angewiesen ist. Soziale Differenzierung, Schutzbedürftigkeit und die wachsende Bedeutung der Ökonomie werden so zu den zentralen Herausforderungen moderner Ge-

---

[72] A. Hahn, in: Paragrana 19 (2010), S. 15, 27; zu den Verhörpraktiken dieser Zeit vgl. J. G. Schaumann, Ideen zu einer Kriminalpsychologie, 1792 und, etwas später, H.E v. Globig, System einer vollständigen Gesetzgebung, 1815; zur strafrechtsgeschichtlichen Debatte M. Niehaus, Das Verhör. Geschichte-Theorie-Fiktion, 2003; sprachtheoretisch J.F. Lehmann, in: S. Heinen/H. Nehr (Hrsg.), Krisen des Verstehens, 2004, S. 93 ff.

[73] A. Bauer, Lehrbuch des Strafprozesses, 1835, S. 211 f.

sellschaften – und werden es bis in die Gegenwart bleiben.[74] In der Verknüpfung des (säkularisierten) Vernunftindividuums mit dem empirischen »Körperindividuum«[75] entsteht ein neuer Akteur, ein neues Kommunikations-, Handlungs- und Konfliktfeld. Dem Individuum wird nicht nur der Status als Bürger und Person zuerkannt, es wird auch Adressat von universalen gedachten und allgemein durchsetzbaren Menschenrechten.[76] Gleichzeitig vollzieht sich im 19. Jahrhundert eine bisher nie da gewesene Professionalisierung der Kriminalitätsbekämpfung, von Strafjustiz und Kriminalistik. Ihren Ausdruck findet diese Entwicklung zunächst in den territorial-, später in den reichsgesetzlichen Kodifikationen, namentlich im reformierten Strafverfahren.[77] Die gängige Deutung dieser ordnungspolitischen Umschichtungen betont in der Regel zweierlei: Zum einen wird auf den radikalen Bruch mit dem vormaligen gemeinrechtlichen Inquisitionsprozess hingewiesen. Zum anderen wird auf Kontinuitäten aufmerksam gemacht, die sich durch den Zwangscharakter im Recht ergeben. Insofern ließen sich direkte Gewaltmaßnahmen – wie die Lügen- und Ungehorsamsstrafen – kaum noch mit den Statuszuschreibungen des Beschuldigten als Rechtssubjekts vereinbaren.[78] Gewaltmaßnahmen zum Zweck der Wissens- und Wahrheitserforschung würden aber auch deshalb marginalisiert, weil neue Verhör-, Ermittlungs- und Identifikationsmethoden die (legale) Beweisbeschaffung durch den Einsatz von Körpertechniken weitgehend überflüssig machten.[79] Unter Rückgriff auf Foucault und die zeitgenössische »Criminalpsychologie« wird darin eine neue Tendenz der

---

[74] Brillant bereits die Analyse bei Hegel (wie Anm. 11), §§ 189ff.; darüber hinaus N. Luhmann (wie Anm. 11), S. 149, 199ff.; vgl. aber auch die These von T.L. Haskell, in: S. van der Walt/C. Menke (wie Anm. 63), S. 25ff., der die hier so benannte Individualisierung des Subjekts u. a. auf die Durchsetzung kapitalistischer Gesellschaftsformen zurückführt, weil dadurch die Norm des Haltens von Versprechen zu einer höchsten moralischen und rechtlichen Verpflichtung erhoben und insoweit die entscheidende Voraussetzung zum Entstehen humanitärer Gesinnung geschaffen worden sei (S. 43, 49).

[75] Das erinnert an Kants Unterscheidung zwischen *homo nuomenon* und *homo phainomenon*; vgl. Metaphysik der Sitten (wie Anm. 3), AA VI, 423.

[76] Zum Ganzen S. Beck/B. Zabel, in: O. Friedrich/M. Zichy (Hrsg.), Persönlichkeit, 2014 S. 49ff.; zum Paradox der Menschenrechte N. Luhmann, in: Soziologische Aufklärung 6, 1995, S. 229ff.

[77] Statt vieler vgl. nur A. Ignor (wie Anm. 12), S. 175ff.; S. Kesper-Biermann, Einheit und Recht, 2009, S. 28ff. und öfter; B. Zabel (wie Anm. 13), S. 103ff.; speziell zur Kodifikationsgeschichte W. Schubert/J. Regge (Hrsg.), Entstehung und Quellen der Strafprozessordnung von 1877, 1989. Wir kommen darauf unter 3.b) zurück.

[78] Aus der zeitgenössischen Diskussion C.R. Köstlin, Der Wendepunkt des deutschen Strafverfahrens im neunzehnten Jahrhundert, 1849; zu dieser Entwicklung D. Mauß (wie Anm. 33), S. 56ff. und sogleich noch im Text.

[79] Speziell zur Tortura spiritualis M. Niehaus, in: M. Schneider (Hrsg.), Fatale Sprachen, 2009, S. 121ff.

Verinnerlichung des Zwangs gesehen.[80] Dem soll mit Blick auf die jedenfalls unterschwellig fortbestehende Kopplung von Subjekt und Zwang gar nicht widersprochen werden. Allerdings bleibt diese Entwicklung unterbelichtet, wenn man sie nicht gleichzeitig auf *das* Organisationsprinzip des modernen Staates, das so genannte (Rechts-)*Sicherheitsversprechen*, bezieht. Tut man dies, so wird deutlich, dass gerade das jeweilige Verständnis von Sicherheit und Rechtsgewährleistung wesentlichen Einfluss auf die Legitimation, d. h. die normative Begründung und Begrenzung von Zwangsbefugnissen hat. Die Ambivalenz, die dieses Sicherheitsversprechen ausmacht, so die nachfolgend zu skizzierende These, bestimmt auch die (körpergelöste) Wissens- und Wahrheitserforschung des reformierten Verfahrens. Der Effekt ist ein Regime der Informationsgewinnung, das die herkömmliche Kopplung von Subjekt und Zwang neu arrangiert.

III. Sicherheit und Freiheit

1. Juridischer Individualismus und reformiertes Verfahren

In der Reformdiskussion und Kodifikationsentwicklung seit der zweiten Hälfte des 19. Jahrhunderts erhalten die oben analysierten ordnungspolitischen Umsichtungen – die Brüche und Kontinuitäten – ihre gesetzliche Gestalt. Wir müssen uns hier auf einige wenige, für unsere Fragestellung einschlägige Konsequenzen beschränken. Ausschlaggebend für die Neuausrichtung und Legitimation des reformierten Verfahrens war die normative *Umsetzung* des Beschuldigtenstatus. Der Beschuldigte sollte, so der Tenor, nicht nur Anwesenheits- und Mitwirkungs-, sondern auch effektive Abwehrrechte besitzen. Damit setzte sich in Gesetzgebung und Wissenschaft das Verständnis durch, dass der Einzelne als »individuelles Subjekt« zuallererst einem machthabenden Staat gegenübersteht und schon deshalb Möglichkeiten der »autonomiesichernden Abschirmung« und Selbstorganisation besitzen muss.[81] Das Verfahren konnte dem nur dann gerecht werden, so die noch heute gern gebrauchte Formulierung Zachariaes, wenn es die Tat- und Verdachtsermittlung mit dem Konzept der »schützenden Formen« ver-

---

[80] Siehe bereits R. Wrede, Die Körperstrafen bei allen Völkern von den ältesten Zeiten bis auf die Gegenwart, 1898: Es werde jetzt »ohne Zufügung körperlicher Schmerzen die Seele direct afficirt«., S. 285; M. Foucault (wie Anm. 58); zur gegenwärtigen Debatte Y. Greve, Verbrechen und Krankheit, 2004; S. Kesper-Biermann, in: J. Eisfeld et al. (Hrsg.), Festschrift für D. Klippel, 2013, S. 269, 278f. und M. Schmoeckel (Hrsg.), Psychologie als Argument in der juristischen Literatur des Kaiserreichs, 2009; wir kommen darauf unter 3.b) und 4. zurück.

[81] Einzelheiten bei B. Zabel (wie Anm. 13), S. 121ff.

band.[82] Verwirklicht werden sollte dieses Konzept durch eine Ensemble von so genannten Prozessmaximen, etwa dem Offizial-, Akkusations- und Instruktionsprinzip, dem Grundsatz des rechtlichen Gehörs, des gesetzlichen Richters oder der freien Beweiswürdigung, der Mündlichkeit und Öffentlichkeit. Hinzu kommt die Gewährung einer angemessenen Verteidigung.[83] Daraus ergaben sich Gang und Struktur des Prozesses, nämlich die Verknüpfung eines inquisitorischen Vor- mit einem akkusatorischen Hauptverfahren. Im (nichtöffentlichen) Vorverfahren hatte unter Leitung der Staatsanwaltschaft in erster Linie die Stoffsammlung und Beweissicherung zu erfolgen, während die Funktion des öffentlichen und mündlichen Hauptverfahren in der Aufnahme, Prüfung und Beurteilung der für und gegen den Angeklagten sprechenden Beweise bestand und schließlich in einer Entscheidung mündete, die der Richter oder das Gericht nach freier Überzeugung zu treffen hatte.[84]

Was das heißt, lässt sich an zwei für uns interessanten Normarrangements zeigen, der Vernehmung und der Beweiswürdigung. Die *Vernehmung* wurde in § 136 Reichsstrafprozessordnung geregelt und bezeichnet damit die »neue Form« der Kommunikation zwischen Beschuldigten, Angeklagten und Strafverfolgungsbehörden. Danach war dem Beschuldigten zunächst zu erklären, »welche strafbare Handlung im zur Last gelegt wird«. Darüber hinaus war der Beschuldigte zu befragen, »ob er etwas auf die Beschuldigung erwidern wolle. Die Vernehmung soll dem Beschuldigten Gelegenheit zur Beseitigung der gegen ihn vorliegenden Verdachtsgründe und zur Geltendmachung der zu seinen Gunsten sprechenden Thatsachen geben«.[85] Die nüchterne Formulierung verzichtet auf jegliche Hinweise zu verbotenen Vernehmungsmethoden, was zunächst verwundert, lag doch die Praxis der Lügen- und Ungehorsamsstrafen noch gar nicht so lange zurück. Wie man an den Kommentierungen erkennen kann, war aber inzwischen das Vertrauen in die institutionelle Absicherung und die Professionalität der Akteure so hoch, dass der Gesetzgeber sie expressis verbis nicht mehr erwähnen zu müssen glaubt. Das galt sowohl

---

[82] H.A. Zachariae, Gebrechen und Reform des deutschen Strafverfahrens, 1846, S. 123ff.

[83] Zur Reformgesetzgebung und -diskussion A. Ignor (wie Anm. 12), S. 231ff., 259ff.

[84] Diese Vorstellung findet sich bereits bei A.v. Möhl im Jahre 1842. Denn, so Möhl, »nur die Verbindung beider Prinzipien miteinander in zweckmäßiger Wechselwirkung aufeinander, so daß in dem Vorverfahren die inquisitorische Form, in dem Hauptverfahren die accusatorische Form hervortritt, verbürgt die sichere gerechte Bestrafung der wahren Schuld und den nothwendigen Schutz der Unschuld. In dem Vorverfahren, als der Bedingung des Hauptverfahrens, ist Heimlichkeit und Schriftlichkeit ebenso unentbehrlich, als die Oeffentlichkeit und Mündlichkeit in dem Hauptverfahren ein wesentliches Erfordernis ist«. Zeitschrift für das dt. Strafverfahren 2 (1842), S. 277, 280.

[85] So der Kommentar von E. Löwe, RStPO, 1877, § 136, S. 442; eine gute Analyse findet sich auch bei S. Kesper-Biermann, in: K. Alternhain/N. Willenberg (wie Anm. 10), S. 147, 156f.

für Annahme, »daß niemand verpflichtet sei, sich auf eine gegen ihn erhobene Beschuldigung zu erklären« als auch für die Einsicht, daß der Richter in keiner Weise mehr auf die Ablegung eines *Geständnisses* hinwirken darf«, weshalb »die in den bisherigen Landesgesetzen sich findenden Bestimmungen über die Unzulässigkeit von Versprechungen, Drohungen sc. überflüssig« seien.[86]

Das *Institut der freien Beweiswürdigung* wiederum soll die endgültige Umstellung des Beweisrechts ermöglichen. Genau genommen ging es darum, die Unsicherheiten und Gewissheitsprobleme, die noch unter der Geltung der Legalbeweistheorie, insbesondere aber nach Abschaffung der Tortur auftraten, zu kompensieren und das Beweisrecht einigermaßen »geräuschlos« mit den neuen Gewährleistungsstandards zu harmonisieren.[87] Die Form des Beweisrechts, wie sie die Reichsstrafprozessordnung statuierte, zielte vor allem darauf ab, einen juristisch (richterlich) beherrschbaren Freiraum und d. h. die Möglichkeit adäquater Würdigung von Indizien zu schaffen. Was häufig übersehen wird, ist, dass damit eine erhebliche Dynamisierung des Wahrheitsnachweises angestrebt und durchgesetzt wurde. Hatte der gemeinrechtliche Inquisitionsprozess noch an einer objektbezogenen Wahrheitsauffassung angeknüpft, weshalb das gesetzliche Beweisschema versuchte, alle subjektiven Elemente der richterlichen Beurteilung auszuschalten, akzeptierte das reformierte Verfahren ein Verständnis der Wahrheitserforschung, das auf einem verobjektivierten *Wahrscheinlichkeitsurteil* und einer nachvollziehbaren, aber dennoch subjektiven Überzeugung des Richters/Gerichts beruhte.[88] Freilich sollte auf diese Weise keiner richterlichen Willkür Tür und Tor geöffnet werden.[89] Ganz im Gegenteil, die Neujustierung des Beweisrechts dürfte Konsequenz der Einsicht sein, dass objektiv-transzendente Wahrheiten in einem säkularisierten Strafrecht keine entscheidungserhebliche Rolle mehr spielen sollten. Vielmehr blieb die Dynamisierung des Wahrheitsnachweises

---

[86] Ebenda. Ähnlich F.O. v. Schwarze, Commentar zu der Deutschen Strafprozessordnung und zu den auf dieselbe bezüglichen Bestimmungen des Gerichtsverfassungsgesetzes, 1878, § 136, S. 273: »Die sogen. *Ungehorsams- und Lügenstrafen* sind bereits früher in dem meisten Gegenden Deutschlands abgeschafft gewesen; selbstverständlich hat sie auch unser Gesetz nicht aufgenommen.«

[87] Aus der zeitgenössischen Literatur etwa C.E. Jarcke Neues Archiv für Crimialrecht Bd. 8 (1825), S. 97ff. und A. Molitor Zeitschrift für das dt. Strafverfahren 3 (1843), S. 1 ff.; zur gegenwärtigen Debatte G. Jerouschek GA 1992, S. 493ff. und D. Meurer, in: R.D. Herzberg (Hrsg.), Festschrift für D. Oehler, 1985, S. 357ff.

[88] Die Reformdiskussion um die Notwendigkeit, aber auch Problematik der subjektiven richterlichen Überzeugungsbildung kann vorliegend nicht nachgezeichnet werden, vgl. aber die immer noch instruktive Monographie von W. Küper, Die Richteridee der Strafprozessordnung und ihre geschichtlichen Grundlagen, 1967, S. 246ff.; mit philosophischem Blickwinkel W. Schild, Der Richter in der Hauptverhandlung, 1983.

[89] Zur Detailanalyse vgl. auch D. Meurer (wie Anm. 87), S. 357, 362ff.

regelgebunden. Von einer gänzlichen freien Beweiswürdigung, wie immer wieder suggeriert wird, kann insoweit keine Rede sein. Abgeschafft wurden die gesetzlichen Beweis*maß*regeln, dagegen blieben die Beweis*wert*- bzw. die Beweis*erhebungs*regeln erhalten. Demnach sollte der (Ermittlungs-)Richter die Beweisergebnisse nur dann verwerten dürfen, soweit das Vorverfahren und die Beweisaufnahme in der öffentlichen Hauptverhandlung unter Beachtung aller Beweiserhebungsregeln korrekt durchgeführt worden war. D. h. nur die abschließende Würdigung des Beweisergebnisses unterfiel der freien, aus dem Inbegriff der Verhandlung geschöpften Überzeugung des Richters, § 261 RStPO. Installiert wurde insofern eine »abgeschichtete Formalisierung« des Beweisrechts, die sowohl dem Richter, in der Anwendung, als auch dem Beschuldigten, in der Verteidigung, als Sicherheit dienen konnte.[90]

Die Regelungen zur Vernehmungen und zur freien Beweiswürdigung, so wie sie in die Reichsstrafprozessordnung aufgenommen wurden, sind gute Beispiele dafür, wie im Zuge der Umstellung des staatlichen Normhaushalts, namentlich der Wahrheits-, Zwangs- und Körpertechniken, gleichzeitig zentrale Belange der *Rechtssicherheit* verhandelt wurden. Die Rede von der Rechtssicherheit zielt auf das so genannte Sicherheitsversprechen des modernen Staates. Mit dem Sicherheitsversprechen des modernen Staates ist in erster Linie ein normativ begründetes Verhältnis von Leistung und Legitimation bezeichnet. Danach dürfen sich Recht und Staat als legitimiert ansehen, wenn sie die Sicherheitserwartungen der gesellschaftlichen Akteure respektieren und erfüllen.[91] Nach heute gängiger Überzeugung kann zwischen zwei – epochen- und gesellschaftsabhängigen – Perspektiven der Rechtssicherheit unterschieden werden: Die eine Perspektive verweist auf die Gewährung von Sicherheit *durch* Recht, die andere auf die besondere Garantiefunktion einer Sicherheit *des* Rechts. Das erstgenannte Verständnis dürfte das historisch vorgängige gewesen sein.[92] Gewährung von Sicherheit *durch* Recht betont insofern die originäre Aufgabe, individuelle und kollektive Interessen zu schützen, d. h. Normen und Ordnungen zu stabilisieren. Das dadurch geschaffene Vertrauen in die Macht der Ordnung soll wiederum die Angst vor diversen Unwägbarkeiten des Lebens, und hier vor allem die Kriminalitätsangst, einzudämmen helfen. Diese Sicht war, wie wir gesehen haben, auch vormodernen Gesell-

---

[90] Vgl. hierzu etwa C.-F. Stuckenberg, KMR-StPO, 1999, § 261 Rn. 18ff.

[91] Vgl. dazu nur A.v. Arnauld, Rechtssicherheit, 2006, S. 76ff. und B. Zabel ZStW 120 (2008), S. 68ff.

[92] Einzelheiten zur Begriffs-, Ideen- und Rechtsgeschichte finden sich bei W. Conze, in: R. Koselleck et al. (Hrsg.), Lexikon der geschichtlichen Grundbegriffe, Bd. 5, 1984, S. 831ff.; F.X. Kaufmann, Sicherheit als soziologisches und politisches Problem, 2. Aufl. 1973, S. 31ff. und M. Makropoulos, in: K. Gründer et al. (Hrsg.), Historisches Wörterbuch der Philosophie, Bd. 9, 1995, Sp. 745ff. – Das paradigmatische Modell stammt sicherlich von T. Hobbes, Leviathan ort he Matter, Form, and Power of Commonwealth, Ecclesiastical and Civil, 1651/1966.

schaften keineswegs fremd; wenngleich das entsprechende Rechtsregime immer schon auf die Ressourcen einer göttlichen Heilsökonomie und die damit verknüpfte Wertvorstellungen verwiesen war.[93] Die normative Kalibrierung des Rechtsstaates, die Reformkodifikationen eingeschlossen, verfährt, so das übliche Verständnis, zweispurig. Einerseits wird das Argument einer Sicherheit *durch* Recht in säkularisierter Form übernommen. Kennzeichnend für den Staat der positiven Norm ist es insoweit, dass Gewaltmonopolisierung und Sozialkontrolle Rechtssicherheit garantieren und Legitimation bewirken sollen. Die so zugleich übernommene Präventions- und Rechtsfriedensidee wird aber – andererseits – mit einem allgemeinen Freiheitsgewährleistungskonzept konfrontiert. Ausdruck davon ist etwa der Bedeutungszuwachs, den der Subjekt- und Personen-, später der Würdebegriff im Recht erfährt. Verbunden ist damit ein Perspektivenwechsel von der Sicherheit *durch* Recht zur Sicherheit *des* Rechts. Der Staat, wie er seit der zweiten Hälfte des 19. Jahrhunderts agiert, unternimmt damit, so jedenfalls das Narrativ, ein scheinbar paradoxes Experiment. Er begrenzt seinen Macht- und Regelungsspielraum zugunsten der rechtsunterworfenen Akteure. Rechtssicherheit steht hier für die Norm- und Wertreflexivität selbstverfasster Gemeinwesen. In diesem Sinne behauptet die Sicherheit *des* Rechts diejenigen formalen und institutionellen Anforderungen, denen Norm und Verfahren zu genügen haben, um den Einzelnen vor Übergriffen staatlicher Gewalt zu schützen. Hier wird der normative Anspruch der Reformkodifikationen sichtbar. Von diesem Standpunkt aus ist dann aber auch die Form der Machtbegrenzung kein Paradox, sondern Teil des schon erwähnten wechselseitigen Versprechens. Indem der Staat die Akteure als Rechtssubjekte anerkennt, schafft er überhaupt erst die normative Basis seiner eigenen Legitimation.[94]

Die Pointe dieser Umbuchungsprozesse besteht nun aber darin, dass das Sicherheitsversprechen der Moderne mit seinen beiden Perspektiven *zwei* Legitimations»kulturen« miteinander verschmilzt. Verdeutlichen können wir uns das an den entsprechenden Funktionsmustern. Das Funktionsmuster einer Sicherheit *des* Rechts besteht aus vier Strukturelementen: Effektivität, Verlässlichkeit, Berechenbarkeit und Erkennbarkeit des Rechts. So verweist die Effektivität auf die Gestaltungskraft, die Verlässlichkeit auf die Kontinuität, die Berechenbarkeit auf die soziale Akzeptanz durch Transparenz und Erkennbarkeit auf Publizität und Komplexitätsreduktion. Legitimation erfolgt hier – ganz im luhmannschen Sinne – durch *Form* und *Verfahren*.[95] Das

---

[93] Dazu nur K. Härter, Repräsentationen (wie Anm. 38); C. Kampmann/U. Niggemann (Hrsg.), Sicherheit in der frühen Neuzeit, 2013; zum damit einhergehenden Zukunftsverständnis vormoderner Gesellschaften T. Nipperdey, Gesellschaft, Kultur, Theorie, 2011, S. 74ff.

[94] Zu diesem Selbstverständnis vgl. nur W. Böckenförde (wie Anm. 8).

[95] Dezidiert A.v. Arnauld (wie Anm. 91), S. 56ff. und öfter.

Versprechen von Sicherheit *durch* Recht betont dagegen die Beherrschbarkeit von Kontingenzen und Bedrohungen durch eine umfassende Kontroll- und Vorsorgeökonomie.[96] Vorliegend genügt es, das damit verknüpfte Kosten-Nutzen-Kalkül herauszustellen. Denn in dem Maße, in dem das »neue positive Recht« zum universalen Medium sozialer Kontrolle avanciert, ist das Problem zu klären, welche Ressourcen wie aufgewendet werden müssen, um das Vertrauen in die bestehende Ordnung zu stabilisieren. Für die Praxis des Rechts heißt das wiederum, dass die Frage der angemessenen Form und des angemessenen Verfahrens mit der ebenso notorischen Frage nach der rechtspolitischen *Effizienz* und gesellschaftlichen *Wirksamkeit* konkurriert. Neben die retrospektive Sicht auf den Konflikt tritt notwendig der »präventiv vorsorgende Blick«.[97] Die Rechtsevolution der letzten zweihundert Jahre wird selten unter diesem Blickwinkel betrachtet. In der Regel wird, je nach Erkenntnisinteresse, auf eine der beiden Legitimationsrichtungen Bezug genommen. Aber gerade die »Zusammenschau« führt uns die Komplexität des Rechts und Rechtswandels vor Augen. Denn sie macht deutlich, dass sich beide Legitimations»kulturen« nicht voneinander lösen lassen, sich vielmehr wechselseitig »infiltrieren« oder sogar überlagern. Auch die Reformgeschichte des Strafrechts ist davon betroffen: Nun mutet dieser Befund mit Blick auf die skizzierte Umstellungen der Wahrheits-, Zwangs- und Körpertechniken eher befremdlich an. Betrachtet man jedoch die Normarchitektur genauer, etwa die Beibehaltung des geheimen Ermittlungsverfahrens (einschließlich der Vernehmung), bei gleichzeitiger Aufwertung der Hauptverhandlung und die damit verknüpfte, teilweise prekäre Stellung des Beschuldigten, so kann man durchaus von einem Kompromiss sprechen, der dem Gesetz von Beginn eingeschrieben war. Aber auch die Rede vom Kompromiss verdeckt womöglich nur, dass das Sicherheitsversprechen mit seiner Verschmelzung zweier Legitimations»kulturen« eine Dialektik oder Ambivalenz des Rechts forciert, die vor allem durch ein sich rasant änderndes Staatsverständnis bedingt ist. Wir werden zunächst auf diese Ambivalenz eingehen und im Anschluss – beispielhaft – auf einige Konsequenzen für das modernen Arrangement und den Umgang mit rechtlichen Wahrheits-, Zwangs- und Körpertechniken hinweisen.

---

[96] W. Conze (wie Anm. 92), S. 831 ff.; F. Ewald Soziale Welt 49 (1998), S. 5 ff.; G. Frankenberg, Staatstechnik, 2010, S. 41 ff. und öfter; M. Foucault (wie Anm. 29), S. 37 ff.; F.X. Kaufmann (wie Anm. 92), S. 31 ff.; N. Luhmann, Gesellschaftsstruktur und Semantik, Bd. 2, 1981, S. 45, 57 ff.; ders., Soziologie des Risikos, 1991, S. 41 ff.; U.K. Preuß KritV 1989, S. 3 ff.; P. Prodi (wie Anm. 1), S. 307 ff.; M. Stolleis ZNR 1989, S. 129 ff. und B. Zabel (wie Anm. 13), S. 96 ff.

[97] Einzelheiten bei U. Bröckling Behemot 2008, S. 38 ff.; ders., in: Sicherheitskultur. Soziale und politische Praktiken der Gefahrenabwehr, 2012, S. 93 ff.

2. Die Ambivalenz des Sicherheitsversprechens

Das Sicherheitsversprechen, so wie es die »großen Kodifikationen«, die Dogmatik und die Spruchpraxis hervorbringen, ist ein Zukunftsversprechen. Der Rechtsstaat löst es ein, in dem er sich zum *Vorsorge- und Interventionsstaat* erklärt (M. Stolleis).[98] Der gängigen Deutung des Rechtsstaates wird insoweit keine Verfalls- oder Verlustgeschichte entgegengesetzt. Plausibler scheint es zu sein, von einem Strukturwandel der Organisations- und Institutionenkultur auszugehen.[99] In dem Maße, in dem das Gemeinwesen auf transzendente Rückversicherungen verzichtet, muss ausschließlich er, der säkulare Staat, für das notwendige Rechtsvertrauen und bestehende Gewissheitsverluste einstehen.[100] Kennzeichnend für diese Entwicklung sind nicht nur die Neudefinition der Staatsaufgaben, sondern auch die rechts- und kriminalpolitischen Strategien ihrer Realisierung. Fragen des allgemeinen Sicherheitsregimes und der Verbrechensprävention werden den neuen gesellschaftlichen Bedürfnissen angepasst; dementsprechend haben Polizei und Justiz für Angstfreiheit und Normstabilität zu sorgen. Die verlässliche Verarbeitung von gleichwohl auftretenden Konflikten – das dürfte der entscheidende Punkt sein – wird zum Gradmesser einer Ordnungspolitik, die den Erfolg oder das Misslingen vornehmlich an den erwarteten Steuerungs- und Kontrolleffekten ausrichtet.[101] Hier können auch die »neuen Tendenzen der Verinnerlichung« verortet werden. Effektive Gefahren- und Verbrechensvorsorge verlangt einsetzbares Wissen. Denn je größer die Ressourcen an Gefahren- und Risikowissen sind, desto intensiver können diese in die staatliche Verwaltung des Sozialen eingebunden werden. Medizin, Psychiatrie und die schon erwähnte Criminalpsychologie werden spätestens an der Wende vom 19. zum 20. Jahrhundert zu Leitdisziplinen bei der Erforschung und Beherrschung individuellen oder kollektiven (Fehl-)Verhaltens. Diese Dominanz haben die

---

98 M. Stolleis (wie Anm. 96), S. 129ff.

99 Vgl. auch W. Reinhardt (wie Anm. 29), S. 509ff. und O. Depenheuer, Erzählungen vom Staat, 2007, S. 7ff.

100 Prägnant F. Ewald, Der Vorsorgestaat, 1993. Vgl. auch die Position F.v. Liszts Anfang des 20. Jahrhunderts: »Aus dem Rechtsstaat, dem Nichts-als Rechtsstaat, der sich damit begnügt hat oder wenigstens begnügen wollte, dem freien Spiel der Kräfte seinen ruhigen Lauf zu lassen ... hat sich im Laufe der Jahrzehnte der moderne Verwaltungsstaat entwickelt, der durch bewusste Zwecksetzungen eingreift in das freie Spiel der Kräfte, eingreift, um auf der anderen Seite die Interessen der Gesamtheit gegenüber dem Übermut des Einzelnen wahrzunehmen.« Mitgeteilt durch die IKV, Bd. 19, 1912, S. 377.

101 Vgl. D. Garland, Kultur der Kontrolle, 2008 (Culture of Control, 2005); M. Kötter Der Staat 43 (2004), S. 371ff.

Lebenswissenschaften bis heute behalten.[102] Es ist deshalb nur folgerichtig, dass Mediziner, Psychiater und Psychologen als Sachverständige zu unersetzbaren »Co-Autoren«, ja »Co-Produzenten« juristischer Entscheidungen werden. Unterstützt werden diese kriminalpolitischen Strategien durch eine professionalisierte Kriminalistik, die Kriminalitätsraten und Dunkelziffern berechnet und so »vorsorgetaugliche« Kriminalitätsstatistiken zur Verfügung stellt.[103] In der Sache geht es in all diesen Konstellationen moderner Ordnungspolitik um die zunehmende Bedeutung der Unsicherheits-, Folgen- und Kontingenzbewältigung im Recht. Wenn wir also von einer Dialektik oder Ambivalenz des Sicherheitsversprechens reden, so soll vor allem darauf aufmerksam gemacht werden, dass Recht als personale Statusgarantie mit einem *funktional* ausgerichteten Präventionskalkül zusammengeschlossen, Freiheit immer öfter als »Interventionsfreiheit« verstanden wird.[104] Beobachten lässt sich dieses Phänomen bereits in F.v. Liszts Marburger Programm von 1883 und der dort entwickelten Tätertypenlehre.[105] Auch die jüngere Gesetzgebungsgeschichte des Strafrechts bildet das im Wesentlichen ab. Man denke zum einen an die *Emminger Verordnung* von 1924, die Einführung der Maßregeln im Jahre 1933, an die Reaktivierung der so genannten Sicherungshaft im Jahre 1964 oder die Ausweitung der Ermittlungsbefugnisse durch die Verbrechens- und Terrorbekämpfungsgesetze seit den siebziger Jahren; zum anderen aber auch an die Verbesserung der Verteidiger- und Beschuldigtenstellung, die Ausweitung des Opferschutz oder die Fortentwicklung der Beweis(verbots)lehre.[106] Insofern bedeutet der annoncierte Strukturwandel nicht die Verabschiedung des aufklärerischen Projekts, ganz im Gegenteil. Er zeigt aber an, welche Spannungen zwischen dem normativen Ideal und seiner rechtsgesetzlichen Umsetzung, zwischen Freiheit und Sicherheit bestehen

---

[102] Wie groß der Einfluss der Lebenswissenschaften oder *Life Sciences* auf den Umgang mit Kriminalität und Kriminalitätsprävention ist, zeigt nicht zuletzt die kontroverse Debatte um die Bedeutung der Neurowissenschaften für die Begründung individueller Autonomie, die Gefährlichkeit, Schuld- oder Schuldunfähigkeit des Täters, siehe hierzu nur T. Hillenkamp (Hrsg.), Neue Hirnforschung – neues Strafrecht?, 2006; T. Hörnle, Kriminalstrafe ohne Schuldvorwurf, 2013; B. Libet, in: The Oxford Handbook of Free Will, 2002, pp. 551 seq.; R. Merkel, Willensfreiheit und rechtliche Schuld, 2008; M. Pauen/G. Roth, Freiheit, Schuld und Verantwortung, 2008.

[103] Klassisch H. Gross, Criminalpsychologie, 1898 und C. Lombroso, Die Ursachen und Bekämpfung des Verbrechens, 1894; darüber hinaus H. Popitz, Zur Präventivwirkung des Nichtwissens, 1968; P. Strasser, Verbrechermenschen, 2. Aufl. 2005 und M. Vec, Die Spur des Täters, 2002.

[104] Dazu in Kürze B. Zabel, Die Ordnung des Strafrechts, 2015.

[105] F.v. Liszt, Das Marburger Programm ZStW 3 (1883), S. 1 ff.

[106] Zur jüngeren Gesetzgebungsgeschichte etwa T. Vormbaum, Die Lex Emminger, 1988; ders., in: U. Wackerbarth (Hrsg.), Festschrift für U. Eisenhardt, 2007, S. 155 ff.; S. Kesper-Biermann, in: C. Opitz et al. (Hrsg.), Kriminalisieren-Entkriminalisieren-Normalisieren, 2006, S. 177 ff.

(können) und in jeder Gesellschaft wieder ausgemittelt werden müssen. Dass sich diese Spannungen auch in der konkreten kriminalpolizeilichen und verfahrensrechtlichen Praxis niederschlagen, ist alles andere als verwunderlich. Zwei sehr unterschiedliche Konfliktfelder sollen das illustrieren.

IV. Im Schatten der Folter

1. Das Problem der Ausnahme: Körperlicher Zwang zu Rettungszwecken?

Wie sehr sich die Engführung von Recht und Gewalt, von Wahrheiterforschung und Körpertechniken im Bewusstsein, aber auch in der alltäglichen Arbeit der Strafverfolgungsbehörden fortschreibt, wird an der Kontroverse um die Zulässigkeit der so genannten Polizeifolter ersichtlich. Bei der Polizeifolter geht es in der Regel darum, durch Androhung oder Ausübung körperlichen Zwangs gegenüber einem Verdächtigen, Informationen zu erhalten, die es ermöglichen, *Gefahren* von einem Dritten oder ganzen Bevölkerungsgruppen abzuwenden.[107] Wir bemerken hier durchaus Ähnlichkeiten zu den erwähnten Formen der Ermittlungsfolter bzw. der Lügen- und Ungehorsamsstrafen. Hatte doch diese Praktiken u. a. den Zweck, Erkenntnisse über Komplizen, den etwaigen Verbleib der Beute oder zukünftige Verbrechenspläne zu erlangen.[108] Zu unterscheiden sind diese Praktiken von der Geständnisfolter als strafrechtlicher *Beweismethode*[109] und von Formen der Gewalt, die *ausschließlich* das Quälen eines Menschen zum Ziel haben.[110]

---

[107] Zu dieser Kontroverse vgl. hier nur G. Beestermüller/H. Brunkhorst (Hrsg.), Rückkehr der Folter?, 2006; H. Bielefeld, in: P. Nitschke (wie Anm. 16), S. 95ff.; W. Brugger Der Staat 35 (1996), S. 67ff.; P. DuBois, Torture and Truth, 1991; V. Erb NStZ 2005, S. 593ff.; E. Hilgendorf JZ 2004, S. 331ff.; G. Jerouschek/R. Kölbel JZ 2003, S. 613ff.; W. Perron, in: B. Heinrich (Hrsg.), Festschrift für U. Weber, 2004, S. 143ff.; C. Roxin, in: J. Arnold et al. (Hrsg.), Festschrift für A. Eser, 2005, S. 461ff. und W. Schild (wie Anm. 16), S. 69, 78ff.; aus soziologischer Perspektive N. Luhmann, Gibt es in unserer Gesellschaft noch unverzichtbare Normen?, 1993.

[108] Wie gesehen, sind die Praktiken der Lügen- und Ungehorsamsstrafen aus einem Funktionswandel des Geständniszwangs hervorgegangen. Vgl. die Erörterungen unter 2.c).

[109] Einzelheiten dazu unter 2.a) und öfter.

[110] Zur aktuellen Diskussion um die Folter als Instrument »nackter Gewalt« und die neu aufgeflammte Frage nach der Legitimation von Schmerzzufügung, körperlichem und seelischem Zwang etwa G. Agamben, Homo Sacer, 2002; J. Butler, Haß spricht. Zur Politik des Performativen, 1998; L. Ellrich, in: T. Weitin (Hrsg.), Wahrheit und Gewalt, 2010, S. 41ff.; D. Rejali, Torture and Democracy, 2007; S. van der Walt/C. Menke (wie Anm. 64); E. Scarry, Der Körper im Schmerz, 1992 (The Body in Pain 1985); darüber hinausgehend L. Schwarte/C. Wulf (Hrsg.), Körper und Recht. Anthropologische Dimensionen der Rechtsphilosophie, 2003.

Das hinter der Polizeifolter stehende Problem ist immer wieder anhand von »ticking time bomb«- oder ähnlichen Szenarien durchgespielt worden. Realität geworden ist der Konflikt im so genannten Frankfurter Entführungsfall 2002.[111] Wir wollen die strafrechtsdogmatischen Fragen hier nur randständig behandeln und uns vor allem auf die »innere Logik« konzentrieren, der die Polizeifolter zu folgen scheint. Je nach Situation kommen eine (schwere) Körperverletzung, eine Aussageerpressung oder ein besonders schwerer Fall der Nötigung in Betracht. Ungeachtet der geregelten Folterverbote, namentlich in Art. 104 Abs. 1 GG, Art. 3 EMRK und Art. 7 IPBPR – strafprozessual ist gegebenenfalls § 136a Abs. 1 StPO (verbotene Vernehmungsmethoden) einschlägig – wird über Möglichkeiten eines Verantwortungsausschlusses der involvierten Polizei- oder Justizbeamten diskutiert. Soweit auf die Notwehr(hilfe)regelung des § 32 Strafgesetzbuch zurückgegriffen wird, wird darauf insistiert, dass ein Verbot zwangsbewehrten Rettungshandelns gegenüber dem Beschuldigten zugleich ein massives Eingriffsrecht gegenüber dem Angriffsopfer darstelle, insoweit dessen Rechtsgut der Vernichtung preisgegeben werde. Der Staat liefe dann aber Gefahr, grundlegenden *Schutzpflichten* außer Kraft zu setzen. Deshalb erweise sich, so V. Erb, die »Respektierung individueller Notwehr durch den Staat zumindest dort, wo existenzbedrohende Angriffe im Raum stehen, als *zwingendes menschenrechtliches Erfordernis*«.[112] Diese Verhältnisbestimmung von staatlichen Schutzpflichten und differenzierten Rechtsgewährleistungsniveaus – des Beschuldigten, des Opfers – wird teilweise auch auf die Notstandsebene des § 34 Strafgesetzbuch verlagert[113] und dort mit der Güter- und Interessensabwägung verknüpft. Der Würde des Beschuldigten stehe, so das Argument, die Würde des Opfers gegenüber, der in Situationen, in denen der Beschuldigte den Konflikt selbst provoziert hat, durch staatliches Handeln der Vorrang einzuräumen sei.[114] Flankiert wird das Schutzpflichtargument damit, dass die völkerrechtlichen Verbote der Folter einen spezifischen Folterbegriff verwenden, indem sie ausdrücklich auf die Zufügung *großer körperlicher oder seelischer Schmerzen* abstellten. Die Beurteilung der staatlichen Zwangsmaßnahme habe sich deshalb danach zu richten, ob die Zufügung körperlicher oder seelischer

---

[111] Strafjuristisch aufgearbeitet wurde dieser Fall durch die Entscheidung des LG Frankfurt M. v. 20.12.2004; NJW 2005, S. 692.

[112] V. Erb (wie Anm. 107), S. 593, 594; zu den dogmatischen Einzelfragen siehe S. 596ff.

[113] Auf die Kontroverse, ob § 34 StGB auf hoheitliches Handeln überhaupt anwendbar, kann vorliegend nicht eingegangen werden, vgl. aber C. Roxin, Strafrecht. Allgemeiner Teil I, 4. Aufl. 2006, § 16 Rn. 103ff.

[114] Vgl. etwa die Argumentation und Begründung bei W. Brugger JZ 2000, 165, 172; Verständnis für die Position zeigt etwa O. Miehe NJW 2003, S. 1219.

Schmerzen noch unterhalb der Schwelle einer – nicht zu rechtfertigenden – Menschenwürdeverletzung blieben.[115]

Die »innere Logik« der Rettungs- oder Polizeifolter ist eine Logik der Unsicherheitsbeherrschung. Im Sinne des oben skizzierten Sicherheitsversprechens wird deutlich, wie stark die Legitimation des »Grundrechtsstaates« von einer umfassenden Folgenabschätzung und Interventionseffizienz abhängig gemacht wird. War die Abschaffung der Folter gerade mit dem Anliegen verbunden, Wahrheit und Wahrheitserforschung nur in den Grenzen des (positivierten) Rechts zuzulassen, so zeigt die Ambivalenz des modernen Sicherheitsversprechens, dass sich an Stelle der Wahrheit ein neuer *säkularer Höchstwert* zu etablieren beginnt: die allgemeine und staatlich garantierte Sicherheit (durch Recht).[116] In dem Maße, in dem der Sicherheit aber ein »ordnungsstabilisierendes Eigenleben« zu führen erlaubt wird, wird notwendig eine Dynamik der Abwägung in Gang gesetzt. Nun sind Abwägungsprozesse der gegenwärtigen Rechtsordnung keineswegs fremd. Das Öffentliche, nicht zuletzt das Polizeirecht sind ohne solche Abwägungsprozeduren gar nicht denk- und praktizierbar.[117] Nur sollen Abwägungsformeln dort ihre Grenze finden, so das aufklärerische Ideal, wo sie gegen fundamentale Prinzipien »selbstverfasster« Gemeinwesen verstoßen. Als ein solches – wenn nicht das – Fundamentalprinzip wird regelmäßig die Würde des Menschen angesehen.[118] Die Rede von der Menschenwürde zielt in gängiger Lesart auf eine *normative Selbstverpflichtung* des Staates, jeden Einzelnen vor Instrumentalisierungstechniken zu schützen, die ihn nur zum Objekt des Rechts, etwa der Strafverfolgung, machen und damit zugleich das rechtskonstitutive Anerkennungsverhältnis aufkündigen würden.[119] Die sicherheitsorientierte Mobilisierung einer umfassenden Schutzpflicht des Staates hat nun eine brisante Konsequenz; als sie nämlich in Konkurrenz zur normativen Selbstverpflichtung des Staates tritt. Die Folge sind nun eine Vielzahl von Würden – oder Menschenrechten –, die gegeneinander »antreten« und um den konfliktspezifischen Vorrang ringen. Hier zeigt sich in ganzer Schärfe das Dilemma eines Staates, der Recht durch umfassende Sicherheit, d. h. durch eine verlässliche Depotenzierung von Gefahren garantieren will. Denn die Sicherheit

---

[115] Expressis verbis § 7 Abs. 1 Nr. 5 des deutschen Völkerstrafgesetzbuches. – In diese Richtung tendieren wohl R.D. Herzberg JZ 2005, S. 321 ff. und E. Hilgendorf (wie Anm. 107), S. 331, 335 ff., m.w.N.

[116] Prominent bereits J. Isensee, Das Grundrecht auf Sicherheit, 1983; zur Struktur und Legitimationslogik des Sicherheitsversprechens vgl. die Erörterungen unter 3a. und b.

[117] Zum Abwägungs- und Verhältnismäßigkeitsgrundsatz etwa B. Schlink, Abwägung im Verfassungsstaat, 1976.

[118] Zu dieser Debatte vgl. nur R. Gröschner / O. Lembcke (Hrsg.), Das Dogma der Unantastbarkeit, 2009.

[119] K. Seelmann (Hrsg.), Menschenwürde als Rechtsbegriff, 2004.

überschreitet auf dem Weg zu noch mehr Sicherheit unweigerlich die normativen Grenzen des Rechts. Der Beschuldigte muss es dann aber hinnehmen, dass er »in Regress« genommen wird, obwohl doch nach den Grundsätzen des Rechtsstaates gar nicht zu bestreiten ist, dass durch die Androhung oder die Anwendung von Gewalt »seine Würde« missachtet wird.[120] Gerade weil der Rechtsstaat das Sicherheitsversprechen unbedingt einlösen will, wird es nun gleichermaßen zu seinen Aufgaben gerechnet, auch die tragische oder moralisch nachvollziehbare Situation *rechtlich* beherrschen zu müssen. Das Recht der Allgemeinheit und das individuelle Lebensrecht des Opfers verschmelzen bei der Polizeifolter zu einem »Eingriffsimperativ«, der nicht nur den Körper des Beschuldigten in Bezug nimmt, sondern – das scheint ungleich bedeutsamer – erneut den Schmerz als Instrument und Zeichen des Rechts entdeckt. Der Rechtsstaat kann das als Ausnahme verbuchen. Aber auch dann bleibt die Frage nach der Scheitelhöhe des Normativen,[121] nach dem Bewusstsein für Grenzsituationen, die in einem funktionierenden Gemeinwesen unverzichtbar sind. Nun ist die Frage nach dem Unverzichtbaren alles andere als neu, eine moderne Gesellschaft wird sie nicht in unerreichbaren metaphysischen Höhen verhandeln. Allerdings darf sie auch nicht der Versuchung erliegen, Recht für Politik auszugeben.[122]

2. Jenseits des Schmerzes: List, Täuschung und Heimlichkeit

Der Blick auf das zweite Konfliktfeld kann uns für eine rechtlich-kriminalpolitische Entwicklung sensibilisieren, die einerseits immer weiter von der »traditionelle« Kopplung des Subjekts an den physischen oder psychischen Zwang wegführt, andererseits aber neue Techniken staatlicher *Verfügungsgewalt* zum Vorschein bringt. Angesprochen sind hier Kommunikations-, vor allem aber Überwachungsmethoden, die den Zugriff auf das individuell abgeschirmte Wissen – den so genannten Kernbereich der Person – zum Gegenstand haben, um tatrelevante Informationen generieren zu können. Im Übergang von List, Täuschung und Heimlichkeit wird nicht nur das Potential dieser Techniken augenscheinlich, sichtbar wird vor allem die Dynamik der Entwicklung.[123] Die kriminalistische List ist in dieser Entwicklung wohl noch am nächsten mit der Engführung von Subjekt und (psychischen) Zwang,

---

[120] Instruktiv W. Schild (wie Anm. 16), S. 69, 83ff.

[121] Vgl. dazu jüngst O. Depenheuer, Die Selbstbehauptung des Rechtsstaates, 2007.

[122] Vgl. dazu einerseits R. Poscher, in: G. Beestermüller/H. Brunkhorst (wie Anm. 107), S. 75ff. und andererseits R. Trapp, Folter oder selbstverschuldete Rettungsbefragung, 2006, S. 110f.

[123] Zur gegenwärtigen Diskussion A. Hahn, in: H.U. Gumbrecht/K.L. Pfeiffer, Die Materialität der Kommunikation, 1992, S. 666ff.; C. Lück/M. Niehaus, in: J. Reichertz/W. Schneider (wie Anm. 33), S. 143ff.; T. Moser, Psychoanalyse und Justiz, 1974 und M. Vec (wie Anm. 103), passim.

Wahrheit und Körper verbunden. Als Kompensation für die spätestens seit in Krafttreten der Reichsstrafprozessordnung verpönten Lügen- und Ungehorsamsstrafen wird nun die Psychologie, wir können auch sagen, die Vergeistigung des Konflikts, zentrales Element der Informationsbeschaffung. Damit verlagert sich die Kommunikation im Rahmen der Verdachtsklärung *vom fremd veranlassten Geständnis zur freiwilligen Selbstbelastung* des Beschuldigten. Nun spielte die (freiwillige) Mitwirkung auch im gemeinrechtlichen Inquisitionsprozess eine nicht zu unterschätzende Rolle. Was jetzt aber den Unterschied macht, ist die Anerkennung einer formalen Vernehmungssituation bei gleichzeitiger Anwendung aussagebezogener Vernehmungstechniken und -taktiken.[124] Kriminalistische List soll die Motive des Vernehmenden verbergen, die Erwartbarkeit der Gesprächssituation konterkarieren und damit im Gegenzug ein Geständnis des Beschuldigten motivieren. Was aber mit dieser Geständnismotivierung genau gemeint ist – und gemeint sein darf – und wie sie in der Praxis umgesetzt werden kann, ist für die Kriminalisten, Kriminalpsychologen, Kriminalanthropologen, aber auch Kriminalbiologen seit Beginn des 20. Jahrhunderts eine höchst umstrittene Frage. Abzulesen ist das in der nun verstärkt veröffentlichten Fachliteratur. Das betrifft zum einen die sich etablierende Aussagepsychologie, deren Ziel es war, den *Wahrheitswert* von Zeugen- und Beschuldigteneinlassungen zu analysieren, obgleich deren Erkenntnismöglichkeiten als eher begrenzt galten.[125] Im Gegensatz zur Aussagepsychologie legt die Criminal- wie die allgemeine Vernehmungspsychologie den Schwerpunkt auf den *Widerstand*, den der Beschuldigte dem Beamten als Wahrheitssucher entgegensetzt. Das Geständnis wird damit als Preisgabe eines Geheimnisses verstanden, weshalb es nun auf die Form und die Umstände dieser Preisgabe ankam. Folgerichtig wird dieses Geheimnis mit einer versperrten Tür verglichen. »Der Wille und die Kraft, das Geheimnis festzuhalten, entspricht«, so der Kriminalpsychologe Hans Schneickert, »den ›Zuhaltungen‹ des Schlosses«.[126] Beschrieben wird insofern aber nur ein rein technischer Akt, der sich dann auch in der Definition des Geständnisses niederschlägt. Denn als Geständnis in Strafsachen, so Ernst Lohsing in seiner gleichnamigen Monographie, firmiert jede Aussage, »die an sich betrachtet, einen strafrechtlich relevanten Nachteil des Aussagenden herbeizuführen geeignet ist«.[127] Ausschlaggebend soll gerade nicht die bewusste

---

[124] Hinzu kam, dass das Beweisrecht des reformierten Verfahrens das Geständnis nur noch als *ein* Beweismittel unter anderen ansah; zur Gesamtproblematik neuerer Geständnispraktiken C. Lück/M. Niehaus, (wie Anm. 123), S. 143, 145ff.; M. Niehaus KrimJ 2000, S. 2ff.

[125] W. Stern, Zur Psychologie der Aussage. Experimentelle Untersuchungen über Erinnerungstreue, 1902.

[126] H. Schneickert, Verheimlichte Tatbestände und ihre Erforschung, 1924, S. 29.

[127] E. Lohsing, Das Geständnis in Strafsachen, 1905, S. 10.

Selbstbelastung des Beschuldigten sein. »Ein Geständnis liegt nicht erst dann vor, wenn aus den Worten des Angeklagten sich ergibt, dass er sich mit seiner Aussage belasten will; es genügt, dass der seinen Worten entnehmbare Sinn gemeint ist; ob er sich mit seinen Worten einen rechtlichen Nachteil zufügen wollte oder nicht, kommt nicht weiter in Betracht«.[128] Die Verantwortung für die Preisgabe des Geheimnisses wird hier ganz in den Rechtskreis des Beschuldigten verlegt; so als wenn der Beamte nur der neutrale Beobachter dieses Vorganges wäre. Nicht weniger brisant ist die daran anschließende Tatbestandsdiagnostik. Die Tatbestandsdiagnostik zielt auf die Anwendung »psychologisch-experimenteller Methoden zum Zweck der Feststellung der Anteilnahme eines Menschen an einem Tatbestande«.[129] Beabsichtigt ist dabei – ganz im Sinne des »Preisgabeinteresses« – eine Zurückdrängung des individuellen Beharrungswillens. Denn wo der Wille mit der Zuhaltung des Schlosses befasst ist, so Max Wertheimer und Julius Klein, da »sind von einer Täuschungstendenz geradezu besondere, für die Diagnostik günstige, charakteristische Resultate zu erwarten«.[130] Zweifel gibt es aber nicht nur an der Verlässlichkeit und Brauchbarkeit der experimentellen Methode im Rahmen des Strafprozesses.[131] Die Skepsis richtet sich vor allem gegen die vernehmungstaktische Idee des so veranlassten *Selbstverrats* und das damit einhergehende Problem der Fehleranfälligkeit des Geständnisses. Soweit damit nämlich zielgerichtete Täuschungen oder eine aktive Mitwirkung des Beschuldigten forciert würden, verstießen diese, so etwa Ernst Beling, gegen die normative Schutzrichtung des § 136 Reichsstrafprozessordnung.[132] Der Hinweis auf § 136, später auch auf § 136a Strafprozessordnung, forciert schließlich die Professionalisierung der Vernehmungstechnik durch gesprächs- und kommunikationsorientierte Rollen- bzw. Aufgabenzuweisungen. Auf diese Weise soll die Subjektposition des Beschuldigten gewahrt, aber auch die behördliche Plan- und Gestaltbarkeit der Vernehmung ermöglicht werden. Freilich war damit das Problem der Abgrenzung nicht aus der Welt; ganz im Gegenteil, bis heute sind Dogmatik und Praxis damit beschäftigt, belastbare Kriterien für die Zulässigkeit der kriminalistischen List im Verhältnis zu den verbotenen Vernehmungsmethoden zu bestimmen. So sollen Fangfragen erlaubt, gezielte Lügen aber untersagt sein. Vorgeschlagen wird darüber hinaus eine Differenzierung zwischen groben und geringfügigen Täuschungen, letztere sollen zulässig sein, jedenfalls aber nicht dem Beweisverwertungsver-

---

128 A. a. O., S. 62.

129 So etwa M. Wertheimer/J. Klein, in: Archiv für Kriminal-Anthopologie und Kriminalistik, 1904, S. 72.

130 A. a. O., S. 75f.

131 Vgl. nur M. Lederer ZStW 26 (1905/06), S. 488.

132 E. Beling ZStW 27 (1907), S. 792, 798.

bot des § 136a Abs. 3 S. 2 Strafprozessordnung unterfallen.[133] Unverkennbar verschiebt sich damit der Fokus: In dem Maße, in dem die Anwendung von (physischem) Zwang, die Schmerzzufügung oder -androhung, unter massiven Legitimationsdruck geraten, rückt die Verdeckung, die Verschleierung oder eben die unterlassene Offenlegung des konkreten Informations- und Erkenntnisinteresses der Strafverfolgungsbehörden in den Vordergrund. Indes, Verdeckung und Verschleierung konkreter Informations- und Erkenntnisinteressen kannte und kennt auch die »klassische« oder »normale« Vernehmungssituation. Das Potential dieser Schwerpunktverschiebung wird aber vor allem dort sichtbar, wo es – im Zusammenspiel mit neuen Techniken der Visualisierung – der Kommunikations- und Vernehmungssituation ein völlig anderes Gepräge gibt. Die Rede ist hier insbesondere von so genannten *Verheimlichungstendenzen* bei der Informations- oder Geständnisbeschaffung. Man denke etwa an Lockspitzeleinsätze, die Einschleusung von V-Leuten und verdeckten Ermittlern in kriminelle Milieus, die Kommunikations- und Wohnraumüberwachung etc.[134] Es ist dies die paradigmatische Umstellung von unmittelbar-offener Kommunikation auf verdeckte, mittelbare, ja sogar nur auf (extern) *beobachtete* Kommunikation. Wie radikal dieser Wandel ist, lässt sich an einer Entscheidung des Reichsgerichts aus dem Jahre 1912 ersehen. Auf den Lockspitzeleinsatz bezogen, betonte damals der zuständige Senat, dass dieser, der Lockspitzeleinsatz, »vom allgemeinen sittlichen Standpunkt, den die Behörden einzunehme hätten, keinesfalls zu billigen wäre. Vielmehr seien solche Scheinmitwirkungsakte im Strafverfahren »unter allen Umständen« unzulässig, denn es sei »unaufrichtig und jedenfalls mit dem Ansehen der Behörden unvereinbar, wenn deren Beamte oder Beauftragte sich dazu hergeben ..., zum Verbrechen anzulocken, und auch, wenn sie nur den Schein erwecken, als ob sie Täuschung oder sonstige Mittel in den Dienst der Strafrechtspflege stellen.[135] Es ist vorliegend nicht möglich, aber auch nicht notwendig, sämtliche Detailfragen dieses Konfliktfeldes zu dis-

---

[133] Zu dieser Diskussion vgl. etwa BGHSt 35, 328; darüber hinaus W. Beulke, Strafprozessrecht, 12. Aufl. 2012, § 8 Rn. 136; W. Degener GA 1992, S. 464; V. Erb, in: (Hrsg.), Festschrift für H. Otto, 2007, S. 876ff.; S. Gleß, in: LR-StPO, § 136a Rn. 39; T. Kleinknecht JZ 1953, S. 534ff.; H.H. Lesch ZStW 1999 (111), S. 644ff.; I. Puppe GA 1978, S. 289ff.; K. Rogall, Der Beschuldigte als Beweismittel gegen sich selbst, 1977, S. 104; C. Roxin/B. Schünemann, Strafverfahrensrecht, 28. Aufl. 2014, § 25 Rn. 24 und M. Soiné NStZ 2010, S. 596ff.

[134] Vgl. zu dieser Entwicklung und der aktuellen Gesetzeslage W. Hassemer ZStW 121 (2009), S. 829ff.; M. Kahlo, in: ders. et al. (Hrsg.), Festschrift für E.A. Wolff, 1998, S. 153ff.; M. Köhler ZStW 107 (1995), S. 1ff.; T. Mahlstedt, Die verdeckte Befragung des Beschuldigten, 2011; D. Meurer, in: B. Schünemann et al. (Hrsg.), Festschrift für C. Roxin, 2001, S. 1281ff.; L. Meyer-Goßner, StPO, 57. Aufl. 2014, § 136a Rn. 4a; M. Pawlik GA 1998, S. 378ff.; C. Roxin NStZ 1997, S. 18ff. und E. Weßlau ZStW 110 (1998), S. 1ff.

[135] Zitiert nach E. Kohlrausch ZStW 33 (1912), S. 688, 694f.

kutieren.[136] Wir wollen uns auf die Brüche und Kontinuitäten im »Folterabschaffungsdiskurs« beschränken. Dabei sollte, um jeglichen Anachronismus zu vermeiden, nicht verkannt werden, dass sich die Kriminalitätsphänomene in den letzten einhundert Jahren erheblich verändert haben, man denke an die Organisierte, die Wirtschafts- oder Rauschgiftkriminalität. Aber selbst wenn man vor diesem Hintergrund eine Anpassung der Ermittlungsmethoden konzediert, bleibt doch die Frage, wie sich diese Entwicklung im Rechtsgewährleistungsschema des reformierten Strafverfahrens verorten lässt. In Abgrenzung zu den Praktiken der Geständnisfolter, der *tortura spiritualis* und der Lügen- bzw. Ungehorsamsstrafen sollte mit der Vernehmung eine »schützende Form« verdachtsbezogener Kommunikation installiert werden, die gleichzeitig die Kontrolle des Beschuldigten über sein (Tat-)Wissen garantieren kann. Zum zentralen Argument, aber auch zum Konstrukt kriminalistischer Deutung wird nun die *Selbstbelastungsfreiheit* des Beschuldigten: nemo tenetur se ipsum accusare.[137] Die neue Technik und Psychologie der Vernehmung, die erwähnten Verdeckungs- und Verheimlichungstendenzen machen darauf aufmerksam, dass der Konflikt zwischen dem Abschirmungsinteresse des Beschuldigten und dem Informationsinteresse des Staates nicht verschwunden ist; vielmehr haben sich »nur« die Fronten der konfligierenden Interessen verlagert. Geht es doch jetzt um die nicht weniger schwierigen Fragen, wo die Grenzen der Freiwilligkeit einer Aussage, d. h. eines Schuldbekenntnisses verlaufen und was zum geschützten Kernbereich der Person zu zählen ist. Sichtbar wird aber auch, dass die Dynamik des Konfliktfeldes die »schützende Form« der Vernehmung über sich hinaus treibt, denn eine nur beobachtete, heimlich abgehörte, aufgezeichnete oder elektronisch gespeicherte Kommunikation entspricht nicht (mehr) dem vernehmungstypischen Organisationsrahmen des reformierten Strafverfahren; womit sich das notorische Problem der Anwendung statussichernder Garantien – des Täuschungs-, Instrumentalisierungsverbots usw. – stellt. Hier weist diese Entwicklung auf die Programmatik des staatlichen Sicherheitsversprechens zurück. Wahrheitserforschung und Informationsgewinnung werden, wie wir sehen können, ein weiteres Mal mit dem Vorsorge- und Interventionskalkül zusammengeschlossen. Erneut geht es um frühzeitiges Wissenwollen, um Risikovermeidung und ein effektives Konfliktmanagement. Gerade die Aus-

---

136 Das gilt insbesondere für das Problem der so genannten »Hörfallen«, zur höchstrichterlichen Rechtsprechung BGHSt 42, 139; zu den Detailfragen B. Zabel (wie Anm. 104), 2. Teil, II.1.1.ff. und III.1.1.ff.

137 Zur Debatte um die Selbstbelastungsfreiheit vgl. nur W. Beulke (wie Anm. 133), § 7 Rn. 125; N. Bosch, Aspekte des nemo tenetur-Prinzips, 1998; L. Eidam, Die strafprozessuale Selbstbelastungsfreiheit am Beginn des 21. Jahrhunderts, 2007; R. Kölbel, Selbstbelastungsfreiheiten, 2006; K. Rogall, in: E. Weßlau/W. Wohlers (Hrsg.), Festschrift für G. Fezer, 2008, S. 61 ff. und T. Verrel, Die Selbstbelastungsfreiheit im Strafverfahren, 2001.

weitung der behördlichen Visualisierungs- und Kontrolltechniken führt uns vor Augen, wie stark das Bedürfnis nach Unsicherheits- und Kontingenzbeherrschung ist und in welchem Umfang sich dabei die Gestaltungsspielräume der Strafverfolgungsbehörden verändern. Jenseits von Schmerz, Zwang und Körpertechniken gerät der Einzelne erneut in die Gefahr, zur Projektionsfläche für diverse Ängste und Bedrohungswahrnehmungen zu werden. Damit wird nicht in Abrede gestellt, dass jede Gesellschaft mit durchaus gefährlichen Personen, mit realen Bedrohungen konfrontiert ist und entsprechende, auch verfahrensrechtliche Lösungen finden muss. Aber ein Staat und ein Strafrecht, die den Achtungsanspruch des Einzelnen zur zentralen Signatur der normativen Selbstorganisation erklärt haben, sollten gerade mit Blick auf die Transformationsprozesse von Recht und Kultur in der Lage sein, ein Konzept des *Unverfügbaren* zu benennen, das nicht einem temporären Sicherheitsgefühl geopfert wird. Zugleich bringen die beständigen Probleme, das Freiheitsargument gegen die Skepsis moderner Ordnungspolitik durchzusetzen, zu Bewusstsein, mit welcher Wucht sich auch heute die Dialektiken der Aufklärung Geltung verschaffen. Genau das zu reflektieren heißt nicht anderes, als die langen Schatten der Folter zur Kenntnis zu nehmen.

V. Fazit und Thesen

Wir haben vorliegend versucht, die Debatte um die ausnahmsweise Rechtfertigung oder generelle Ächtung der Folter in ihrer geschichtlichen, rechtsphilosophischen und strafrechtlichen Dimension einzufangen. Zum Vorschein kam dabei ein Kraftfeld oder, mit Foucault, ein Dispositiv, das durch wandelnde Vorstellungen von Recht und Gewalt, Wahrheit und Freiheit, Körper und Schmerz geprägt war – und ist. Die entsprechenden Wandlungs- und Transformationsprozesse, die sich an den Praktiken der Geständnisfolter, der *tortura spiritualis*, der Lügen- bzw. Ungehorsamsstrafen, aber auch an den modernen Beweis- und Informationstechniken zeigen, sind keine restlos überholten oder randständigen Phänomene der Strafrechtsentwicklung, ganz im Gegenteil, sie sind dem Recht als ordnungsgestaltender Kraft inhärent. Markiert haben wir das anhand des so genannten Sicherheitsversprechens. Der Staat sorgt für Rechtssicherheit und kann im Gegenzug die Anerkennung seines Gewaltmonopols verlangen. Die Charakteristik der hier nachgezeichneten Geschichte des Rechts als Zwang ließ sich insoweit an dem Dilemma des (modernen) Staates veranschaulichen, die zumindest seit der Aufklärung verteidigte Idee der Freiheitsverbürgung *des* Rechts mit der ebenso geforderten Sicherheitsgarantie *durch* Recht in Einklang zu bringen. Darin drückt sich gleichermaßen das Wissen um die Verletzlichkeit des Subjekts und das Bedürfnis nach Kontrolle und Disziplinierung aus. Bereits die Kontroverse um die Abschaffung der Geständnisfolter reformuliert dieses Dilemma, wie Cesare Beccarias Argumentation verdeutlicht. Dem Staat der Gegenwart ist es gelungen – und das darf man durchaus als Fortschritt verbuchen – diese, aber auch andere Formen des Zwangs zu marginalisieren. Ein Grund, damit die »Zwangsgeschichte« des Strafrechts ad acta zu legen, ist das nicht.

IV.
ANHANG: MARIO A. CATTANEO – EIN EUROPÄISCHER GELEHRTER

Mario A. Cattaneo (†)

EINIGE BEMERKUNGEN ÜBER DIE »RECHTSPOSITIVISTISCHE« NATURRECHTSLEHRE VON ANSELM FEUERBACH

Um die Wende vom 18. zum 19. Jahrhundert war das philosophische und juristische Denken in Europa von der Idee des Naturrechts geprägt. Auf rechtsphilosophischem Gebiet hatte die Aufklärung das Werk der Naturrechtsphilosophie des 18. Jahrhunderts vervollständigt, und die Menschenrechtserklärungen der Amerikanischen und Französischen Revolution waren das letzte Ergebnis der naturrechtsphilosophischen Bewegung. Von verschiedenen Standpunkten aus kann man Kant als den Vollender der Aufklärungsphilosophie betrachten; und das Kantische rechtsphilosophische Denken ist (im Gegensatz zu verschiedenen Interpretationen) typisch naturrechtlich, wie sein berühmter Satz in der *Metaphysik der Sitten* beweist, wo er schreibt: »Eine bloß empirische Rechtslehre ist (wie der hölzerne Kopf in Phädrus' Fabel) ein Kopf, der schön sein mag, nur schade! daß er kein Gehirn hat«.[1]

Auch seine in diesem Werk enthaltene Definition des Rechtsbegriffs hat einen typisch naturrechtlichen Sinn, insofern sie die Bedeutung des Rechts als Wert, des Rechts, wie es sein soll, des Rechts, das die bürgerliche Freiheit sichern soll, ausdrückt: »Das Recht ist also der Inbegriff der Bedingungen, unter denen die Willkür des einen mit der Willkür des anderen nach einem allgemeinen Gesetze der Freiheit zusammen vereinigt werden kann«.[2]

Paul Johann Anselm Feuerbach – der vor allem und richtigerweise als Strafrechtslehrer berühmt ist – hatte seine Laufbahn als Philosoph und besonders als Rechtsphilosoph begonnen; und in seiner philosophischen Bildung wurde er deutlich vom Kantischen Denken beeinflußt. Seine Naturrechtslehre entwickelte Feuerbach vor allem in seinem Buch *Kritik des natürlichen Rechts als Propädeutik zu einer Wissenschaft der natürlichen Rechte*, das 1796 veröffentlicht wurde, also ein Jahr vor der Kantischen *Metaphysik der Sitten*. In dieser Schrift hat Feuerbach versucht, eine vollkommen von der Moral getrennte Naturrechtslehre zu entwickeln. Feuerbach wendet beim

---

[1] Kant, I.: *Metaphysik der Sitten. Metaphysische Anfangsgründe der Rechtslehre* (1797), hg. von K. Vorländer, Hamburg 1966, § B, S. 34.

[2] Ebd., § B, S. 34 f.

Recht die Unterscheidung zwischen *Moralität* und *Legalität* an, welche Kant in seiner Moralphilosophie herausgearbeitet hatte. In der *Kritik der praktischen Vernunft* schreibt Kant: »Das Wesentliche alles sittlichen Werts der Handlungen kommt darauf an, daß das moralische Gesetz unmittelbar den Willen bestimme. Geschieht die Willensbestimmung zwar gemäß dem moralischen Gesetze, aber nur vermittelst eines Gefühls, welcher Art es auch sei, das vorausgesetzt werden muß, damit jenes ein hinreichender Bestimmungsgrund des Willens werde, mithin nicht um des Gesetzes willen, so wird die Handlung zwar *Legalität*, aber nicht *Moralität* enthalten«.[3]

Feuerbach bezeichnet als Quelle des Naturrechts die juridische Funktion der praktischen Vernunft, welche von der moralischen Funktion derselben Vernunft verschieden ist: sie sagt nicht wie jene »du *sollst*, oder du *sollst nicht*«, weil das Recht nach seinem Wesen »eine Freiheit durch Vernunft ist«.[4] Auf dieser Grundlage gibt Feuerbach die folgende Definition des Rechtbegriffs: »Recht ist eine durch die Vernunft bestimmte Möglichkeit des Zwangs, oder ein von der Vernunft um des Sittengesetzes willen bestimmtes Erlaubtseyn des Zwangs«.[5] Er unterscheidet folgendermaßen zwischen den *moralischen* und den *nichtmoralischen* Handlungen: die ersteren sind »solche, welche durch das Sittengesetz selbst positiv bestimmt sind, wozu der Handelnde Pflicht hat«.[6] Die letzteren werden ihrerseits in *unmoralische*, welche dem Sittengesetz widersprechen, und *nichtmoralische* im engeren Sinne, »welche bloß dem Sittengesetz nicht widersprechen«, und »freie Handlungen« heißen, unterschieden.

Eine solche Unterscheidung erlaubt es Feuerbach (wie oben angedeutet), eine präzise und besondere Anwendung der Kantischen Unterscheidung zwischen *Moralität* und *Legalität* zu entwickeln. Er schreibt: »Moralität, der höchste Zweck vernünftiger Wesen, wird nur durch Befolgung des Sittengesetzes um sein selbst willen, und durch freie Befolgung des Sittengesetzes erreicht. Da nun freie Befolgung des Sittengesetzes Bedingung der Erreichung des höchsten Zweckes ist, das Bestimmtwerden von außen aber zur Befolgung des Sittengesetzes diese Freiheit zerstörte, und die Vernunft völlige Einstimmung der Handlungen mit den Forderungen des Sittengesetzes wollen muß, so muß sie sich unmoralische Handlungen ihrer Sanktion unterwerfen, in wie ferne *freie* Befolgung des Sittengesetzes Bedingung der Erreichung des höchsten Zweckes ist. Aeußere Rechte sind solche Rechte, die unmoralische

---

3 Kant, I.: *Kritik der praktischen Vernunft* (1788), hg. von K. Vorländer, Hamburg 1963, I. Theil, I. Buch, III. Hauptstück, S. 84.

4 Feuerbach, P. J. A.: *Kritik des natürlichen Rechts als Propädeutik zu einer Wissenschaft der natürlichen Rechte* (1796), Nachdruck Hildesheim 1963, S. 248 f.

5 Ebd., S. 259.

6 Ebd., S. 284.

Handlungen zur Materie haben. Nun sind unmoralische Handlungen von der Vernunft sanktioniert, folglich giebt es *äußere* Rechte durch Vernunft«.[7] An derselben Stelle unterstreicht und erklärt Feuerbach die Wichtigkeit dieser Behauptung der ›äußeren Rechte‹: »*Freie* Befolgung des Sittengesetzes ist nun eine Bedingung der Erreichung des höchsten Zwecks. Bestimmung meiner Freiheit durch eine Person außer mir hebt diese Bedingung auf. Mithin muß die juridische Vernunft auch die Sphäre unmoralischer Handlungen sanktioniren, d. h. sie muß diese Handlungen für unverletzlich erklären und die Möglichkeit des Zwangs bestimmen, in Beziehung auf jeden, der mich an derselben hindern will«.[8]

Man sieht also hier deutlich, daß die Naturrechtslehre des jungen Feuerbach das Erlaubtsein von Rechten vertritt, welche unmoralische Handlungen zur Materie haben. Diese Behauptung ist im Sinne von Kants Moralphilosophie klar. Nach dieser gehört eine gute Handlung – die nur aus Furcht vor einer Strafe vollendet wird – nicht zur Moral. Also sollen jene Rechte erlaubt und sanktioniert werden, welche eine zur Moral im Gegensatz stehende Handlung zur Materie haben. Eine Handlung jedoch, welche die menschlichen Rechte einer anderen Person verletzt, ist unmoralisch und unrechtlich zugleich, und daher nicht erlaubt. Feuerbachs frühe Naturrechtslehre ist also philosophisch aufgebaut, und zwar namentlich auf dem Denken von Kant.

In den darauffolgenden Jahren hatte sich Feuerbach überwiegend als Strafrechtslehrer, weniger als Rechtsphilosoph betätigt. 1804 hielt Feuerbach als Antrittsrede zum Sommersemester an der Universität Landshut den Vortrag *Ueber Philosophie und Empirie in ihrem Verhältnisse zur positiven Rechtswissenschaft*. Jenes Jahr 1804 hat in der modernen Geschichte Europas eine besondere Bedeutung: Es ist das Todesjahr Kants und das der Ernennung Napoleons zum Kaiser Frankreichs sowie der Veröffentlichung des *Bürgerlichen Gesetzbuches* im selben Land. Es bedeutet einen Wendepunkt in der Geschichte Europas; und diesen Wendepunkt findet man auch im Denken Feuerbachs. In seiner Antrittsrede behandelt Feuerbach die Frage eines ›allgemeingeltenden‹ Naturrechts und schreibt: »Ja, *allgemeingültig* ist das Recht der Vernunft, es ist unwandelbar wie sie selbst, es ist ewig, wie unser Geist. Aber ich will *allgemeingeltend anerkannte* Rechte. Ich will eine *unwandelbare*, *unzweifelhafte* und *unbezweifelte* Erkenntnis derselben«.[9] Auf diesem Hintergrund schreibt Feuerbach, daß »das Urtheil Aller mit Verzicht auf eigene Entscheidung, einem *einzigen* Urtheile« sich unterwerfen soll; die-

---

[7] Ebd., S. 289 f.

[8] Ebd., S. 290.

[9] Feuerbach, P. J. A.: *Ueber Philosophie und Empirie in ihrem Verhältnisse zur positiven Rechtswissenschaft. Eine Antrittsrede* (1804), mit einer Einführung von W. Naucke, Baden-Baden 2002, S. 11.

ses »einzige« Urteil ist das »öffentliche«, und: »Das Subjekt dieses Urtheils ist der *positive Gesetzgeber*; sein Ausspruch ist das *Positivgesetz*; die wissenschaftliche Darstellung des durch *Positivgesetze* begründeten, und also in einem bestimmten Staate *allgemeingeltenden* Rechts, die *positive Rechtswissenschaft*«. Und hier erklärt er: »Jedes Positivgesetz im Staat, sobald es rechtliche Bestimmungen zu seinem Gegenstande hat, soll freylich kein anderes Princip seines Daseins haben, als das Princip des Rechts, welches da war durch Vernunft, ehe noch Staaten wurden. Durch Positivgesetze soll nur [...] das *Vernunftrecht* selbst als ein positives Recht dargestellt und die übersinnliche Erkenntniß desselben in eine sinnliche (Erfahrungs-) Erkenntniß verwandelt werden. Seiner Bestimmung nach ist der positive Gesetzgeber weder ein Zerstörer des natürlichen Rechts, noch ein Schöpfer von neuem Rechte; er soll nur der höchste Interpret des Rechtsgesetzes seyn und soll es durchführen in consequenter Anwendung auf die besonderen Verhältnisse des Lebens«.[10]

Hier sieht man eine Hinwendung zum Rechtspositivismus, insofern Feuerbach den positiven Gesetzgeber als den einzigen Urheber des öffentlichen Rechtsurteils betrachtet. Aber gleichzeitig bezeichnet er ihn als den »höchsten Interpret des Rechtsgesetzes«. Also ist der positive Gesetzgeber der Interpret und Anwender des Naturrechts (diesem Begriff entspricht hier der Ausdruck »Rechtsgesetz«). Hier treffen wir auf etwas Ähnliches wie bei dem, was mit der französischen Kodifikation von 1804 geschehen war. Diese Kodifikation war letzten Endes das Ergebnis des naturrechtlichen Denkens der Aufklärung. Aber gleichzeitig entstand durch die *École de l'Exégèse* – welche den Text des positiven Gesetzes als das einzige Recht betrachtete – daraus der Rechtspositivismus: eine Betrachtung des positiven Rechts als das einzige gültige Recht, aber auch als ein positives Recht, welches das Naturrecht interpretiert und anwendet.

Sehen wir jedoch weiter, was Feuerbach noch in dieser Antrittsrede schreibt. Er unterscheidet zwischen der naturrechtlichen Haltung des Menschen als solchen, als Denker, und der rechtspositivistischen Haltung des Menschen als Bürger: »Während der Mensch als Mensch seine Rechte besitzt und erkennt durch Vernunft, ist für den *Bürger als Bürger* das Positivgesetz die erste und nächste Quelle aller seiner Rechte und seiner Zwangsverbindlichkeiten«.[11] An dieser Stelle finden wir eine Unterscheidung, die derjenigen in Kants vorkritischer Schrift *Beantwortung der Frage: Was ist Aufklärung* von 1784 ähnlich ist. Dort hatte Kant zwischen dem öffentlichen und dem privaten Gebrauch der menschlichen Vernunft in Bezug auf die aufgeklärte absolutistische Regierung Friedrichs II. in Preußen unterschieden. Jeder darf

---

10 Ebd., S. 13f.

11 Ebd., S. 14.

zwar durch den *öffentlichen* Gebrauch seiner Vernunft die Tätigkeit der politischen Gewalt und die Strafgesetze prüfen und kritisieren, aber als Staatsbeamter soll er bei seiner Tätigkeit durch den *privaten* Gebrauch dieser Vernunft nur gehorchen und die Staatsgesetze anwenden: »Der *öffentliche* Gebrauch seiner Vernunft muß jederzeit frei sein, und der allein kann Aufklärung unter Menschen zustande bringen; der *Privatgebrauch* derselben aber darf öfters sehr enge eingeschränkt sein, ohne doch darum den Fortschritt der Aufklärung sonderlich zu hindern«.[12] Es gibt jedoch einen Unterschied: Kant stellt dem Menschen den Staatsbeamten, Feuerbach hingegen den Bürger entgegen. Feuerbachs Einstellung ist starrer und radikaler. Kant seinerseits darf, trotz seines ziemlich günstigen Urteils gegenüber der Regierung von Friedrich II., nicht als ein Verfechter des aufgeklärten Absolutismus betrachtet werden. Er ist vielmehr Befürworter des Rechtsstaates mit Gewaltentrennung und klarem Schutz der Menschenrechte.

Kehren wir nun zu Feuerbach zurück, so sehen wir, daß seiner Meinung nach keinerlei Gesetzgebung vollkommen ist, weil »oft [...] das Unrecht durch sie zum Recht erhoben, das Recht wie ein Unrecht verdammt, Barbarey geheiligt und Vernunft geschändet« wird.[13] Dieses ist ein schöner und guter Satz, weil Feuerbach damit eine strenge moralische Beurteilung vieler historischer Gesetzgebungen gibt. Dann schreibt er noch etwas, das an die Unterscheidung Kants erinnert: »Auch der Bürger soll über die Gesetze denken als Mensch, und soll reden von ihnen was er gedacht hat als Denker; aber er darf nur thun als Bürger und soll *handeln,* als wäre außer dem Gesetz des Staats kein höheres vorhanden. Als Mensch und philosophischer Denker ist er Richter über die Gesetze des Staats; aber als *Bürger* ist er nur ihr *Sclav*«.[14]

Man kann also nachstehende Folgerung ziehen: Feuerbach ist einerseits Naturrechtler als rechtsphilosophischer Denker, aber andererseits ist er auch ein strenger Rechtspositivist, insofern als er behauptet, daß der Bürger immer die Pflicht hat, dem positiven Gesetz zu gehorchen. Feuerbach ist kein Rechtspositivist auf theoretischem, philosophischem Niveau, weil er die große Bedeutung eines Vernunftrechts anerkennt. In der Tat sagt Feuerbach gegen Ende seiner Antrittsrede noch, daß »nur der Rechtsgelehrte, aber nur der *philosophische Rechtsgelehrte* [...] zum Rathgeber für den Gesetzgeber des Staats berufen« ist. Der philosophische Rechtsgelehrte »kennt außer den Gesetzen des Staats auch das ewige Gesetz der Gerechtigkeit, und weiß also,

[12] Kant, I.: Beantwortung der Frage: Was ist Aufklärung? (Berlinische Monatsschrift, Dez. 1784). In: ders., Erhard, Hamann, Herder, Lessing, Mendelssohn, Riem, Schiller, Wieland: *Was ist Aufklärung? Thesen und Definitionen*, hg. von E. Bahr. Stuttgart 1974, S. 11.

[13] Feuerbach, P. J. A.: *Ueber Philosophie und Empirie*, a. a. O., S. 15.

[14] Ebd.

wie sie zu bessern seyen«.[15] Aber andererseits muß man anerkennen, daß Feuerbach Rechtspositivist auf der praktischen politischen Ebene ist, weil er den Bürger – wenngleich nicht den Rechtsgelehrten als solchen – sogar als Sklaven des positiven Gesetzes bezeichnet. Man könnte bemerken, daß diese eigentümliche Einstellung auf den Einfluß der Idee der Rechtssicherheit gegründet ist, welche gewöhnlich als sein Hauptverdienst betrachtet wird.[16] Vom Standpunkt eines solchen Rechtspositivismus aus, wird diese Rechtssicherheit jedoch mehr als Schutz der politischen Gewalt und weniger als Schutz des Bürgers vor der Willkür der politischen Gewalt betrachtet[17]: In der Tat sieht das *Bayerische Strafgesetzbuch* von 1813 – das weitgehend Feuerbachs Werk ist – verschiedene unbestimmte Freiheitsstrafen vor.[18]

Um zu versuchen, den Sinn des rechtsphilosophischen Denkens Feuerbachs zu erklären, kann man eine Bemerkung von Wolfgang Naucke in seiner Einführung zur hier verwendeten Auflage der Antrittsrede zitieren: »Die Antrittsrede zeigt eindringlich das Ergebnis der Wandlung eines Juristen, der als Philosoph beginnt und dann mit Interesse auf die juristische Praxis trifft«. Naucke erinnert auch daran, daß Feuerbach schon in seiner *Kritik des natürlichen Rechts* von 1796 eine »Philosophie des positiven Rechts« entwickeln wollte.[19] Dort hatte Feuerbach geschrieben: »Philosophie des positiven Rechts besteht in der Prüfung der Rechtmäßigkeit und Zweckmäßigkeit der in einem bestimmten Staat vorhandenen positiven Gesetze. Sie setzt das Naturrecht und die Politik voraus, und ist eine angewandte Wissenschaft von

15 Ebd., S. 37f.

16 Siehe z. B. eine Bemerkung von Gustav Radbruch, die sich besonders auf die Idee des Rechtsstaats bezieht: Radbruch, G.: Eine Feuerbach-Gedenkrede (1933). In: *Eine Feuerbach Gedenkrede sowie drei Aufsätze aus dem wissenschaftlichen Nachlaß, Recht und Staat in Geschichte und Gegenwart*, Heft 172, hg. von E. Schmidt. Tübingen 1952, S. 8: »Vielmehr ist und bleibt er [Feuerbach] uns der Begründer des Rechtsstaats für das Gebiet der Justiz, insbesondere der Strafjustiz«.

17 Eine entgegengesetzte Haltung ist die von Karl Friedrich Hommel, der schreibt, »daß ein Richter mit gutem Gewissen abgeschmackte Gesetze zu umschiffen bemüht sein kann, und die Hexen nicht verbrennen soll, wenngleich das Gesetz, das es anbefiehlt, noch bis zu dieser Stunde nicht abgeschafft ist«: Hommel, K.F.: *Des Herrn Marquis von Beccaria unsterbliches Werk von Verbrechen und Strafen* (Breslau 1778), Nachdruck hg. von J. Lekschas, Berlin 1966, S. 41.

18 Hier erwähne ich zwei Beispiele aus dem *Strafgesetzbuch für das Königreich Bayern*, München 1813, I. Theil, II. Buch, Art. 151: »Wer ohne Ueberlegung und Vorbedacht in aufwallender Hitze des Zorns eine lebensgefährliche Handlung wider den Andern beschließt und ausführt, ist bei erfolgtem Tode des Beschädigten eines einfachen Todesschlages schuldig und soll zur Strafe des Zuchthauses auf unbestimmte Zeit verurtheilt werden«. Ebd., Art. 157: »Eine Mutter, welche ihr uneheliches neugeborenes lebensfälliges Kind um das Leben bringt, soll zum Zuchthause auf unbestimmte Zeit verurtheilt werden«.

19 Naucke, W.: *Einführung* zu Feuerbach, P. J. A.: *Ueber Philosophie und Empirie*, a. a. O., S. VIII.

beiden«.[20] An dieser Stelle kann man die darin enthaltene Identifizierung von Politik und positivem Recht unterstreichen.

Aber ich möchte hier nicht weiter fortfahren, denn ich bin mir bewußt, daß es nicht leicht oder sogar unmöglich ist, klare und präzise Folgerungen daraus zu ziehen. Als vorläufigen Schluß meiner kurzen Analyse könnte man Anselm Feuerbach als einen *rechtspositivistischen Naturrechtler* bezeichnen.

---

[20] Feuerbach, P. J. A.: *Kritik des natürlichen Rechts*, a. a. O., S. 43.

Giovanna Cavallaro

MARIO A. CATTANEO: UNA BIOGRAFIA INTELLETTUALE

Mario A. Cattaneo: eine Biographie seines Denkens

Abstract

Mario Cattaneo (* 1934 in Rom, † 2010 in Venedig), Professor für Rechtsphilosophie an den Universitäten Sassari, Ferrara, Mailand und Padua, hat das Nachdenken über das auf die Achtung der Werte von Freiheit und Menschenwürde gerichtete Recht in den Mittelpunkt seiner breiten wissenschaftlichen Arbeit und seiner Lehrerfahrung gestellt. In der Überzeugung, daß die Suche nach dem gerechten Recht die Hauptaufgabe der Philosophie sei, welche er mit der von Platon begründeten gedanklichen Strömung identifiziert hat, konzentrierte Cattaneo seine Aufmerksamkeit auf das Recht des Staates zu bestrafen als entscheidenden Punkt der Beziehung zwischen Freiheit, Menschenwürde und politischer Macht. So führte er eigene Forschungen über den Begriff der Person und über Strafrechtstheorien durch, wobei seine Beiträge von Boethius bis zum Humanismus reichen, von der Naturrechtslehre zu Benthams Utilitarismus und zum Rechtspositivismus, von der Aufklärung und der Französischen Revolution bis zu Rosmini und den katholischen Juristen des 19. Jahrhunderts, sowie von Goldoni und Manzoni zu den großen Autoren der europäischen Literatur, bis hin zu den totalitären Systemen des 20. Jahrhunderts. In Bezug auf die deutsche Kultur erstellte er bedeutende Studien zum Recht in der Aufklärung: von Pufendorf zu Thomasius und über die neukantianischen Juristen, sowie von Feuerbach zu Grolman. Bevorzugter Gegenstand der eigenen Forschung wurde dann für ihn das Werk von I. Kant, bei dem er zunächst die juristisch-strafrechtlichen Inhalte betrachtete, um sich dann den spezifisch philosophischen zu widmen, wobei er einen rechtsphilosophischen Platonismus Kants vermutete. Durch vertiefte Reflexion über Metaphysik und Ethik bestätigte Cattaneo, mit Hilfe des Werkes von Simone Weil und anderer Mystikerinnen des 20. Jahrhunderts,die eigene These vom christlichen Ursprung der naturrechtlichen und aufklärerischen Werte der Freiheit und Menschenwürde als Selbstzweck. Er erfasste die kulturellen Wurzeln Europas in der Verflechtung von klassischer und christlicher Tradition und schlug eine Brücke zwischen Aufklärung und Romantik, indem er die Vernunft und das Gefühl als die eigentlichen Werte des Menschen bezeichnet hat.

Mario A. Cattaneo, discutendo nel 1957 la tesi di laurea col prof. Renato Treves, poneva già il problema che sarebbe stato al centro di tutta la sua vita di uomo impegnato nello studio, nell'insegnamento, nella vita civile. Interrogandosi sul rapporto fra rivoluzione e ordinamento giuridico, vale a dire fra fatto e diritto, egli giungeva alla conclusione che »da un punto di vista conoscitivo-descrittivo non è possibile distinguere tra »ordinamento giuridico« e »regime di violenza««, perché »il diritto non è giusto per sua intrinseca natura«, ma soltanto se è concretamente »rivolto ad attuare valori di giustizia, di rispetto della persona umana«[1]. Il rapporto fra diritto e forza, che, circa una cinquantina d'anni dopo, avrebbe dato il titolo a una sua monografia,[2] e la relazione fra diritto e valori, costituiscono infatti le due questioni su cui egli non cesserà mai di interrogarsi, nella prospettiva del fondamento metafisico dell'idea di diritto non riducibile a volontà del legislatore. In questo modo Cattaneo indica la ricerca del diritto giusto come compito specifico della filosofia del diritto e preannuncia il suo intero percorso intellettuale caratterizzato da due assunti basilari: la filosofia, come asseriva Socrate, ha il suo carattere precipuo nel porre problemi piuttosto che nel risolverli e, come nel mito platonico della caverna, si muove sul piano della trascendenza, diverso e superiore a quello della realtà empirica; anche la filosofia giuridica, in quanto filosofia, è aperta alla metafisica e, avendo come base la conoscenza del diritto positivo, pone il problema della sua valutazione alla luce dei valori della dignità umana e dello stato di diritto. Compito del filosofo non è dunque descrivere il diritto esistente, ma conoscerlo per condurne una continua analisi critica al fine del suo adeguamento al modello ideale di giustizia[3].

---

[1] La tesi di laurea su *Il problema giuridico della rivoluzione* è pubblicata col titolo *Il concetto di rivoluzione nella scienza e nel diritto*, Milano-Varese 1960, cfr. pp. 122–123. Alla memoria di Renato Treves, scomparso nel 1992, Cattaneo dedica nel 1993 un commosso ricordo, M. A. CATTANEO, *Ricordo di Renato Treves*, in »Rendiconti, Istituto Lombardo Accademia di Scienze e Lettere«, Milano 1995, pp. 263–269. Nel 2004 Cattaneo partecipa al Convegno in memoria di Renato Treves, con una relazione su *Neokantismo nella filosofia del diritto di Renato Treves*, in *Diritto, cultura e libertà* (Atti del Convegno in memoria di Renato Treves, Milano 13–15 ottobre 1994) a cura di V. FERRARI, M. L. GHEZZI, N. GRIDELLI VELICOGNA, Milano 1997, pp. 45–81.

[2] M. A. CATTANEO, *Diritto e forza. Un delicato rapporto*, Padova 2005.

[3] M. A. CATTANEO, *La filosofia del diritto: il problema della sua identità*, in *Filosofia del diritto. Identità scientifica e didattica oggi* (Atti del Seminario di Studio – Catania 8–10 maggio 1992) a

Questi presupposti segnano una profonda continuità ideale nella vastissima opera di Cattaneo e permettono di cogliere l'intrinseca coerenza delle numerose tematiche fatte oggetto della sua ricerca e del suo insegnamento. Gli studi sull'umanesimo, sul giusnaturalismo e sull'illuminismo, sulla rivoluzione francese, sulla filosofia della pena, sul totalitarismo e sul giuspositivismo, l'analisi di opere letterarie, così come la predilezione da lui mostrata per teorici del pensiero politico e giuridico, da Th. Hobbes a Ch. Thomasius, da Montesquieu a M. Robespierre, da A. Feuerbach a F. Carrara e H. L. A. Hart, e filosofi, da Platone a I. Kant a Simone Weil, seguono il comune filo conduttore dell'esigenza morale, prima ancora che politica e giuridica, di una critica del diritto e del potere, in vista di una loro riforma che rispetti la libertà e la dignità di ogni essere umano. In questa direzione, nell'umanesimo, nel giusnaturalismo del '600, nell'illuminismo del secolo successivo, nella cultura giuridica liberale dell'Ottocento, Cattaneo segue lo svolgersi di quel processo, che, sul piano culturale, istituzionale e ideologico, conduce al superamento dell'assolutismo monarchico e al liberalismo politico, mentre su quello giuridico porta alla secolarizzazione e certezza del diritto e alla umanizzazione della sanzione penale; nella rivoluzione francese, e nello stesso Robespierre, Cattaneo vede il momento di rottura di un antico regime, basato sull'arbitrio, per l'affermarsi di una concezione politica liberale e democratica; nel diritto di punire dello stato individua il maggior pericolo di violazione della libertà oltre che della stessa vita del singolo; nel totalitarismo identifica la violenta negazione della dignità dell'essere umano, il cui contenuto egli rinviene nell'illuminismo liberale, nella seconda formulazione dell'imperativo categorico kantiano e nel messaggio cristiano. Di tutti i filosofi e giuristi cui Cattaneo dedica il proprio impegno, alcuni appaiono sempre presenti come a raffigurare i punti di riferimento di tutta la sua ricerca intellettuale: Platone, che ha aperto la filosofia al mondo delle idee, iniziando quella corrente filosofica rivolta alla trascendenza che Cattaneo identifica con la stessa filosofia; Montesquieu, che con la teoria della separazione dei poteri ha posto le basi dello stato di diritto, e di una generale riforma del diritto penale; C. Beccaria, che ha sostenuto le ragioni dell'umanitarismo penale, F. Carrara che ha dato un fondamento giusrazionalistico alla tutela delle libertà individuali, e soprattutto I. Kant, che ha costituito nel rispetto dell'umanità come fine in se stessa la massima che deve valere come legge universale e come elemento originario comune alla morale e al diritto; e da ultimo Simone Weil, la filosofa mistica della prima metà del Novecento, la cui »intera opera è un anello della stessa catena di

---

cura di B. Montanari, Milano 1994, p. 25: »*La filosofia del diritto è una metafisica del diritto*« (in corsivo nel testo); p. 34: »... considero quale compito principale della Filosofia del diritto quello di valutare criticamente il diritto positivo, in base a principi *a priori* di giustizia, in base all'idea universale di diritto«.

pensiero racchiusa fra i nomi di Platone e di Kant, la quale è del resto la linea principale di tutta la storia della filosofia«[4]. Così come molti dei filosofi e pensatori politici che sono stati oggetto della sua ricerca, da Thomasius a Rousseau, da Bentham a Robespierre, da Feuerbach a Hart, sono stati dei riformatori, anche Cattaneo, fin dalla già ricordata tesi di laurea e dagli scritti giovanili, dichiara esplicitamente il proprio intento pratico di proporre modelli per incidere sulla realtà fattuale[5]. Tale proposito traspare sempre nei suoi scritti, dove le tematiche studiate sono riferite a problemi attuali per suggerire riforme legislative,[6] e si concretizza particolarmente nella monografia *Critica della giustizia*, in cui alla riflessione filosofica si uniscono considerazioni su temi politico-sociali di attualità,[7] come pure nella collaborazione con testate giornalistiche, con articoli in cui, ispirandosi ai »principi di valore perenne«, tratta questioni di cronaca emergenti[8].

Su queste linee di continuità ideale, Cattaneo svolge il proprio pensiero attraverso una produzione scientifica così ampia che è impossibile in questa sede renderne conto in modo adeguato, e anche difficoltoso definirne una scansione temporale, perché egli ritorna sui medesimi temi per approfondimenti sempre più penetranti, secondo il maturare della sua personalità scientifica e umana. Negli anni '60, egli rivolge la propria attenzione prevalentemente a temi politici, quali il concetto di rivoluzione, il partito politico nella rivoluzione francese, il pensiero democratico nella rivoluzione inglese e

---

[4] M. A. CATTANEO, *Simone Weil e la critica dell'idolatria*, Napoli 2002, p. 7.

[5] M. A. CATTANEO, *Il concetto di rivoluzione nella scienza e nel diritto*, cit., p. 123. Pochi anni dopo, concludendo il suo studio sul partito politico nel XVIII secolo, Cattaneo evidenzia l'importanza del pensiero della rivoluzione francese sulla associazioni e sui partiti per le odierne discussioni sulla partitocrazia, M. A. CATTANEO, *Il partito politico nel pensiero dell'illuminismo e della rivoluzione francese*, Milano 1964, pp. 122–123.

[6] Come, per esempio, in materia penale, la proposta, che ricorre spesso, dell'abrogazione delle leggi che prevedono i reati di vilipendio e di oltraggio, che limitano la libertà di critica agli organi statali, violando il principio di eguaglianza fra cittadini e rappresentanti del potere, e le critiche alle norme sui cosiddetti reati di pericolo perché non ledono diritti soggettivi. Cfr. M. A. CATTANEO, *Libertà di critica e reati di vilipendio*, in »Cronaca forense«, settembre-ottobre 1966, pp. 8–9; Id., *Leggi penali e libertà del cittadino*, in »Comunità«, gennaio-aprile 1967, pp. 2–8; Id., *Pena Diritto e Dignità umana. Saggio sulla filosofia del diritto penale*, Torino 1990, pp. 348–351.

[7] M. A. CATTANEO, *Critica della giustizia e società moderna*, Milano 1996. Alla luce del valore della dignità umana e dei principi del giusnaturalismo e dell'illuminismo, Cattaneo conduce delle riflessioni sui temi a lui cari dell'umanizzazione del diritto penale e del garantismo del diritto processuale penale in merito a vicende giudiziarie, come l'istituzione del tribunale internazionale per i crimini contro l'umanità e i processi di »tangentopoli«.

[8] Gli articoli, pubblicati fra il 1993 e il 1994 principalmente in »Mondo economico« e »Il Sole 24 Ore«, insieme allo scritto apparso nel 1996 sulla rivista liberale »L'Opinione«, sono stati editi in M. A. CATTANEO, *Garantismo e tolleranza*, Milano 1995.

francese, l'idea di repubblica federale nell'illuminismo francese;[9] soprattutto egli dimostra il proprio interesse a quella »repubblica fondata sulla virtù come esempio di stato di diritto« che legge nell'opera di Robespierre e da cui trae, quali indicazioni oggi attuali, la difesa della dignità e libertà dell'individuo sia contro il »tiranno visibile che si presenta nella veste del potere politico«, sia contro »il tiranno invisibile che si cela nella società di massa«[10]. Fin dai primi scritti Cattaneo dichiara dunque la propria opzione per uno Stato fondato sulla separazione dei poteri, per la certezza del diritto e per quei valori morali e religiosi che Robespierre indicava »come essenziali per una vera democrazia«, preannunciando la propria scelta per quel cristianesimo liberale che difenderà fino nelle sue ultime opere. Nei medesimi anni, a seguito di un periodo di studio trascorso, tra il 1959 e il 1960, presso l'Università di Oxford, lavorando con H. L. A. Hart, di cui nel 1965 cura l'edizione italiana de *Il concetto di diritto*,[11] Cattaneo inizia a confrontarsi con la tematica, allora oggetto di vivaci dibattiti, della contrapposizione fra giusnaturalismo e giuspositivismo, ponendosi da punti di vista diversi e originali rispetto a quelli più usuali. Mosso dall'esigenza di chiarificazione concettuale, egli conduce un'analisi del pensiero di Th. Hobbes, J. Bentham e J. Austin nella ricerca delle origini filosofiche di un giuspositivismo che sancisca la separazione del diritto com'è dal diritto come deve essere, ma che non sfoci nel dovere di obbedienza alla legge in quanto tale e non affermi il relativismo dei valori. Nella conclusione di questo lavoro, Cattaneo, rivalutando il giusnaturalismo illuministico e laico e richiamandosi a »una morale illuminata (...) che sta sul piano del dover essere (...) e che si riassume nell'idea della libertà e della dignità umana«,[12] svolge argomentazioni originali, su cui tornerà nel corso degli anni, per evidenziare, contro le più comuni interpretazioni, i contenuti liberali nell'opera di Hobbes e di Bentham, di cui valuta »la sostanza etico-politica« pur criticandone l'uti-

---

[9] M. A. Cattaneo, *Hobbes e il pensiero democratico nella rivoluzione inglese e nella rivoluzione francese*, in »Rivista critica di Storia della Filosofia«, anno 1962, fasc. IV, pp. 487–514; Id., *Il partito politico nel pensiero dell'Illuminismo e della Rivoluzione francese*, cit.; Id., *Considerazioni sull'idea di Repubblica federale nell'Illuminismo francese*, in »Studi Sassaresi«, XXXII, 4–5, pp. 79–110.

[10] M. A. Cattaneo, *Libertà e virtù nel pensiero politico di Robespierre*, cit., p. 229. Sul pensiero giuridico e politico di Robespierre, come espressione di un liberalismo illuministico, democratico e radicale, Cattaneo torna più volte e, nel bicentenario della rivoluzione francese, presenta ai lettori italiani quattro Discorsi di Robespierre avvocato illuminista e *leader* rivoluzionario, Massimiliano Robespierre, *La scalata al cielo*, a cura e con un saggio di M. A. Cattaneo, Verona 1989.

[11] L. L. A. Hart, *Il concetto di diritto*, a cura e con *Introduzione* di M. A. Cattaneo, Torino 1965; una nuova edizione col *Postscript* dell'Autore, Torino 2002.

[12] M. A. Cattaneo, *Il positivismo giuridico inglese. Hobbes, Bentham, Austin*, Milano 1962, pp. 311. Sul positivismo giuridico Cattaneo ritorna più volte, redigendo anche la voce *Positivismo Giuridico*, in »Digesto«, IV ed., vol. XIV Civile, Torino 1996, pp. 1–8.

litarismo, per sottolineare ancora nella giurisprudenza analitica di J. Austin il valore della separazione concettuale fra diritto e morale e per apprezzare nell'opera di Hart lo spirito riformatore volto all'abrogazione di leggi che puniscono azioni illecite soltanto moralmente[13].

In questi scritti degli anni '60, le riflessioni sulle istituzioni politiche, sul giusnaturalismo e illuminismo,[14] appaiono già orientate verso quella filosofia del diritto penale che, per il suo carattere problematico sotto il profilo sia politico e giuridico sia morale e religioso, occupa una posizione centrale in tutta la sua opera. Facendo propria l'affermazione di Giuseppe Bettiol, che il diritto penale è »una filosofia« perché coinvolge »i problemi massimi della vita«,[15] Cattaneo, mosso non soltanto dal rigore delle sue analisi razionali, ma anche dalla sua umana singolare sensibilità, non cesserà più di interrogarsi sulla pena quale istituto giuridico che, se da un lato costituisce »il rimedio estremo per garantire la convivenza civile«, dall'altro »è essa stessa, forse inevitabilmente, violenza fatta all'uomo«[16]. I problemi posti dalle crudeltà insite nell'inflizione della pena e dall'arbitrio delle procedure, »che sembrano gareggiare con la criminalità in crudeltà e efferatezza«,[17] e che segnano nel modo più tragico il divario fra norme penali storicamente esistenti e modello ideale di giustizia fondato sul rispetto della dignità dell'uomo, lo conducono, lungo l'intero corso della sua ricerca, a considerare le tesi dei più significativi esponenti della cultura giuridica, filosofica e politica europea.

Negli anni '70, Cattaneo volge la propria attenzione a quel giusnaturalismo e illuminismo tedesco che tanta parte ha nel suo percorso scientifico, prendendo in considerazione le opere dei due criminalisti neo-kantiani Anselm Feuerbach e Karl Grolman, il cui vivace dibattito, fra il XVIII e XIX secolo, ha influenzato il successivo sviluppo della scienza penale in Germania. Negli

---

13 M. A. Cattaneo, *John Austin*, in »Materiali per una Storia della Cultura giuridica. Momenti e figure della teoria generale del diritto raccolti da Giovanni Tarello«, VIII, 1 (1978), pp. 13–95; Id., *Diritto e società nel pensiero di Herbert L. A. Hart*, in »Sociologia del diritto«, I, 1 (1974), pp. 62–84; Id., *La retribuzione penale nell'interpretazione critica di Herbert L. A. Hart*, in »Materiali per una Storia della Cultura giuridica«, a cura di G. Tarello, IV (1974), pp. 641–699.

14 Questi scritti trovano un'organica espressione in M. A. Cattaneo, *Illuminismo e Legislazione*, Milano 1966; n. e., Milano 1993.

15 M. A. Cattaneo, *Ricordo di Giuseppe Bettiol*, in »Rivista Internazionale di filosofia del diritto«, LX (1983), 1, pp. 243–248.

16 M. A. Cattaneo, *La filosofia del diritto: il problema della sua identità*, cit., p. 37. Come scrive nel 1976, »la pena, infatti, è forse, fra gli istituti giuridici, quello che ha la maggiore e più precisa rilevanza politica, (...), poiché lo scopo ad essa attribuito e i limiti ad essa posti sono di importanza essenziale (...) per l'aumento o la diminuzione della libertà politica; si può perciò dire che esiste una stretta correlazione fra teoria della pena e dottrina politica«, M. A. Cattaneo, *Delitto e pena nel pensiero di Christian Thomasius*, Milano 1976, pp. 211–212.

17 M. A. Cattaneo, *Critica della giustizia*, cit., p. 103.

scritti filosofici dell'autore dell'*Anti-Hobbes*,[18] Cattaneo evidenzia elementi di originalità anche rispetto a Kant e trova, sul piano giuridico-penale, una teoria preventiva generale che, portando a compimento la distinzione fra minaccia ed esecuzione della pena, già preannunciata da Pufendorf, supera il rischio di strumentalizzazione dell'uomo;[19] nella teoria penalistica di Grolman, che egli ritiene sostenitore, come Feuerbach, dello stato di diritto, Cattaneo ritrova, quale eredità dei principi giuridici dell'illuminismo, l'esigenza di proporzione fra sanzione penale ed effettiva lesione della libertà altrui, insieme alla richiesta di umanizzazione delle pene e la condanna morale della pena di morte[20].

Nei due libri per uso didattico pubblicati durante il periodo del suo insegnamento a Ferrara, Cattaneo coinvolge gli studenti in una riflessione sulla questione penale sotto il profilo sia storico sia teorico, ampliando ulteriormente il proprio orizzonte a una dimensione europea. Nel primo lavoro,[21] ripercorre, attraverso l'opera di giusnaturalisti, da Grozio a Hobbes, da Pufendorf a Thomasius, e di illuministi, da Montesquieu a Federico II di Prussia, da Cesare Beccaria a Voltaire, il processo di secolarizzazione e di umanizzazione della legislazione penale compiuto fra il XVII e il XVIII secolo, e ne coglie il carattere più rilevante proprio nell'intento pragmatico, di trasformazione del sistema penale esistente, »caratterizzato da arbitrio, dispotismo e ferocia«, in nome della certezza del diritto, e dei principi »di umanità e di libertà«. Nel secondo libro,[22] prendendo in considerazione il problema del

---

[18] P. J. A. Feuerbach, *Anti-Hobbes oder über die Grenzen der höchsten Gewalt und das Zwangsrecht der Bürger gegen den Oberherrn*, Giessen 1797, ristampa anastatica 1972. M. A. Cattaneo ne ha curato la traduzione italiana *Civiltà del diritto*, Milano 1972.

[19] M. A. Cattaneo, *Anselm Feuerbach filosofo e giurista liberale*, Milano 1970. Sul pensiero penalistico di Feuerbach, Cattaneo torna più volte. Cfr. M. A. Cattaneo, *Paura e pena (Hobbes, Feuerbach e Kant)*, in *La paura e la città*, a cura di D. Pasini, Roma 1984, pp. 89–102; In particolare, per un confronto col pensiero di S. Pufendorf, v. Id., *Samuel Pufendorf e Paul Johann Anselm Feuerbach: contratto sociale, secolarizzazione penale e prevenzione*, in *Samuel Pufendorf filosofo del diritto e della politica* (Atti del Convegno Internazionale, Milano 11–12 novembre 1994), a cura di V. Fiorillo, Napoli 1996, pp. 3–28. Da ultimo, in merito alla stesura del codice penale bavarese del 1813, v. il saggio pubblicato postumo, M. A. Cattaneo, *Paul Anselm Feuerbach und das Bayerische Strafgesetzbuch von 1813*, in »Jahrbuch der Juristischen Zeitgeschichte«, hg. von Vormbaum, Berlin-Boston 2012, Bd. 12, S. 119–133.

[20] M. A. Cattaneo, *La dottrina penale di Karl Grolman nella filosofia giuridica del criticismo,* in »Materiali per una storia della cultura giuridica raccolti da Giovanni Tarello« III, I (1973), pp. 263–347. A K. Grolman Cattaneo dedica la monografia *L'umanesimo giuridico penale di Karl Grolman*, Pisa 1996.

[21] M. A. Cattaneo, *La filosofia della pena nei secoli XVII e XVIII*, Ferrara 1974.

[22] M. A. Cattaneo, *Il problema filosofico della pena*, Ferrara 1978. Nel 1978 Cattaneo organizza a Ferrara il Congresso Nazionale della Società di Filosofia Giuridica e Politica, cfr. M. A. Cattaneo, *Fondamenti filosofici della sanzione penale*, in *Problemi della sanzione – Società*

fondamento del diritto di giudicare e dei limiti del diritto di punire dello stato, e soprattutto la funzione di un istituto giuridico che, incide sulla vita, sulla libertà, sulla sicurezza dei singoli, propone di nuovo il rapporto fra diritto e forza nel suo momento cruciale.

Sulla pena, quale problema centrale della filosofia giuridica, Cattaneo continua a interrogarsi nel corso degli anni, confrontandosi con una molteplicità di autori, sia sotto il profilo storico sia sotto il profilo teorico. Riguardo al primo si possono ricordare le monografie che egli dedica nel 1976 al »primo rappresentante dell'illuminismo giuridico germanico«, Ch. Thomasius, nel 1988 al »massimo giurista« della scuola classica Francesco Carrara, nel 2000 al liberalismo penale di Montesquieu,[23] oltre a relazioni a convegni[24] e saggi, rivolti soprattutto alla cultura giuridica tedesca, in parte ripubblicati nel 1993, in cui Montesquieu e Beccaria rimangono sempre presenti in un continuo confronto con Federico II di Prussia, Voltaire, Hommel, Sonnenfels, Mendelssohn, Feuerbach, Grolman e altri giuristi postkantiani, come Jakob, e soprattutto con Kant[25]. Sotto il profilo teorico egli dedica nel 1990 l'ampia e meditata monografia *Pena diritto e dignità umana*[26] ai »fondamentali problemi che stanno al centro della filosofia del diritto penale«, prendendo in considerazione non soltanto penalisti, filosofi e filosofi del diritto, ma anche scrittori, da A. Camus e G. Parini, da Dostoevskij a Kafka. Già nel 1987, infatti, Cattaneo, precorrendo di circa vent'anni gli orientamenti di »Diritto e Letteratura« della Filosofia giuridica contemporanea, rivolgeva la propria

---

e diritto in Marx (Atti del XII Congresso Nazionale, Ferrara 2–5 ottobre 1978), a cura di R. Orecchia, Roma 1978, vol. 1, pp. 41–100.

[23] M. A. Cattaneo, *Delitto e pena nel pensiero di Christian Thomasius*, cit.; Id., *Francesco Carrara e la filosofia del diritto penale*, Torino 1988; Id., *Il liberalismo penale di Montesquieu*, Napoli 2000.

[24] Essendo impossibile menzionare in questa sede le relazioni con cui Cattaneo ha partecipato e organizzato convegni o colloqui nazionali e internazionali, oltre a quelli già citati del 1978 a Ferrara e del 1995 a Milano, ricordo: M. A. Cattaneo, *Separazione dei poteri e certezza del diritto nella rivoluzione francese* in *Diritto e Stato nella filosofia della rivoluzione francese* (Atti del Colloquio Internazionale, Milano 1–3 ottobre 1990), a cura di M. A. Cattaneo, Milano, 1992, pp. 7–56; Id., *Alcune riflessioni sul problema penale nel pensiero di Christian Thomasius*, in *Il diritto naturale della socialità. Tradizioni antiche ed antropologia moderna nel XVII secolo* (Atti del Convegno Internazionale, Napoli 24–25 ottobre 2003), a cura di V. Fiorillo, F. Vollhardt, Torino 2004, pp. 161–171; Id., Spezialprävention und Rechtssicherheit in der humanistichen Strafrechtslehre Karl Grolmans, in *Das Naturrecht der Geselligkeit. Anthropologie, Recht und Politik im 18. Jahrundert*, hg. von V. Fiorillo, F. Grunert, Berlin 2009, S. 223–228.

[25] M. A. Cattaneo, *Illuminismo e legislazione penale. Saggi sulla filosofia del diritto penale nella Germania del Settecento*, Milano 1993. Vedi anche Id., *Friedrich von Spee e la filosofia del processo penale*, in *In memoria di Ginevra Zanetti*, a cura di G. Todini, Sassari 1994, pp. 129–177.

[26] M. A. Cattaneo, *Pena Diritto e Dignità umana. Saggi sulla filosofia del diritto penale*, Torino 1990.

attenzione ai contenuti giuridici nelle opere letterarie, conducendo un'originale analisi del contributo dato dai due letterati italiani C. Goldoni e A. Manzoni alla definizione del »diritto come »categoria autonoma«, »fondato metafisicamente« e rilevante socialmente in quanto posto in relazione con problemi storici, politici e sociali«[27]. La vastità dei suoi interessi e della sua cultura letteraria, oltre che filosofica e filosofico-giuridica, trovano espressione cinque anni dopo in una monografia,[28] in cui la riflessione sulla pena si amplia in una visione europea che abbraccia, oltre a letterati italiani, da Dante Alighieri a Giuseppe Parini a Ugo Foscolo a Collodi, scrittori tedeschi, meno noti come Jost Schillemeit[29] o famosi, come Heinrich Heine, autori francesi, come Victor Hugo e Gide, inglesi come Oscar Wilde, russi come Tolstoj e Dostoevskij, oltre, infine, al praghese Franz Kafka.

La considerazione dello stato di diritto come modello istituzionale necessariamente collegato alla garanzia del valore della dignità umana, induce intanto Cattaneo a riprendere la ricerca sul tema del totalitarismo, cui già alla fine degli anni '70 aveva dedicato un testo, ancora una volta rivolto agli studenti[30]. Nella monografia *Terrorismo ed arbitrio. Il problema giuridico nel totalitarismo*, spaziando dal dispotismo di Montesquieu, ai problemi giuridici del comunismo, del nazionalsocialismo e del fascismo, egli unisce alla condanna morale di regimi politici, volti a »annullare l'identità e la dignità delle persone in nome di un sanguinario mito collettivistico«, l'analisi degli elementi caratterizzanti ogni totalitarismo, mettendo ancora una volta in primo piano, accanto alla mancata separazione dei poteri e alla incertezza giuridica, un argomento penalistico quale l'abolizione del divieto di analogia in diritto penale. Facendo proprie le parole di Joseph K., il protagonista de *Il Processo* di Kafka, e cogliendo nella »paura nevrotica« l'essenza del totalitarismo, Cattaneo vede il pericolo di un suo riemergere nel presente, nelle più recenti considerazioni del diritto penale e della funzione giudiziaria come strumenti di lotta, nelle tentazioni di una giustizia vendicativa, nelle carceri come luoghi di pura sofferenza e di tortura, nell'oscuramento del principio che la ragion d'essere del diritto penale è la tutela del bene giuridico consistente nel diritto individuale[31].

---

27 M. A. Cattaneo, *Carlo Goldoni e Alessandro Manzoni. Illuminismo e diritto penale*, Milano 1987. Su A. Manzoni, v. anche, Id., *L'Illuminismo giuridico di Alessandro Manzoni*, Sassari 1985.

28 M. A. Cattaneo, *Suggestioni penalistiche in testi letterari*, Milano 1992.

29 Jost Schillemeit, scrittore del romanticismo tedesco, forse autore, sotto lo pseudonimo di Bonaventura, delle *Nachtwachen* (1805), su cui Cattaneo ritorna più volte.

30 M. A. Cattaneo, *Stato di diritto e stato totalitario*, Ferrara 1979.

31 M. A. Cattaneo, *Terrorismo e arbitrio. Il problema giuridico del totalitarismo*, Padova 1998, pp. 306–307. Sui pericoli derivanti alla libertà individuale dal »despotismo dei giudici« e dall'»uso improprio e indiscriminato della carcerazione preventiva«, v. M. A. Cattaneo, *Stato di diritto e despotismo dei giudici*, in »Sociologia del diritto«, XXI (1994), 3, pp. 92 e 95.

Almeno dagli anni '80, il pensiero scientifico di Cattaneo matura in un continuo confronto con l'opera di I. Kant, che rimane punto di riferimento privilegiato in tutti i suoi scritti, e cui dedica nell'ottobre 2004, a Treviso, il suo ultimo convegno[32]. Dalla lettura delle opere anche meno note del filosofo di Königsberg, di cui nel 1993 pubblica la traduzione italiana di una lettera inedita,[33]Cattaneo fa propri, quali contenuti di maggior valore, la seconda formulazione dell'imperativo categorico, che impone il rispetto dell'umanità come fine e definisce il carattere morale e giuridico della difesa della dignità umana e della tutela dei diritti; il »platonismo« filosofico-giuridico, che fonda l'idea di diritto sui principi di ragione *a priori*, non derivati dall'esperienza; il »regno dei fini«, in cui gli esseri razionali convivono mediante leggi che garantiscono la coesistenza delle libertà esterne; la pace perpetua, sia quale speranza e sia quale modello ideale verso cui gli esseri umani hanno il dovere di tendere. Su questi principi, Cattaneo svolge il proprio percorso intellettuale, privilegiando inizialmente i contenuti giuridici per muovere poi verso riflessioni di carattere più strettamente morale. Nella monografia dell''81, convergendo la propria lettura sulla *Critica della Ragione pratica* e sulla *Metafisica dei costumi*, egli evidenzia l'importanza del principio dell'»umanità come fine anche nel colpevole e nel condannato«, ma critica, come elementi contraddittori e spuri nel pensiero kantiano, sia la definizione della legge penale come imperativo categorico, su cui fondare la concezione retributiva della pena, sia la contrapposizione fra uomo noumenico e uomo fenomenico perché la »dignità dell'uomo come fine in sé investe l'uomo nella sua totalità«, sia infine gli esiti aberranti cui conduce la kantiana teoria retributiva;[34] nel libro dell''84 e negli scritti successivi Cattaneo rivolge la propria attenzione soprattutto alla *Critica della ragion pura*, ai *Fondamenti della metafisica dei costumi*, allo scritto *Sulla pace perpetua*, ad altre opere cosiddette minori, per approfondire una riflessione prevalentemente di carattere metafisico ed etico. Attraverso la *Critica della ragione pura* Cattaneo legge nell'idea di diritto »ovvero della costituzione della libertà come idea necessaria della ragione« la possibilità di parlare di un »platonismo« filosofico-giuridico kantiano e perfino di prospettare la perdita del carattere coattivo di un diritto portato

---

[32] M. A. Cattaneo, *Dignità umana, pace perpetua, critica della politica nel pensiero di Kant*, in *Kant e la filosofia del diritto* (Atti del Colloquio Internazionale per il bicentenario della morte di I. Kant [1804–2004], Treviso 1 ottobre 2004), a cura di M. A. Cattaneo, Napoli 2005, pp. 7–22. Dei numerosi lavori dedicati al pensiero di I. Kant, ricordo qui soltanto le monografie: M. A. Cattaneo, *Dignità umana e pena nella filosofia di Kant*, Milano 1981; Id., *Metafisica del diritto e ragione pura. Studio sul »Platonismo giuridico« di Kant*, Milano 1984; Id., *Dignità umana e pace perpetua: Kant e la critica della politica*, Padova 2002.

[33] M. A. Cattaneo, *Una lettera inedita di Kant*, in »Diritto e cultura« I,1993, pp. 102–116.

[34] M. A. Cattaneo, *Dignità umana e pena nella filosofia di Kant*, cit., pp. 292–293 e 319 ss.

al massimo avvicinamento al modello ideale[35]. Asserendo che l'elemento più rilevante nel significato del diritto non è la sua funzione, Cattaneo scrive »il diritto è un valore, perché teso essenzialmente a tutelare il valore primario della persona umana, la sua dignità e libertà«;[36] egli considera quindi la dignità dell'uomo, oltre che come limite al diritto punitivo dello stato, come fondamento *a priori* di una critica del potere e della »difesa della morale e del diritto dalle prevaricazioni della politica«[37]. Da ultimo, Cattaneo sembra fare proprio, oltre alla recisa e assoluta condanna della guerra, il dovere etico di tendere alla realizzazione di una costituzione ideale basata sulla massima libertà umana per mezzo di leggi razionali, che sfoci nella previsione di una pace perpetua fondata su una federazione fra stati caratterizzati dalla »costituzione repubblicana«, e da un diritto cosmopolita che comporti, in una visione, che egli stesso definisce utopica, la scomparsa delle stesse sanzioni penali[38]. La considerazione sulla dignità della persona umana e sullo stato di diritto come modello istituzionale a essa necessariamente collegato induce intanto Cattaneo ad approfondire, anche attraverso i contributi di Boezio, di umanisti, di giusnaturalisti e illuministi, di Rosmini, di giuristi cattolici liberali dell'Ottocento, come F. Carrara, le origini teologiche e culturali del concetto di persona, e a indicare nella certezza giuridica, nella libertà e dignità dell'essere umano i valori propri di un'Europa intesa non dal punto di vista geografico o politico, ma »dell'Europa da costruire, di un'Europa al servizio dell'umanità, di un'Europa fedele alla sua tradizione culturale e cristiana«[39].

Oltre, e insieme, a quello con I. Kant, l'incontro con Simone Weil costituisce un momento centrale del percorso scientifico e umano di Cattaneo che trova in lei »la personalità filosofica più originale e significativa del se-

---

[35] M. A. Cattaneo, *Metafisica del diritto e ragione pura*, cit., pp. 194 e 239. Cfr. I. Kant, *Critica della ragione pura*, parte II, l. I. sez. I, ed. Milano 1976, p. 377. Cattaneo cerca nelle opere di Platone, e particolarmente nella *Repubblica*, un riferimento all'affermazione kantiana che il diritto perderà il carattere coattivo in una costituzione perfetta, basata sulla massima libertà, ma soprattutto evidenzia il carattere autonomo e differente della prospettiva kantiana, rivolta al futuro, rispetto al settecentesco motivo del »ritorno alla natura«, esemplificato nel mito dei Trogloditi, Montesquieu, *Lettres persanes*, lettres XI–XIV, in *Oeuvres complètes*, Paris 1951, vol. I, pp. 145–153.

[36] M. A. Cattaneo, *Metafisica del diritto e ragione pura*, cit., p. 239. Cattaneo critica varie volte le teorie non soltanto sociologico-giuridiche, ma anche teorico-giuridiche che concepiscono il diritto sotto il profilo della funzione, identificando spesso questo con il »controllo sociale«: cfr. M. A. Cattaneo, *Il diritto come valore e il problema della pena*, in *Società Norme Valori. Scritti in onore di Renato Treves*, a cura di U. Scarpelli, V. Tomeo, Milano 1984, pp. 167–223.

[37] M. A. Cattaneo, *Dignità umana e pace perpetua: Kant e la critica della politica*, cit., p. 80.

[38] M. a. Cattaneo, *Dignità umana, pace perpetua, critica della politica nel pensiero di Kant*, cit., p. 19.

[39] M. A. Cattaneo, *Persona e Stato di diritto. Discorsi alla Nazione Europea*, Torino 1994.

colo XX«[40]. Ripercorrendo attraverso le parole della »mistica-filosofa«, i temi a lui cari del diritto nel suo rapporto con il fatto e con la giustizia, della persona, della pena, insieme alla critica del totalitarismo, dei moderni partiti di massa e dei miti collettivistici, Cattaneo orienta il proprio pensiero verso una più intima e profonda sensibilità religiosa. Nei brevi libri pubblicati fra il 2002 e il 2008,[41] che segnano in qualche modo l'espressione ultima e più intensa del suo pensiero, Cattaneo contrappone con forza alle leggi positive, »spesso frutto di autoritarismo e prepotenza«, e al giuspositivismo, svalutato ora a »pura e semplice prospettiva del potere politico«[42], la propria adesione a un umanesimo cristiano e a un giusnaturalismo il cui »nucleo essenziale sia costituito dal principio della dignità umana e (...), dall'esigenza di una forte tutela dei diritti naturali di ogni essere umano«[43]. Egli propone quindi più volte l'appello dell'Antigone della tragedia di Sofocle a principi superiori di giustizia, vedendo nelle leggi »non scritte« il prevalere della volontà di Dio che ne è l'autore,[44] e riconducendo il principio della dignità dell'uomo all'affermazione che »Dio creò l'uomo a sua immagine e somiglianza« contenuta nel primo libro della *Genesi*[45]; i valori trascendenti in cui ha sempre individuato l'essenza del diritto, identificata con l'idea platonica del giusto, vengono ora a coincidere con i valori cristiani del Vangelo, mentre la separazione del diritto naturale dalla morale e dalla teologia, in cui aveva colto l'importanza culturale e politica di un Pufendorf e di un Thomasius, sfuma nell'affermazione del carattere morale del diritto naturale, in una prospettiva di dover essere in cui la distinzione fra le regole dell'agire si risolve in una visione in cui fede e ragione sembrano convergere. Come giustamente osserva V. Ferrari, sarebbe tuttavia fuorviante contrapporre un Cattaneo cattolico a

---

40 M. A. Cattaneo, *Simone Weil e la critica dell'idolatria sociale*, Napoli 2002, p. 8; p. 99: »La critica dell'idolatria sociale, dell'idolatria della collettività e delle istituzioni, compiuta in nome di ogni »io«, di ogni creatura di Dio, è la grande lezione di Simone Weil, la lezione del suo umanesimo cristiano«.

41 M. A. Cattaneo, *Simone Weil e la critica dell'idolatria sociale*, cit.; Id., *Riflessioni sull'umanesimo giuridico*, Napoli 2004; Id., *Giusnaturalismo e dignità umana*, Napoli 2006; Id., *Dotta ignoranza e umanesimo cristiano*, Napoli 2007; Id., *Le radici dell'Europa fra fede e ragione*, Napoli 2008.

42 M. A. Cattaneo, *Riflessioni sull'umanesimo giuridico*, cit., p. 17.

43 M. A. Cattaneo, *Giusnaturalismo e dignità umana*, cit., p. 17.

44 M. A. Cattaneo, *Le radici dell'Europa fra fede e ragione*, Napoli 2008, pp. 11–12. Cattaneo ricorre molte volte, nel corso degli anni all'*Antigone*, leggendo nella tragedia di Sofocle il conflitto fra legge positiva e legge naturale, così come molte volte riprende il kantiano paragone di una teoria che identifichi il diritto con la legge positiva con la maschera della favola di Fedro »bella ma senza cervello«.

45 M. A. Cattaneo, *Giusnaturalismo e dignità umana*, cit., p. 17: »E' evidente il significato morale-religioso di questo principio, che si fonda sul passo della *Genesi* dove è detto »Dio creò l'uomo a sua immagine; a immagine di Dio lo creò; maschio e femmina li creò««, cfr. *Genesi*, I, 26–27.

un Cattaneo illuminista e laico,[46] perché la convinzione, espressa ora attraverso le parole della »grande filosofa cristiana e martire ebrea« Edith Stein, »che la ricerca della verità propria della filosofia viene a identificarsi con la ricerca di Dio«,[47] ha guidato non soltanto la sua opera di studioso, ma anche la sua umana esistenza. Almeno dagli anni '80, Cattaneo ha trovato la più antica e profonda affermazione dell'idea della dignità dell'uomo nelle pagine dell'Antico Testamento, scrivendo che »è proprio la scintilla divina presente nell'uomo che gli dà la sua fondamentale dignità e il suo valore di fine in sé«;[48] nello stesso modo egli ha sempre sostenuto la linea di continuità che, dall'Antico Testamento, alla definizione teologica di persona trasmessa da Boezio a S. Tommaso, attraverso l'umanesimo di Tommaso Moro o di Erasmo da Rotterdam, unisce i valori cristiani al giusnaturalismo e all'illuminismo giuridico[49]. Di entrambe queste correnti del pensiero moderno Cattaneo ha sempre evidenziato, »sfatando i molti luoghi comuni culturali dell'inconciliabilità tra valori cristiani e valori illuministici«, i contenuti religiosi, sia cogliendo »l'essenza stessa del giusnaturalismo« nella »difesa dei diritti e della dignità della persona umana«,[50] sia vedendo proprio nella riforma umanitaria del diritto penale l'elemento più tipicamente cristiano dell'illuminismo[51]. Cattaneo accosta quindi il ripudio delle differenze di nazione, etnia, razza compiuto dal giusnaturalismo, e trasmesso alle settecentesche Dichiarazioni dei diritti, al motivo della sostanziale uguaglianza di tutti gli esseri umani contenuta nelle Lettere di S. Paolo[52] e ritrova l'eredità cristiana dell'Illuminismo sia nei versi in cui Parini invoca la misericordia per i miseri condotti al delitto dal bisogno,[53] sia nelle pagine dell'*Esprit des Lois* in cui il riconoscimento di Dio è la prima legge di natura, e in cui è espresso l'apprezzamento del cristianesimo[54]. Quei principi di uguaglianza e di uguale rispetto per ogni uomo,

---

[46] V. Ferrari, *Il diritto giusto. Memoria di Mario Cattaneo*, in »Rivista Internazionale di Filosofia del Diritto«, 2010, n. 4, vol. 87, p. 472.

[47] M. A. Cattaneo, *Riflessioni sull'umanesimo giuridico*, cit., p. 8.

[48] M. A. Cattaneo, *Dignità umana e pena nella filosofia di Kant*, cit., p. 67.

[49] M. A. Cattaneo, *Cristianesimo e pensiero giuridico liberale*, in *Cristianesimo, secolarizzazione e diritto moderno*, a cura di L. Lombardi Vallauri, G. Dilcher, Milano 1981, pp. 1211–1239; Id., *Friedrich von Spee e la filosofia del processo penale*, cit., p. 177.

[50] M. A. Cattaneo, *Francesco Carrara e la filosofia del diritto penale*, cit., p. 213; Id., *Critica della giustizia*, cit., p. 20.

[51] M. A. Cattaneo, *Francesco Carrara e la filosofia del diritto penale*, cit., p. 55.

[52] M. A. Cattaneo, *Giusnaturalismo e dignità umana*, cit., p. 72; Id., *Il Liberalismo penale di Montesquieu*, cit., p. 32; cfr. S. Paolo, *Lettera ai Romani*, II, 9–11 e *Lettera ai Corinzi*, VII, 13.

[53] M. A. Cattaneo, *Le radici dell'Europa fra fede e ragione*, cit., p. 97. Id., *Giuseppe Parini e l'illuminismo giuridico, in Suggestioni penalistiche in testi letterari*, cit., pp. 35–63.

[54] M. A. Cattaneo, *Le radici dell'Europa tra fede e ragione*, cit., p. 92; cfr. Montesquieu, *De l'esprit des lois*, l. I, e l. XXIV, 6, ed. Paris, 1951, vol. II, p. 232 e p. 719.

che legge in Montesquieu e in Kant, e che ora riporta al messaggio di Cristo, sono presenti del resto in tutti i suoi scritti, fin dall'osservazione che »tutti gli esseri umani hanno diritto a eguale considerazione e rispetto«, con cui, con le parole di Hart, aveva concluso nel 1962 il libro sul *Positivismo giuridico inglese*[55]. Ponendo la questione penale di fronte al comando evangelico »non giudicare«,[56] Cattaneo non fa che radicalizzare il problema del fondamento della pena, su cui si è sempre interrogato, senza arrivare, come riconosce più volte e come scrive in uno dei suoi ultimi contributi, a nessuna risposta soddisfacente, perché il problema della giustizia penale è insolubile di fronte all'interrogativo ultimo, razionale, e insieme religioso, di chi dia all'uomo il diritto di giudicare l'uomo[57]. Nella raffigurazione della condanna di Cristo come esempio di processo ingiusto,[58] Cattaneo riprende la denuncia della pena esemplare, dell'incertezza delle prove, della presunzione di colpevolezza e della carcerazione preventiva, già presenti in tanti suoi scritti, richiamandosi a quella rappresentazione della croce, da cui già molti anni prima, aveva tratto »il monito ad assumere un atteggiamento particolarmente attento, cauto, sensibile nei confronti della giustizia penale, (...) di difendere sempre, e in modo assoluto, l'innocenza, (...) a non dimenticare mai, anche nel doloroso e pur necessario esercizio della funzione penale, l'umanità e la misericordia«[59]. Scrivendo nel 2004 che si dovrebbe mantenere il diritto penale, ma bandire la pena, mantenere la prospettiva di tutela e garanzia, ma eliminare la sofferenza.[60] Cattaneo esprime non soltanto la sua fiducia nell'uomo mosso dal kantiano dovere morale, ma anche la sua convinzione dello stretto legame fra ragione e sentimento. Intrecciando la pietà per le vittime delle leggi penali, che traspare dagli scritti di Montesquieu, Rousseau, Beccaria, Voltaire, con le ragioni sentimentali di Victor Hugo, con la denuncia della sofferenza causata dalla miseria e con la definizione dell'essere umano come opera di Dio delle scrittrici romantiche tedesche Bettine Brentano von Arnim e Günderrode,[61]

---

[55] M. A. Cattaneo, *Il positivismo giuridico inglese*, cit., pp. 311.

[56] M. A. Cattaneo, *Riflessioni sull'umanesimo giuridico*, cit., pp. 37 ss.

[57] M. A. Cattaneo, *Riflessioni sulla filosofia del diritto penale*, in »Studia Iuridica«, 98, Coimbra 2009; Id., *Pena Diritto Dignità umana*, cit., p. 375.

[58] M. A. Cattaneo, *Dotta ignoranza e umanesimo cristiano*, cit., pp. 47 ss.

[59] M. A. Cattaneo, *Pena Diritto Dignità umana*, cit., p. 379.

[60] M. A. Cattaneo, Riflessioni sull'umanesimo giuridico, cit., pp. 49–50.

[61] Sull'intrecciarsi di ragione e sentimento come conferma della sostanziale continuità fra illuminismo e romanticismo, cfr. M. A. Cattaneo, *Il liberalismo penale di Montesquieu*, cit., p. 89; Id., *I diritti umani e l'umanizzazione delle pene fra ragione e sentimento*, in »Atti dell'Accademia delle Scienze di Ferrara«, vol. 179 aa. 2001–2002, Ferrara, pp. 55–67. E' interessante notare l'attenzione che Cattaneo rivolge agli scritti di donne del romanticismo tedesco. Cfr. M. A. Cattaneo, *Il problema della criminalità nel pensiero filosofico e poetico di Bettine von Armin*, in »Critica del diritto«, aprile-giugno 2000, pp. 225–231; Id., *Filosofia e poesia nel romanticismo*

Cattaneo traccia un ponte fra illuminismo e romanticismo ed esprime, insieme al suo rigore di studioso, la sua profonda sensibilità, cogliendo nella ragione e nel sentimento i valori più autentici dell'uomo.

Da queste brevi considerazioni e citazioni tratte da scritti appartenenti a momenti diversi della sua vita, traspare che Cattaneo è stato una persona, profondamente colta, nel significato che la cultura umanistica ha avuto per i »Maestri« della filosofia del diritto e i più eminenti giuristi del '900. Ispirato al principio della dignità e libertà di ogni essere umano, egli ha sempre sostenuto l'esigenza fondamentale di tutelare i diritti di ogni uomo sia contro il potere dello Stato sia contro miti collettivistici e comunitari,[62] e ha ricercato le origini culturali di quel rispetto dell'uomo che egli ha sempre personalmente vissuto, nella sua onestà scientifica e nel rigore filologico dell'accurata esposizione del pensiero degli autori di cui intendeva condurre la critica, come nel rapporto con studenti e collaboratori di cui è stato sempre pronto ad ascoltare convinzioni e teorie prima di manifestare il proprio pensiero. Critico del potere, nella sua esistenza come nei suoi studi, è vissuto al di fuori delle lotte accademiche, ma avvalendosi della kantiana »libertà di penna«, ha espresso sempre attraverso i propri scritti, l'organizzazione e partecipazione a convegni, il proprio insegnamento, un pensiero originale, sostenendolo con accurate argomentazioni e dettagliate analisi delle tesi discordanti e difendendolo con fermezza di fronte alle opinioni più comunemente condivise. Contro le tendenze oggi dominanti, volte a escludere la metafisica e il carattere ontologico dei valori, Cattaneo ha difeso una filosofia aperta alla trascendenza e, opponendosi al relativismo etico, non ha risparmiato severe critiche al nichilismo giuridico, senza peraltro mai cadere in posizioni dogmatiche, nell'autentica convinzione che »la ricerca della verità, non il possesso della verità, costituisce l'essenza della filosofia«, e che filosofia significhi un continuo interrogarsi senza giungere mai a risposte definitive[63]. Vicino al mondo culturale tedesco, all'illuminismo giuridico kantiano e alla letteratura sviluppata in Germania, ha sempre rivolto il suo sguardo alle radici culturali dell'Europa, che da ultimo ha colto in »Atene e Gerusalemme«, nella tradizione classica e nella tradizione ebraico-cristiana, nell'intreccio fra fede e ragione. Pur esprimendo il proprio affettivo legame con Milano e Venezia, le città delle sue origini, in cui ha vissuto i suoi preziosi affetti familiari, Cattaneo ha considerato,

---

tedesco, in »Filosofia dei diritti umani«, fasc. 6, sett-dic 2000, pp. 13–19.

[62] M. A. Cattaneo, *Diritti dell'uomo e diritti delle culture*, in »Sociologia del diritto«, XIX, 2002, 1, p. 63.

[63] M. A. Cattaneo, *Giusnaturalismo e dignità umana*, cit., p. 7: »La ricerca della verità, non il possesso della verità, costituisce l'essenza della filosofia; infatti filosofia significa essere in cammino, le sue domande sono più importanti delle sue risposte, e ogni risposta si trasforma in una nuova domanda«.

come Montesquieu e Kant, l'uomo nel valore universale della sua umanità, in una prospettiva cosmopolitica, priva di confini e di divisioni. Cogliendo, ancora insieme a Montesquieu e a Kant, nella libertà l'elemento centrale della dignità umana, e nella libertà di coscienza »il frutto più importante del diritto razionale, ovvero del giusnaturalismo moderno«,[64] Cattaneo ha sempre dato espressione nei propri scritti, insieme alla convinzione in principi di giustizia perenni che si elevano al di sopra delle contingenze storiche, alla compassione per la sofferenza e alla fiducia nell'uomo, anche alla propria libertà di credente.

[64] M. A. Cattaneo, *Giusnaturalismo e dignità umana*, cit., p. 94.

Wolfgang Naucke

MARIO A. CATTANEO (1934–2010)[1]

Mario A. Cattaneo wurde am 27. März 1934 in Rom geboren. Er ist am 6. Juli 2010 in Venedig gestorben. Seine juristische Ausbildung hat er in Mailand erhalten. Sein wissenschaftliches Interesse und seine persönliche Neigung galten der Philosophie des Staates und des Rechts. Diese Fächer hat er an den Universitäten Sassari, Ferrara, Mailand und Padua-Treviso vertreten.

Mario Cattaneo hat ein beeindruckend umfangreiches wissenschaftliches Werk bewältigt. Die ganze Breite der geisteswissenschaftlichen Publikationsformen hat er beherrscht, die Monographie, die große Abhandlung, die Anmerkung, die Rezension. Als Kommentator juristischer Tagesereignisse ist er beachtet worden. Cattaneo hat außer in seiner Muttersprache auf Deutsch, Französisch und Englisch publiziert. Seine wissenschaftlichen Verbindungen nach Deutschland waren besonders fest. Seit 1997 war er korrespondierendes Mitglied der Wissenschaftlichen Gesellschaft an der Johann Wolfgang Goethe-Universität in Frankfurt/Main. Eine langjährige Zusammenarbeit verband ihn mit dem Frankfurter Institut für Strafrecht und Rechtsphilosophie und mit dem Hagener Institut für Juristische Zeitgeschichte. Der Direktor des Hagener Instituts, Thomas Vormbaum, hat zahlreiche Monographien Cattaneos ins Deutsche übertragen: die Untersuchung über den Humanismus des deutschen Strafrechtsaufklärers Grolman[2], den Sammelband *Aufklärung und Strafrecht*[3], die Monographie über den modernen Strafrechtstotalita-

---

[1] Überarbeitete Fassung eines Nachrufs, vorgetragen in der Sitzung der Wissenschaftlichen Gesellschaft an der Johann Wolfgang Goethe-Universität Frankfurt/Main am 4. Juni 2011. Zur Bedeutung Cattaneos für die Rechtsphilosophie siehe weiter: Vormbaum, T. In: *Jahrbuch der Juristischen Zeitgeschichte,* 11, 2010, S. XIII f.; Ferrari, V.: Il diritto giusto. Memoria di Mario A. Cattaneo (1934–2010). In: *Rivista Internazionale di Filosofia del Diritto,* 2010, S. 471 ff.; Vinciguerra, P.: Cattaneo, Mario Allessandro. In: *Dizionario Bibliografico dei Giuristi Italiani,* hg. von I. Birocchi et al. Bologna 2013, S. 490 f., mit Nachweisen.

[2] Cattaneo, M. A.: *Karl Grolmans strafrechtlicher Humanismus,* Baden-Baden 1998.

[3] Cattaneo, M. A.: *Aufklärung und Strafrecht. Beiträge zur deutschen Strafrechtsphilosophie des 18. Jahrhunderts,* Baden-Baden 1998.

rismus[4], die breit angelegten Abhandlungen *Menschenwürde und ewiger Friede*[5], *Montesquieus Strafrechtsliberalismus*[6], *Naturrecht und Menschenwürde*[7] und *Recht und Gewalt.*[8]

Die bisher zitierten Titel aus den Veröffenlichungen Cattaneos führen auf die Frage, welches der Kern ist, aus dem sich Cattaneos eindringliche Arbeit erklärt. An der Oberfläche sieht man den Historiker der rechtlichen Aufklärung von der Mitte des 18. Jahrhunderts ab, spezialisiert auf die strafrechtliche Aufklärungsliteratur in Deutschland. Bei Cattaneo findet man musterhafte Darstellungen der Gedanken Montesquieus und Beccarias.[9] Die deutsche strafrechtshistorische Debatte verdankt ihm nachdrückliche Erinnerungen an die Aufklärer Paul Johann Anselm Feuerbach[10], Grolman[11], Hommel[12] und Harscher von Almendingen.[13] Übersichten über die gesamte aufgeklärte strafrechtliche Diskussion in Europa fehlen nicht.[14]

Doch es ist nicht schwierig, bei der Lektüre der angeführten Schriften Cattaneos viele Hinweise darauf zu finden, daß der Autor sich der europäischen Aufklärung nicht als Historiker nähert, sondern als Rechtsphilosoph. Für das Recht, für das Strafrecht insbesondere, will Cattaneo mitteilen, was als Recht, als Strafrecht sein soll. Aufklärung ist für Cattaneo ein bleibendes Kürzel für die Verpflichtung des Strafrechts zur Humanität. Er zweifelt zunächst nicht, daß Praxis und Wissenschaft des Strafrechts dieser Verpflichtung nachkommen. 1970 legt er diese Überzeugung in einer Studie über Feuerbach[15] ausführlich dar. Feuerbach ist für Cattaneo das moderne Schulbeispiel für einen liberalen, humanen Juristen.

Bald trifft man in Cattaneos Veröffentlichungen aber auf Zweifel, ob die Sache des humanen Strafrechts durch die Berufung auf die Aufklärung zu sichern ist. Er registriert, daß die Entwicklung des Strafrechts im 19. und

---

[4] Cattaneo, M. A.: *Strafrechtstotalitarismus. Terrorismus und Willkür*, Baden-Baden 2001.

[5] Cattaneo, M. A.: *Menschenwürde und ewiger Friede. Kants Kritik der Politik*, Berlin 2004.

[6] Cattaneo, M. A.: *Montesquieus Strafrechtsliberalismus*, Berlin 2002.

[7] Cattaneo, M. A.: *Naturrecht und Menschenwürde*, Berlin 2007.

[8] Cattaneo, M. A.: *Recht und Gewalt. Ein problematisches Verhältnis*, Berlin 2009.

[9] Cattaneo, M. A.: *Il liberalismo penale di Montesquieu*, Napoli 2000; Beccaria und Kant. In: *Aufklärung und Strafrecht*, a. a. O., S. 7ff., s. auch S. 49ff. Vorausgegangen war: *Delitto e pena nel pensiero di Christian Thomasius*, Milano 1976.

[10] Cattaneo, M. A.: *Anselm Feuerbach, filosofo e giurista liberale*, Milano 1970.

[11] Cattaneo, M. A.: *Karl Grolmans strafrechtlicher Humanismus.*

[12] Cattaneo, M. A.: Karl Ferdinand Hommel, der »deutsche Beccaria«. In: Cattaneo, M. A.: *Aufklärung und Strafrecht*, a. a. O., S. 63ff.

[13] Cattaneo, M. A.: Der Begriff der Strafe bei Ludwig Harscher von Almendingen. In: *Jahrbuch der Juristischen Zeitgeschichte*, 6, 2004/05, S. 285ff.

[14] Cattaneo, M. A.: *Aufklärung und Strafrecht.*

[15] S. Anm. 9.

20. Jahrhundert die Verpflichtung des Strafrechts auf Liberalität und Humanität ohne intellektuelle Anstrengung beiseite schieben und daß sich ein illiberales inhumanes Strafrecht schnell etablieren kann. Cattaneo vermutet Schwächen in der aufgeklärten Begründung des Strafrechts. Er wendet sich Kant zu, hoffend, dort jene Schwächen ausgeglichen zu finden. Es erscheinen ausgedehnte Kantstudien: *Menschenwürde und Strafe in der Philosophie Kants*, 1981[16], *Metaphysik des Rechts und reine Vernunft*, 1984[17]. Die Bemühungen um Kant, vor allem um eine reine, politisch nicht korrumpierbare Rechtsvernunft, werden Teil seiner künftigen Arbeit. Die letzte Tagung, die er 2005 ausgerichtet hat, geht dem Thema *Kant und die Philosophie des Rechts*[18] nach. Der Titel seines eigenen Beitrags zu dieser Tagung faßt zusammen, was ihn beschäftigt. Der Titel lautet *Menschenwürde, ewiger Friede, Kritik der Politik im Denken Kants.*[19] In einem Vortrag 2001 in der Frankfurter Wissenschaftlichen Gesellschaft hat Cattaneo seine Meinung so zusammengefaßt: »In der Kantischen Philosophie finden wir also die richtigen Werkzeuge, um eine menschenwürdige Rechtsordnung aufzubauen«[20].

Aber die wissenschaftliche Beunruhigung bleibt. Sie zeigt sich in der ausgedehnten Beschäftigung mit den Rechtstheorien der totalitären Staaten des 20. Jahrhunderts.[21] Cattaneo untersucht die Grundlagen der juristischen, insbesondere der strafjuristischen Techniken des Kommunismus, des Nationalsozialismus und des Faschismus. Die Einsicht drängt sich ihm auf, daß eine Reihe von Denkformen, die er an der Aufklärung bewundert hat, in den totalitären Strafrechten des 20. Jahrhunderts aufgenommen und zu einer strafrechtlichen Gegenaufklärung genutzt werden. Ein Beispiel nur: Cattaneo sieht mit Bestürzung, daß die Gesetzlichkeit des Strafrechts, eine der Hauptstützen aufgeklärten Strafrechts, ohne begriffliche Verdrehungen für totalitäre Ziele eingesetzt werden kann.[22]

Die wissenschaftliche Situation, in der Cattaneo sich zunehmend sah, hat einige nicht seltene charakteristische Züge. Das Vertrauen in die humanisierende Kraft aufgeklärter Gedanken im Recht ist geschwunden. Die Berufung auf Kant bleibt. Doch bleibt auch die Sorge, ob diese Berufung sich nicht erschöpft in dem appellierenden Zitieren einiger weltweit bekannter

---

[16] Cattaneo, M. A.: *Dignità umana e pena nella filosofia di Kant,* Milano 1981.

[17] Cattaneo, M. A.: *Metafisica del diritto e ragione pura, studi sul »Platonismo Juridico« di Kant,* Milano 1984.

[18] Cattaneo, M. A. (Hg.): *Kant e la filosofia del diritto,* Napoli 2005.

[19] Cattaneo, M. A.: Dignità umana, pace perpetua, critica della politica nel pensiero di Kant. In: *Kant e la filosofia del diritto,* a. a. O., S. 7 ff.

[20] Cattaneo, M. A.: *Totalitarismus und Politik,* Stuttgart 2002, S. 19.

[21] Cattaneo, M. A.: *Strafrechtstotalitarismus. Terrorismus und Willkür.*

[22] Cattaneo, M. A.: a. a. O., S. 120 ff.

Kant-Sätze, Sätze, die allein die Gerechtigkeit, nicht die Zweckmäßigkeit zur Grundlage des Strafens erklären.

In dieser Situation verstärkt sich im Denken von Mario Cattaneo eine Linie, die stets gegenwärtig war und die es ihm möglich macht, jene schwierige wissenschaftliche Situation fortzuentwickeln. Mario Cattaneo ist ein vom katholischen Glauben geprägter Gelehrter gewesen. Das Thema »Christentum und Recht« hat er stets mitgeführt. Auf einer großen Tagung 1980, die den Stand der Säkularisierung im modernen Recht untersuchte, hat er, noch als Historiker auftretend, das aufgeklärte liberale juristische Denken auf christliche Wurzeln zurückgeführt.[23] Spätere Veröffentlichungen zu diesem Gegenstand haben die Arbeitsweise des Historikers aufgegeben. Cattaneos aufgeklärte Liberalität und sein menschenfreundlicher Kantianismus werden ergänzt und verstärkt durch theologische Erwägungen. Er entdeckt die Nähe seines Denkens zu dem Denken von Simone Weil. Die Einheit von Politik, Recht und Glauben bei einer Philosophin der Gegenwart beschäftigt ihn nachdrücklich.[24]

Mit großer Zustimmung zitiert Mario Cattaneo zur gleichen Zeit die Auffassung Johannes Pauls II., die juristisch gesicherte Erklärung der Menschenrechte entspreche der theologischen Erklärung der Menschenrechte in den Texten des II. Vatikanischen Konzils.[25] Eine der späten Schriften Cattaneos mit dem Titel *Die Wurzeln Europas zwischen Glauben und Vernunft* interpretiert die Lehren Johannes Pauls II. als Ausdruck der Suche nach menschenwürdigen rechtlichen Zuständen.[26] Ähnlich liest Cattaneo die Texte Benedikts XVI.[27]

Aufklärung, Kant und ein modernes christliches Naturrecht sind für Mario Cattaneo gleichgestimmte Förderer eines verbindlichen rechtlichen Leitbildes gewesen, des Leitbildes eines menschenwürdigen, den Einzelnen schützenden Rechts.[28] Dieses Leitbild ist in allen Texten Cattaneos von seinem wissenschaftlichen Beginn an gegenwärtig. Ich zitiere den letzten Satz eines auf

---

[23] Cattaneo, M. A.: Cristianesimo e pensiero giuridico liberale. In: *Cristianesimo, secolarizzazione e diritto moderno*, hg. von L. Lombardi Vallauri, G. Dilcher. Milano 1981, S. 1211ff.

[24] Cattaneo, M. A.: *Simone Weil e la critica dell'idolatria sociale*, Napoli 2002; s. auch: *Strafrechtstotalitarismus*, a. a. O., S. 60ff. In diesen Zusammenhang gehört Cattaneos Beschäftigung mit Leben und Werk von Edith Stein, s. z. B. Cattaneo, M. A.: *Recht und Gewalt*, Münster 2009, S. 3 und *Naturrecht und Menschenwürde*, a. a. O., S. 1f.

[25] Cattaneo, M. A.: *Naturrecht und Menschenwürde*, a. a. O., S. 82f.

[26] Cattaneo, M. A.: *Le radici dell'Europa tra fede e ragione*, Napoli 2008, S. 111ff.

[27] Cattaneo, M. A.: *Dotta ignoranza e umanesimo cristiano*, Napoli 2007, S. 42f.

[28] Cattaneo, M. A. hat auch in der Literatur eine Quelle zur Sicherung jenes Leitbilds gefunden; s. seine Studien zum Thema »Literatur und Recht«: *L'illuminismo giuridico di Allessandro Manzoni*, Sassari 1985; *Carlo Goldoni e Allessandro Manzoni, Illuminismo e diritto penale*, Milano 1987; *Suggestioni penalistiche in testi letterari*, Milano 1992.

Deutsch gehaltenen Vortrags von Mario Cattaneo 1999: »Es ist meine feste Überzeugung, daß Menschenwürde und Rechsstaat die zwei Hauptgegenstände einer würdigen rechtsphilosophischen Forschung ausmachen«.[29]

[29] Cattaneo, M. A.: *Naturrechtslehre als Idee der Menschenwürde*, Stuttgart 1999, S. 25.

Giuseppe Bardone

BIBLIOGRAFIA ESSENZIALE DI MARIO A. CATTANEO

Bibliographie der wesentlichen Publikationen Mario A. Cattaneos

Mario A. Cattaneo, *Analisi del linguaggio e scienza politica,* in »Rivista Internazionale di Filosofia del Diritto« (1959), pp. 1–13.

– *Il concetto di rivoluzione nella scienza del diritto*, Milano, Istituto editoriale Cisalpino, 1960, p. 127.

– *Il positivismo giuridico e la separazione tra il diritto e la morale*, in »Rendiconti dell'Istituto Lombardo di Scienze e Lettere«, Milano, 1960, pp. 701–742.

– *Richiamo a istituti di diritto privato per la risoluzione del problema dell'origine dello stato*, in Rinaldo Orecchia (a cura di), *La norma giuridica: diritto pubblico e diritto privato,* Atti del IV Congresso di Filosofia del diritto, Pavia, 10–13 ottobre 1959, Milano, Giuffrè, 1960, pp. 350–354.

– *Chronique de Philosophie analytique du language dans ses applications au droit,* in »La Réforme des Etudes de Droit. Le droit naturel. Archives de Philophie du droit«, n. 6 (1961), pp. 201–209.

– *Giovanni Tarello Il realismo giuridico americano,* in »Rivista di Diritto Civile«, VIII, n. 6 (1962), pp. 3–7.

– *Alcune osservazioni sul concetto di giustizia in Hobbes,* in Rinaldo Orecchia (a cura di), *Il problema della giustizia: diritto ed economia, diritto e politica, diritto e logica,* Atti del V Congresso Nazionale di Filosofia del Diritto, Roma, 31 maggio-4 giugno 1961, Milano, Giuffrè, 1962, pp. 87–93.

– *Hobbes e il pensiero democratico nella Rivoluzione inglese e nella Rivoluzione francese,* in »Rivista critica di storia della filosofia«, n. 4 (1962), pp. 487–514.

– *Il positivismo giuridico inglese: Hobbes, Bentham, Austin,* Milano, Giuffrè, 1962, pp. 318.

– *Il partito politico nel pensiero dell'illuminismo e della Rivoluzione francese,* Milano, Giuffrè, 1964, pp. 127.

– *Le dottrine politiche di Montesquieu e di Rousseau* (a.a. 1963–1964), Milano, La Goliardica Stampa, 1964, pp. 152.

– *Un lavoro americano sul positivismo giuridico,* in »Rivista Internazionale di Filosofia del Diritto«, XLII, n. 1 (1965), pp. 151–159.

L.A. Herbert Hart, *Il concetto di diritto,* introduzione e trad. it. a cura di Mario A. Cattaneo, Torino, Einaudi, 1965, pp. 308 (riedizioni: 1966, 1980, 2002).

Mario A. Cattaneo, *Considerazioni sul significato dell'espressione: »i giudici creano diritto«*, in »Rivista Internazionale di Filosofia del Diritto«, XLIII, n. 1 (1966), pp. 250–257.
- *Illuminismo e legislazione*, Milano, Edizioni di Comunità, 1966, pp. 202.
- *Leggi penali e libertà del cittadino*, in »Comunità«, 1 (gennaio-aprile 1967), pp. 2–8.
- *Montesquieu, Rousseau e la Rivoluzione francese*, Milano, La Goliardica, 1967, pp. 177 (dispense del corso di *Storia delle dottrine politiche*, Milano, a.a. 1963–1964, 1964–1965, 1965–1966).
- *Quattro Punti*, in »Rivista Internazionale di Filosofia del Diritto«, XLIV, n. 3 (1967), pp. 436–442.
- Sprachanalyse und Politologie. In: *Methoden der Politologie*, hg. von R.H. Schmidt. Darmstadt 1967, S. 330–348.
- *Libertà e virtù nel pensiero politico di Robespierre*, Milano-Varese, Istituto Editoriale Cisalpino, 1968, II ed., pp. 234.
- *Considerazioni sull'idea di repubblica federale nell'illuminismo francese*, in »Studi Sassaresi«, XXXII, n. 4/5 (1968), pp. 79–110.
- Hobbes Théoricien de l'Absolutisme Eclairé. In: *Hobbes-Forschungen*, hg. von R. Koselleck u. R. Schnur. Berlin 1968, S. 199–210.
- *Libertà e virtù nel pensiero politico di Robespierre*, Milano, Istituto Editoriale Cisalpino, 1968, pp. 234.
- *Anselm Feuerbach, filosofo e giurista liberale*, Milano, Edizioni di Comunità, 1970, pp. 584.
- Recensione al volume di Mayer-Tasch, P.C.: *Autonomie und Autorität. Rousseau in den Spuren von Hobbes?*, Neuwied u. Berlin 1968. In: *Archiv für Rechts- und Sozialphilosophie* LVI, n. 4, 1970, S. 564–570.
- *Filosofia politica e Filosofia della pena*, in AA.VV., *Tradizione e novità della filosofia della politica*, Atti del Primo Simposio di Filosofia della Politica, Bari, 11–13 maggio 1970, Bari, Laterza, 1970, pp. 81–92.
- *Antonio Pigliaru: La figura e l'opera*, testo della commemorazione tenuta il 25 giugno 1969 nell'Aula Magna dell'Università di Sassari, in »Studi sassaresi«, Serie III, II (1968–1969), Milano, 1971, pp. XXV-LVI.
- *Le elezioni e il liberalismo. Autonomia dell'Università e neocorporativismo,* in »La Rassegna Pugliese«, VII, n. 4/6 (1971), pp. 1–7.

Paul Johann Anselm von Feuerbach, *Anti-Hobbes, ovvero i limiti del potere supremo e il diritto coattivo dei cittadini contro il sovrano*, a cura di Mario A. Cattaneo, Milano, Giuffrè, 1972, pp. 147.

Mario A. Cattaneo, *Considerazioni sul diritto di resistenza e liberalismo*, in »Studi Sassaresi«, III, Autonomia e diritto di resistenza, Milano, 1973, pp. 209–224.
- *La dottrina penale di Karl Grolman nella filosofia giuridica del criticismo*, in *Materiali per una Storia della Cultura Giuridica*, III, 1 (1973), pp. 263–347.
- *Corso di filosofia del diritto*, Ferrara, Editrice Universitaria, 1974, pp. 163.
- *La filosofia della pena nei secoli XVII e XVII: corso di filosofia del diritto,* Ferrara, De Salvia, 1974, pp. 163.

- *Informazione e verità nello stato contemporaneo*, in R. Orecchia, *Il diritto come ordinamento. Informazione e verità nello Stato contemporaneo*, Atti del X Congresso nazionale di filosofia giuridica e politica, Bari 3–5 ottobre 1974, Milano, Giuffrè, 1976.
- *Karl Ferdinand Hommel. Il Beccaria tedesco*, in AA.VV., *Idee e atteggiamenti sulla repressione penale*, vol. V dei *Materiali per una Storia della Cultura giuridica*, raccolti da Giovanni Tarello, Bologna, il Mulino, 1975, pp. 263–349.
- *Delitto e pena nel pensiero di Christian Thomasius*, Milano, Giuffrè, 1976, pp. 233.
- *Illuminismo giuridico e ideologie*, in »Rivista Internazionale di Filosofia del Diritto«, LIV, n. 2 (1977), pp. 387–413.
- *Il problema filosofico della pena*, Ferrara, Editrice Universitaria, 1978, pp. 141.
- *Ancora su verità e libertà nell'informazione*, in »Rivista Internazionale di Filosofia del Diritto«, LVI, n. 1 (1979), pp. 109–110.
- *La scienza giuridica*, in »Il Pensiero politico«, XII, n. 2 (1979), pp. 199–212.
- *Stato di diritto e stato totalitario*, Ferrara, Editrice Universitaria, 1979.
- *Schopenhauer e il diritto penale. Alcune considerazioni*, in *Studi per Lorenzo Campagna. Scritti di Filosofia del diritto, Filosofia politica e Teoria sociale*, Milano, Giuffrè, 1980, pp. 1–33.
- *Una recente interpretazione dell'ultimo Feuerbach*, (a proposito di G. Schubert, *Feuerbachs Entwurf zu einem Strafgesetzbuch für das Königsreich Bayern aus dem Jahre 1824*, »Schriften zur Rechtsgeschichte«, Heft 16, Berlin 1978), in »Quaderni fiorentini per la storia del pensiero giuridico moderno«, VIII (1979), pp. 423–436.
- *Dignità umana e pena nella filosofia di Kant*, Milano, Giuffrè, 1981, pp. 333.
- *Il codice Rocco e l'eredità illuministico-liberale*, in »La questione criminale«, VII, n. 1 (gennaio- aprile 1981), pp. 99–110.
- *Savigny e Feuerbach*, in »Quaderni fiorentini per la storia del pensiero giuridico moderno«, IX (1980), pp. 307–310.
- *Stato di diritto e stato totalitario: corso di storia delle dottrine politiche*, Ferrara, Editrice Universitaria, 1981, pp. 227.
- *La pena nella »Consolatio philosophiae«*, vol. 23 delle *Memorie del Seminario di Storia della Filosofia della Facoltà di Magistero*, Università di Sassari, Sassari, Istituto di Filosofia, 1982.
- *Hobbes, Kant e la pena. A proposito di un saggio di Uberto Scarpelli*, in »Rivista Internazionale di Filosofia del Diritto«, n. 1 (1982), pp. 114–123.
- Voce *Pena, filosofia del diritto*, in *Enciclopedia del Diritto*, vol. XXXII, Milano, Giuffrè, 1982, pp. 701–712.
- *Ricordo di Giuseppe Bettiol*, in »Rivista Internazionale di Filosofia del Diritto«, n. 1 (1983), pp. 143–149.
- Presentazione a Francesco Sechi, *La fondazione metafisica del pensiero politico-giuridico di B. Spinoza*, Sassari, Stampacolor, 1983.
- *Il diritto penale nel pensiero di Ludwig Heinrich Jakob*, in »Quaderni Fiorentini per la storia del pensiero giuridico moderno«, XIII (1984), pp. 331–382.

– *Il diritto come valore e il problema della pena*, in U. Scarpelli, V. Tomeo (a cura di), *Società, norme e valori. Studi in onore di Renato Treves*, Milano, Giuffrè, 1984.
– *Metafisica del diritto e ragione pura: studio sul platonismo giuridico di Kant*, Milano, Giuffrè, 1984, pp. 244.
– *Giustizia come libertà e persona nella società tecnologica*, in S. Ricossa, E. Di Robilant, *Libertà, Giustizia e Persona nella società tecnologica*, Milano, Giuffrè, 1985, pp. 125–158.
– *L'Illuminismo giuridico di Alessandro Manzoni*, in *Memorie del Seminario di Filosofia del diritto e di Storia delle dottrine politiche della Facoltà di Magistero*, Università di Sassari, Sassari, Istituto di Filosofia, 1985, pp. 1–45.
– *Sant'Agostino critico della tortura*, in M. Fabris, *L'Umanesimo di Sant'Agostino*, Atti del Congresso Internazionale, Bari, 28–30 ottobre, Bari, Levante Editore, 1986, pp. 455–465.
– *Carlo Goldoni e Alessandro Manzoni: illuminismo e diritto penale*, Milano, Giuffrè, 1987, pp. 316.
– *Kelsen tra neo-kantismo e positivismo giuridico. Alcune considerazioni su uno studio di Agostino Carrino*, in »Rivista Internazionale di Filosofia del Diritto«, LXIV, n. 3 (1987), pp. 476–485.
– *Francesco Carrara e la filosofia del diritto penale*, Torino, Giappichelli, 1988, pp. 220.
– *La legislazione penale nell'Illuminismo tedesco*, in Alessandro Giuliani, Nicola Picardi (a cura di), *L'Educazione giuridica*, vol. V: *Modelli di legislatore* e *scienza della legislazione*, Tomo I: Filosofia e scienza della legislazione, Napoli, Edizioni Scientifiche Italiane, 1988, pp. 257–334.
– *Sulla filosofia penale di Kant e di Hegel*, in L. Eusebi (a cura di), *La funzione della pena. Il commiato da Kant e da Hegel*, Milano, Giuffrè, 1989, pp. 117–136.
– *Legislazione e costituzione nell'età dei Lumi*, in M. Sordi, *Per i 40 anni dalla Costituzione*, Milano, Istituto Lombardo, Accademia di Scienze e Lettere, 1989, pp. 49–64.
– *La pena e la coattività del diritto*, in »Filosofia del diritto e teoria politica«, Università di Macerata, I (1989), pp. 313–346.

Maximilien François Marie Isidore de Robespierre, *La scalata al cielo: discorsi di Massimiliano Robespierre*, a cura di Mario A. Cattaneo, Verona, Essedue, 1989, pp. 199.

Mario A. Cattaneo, *Libertà e virtù nel pensiero politico di Robespierre*, Milano, Istituto editoriale Cisalpino, 1990, pp. 234.
– *Pena, diritto e dignità umana. Saggio sulla filosofia del diritto penale*, Torino, Giappichelli, 1990, pp. 390.
– *Manzoni, le »gride« e la concezione illuministica del diritto*, Napoli, Guida, 1990, pp. 57.
– *Carlo Goldoni e Alessandro Manzoni. Illuminismo e diritto penale*, ristampa integrata, Milano, Giuffrè, 1991, pp. 334.
– *Die Strafrechtsphilosophie der deutschen Aufklärung*, Hamburg 1991, S. 1–30.

- *Il dibattito fra Mariani e Mancini sul diritto di punire*, in M. Pisani, *Studi in memoria di Pietro Nuvolone*, vol. 1, Milano, Giuffrè, 1991, pp. 659–688.
- *Un tentativo di giustificazione della pena giuridica. Nota su un libro di Igor Primoratz*, in »Rivista Internazionale di Filosofia del Diritto«, LXVIII, n. 2 (1991), pp. 414–427.
- *Diritto e Stato nella filosofia della Rivoluzione francese*, in Id. (a cura di), Atti del Colloquio internazionale, Milano, 1–3 ottobre 1990, Milano, A. Giuffrè, 1992, pp. 7–56.
- *Suggestioni penalistiche in testi letterari*, Milano, Giuffrè, 1992, pp. 366.
- *Un libro recente su Pufendorf*, in »Rivista Internazionale di Filosofia del Diritto«, LXIX (ottobre-dicembre 1992), pp. 610–617 (recensione a Vanda Fiorillo, *Tra egoismo e socialità. Il giusnaturalismo di Samuel Pufendorf*, Napoli, Jovene, 1992).
- *Illuminismo e legislazione penale. Saggi sulla filosofia del diritto penale nella Germania del Settecento*, Milano, LED, 1993, pp. 438.
- *Renato Treves, filosofo del diritto*, in »Rivista Internazionale di Filosofia del Diritto«, LXX, n. 1 (1993), pp. 13–20.
- *Sergio Panunzio e la codificazione civile del 1942*, in A. Petacco, *I cinquant'anni del codice civile*, Atti del Convegno, Milano, 4–6 giugno 1992, vol. II, Milano, Giuffrè, 1993, pp. 445–458.
- *Una lettera inedita di Kant*, in »Diritto e cultura«, I (1993), pp. 102–116.
- *Friedrich von Spee e la filosofia del processo penale*, in Giampiero Todini (a cura di), *In memoria di Ginevra Zanetti*, Archivio giuridico di Sassari, Sassari, Moderna, 1994, pp. 129–177.
- *La filosofia del diritto: il problema della sua identità*, in Bruno Montanari (a cura di), *Filosofia del diritto, identità scientifica e didattica oggi*, Atti del Seminario di Studio, Consiglio Nazionale delle Ricerche, Catania, 8–10 maggio 1992, Milano, Giuffrè, 1994.
- *Legalità e processo penale nel pensiero di Karl Grolman*, in Alessandro Giuliani, Nicola Picardi (a cura di), *L'educazione giuridica. I modelli storici della procedura continentale*, VI, Napoli, Edizione Scientifiche Italiane, 1994, pp. 211–233.
- *Persona e Stato di diritto: Discorsi alla nazione europea*, Torino, Giappichelli, 1994, pp. 166.
- *Garantismo e tolleranza*, Pisa, ETS, 1995, pp. 146.
- *Ricordo di Renato Treves*, in *Rendiconti dell'Istituto Lombardo Accademia di Scienze e Lettere*, vol. 127 (1993), Milano, Istituto Lombardo di scienze e lettere, 1995, pp. 265–269.
- *Uno studio sulla tradizione giuridica europea*, in »1989. Rivista di Diritto Pubblico e Scienze Politiche«, V, n. 3 (1995), pp. 425–438.
- *Critica della giustizia: natura e società moderna*, Milano, Lanfranchi, 1996, pp. 186.
- *Il problema della criminalità statale nell'interpretazione di Wolfgang Naucke*, in »L'indice penale«, XXX, n. 2 (1996), pp. 443–450.
- *L'umanesimo giuridico penale di Karl Grolman*, Pisa, ETS, 1996, pp. 152.

- *Samuel Pufendorf e Paul Johann Anselm Feuerbach: contratto sociale, secolarizzazione penale e prevenzione generale«* in Vanda Fiorillo (a cura di), *Samuel Pufendorf, filosofo del diritto e della politica*, Atti del Convegno Internazionale, Milano 11–12 novembre 1994, Napoli, La Città del Sole, 1996, pp. 3–28.
- Voce *Positivismo giuridico*, in *Digesto*, IV ed., vol. XIV, Civile, UTET, 1996, pp. 1–8.
- *Il neo-kantismo nella filosofia del diritto di Renato Treves*, in Vincenzo Ferrari, *Diritto, cultura e libertà*, Atti del Convegno in memoria di Renato Treves, Milano, 13–15 ottobre 1994, Milano, Giuffrè, 1997, pp. 45–81.
- *Pena di morte e civiltà del diritto*, in Id. (a cura di), *Pena di morte e civiltà del diritto*, introd. di Mario A. Cattaneo con una nota di Guido Giuffrè e sei tavole di Andrea Martinelli, Milano, Giuffrè, 1997, pp. 109.
- *Karl Grolmans strafrechtlicher Humanismus*, Baden-Baden 1998, S. 122.
- *Pena diritto e dignità umana. Saggio sulla filosofia del diritto penale*, rist. aggiornata, Torino, Giappichelli, 1998, pp. 390.
- *Terrorismo e arbitrio: il problema giuridico nel totalitarismo*, Padova, CEDAM, 1998, pp. 315.
- *La critica di Flavio Lopez De Oñate*, in Id., *Terrorismo e arbitrio: il problema giuridico nel totalitarismo*, Padova, CEDAM, 1998, pp. 315.
- *Giuseppe Parini e l'Illumismo giuridico-penale*, in »Rivista di Letteratura Italiana«, XVII, n. 2–3 (1999), pp. 327–338.
- *Hobbes e la procedura penale. Tortura e carcere preventivo*, in Giuseppe Sorgi (a cura di), *Thomas Hobbes e la fondazione della politica moderna*, Milano, Giuffrè, 1999, pp. 601–606.
- *Pietro Verri e la riforma penale*, in C. Capra, *Pietro Verri e il suo tempo*, Quaderni di Acme 35, Milano, Cisalpino Istituto Editoriale Universitario, 1999, pp. 271–288.
- *Naturrechtslehre als Idee des Menschenwürde*, Sitzungsberichte der Wissenschaftliche Gesellschaft an der J. W. Goethe-Universität Frankfurt am Main, Bd. 37, Nr. 4, Wiesbaden 1999, S. 25.
- *Alcune riflessioni sul positivismo giuridico*, in AA.VV., *Raccolta di scritti in memoria di Antonio Villani*, Napoli, Istituto Suor Orsola Benincasa, 2000, pp. 341–348.
- *Il concetto di delitto nel pensiero di Francesco Mario Pagano*, in »Archivio Storico del Sannio«, n. 1 (2000), Napoli, Edizioni Scientifiche Italiane, pp. 39–52.
- *Il liberalismo penale di Montesquieu*, Napoli, Edizioni Scientifiche Italiane, 2000, pp. 96.
- *Parini e Beccaria*, in G. Barbarisi, *L'Amabil Rito. Società e cultura nella Milano di Parini*, Quaderni di Acme 2000, Milano, Cisalpino Istituto Editoriale Universitario, 2000, pp. 569–579.
- Voce *Uguaglianza*, in *Digesto*, IV ed., vol. XV, Pubblicistico, Torino, Utet, 2000, pp. 418–428.
- *Riflessioni sull'Illuminismo giuridico*, in »Quaderni fiorentini per la storia del pensiero giuridico moderno«, XXX, tomo II (2001), pp. 735–739.

- *Strafrechtstotalitarismus: Terrorismus und Willkür*, Baden-Baden 2001, S. 290.
- *Alcune riflessioni sul rapporto tra diritto e forza*, in AA.VV., *Scritti in memoria di Giovanni Cattaneo*, tomo primo, Milano, Giuffrè, 2002, pp. 337–348.
- *Certezza del diritto soltanto sulla carta e pericolo totalitario*, in »Rivista italiana di diritto e procedura penale«, XLV, n. 4 (2002), pp. 1354–1357.
- *Dignità umana e pace perpetua: Kant e la critica della politica*, Padova, CEDAM, 2002, pp. 84.
- *Diritti dell'uomo, non diritti delle culture*, in »Sociologia del Diritto«, 1 (2002), pp. 9 ss
- *I diritti umani e l'umanizzazione delle pene fra ragione e sentimento*, Prolusione del 21.II.2002 per l'inaugurazione dell'a.a. 2001–2002, in *Accademia delle Scienze di Ferrara*, Atti, vol. 79, Ferrara, Accademia delle Scienze, 2002, pp. 55–67.
- *Simone Weil e la critica dell'idolatria sociale*, Napoli, Edizioni Scientifiche Italiane, 2002, pp. 105.
- *Totalitarismus und Politik – Rechtsstaat und Menschenwürde*, Sitzungsberichte der Wissenschaftlichen Gesellschaft an der Johann-Wolfgang-Goethe-Universität Frankfurt am Main, Bd. 40, Nr. 1, Stuttgart 2002, S. 19.
- *Alcune riflessioni sul problema penale nel pensiero di Christian Thomasius*, in Vanda Fiorillo, Friedrich Vollhardt (a cura di), *Il diritto naturale nella socialità. Tradizioni antiche ed antropologia moderna nel XVII secolo*, Atti del Convegno Internazionale, Napoli, 24–25 ottobre 2003, Torino, Giappichelli, 2004, pp. 161–171.
- *Riflessioni sull'umanesimo giuridico*, Napoli, Edizioni Scientifiche Italiane, 2004, pp. 79.
- *Diritto e forza: un delicato rapporto*, Padova, CEDAM, 2005, pp. 103.
- *Dignità umana, pace perpetua, critica della politica nel pensiero di Kant*, in Id. (a cura di) *Kant e la filosofia del diritto*, Colloquio internazionale per il bicentenario della morte di Immanuel Kant (1804–2004), Treviso, 1. ottobre 2004, Napoli, Edizioni Scientifiche Italiane, 2005, pp. 7–22.
- *Giusnaturalismo e dignità umana*, Napoli, Edizioni Scientifiche Italiane, 2006, pp. 103.
- Juristiche Aspekte im Werk Bettine Brentanos. In: *Internationales Archiv für Sozialgeschichte der deutschen Literatur* 31, II (Dez. 2006), S. 218–227.
- *Dotta ignoranza e umanesimo cristiano*, Napoli, Edizioni Scientifiche Italiane, 2007, pp. 64.
- *Le radici dell'Europa tra fede e ragione. Uno studio filosofico-giuridico*, Napoli, Edizioni Scientifiche Italiane, 2008, pp. 126.
- *Riflessioni sul giusnaturalismo di Kant*, in »Rivista Internazionale di Filosofia del Diritto«, LXXXV, n. 1 (2008), pp. 13–21.
- Spezialprävention und Rechtssicherheit in der humanistischen Strafrechtslehre Karl Grolmans. In: *Das Naturrecht der Geselligkeit. Anthropologie, Recht und Politik im 18. Jahrhundert*, hg. von V. Fiorillo, F. Grunert. Berlin 2009, S. 223–228.

- *Riflessioni sulla filosofia del diritto penale*, in Jorge de Figueiredo Dias, José Joaquim Gomes Canotilho, José de Faria Costa, *Ars Iudicandi Estudos em homenagem ao Prof Doutor Jorge de Figueiredo Dias*, vol. 1, Coimbra, Coimbra Editora, 2008, pp. 103–108.
- (†) Paul Johann Anselm Feuerbach und das Bayerische Strafgesetzbuch von 1813. In: *Jahrbuch der Juristische Zeitgeschichte*, hg. von T. Vormbaum. Berlin/ Boston 2012, Bd. 12 (2011), S. 119–133 (scritto postumo).

VERZEICHNIS DER MITWIRKENDEN

Dr. Giuseppe Bardone
Nel 1966 è stato nominato Assistente della Cattedra di *Storia delle Dottrine Politiche*, diretta dal Prof. Mario A. Cattaneo presso l'Università degli Studi di Milano. Nel 1967 ha vinto una Borsa di Studio del CNR in *Sociologia del Diritto* presso la Cattedra del Prof. Renato Treves. Fino al 1976 ha collaborato con i Professori Pincin ed Albertoni presso la Facoltà di Scienze Politiche sempre dell'Università degli Studi di Milano. Dal 1980 è Consigliere delle Attività culturali del Circolo Personale della Banca Commerciale Italiana di Milano. Dal 1995 al 2001 ha nuovamente collaborato con il Prof. Mario A. Cattaneo presso la Cattedra di *Filosofia del Diritto* dell'Università degli Studi di Milano. Dal 2001 al 2006 ha continuato la sua collaborazione con il Prof. Mario A. Cattaneo presso l'Università degli Studi di Padova-Treviso. Nel 2008–2009 ha collaborato con il Prof. Sergio Spadoni presso la Facoltà di Veterinaria dell'Università degli Studi di Milano. Dal 2006 al 2010 ha collaborato con il Prof. Gentile presso la stessa Università degli Studi di Milano.

Prof. Dr. Dr. h. c. Paolo Becchi
Geboren 1955. Studium der Philosophie und Geschichte in Genua, Promotion 1979. 1980–1983: Wissenschaftlicher Mitarbeiter an der Universität des Saarlandes, Lehrstuhl Prof. Dr. Alessandro Baratta und Prof. Dr. Karl-Heinz Ilting; Humboldt-Stipendiat 1989/1991; Promotion im Fach Philosophie. Ab 1983 wissenschaftlicher Mitarbeiter an der Juristischen Fakultät der Universität Genua. Seit 1999 Extraordinarius, seit 2004 Ordinarius für Rechtsphilosophie dortselbst. – Seit 2006 nebenamtlicher ordentlicher Professor für Rechts- und Staatsphilosophie an der Universität Luzern. Ab 2008 Direktor des »Lucernaiuris – Institut für juristische Grundlagen«, Luzern. – 2014 Ehrendoktor der Juristischen Fakultät der Eötvös Loránd Universität (ELTE), Budapest.

Prof. Dr. Giovanna Cavallaro
Nata a Rapallo (Genova, Italia) laureata in Giurisprudenza nel 1966 presso l'Università degli studi di Ferrara, in servizio dal 1973 nel ruolo di assistente ordinario e dal 1983 di professore associato per l'insegnamento di Sociologia del diritto e di Filosofia del diritto presso la Facoltà di Giurisprudenza del medesimo Ateneo. Nel 2010 è andata in pensione.

Dopo i primi studi sulla filosofia medievale, ha rivolto la propria ricerca sull'opera filosofico-penalista di Carlo Cattaneo, sull'Illuminismo giuridico, sul ruolo degli avvocati alla vigilia della rivoluzione del 1789 e sul pensiero giuridico dei Costituenti, sulle teorie del conflitto. Tra il 2000 e il 2003 è stata presidente dell'Accademia delle Scienze di Ferrara.

Prof. Dr. Giulio M. Chiodi
Geboren in Pavia. Promotion in Rechtswissenschaft an der Universität Mailand. 1967–1968 wissenschaftlicher Assistent für Rechtsphilosophie an der Universität »Statale« in Mailand; 1969: Privatdozent für Rechts- und Staatsphilosophie dortselbst. 1970: Beauftragter Professor sowohl für Geschichte der politischen Lehren an der Universität Pavia als auch für Staatsphilosophie an der Universität Mailand. 1976: Ordentlicher Professor für Staatsphilosophie und Direktor des Instituts für politische Studien der Universität Messina. 1984–2002: Ordentlicher Professor für Rechts- und Staatsphilosophie und gleichzeitig Direktor des Instituts für Rechts- und Staatsphilosophie der Universität Neapel »Federico II«. 1994–1996: Vizepräsident der »Italienischen Gesellschaft für Rechts- und Staatsphilosophie«. 1995–2000: Präsident des Italienischen Zentrums zur Erforschung der Gerechtigkeit und der Bürgerschaft der Universitäten Mailand, Florenz, Neapel »Federico II« und Messina. 2002–2010: Ordentlicher Professor für Staatsphilosophie und politische Symbolik und gleichzeitig Direktor des Departements für Kultur-, Politische und Informationswissenschaften der Universität Insubria (Varese-Como). Seit 1984 Professor für Staatsphilosophie und Geschichte der Philosophie am Universitätsinstitut »Suor Orsola Benincasa« (Neapel). Zur Zeit Dozent für Symbolik der politischen Einrichtungen an dem vorbezeichneten Institut der Universität von Neapel; außerdem Präsident des Europäischen Zentrums zur Erforschung des Mythos und des Symbols an der Universität Messina; Vizepräsident des »Istituto Mitteleuropeo e Mediterraneo di Studi Politici Superiori« (Udin) und Mitglied von verschiedenen italienischen und internationalen wissenschaftlichen Zentren und Akademien.

Dr. Gianluca Dioni
Geboren in Livorno. 2001: Promotion in Politikwissenschaften an der Universität Urbino. 2003–2006: Doktorat in Philosophie der Sozialwissenschaften und Symbolische Kommunikation an der Universität von Insubria, Varese-Como (Doktorarbeit über die Pflichtenlehre von Christian Thomasius). 2006–2007: Stipendiat des Istituto Italiano per gli Studi Filosofici (Neapel). 2006–2009 Vertragsdozent (docente a contratto) an der Universität Neapel »Federico II«, und zwar 2006–2007 und 2008–2009 zur Ergänzung der Lehre im Fach Staatsphilosophie und 2007–2008 zur Ergänzung der Lehre im Fach Geschichte der politischen Lehren. Seit 2010 wissenschaftlicher Assistent für Staatsphilosophie an der Universität Neapel »Federico II«. Seit 2011 außerdem beauftragter Professor (Professore Incaricato) für Geschichte der Staatsphilosophie an der Universität Neapel »Federico II«.

Prof. Dr. Christoph Enders
Geboren 1957 in Stuttgart; Studium der Rechtswissenschaften und Philosophie in Freiburg; Promotion und Habilitation an der Albert-Ludwigs-Universität Freiburg; 1997–1998 Professor für Öffentliches Recht an der Johannes-Gutenberg-Universität Mainz; seit 1998 Professor an der Universität Leipzig, Inhaber eines Lehrstuhls für Öffentliches Recht, Staats- und Verfassungslehre an der Juristenfakultät; Geschäftsführender Direktor des Instituts für Grundlagen des Rechts an der Universität Leipzig; von 2008–2014 Richter am Sächsischen Oberverwaltungsgericht im Nebenamt.

Prof. Dr. Vanda Fiorillo
Geboren in Neapel. 1986: Juristische Promotion. 1987–1990: Doktorat in Rechtsphilosophie an der Universität Neapel »Federico II«. Während dieser Zeit Forschungen über die Pflichtenlehre Samuel Pufendorfs sowohl am Institut für Rechts- und Sozialphilosophie der Universität des Saarlandes als auch an der Herzog August Bibliothek Wolfenbüttel. 1990–1991: Stipendiatin des Istituto Italiano per gli Studi Filosofici (Neapel). 1991: Post-Doktorat in Rechtsphilosophie an der Universität Neapel »Federico II«. 1991–1998: Wissenschaftliche Assistentin für Staatsphilosophie an der Universität Sassari. 1999–2001: Habilitierte Professorin (Professore Associato) für Staatsphilosophie an der Universität Urbino. Seit 2001 ordentliche Professorin für Staatsphilosophie an der Universität Neapel »Federico II«. Seit 2007 Mitglied des Deutsch-Italienischen Zentrums »Villa Vigoni« (Como).

Prof. em. Dr. Dr. h. c. Norbert Hinske
Geboren 1931 in Berlin-Dahlem. Studium der Theologie, Philosophie und Klassischen Philologie in Frankfurt am Main (Sankt Georgen), Pullach (Berchmanskolleg), München, Freiburg und Berlin (Freie Universität). Promotion in Freiburg 1955, Habilitation in Berlin 1966. Seit 1970 Ordentlicher Professor der Philosophie an der Universität Trier. 1990 Gastprofessur an der Universität Jena. Ordentliches Mitglied der Italienischen Akademie der Wissenschaften Accademia Nationale dei Lincei, Korrespondierendes Mitglied der Accademia Senese degli intronati, auswärtiges Mitglied der Akademie gemeinnütziger Wissenschaften zu Erfurt, Ehrenmitglied der Japanischen Kantgesellschaft.

Prof. Dr. Michael Kahlo
Geboren in Hannover; Jura- und Philosophiestudium in Frankfurt am Main; Erstes und Zweites Juristisches Staatsexamen in Frankfurt am Main; Promotion und Habilitation an der J. W. Goethe-Universität, Frankfurt am Main; 1996/97 Lehrstuhlvertretung an der Philipps-Universität, Marburg; seit dem WS 1997/98 Universitätsprofessor für Strafrecht, Strafprozeßrecht und Rechtsphilosophie an der Leipziger Juristenfakultät und seit 2004 stellvertretender geschäftsführender Direktor des Instituts für Grundlagen des Rechts an der Universität Leipzig; seit 2002 ständiger Gastdozent an der rechtswissenschaftlichen Fakultät der Universität Ljubljana (Slowenien).

Dr. Brigitte Kelker
Geboren in Frankfurt am Main; Studium der Rechtswissenschaften an der J. W. Goethe-Universität in Frankfurt am Main. Erstes und Zweites Juristisches Staatsexamen und Promotion in Frankfurt am Main, Habilitation an der Eberhard-Karls-Universität in Tübingen. Lehrstuhlvertretungen an den Universitäten von Bielefeld, Greifswald, Leipzig, Marburg und Trier. Zum Sommersemester 2009 Berufung als Universitätsprofessorin für Strafrecht, Strafprozeßrecht und Rechtsphilosophie an die Universität Trier. Ausscheiden aus der Universität zugunsten einer anwaltlichen Tätigkeit für gemeinnützige Einrichtungen im April 2012.

Prof. Dr. Markus Krienke
Geb. 1978. 2003 Promotion im Fach Christliche Philosophie an der Katholischen-Theologischen Fakultät der Ludwig-Maximilians-Universität in München; 2009–2011 Habilitation im Fach Christliche Sozialethik an der Katholischen-Theologischen Fakultät der Ludwig-Maximilians-Universität in München. 2011 Master an der Philosophischen Fakultät der Universität Trient. 2014 italienische Habilitation in theoretischer Philosophie und philosophischer Ethik. Seit 2008 Assistenzprofessur und seit 2015 Ordinarius für Philosophie der Moderne und Sozialethik am Philosophischen Institut der Facoltà di Teologia di Lugano. Seit 2008 Visiting Professor an der Philosophischen Fakultät der Pontificia Università Lateranense. Seit 2010 Visiting Professor für Philosophiegeschichte der Moderne und Gegenwart am Philosophischen Institut des Studio Teologico Laurentianum, Venezia, in Mailand.

Dr. Christiane Liermann Traniello
Geboren in Bonn. Studium der Geschichte, Philosophie und Romanistik in Bonn, Siena und Karlsruhe. Erstes Staatsexamen in Bonn; Promotion in Geschichte an der Universität Zürich, unterstützt durch ein Graduiertenstipendium der Konrad Adenauer Stiftung. 1991–1995 Referentin in der Begabtenförderung der Konrad Adenauer-Stiftung; seit 1995 Wissenschaftliche Referentin am Deutsch-Italienischen Zentrum für Europäische Exzellenz Villa Vigoni (Como); Lehrtätigkeit im Fach Geschichte an der Fakultät für Politische Wissenschaften der Universität Turin von 1995 bis 2009.

Prof. em. Dr. Wolfgang Naucke
Geboren 1933 in Brehna, Kreis Bitterfeld. Studium in Kiel, Lausanne, Perugia und Glasgow. 1. und 2. juristisches Staatsexamen. Promotion 1959 und Habilitation 1964 in Kiel. Professor für Strafrecht, Strafprozessrecht, Kriminologie und Rechtsphilosophie 1964–1971 in Kiel, ab 1971 in Frankfurt am Main (1998 emeritiert). Richter am Oberlandesgericht 1966–1971 in Schleswig, 1971–1995 in Frankfurt am Main.

Dr. Tommaso Opocher
1984 geboren in Padova. 2008 Doktortitel in Jura in Padova mit einer Doktorarbeit über Sankt Thomas; 2009–2012 Doktorat in Rechtsphilosophie an der Universität Padova mit einer Arbeit über Christian Wolff; seit 2014 Post-Doktorat in Padova.

Prof. Dr. Carla de Pascale
Geboren in Arezzo. Studium der Philosophie in Florenz; philosophische Promotion 1973. Studium der Geschichte dortselbst; Promotion 1978. »Assegnista« am Lehrstuhl für Politische Philosophie der Universität Siena seit 1974. 1978 »Ricercatore« für Geschichte der Philosophie an der Universität Florenz; 1988 Professorin (»professore associato«) für Geschichte der Philosophie an der Philosophischen Fakultät der Universität Bologna; 2001 ordentliche Universitätsprofessorin dortselbst.

Prof. Dr. Maria Pia Paternò
Geboren in Udine, Italien; Studium der Politik und der Philosophie in Rom; Promotion und Habilitation an der Universität La Sapienza, Rom; 1996 Ricercatore an der Rechtswissenschaftlichen Fakultät der Universität Camerino; seit dem WS 2002 Universitätsprofessorin für Storia delle dottrine politiche in Camerino; seit dem WS 2011 Professore incaricato für die Storia del pensiero politico moderno e contemporaneo an der Universität von Roma Tre; seit 2013 ordentliche Universitätsprofessorin.

Prof. Dr. Dr. h. c. Kurt Seelmann
Nach Studium der Rechtswissenschaft und Philosophie und Promotion (1973), Habilitation (1978), Heisenberg-Stipendium der DFG sowie Professuren an der Universität des Saarlandes und der Universität Hamburg von 1995 bis zur Emeritierung 2014 Professor an der Universität Basel; seit 2000 zudem ständiger Gastprofessor an der Universität Luzern; 2001 Ehrendoktorat der Universität (ELTE) Budapest; seit 2011 Mitglied der Europäischen Akademie der Wissenschaften und Künste (Salzburg) und der Academy of Europe (London); seit 2013 Präsident der Kommission für wissenschaftliche Integrität des Schweizerischen Nationalfonds.

Prof. Dr. Stephan Stübinger
Geboren in Offenbach; Studium der Rechtswissenschaften an der J.W. Goethe-Universität in Frankfurt am Main; Promotion (1999) und Habilitation (2007) an der J. W. Goethe-Universität, Frankfurt am Main; 2007/08 Lehrstuhlvertretung an der Universität in Osnabrück; 2008–2009 Lehrkraft für besondere Aufgaben an der Johannes-Gutenberg-Universität in Mainz, 2009–2014 Professur für Strafrecht an der Rheinischen Friedrich-Wilhelms-Universität in Bonn; seit dem WS 2014/15 Inhaber des Lehrstuhls für Strafrecht und Strafrechtsgeschichte an der FernUniversität in Hagen.

Prof. Dr. Franco Todescan
Geboren in Sandrigo (Vicenza). Jurastudium in Padua. 1974–1980 außerordentlicher Professor für Rechtsphilosophie an der »Gabriele D'Annunzio« Universität von Teramo. 1980–1985 ordentlicher Professor für Rechtsphilosophie und Dekan der juristischen Fakultät der Universität von Triest. 1985–2007 ordentlicher Professor für Geschichte des politischen Denkens an der politikwissenschaftlichen Fakultät der Universität von Padua; Dekan derselben Fakultät von 2001 bis 2007. 2008–2014 ordentlicher Professor für Rechtsphilosophie an der juristischen Fakultät der Universität von Padua. Ordentliches Mitglied der Accademia Olimpica und der Accademia Galileiana.

Prof. Dr. Dr. Thomas Vormbaum
Geboren 1943. Studium der Rechtswissenschaft, Geschichtswissenschaft, Politikwissenschaft in Münster und Würzburg. Erstes Juristisches Staatsexamen 1969 beim OLG Hamm. Referendariat im OLG-Bezirk Hamm. Zweites Juristisches Staatsexamen beim Landesjustizprüfungsamt Düsseldorf 1973. Promotion zum Dr. iur. 1975 an der Westfälischen Wilhelms-Universität Münster. Promotion zum Dr. phil. 1979 ebendort. Habilitation 1985 ebendort. 1994 bis zur Pensionierung 2011 Inhaber des Lehrstuhls für Strafrecht, Strafprozeßrecht und juristische Zeitgeschichte der FernUniversität in Hagen und Geschäftsführender Direktor des Instituts für Juristische Zeitgeschichte ebendort.

Prof. Dr. Benno Zabel
Studium der Rechtswissenschaften, Philosophie und Germanistik in Leipzig, Hagen und Berlin, 1998; Erstes Juristisches Staatsexamen, 2001 Baccalaureat (B.A.); ab 2001 Wissenschaftlicher Assistent am Lehrstuhl von Prof. Dr. Michael Kahlo; 2007 Promotion zu einem strafrechtsphilosophischen Thema (ausgezeichnet mit dem Universitätspreis); DAAD-Auslandsaufenthalte in Slowenien (Universität Ljubljana) und Argentinien (Katholische Universität Buenos Aires); 2014 Habilitation: »Die Ordnung des Strafrechts« (venia legendi für Strafrecht, Strafprozeßrecht, Europäisches Strafrecht, Rechtsphilosophie und Strafrechtsgeschichte); Lehrstuhlvertretungen an den Universitäten Freiburg und Regensburg; seit 2015 Professor an der Rheinischen Friedrich-Wilhelms-Universität Bonn; zahlreiche Veröffentlichungen zu rechtsphilosophischen, rechtsgeschichtlichen und strafrechtstheoretischen Fragen.

NAMENSREGISTER

In diesem Register werden diejenigen Namen, die sowohl in den auf Deutsch verfaßten Beiträgen als auch in denen, die auf Italienisch geschrieben sind, wiederkehren, in den beiden Sprachen wiedergegeben. In zwei Fällen werden die Namen sowohl auf Lateinisch als auch auf Italienisch gennant, weil diese sich in dem Band in diesen beiden Sprachen finden.